DAVID OVASON

DAS LETZTE GEHEIMNIS DES
NOSTRADAMUS

Die Entschlüsselung der Geheimsprache des Meisters
durch die moderne Wissenschaft

Aus dem Englischen von
Elisabeth Parada

WILHELM HEYNE VERLAG
MÜNCHEN

Titel der englischen Originalausgabe: The Secrets of Nostradamus. The Medieval Code of the Master Revealed in the Age of Computer Science. Die Originalausgabe erschien bei Century Books Ltd., London

Copyright © 1997 by David Ovason
Copyright © 1997 der deutschen Ausgabe by
Wilhelm Heyne Verlag GmbH & Co. KG, München
Umschlaggestaltung: ART & DESIGN Härtl
unter Verwendung einer Umschlagillustration von 485 Graphics (Halifax)
Satz: Leingärtner, Nabburg
Druck und Bindung: Wiener Verlag, Himberg
Printed in Austria

ISBN 3-453-12724-2

(…) es ist nicht billig nachdem Ihr meine Fragen so einsilbig abgelehnt habt,
Euch mit solcher Lebhaftigkeit nach meinen Geheimnissen zu erkundigen.

JOHANN WOLFGANG VON GOETHE,
Unterhaltungen deutscher Ausgewanderten, Märchen

Inhaltsverzeichnis

Anmerkung des Verfassers

Aufgrund der Tatsache, daß in der französischen Sprache des sechzehnten Jahrhunderts die Akzentzeichensetzung keinen einheitlichen Normen folgte, wurden viele Wörter, die heute mit Akzent versehen sind, ohne geschrieben. Dies trifft besonders auf Buchtitel zu, bei denen durch die Großschreibung auf Akzente verzichtet wurde. Unabhängig von teilweise starken Abweichungen zur heutigen französischen Akzentsetzung und Orthographie gaben wir in solchen Fällen die Titel entsprechend der von uns herangezogenen Ausgaben wieder. Selbst für die Verhältnisse seiner Zeit bediente sich Nostradamus in den Quatrains oftmals einer ausgesprochen unzulänglichen Akzentsetzung und Orthographie. In unseren Versionen versuchten wir die Texte so originalgetreu wie möglich an jene Verse anzugleichen, die noch zu Nostradamus' Lebzeiten veröffentlicht wurden, da der Gelehrte oftmals bestimmten Wörtern durch seine unkonventionelle Schreibweise zusätzliche Bedeutung verlieh.

Auch bei den Eigennamen von Mitgliedern derselben Familie oder Sippe waren im sechzehnten Jahrhundert voneinander abweichende Versionen nicht unüblich. Dies erklärt die von uns verwendeten Variationen in der Schreibung der Namen der Familie Nostradamus. Um 1455 nahm Michels Großvater Pierre anläßlich seines Übertritts zum Katholizismus den Namen *de Nostredame* an. Die von unserem Gelehrten gewählte Form *Nostradamus* war lediglich eine mögliche lateinische Nominativ-Version des französischen Namens *Nostredame*, seinerseits eine Variante von *Nostre Dame* und abgeleitet von *Nostra Domina*. Der Vater von Michel, *Jaume de Nostredame*, begegnet einem in verschiedenen Aufzeichnungen sowohl als *Nostradame* als auch als *Nostredame* – mit und ohne *de*. Michels Kinder nannte man üblicherweise *de Nostredame*, wohingegen sein Bruder Antoine häufig den Namen *de Nostradame* trägt. Auch die Varianten *Nostradam* oder *Nostredam* waren gebräuchlich.

Um scheinbare Widersprüche in unserem Text aufzuklären, weisen wir hier auf dieses Fehlen einer einheitlichen Schreibweise hin.

Vorwort

»Ich kenne die Gefahren der Deutung und will weder eine Vertrautheit mit den Sternen behaupten noch die Enträtselung all des dunklen Unsinns von Nostradamus, doch irgend etwas ist mit Gewißheit an alledem.«

(The Fortunes of France from the Prophetical Predictions of Mr. Truswell, the Recorder of Lincoln, and Michel Nostradamus, 1678)

Die Absicht dieses Buches ist es, zum erstenmal jene geheimen Methoden zu enthüllen, die Nostradamus (1503-1566) bei der Verfassung seiner berühmten, unter dem Titel *Prophéties* oder *Prophezeiungen* veröffentlichten Vorhersagen anwandte.

Der Leser mag sich darüber wundern, daß diese Geheimnisse bislang noch nicht offenbart worden sein sollen. Immerhin besteht weithin die Annahme, die orakelhaften Verse von Nostradamus seien übersetzt und die Einzelheiten der darin enthaltenen Prophezeiungen bestens bekannt. Wie wir beweisen werden, ist dies nicht richtig. Sämtliche in der westlichen Welt derzeit verbreiteten Übersetzungen sind weitgehend unsinnig und haben wenig oder gar keinen Bezug zu dem, was Nostradamus auszudrücken beabsichtigte. In diesem Buch stellen wir den Versuch an, jenseits der üblichen Vernebelung und wissenschaftlich dürftigen Betrachtungsweise in die Gedankenwelt dieses bemerkenswerten Gelehrten vorzudringen, der die seltene Gabe besaß, die Verwicklungen der Zukunft zu erkennen.

Die letzten drei Jahrzehnte brachten eine Revolution in der Nostradamusforschung. Zunehmend intensiver widmeten sich französische Historiker der Erforschung seines Lebens und Werkes (darunter Robert Amadou, Robert Benazra, Michael Chomarat, Jean Dupèbe und Edgar Leroy). Das Ergebnis ist, daß Biographie, Leistungen und astrologische Methoden von Nostradamus in einem vollkommen neuen Licht erscheinen und gewisse Schwierigkeiten bei der Interpretation seiner in Vierzeilern (Quatrains) verfaßten Vorhersagen* verdeutlicht werden.

Leider haben die Ergebnisse seriöser Forschungen den breiten Markt nur selten erreicht, wie die Veröffentlichungswelle fast ausschließlich populärer Literatur zu Nostradamus zeigt. Dieser Mißstand herrscht insbesondere in der Nostradamus-Literatur im englischen Sprachraum. Im Gegensatz zu den brillanten Einblicken, die die moderne französische Forschungsbewegung eröffnet, geben pseudowissenschaftliche Autoren weiterhin »Biographien« über Nostradamus und »Kommentare« zu dessen Prophezeiungen heraus, die von der Forschung längst ausgeräumte Irrtümer beinhalten. Eines unserer Ziele ist es, dieser Unzulänglichkeit abzuhelfen.

Zusätzlich zu diesen außergewöhnlichen Entdeckungen und dank der modernen technischen Möglichkeiten steht uns heute Material zur Verfügung, das einst nur einer Handvoll privilegierter Gelehrter zugänglich war. So bot die jüngst herausgebrachte Wiederauflage eines seltenen Almanachs von Nostradamus sowie eines noch zu seinen Lebzeiten veröffentlichten kostbaren Buches mit Quatrains eine enorme Hilfe bei der Klärung historischer Probleme. Auch der moderne Nachdruck der seltenen Ausgaben der *Prophéties* aus dem Jahr 1557 erleichtert Studien zu den frühen Quatrains (Abb. 1). Wir wollen auf der Basis dieser Entwicklungen eine Neubewertung von Nostradamus' Leben und Werk anstellen und die bekannten Einzelheiten seiner Biographie auf den neuesten Stand bringen.

Trotz der gewissenhaften Untersuchungen der französischen Wissenschaftler muß ein Gesamtüberblick über Leben und Zeit des Gelehrten erst noch veröffentlicht werden. Da wir unser Hauptaugenmerk hier der Enthüllung der prophetischen Verse widmen, streifen wir Nostradamus' Vita nur. Aber wir beziehen die Entdeckungen der modernen Forschung in unsere Arbeit ein, um die geheimnisvollen Methoden und prophetischen Aussagen von Nostradamus in ihrem historischen Zusammenhang aufzuzeigen.

In der Mitte des sechzehnten Jahrhunderts verfaßt, behandeln die prophetischen Verse ausschließlich Ereignisse, die sich damals noch in der Zukunft befanden. Überlieferte Aufzeichnungen von Nostradamus belegen, daß sich seine Vierzeiler mit Geschehnissen befassen, die etwa ein Jahr nach der Veröffentlichung seines ersten Versbandes begannen und sich über eine Zukunft von über achthundert Jahren erstrecken.

---

* Ein Vierzeiler von Nostradamus besteht aus vier sich abwechselnd reimenden Zeilen und einer häufig – aber nicht immer – zehnsilbigen Struktur.

12

Diese Periode steht in engem Zusammenhang mit Jupiter und Saturn, die in dieser Zeit einen bestimmten Zyklus vollenden. Man nannte ihn bisweilen »Zyklus der Höheren«, da das Ptolemäische Modell besagte, ihre Umlaufbahnen reichten über die Sonne hinaus. Nostradamus' Hauptinteresse galt Begebenheiten, die sich in den ersten drei auf seine Lebenszeit folgenden Jahrhunderten ereigneten. Dies bedeutet, daß eine Vielzahl seiner Vorhersagen bereits in Erfüllung gegangen ist und wir damit heute die außergewöhnliche Genauigkeit seiner Visionen erkennen können. Die Einzelheiten und Daten, die er in seinen Versen überlieferte, treffen so exakt zu, daß sie das unheimliche Gefühl erwecken, es habe sich bei dem, was Nostradamus sah, um eine mysteriöse Form einer präzise festgelegten Geschichte, nicht aber um eine Zukunftsvision gehandelt. Diese ausgeprägte hellseherische Fähigkeit begründete Nostradamus' Ruhm und Popularität, auch wenn dieser Ruhm bis heute auf einer Fehleinschätzung seiner Visionen und der Form, in der er sie in Worte faßte, beruht.

Ein Großteil seiner Quatrains ist oder war prophetisch. Soweit wir erkennen, befaßten sie sich vorrangig mit der europäischen Geschichte und hierbei insbesondere mit der Frankreichs, Italiens und Englands. In ein oder zwei Quatrains wirft Nostradamus einen Blick auf die Vereinigten Staaten von Amerika und auf historische Ereignisse an Orten, die zu seiner Zeit weit jenseits der Grenzen Europas lagen – die Türkei, Syrien und die östliche Mittelmeerküste. Er dürfte mit einiger Gewißheit der erste Hellseher sein, der Amerika zu einem Zeitpunkt namentlich erwähnte, da dieses Wort als Bezeichnung für einen wiederentdeckten Kontinent kaum Verbreitung gefunden hatte.[1]

Mindestens vierzig seiner rätselhaften Quatrains weisen auf *unsere* Zukunft hin, entziehen sich aber einer detaillierten Interpretation. Wie Zeitgenossen von Nostradamus dessen Werke wird zweifellos auch der moderne Leser dieses Buch in der Hoffnung zur Hand nehmen, Einblicke in die ihn betreffende unmittelbare Zukunft zu erhalten. Wir untersuchen nachfolgend (unter Vorbehalt) die mögliche Bedeutung einiger unsere Zukunft betreffender Vierzeiler, auch wenn wir uns Nostradamus nicht allein zum Zweck der Erforschung der Zukunft Europas in den nächsten Jahrhunderten annähern. Unser eigentliches Interesse liegt auf einem anderen Gebiet.

Wir richten unsere Aufmerksamkeit vor allem auf die von Nostradamus benutzte geheimnisvolle Verschlüsselungsmethode, denn wir sind davon überzeugt, seine Aussagen über seine Zukunft – unsere Vergangenheit – nur dann richtig interpretieren zu können, wenn wir die Technik begreifen, die er in seinen orakelhaften Schriften anwendete. Die

Quatrains der Prophezeiungen – ob bereits in Erfüllung gegangen oder nicht – stellen das außergewöhnlichste Beispiel verlorengegangener esoterischer Literatur dar.* Nostradamus erweist sich als Meister einer alten Sprache (um es korrekt auszudrücken: Methodik), die heutzutage leider nicht mehr eingesetzt wird und an der die Literaturwissenschaftler unserer Zeit keinerlei Interesse zu haben scheinen. Dabei erkannte zu Beginn des zwanzigsten Jahrhunderts der große französische Dichter Apollinaire einen achtlos übergangenen Aspekt der Genialität Nostradamus', indem er bemerkte: »Nostradamus ist ein großer Poet.«[2]

Die Quatrains beinhalten einen faszinierenden Konflikt. Einerseits besteht keinerlei Zweifel daran, daß Nostradamus die Zukunft aufzuzeichnen und die Hauptströmungen europäischer Ereignisse über einen Zeitraum von achthundert Jahren zu skizzieren beabsichtigte. Andererseits wollte er nicht, daß seine sorgfältig ausgearbeiteten Prophezeiungen *vor* den historischen Ereignissen, die sie ankündigten, verstanden wurden. Er verbarg sie hinter einer geheimnisvollen Form und gestand freimütig seine Hoffnung, daß seine Verse vor ihrer Erfüllung ergründlich bleiben mögen. In einem offenen Brief aus dem Jahr 1558 an den französischen König Heinrich II. gab er zu, daß er, wäre es sein Wille gewesen, seine Verse auch entschlüsselt hätte veröffentlichen können. Doch hätte er dies getan, hätte man seinen Vorhersagen nach unserer Meinung keinen Glauben geschenkt und ihn darüber hinaus auf einem der vielen Scheiterhaufen verbrannt, die im Frankreich des sechzehnten Jahrhunderts gelodert hatten, um sich mutmaßlicher Hexen und Ketzer zu entledigen. Aus persönlichen und kosmischen Gründen schien es Nostradamus ratsam gewesen zu sein, seine Visionen der Zukunft zu verhüllen.

Das Ergebnis der Chiffrierung ist bemerkenswert: Nostradamus verfaßte Prophezeiungen, die vor den vorhergesagten Ereignissen vollkommen unverständlich waren. Auch wenn er der berühmteste Hellseher in der westlichen Geschichte des Okkulten ist, kennen wir nicht ein einziges Beispiel in der gesamten Literatur zu Nostradamus, wo ein Interpret die Bedeutung eines prophetischen Verses vor dem vorhergesagten Geschehnis richtig enthüllt hätte. Die Erkenntnis, daß der Seher seine

---

* Der Begriff »esoterisch« wird für eine Ansammlung besonderer Kenntnisse oder Traditionen verwendet, die nur einem kleinen Kreis von Eingeweihten zugänglich sind. Esoterisches Wissen ist geheimes Wissen, ein verborgener Wissensstrom, der sich nur einigen wenigen eröffnet. Seine griechische Wurzel »eso« bedeutet einfach »innerhalb«. Im Gegensatz dazu handelt es sich bei »exoterischem« Wissen um Kenntnisse, die jedermann zur Verfügung stehen.

Verse bewußt kryptisch verschlüsselte, erlaubt es uns, mit einem weitverbreiteten Irrtum aufzuräumen. Allgemein wird angenommen, daß die Quatrains von Nostradamus »übersetzt« werden könnten, als wären sie lediglich in einer bekannten Fremdsprache formuliert. Leider ist es keine Frage der Übersetzung – und darin liegt sowohl die Herausforderung als auch die Schönheit von Nostradamus' Schriften. Strenggenommen lassen sich die Vierzeiler nicht übersetzen. Nostradamus schrieb in einem schwer verständlichen Französisch, in das er großzügig lateinische und griechische Konstruktionen und Endungen einfügte. Er verfaßte seine Werke in einer fremden, geheimnisvollen Ausdrucksweise, die in okkulten Kreisen »Grüne Sprache« genannt wurde (Abb. 2). Wir werden sie in Kapitel 4 eingehend untersuchen. So bereiten seine Verse Franzosen ebenso viele Probleme wie Engländern, Italienern oder Deutschen. Sie sind so undurchschaubar, daß ein einflußreicher französischer Forscher vorschlug, Nostradamus' verschlüsseltes Französisch ins Lateinische zu übersetzen, diese lateinische Version zu bearbeiten und anhand ihrer Bedeutung anschließend die neufranzösischen Verse zu interpretieren.[3]

Eine seriöse Annäherung an die Prophezeiungen kann also nicht durch Übersetzung, sondern nur durch Interpretation erfolgen. Es ist schlichtweg nicht möglich, Nostradamus zu übersetzen, ohne gleichzeitig einen ausführlichen, erklärenden Kommentar anzubieten. Im Gegensatz zu seinem Zeitgenossen François Rabelais, der, den Verschlüsselungstechniken des sechzehnten Jahrhunderts folgend, einen ähnlichen Stil benutzte wie unser Gelehrter und dessen geheimnisvolle Schriften mehr als nur einmal und sogar in Parallelübersetzungen in modernes Französisch übertragen wurden, sind Nostradamus' komplizierte Vierzeiler so unergründlich, daß sie sich auch solchen Parallelübersetzungen entziehen.[4] Dies erklärt den von uns gewählten Zugang zu den Quatrains. Als Vorbereitung auf die Erkundung ihrer verborgenen Tiefen ist es andererseits natürlich notwendig, ihre oberflächliche Bedeutung niederzuschreiben. Die deutschen Versionen der Vierzeiler in diesem Buch sind aber lediglich Annäherungen und nicht als tatsächliche Übersetzungen zu verstehen.

Unsere erste Aufgabe bestand darin, die von Nostradamus benutzten Wörter so genau wie möglich wiederzugeben – eine undankbare Arbeit, denn selbst in seinem Jahrhundert vermerkten Kommentatoren die Vielzahl von Versionen der *Prophéties*, die den Markt überfluteten. Obwohl viele Nostradamus-Forscher den Begriff Editio princeps (Erstausgabe) für den ersten Druck der *Prophéties* von Macé Bonhomme im Jahr 1555 verwenden, ist diese Bezeichnung nicht zutreffend, da jene Ausgabe unvollständig war.[5] Eine kurze Abhandlung zu diesem Thema finden Sie in Anhang II.

Da wir uns der bibliographischen Probleme bewußt sind, geben wir – nach Studium verschiedener Texte aus dem sechzehnten Jahrhundert – die Originalquatrains soweit wie möglich in der von Nostradamus voraussichtlich beabsichtigten Form wieder; eine wörtliche Übertragung ins Deutsche diene dem Leser als Leitfaden. Die tatsächliche »Übersetzung« findet im analytischen Kommentar statt – dort enthüllen wir Bedeutung und Sinn der Verse.

Nur wenigen westlichen Okkultisten war eine visionäre Kraft wie die von Nostradamus eigen. Noch weniger verfügten über seine literarische Begabung, ihre Visionen für die Nachwelt festzuhalten. Mit Ausnahme vielleicht seines Zeitgenossen Rabelais gab es niemanden, der Nostradamus' Fertigkeit in der Verwendung der Grünen Sprache gleichkam, jenes geheimen *Argots*, der Sprache des Okkultismus, das die Prophezeiungen durchdringt. Auch wenn Nostradamus in einem Zeitalter lebte, in dem die Astrologie eine Blüteperiode erlebte, besaßen nur ausgewählte Personen seinen Zugang zu den geheimen Methoden verborgener Astrologie.

Nostradamus kombinierte in seinen Quatrains die Grüne Sprache mit einer nahezu verlorengegangenen esoterischen Astrologie.* Unser Hauptziel ist es, diese beiden geheimnisvollen Techniken zu untersuchen und eine Methode anzubieten, mit der sich die Prophezeiungen zum erstenmal richtig interpretieren lassen.

Wir dürfen die Tatsache nicht übersehen, daß Nostradamus seine Bücher in der Hoffnung schrieb, sie an die Leserschaft des sechzehnten Jahrhunderts zu verkaufen. Aus diesem Grund erscheint es nicht außergewöhnlich, daß er sich eingehender mit Ereignissen befaßte, die er für das Ende dieses Jahrhunderts vorhersah, und daß sich deshalb ein Großteil der Quatrains auf diese Periode bezieht. Außerdem beschäftigte er sich in zahlreichen Prophezeiungen detailliert mit Ereignissen, die gegen Ende des achtzehnten Jahrhunderts eintreffen sollten. Wie wir sehen werden, stand er hier mit seinen Vorhersagen nicht allein. Jene Ereignisse, die wir heute unter dem Begriff Französische Revolution subsumieren, waren bereits von anderen Hellsehern prophezeit worden, lange bevor Nostradamus seine Quatrains verfaßte.

---

* Unter »esoterische Astrologie« versteht man jene Astrologie, die die hinter den Schicksalen des Menschen und des Kosmos verborgenen Prinzipien ergründet. Im Gegensatz zu der persönlichen Astrologie, die heutzutage stark in Mode ist, versucht sie die verborgenen Rhythmen und Prinzipien, durch die spirituelle Wesen vom Sonnensystem gelenkt werden, zu begreifen. Sie berücksichtigt spirituelle Hierarchien und Reinkarnation, aber auch pränatale und postmortale Erlebnisse.

Auf der anderen Seite machten Nostradamus die Betrachtungen zu seiner nahen Zukunft nicht für die Enthüllung von Geschehnissen in anderen Jahrhunderten blind. Während die Vorhersagen in Zusammenhang mit den zwischenstaatlichen Auseinandersetzungen im Europa des neunzehnten Jahrhunderts lange nicht so umfangreich sind, wie uns moderne französische Interpreten glauben machen wollen, skizzierte Nostradamus doch dessen wichtigste Meilensteine. Insbesondere interessierte er sich für den spirituellen Impuls der Französischen Revolution, die Ausweitung und Verkleinerung des französischen Herrschaftsgebiets während der napoleonischen Kriege und im Verlauf des französischen Kaiserreichs, den Fall der französischen Herrscherfamilie der Bourbonen sowie die Einigung Italiens unter Garibaldi.

Auch das zwanzigste Jahrhundert beschäftigte ihn; hier sah er große Veränderungen voraus. Tatsächlich war seine Anteilnahme für unser Jahrhundert so stark, daß er sich dazu entschloß, es mit einer geheimnisvollen astrologischen Datierungstechnik in zwei Quatrains zu definieren, die das erste und letzte Jahr des Jahrhunderts sehr präzise umfassen (siehe Seite 309 ff.). Zweifellos war es seine Absicht hervorzuheben, wie sehr es sich von den vorangegangenen Jahrhunderten unterscheiden würde. Für unsere Zeit notierte er Entwicklungen in Deutschland, Italien, England und Spanien, konzentrierte sich aber (wie üblich) auf Frankreich. Er sagte die großen europäischen Konflikte mit unglaublicher inhaltlicher und zeitlicher Genauigkeit vorher. Besonders mit den beiden großen Kriegen dürfte er sich befaßt haben, die das zwanzigste Jahrhundert erschütterten. Merkwürdigerweise schien er den wissenschaftlichen Errungenschaften dieser Epoche wenig Beachtung zu schenken. Hinweise in seinen Schriften lassen den Schluß zu, daß er sich schrecklicher Ereignisse wie eines *Luft*kriegs durchaus bewußt war, doch galt sein Hauptaugenmerk den Ereignissen an sich.

Als Nostradamus seine Schriften verfaßte, war man allgemein der Ansicht, daß das zwanzigste Jahrhundert den Jüngsten Tag, die Inkarnation des Antichrist sowie große Mühsal und viel Elend und das darauffolgende Jahrhundert den Beginn eines neuen Zeitalters erleben würde. Nostradamus dürfte sich dieser Ansicht nur bis zu einem gewissen Grad und unserer Meinung nach auch nicht rückhaltlos angeschlossen haben. Seine Vorhersagen für die auch heute noch zukünftigen Jahre waren vor allem für die Leserschaft des sechzehnten Jahrhunderts gedacht. Sie stimmen in etwa mit den damals populären – man könnte auch sagen: offiziellen – spirituellen Prognosen der Bibelexegese überein, in der das Ende der Welt anhand numerischer Berechnungen definiert wurde.

Die bei den Propheten beliebteste Zeiteinheit umfaßte eintausend Jahre als Zyklenbasis, manchmal auch die Hälfte dieser magischen Zahl. Hippolyt* rekurrierte in seinem bedeutendsten Werk, *Peri Antichristou*, auf diesen Zeitraum, indem er das Kommen des Antichrist für das Jahr 500 n. Chr. vorhersah. In manchen Fällen zogen Propheten kürzere Zyklen vor, und so wurden die fünfhundert Jahre auf fünfzig reduziert. Jean-Aimé de Chavigny zum Beispiel, einer der frühen, ernstzunehmenden Studenten von Nostradamus, verwendete in seinen Vorhersagezyklen eine Zeitspanne von fünfzig Jahren, die er *Iubilez* nannte (möglicherweise verwandt mit »Jubiläum«). Mit Hilfe dieser runden, magischen Zahl bestimmte er die Ankunft des Antichrist für das Jahr 1734. Aufgrund einer ähnlichen Berechnung sah er das Ende der katholischen Kirche für das Jahr 2500 voraus.

Im Gegensatz dazu befaßten sich die Erwartungen, die auf den Auslegungen der Apokalypse des heiligen Johannes beruhten, selbst nicht mit runden Zahlen oder Teilungen der magischen Zahl 1000. Hinter ihrer Zahlenmystik steckte wenig Rationalität, dafür ein hohes Maß an magischem Wissen. So stellte die Öffnung der sieben Siegel, die das Ende der Zeit und der Welt ankündigen, für jeden an prophetischer Literatur Interessierten eine allgegenwärtige Bedrohung dar. Im Spätmittelalter kam den »Weltende-Prophezeiungen«, die von den Nachfolgern von Joachim von Fiore, einem Mönch des zwölften Jahrhunderts, verbreitet wurden, größte Bedeutung zu. Dessen Zahlenmystik basierte auf der 7, mit Untereinheiten von 2 und 3 (aus denen sich die 7 zusammensetzen läßt). Auf Grundlage einer verborgenen Zahlenmystik im Zusammenhang mit der Bibelexegese sagten die Nachfolger von Joachim das Ende der Welt für das Jahr 1260 voraus. Nachdem die Erde diesen Zeitpunkt unbeschädigt überstanden hatte, kündigte ein Bamberger Mönch unter Verwendung derselben Methode ein Weltende für das Jahr 1400 an.

Mit der Annäherung an die mystische Verdreifachung der Zahl 500 wurden ein Jahrhundert später erneut zahlreiche Prophezeiungen ausgesprochen. Die Vorhersage eines Flutereignisses von Johann Lichtenberger, Astrologe von Friedrich III., dem pfälzischen Kurfürsten vom Rhein, erschien 1488 und hatte das gefürchtete Jahr 1500 im Visier. Lichtenbergers Ankündigungen stammten nicht von ihm selbst (was bei Prophezeiungen allgemein selten vorkommt). Er hatte sie Paul von

---

* Ein Schreiber des dritten Jahrhunderts und Presbyter der römischen Kirche. Ihm zugeschriebene Vorhersagen erwiesen sich zu Zeiten Nostradamus' als falsch, dennoch waren seine Prophezeiungen weithin bekannt.

Middleburgs* *Prognosticatio* entnommen, deren Vorhersagen wiederum von Propheten wie Hippolyt, Cyrillus und der Sibylle von Erythrä gestohlen waren. Middleburgs vorrangige Hoffnung war es (was uns wieder näher zu Nostradamus bringt), daß Friedrich III., den er für einen neuen Karl den Großen hielt, die Türken bezwingen würde.

Seine Prophezeiungen erschütterten die europäischen Leser zwar, erfüllten sich aber nicht. Themen und Archetypen sind Nostradamus' Versen sehr ähnlich. Er kündigte die Rückeroberung Jerusalems von den Mauren an, den wilden Einfall einer »östlichen Armee«, die zumeist als die türkischen Kohorten interpretiert wurde, die geistige Erneuerung der Kirche, einen engelsgleichen Papst und einen überaus heldenhaften König. Seine Symbole dieser geistlichen und weltlichen Mächte waren Lilie und Adler, bildliche Darstellungen, die später zuerst von dem Schweizer Okkultisten Paracelsus, dem einflußreichsten magischen Schreiber, Alchimisten und Arzt des sechzehnten Jahrhunderts, und dann von Nostradamus entlehnt worden sein dürften. Die Zukunft – und hier bewegen wir uns wieder innerhalb der üblichen Prophezeiungen – bezeichnete er als »schwierig«, da sie entsetzliche Kriege und den Antichrist bringe. Nach einer kurzen Periode eines Goldenen Zeitalters stehe dann das Ende der Welt bevor. Letzteres wurde im sechzehnten Jahrhundert kaum bezweifelt. Daher überrascht es nicht besonders, daß einige der von Nostradamus verfaßten Quatrains diese Erwartungshaltung bis in unsere Zeit herübertrugen. Man hielt es entsprechend der mittelalterlichen Gedankenwelt** für vernünf-

---

* Paul von Middleburg war ein ausgezeichneter Astrologe, der als Bischof von Fossombrone die Veröffentlichung von Prognosen einstellte, um seine Zeit »höheren Studien« zu widmen. Doch im Jahr 1523 gab er, um gewisse, ihm sowohl irreführend als auch gefährlich erscheinende Vorhersagen zu widerlegen, sein Werk *Prognosticum* heraus, in dem er (zu Recht, wie sich herausstellte) eine für das Jahr 1524 prognostizierte Weltflut zurückwies. Viele seiner Prophezeiungen finden sich in frühen Manuskripten.

** Einige Historiker mögen gegen die von uns in diesem Buch gewählte Klassifizierung des sechzehnten Jahrhunderts als »Spätmittelalter« Einwände erheben, doch unserer Ansicht nach erreichte die mittelalterliche Welt ihr Ende erst, als man auf die von der klassischen Welt ererbten kosmischen Modelle verzichtete – oder, um einen berühmten Ausspruch von C. S. Lewis zu verwenden, sich dieser »entledigte«. Erst nach Nostradamus' Tod stürzte das ptolemäische Modell unter seinem Gewicht und der Arbeit Kopernikus' und seiner Freunde zusammen, wurde eine neue Astronomie geboren. Mit der Trennung von dieser Vorstellung befreite man sich nicht nur von der Theorie eines epizyklischen Planetensystems, sondern auch von einem Raumbild, in dem die Welt von spirituellen Wesen gelenkt wird. Mehr als alles andere trennt dieser Gedanke die Welt des Nostradamus von der modernen. Um ein präzises Datum zu nennen, könnte man das Ende des Mittelalters mit der Einführung des Gregorianischen Kalenders im Jahr 1582 als Ersatz für den alten römischen Kalender von Julius Cäsar gleichstellen.

tig, den Ahnungen des Pythagoras zu folgen, der davon ausging, daß sich die sublunare* Welt auf die Resonanz der Zahlen gründe. So war es keineswegs unsinnig, nach einer Zahlenmystik zu suchen, mit deren Hilfe das Ende dieser Resonanz bestimmt werden konnte. Im folgenden werden wir einen ausgedehnten Bogen wichtiger Voraussagen spannen. Doch wir wollen an dieser Stelle betonen, daß die mittelalterliche Zahlenmystik so komplex war (hauptsächlich wegen ihrer kabbalistischen Wurzeln), daß nahezu jede Periodizität dazu herangezogen werden konnte, das Ende der Zeit, das durch das Auftreten des Antichrist eingeleitet wurde, zu kennzeichnen.

Die runde Zahl 2000 n. Chr., die das sechzehnte Jahrhundert mit so großer Furcht betrachtete und der sich Nostradamus mit seiner Jahresangabe von 1999 annäherte, war nicht lediglich eine Verdoppelung der magischen 1000. Ihre Bedeutung läßt sich auf die allgemeine Ansicht zurückführen, daß die Welt ungefähr 5000 v. Chr. erschaffen wurde und einen *Sabbat*, d. h. eine Siebenereinheit, von Millennien Bestand haben werde. Wie wir beim Studium des Zeitrahmens, der den septenarischen Prophezeiungen des Trithemius (der einen starken Einfluß auf Nostradamus ausübte) zugrunde liegt, erkennen werden, unterschieden sich die Details dieses Sabbatglaubens enorm.

Die Ansicht, Nostradamus habe den Antichrist für das Jahr 1999 angekündigt, ist heutzutage weit verbreitet. Doch wenn wir etwas aus unseren Studien der Vierzeiler gelernt haben, so die Tatsache, daß Nostradamus selten das meint, was er zu sagen scheint. Bei ihm ist das Offensichtliche zumeist eine Tarnung – in der Esoterik spricht man von »okkulter Tarnung« –, die eine verborgene Bedeutung in sich birgt. Tatsächlich müssen genau jene Stellen, in denen der Prophet in seinen Aussagen kompromißlos einfach erscheint, Mißtrauen wecken. Vor allem hier sind wir aufgefordert, die Wahrheit zu entdecken, die er zu verhüllen trachtete. Unserer Ansicht nach gibt Nostradamus mit der Datierung des Antichrist für das Jahr 1999 n. Chr. lediglich andere Prophezeiungen wieder, die im sechzehnten Jahrhundert populär waren und auf einer epistemologischen Grundlage fußten, welche, wie wir heute wissen, irrig war.

---

* Sublunar ist inzwischen ein veralteter Begriff, der allerdings in der mittelalterlichen Astrologie weit verbreitet war. Er ist vom ptolemäischen Planetenmodell abgeleitet und bezieht sich auf jene Sphäre, die an die Sphäre des Mondes grenzt, jedoch unter ihr liegt. Dadurch umfaßt sie die Bereiche der vier Elemente, der Erde selbst und der Hölle. Im allgemeinen Gebrauch bezog sie sich auf sämtliche irdischen Dinge, die einem Wandel unterworfen waren, im Gegensatz zu der supralunaren Sphäre, die man für unveränderlich hielt.

Im vorliegenden Buch wollen wir den Hintergrund solcher Voraussagen in einem neuen Licht betrachten und auf diese Weise zu einer neuen Beurteilung von Nostradamus' Prophezeiungen für unsere eigene Zukunft gelangen. Selbstverständlich setzt diese Vorgehensweise voraus, daß wir die entsprechenden Verse richtig interpretieren. Da jeder Quatrain nach geheimnisvollen Prinzipien strukturiert ist, müssen wir die geheimen Techniken untersuchen, mit denen Nostradamus seine prophetischen Orakel verfaßte, besser gesagt: konstruierte. Seine Methoden und Techniken bildeten einen integralen Bestandteil der üblichen okkulten Methodik. Wie bereits angedeutet, umfaßten sie eine esoterische Verwendung der Astrologie, ein geheimnisvolles Datierungssystem und eine symbolische Verwendung linguistischer Kunstgriffe, die auf die Grüne Sprache, die geheime Sprache der Esoteriker, zurückzuführen sind. Auch andere geheimnisvolle Techniken wurden in den Quatrains eingesetzt. Einige wiederum stammen aus dem Symbolismus der Alchimie, die in Nostradamus' Tagen noch eine lebende Wissenschaft war; diese können wir außer acht lassen.

Im folgenden untersuchen wir diese verschlüsselten Methoden systematisch. In Kapitel 3 befassen wir uns mit Nostradamus' geheimnisvoller Verwendung der Astrologie und analysieren sein rätselhaftes Datierungssystem – das *sekundadäische System* –, das mit einer prächristlichen Angelologie und Planetentheorie in Verbindung steht. In Kapitel 4 und 5 sehen wir uns die Eigenschaften der Grünen Sprache und ihre Bedeutung für die Prophezeiungen an. Anschließend werfen wir einen kurzen Blick auf bestimmte wichtige Prophezeiungen von Nostradamus, ehe wir unsere Aufmerksamkeit einigen anderen Quatrains zuwenden, die sich mit unserer eigenen Zukunft befassen. Im Verlauf der Kapitel untersuchen wir selbstverständlich manche bereits eingetroffene Vorhersagen detaillierter, die sich auf die Vergangenheit beziehen und uns die Möglichkeit eröffnen, die Genauigkeit der Prophezeiungen zu überprüfen.

Nahezu alle der etwa eintausend Quatrains der Prophezeiungen von Nostradamus müssen mit fundiertem Wissen geheimer Techniken und lexikographischer Sorgfalt gelesen werden. Zwangsläufig entziehen sich einige Verse unserer Interpretation noch immer. Doch dank verschiedenster Hinweise, die Nostradamus uns in Form seiner beiden verschlüsselten Werkzeuge – der Geheimastrologie und der Grünen Sprache – hinterlassen hat, geben nach und nach viele Vierzeiler ihre verborgene Bedeutung preis.

Aus Gründen, die wir in den folgenden Abschnitten erläutern, zitieren wir Originalquatrains, Episteln und andere prophetische Verse und Prosa von Nostradamus aus der Amsterdamer Ausgabe der *Prophéties* aus dem Jahr 1668 und ergänzen diese gelegentlich durch Hinweise auf die ·Leffen-Ausgabe und die Lyon-Ausgaben aus dem Jahr 1557. Für eine Analyse früherer Ausgaben der *Prophéties* verweisen wir auf Anhang II.

Sämtliche Bezeichnungen einzelner Verse der Prophezeiungen werden in der üblichen Schreibweise angegeben, wobei die Centurien mit lateinischen Ziffern und die Verse bzw. Quatrains mit arabischen Ziffern gekennzeichnet werden. Somit bezieht sich »X.36« auf die zehnte Centurie und Quatrain 36.

Die bibliographischen Anmerkungen werden in durchnumerierten Endnoten in arabischen Ziffern angegeben. Ausnahmen von dieser Regel finden Sie dort, wo sich Autorennamen innerhalb des Textes häufig wiederholen. Auch wenn diese oftmals genannten Autoren nicht immer in den Endnoten zu finden sind, werden ihre Werke in Anhang VIII – in der alphabetischen Bibliographie – aufgelistet. Dieser Bibliographie haben wir auch sämtliche im Text erwähnten Titel hinzugefügt. Zahlreiche Quellen sind in Latein oder Französisch angeben. Nostradamus neigte dazu, seine Korrespondenz in lateinischer Sprache zu führen, außerdem wurden die vorzüglichsten astrologischen und esoterischen Texte des sechzehnten Jahrhunderts in Latein verfaßt beziehungsweise ins Lateinische übersetzt. Die genauesten Untersuchungen der Arbeiten Nostradamus' wurden von französischen Autoren durchgeführt (es ist schlichtweg unmöglich, zu einer gerechten Beurteilung der Genialität von Nostradamus zu gelangen, ohne auf die Leistungen der modernen französischen Forschung hinzuweisen).

Wir betonen, daß die Bibliographie in Anhang VIII keineswegs sämtliche Bücher umfaßt, die sich mit Nostradamus beschäftigen. Selbst die 1990 veröffentlichte, unvergleichliche chronologische Bibliographie von Robert Benazra, die 634 dichtbeschriebene Seiten von Buchtiteln zu Nostradamus auflistet, ist nicht vollständig.

Einführung

»Wofür all dieses Jonglieren mit Namen, diese verdrehten griechischen Worte, diese Anagramme, die zwei Bedeutungen gleichzeitig in sich tragen? Wird dadurch nicht vielmehr jeder mögliche Glaube in die prophetischen Kräfte dieses provenzalischen Juden, der offenbar so viel wußte und dennoch nicht die Mühe auf sich nahm, sich verständlich auszudrücken, zerstört anstatt gefestigt?«

(James Laver, *Nostradamus, or the Future Foretold*, 1942)

Wir haben Nostradamus über mehrere Jahrzehnte hinweg studiert und erforscht und sind zu dem Entschluß gekommen, daß er ein genialer Prophet war. Eine Handvoll seiner etwa eintausend Vorhersagen könnte sogar für unsere unmittelbare Zukunft von Bedeutung sein. Im Verlauf unserer Untersuchungen der Prophezeiungen erhielten wir außerdem Einblick in sein einzigartiges Sprachtalent. Wir erkannten, daß vor uns die bemerkenswertesten astrologischen Orakel lagen, die jemals in der westlichen Welt veröffentlicht worden sind.

Dennoch galt unser anfängliches Interesse an dem Gelehrten nicht der Linguistik. Es entwickelte sich erst im Zuge eines allgemeinen praktischen Studiums von Astrologie und Esoterik. Unsere erste Auseinandersetzung mit Nostradamus erfolgte in den späten fünfziger Jahren, als wir auf James Lavers Werk über seine Prophezeiungen stießen.[1] Seither haben wir eine große Anzahl von Büchern über Nostradamus sowie den Okkultismus seiner Zeit gelesen. Auch wenn wir uns gezwungen sahen, unsere Meinung über den Historiker Laver zu ändern, und erkennen mußten, daß er wenig Neues über Nostradamus zu bieten hatte, sind wir weiterhin der Überzeugung, daß sein Buch unter Berücksichtigung der Entstehungszeit eine der besten verfügbaren allgemeinen Einführungen in die Werke des Meisters war. Laver behielt in seiner Argumentation recht, daß Nostradamus so herausragende Weltereignisse wie die Französische Revolution, Einzelheiten über Leben und Sterben Ludwigs XIV.

und Marie Antoinettes, die Pest und das Feuer von London, den Tod Karls I. von England und die Restauration Karls II., den kometenhaften Aufstieg Napoleons usw. vorhersagte. Eingehendere Studien der Werke von Nostradamus zeigten uns jedoch, daß Laver sich in seiner Erklärung, wie die Quatrains solche Ereignisse prophezeiten, oft im Irrtum befand. Ebenso täuschte er sich in einigen historischen Details, die er häufig kritiklos und ungeprüft von Charles Ward[2], einem Wissenschaftler des neunzehnten Jahrhunderts, übernommen hatte.

Darüber hinaus kamen wir mit wachsendem Wissen über Nostradamus zu der Ansicht, daß weder Laver noch Ward über ausreichende Kenntnisse der Astrologie sowie der Geheimsprache verfügten, um die Bedeutung der Quatrains vollkommen zu enthüllen. Dadurch waren diese beiden Autoritäten zu Fehleinschätzungen wichtiger Verse gelangt. Diese Erkenntnis spornte uns an, unser eigenes Verständnis der Astrologie des sechzehnten Jahrhunderts und der von Nostradamus verwendeten Grünen Sprache weiter zu vertiefen. Weder Laver noch Ward schienen mit der Grünen Sprache, der Sprache der Vögel (eine Erklärung dieser Namen finden Sie in Kapitel 4), wie sie die Esoteriker verwendet hatten, bekannt gewesen zu sein. Sie standen nicht allein. Nur eine geringe Zahl von Autoren, die sich mit Nostradamus befaßten, hatte das Ausmaß der Chiffrierung erkannt, das seine Vertrautheit mit dieser Geheimsprache gestattete. Der Mangel an Kenntnis der Grünen Sprache hat mehr als einen Versuch scheitern lassen, die Verse von Nostradamus zu verstehen, denn er schrieb nicht nur als unergründlicher Astrologe, sondern auch als Meister dieser Geheimsprache.

Hier ist zum besseren Verständnis unserer Annäherung an die Quatrains eine kurze Einführung in diese Sprache notwendig. Die Grüne Sprache ist eine kompakte literarische Form, in der Worte und Strukturen innerhalb von Sätzen verborgen sind, die bereits einen Sinn aufweisen. Die offensichtliche Bedeutung in einem in Versform verfaßten Satz nennt man *exoterische*, während die wahre, in diesem exoterischen Sinn verborgene und verschlüsselte Bedeutung die *esoterische* ist. Diese läßt sich nur von jemandem dekodieren, der mit den komplexen Regeln der esoterischen Sprache vertraut ist. Es ist ein mehrschichtiger Schreibstil voller Andeutungen, der sich an die Eingeweihten eines besonderen Reiches wendet. Auch wenn es sich hierbei um eine historische Sprache handelt, die bereits in der griechischen, römischen und germanischen Mythologie Erwähnung findet, ist sie uns möglicherweise eher als verschlüsselte Sprache der herausragendsten Schriften der Alchimisten des sechzehnten und siebzehnten Jahrhunderts bekannt. Unter ihnen findet sich etwa Paracelsus, dessen Werk bis heute größtenteils unerforscht ist, da nur wenige Forscher unserer Zeit über die Fähigkeit verfügen, diese Geheimsprache zu entschlüsseln. Nostradamus bediente sich ihrer in seinen Quatrains in der Absicht, seine Ideen und Vorhersagen so zu verhüllen, daß sie sich nur denjenigen erschlössen, die mit dieser Sprache vertraut sind. Allen anderen vermittelte sie nur die *Illusion* von Bedeutung.

Ausgestattet mit einigen Kenntnissen der esoterischen Sprache und einem recht umfangreichen Fachwissen der Literatur über Nostradamus, haben wir uns in seine Vierzeiler eingearbeitet und seine Vorhersagen studiert. Obwohl wir uns ausgiebig mit verwandten Bereichen des Okkultismus befaßten, behielten wir bis heute Stillschweigen über das, was Nostradamus in bezug auf die vergangene und zukünftige Geschichte der Welt sagte bzw. nicht erwähnte. Erst die aktuelle Entwicklung im Umgang mit Nostradamus' Prophezeiungen, die zweifellos von der Kommerzialisierung unseres Jahrhunderts beeinflußt ist, bewog uns dazu, dieses Buch zu schreiben.

In jüngster Zeit wurden viele unsinnige und irreführende Bücher zu Nostradamus veröffentlicht, die (abgesehen davon, daß sie den Autoren Geld brachten) lediglich zu einer Verzerrung seiner Botschaft beitrugen. Schwerer als diese Verzerrung wiegt, daß solche Bücher den Menschen Angst vor der Zukunft machen. Die Behauptung, Nostradamus habe für die letzten Jahre unseres Jahrhunderts einen Dritten Weltkrieg, den Untergang des Christentums, einen entsetzlichen finalen Krieg zwischen Christen und Muslimen und sogar das Ende der Welt vorhergesagt, gilt beinahe schon als Binsenweisheit. Nostradamus hat derlei Dinge niemals prophezeit. Wer seine Verse in einem solchen Licht interpretiert, hat die Schriften und Intentionen von Nostradamus mißverstanden. Diese Entstellung und die daraus resultierende Angst der Leser ermutigten uns, unser Wissen zu enthüllen.

Zeitgenössische Schriftsteller erweisen Nostradamus keinen guten Dienst. Henry C. Roberts[3] und Erika Cheetham[4], zwei der am häufigsten gelesenen Autoren, erheben den Anspruch, seine Verse übersetzt zu haben (was in beiden Fällen kein zutreffender Begriff ist), und gelangten dabei zu Mißinterpretationen. Beide beharrten darauf, daß das Ende des zwanzigsten Jahrhunderts entsetzliche Kriege, eine blutige Auseinandersetzung mit dem Islam, das Auftreten des Antichrist und sogar das Ende der Welt mit sich bringen werde. Die Veröffentlichung solch weitreichender und grauenvoller Vorhersagen zeigt, daß die Autoren Nostradamus falsch verstanden haben, denn er prophezeite niemals derartige ethnische Konflikte oder eine so unheilvolle Zukunft. Moderne Forscher neigten dazu, ihn fehlzudeuten, da es ihnen an einem tieferen Verständnis seiner geheimen Methoden, der Parameter, deren er sich bediente, der Sprache, in der er schrieb, und des historischen Hintergrunds seiner Vorhersagen mangelte. Dazu gehören Werke von Autoren wie Jean-Charles de Fontbrune (1983), John Hogue (1987), Liz Arkel und David Blake (1993), Peter Lorie und Liz Greene (1993), Francis X. King (1995).

Roberts und Cheetham scheiterten an einer nicht einmal annähernd genauen Wiedergabe der nur scheinbar französischen Verse von Nostradamus. Andere bedienten sich in ihren Arbeiten dieser »Übersetzungen«. In einem jüngst erschienenen Buch bietet Anderson Black eine »Übersetzung« an, die nahezu wortwörtlich mit der Version von Cheetham übereinstimmt. Der Autor behauptet, daß der Vers die bevorstehende atomare Zerstörung von Paris vorhersage. Wie sich herausstellte, hatte Cheetham die erste Zeile eines französischen Verses unpräzise übernommen, wodurch auch ihre Übersetzung (nennen wir sie lieber »Deutung«) unmöglich richtig sein konnte.[5] Da Black sich nicht auf die französische Version bezog, verwendete er Cheethams falsche Übersetzung als Grundlage für seine Übertragung (sic).

Roberts, der sich auf die von Garencières im Jahr 1672 veröffentlichte älteste englische Übersetzung stützt, sieht in demselben Vierzeiler einen Hinweis auf einen nuklearen Holocaust und eine Anspielung auf Pearl Harbor, Hiroshima und Nagasaki. Weder ihm noch jenen, die sein Werk später fortsetzten, gelang es, die französischen Originalverse oder eine angemessene Übersetzung der Schriften des Sehers wiederzugeben. Roberts Vertrauen zu Garencières war unangebracht. Diese frühe Übersetzung enthielt zahlreiche Fehler, und praktisch alle Aufzeichnungen Garencières waren falsch.

So ungenau und irreführend diese modernen Übersetzungen und Deutungen auch sind, werden sie doch von vielen anerkannt, die nicht das Glück haben, mit den Schriften von Nostradamus näher vertraut zu sein. Da sie uns eine beängstigende Zukunft voller Leid, Katastrophen und Tod ankündigen, ist die Unzulänglichkeit ihrer Analyse noch nachdrücklicher zu verurteilen.

Hier noch einige weitere Beispiele fahrlässig interpretierter Unheilsvorhersagen: Laut Jean Monterey ist ein thermonuklearer Luft- und Seekrieg zwischen Ost und West zu erwarten, der seinen Abschluß im Gebiet des Mittelmeers finden soll.[6] Dabei gibt es keinen Quatrain, der einen derartigen Konflikt erwähnt. Erika Cheetham behauptet, Nostradamus habe das Ende der Welt für das Jahr 2000 vorhergesagt und seltsamerweise sowohl für vorher als auch für *nachher* Kriege prophezeit. Es ist überflüssig, darauf hinzuweisen, daß der Gelehrte keine Weissagungen dieser Art verfaßte. Der französische Nostradamus-Interpret

Jean-Charles de Fontbrune beharrte auf seiner Ansicht, der Gelehrte habe eine aus Asien kommende Bedrohung der UdSSR mit chemischen Kampfmitteln sowie die Vertreibung der Russen aus Moskau vorausgesagt.[7] Auch in diesem Fall existiert kein Vierzeiler von Nostradamus, der derartiges beinhaltete. Arkel und Blake zufolge zeigt sich die von Nostradamus geschilderte Zukunft in einem derart düsteren Licht, daß nur wenige Menschen die zu erwartenden Katastrophen überleben werden. Auf die Zerstörung solle allerdings ein neues Zeitalter folgen. Tatsächlich erwähnte Nostradamus niemals ein Neues Zeitalter und ebensowenig die Vernichtung der Menschheit in einer Katastrophe.

Wie wir in diesem Buch darlegen, wurden zahlreiche von Nostradamus' Prophezeiungen bereits zu einem früheren Zeitpunkt aus Mangel an Fachwissen absichtlich oder unabsichtlich fehlerhaft übersetzt. Mißverstandene Interpretationen irreführender Quatrains verleiteten sogar manchen Leser zu Handlungen von größter Tragweite. Napoleon und Hitler sind berühmte Beispiele dafür. Beide scheinen auf gewisse Weise die »Erfüllung« von Prophezeiungen, die sie auf ihre eigene Zeit und Person bezogen wissen wollten, vorangetrieben zu haben. Moderne Forscher wie David Pitt Francis[8] befaßten sich mit der historischen und soziologischen Auswirkung derartiger Irrtümer. Die Tatsache, daß sowohl Napoleon als auch Hitler den Versuch unternahmen, mißgedeutete Weissagungen zu verwirklichen, wäre an sich ohne Belang. Doch die Konsequenzen ihrer Handlungen waren verheerend. Wäre es nicht denkbar, daß ein zukünftiger Kriegshetzer – eine fundamentalistische Gruppe oder ein fanatischer Messias – in *unserer* Zukunft auf ähnliche Weise agiert und im Versuch, eine mißgedeutete Vorhersage wahr werden zu lassen, die Gesellschaft ins Chaos stürzt?

»Am Ende des alten Jahrhunderts, zwischen dem 23. November und dem 21. Dezember des Jahres 1999, wird der endgültige Krieg der Kriege entfesselt werden.«

Diese Deutung des Nostradamus-Vierzeilers I.16 findet sich in Roberts' 1982 veröffentlichtem Buch *The Complete Prophecies of Nostradamus*. Tatsächlich erwähnte Nostradamus in seinem Quatrain weder das Jahr 1999 noch die Monate November oder Dezember, noch stellte er die Behauptung auf, daß ein endgültiger Krieg der Kriege zu diesem oder irgendeinem anderen Zeitpunkt losbreche. Dennoch erfuhr Roberts' ursprünglich aus dem Jahr 1947 stammende Übersetzung nicht weniger als acht Auflagen und unzählige Nachdrucke und hat somit wahrscheinlich mehr Exemplare der berühmten *Prophéties* verkauft als jede andere

27

moderne Ausführung. Wie ist es möglich, daß ein so oft verkauftes und so populäres Buch auf so fehlerhaften Annahmen beruht?

Die Antwort auf diese Frage ist deprimierend einfach. Personen, die Nostradamus' Schriften nicht zu lesen verstehen, sich niemals in seine Methoden vertieft haben und seine Symbolik nicht begreifen, fühlen sich oftmals herausgefordert, sich an der Übersetzung seiner Quatrains zu versuchen. Sie erkennen nicht, daß der Prophet aus der Kenntnis einer geheimen, auf einer jahrhundertealten Weissagungstradition beruhenden Weisheit sprach – und zuweilen auch Prophezeiungen anderer Seher zitierte –, um die herum sich okkulte Methoden und geheimsprachliche Begriffe gebildet hatten. Sie sehen nicht, daß für das Verstehen dieser Art von Vorhersagen ein lebenslanges Studium erforderlich ist.

Aber wir müssen nicht in die Ferne blicken, um zu entdecken, weshalb der oberflächliche Zugang zu Nostradamus so populär ist. Wir leben in einem Zeitalter der Gewalt, in dem Schadenfreude salonfähig ist und sich Bücher, die eine groteske und schreckliche Zukunft vorhersehen, im allgemeinen besser verkaufen als solche, die gemäßigtere Zukunftsaussichten anbieten. Der pseudowissenschaftlich interpretierte Nostradamus ist ein kommerzielles Produkt, das aufgrund seines Einflusses auf die Phantasie der Menschen beträchtlichen Schaden verursachen kann und deshalb entschieden abgelehnt werden sollte.

Da Nostradamus von einer Unzahl moderner Autoren aufgrund seines Stils mißverstanden wurde, erfolgt unsere Neubewertung im Licht des astrologischen Wissens und geheimnisvollen Sprachgebrauchs des sechzehnten Jahrhunderts. Unsere Absicht ist es, den okkulten Hintergrund einer Reihe repräsentativer Quatrains zu enthüllen und aufzuzeigen, daß das Verständnis der Prophezeiungen die Kenntnis der verborgenen Methodik von Nostradamus voraussetzt.

Auch wenn die von Nostradamus in der Ausarbeitung seiner Quatrains angewendeten Methoden vielschichtig sind, lassen sie sich auf drei Basistechniken reduzieren:

- Wann immer Nostradamus ein genaues Datum in der Zukunft angeben wollte, tendierte er dazu, sich geheimnisvoller astrologischer Systeme zu bedienen, die tief in den Techniken des sechzehnten Jahrhunderts verwurzelt waren.

- Wenn er sich auf allgemeinere Zeitperioden wie Jahrhunderte, Zyklen oder Zeitalter bezog, wendete er ein im sechzehnten Jahrhundert weitverbreitetes, heute jedoch nahezu in Vergessenheit geratenes okkultes

System an: das verschlüsselte System geschichtlicher Periodizität, welches von Trithemius, dem Abt von Sponheim und vielleicht einflußreichsten Okkultisten des ausgehenden fünfzehnten Jahrhunderts, durch seine Abhandlung über die *Secundadeis*, also die planetarischen Engel, in Europa wiedereingeführt wurde (näher erläutert in Kapitel 3).

• Nostradamus griff auf ein linguistisches System zurück, das seit vielen Jahrhunderten bei Esoterikern und Okkultisten beliebt war und heute als Grüne Sprache bekannt ist.

Da ein gewisses Hintergrundwissen dieser drei Geheimtechniken für die Annäherung an die Prophezeiungen des Nostradamus notwendig ist, werden wir sie im Rahmen seiner Quatrains in den folgenden Kapiteln erläutern. Doch bevor wir uns den Vorhersagen zuwenden, sollten wir einen kurzen Blick auf die Struktur der Vierzeiler selbst werfen.

DAS WESEN DER PROPHEZEIUNGEN

Die Titel der frühen Literatur zu Nostradamus bezogen sich nicht auf die Centurien, sondern auf die *Prophéties*. Der lange Name der im Jahr 1588 veröffentlichten 21. Ausgabe der Verse deutet darauf hin, daß sie in vier Centurien unterteilt sind. Andererseits ist das Beharren auf dem Ausdruck *Prophéties* in der Bezeichnung des Werkes als *Les Grandes et Merveilleuses Prophéties...* ein Hinweis darauf, daß man sich bewußt war, daß nicht alle Vorhersagen von Nostradamus als vierzeilige Verse verfaßt worden waren. Dennoch verwendete Nostradamus-Schüler Jean-Aimé de Chavigny 1596 den Ausdruck Centurien im Titel seines Kommentars zu den Versen, was zweifellos zu dessen Verbreitung beitrug.

Die klassischen Prophezeiungen von Nostradamus wurden in Form von Quatrains niedergelegt, die zu Centurien zusammengefaßt waren. Der Name dieser Versanordnungen ist nicht darauf zurückzuführen, daß es sich hier um Zeittafeln oder Ereignisse innerhalb eines Jahrhunderts handelt, sondern auf Nostradamus' Einteilung in Gruppen von etwa einhundert Versen. Dennoch ist auch diese Bezeichnung strenggenommen nicht wirklich zutreffend, da ein oder zwei Centurien nicht genau einhundert Quatrains umfassen. Die Centurie VII beinhaltet in einer Ausgabe nur vierundvierzig, in einer anderen achtundvierzig Verse. Wie wir im weiteren sehen werden, umfaßt die erste veröffentlichte Verssammlung eine vierte »Centurie« mit lediglich dreiundfünfzig Quatrains.

Auch wenn in modernen Werken über Nostradamus häufig der Eindruck erweckt wird, es bestünde ein Konsens über Form und Wesen der ersten Ausgabe der *Prophéties*, liegt in bezug auf das Datum der Veröffentlichung noch einiges im dunkeln. Denn obwohl die *Prophéties* in zwei Teilen gedruckt wurden, weisen gewisse Unterschiede zwischen den ersten beiden Abschnitten darauf hin, daß sie möglicherweise in drei getrennten Einheiten herausgegeben worden sind. Der erste, von Macé-Bonhomme (wahrscheinlich Mathieu Bonhomme, ein Buchdrucker aus Lyon, 1542-1569) 1555 veröffentlichte Teil umfaßte die ersten drei Centurien und dreiundfünfzig Verse der folgenden Centurie – insgesamt also 353 Verse – sowie einen Brief an Nostradamus' kurz zuvor geborenen Sohn César. 1557 erschien die Ausgabe von Antoine du Rosne (Lyon), die vielfach als zweite, von manchen als fünfte Edition der *Prophéties* bezeichnet wird. 1558 wurde eine Editio princeps veröffentlicht (ein Exemplar dieses Werkes findet sich in der Bibliothèque Nationale in Paris), die Pierre Rigaud aus Lyon zugeschrieben wird. Auch dieses Datum ist umstritten. Eine ausführliche Abhandlung über die undurchsichtige Geschichte der frühen Ausgaben findet sich mit bemerkenswerter Klarheit bei Benazra.[9] In Anhang I werden wir bei der Untersuchung des Horoskops von Nostradamus darauf eingehen, warum die Jahre 1555 und 1558 als realistisch anzusehen sind. Es gibt eine sozusagen kosmische Begründung: Sie passen präzise zu den Ereignissen, die im Geburtsdiagramm des Meisters vorhergesagt werden. Unserer Ansicht nach wurden sie aus eben diesem Grund überliefert. Da allerdings unser Hauptinteresse den Vorhersagen in den Quatrains gilt und nur eine oder zwei das spätestmögliche Veröffentlichungsdatum (1558) angeben, können wir die Streitfragen rund um die frühen Ausgaben getrost beiseite lassen.

Dennoch ist es angesichts der komplizierten Veröffentlichungsgeschichte der *Prophéties* erforderlich, einige der früheren Ausgaben heranzuziehen, um aufzuzeigen, warum wir diese spezielle Version der Quatrains für unsere Interpretation verwenden. Ein vor kurzem entdeckter Briefwechsel deutet auf Schwierigkeiten zwischen Nostradamus und seinen Druckern hin. Diese Situation wurde durch die Tatsache verschärft, daß sich der Druckvorgang eines Buches im sechzehnten Jahrhundert deutlich von der heutigen Arbeitsweise unterschied. So war es allgemein üblich, Fehler (bzw. vermutliche Fehler) während des Buchdrucks an der Presse selbst auszubessern. 1715 klagte der anonyme englische Nostradamus-Forscher D.D.:

»Die Fehler in Schrift und Druck in vielen Ausgaben von Nostradamus' Prophezeiungen sind so augenfällig, daß es kaum einen einzigen Quatrain gibt, der nicht in den verschiedenen Versionen voneinander abweichende Bedeutungen erhält.«[10]

Ein gutes Beispiel dafür bietet ein kurzer Satz, der uns in den Ausgaben der *Prophéties* seit dem sechzehnten Jahrhundert bis in unsere modernen Zeiten in einer Anzahl unterschiedlichster Versionen begegnet.

In der Edition von Pierre Rigaud aus dem Jahr 1566 taucht in Quatrain IX.62 die Phrase »Chera mon agora« auf, die in der Ausgabe von Benoist Rigaud (1568) auf das Wort »Cheramon« verkürzt wurde. Derselbe Satz findet sich in Jauberts Abhandlung dieses Verses (1603) als »Cheramonagora« wieder, was (ohne geeignete Erklärung) als »Le Marché des Poitiers« (»Poitiers Markt«) übersetzt wurde.[11] In der Amsterdamer Ausgabe von Jean Jansson aus dem Jahre 1668 liest sich diese Textstelle folgendermaßen: »chera ausi de mont agora«.

Es ist kaum verwunderlich, daß sich die moderneren Versionen dieser Wörter auf verwirrende Weise voneinander unterscheiden. In einem Buch über Nostradamus aus dem neunzehnten Jahrhundert wird derselbe Versteil als »Chera, aussi le mons Agora« wiedergegeben.[12] 1982 zitierte Roberts diese Stelle ohne jede weitere Erklärung als »Cheramonagora«. Er hatte diesen Ausdruck aus der Ausgabe von Garencières aus dem Jahr 1672 übernommen, der sie wiederum bei Jaubert entlehnt hatte. Bei dem modernen italienischen Nostradamus-Forscher Carlo Patrian findet sie sich in der Form »Chera Monagora« und wird als Mittel zum händischen Transport erklärt. Bardo Kodogo bietet die wahrscheinlich direkt von Cheetham entlehnte Variante »Cheramon agora« an, die er als Hinweis auf den gemeinsamen Markt, den Vorläufer der Europäischen Union, deutet. Cheetham selbst erklärt den Begriff als Namen einer Stadt in Kleinasien, bei der es sich um das heutige Usak in der Türkei handeln soll. Möglicherweise bezog sie sich auf Cherronesus, eine thrakische Halbinsel westlich des Hellesponts.

Aufgrund der Vielzahl voneinander abweichender Deutungen ist es unentbehrlich, einen Wortlaut festzulegen, der sich so präzise wie möglich an Nostradamus' Aufzeichnungen hält. In Anhang II findet sich eine kurze bibliographische Übersicht über die frühen Ausgaben der *Prophéties*, soweit sie für unsere Behandlung der Quatrains von Bedeutung sind.

DIE SPRACHE DER PROPHEZEIUNGEN

Will man den Okkultisten recht geben, so beobachtete Nostradamus in seinen Vorhersagen den Ablauf der sogenannten *Akasha-Chronik*. Der Begriff Akasha stammt aus dem Sanskrit und bedeutet »leuchtend«. Er wurde von den Theosophen gegen Ende des neunzehnten Jahrhunderts im westlichen Okkultismus eingeführt und stellt das geheime fünfte Element dar, das die vier traditionellen Elemente verbindet. Somit ist Akasha gleichbedeutend mit der »Essenz« in der Antike und den »leuchtenden Wassern« der Alchimisten. Gemäß der okkulten Überlieferung werden die Erinnerungen an sämtliche Ereignisse auf der Erde im Akasha-Gürtel, der um den spirituellen Körper der Erde liegt, gespeichert. Okkultisten und Eingeweihte mit besonderer Ausbildung sind in der Lage, dieses Erinnerungsband, mitunter Akasha-Chronik genannt, zu lesen. Doch auch diesen Menschen mit weitreichender Sehergabe können nur allzu leicht Fehler unterlaufen. Ein berühmtes Beispiel dafür ist die Mißinterpretation von Helena Petrowna Blavatsky (1831-1891), die die Ereignisse im Leben von Jesu ben Pandira mit denen im Leben von Jesus von Nazareth vermengte. Vor der Einführung solcher orientalischer Begriffe in den westlichen Okkultismus durch die Theosophen waren die Akasha-Aufzeichnungen unter verschiedenen Namen bekannt. Der von Paracelsus eingeführte Begriff *Aniadus* dürfte in den Kreisen der geheimen Alchimie verbreitet gewesen sein.

In der kabbalistischen Tradition gab es sogenannte Aufzeichnungsengel, die heute von den meisten Esoterikern als *Lipika** bezeichnet werden. Diese Wesen waren (und sind es noch heute) für die Aufzeichnung der *Anima Mundi*, d. h. der Weltseele – sämtlicher spiritueller Ereignisse auf Erden wie etwa menschlichen Gedanken, Taten und Worten –, verantwortlich. Historisch bedingt und basierend auf der Tatsache, daß die frühe römische Kirche aus administrativen und politischen Gründen das Römische Imperium billigte, konzentrierte sich die jüdisch-christliche Gedankenwelt über Jahrhunderte hinweg auf Tradition und Vergangenheit anstelle von Neuerung und Zukunft. Eine Folge daraus ist die Betonung von Riten rund um das Sterben und den Tod auf Kosten angemessener Liturgien für pränatale Erfahrungen und Geburt. Die Lehre der Reinkarnation, die im überlieferten Geheimwissen der Esoterik verwur-

---

* Lipika ist ein Begriff aus dem Sanskrit, der »lesen« bedeutet. Damit werden spirituelle *lip* bezeichnet, Wesen, die mit der Aufzeichnung (dem »Lesen« und »Niederschreiben«) von Gedanken, Gefühlen und Taten der Menschen in der akashischen Tradition beauftragt sind.

zelt war, wurde innerhalb der Frühkirche ignoriert; nur ein geringer Teil des prächristlichen mystischen Wissens über Reinkarnation gelangte in die christlichen Mysterien. So erklärt sich die Tatsache, warum sich die christlichen Mysterien hauptsächlich mit einem zukünftigen spirituellen Leben sowie Liturgien und Gebeten für die Toten in einem postmortalen Dasein auseinandersetzen, anstatt sich dem Bedürfnis der Menschen nach Liturgien und Gebeten für die Rückkehr der Seele durch Inkarnation oder Geburt zu widmen. Zwar scheint diese Überlegung in keinem oder nur einem geringen Zusammenhang zu Nostradamus zu stehen, aber sie erläutert teilweise die Feindseligkeit der Kirche gegenüber prophetischer Literatur.

Nostradamus war weder der erste, der akashische Visionen niederschrieb – sämtliche »echten« Propheten lasen die Akasha-Chronik –, noch der erste, der sie in solch obskuren Begriffen festlegte, daß sie vor Eintreten des vorhergesagten Ereignisses unenthüllbar blieben. Allerdings sagte er erstmals die gesamte Geschichte Europas – mit besonderem Schwerpunkt auf die Frankreichs – über einen Zeitraum von achthundert Jahren vorher. Das Besondere an Nostradamus ist jedoch nicht die Tatsache, daß er sich auf die Entwicklung einer bestimmten Kultur konzentrierte, sondern daß er für die Aufzeichnung seiner Vorhersagen einen eigenen literarischen Stil entwickelte.

Da er ein Eingeweihter war, hatte er die Fähigkeit erworben, die akashischen Aufzeichnungen zu lesen. Heute behaupten viele Seher, Zugang zu diesen Aufzeichnungen zu haben. Meistens ist das ein Irrtum, da sie sich lediglich mit dem befassen, was frühe Theosophen als »Reich des Glanzes auf einer astralen Ebene« bezeichneten.* Auf diesen Unterschied muß hingewiesen werden, da ansonsten die Genialität von Nostradamus ungewürdigt bliebe. Heute gibt es bereits einige »Seher«, die seine Vorhersagen auf Basis vorgegebener akashischer Visionen neu

---

* Theosophen sind Mitglieder der von Blavatsky und anderen im Jahr 1875 in New York gegründeten Theosophischen Gesellschaft. Dieser Ausdruck wurde von manchen Alchimisten und Rosenkreuzern vom sechzehnten bis zum achtzehnten Jahrhundert verwendet. Manchmal wurden auch die alexandrinischen Neoplatoniker als Theosophen bezeichnet. Das Wort stammt aus dem Griechischen und bedeutet »Anhänger Gottes«.

Gewisse blavatskische Theosophen beschrieben einen Abschnitt der astralen Ebene (einer spirituellen Ebene, die über der materiellen liegt und für das Auge eines gewöhnlichen Menschen nicht sichtbar ist) als das Reich des Glanzes, das jene Seher entlarve, die den Schleier des Geistes ohne angemessene Vorbereitung zu durchdringen suchten.

bearbeiten und interpretieren. Manch einer behauptet sogar, vom Geist des Nostradamus geleitet zu werden, und enthüllt auf diese Weise seine völlige Unkenntnis der kosmischen Gesetze der Reinkarnation, die von dem hervorragenden deutschen Okkultisten und Anthroposophen Günther Wachsmuth niedergelegt worden sind.*

In den letzten Jahren erfuhren wir von verschiedenen Channelling- oder Regressionstechniken, die angeblich auf Nostradamus gründeten. (Channelling ist nichts anderes als die herkömmliche Hellseherei in einem neuen Gewand, aber ebenso gefährlich.) Eine Anzahl angeblicher Prophezeiungen von Nostradamus dieser Art wurde von Dolores Cannon herausgegeben.[13] Dabei handelt es sich um die üblichen unheilvollen Vorhersagen, die als »Interpretationen« von Nostradamus bezeichnet werden und einer phantasiebegabten pseudowissenschaftlichen Strömung angehören. Sie umfassen Prophezeiungen über die Ausbreitung von Aids ebenso wie über das Auftreten des Antichrist, eine Wirtschaftskrise in den Vereinigten Staaten und die Ermordung des Papstes Johannes Paul II. im Jahr 1992.

Nostradamus' einzige Erklärung zu seinen Quatrains scheint die gewesen zu sein, daß sie sich mit der Zukunft befaßten. Auch wenn er gewisse Hinweise (die nur für Kenner verborgener Methoden ersichtlich sind) darauf hinterließ, welche okkulten Systeme er bevorzugte, bot er doch keine Deutungen an. Dies heißt, daß sämtliche veröffentlichten Kommentare zu den Prophezeiungen Ergebnis persönlicher Forschungen, Vermutungen und (bei zahlreichen modernen Beispielen) unqualifizierten Plagiats sind.

Hätte man in den alten *grimoires*** einen dunklen Engel mit der Mitteilung von Prophezeiungen betraut, wäre sein Name »Nationalismus« gewesen. Die prägendste Kraft bei der Interpretation der Quatrains war ein von dem Irrglauben genährter Nationalismus, daß sich Nostradamus ausschließlich mit dem zeitgeschichtlichen Umfeld des Deutenden befaßt habe. Nur einige wenige französische Forscher des neunzehnten Jahrhunderts bezweifelten, daß es sich bei der von Nostradamus erwähnten großen Stadt (»Grand Citée«) um Paris handelt, obwohl es

---

* Einen Überblick vermittelt F. Gettings' *Encyclopaedia of the Occult*, 1981, Seite 181.

** Als *grimoires* bezeichnet man die alten Schwarzbücher des ausgehenden Mittelalters, in denen die Regeln für die Beschwörung von Dämonen mit den jeweiligen Namen, astrologischen Zeichen und Ritualen niedergelegt sind. Sie beinhalten überdies eine Beschreibung der Gestalt, in der sich der Dämon zeigt.

dafür kaum Hinweise gibt. Der englische Interpret D. D. war der Überzeugung, daß sich »Anglia«, das Nostradamus auch als »Land der Wohnstätte der Engel« bezeichnete, auf England beziehe.[14]

Es gibt kaum etwas Deprimierenderes, als durch das Dickicht – zumeist französischer – »Deutungen« zu waten, die nahezu jeden Vierzeiler mit der Dritten Republik oder dem Ersten bzw. Zweiten Weltkrieg in Verbindung bringen, als hätte das Hauptinteresse des Meisters aus dem sechzehnten Jahrhundert diesen Ereignissen gegolten. Zumindest zwei französische Autoren widmeten einen Gutteil ihres Lebens dem Versuch nachzuweisen, daß einige Vierzeiler die Wiederberufung der Bourbonendynastie auf den französischen Thron zum Inhalt hätten – obwohl auch den kurzsichtigsten Zeitgenossen klargewesen sein mußte, daß deren Ära für immer vorüber war.[15] Zu diesen Beispielen gehört auch die Behauptung des französischen Autors Rochetaillée, Nostradamus habe sich besorgt über den Fall des französischen Präsidenten Maurice de MacMahon im Jahr 1879, die Wahl von Jules Grévy zum Präsidenten der Republik im Jahr 1879 sowie den Wahltriumph General Georges Boulangers im Jahr 1889 tief besorgt gezeigt, um nur einige Beispiele zu nennen. Wie Laver, auf diese französische Selbstbezogenheit angesprochen, treffend bemerkte, sei es schwierig zu glauben, daß der Tod des Kronprinzen der Zulus elf Quatrains verdiene und allein acht oder neun Vierzeiler der Dreyfus-Affäre gewidmet sein sollten.[16]

Ein Ziel dieses Buches liegt darin, solche wissenschaftlichen Fehler auszumerzen, indem wir uns mit der Geheimastrologie von Nostradamus befassen sowie einen Überblick über die planetarischen Engel des Trithemius geben. Außerdem gehen wir in einer detaillierteren Zusammenfassung auf die Terminologie der Grünen Sprache ein, die sich in den Schriften von Nostradamus in solch verschwenderischer Fülle findet. Die Kenntnis dieser geheimen Techniken und Begriffe ist für das Verständnis der Prophezeiungen unerläßlich, da die wichtigsten Schlüsselwörter, Daten und geschichtlichen Bezüge in den Quatrains üblicherweise in dieser Geheimsprache angegeben werden, die sich deutlich von jeder bekannten europäischen Sprachfamilie unterscheidet.

Doch bevor wir die geistigen und kreativen Techniken der Prophezeiungen erklären, sollten wir uns mit der Person von Nostradamus beschäftigen. Wir wollen kurz auf seine Biographie eingehen sowie uns mit dem kulturellen und spirituellen Umfeld befassen, das seiner bemerkenswerten Leistung im Bereich der Geheimliteratur zugrunde liegt.

TEIL 1

Leben, zeitgeschichtliches Umfeld und
Techniken des Nostradamus

Kapitel 1

Nostradamus und seine Zeit

»Auch viele andere, denen eine angemessene siderische Fähigkeit gegeben war, wurden durch unermüdliche Übung ihrer angeborenen Begabung auf ebendiese Weise zu Gelehrten. Es kommt vor, daß diese Menschen den Einfluß ihres Sternbildes wie Sonnenstrahlen auf sich herabziehen. So eröffnen allein die Gestirne ein erstaunliches Wissen, eine Lehre und Weisheit. Da der Himmel so beschaffen ist, daß er von sich aus siderische Körper erzeugt, bringt er eine Vielzahl großer Geister hervor, Schreiber, Ärzte, Deuter heiliger Schriften und Philosophen – jeder von seinem Sternbild geformt. Trotz der einzigartigen Autorität, die ihnen durch den Einfluß ihres Sternbildes, durch die Geister der Natur, aber nicht von Gott verliehen wurde, sind ihre Schriften und Lehren nicht als heilig zu betrachten. Kräfte dieser Art gehen oftmals in außergewöhnlicher Weise vom Geist eines Menschen aus, dessen Herz und Seele von einem trunkenen Stern verändert und den Heiligen angeglichen wurde: Wie der Wein den Menschen verändert, so werden auch diese Personen verändert. So lohnt es sich, diese Form der Astronomie zu begreifen.«

(*Paracelsus, The Hermetic and Alchemical Writings*, 1894, herausgegeben von A. E. Waite, Band II, *Hermetic Medicine and Hermetic Philosophy*, Seite 302)

Im Jahr 1555 veröffentlichte Michel Nostradamus den ersten Teil seiner Prophezeiungen, einer geheimnisvollen Sammlung von Vorhersagen, die zum berühmtesten französischen Buch des sechzehnten Jahrhunderts werden sollte. Wer war dieser bemerkenswerte Gelehrte, und wie verlief sein Leben im damaligen Frankreich?

Gemäß den Aufzeichnungen seines Sohnes César (die sich als etwas unzuverlässig herausgestellt haben) wurde Nostradamus in Südfrankreich in Saint-Rémy-de-Provence, einer kleinen Marktgemeinde im heutigen Departement Bouches-du-Rhône, etwa zwanzig Kilometer nordöstlich von Arles, am 14. Dezember 1503 alter Zeitrechnung geboren.* Auf das zu diesem Geburtsdatum gehörende Horoskop werden wir in Anhang I näher eingehen. Es ist ein außergewöhnlich kraftvolles Diagramm, in dem sich drei höherrangige Sterne (Mars, Jupiter und Saturn) über den beiden Fixsternen Castor und Pollux befinden (Abb. 3).

Sollte es der Wahrheit entsprechen, daß Nostradamus, wie wir annehmen, wenige Minuten nach Mittag geboren wurde, so ist das Horoskop geradezu überladen. Der von der Opposition zwischen der Sonne und den drei höheren Sternen Mars, Jupiter und Saturn hervorgerufene Konflikt würde eine besondere Disziplin erfordern, um die kreativen Energien unter Kontrolle zu halten. Aufgrund der Abbildung, die uns eine bemerkenswerte, von Nostradamus später in seinem persönlichen Siegel als eine Art Talisman verwendete Anordnung zeigt, können wir davon ausgehen, daß er mit einer mehr als außergewöhnlichen Mission und sämtlichen Versprechungen geboren wurde, die Paracelsus in seiner Beschreibung des wahren Sehers anführte (s. Beginn dieses Kapitels). Um derartigen Versprechungen gerecht zu werden und Ausdrucksmöglichkeiten für solch kraftvolle Energien zu finden, hätte Nostradamus die Anleitung eines eingeweihten Lehrers benötigt. Ohne die entsprechende Initiation hätten sie sich in zerstörerischer Weise gegen ihn wenden können. Sein Leben und sein Werk sind der Beweis, daß es ihm gelang, sich diese Kräfte zunutze zu machen. Ebenso eindeutig ist, daß er – in den Worten Paracelsus' – von einem trunkenen Stern, einem »stella dilutior«, berührt und ein wenig vom Einfluß eines Geistes berauscht war. Wer der Lehrer dieses Mannes war, ist bis heute unbekannt. Berücksichtigt man den Ruhm, den er bereits zu Lebzeiten genoß, und den außergewöhnlichen Aufwand der Gelehrten, die nach jeder Einzelheit seines Lebens forschten, so bleibt Nostradamus' Leistung im Grunde ein Rätsel.

Edgar Leroys[1] unermüdliche Recherchen ergaben eine Reihe genealogischer Tabellen, die einiges berichtigten, was man bis dahin über Nostradamus' Herkunft annahm, hauptsächlich aufgrund der Aufzeichnungen von Jehan de Nostredame (dem Bruder des Gelehrten)[2], César de Nostredame (seinem Sohn)[3] und Jean-Aimé de Chavigny (seinem

---

* Das alte Zeitrechnungssystem war von Julius Cäsar 46 v. Chr. eingeführt worden und auch unter dem Namen »Julianisches System« bekannt. Mitte des sechzehnten Jahrhunderts befand es sich bereits in Überprüfung und wurde von Papst Gregor XIII. im Jahr 1582 abgeändert. Seit dieser Zeit ist es sowohl als Gregorianischer Kalender wie auch als »neue Zeitrechnung« bekannt. Viele Jahre lang wurde es in den meisten protestantischen Ländern nicht anerkannt. Großbritannien führte es erst 1752 ein, Rußland 1918.

Freund und Schüler).[4] Unglücklicherweise kam Leroy zu dem Schluß, daß über die frühen Lebensjahre von Nostradamus kaum etwas mit Bestimmtheit gesagt werden könne. Dennoch tauchen aus dem Dunkel einige wenige Tatsachen auf. So wurde bekannt, daß Nostradamus' Vater, Jacques de Nostredame (manchmal auch Jaume genannt), in Avignon geboren worden war und sich seinen Lebensunterhalt erst als Kaufmann und später als Notar verdiente. Seine Mutter hieß Reynière de Saint-Rémy (oder Renée). Heute noch ist die verfallene Fassade des Hauses in der Rue Hoche zu besichtigen, in dem Nostradamus angeblich geboren wurde. Nicht weit davon entfernt findet man in einer alten Straße, die heute Rue de Nostradamus heißt, über einem mit zwei Fischen und löwenhäuptigen Wasserspeiern verzierten Brunnen eine Büste des Gelehrten (s. Abb. 4).

Doch Nostradamus' wahrer, auf Worte, Etymologien und Geheimwissenschaften ausgerichteter Geist offenbart sich nicht in Saint-Rémy, sondern in einem etwa eineinhalb Kilometer südlich gelegenen Gebiet. Der französische Forscher Jean-Paul Clébert, dessen Deutung bestimmter Vierzeiler zu den scharfsinnigsten unserer Zeit zählt, erkannte den Einfluß einer nahe Saint-Rémy gelegenen Landschaft auf den Geist des jungen Nostradamus.[5] Er weist uns darauf hin, daß sich – was jedem Besucher von Saint-Rémy auffällt – das seltsame Wort »Mansol« (erscheint in sechs Vierzeilern) hier auf einen nahen Ort im Süden bezieht.[6] Es handelt sich um das alte Priorat, das Manseolo aus dem dreizehnten Jahrhundert, jenes Saint-Paul-de-Mausole unserer Tage, in dessen Kreuzgang sich noch van Goghs Malereien befinden und an das heute eine psychiatrische Klinik anschließt, die den Namen des Künstlers trägt.*

Kirche und Kloster von Saint-Paul-de-Mausole entsprechen dem »Pol Mansol« zu Beginn des Vierzeilers X.29. Selbst die sogenannte »Pyramide«, die vor den ausgehöhlten Wänden unterhalb der Kirche inmitten von Lavendelfeldern steht, sowie die in den Fels gehauenen Ziegenställe, die man den Touristen als alte römische Sklavenhöhlen präsentiert, erwähnt Nostradamus.[7] Die mögliche prophetische Bedeutung dieser sechs Mansol-Vierzeiler läßt sich mit

---

* Schriften aus der Zeit von Nostradamus bezeichnen den Komplex als Saint-Paul-de-Mausole, der lateinische Name im dreizehnten Jahrhundert war jedoch Manseolo. In verschiedenen Vierzeilern bezieht sich Nostradamus auf dieses Gebäude als »Pol Mansol«, »Mausole« oder »Mansole«. Heute tragen Kirche und Krankenhaus den Namen Saint Pol de Manseole oder Saint-Paul-de-Mausole. In Reiseführern finden sich weitere Varianten.

größerer Sicherheit herausarbeiten, sobald man ihren Bezug zu Saint-Rémy und den angrenzenden griechischen und römischen Fundstätten erkannt hat (s. Seite 176f.). Dennoch könnte sich diese »lokale« Deutung als eine von Nostradamus' typischen okkulten Tarnungen herausstellen, die die tiefere Bedeutung des Quatrains verbergen sollte.

Auch wenn Nostradamus als Kind christlich getauft wurde, ist es doch sehr wahrscheinlich, daß es sich bei seinen näheren Vorfahren um konvertierte Juden aus Italien gehandelt hatte. Unglücklicherweise wurden die wenigen Einzelheiten über seine einfache Herkunft von César in einem erfundenen Familienstammbaum in Dunkel gehüllt. Er erklärte, daß sein Vater von gelehrten Ärzten abstamme, die in Sprachen gut bewandert gewesen seien. Wenn man einen der Räume im Obergeschoß des Rathauses von Salon besichtigt, begreift man, warum César seiner Familie zu einem gehobeneren Stammbaum verhalf. An den Wänden dieses prachtvollen Saales hängen zwei Porträts aus dem sechzehnten Jahrhundert, die sich über Zeit und Raum hinweg anblicken. Beide sollen von Césars Hand stammen. Wenn dies tatsächlich der Fall ist, so verfügte er als Amateur über ein außergewöhnliches Talent. Eines der Bilder, das in tausenden Reproduktionen berühmt wurde, zeigt seinen Vater.

Das zweite Bildnis ist angeblich ein Selbstporträt Césars. Es stellt ihn als vornehmen und erfolgreichen Mann von sozial hohem Rang dar. Zu seinen Füßen findet sich ein Musikinstrument (möglicherweise eine Laute). Dieses Bild zeigt ihn weit heiterer als das auf die Titelseite seines eigenen Geschichtsbuchs geprägte Porträt eines annähernd sechzigjährigen, besorgten Mannes.[8] Wir könnten verleitet sein, César einen sozialen Aufsteiger zu nennen, für den es unumgänglich war, seine tief in den unteren Stand reichenden Wurzeln zu verbergen. Es drängte ihn offenbar, den Eindruck zu vermitteln, daß er wenigstens von angesehenen Gelehrten abstammte, wenn er schon nicht von edler Herkunft war.

Obwohl Césars genaues Geburtsdatum unbekannt ist, wissen wir aus der Widmung der *Prophéties*, daß er um das Jahr 1554 herum geboren sein muß. Er starb etwa 1630. Dank des beträchtlichen Erbes seines Vaters war er offenbar in der Lage, das Leben eines Laienschriftstellers und Laienschauspielers zu führen, der überdies Interesse für die Kommunalpolitik zeigte. In mikroskopisch kleinen Buchstaben hatte César zwei Verspaare in lateinischer Sprache auf das Porträt seines Vaters gemalt.

»Caesaris est satis patris haec Michaelis imago
Edit hic hung genitor, prodit hic ille patrem
Sic pater est nautus nati, pater est quoque patris
Natus et hinc rebus numina rident.«*

Wir übersetzen diese Zeilen wie folgt:

»Dieses Bild von Michael, dem Vater, stammt von César, dem Sohn.
Der erste zeugte den Zweitgenannten, und dieser schuf seinen Vater.
Wenn der Vater vom Sohn geschaffen wurde, ist der Sohn der Vater
des Vaters.
Die Götter lächeln über diese Geburt und dieses seltsame Bild.«

Nach seinem Werk *l'Histoire et Chronique de Provence* zu urteilen,
dürfte César zumindest auf dem Gebiet der Literatur ein Plagiator gewesen sein. Insgesamt vermittelt er den Eindruck eines der Muße huldi-
genden Herrn und sozialen Aufsteigers, der sich seiner Herkunft
schämte und leider die Entwicklung seines beträchtlichen künstlerischen Talents vernachlässigte.

Sämtliche Mitglieder der Familie Nostradamus schienen eine ausgezeichnete Ausbildung genossen zu haben, und dies zu einer Zeit, da nur
Privilegierte eine Erziehung in esoterischem Wissen erhielten. Allgemein wird angenommen, daß der Großvater des jungen Nostradamus
den Enkel in die Astrologie und in die Grundlagen von Kräuterkunde
und Medizin einführte. Eine andere Vermutung geht dahin, daß ein frühes
Interesse Nostradamus bewog, an der Universität von Montpellier Medizin zu studieren. In seinem Buch über Kosmetik berichtet er, daß er
sich in den Jahren 1521 bis 1529 in Verbindung mit seinen medizinischen Arbeiten der Astrologie gewidmet habe, um im Rahmen seiner
Suche nach den Prinzipien der Heilung »die Quelle und den Ursprung
der Planeten kennenzulernen«. Es ist bezeichnend, daß sich dieser
Hinweis in einem Text befindet, der sich ganz offen mit dem Ver-
stellen befaßt oder, wie er es ausdrückt, »der Täuschung des Auges
des Betrachters«. Danach soll er als Arzt in Narbonne, Carcassonne,
Toulouse und Bordeaux gearbeitet haben. Innerhalb kürzester Zeit
erwarb er sich angeblich Ansehen, da er Menschen zu heilen imstande
gewesen sei, die an der wegen der schlechten sanitären Verhältnisse der

---

* Aus Mouan, *Aperçus littéraires sur César Nostradamus et ses lettres inédites a
  Peiresc, Mémoires de l'Academie d'Aix*, Band X, 1873. Diese Verse werden von
  Leroy auf den Seiten 114-15 zitiert.

Zeit alltäglichen Pest erkrankt seien. Anschließend dürfte er nach Montpellier zurückgekehrt sein, wo er 1533 sein Studium mit dem Doktortitel abschloß.

Der Großteil dieser »Tatsachen« wurde von Forschern unserer Tage in Zweifel gezogen. Untersuchungen haben ergeben, daß es überdies unwahrscheinlich ist, daß Nostradamus etwa um 1534 in Toulouse vor dem Inquisitor erscheinen mußte, wie von vielen Biographen behauptet wird. Seine Aufnahmeurkunde in die Medizinische Fakultät der Universität von Montpellier am 23. Oktober 1529 ist eines der wenigen Dokumente, die noch erhalten sind. Nostradamus' Besuch in Agen im Jahr 1533 schreibt Jean-Aimé de Chavigny seiner Freundschaft mit dem italienischen Gelehrten und Soldaten Scaliger* zu, der zu dieser Zeit in Agen lebte.

Manche Biographen beharren darauf, daß sich Nostradamus durch die Heilung Pestkranker hervorgetan habe, doch läßt sich das nicht nachweisen. Andere erwähnen ein mysteriöses Pulver, das er angeblich zum eigenen Schutz vor der gefährlichen Seuche angewandt habe. Die Formel für dieses Pulver soll sich in seinen Abhandlungen über Schönheitsmittel finden.[9] Raoul Busquet beschreibt ein »von Nostradamus hergestelltes Pulver«, das 1546 die Ausbreitung der Pest in Aix gestoppt habe.[10]

Selbstverständlich werden ähnliche Geschichten auch über andere Ärzte, die sich mit dem Okkulten befaßten, erzählt, beispielsweise über Paracelsus und Agrippa. Paracelsus wird oft mit einem mysteriösen Pulver – dem *Azoth* oder *Zoth* – porträtiert, das er im Knauf seines Schwertes verbirgt (Abb. 5). In einem seiner Verse verwendet Nostradamus das Wort »Asotus«, das sich eventuell auf diese geheimnisvolle Substanz bezieht. Chemiker späterer Zeiten, die mit den Geheimwissenschaften nicht vertraut waren, interpretierten diesen Begriff als Bezeichnung für Stickstoff. Bei diesem Pulver soll es sich um ein Mittel gegen die Pest gehandelt haben, denn in der Geheimliteratur wird das alchimistische Mittel »reifes Quecksilber« von Paracelsus als jene Substanz genannt, die »alle Krankheiten in den drei Königreichen der Natur heilen könne«.[11] Unglücklicherweise unterläßt Paracelsus es in typisch spagyrischer**

---

* Julius Caesar Scaliger (1484-1558), italienischer Gelehrter und Soldat. 1525 begleitete er Della Rovere als dessen Arzt nach Agen. Er besaß ein enzyklopädisches Wissen und schien sich an vorderster Front wissenschaftlicher Spekulationen zu befinden.
** Der Begriff »spagyrisch« stimmt nahezu mit dem Ausdruck »alchimistisch« überein und ist wie viele andere Worte eine Erfindung Paracelsus'. Dahinter steckte eine bestimmte Absicht. Paracelsus war bemüht, die echte esoterische Alchimie (spagiricus) von der eigennützigen Kunst der Goldsucher (Alchimie) zu unterscheiden.

Vorsicht (Alchimisten enthüllten ihre Geheimnisse nur ungern), die Rezeptur dieses Wundermittels preiszugeben. Er erklärt lediglich, daß es aus dem *Elixir* hergestellt werde, der wohl am besten gehüteten Geheimsubstanz in der Alchimie. Unserer Meinung nach handelt es sich bei Azoth (unabhängig davon, ob es tatsächlich ein Pulver war) um ein Symbol des Eingeweihtseins – ein Erkennungsmerkmal, daß die Frauen und Männer, die es angeblich trugen, Eingeweihte waren. Nostradamus schreibt diesen Personen in einem enigmatischen Satz »la faculté Iatrice«, die Fähigkeit zum Heilen, zu.

Um dem Azoth oder *Azoc*, wie Paracelsus es auch nannte, gerecht zu werden, müßte man sich in einer eigenen Abhandlung damit befassen. Azoth ist das Geheimnis der Geheimnisse, das *Merkurium* der Philosophen (und nicht gewöhnliches Quecksilber, wie Paracelsus sich bemühte, uns mitzuteilen). Es ist das Pulver, das den unreinen Körper mit Hilfe des Feuers läutert – einfach ausgedrückt, die geheime Kraft der Eingeweihten, die vom Spirituellen in alle drei Welten des Menschen hineinwirkt: in die intellektuelle, emotionale und körperliche Welt. Gemäß den jüngeren Schriften des Meisters Fulcanelli wird die Herstellung dieses Azoth, das er als »lebendes Merkurium« bezeichnet, in dem alchimistischen Meisterwerk *Notre Dame de Paris* beschrieben, einem steinernen Buch, das Nostradamus ebenso wie andere Okkultisten während seines Paris-Aufenthaltes gelesen haben muß.* Auch in der englischen Ausgabe von Jacques Sadouls Buch über Alchimie findet sich ein Hinweis auf dieses mysteriöse Pulver.[12] Die Vorderseite ziert eine Version des Titelbilds von Basil Valentines *Azoth* (Abb. 6) aus dem sechzehnten Jahrhundert. Im Anhang erklärt der Autor, daß die Achimisten früherer Zeiten Zugang zu einem gewissen geheimen Elixir gehabt haben müßten. Sadoul listet neun der größten in der westlichen Welt bekannten Alchimisten auf und weist darauf hin, daß sie durchschnittlich zweiundachtzig Jahre alt geworden waren – in einer Zeit, als das Durchschnittsalter nicht einmal die Hälfte davon betrug! Vielleicht war das geheimnisvolle Azoth doch nicht nur ein Ausbund der Phantasie?

Es mag ein seltsamer Zufall sein, daß gerade der Arzt Theophilus Garencières, der selbst gegen die Pest kämpfte, die Quatrains von Nostradamus erstmals in die englische Sprache übersetzte. Er hatte in

---

* Zu Nostradamus' Zeiten waren alle französischen Kathedralen und größeren Abteikirchen (ganz abgesehen von den italienischen *duomi*) geheime steinerne Bücher. Die beeindruckendsten seiner Zeit waren wohl Chartres, Amiens, Paris und Vezelay; weniger beeindruckend, jedoch in der Nähe von Salon, St. Trophine in Arles.

Caen und Oxford studiert und dürfte (so unglaublich es auch erscheinen mag) dazu gezwungen worden sein, Nostradamus' Verse als Lehrbuch der französischen Sprache zu verwenden. Angesichts der Schrecken der Pestepidemie des Jahres 1665, die London und viele Teile Englands heimsuchte, empfahl er als Heilmittel venezianischen Sirup.[13]

Wenden wir uns wieder den wenigen verläßlichen Daten von Nostradamus' Vita zu. Wir wissen sicher, daß er während seiner späteren Lebensjahre eine Anzahl von Büchern geschrieben hat. Wahrscheinlich ist sein Ruhm als Astrologe nicht in erster Linie auf die *Prophéties* zurückzuführen, sondern auf seine jährlichen Almanache, in denen er Weissagungen und Wettervorhersagen herausgab und die Ereignisse der kommenden Monate in vierzeiligen, zehnsilbigen Versen (Abb. 7) darlegte. Bei einigen dieser frühen, mit seinem Namen in Verbindung gebrachten Büchern handelt es sich wahrscheinlich um Fälschungen. Doch das Werk *Prognostication nouvelle* aus dem Jahr 1555 wurde mit Sicherheit von seiner Hand geschrieben. Allerdings ist es wahrscheinlich nicht sein erstes Buch. Zu einem späteren Zeitpunkt werden wir Gelegenheit haben, uns mit einem dieser Almanache auseinanderzusetzen. Wir sollten anmerken, daß möglicherweise die Popularität dieser jährlichen Publikationen in ihm die Idee reifen ließ, eine Serie prophetischer Vierzeiler, die sich mit der Zukunft Europas befaßten, herauszugeben.

Zusätzlich zur Vorbereitung der Almanache veröffentlichte Nostradamus eine Übersetzung einer Paraphrase von Galen (eines griechischen Arztes aus dem zweiten Jahrhundert, dessen medizinische Schriften die Wissensgrundlage der mittelalterlichen Welt bildeten)[14] aus dem Lateinischen, eine Abhandlung über Schönheitsmittel[15] und (möglicherweise) eine Übersetzung eines auf Horopollo (einem pseudoägyptischen Schreiber, der unter den Humanisten der ersten Hälfte des sechzehnten Jahrhunderts populär war) basierenden Hieroglyphenbandes in die französische Sprache.[16] Wie bereits angemerkt, soll sein Großvater ihn in die Astrologie sowie die klassischen Sprachen des Altertums und die hebräische Sprache eingeführt haben. Allerdings starb dieser Gelehrte zu einer Zeit, da Nostradamus noch sehr jung war, und so ist es wahrscheinlicher, daß er diese Sprachen ebenso wie die Sternkunde im Zuge der üblichen Ausbildung kennenlernte. Das dürfte ihn dazu bewogen haben, sich im Rahmen von Studien in diese Gebiete zu vertiefen. Welcher Art sein Astrologieunterricht – der ihn zum größten Astrologen des sechzehnten Jahrhunderts machen sollte – war, bleibt ein Rätsel und trägt gleichzeitig zu der Faszination bei, die von diesem außergewöhnlichen Mann ausgeht.

In früheren Beschreibungen seines Lebens weist man seiner Freundschaft zu Scaliger eine zu große Bedeutung zu. Der Humanist Julius Scaliger reiste nicht aus Italien nach Frankreich, einzig um in Nostradamus' Nähe zu sein, wie es viele Biographen andeuteten. Er unternahm diese Reise, um seine Stellung als Arzt des Bischofs von Agen, wo Nostradamus damals lebte, anzutreten. Sein Aufenthalt verlängerte sich, nachdem der damals Fünfundvierzigjährige die sechzehn Jahre alte Schönheit Andiette de Roques-Lobejac heiratet hatte, die ihm fünfzehn Kinder gebar. Wir können nicht nur aufgrund seiner Aufzeichnungen mit Sicherheit davon ausgehen, daß Scaliger eine gewisse esoterische Schulung durchlief, sondern auch wegen seiner Freundschaft zu Gauricus (der ihn angeblich in Astrologie unterrichtete) und Albrecht Dürer, der einst auf der Suche nach bestimmten verborgenen Geheimnissen in Verbindung mit der neoplatonischen Schule von Florenz nach Venedig gereist war. Ob sein Interesse am Geheimwissen auf Nostradamus abfärbte, ist unbekannt.

Wie der französische Forscher P. V. Piobb aufzeigte, taucht ein deutlicher Anhaltspunkt auf eine mögliche Schule von Eingeweihten lange nach Nostradamus' Tod auf.[17] In einem Kolophon am unteren Ende der Titelseite der Amsterdamer Ausgabe der *Prophéties* aus dem Jahr 1668 findet sich ein gut verborgener Hinweis auf den »Sohn der Witwe«, der folgendermaßen lautet:

»A Amsterdam Chez Iean Iansson à Waesberge et la Vesve du Feu Elizee Weyerstraet. l'An 1668.«

»Zu Amsterdam im Hause von Iean Iansson zu Waesberge und der Witwe des verstorbenen Elizee Weyerstraet. Im Jahre 1668.«

Auch dies scheint rätselhaft (Abb. 8). Nach den Regeln der Geheimsprache soll die Wiederholung von »Iean« in »Ian-« auf die Wichtigkeit von Jean (»Jan«) und das »Sohn« von »Iansson« als zwei getrennte Worte hindeuten, was den Eindruck vermittelt, als handelte es sich um den »Sohn Jean«. »Vesve«, das auch als »Vefue« gelesen werden kann, bedeutet »Witwe« (»veuve«). Nur mit verbaler Akrobatik um die Geheimsprache dieses Kolophons gelangen wir zu der einzigen vernünftigen Interpretation: daß hier auf eine Verbindung mit den Söhnen der Witwe hingewiesen werden soll.

»Sohn der Witwe« mag auf den ersten Blick als unbedeutende Phrase erscheinen, doch noch heute ist dies ein wichtiger freimaurerischer Begriff, der bereits vor Einführung des Freimaurertums in Europa sowohl in den Kreisen der Alchimie als auch der Geheimwissenschaften verwendet wurde. Seinen Ursprung finden wir in der Bibel. Hiram Abif aus dem Stamm Naphtali, mitunter fälschlicherweise als der Architekt von Salomons Tempel genannt, wird als Sohn einer Witwe bezeichnet. Der detaillierten Beschreibung im Buch der Könige nach war Hiram ein gewandter Metallurg und Handwerker, der das Innere des Tempels ausschmückte.[18] Im esoterischen Zusammenhang bezeichnet man jemanden mit dem Namen Hiram, der sich mit Bau und Ausgestaltung des inneren Tempels, also der Verfeinerung des Inneren des Menschen, befaßt. Aus diesem Grund wird dieser Name zuweilen einer Person verliehen, die die innere Meisterschaft, die »Ausgestaltung« des inneren Tempels, des Selbst, bereits erreicht hat. »Sohn der Witwe« ist somit gleichbedeutend mit Hiram und Hinweis auf einen Eingeweihten höchsten Ranges. Anhand dieser Allegorie können wir das Geheimnis um eine Bemerkung von Madame Blavatsky lüften, die den Tempel von Salomon als »Bauwerk, das niemals wirklich existierte«, bezeichnete, womit sie selbstverständlich meinte, daß es sich um eine Schule für Eingeweihte gehandelt habe.[19]

In dem Namen Hiram (der im Hebräischen männlich ist) finden wir »Marih«, den weiblichen Namen Maria – durch eine einfache Umkehrung, eine Anastrophe, wie sie im Okkultismus erlaubt ist (s. Anhang V). So bezieht sich die Errichtung des inneren Tempels wie in der Alchimie auf die harmonische Vereinigung von Männlichem und Weiblichem, auf die ewigen Gegensätze von Sonne und Mond, König und Königin, *animus* und *anima*. Dies war auch die ursprüngliche Bedeutung der Metapher der *conjunctio*, der Verbindung zweier Seelen in der alchimistischen Literatur (Abb. 9).

Die Interpretation des Hintergrundes der Söhne der Witwe als esoterisch-alchimistisch bestätigt sich, wenn wir bedenken, daß Maria (Maria Hebraea, »Maria die Jüdin«) als eine der bedeutendsten frühen hebräischen Eingeweihten betrachtet wird. So finden wir in Hiram einen hebräischen Eingeweihten und in seinem weiblichen Schattenselbst Maria eine hebräische Eingeweihte, die mit Nostradamus durch dessen jüdische Abstammung verbunden sind. Die Bedeutung von »Maria« als geheimer, nichtchristlicher Name kann auch von der Tatsache abgeleitet werden, daß der Alchimist Michael Maier Maria gemeinsam mit Hermes Trismegistos, dem Lehrer aller Geheimwissenschaften, auf der Titelseite seines bemerkenswerten Werkes *Symbola Aureae Mensae* abbildet (Abb. 10).[20] Dabei handelt es sich nicht um eine Interpretation des sechzehnten Jahrhunderts. Bereits im dritten Jahrhundert wird Maria sowohl als Maria als auch als Miriam, die Schwester von Moses,

48

erwähnt. Bis in unsere Tage ist ihr Name in einem halb alchimistischen Zusammenhang erhalten geblieben. So nennt man ein großes Küchengefäß, das ursprünglich in alchimistischen Labors und heute in Frankreich für gewöhnliche kulinarische Zwecke verwendet wird, *bain-marie* – nach Maria Hebraea –, wobei mit *bain* anfangs ein Reinigungsbad gemeint war.

Möglicherweise führt uns dieses legitime Spiel mit Wörtern zu der Annahme, daß die Initiation Nostradamus' in gewisser Weise mit einer geheimen kabbalistischen Schule verbunden war. Angesichts seiner Herkunft finden sich jedoch überraschenderweise kaum überzeugende Hinweise auf unzweifelhaft kabbalistische Methoden in seinen Quatrains und anderen Schriften – es sei denn, sie wären so gut verborgen, daß sie unserem Blick entgangen sind. Aus Nostradamus' eigenen Anmerkungen innerhalb der Vierzeiler sowie auch aus einigen Versen selbst entnehmen wir, daß er die Werke des Mönchs und Astrologen Richard Roussat[21] gelesen hat. Von diesem wissen wir, daß er sich der Schriften des jüdischen Gelehrten Ibn Ezra aus dem zwölften Jahrhundert als Quelle für einige seiner chronologischen Berechnungen bedient hatte.

Erneut ohne dies durch Dokumente belegen zu können, wird behauptet, daß Nostradamus etwa im Jahr 1532 geheiratet habe und dieser Verbindung zwei Kinder entstammten. Doch dürfte seine Zeit als Familienvater nicht von langer Dauer gewesen sein, denn die Pest, die er bei anderen erfolgreich bekämpft hatte, forderte ihren Preis: Sie raffte seine kleine Familie dahin. In den folgenden sieben oder acht Jahren reiste er wahrscheinlich durch verschiedenste Teile Frankreichs und bis nach Italien. Auch wenn einige Historiker und Kommentatoren seine italienische Reise über Gebühr verlängern, so finden sich in Nostradamus' *Traité des fardemens et confitures** sowie in einem oder zwei Quatrains doch Hinweise auf verschiedene Orte in Italien. So scheint er sich in Savona und Mailand aufgehalten zu haben und, wie einige Historiker

---

* In der Nostradamus-Literatur auch kurz als *Fardemens et Confitures* (etwa »Kosmetika und Süßes«) bekannt. Der volle Titel der ersten Ausgabe von 1555 lautet: *Excellent & moult utile Opuscule à tous nécessaire, qui désirent avoir cognoissance de plusieurs exquises Receptes, divisé en deux parties. La premiere traicte de diverses façons de Fardemens & Senteurs pour illustrer & embellir la face. La seconde nous monstre la façon & maniere, de faire confitures de plusieurs sorts, tant en miel, que sucre & vin cuict, le tout mis pas chapîtres, comme est fait ample mention en la Table. Nouvellement composé par maistre Michel de Nostradame docteur en Medicine de la ville Salon de Craux en Provence, & de nouveau mis en lumiere…*

49

behaupten, sogar in östlicher Richtung bis nach Venedig gereist zu sein, jener Stadt, die in seiner zukünftigen Geschichte der türkischen Muslime eine so bedeutende Rolle spielte. Natürlich ist es schwierig, Gewißheit darüber zu erlangen, ob er sich tatsächlich südwärts wandte. Doch einige Hinweise auf Landschaften in verschiedenen Quatrains lassen den Schluß zu, daß er bis Neapel kam, wo er das Wunder des Neuen Berges (Monte Nuovo) sah, der in nur einer einzigen Nacht im Jahr 1538 aufgeworfen worden war. Wahrscheinlich erlebte er die Bedrohung durch vulkanische Tätigkeit an der Westküste Italiens am eigenen Leib. Zwar besagt die lokale Überlieferung, daß die eigenartigen Inseln dort über Nacht aus dem Meer emporstiegen, doch bestätigen Berichte von Augenzeugen ein langsameres, wenngleich keineswegs weniger dramatisches Wachstum.[22]

Im November des Jahres 1547 heiratete Nostradamus eine Witwe mit Namen Anne Ponsart Gemelle, Anne Poussart, Pons Jumel oder Genelle – die Forscher sind sich da uneinig, auch wenn sich in der lateinischen Inschrift auf dem Grabstein von Nostradamus der Name Anna Pontia Gemella findet. Ihr richtiger französischer Name dürfte Anne Ponsarde gelautet haben, und wie es scheint, war sie die Witwe von Jean Beaulme. Obwohl Leroy das Datum dieser Heirat nicht in Zweifel zieht, fragt er sich zu Recht, warum Nostradamus wenige Monate vor seiner Vermählung durch Italien gewandert sein soll.

Das Archivmaterial belegt, daß er im Viertel Ferreiroux in Salon lebte, das im sechzehnten Jahrhundert einen vollkommen anderen Anblick bot als heute. Die Form der mittelalterlichen Stadt zeigt sich am deutlichsten in ihrem Straßenplan, der noch immer den Linien der alten, von Toren durchbrochenen Befestigungsmauern folgt. Wie in vielen anderen alten französischen Städten ist auch Salons mittelalterliches Zentrum heute von modernem Verkehr erfüllt. Unter den erhaltenen mittelalterlichen Gebäuden findet sich der Glockenturm der Kirche St. Michel, der noch immer bei Sonnenaufgang seinen Schatten über jenen Block wirft, in dem Nostradamus' Haus gestanden haben soll. Einige wenige hundert Meter südlich davon erhebt sich ein steiler Hang, der das wuchtige Château d'Emperi beherbergt, das heute als Museum genutzt wird. Der südlich der Kirche und unterhalb der Burg gelegene Platz trägt zu Ehren des Sehers den unpassenden Namen La Place de Centuries. Über die alte Burg und die Kirche hinaus, in der sich zu Zeiten Nostradamus' eines der ersten Uhrwerke Südfrankreichs befand (die damals nicht durchwegs über eine allgemein sichtbare Ableseeinrichtung verfügten), ist von dem mittelalterlichen Salon kaum etwas erhalten geblieben. Was der Zeit zum Opfer gefallen war, das versucht man heute aus touristischen Gründen mit Straßennamen, Statuen und einem Museum wieder in Erinnerung zu holen (s. Abb. 11 und 12). Das Haus auf der ehemaligen Place de la Poissonnerie, das sich im Besitz von Nostradamus befunden haben und in dem er auch gestorben sein soll, ist jetzt eine Art Museum mit Tussaud-ähnlichen Nachahmungen, in *son et lumière* getaucht. Die enge Straße selbst wurde in Rue de Nostradamus umbenannt.

In diesem Haus arbeitete Nostradamus in seinen letzten Lebensjahren die Horoskope für seine unzähligen Kunden aus, bereitete seine jährlichen Almanache vor und schrieb an seinen geheimnisvolleren Prophezeiungen. Die Archive belegen überdies, daß auch seine Kinder in ebendiesem Haus geboren wurden: Madeleine etwa um das Jahr 1551, César möglicherweise 1553, Charles 1556, André 1557, Anne ungefähr 1558 und Diane 1561. Auch hier begegnen wir wieder jener für Nostradamus' Lebensgeschichte typischen Verwirrung, denn die Biographen waren sich uneinig, wie viele Kinder er mit seiner zweiten Frau hatte. Jean-Aimé de Chavigny, der Nostradamus gut kannte, berichtet von sechs Kindern – drei Söhne, drei Mädchen –, wohingegen Garencières nur drei nennt. In der jüngeren Vergangenheit listet Muraise die Namen von acht Kindern auf. Doch dürften diese Berichte alle auf Mißverständnissen beruhen.*

Leroy stellt im Jahr 1972 mit Bedauern fest, daß sämtliche Dokumente, die sich mit dem Berufsleben von Nostradamus in Salon befassen, unauffindbar sind. Dies galt gewiß für die Zeit, als Leroys bedeutendes Werk veröffentlicht wurde, doch im Jahr 1983 gab Jean Dupèbe einundfünfzig hauptsächlich in lateinischer Sprache verfaßte Briefe von dem und an den damals in Salon beheimateten Nostradamus heraus. Diese Korrespondenz, die sich nahezu ausschließlich mit seiner Tätigkeit als Astrologe beschäftigt, wirft ein faszinierendes Licht auf seine Arbeit und seine Methoden.[23]

In einem dieser Briefe – vom Februar 1556 – drückte Gabriel Symeoni, ein Schreiber, Übersetzer und weithin bekannter Fachmann bezüglich des antiken Roms, seine Hoffnung aus, daß Nostradamus kürzlicher Besuch am Hof von Paris erfolgreich verlaufen sei.[24] Diese Bemerkung bezieht sich auf eine der wichtigsten Reisen, die Nostradamus in Frankreich unternahm. Vermutlich um die Horoskope ihrer Kinder zu bespre-

---

* Nach Überprüfung der vorhandenen Schriften müssen wir die von Dr. Edgar Leroy im Stammbaum Nr. 3 seines Werkes *Nostradamus. Ses Origines. Sa Vie. Son Oeuvre* (1993) vorgelegte Liste von sechs Kindern als gültig annehmen. Diese Aufzeichnung enthält zudem die Namen der jeweiligen Ehegatten sowie glaubhafte Schätzungen der Geburtsdaten und Hinweise auf Einzelheiten in ihrem Leben.

chen, hatte Katharina von Medici ihn aufgefordert, den königlichen Hof zu besuchen.

Nach Ansicht der meisten Forscher (einschließlich vieler angesehener französischer Gelehrter) brach Nostradamus im Jahr 1556 von Salon nach Paris auf; die Hinreise müsse etwa einen Monat in Anspruch genommen haben. Dokumente belegen aber, daß er bereits am 15. August 1555 in Paris eintraf. Somit ist der Schluß zulässig, daß er diese Reise eher als Folge seines Ruhms als Astrologe und Verfasser der Almanache und weniger als Autor der *Prophéties* unternahm. César berichtet, daß Nostradamus bei seiner Ankunft in Paris von der Gicht geplagt worden sei, die ihn dazu gezwungen habe, tagelang in seiner Pariser Unterkunft zu bleiben. Schließlich wurde er ins Schloß in Blois an der Loire gerufen, wo ihn die Königin erwartete.

Im Laufe der Jahre sind die Legenden und ausschmückenden Anekdoten, die sich um diesen Besuch in Paris und Blois ranken, ins Maßlose gewachsen. Leroy unternahm den überzeugenden Versuch, die Hintergründe für einige Versionen anhand der Mißverständnisse aufzuzeigen, die durch die Bilderserie *Theatrum Vitae humanae* entstanden waren.[25] Seine Forschungen ergaben, daß der genannte Druck keinen Bezug zu Nostradamus hatte.

Für Nostradamus' Leben ist außerdem jene Reise von entscheidender Bedeutung, die Katharina von Medici nach Salon unternahm. Wie alle Berichte über das Leben des französischen Propheten ist auch dieser mit einiger Vorsicht zu genießen, denn er unterstellt, daß Katharina einzig nach Salon gereist sei, um den Gelehrten aufzusuchen. Tatsächlich war die Dynastiegründerin im Jahr 1564 entschlossen, ihren vierzehnjährigen Sohn Karl IX. in ganz Frankreich einzuführen, und so nahm der gesamte Hof die Mühe auf sich und brach zu einer außergewöhnlichen und mehr als zwei Jahre dauernden Reise von über 3 600 Kilometern durch das Königreich auf.

Im Süden suchte die Pest einen Großteil der Städte und Dörfer heim, flackerten Feuer offen auf den Straßen. Sie sollten den Gestank, von dem man glaubte, er fördere die Pest, bekämpfen und die Körper der Toten verbrennen. Einige Städte lagen verlassen. Montélimar wurde von einem seiner Einwohner als ein einziger offener Friedhof bezeichnet. Auch in Salon wütete die Seuche, wie César in seinen Aufzeichnungen notierte. Als das umfangreiche königliche Gefolge am 17. Oktober 1564 die Tore passierte, traf es eine Stadt an, die auf die Ankunft der unwillkommenen Gäste völlig unvorbereitet war.

Die Königin wurde im Château de l'Emperi, nur einen kurzen Fußmarsch vom Haus Nostradamus' entfernt, untergebracht. Sie holte sich nicht nur in der Burg den Rat des Gelehrten, sondern ließ sich sogar dazu herab, ihn an der Place de la Poissonnerie aufzusuchen. Auch wenn der königliche Besuch in den wächsernen Bildnissen verewigt wurde, die den Räumen des Nostradamus-Museums eine Aura der Faktizität vermitteln sollen, gibt es kaum einen Hinweis darauf, was die Königin mit dem Magier besprach. Man kann zwar vermuten, daß bei dieser Gelegenheit die Prophezeiungen, die Zukunft und die Horoskope ihrer Kinder sowie das Schicksal Frankreichs und Europas besprochen wurden, doch die einzigen beiden Anwesenden bewahrten darüber Schweigen.

Hätte Katharina über die Fähigkeit verfügt, in die Zukunft zu blicken, wäre sie angesichts des Schicksals ihrer Kinder entsetzt gewesen, das in den Quatrains, perfekt getarnt, enthüllt worden war. Andererseits wäre es ihr ein Trost gewesen zu erfahren, daß alle ihre Söhne einst Könige würden. Es heißt, sie habe Nostradamus eine Börse mit zweihundert Écus überreicht und ihn mit dem Patent eines Ratgebers und Leibarztes des Königs bedacht. Diese unsichtbare Krönung seines Lebens wird in einem groben Holzschnittporträt, das für die Ausgabe des Werkes *Prophéties par l'astrologue due tres chrestien Roy de France...* von Antoine Crespin im Jahr 1572 geschaffen worden war, nahezu zensiert. Auf diesem Bildnis hält ein Pseudo-Nostradamus einen Himmelsglobus hoch, der mit einer Krone geschmückt ist. Darunter findet sich die Inschrift *Nostradamus Astrologue du Roy* (Abb. 13).

1566 verstarb Nostradamus friedlich in seinem Haus in Salon. César, der seinen Leichnam fand, berichtet, daß Nostradamus seinen eigenen Todeszeitpunkt vorhergesagt habe. Aus dieser Legende (sofern es tatsächlich eine ist) entwickelte sich später der Gedanke, Nostradamus habe seinen eigenen Tod in einem Quatrain vorhergesagt. Dieser Behauptung wird von einer Vielzahl populärer Autoren gerne Glauben geschenkt. Tatsächlich war César in seinem Bericht überaus deutlich: Nostradamus habe einige Zeit vor seinem Ableben ein Exemplar von Stadius' *Ephemeris** für das Jahr 1566 zur Hand genommen und die Worte »Hic prope mors est« (»der Tod ist nahe«) hineingeschrieben. Lange nach seinem Tod schrieb Chavigny, daß der Gelehrte ihm am 1. Juli angekündigt habe, er werde ihn beim nächsten Sonnenaufgang nicht mehr lebend antreffen. Am Morgen des 2. Juli wurde Nostradamus' Körper, bereits beinahe abgekühlt, gefunden, was viele Forscher

---

* Eine Ephemeride ist eine Tabelle über die Stellung der Himmelskörper, die üblicherweise eine Reihe aufeinanderfolgender Tage umfaßt. Zu Nostradamus' Zeiten gaben sämtliche Ephemeriden die Tierkreispositionen der Planeten in geozentrischen Begriffen an.

zu der Annahme verleitete, daß er an diesem Tag verstorben war. Sie wurden in ihrer Ansicht von César bestärkt, der den Tod seines Vaters mit einer gewissen Symbolik umgab, indem er darauf hinwies, daß dies der Tag der Heimsuchung Mariae, der »eigentliche Festtag von Notre Dame«, gewesen sei.

Was César nicht wußte, war die Tatsache, daß Nostradamus seinen Todeszeitpunkt weit genauer, aber auch weit verschlüsselter vorhergesagt hatte. Diese Weissagung war weder in Stadius' *Ephemeris* noch in einem Quatrain der Prophezeiungen verborgen. Sie findet sich in seinem Almanach für das Jahr 1566, der von Volant und Brotor herausgegeben wurde. Eine Abschrift dieses äußerst seltenen Buches wurde 1987 als Faksimile von Chomarat veröffentlicht und steht heute für allgemeine Studien zur Verfügung.[26]

Nostradamus folgte dem etablierten Schema der Ephemeriden und verfaßte für jeden Monat einen Vierzeiler, dessen Weissagung in eine weit weniger geheimnisvolle Sprache gehüllt war, als dies bei seinen berühmteren Versen der Fall war. Der Quatrain, der seine monatliche Vorhersage für Juli 1566 eröffnet, ist nicht allzu verschlüsselt. Er enthält die Prophezeiung: »Die Großen, die sterben werden ...« (Abb. 14). Für den 1. Juli lautet die neben der Stellung des Mondes (der sich im Zeichen des Steinbocks befand) angegebene Wettervorhersage, daß die Sonne in Opposition zum Mond stehen und das Wetter außergewöhnlich windig sein werde. Später erwähnt er dort in einer ausgedehnteren Erläuterung für denselben Tag (1. Juli) wiederum die Winde sowie die Stellung von Sonne und Mond (diesmal detaillierter, indem er sieben Positionen des Steinbock-Tierkreiszeichens angibt). Überdies bemerkt er, daß der Tag »seltsame Seelenwanderungen« mit sich bringen werde (Abb. 15). Können wir diesen Anmerkungen entnehmen, daß Nostradamus am 1. Juli seinen Tod erwartete? Die verborgenen Hinweise lassen uns vermuten, daß er den Eindruck hatte, an diesem Tag und nicht am frühen Morgen des darauffolgenden Tages zu sterben, wie diejenigen, die seinen Leichnam fanden, mutmaßten.

Die Erforschung des Todeszeitpunkts führte in eine interessante Richtung und geschah rein zufällig im Zuge einer Überprüfung und Abstimmung verschiedener in Europa im Spätmittelalter verwendeter Zeitsysteme. Das Außergewöhnliche an der Almanacheintragung von Nostradamus für seinen Todestag ist, daß die angegebenen astrologischen Daten eine okkulte Täuschung zu sein scheinen!

Auch wenn die Angaben, wie man es sich von einem Almanach erwartet, sehr genau sind, treffen sie doch nicht im entferntesten zu. Die in seinem Almanach für den 1. Juli vorhergesagte Opposition von Sonne und Mond trat erst im Verlauf des späten 2. Juli ein. Da er nach unserem heutigen Wissensstand überaus präzise ist, gelangen wir zu der Schlußfolgerung, daß Nostradamus mit dieser Eintragung eine Täuschung beabsichtigte.

Aufgrund dieser überraschenden Entdeckung haben wir in einer Dreifachüberprüfung die Eintragungen dieses Almanachs mit einer Reihe von Ephemeriden verglichen. Dabei mußten wir berücksichtigen, daß die Daten in der lokalen Zeitrechnung angegeben worden waren, die sich auf ein vom Julianischen Kalender abgeleitetes, heute nicht mehr verwendetes Zeitsystem stützte. Zieht man diesen Kalender heran, so würde sich die Sonne an dem genannten Tag 19 Grad im Zeichen des Krebses befinden. Daraus ergibt sich, daß die angegebene Opposition (»plein Lune«) wohl erst einen ganzen Tag später, also nicht vor dem 2. Juli, stattfinden konnte. Nach der Winstar-Ephemeride für das Jahr 1996 würde die Opposition (Vollmond) in Salon um 12.09 Uhr lokaler Zeit eintreten, wobei sich der Mond 19:21 Grad im Zeichen des Steinbocks befände. Nostradamus hatte in seiner tabellarischen Eintragung jedoch keinen Zweifel daran gelassen, daß sich der Vollmond bei 7 Grad Steinbock befinden würde. Dies war jedoch vollkommen unmöglich, da der Vollmond der Sonne in diesem Fall in einem Winkel von 18 Grad Steinbock diametral gegenübergestanden hätte. Selbstverständlich könnte man argumentieren, daß die Drucker einen Fehler gemacht hätten, als sie das Zeichen der Sonne dem ersten statt dem zweiten Tag des Mondes gegenübersetzten. Dies ist jedoch nicht haltbar, da Nostradamus in demselben Almanach bei seinen Vorhersagen für Juli bestätigt, daß der Vollmond am ersten Tag des Monats in einer Position von 7 Grad und 25 Minuten im Zeichen des Steinbocks auftreten werde. Da das nach unserem heutigen Wissensstand undenkbar ist, können wir nur annehmen, daß Nostradamus absichtlich unrichtige Angaben machte, um diesen Tag besonders hervorzuheben.

Diese Ungenauigkeiten scheinen sich nur auf die ersten beiden Tage des Monats Juli zu konzentrieren. Die für den Monat August angegebenen Positionen für Sonne und Mond sind mit geringen Abweichungen im Sekundenbereich überaus genau: Am 14. August würden sich Sonne und Mond in einem Winkel von 16 Grad im Zeichen des Löwen befinden. Auf ähnlich präzise Weise wurde auch die Opposition (Vollmond) für diesen Monat vorhergesagt. Sie sollte am 30. August in einem Winkel von 13 Grad im Zeichen der Fische eintreten.

Diese Eintragungen führen uns zu der Annahme, daß der Fehler vorsätzlich eingefügt wurde. Es hätte Nostradamus' Prinzipien widersprochen, einen solchen Irrtum unabsichtlich in sein Werk aufzunehmen, noch dazu, wo er die Konjunktion desselben Monats (Nominaleklipse) mit einer Ungenauigkeit von nicht einmal einer Minute für den 16. Juli um 7.47 Uhr abends angibt. Zu welchem anderen Schluß könnten wir kommen, als daß Nostradamus in nicht sehr verschlüsselter Weise das Datum (wenn nicht vielleicht sogar die genaue Stunde) seines Todes tarnte? Jedermann, der mit der Astrologie des sechzehnten Jahrhunderts vertraut ist, wäre in der Lage, aus diesem Verwirrspiel mit Figuren genau das herauszulesen, was Nostradamus beabsichtigte, weshalb es doch einigermaßen überrascht, daß dieses Geheimnis so lange unentdeckt blieb.

Die Erwähnung des Vollmonds in einem Winkel von 19 Grad zur Achse Krebs-Steinbock hätte für einen guten Astrologen ein Zeichen für die mögliche (astrologische) Todesursache sein können. Das Ausgangsdiagramm in Abb. 3 zeigt den radikalen Mars in einem Winkel von 19 Grad im Zeichen des Krebses und somit in Opposition zu Neptun in 21 Grad Steinbock. Dies ergibt eine Basiskonfiguration für ein progressives Todesdiagramm.* Aus unserer Sicht besteht wenig Zweifel daran, worauf Nostradamus durch seinen vorsätzlich in die Tabellen des Almanachs eingebauten Fehler hinwies. In Anhang I befassen wir uns eingehender mit den Progressions- und Transitdiagrammen seines Horoskops und gehen überdies darauf ein, warum Nostradamus diese Art der Tarnung für die Angabe seines zukünftigen Todes wählte.

Nach seinem Ableben ließ seine Witwe eine Inschrift in die Wand seines Grabmals in der Kapelle des Konvents Les Cordeliers in Salon einmeißeln, die jene Worte bestätigte, welche Paracelsus für seine außergewöhnliche Begabung gefunden hatte (Abb. 17). Der vollständige Text wird in Anhang IV wiedergegeben.

---

* In der Vorhersageastrologie des sechzehnten Jahrhunderts wurden in einem progressiven Diagramm zukünftige Ereignisse durch Vorrücken der Planeten- und Knotenpositionen um vierundzwanzig Stunden (oder einen Erdzyklus) gegenüber dem Ausgangsdiagramm erforscht. Dieses tägliche Vorrücken wurde als Verlauf eines Lebensjahres aufgefaßt. So wurde offenbar ein Tag im Leben eines Planeten einem Jahr im Leben eines Menschen gleichgesetzt. Auf diese Weise könnten Ereignisse im Alter von zweiundvierzig Jahren anhand der Betrachtung des Diagramms vom 42. Tag nach der Geburt gedeutet werden.

Mit einem Transitdiagramm entschlüsselte man die Zukunft auf der Grundlage der Planetenbewegung an einem bestimmten, in der Zukunft liegenden Tag im Vergleich zur Stellung der Planeten im Ausgangsdiagramm. Die zukünftigen Planetenpositionen würden sich über die des Ausgangsdiagramms schieben und somit einen Einfluß auf die an diesem Tag geborene Person ausüben. Wollte man also eine Aussage über eine im Jahr 1503 geborene Person erhalten, so betrachtete man die Planeten- und Knotenbewegungen als Transite in einem Diagramm für das Jahr 1545.

Ähnlich wie bei anderen berühmten Männern der Geschichte wurde auch Nostradamus' letzte Ruhe durch spätere Legenden und historische Ereignisse gestört. Immer wieder hörte man von der Entdeckung seines »wahren« Grabes oder von geheimen Öffnungen der letzten Ruhestätte in Les Cordeliers. Mit jeder Legende erblickten weitere, im Grabmal bewahrte Pseudoprophezeiungen, die angeblich von tiefgreifender politischer Bedeutung für den zeitgenössischen Leser sein sollten, das Licht der Welt.[27]

Die Fakten rund um die Grabstätte von Nostradamus sind außergewöhnlicher und interessanter als jede erfundene Geschichte oder Prophezeiung. Im Zuge der Revolution von 1789 oder kurz danach wurde der Konvent Les Cordeliers von Soldaten angegriffen und das Grab aufgebrochen. Um diese Plünderung bildeten sich Legenden, die den bekannten Tatsachen unbewiesene Einzelheiten hinzufügten. Als Beispiel sei hier genannt, daß ein Soldat aus dem zerschmetterten Schädel des Gelehrten getrunken haben soll. Wenn uns auch nicht bekannt ist, was während der Revolutionsperiode tatsächlich geschah, so wurde der Konvent Les Cordeliers doch so stark beschädigt, daß die sterblichen Überreste von Nostradamus in die Kirche von Saint-Laurent überführt wurden, wo sie auch heute noch aufbewahrt werden (Nostradamus und einige andere Propheten hatten dieses Ereignis mit verblüffender Genauigkeit vorhergesagt, wie wir im weiteren zeigen werden). Die ursprüngliche Grabinschrift ist bereits vor langer Zeit – wahrscheinlich bei der Plünderung des Konvents – zerstört worden. Die Inschrift, die sich heute auf der westlichen Wand der Kapelle der Heiligen Jungfrau findet, ist die rekonstruierte Version aus dem Jahr 1813. Den lateinischen Text finden Sie in Anhang IV. Der Überlieferung nach sollen ein oder zwei von César gemalte Bildnisse in der Nähe des Grabmals gehangen haben. Einigen Berichten zufolge sind sie zu beiden Seiten des Grabsteins angeordnet gewesen, andere behaupten, daß sie sich an der dem Grabmal gegenüberliegenden Wand der Kapelle befunden hätten. Wie der offizielle Führer von Saint-Laurent informiert, wurden sie »vor einigen Jahren gestohlen«.

Eine bemerkenswerte wortgetreue Vorhersage von Nostradamus findet sich in einem dem Notar Joseph Roche diktierten Letzten Willen aus dem Jahr 1566, in dem er jenes Grabmal in Saint-Laurent erwähnt, in das seine sterblichen Überreste nach 1789 überführt wurden. Obwohl der Text im Testament durchgestrichen worden war, konnte man ihn entziffern, wie Benazra berichtete.

»... en sépulture dans l'eglise colégié de Sainct Laurens dudict
Sallon et dans la Chapelle de Nostre Dame à la muralhe de laquelle
a voulu estre faict ung monument...«

»... in der Begräbnisstätte der Stiftskirche von Saint-Laurent der
genannten Stadt Salon und in der Kapelle Unserer Lieben Frau, an
deren Mauer ein Grabmal errichtet werden möge...«

Benazra verweist in seiner monumentalen bibliographischen Arbeit
über den Gelehrten aus Salon auf diese Textstelle als »letzten Beweis«
von Nostradamus' Seherkraft. Es ist ein in präzisen Worten verfaßter
Hinweis auf den heutigen Ort von Nostradamus' Grab, in dem seine
Gebeine mehr als zweihundertzwanzig Jahre nach seinem Tod aufgrund der furchtbaren Umbrüche des Jahres 1789 ihre zweite Ruhestätte
fanden.

Heute erinnert nur noch der Name einer Straße am Südende des ehemaligen Konventgeländes von Les Cordeliers an das während der Revolution zerstörte Gebäude. Auf der heutigen Place de Gaulle, in der Nähe
des Ortes, an dem sich ursprünglich Nostradamus' Grab befunden hatte,
steht eine prachtvolle, 1867 von Joseph Ré geschaffene Steinstatue des
Gelehrten (s. Abb. 12). Erwähnenswert wäre, daß Nostradamus in einem
Quatrain, der sich mit dem Zweiten Weltkrieg befaßt, jenen zukünftigen
General erwähnte, der heute im Namen des Platzes, an dem sich auch die
Statue des Sehers befindet, verewigt ist.

Obwohl bereits zu Nostradamus' Lebzeiten viel Kritisches über ihn
geschrieben wurde, findet sich in diesen Dokumenten nicht der gering-
ste Hinweis darauf, daß seine Vierzeiler richtig verstanden und seine
Fähigkeiten als Astrologe entsprechend gewürdigt worden wären. So
gesehen ist seinen Kritikern, die das Vorhersagen der Zukunft als gottlos
und vor allem unmöglich ablehnten oder die besondere Form der Astrologie, deren sich Nostradamus bediente, nicht verstanden, wenig Bedeutung zuzumessen. Die früheste Kritik findet sich in einem unter einem
Pseudonym veröffentlichten Traktat aus dem Jahr 1558, *La Première
Invective du Seigneur Hercules le François, contre Monstradamus*.
Hercules behauptet darin, die Astrologie sei ein Versuch, »Gott an seinem Bart vom Himmel herabzuziehen« und an seine Stelle einen eitlen
Schicksalsglauben zu setzen. Der Text verkommt schließlich zu einem
uninformierten, persönlichen Angriff. Die Tatsache, daß sich Nostradamus in seinen »scherzhaften« Vierzeilern der Astrologie bediene, wird
als Zauberei erklärt, die darauf abziele, die Unwissenheit des Lesers zu
lenken.[28] Ein Pamphlet aus demselben Jahr und vermutlich derselben

Quelle trägt den Titel *Le Monstre d'Abus*, was ein homophones Anagramm von Nostradamus' Namen und eine Art Gegenströmung gegen die Technik der Grünen Sprache ist (auf die wir in Anhang V detaillierter eingehen).[29]

Selbst Nostradamus' Freunde neigten dazu, seine Gedanken falsch zu interpretieren, wie etwa sein Schüler Jean-Aimé de Chavigny, der nach dem Tod seines Mentors der Nachbearbeitung der *Prophéties* achtundzwanzig Jahre gewidmet haben soll (wenn uns dieser Zeitraum auch zu schr an eine Mondperiode erinnert, als daß wir diese Überlieferung tatsächlich ernst nehmen könnten). In diesem Zusammenhang stellt sich die Frage, wie es überhaupt möglich war, die Verse zu kommentieren, wo doch zum Zeitpunkt des Ablebens von Nostradamus kaum ein halbes Dutzend Prophezeiungen in Erfüllung gegangen waren und es vor Eintreten des vorhergesagten Ereignisses praktisch unmöglich war, die verborgene Bedeutung zu enthüllen. Wie wir anhand mehrerer Beispiele nachweisen werden, erweist sich Chavignys Text in den Einzelheiten zur Biographie des Nostradamus oftmals als ungenau. Selbst bei dessen Zeitgenossen und frühen Chronisten finden sich so viele Spekulationen und Meinungsverschiedenheiten bezüglich Daten, Namen und Ereignissen, daß wir auf sein Horoskop zurückgreifen mußten, um mit einiger Präzision feststellen zu können, welche der aus seinem Leben überlieferten Begebenheiten tatsächlich zutrafen.

Doch beschäftigen wir uns nun mit der Frage, wie ein solch kraftvolles Horoskop – eine einzigartige Karte des Himmels – in die Karte der Erde paßt.

Die Karte Frankreichs im sechzehnten Jahrhundert enthüllt in der Transparenz des Rückblicks jene tragische Zukunft, die Nostradamus vorhersagte. Nahezu entlang der gesamten französischen Ostgrenze, vom Mittelmeer bis Calais, wurde das Land von dem gewaltigen germanischen Reich bedroht. Am Nordende dieser Trennungslinie lag die Enklave Calais (ein Relikt der Schlacht von Crecy), die zu England gehörte und für Frankreich noch immer einen Stachel im Fleisch darstellte. Im Jahr 1558, in dem Nostradamus wahrscheinlich den zweiten Teil seiner *Prophéties* veröffentlichte, eroberte der Herzog von Guise dieses Gebiet und verleibte es Frankreich wieder ein. In einer seiner Prophezeiungen sah Nostradamus eine kurzfristige spanische Besetzung von Calais für das damalige Jahrhundert voraus. Nach dem Vorstoß des Herzogs von Guise wurde der Landstrich zu Recht Pays Reconquis, wiedererobertes Gebiet, genannt. Im Südwesten lag das Königreich von Navarra, das Frankreich vom spanischen Königreich trennte.

Dem englischen Königreich, das er manchmal mit dem Ausdruck »Isles« und manchmal als »Brittanique« bezeichnete, prophezeite Nostradamus, daß es ein Weltreich oder, wie er es in seinem berühmten Vierzeiler ausdrückte, ein »Pempotam«, eine »Allmacht«, errichten werde. Wäre es seinen Zeitgenossen möglich gewesen, diesen Quatrain richtig zu deuten, wären sie erstaunt gewesen. 1555 erkannten nur wenige Franzosen Englands wachsende Stärke. Für dieses Fehlurteil sollten ihre Nachkommen in den folgenden zweieinhalb Jahrhunderten bitter bezahlen. Obwohl sie davon ausgingen, daß ihr *belle France* auch in Zukunft eine führende Rolle spielen würde, zeigte sich doch eine gewisse Besorgnis aufgrund der Bedrohung seitens Spaniens und der langen gemeinsamen Ostgrenze mit dem germanischen Reich. Frühe Forscher werteten in ihrer Eigenschaft als Franzosen die auf Großbritannien bezogenen Zeilen von Nostradamus ab und sahen darin die Vorhersage, daß das germanische Reich von einem großen französischen Monarchen unterworfen und das erstarkte französische Imperium ohne Veränderung auch in Zukunft bestehen würde. Dieses Wunschdenken zeigt, wie gering Frankreich Englands zukünftige Rolle einschätzte.

Im Zuge der Enthüllung von Nostradamus' Prophezeiungen zeigten sich die dramatischen Wechselwirkungen zwischen diesen vier Ländern erst nacheinander und dann gemeinsam. Mars, der Gott des Kriegs, der Plünderung und des Blutvergießens, werde dominieren: Während der folgenden vier Jahrhunderte gab es kaum eine Dekade, in der es nicht zu gewalttätigen militärischen Aktionen an der einen oder anderen dieser unsicheren und sich verändernden Grenzen kam.

Auch Frankreich selbst bestand aus einem bunten Gemisch von Lehensgütern, in denen Traditionen und Lehenstreue vor jeder Form des Nationalismus vorherrschten. Nachdem Nostradamus von Katharina von Medici erst nach Paris und dann nach Blois gerufen worden war, legte er eine beschwerliche Reise durch zumindest sieben verschiedene Lehensgebiete und Herzogtümer zurück. Die größte politische Einheit des Landes bildete das Königreich von Frankreich, ein weitläufiges, jedoch aufgrund seiner Struktur – lange Grenzen – geschwächtes Gebiet, das Normandie, Île-de-France (mit Paris als Mittelpunkt), Champagne, Berry, Poitou, Guyenne, Dauphiné und Languedoc umfaßte. Die Lehen, die der französischen Krone im Jahr 1527 zugefallen waren, schlossen die ausgedehnten Ländereien des Herzogtums der Bretagne, Picardie und Burgund ein, die einen triadenähnlichen Schutzgürtel rund um Paris beschrieben bzw. eine Bedrohung für die Hauptstadt darstellten. Im Süden lag die Provence, wo Nostradamus in dem kleinen Städtchen Salon seine Prophezeiungen zu Papier brachte. Heute erinnert ein riesiges Acrylfresko den Betrachter an des Meisters astrologische Kräfte und seine Verbindung zum königlichen Hof (s. Abb. 18). Nördlich der Provence lag die Dauphiné mit Lyon, wo ab 1555 sein erstes Buch der *Prophéties* veröffentlicht wurde. Eingeklemmt zwischen Dauphiné und Provence und im Westen angrenzend an das Languedoc, lag Venaissin (zu dem auch Orange und Avignon gehörten), ein kartographisches Relikt, das sich immer noch im Besitz des italienischen Papstes befand und in dem ein päpstlicher Gesandter prunkvoll residierte. Andere Lehensgebiete umfaßten Angoulême und das Herzogtum von Bourbon, die dem französischen Reich 1527 hinzugefügt wurden, sowie die Puffergebiete entlang der Grenze mit Navarra.

Will man die kryptischen Schriften von Nostradamus begreifen, muß man sich diese Fülle von Herzogtümern, Lehen und Ländereien vor Augen halten, da der Meister oftmals zur Bezeichnung eines Gebietes lediglich den Namen einer Stadt oder gar nur eines Flusses angibt. Diese sowohl in der exoterischen als auch in der esoterischen Literatur übliche Methode bezeichnet man auch als *Synekdoche* (s. Anhang V). Mit dieser Technik konnte Nostradamus beispielsweise einen Vers über bedrohliche, kriegsähnliche Ereignisse für die Zukunft der Städte Pau, Tarbes oder Auch verfassen und damit einen künftigen Konflikt zwischen dem Königreich von Frankreich und dem von Navarra* ankündigen. Da einige Ereignisse so weit in der Zukunft lagen, daß sich die Landkarte Frankreichs in der Zwischenzeit veränderte, blieben die alten Grenzen lediglich als Erinnerung oder überholte Kennzeichen zurück, die einzig noch zur Entschlüsselung alter Quatrains dienen. Dies ist auch der Grund, warum eine Unzahl von Interpreten Ortsverzeichnisse zumeist zweifelhaften Wertes verfaßten, um ihren Lesern das Verständnis der Prophezeiungen zu erleichtern.[30]

In dieser bunten Anordnung verschiedenster Ländereien war Paris gleichbedeutend mit Frankreich. Hinter den Mauern der Stadt verbarg sich der herrschende Monarch Heinrich II., dem Nostradamus das zweite, im Jahr 1558 veröffentlichte Buch seiner *Prophéties* widmete – damit erklärt sich der Umstand, warum sich auf späteren Ausgaben der stilisierte Kopf des Monarchen findet (s. Abb. 19). Verheiratet mit der beeindruckenden Katharina von Medici und umsorgt von einer Anzahl hübscher Geliebter, stand Heinrich sein Leben lang unter der Herrschaft von Frauen. Obwohl körperlich aktiv, verfügte er lediglich über eine

---

* Das alte Königreich von Navarra existiert längst nicht mehr. Es wurde erst von Ferdinand und danach von Heinrich IV. aufgeteilt. Pau liegt heute in Basse-Pyrénées, Tarbes in Hautes-Pyrénées und Auch in Gers.

mittelmäßige Intelligenz, und es ist zu bezweifeln, daß er die geheime Geschichte der Zukunft Frankreichs, die Nostradamus ihm im Jahr 1558 zueignete, verstanden hätte. Uns erscheint es unwahrscheinlich, daß er Nostradamus' Angebot, ihm die Bedeutung der geheimnisvollen Vorhersagen und die Zukunft seines geliebten Frankreichs zu erläutern, annahm. Sollte er es doch getan haben, bewahrte er darüber Stillschweigen. Wie so vieles im Leben von Nostradamus bleibt auch dies im Dunkel der Vergangenheit verborgen.*

Seine überströmende Lebenslust führte Heinrich 1559 ins Verderben. Er starb bei einem Turnier, obwohl verschiedene Hellseher ihn vor derartigen Aktivitäten gewarnt hatten. Sein schmerzvoller Tod hob Nostradamus' Ansehen augenblicklich, denn der Gelehrte hatte in seinen 1555 veröffentlichten *Prophéties* dieses in der Zukunft liegende Ereignis in einem bemerkenswert präzisen Vers beschrieben (s. Seite 195 ff.). So hatte der Tod des Königs dazu beigetragen, seinen Ruf ab 1559 zu festigen. Möglicherweise war es für die *amour propre* seiner Zeitgenossen vorteilhaft, daß sie die Zukunft, die er für ihre Stadt und ihr Land vorhersah, nicht lesen konnten.

Rom, Ewige Stadt und Zentrum des Katholizismus, lag zwar im sechzehnten Jahrhundert weit von Paris entfernt, doch sein Einfluß auf Frankreich war so stark, als hätten ihre alten Mauern an den Ufern der Seine gelegen. Möglicherweise datierte Nostradamus die Ereignisse seiner Vierzeiler deshalb so häufig durch verschlüsselte Hinweise auf den einen oder anderen herrschenden Papst – als wäre ein Kirchenoberhaupt mit dunkler Sense Richter über die Zeit gewesen. Das Jahr 1555 war für Rom beinahe einmalig, denn es sah drei Päpste. Nach dem Tod von Julius II. wurde Marcello Cervini im April als Marcellus II. zum Papst gewählt, doch er starb noch im selben Monat. Auf ihn folgte Giovanni Pietro Caraffa, der den Namen Paul IV. annahm. Er war von adeliger Herkunft und in seinem Auftreten nepotistisch und autokratisch geprägt. Darüber hinaus verfügte er über die unfehlbare Fähigkeit, nahezu jeden Fremden, mit dem er zu tun bekam, gegen sich aufzubringen. Bereits

---

* Unserer Ansicht nach erklärte sich Nostradamus aus Höflichkeit und Respekt bereit, dem König die Bedeutung der Vierzeiler zu erläutern (immerhin war er bemüht, das königliche Wohlwollen zu erlangen). Er wußte, daß der König kein echtes Interesse an einer derartigen Erklärung hatte – Heinrich war ein majestätischer Tolpatsch mit geringem Verstand. Zudem war dem Seher bekannt, daß der König nicht mehr lange zu leben hatte. Wie der Großteil der Widmungen des Mittelalters war auch diese Epistel wahrscheinlich dazu bestimmt, sich der Unterstützung und Aufmerksamkeit des Königs zu versichern – was im Fall von Nostradamus auch gelang.

vor seiner Wahl hatte er die Ausrottung der Ketzerei durch die Inquisition in begrenztem Umfang unterstützt, doch sobald er an die Macht kam, ließ er ihr zum Entsetzen der Italiener freie Hand.

Im Jahr seiner Wahl schloß Paul IV. ein Abkommen mit Frankreich, um die Spanier aus Italien zu vertreiben, doch schon bald stellten sich die Waffen Philips II. als für ihn zu mächtig heraus. Trotz dieser Niederlage gab er zeitlebens seine Bemühungen nicht auf, Feindseligkeiten zwischen den beiden Nationen zu schüren. Es ist wohl hauptsächlich auf sein abweisendes Verhalten Elisabeth I. von England gegenüber zurückzuführen (die er beharrlich als illegitime Herrscherin eines Landes, welches eigentlich dem Papsttum unterstehen sollte, ablehnte), daß sich das protestantische Schisma dort so auswirkte. Als Paul IV. im Jahr 1559 starb, wurde er selbst von seinen italienischen Mitbürgern so verachtet, daß die Einwohner Roms eigenhändig seine Statue zerstörten und die von der Inquisition eingekerkerten Gefangenen aus ihren Verliesen befreiten. Es verwundert nicht, daß ein derart dramatisches Leben von Nostradamus in vier prophetischen Zeilen festgehalten wurde.

Die größten Ängste und Auseinandersetzungen des Jahrhunderts resultierten aus unterschiedlichen religiösen Ansichten. Innerhalb Europas spitzte sich der Konflikt zwischen Katholiken und Protestanten zu. Letztere wurden in Frankreich später »Huguenots« genannt, angeblich eine romanisierte Version des deutschen Wortes »Eidgenossen«.*

Die externen Differenzen lagen in dem scheinbar immerwährenden Konflikt zwischen dem christlichen Europa und der islamischen Türkei. Diese verschiedenen religiösen Auseinandersetzungen begegnen uns in vielen Quatrains, die sich mit den Problemen zwischen Katholiken und Hugenotten wie mit dem noch dramatischeren Aufstieg und Fall des Osmanischen Reiches befassen. Wäre es den damaligen Lesern möglich gewesen, den geheimnisvollen Versen eine Bedeutung abzuringen, hätten sie wohl mit größerer Gelassenheit in die Zukunft geblickt. Nostradamus sagte in mehreren Quatrains das Ende der Bedrohung durch die Türken für den Ausgang des sechzehnten Jahrhunderts voraus (s. Seite 114 ff.). Doch in ihrer Unfähigkeit, die Vierzeiler zu verstehen, müssen die Leser jedesmal erbleicht sein, sobald sie das Wort *Selim* oder eine Variante davon in einem der Verse entdeckten, denn sie deuteten es wohl entweder als Namen des türkischen Herrschers oder als verborgenen Hinweis auf den Islam. Vor dem Untergang der osmanischen Macht sagte Nostradamus die verheerende Belagerung von Malta (ein Jahr vor

---

* Im Deutschen bedeutet »Eidgenosse« »Verbündeter« und bezieht sich ausdrücklich auf schweizerische Untertanen.

seinem Tod) und später die Belagerung von Zypern mit der damit verbundenen Seeschlacht von Lepanto voraus.

In Genf gewann Calvins Protestantismus an Einfluß. Fürchteten die Genfer *Selim* als menschliches Ungeheuer, so hielten sie Paul IV. regelrecht für die Inkarnation des Antichrist. Andererseits waren Marcellus und Julius vor ihm schon Antichrists gewesen, denn nach Meinung der protestantischen Genfer war das Papsttum selbst eine Ausgeburt der Hölle. In ihrem Bemühen nach Loslösung von der päpstlichen Herrschaft erhoben die Calvinisten die Stadt zu ihrem Himmel und umgaben sie mit höllischen Regeln. Wenn ein Genfer Goldschmied im Jahr 1555 einen prachtvollen goldenen Meßkelch herstellte, wurde er bestraft, da er sich eines zügellosen Papismus schuldig gemacht habe. Nostradamus beunruhigte die Entwicklung in Genf; er hinterließ einen mahnenden und auf gewisse Weise zweideutigen Vierzeiler über die Gefahren der Stadt (s. Seite 209 ff.). Obwohl von starken Emotionen geprägt, erweist sich dieser Quatrain doch als relativ zurückhaltend. Abt Trithemius, Nostradamus' Mentor, hatte den Aufstieg der protestantischen Religion nach 1525 vorhergesagt, der bis etwa 1880 oder 1881 andauern würde.

Unabhängig von Calvin und seinen Antichristen vollzog sich eine weit größere Revolution. Die Erde wurde von ihrem angestammten, heiligen Platz im Zentrum des Kosmos gestoßen, die Sonne emporgehoben, um dieses Vakuum zu füllen. Kopernikus hatte 1543 sein epochales Werk *De Revolutionibus* veröffentlicht; doch im Jahr 1555 konnte man diejenigen, die seine Ansichten teilten, noch immer an einer Hand abzählen. Unvergleichlich viel mehr Zeitgenossen unterstützten die Haltung Luthers, der mit einer unbeabsichtigten Vorhersage in scharfem Ton anmerkte, daß »der Narr die gesamte Wissenschaft der Astronomie umzustürzen versucht«.[31] Die Revolution mag also zwar im sechzehnten Jahrhundert ihren Anfang genommen haben, doch sie erschütterte die Astrologie kaum. Heute benutzen viele Astrologen zwar heliozentrische Karten, aber die Mehrzahl ist mit den geozentrischen, wie sie im sechzehnten Jahrhundert verwendet wurden, zufrieden.

Wie alle Mathematiker (auch Nostradamus wurde in Briefen aus vielen Teilen Europas ehrerbietig so genannt) erstellten die damaligen Astrologen persönliche Horoskope und »Erwählungen« im Zusammenhang mit den täglichen Freuden und Tragödien des Lebens wie etwa Raubüberfällen, Todesfällen, Ehebruch, Liebesverhältnissen und ähnlichem. Propheten, die ihrem Beruf in einem Dorf oder einer Stadt nachkamen, hatten es nicht immer leicht, denn in den Augen der Kirche stand die Astrologie im Ruf der Wahrsagerei. Da die wiederum mit den Dämonen in Zusammenhang gebracht wurde, begegnete man solchen Fachleuten mit Mißtrauen. In einigen Städten wurde ihnen ihre Tätigkeit gar untersagt.

In den königlichen Palästen und Schlössern war das jedoch anders. Nahezu jeder Machthaber hatte seinen oder ihren eigenen Astrologen. Der aufgeklärteste Herrscher dürfte Philip II. von Spanien gewesen sein, der im Jahr 1555 bei seinen Astrologen Offenbarungen bezüglich des Ausgangs seiner Kämpfe in Italien suchte. Außerdem hatte er einen Astrologen beauftragt, den Escorial, sein klösterliches Grabmal, auf den Sonnenuntergang des 10. August, den Festtag des heiligen Lorenz', auszurichten. Ironischerweise sagte Nostradamus 1555 die Schlacht von Sankt Quintin, die im Jahr 1557 stattfand und an die die Orientierung des Escorials erinnert, voraus. Unter Philips vielen, meist berühmten Horoskoperstellern befand sich auch der große Hermetiker John Dee, der anläßlich verschiedenster Anlässe für den König Diagramme ausarbeitete. Tatsächlich tauchen Philips Horoskope in verschiedensten Versionen in einer Vielzahl von astrologischen Büchern auf, die Mitte des sechzehnten Jahrhunderts veröffentlicht wurden. Beunruhigend daran ist, daß es bezüglich des genauen Geburtsdatums Philips kaum Übereinstimmungen gibt.[32]

In England beschäftigte Elisabeth I. denselben John Dee, der bereits auch für den spanischen König Horoskope errechnet hatte. Dee war Rosenkreuzer*, ein brillanter Gelehrter und darüber hinaus der erste, der jemals ein ganzes Buch über ein einziges okkultes astrologisches Zeichen schrieb. Die berühmte »Monade« seines 1583 herausgegebenen Werkes *Monas Hieroglyphica* wurde von anderen Rosenkreuzern als

---

* Trotz unzähliger gegenteiliger Behauptungen gibt es keinen Hinweis darauf, daß Nostradamus mit den Rosenkreuzern in Verbindung stand. Der Name, der dieser von einem Eingeweihten geführten Bewegung unter Bezugnahme auf die Anhänger von Christian Rosenkreuz verliehen worden war, kam im fünfzehnten Jahrhundert erstmals in Verwendung. Die Bewegung wurde allerdings erst mit der Veröffentlichung eines Textes, der *Fama Fraternitatis,* im Jahr 1614 bekannt. Zentrales Anliegen war die Reform der christlichen Religion durch innere Aktivität, Meditation und politische Manipulation. Die Rosenkreuzer waren insoweit erfolgreich, als sie gewisse Grundsätze des esoterischen Christentums, die heute integraler Bestandteil der europäischen Kultur sind, bewahrten und verbreiteten. Sie führten in den Fluß der europäischen Kultur ein neues Bewußtsein alchimistischer Symbolik, einen esoterischen Zugang zum Christentum sowie die Prinzipien der Reinkarnation ein. Insgesamt war das Rosenkreuzertum die bedeutendste Strömung mittelalterlichen Okkultismus, die das europäische Leben je durchdrang. Wie wir in Anhang III aufzeigen werden, gibt es Hinweise, daß Nostradamus einer weit älteren Bewegung Eingeweihter angehörte.

Geheimsymbol übernommen. In Italien war die Astrologie auch außerhalb des Hofes populär; verschiedene Formen dieser Kunst wurden an den Universitäten gelehrt. In der ersten Dekade des nächsten Jahrhunderts gelangte sie auch in den Vatikan. Wie Aufzeichnungen berichten, studierte Urban VIII. (der an Galileos Verurteilung beteiligt war) bei Campanella Astrologie.

Katharina von Medicis Machtposition ermöglichte es auch ihr, sich persönliche Astrologen zu halten. Obwohl sie sich bei Nostradamus Rat holte, lud sie immer wieder Gelehrte aus Italien ein. Sie war zu italienisch, als daß sie ihre matriarchalische Natur und ihre Ambitionen abgelegt hätte. Wie überliefert wurde, benutzte sie die verbotene Nekromantie – oder bezahlte Magier, dies für sie zu tun –, um einen Blick in die Zukunft ihres Sohnes zu werfen. Möglicherweise erklärt sich so die Klage Jauberts, daß der große Nostradamus später ebenfalls in den Verdacht geraten sei, an Zukunftsvorhersagen mit Hilfe von Dämonen teilgenommen zu haben.[33]

Wahrscheinlich ist es auf Nostradamus' Ruf als Astrologe und Verfasser von Almanachen zurückzuführen, daß Katharina ihn nach Paris beorderte, wo er für ihre Kinder Horoskope erstellte und deutete. Allerdings ist kaum anzunehmen, daß ihn dieser Kontakt mit zukünftigen Königen und Königinnen dazu anregte, kurze Zukunftsgeschichten ihres Unterganges in seine Prophezeiungen aufzunehmen. Zumindest ein halbes Dutzend Quatrains schildern die traurige Geschichte der Dynastie Valois*, die glücklicherweise in sehr kryptischen Zeilen berichtet wird. So konnte Katharina daraus nicht ersehen, daß sie ihre geliebten Söhne, denen nur eine kurze Herrschaft vergönnt war, überleben würde.

Trotz des Interesses der Königin erlebte die Astrologie im Frankreich jener Zeit keinen Aufschwung. John Guido, der in Paris als Arzt arbeitete, veröffentlichte im Jahr 1543 ein astronomisches Werk, in dem er seiner persönlichen Verzweiflung Ausdruck verlieh und den Umstand beklagte, daß nur noch wenige Gelehrte in der Lage seien, nach den

---

* Die Familie Valois (die Nostradamus bisweilen auch als »Capet« bezeichnete) übernahm 1328 mit der Thronbesteigung Philips VI. die Herrschaft in Frankreich. Er ist der erste der von französischen Historikern *Valois directs* genannten Linie, die mit Karl VIII. im Jahr 1498 ihr Ende fand. Ein Vertreter des zweiten Zweigs, der Valois-Orléans, war Ludwig XII., der nach Karls Tod die Herrschaft antrat und 1515 starb. Die dritte Linie, mit der sich Nostradamus in seinen königlichen Quatrains hauptsächlich befaßte, war die der Valois-Angoulême, die mit Franz I. begann und mit Heinrichs III. (des Sohnes von Katharina von Medici und dem glücklosen Heinrich II.) Tod im Jahr 1589 endete.

Regeln der Astrologie Vorhersagen über die Zukunft zu treffen. Seiner Meinung nach war die Astrologie zu einem Alibi für die Schandtaten der Nekromanten und anderer angeblicher Seher verkommen.[34] Auf Paris traf das möglicherweise zu, doch in anderen Teilen Frankreichs war die Astrologie sehr lebendig.

Viele der in königlichen und aristokratischen Kreisen verkehrenden akademischen Okkultisten – wie etwa der Theologe und Ordensbruder Junctinius, der den Großteil seines Leben dem Studium der Astrologie widmete – haben durch ihre Aufzeichnungen bis in unsere Tage überlebt. In einem dieser Werke berechnete der deutsche Astrologe Johannes Garcaeus über vierhundert Diagramme von Personen, die heute noch bekannt sind. Sein 1556 veröffentlichtes Hauptwerk *Kurze Abhandlung*[35] ist der Versuch, eine geeignete Methode zur Erstellung und Deutung von Horoskopen zu etablieren, die zu präzisen Vorhersagen führt.

Eine Vielzahl berühmter Horoskope aus der Mitte des sechzehnten Jahrhunderts wurde von Astrologen unter Verwendung der Ephemeriden (Planetentabellen) des Mathematikers und Astronomen Regiomontanus (»Königsberger«) erstellt. Der nach heutigen Gesichtspunkten nicht vollkommen präzise, aber hervorragend gedruckte venezianische Almanach ist ein nützliches Dokument zur Beurteilung jener Positionen, die den damaligen Astrologen anhand ihrer eigenen Diagramme gültig erschienen.

Auch wenn Kopernikus' *De Revolutionibus* im astrologischen Geist veröffentlicht worden war und bald schon ein zuverlässigeres System für die Vorhersage von Planetenkonstellationen liefern sollte, mußte man im Paris des Jahres 1555 weitgehend den Eindruck haben, er hätte niemals gelebt. Das von Erasmus Reinhold* erarbeitete System, die *Prutenischen Tafeln,* war ab 1551 verfügbar und bot eine bisher nicht erreichte Genauigkeit (Prutenische Tafeln sind Ephemeriden, die nach dem heliozentrischen System von Kopernikus berechnet wurden; Stadius stützte seine Ephemeriden für die Jahre 1554 bis 1570 darauf). Dennoch griffen in Paris nur wenige auf diese Tafeln zurück. Man bevorzugte das Tabellensystem von Regiomontanus, das einen andersartigen Zugang zur Erarbeitung einer Deutung eröffnete.

---

* Erasmus Reinhold, Professor für Mathematik an der Universität von Wittenberg, war ein leidenschaftlicher Astrologe und früher Anhänger von Kopernikus. Bereits im Jahr 1542 anerkannte er in seinem Werk *Neue Planetentheorien* die Notwendigkeit neuer und genauerer Ephemeriden, die vom kopernikanischen Modell abgeleitet wurden.

Während feststeht, welche Tabellen und Ephemeriden Nostradamus für seine gewöhnlichen astrologischen Zwecke verwendete, ist es noch immer eines der größten Mysterien dieser Zeit, woher er jene genauen Daten bezog, die er für die präzisen astrologischen Vorhersagen in seinen Quatrains einsetzte. Man könnte der Ansicht sein, daß ein Seher, der über die Fähigkeit verfügte, stellare Ereignisse wie etwa die Nova von 1572 (ein Naturereignis, das *nach* seinem Tod auftrat; s. Seite 203 ff.) wahrzunehmen und vorherzusagen, terrestrische Ephemeriden eigentlich nicht benötigte. Die faszinierendste Frage rund um Nostradamus' Astrologie ist jedoch, woher er sein weitreichendes Wissen über die exakten Planeten- und Sternenstellungen bis weit über das zwanzigste Jahrhundert hinaus bezogen hatte.

Die Symbole der Araber hatten ihren Weg bis auf die Fassaden gotischer Kirchen* (den großen Trägern geheimnisvoller Symbolik) gefunden, und auch im sechzehnten Jahrhundert standen die Astrologen noch unter dem Einfluß der großen islamischen Schulen von Bagdad. Selbst die von heutigen Astrologen verwendeten Symbole wurden – eingraviert in Astrolabien – von den Arabern an die Astrologen des Mittelalters weitergegeben. Unter den Titeln dreier in jüngster Zeit aufgetauchter Bücher, die die Exlibris-Signatur von Nostradamus tragen, findet sich ein Werk von Alcabitius (Abb. 20) – der lateinisierte Name von Al-Kabisi, einem arabischen Astrologen des zehnten Jahrhunderts –, der Chaucer eine besondere Erwähnung wert war.[36] Die arabischen astrologischen Schriften waren im Europa des sechzehnten Jahrhunderts so gut bekannt, daß ein Rechtswissenschaftler, der Turrel als wahres Wunder

---

* Diese älteren Formen der Astrologie gelangten als esoterische Wissenschaft und in der Praxis anwendbare Kunst hauptsächlich über das islamische Spanien nach Europa. Obwohl die Kirche die astrologischen Symbole als grundsätzlich heidnisch fürchtete, gestand sie ein, daß es eine klassische und sogar frühchristliche Berechtigung für ihre Anerkennung gebe, und christianisierte sie. Da die Kirche in frühen Zeiten die gnostischen Kosmologien abgelehnt hatte, waren die arabischen Symbole von Planeten, Tierkreiszeichen und Sternen eine Segnung für neue christliche Architekten. Das erklärt, warum die Kleriker solche heidnischen Symbole in Form von Tierkreiszeichen und Planetenabbildungen in ihren Kirchenbauten zuließen. Das aus dem elften Jahrhundert stammende Kloster von Sagrada di San Michele im Val di Susa in Italien ist vermutlich das älteste noch erhaltene Gebäude, in dem die arabische kosmologische Symbolik noch deutlich zu erkennen ist. Das wichtigste Geheimzentrum der spätmittelalterlichen Astrologie befindet sich in dem im dreizehnten Jahrhundert erbauten Komplex von San Miniato al Monte in Florenz, wohingegen die tiefste esoterische Strömung der Astrologie in der jüngeren Kathedrale von Chartres bis heute überlebte. F. Gettings befaßt sich in seinem Buch *The Secret Zodiac: the hidden art in mediaeval astrology*, 1979, eingehender mit diesem Thema.

an Weisheit preisen wollte, ihn als »zweiten Alcabitius in der Astrologie« nannte. Turrel wäre wohl sehr stolz über diesen Vergleich gewesen, denn seine Wertschätzung für Alcabitius war so groß, daß er 1520 dessen Werk über Beurteilungsastrologie, ergänzt durch eigene textliche Anmerkungen, veröffentlichte.

Eine bedeutende Schrift von Oronce Finé* bezog sich auf den Gebrauch der Almanache und umfaßte zudem eine Abhandlung über Konjunktionen (in der Hauptsache übergeordnete Konjunktionen, die in der arabischen Vorhersehung einen hohen Stellenwert einnahmen) von Alcabitius. Die Exlibris-Ausgabe dürfte zu spät in Nostradamus' Besitz gelangt sein, als daß sie auf unsere sehr spezifische Untersuchung der Quatrains eine Auswirkung hätte haben können. Dennoch bietet sie einen Hinweis auf den Einfluß der arabischen Astrologie auf den Meister und zeigt dessen Interesse an übergeordneten Konjunktionen, die überall in seinen eigenen Versen erscheinen und ohne deren Verständnis die Bedeutung der Vierzeiler hoffnungslos im dunkeln bleibt.

Die Literatur des sechzehnten Jahrhunderts war von einer Unzahl Prophezeiungen und Vorhersagen übersät, die nur zu einem geringen Teil mit Astrologie zu tun hatten. Ihre Wurzeln reichten in eine weit zurückliegende Vergangenheit. Unter den frühen prophetischen Schriften, in denen der Name Nostradamus genannt wird, findet sich das Werk *Pleiades* von Nostradamus-Schüler Chavigny, der 1603 eine Anthologie von Vorhersagen veröffentlichte, die sich mit dem Untergang des türkischen Reiches befaßten und in die er großzügig Berichte über den prognostizierten Zusammenbruch des Christentums mischte.[37]

Chavigny arbeitete sich im Gefolge traditioneller Weissagungsbücher durch eine beträchtliche Anzahl von Visionen, die sich mit dem als unmittelbar bevorstehend angenommenen Triumph Frankreichs und dem Fall des türkischen Imperiums beschäftigten. In der Einleitung kündigt er nicht nur seine Absicht an, diese Vorhersagen zu erklären, sondern sie überdies in Beziehung zu Nostradamus' Prophezeiungen zu stellen. Obwohl einige seiner einzeiligen Beschreibungen zukünftiger Ereignisse den Quatrains entnommen zu sein scheinen, dürfte er sich

---

* Oronce Finé, der seine Werke zumeist mit dem latinisierten Namen Orontius Finaeus zeichnete, wurde 1494 geboren und gehörte zu den einflußreichsten französischen Astrologen des folgenden Jahrhunderts. In seiner Jugend hatte er aufgrund seiner astrologischen Vorhersagen einige Jahre im Gefängnis verbracht, errang allerdings im Alter von sechsunddreißig Jahren die Stellung eines königlichen Gelehrten für Mathematik. Wir werden im weiteren einige bedeutende Werke von Finé ansprechen und auf seine Verbindung mit der Schule von Beauvais eingehen.

unglücklicherweise nicht ernsthaft bemüht haben, dieses Versprechen zu halten. Eine Reihe von Prophezeiungen, die er von François Liberati übernommen hatte, basieren auf derselben astrologischen Lehre trigonaler Umläufe*, die Nostradamus in seinen Versen anwendete.[38]

Aus Liberatis Schriften schloß Chavigny, daß die französische Monarchie zwischen 1583 und 1782 eine Glanzzeit erleben werde und daß die Grundsätze des Islams nur bis in das Jahr 1980 Bestand haben würden. In dieser Zeit werde auch die Herrschaft Roms ein Ende finden. Damit einhergehend sah er Erdbeben (»tremblemens de terre«, wie er in Anlehnung an Nostradamus' Stil schrieb), Erscheinungen und Kometen mit dem Untergang von Königreichen, Gesetzen und Verfassungen voraus.

Die Popularität derartiger Prophezeiungen mag dem heutigen Leser seltsam erscheinen. Wir Menschen des zwanzigsten Jahrhunderts mögen vielleicht an bestimmte Zyklen (wie etwa Geschäfts-, Wirtschafts- und Lebenszyklen), den Kreislauf von Krieg und Frieden oder sogar von Himmelsereignissen (Takataeffekten, Kolisko-sap-Zyklen) glauben, haben aber weitgehend das Gefühl verloren, daß der Kosmos die Geschichte lenkt oder daß er gar ein eigenständiges Lebewesen ist.[39] Die meisten von uns können sich die Geschichte nicht als Abbild der Vorsehung vorstellen, die ihren eigenen Willen in die Tat umsetzt. Im Spätmittelalter hingegen glaubte man, daß die Geschichte von spirituellen Wesen – Engeln, Erzengeln und *archai* (etwa »den Alten«) – gelenkt werde. Erstere befaßten sich mit Einzelschicksalen, die Erzengel mit den Schicksalen von Nationen, letztere wurden als Herrscher über geschichtliche Perioden angesehen. Dem mittelalterlichen Verständnis nach war die Geschichte ein bedeutungsvoller Prozeß, in dem die Vorsehung die Rettung des Menschen zum Ziel hatte. Das Erscheinen des Antichrist, die Erneuerung der Kirche, der tausendjährige Friede und die Geburt Christi galten als Teil des Vorhersehungsplans, vorbereitet von engelsgleichen Wesen. Zu Beginn des sechzehnten Jahrhunderts verlieh der Abt Trithemius von Sponheim jenen planetarischen Wesen, die die Geschichte leiteten, sogar Namen und stellte ihre Periodizität mit genauen Datumsangaben über Beginn und Ende ihrer Herrschaft dar (s. Seite 133).[40] Aufgrund seines Wissens (dessen Quellen so alt wie das Christentum selbst zu sein scheinen) wagte Trithemius sogar eigene Prophezeiungen, da er dies als Dienst am Plan Gottes ansah.

---

* Die Theorie planetarischer Umläufe stammt aus der arabischen Astrologie und wurde von den Astrologen des Mittelalters auf die Untersuchung historischer Ereignisse angewendet. Die »Umläufe« von Jupiter und Saturn treten immer wieder in Nostradamus' Quatrains auf.

Im sechzehnten Jahrhundert fußte beinahe jede Weissagung auf der Vorstellung, daß die Geschichte nichts anderes als die Bekundung von Gottes Willen war. Die Prophezeiung war eines von verschiedenen Werkzeugen, das den Menschen in die Lage versetzte, die Absicht hinter der göttlichen Lenkung der Geschichte zu verstehen. Dies erklärt die Bestürzung von Katholiken und Protestanten jener Zeit angesichts der Hinweise auf Weltende, Jüngstes Gericht, Antichrist sowie der verschiedenen Visionen der Erneuerung (oder *renovatio*, um einen Ausdruck aus Nostradamus' Quatrains zu gebrauchen, der aus der traditionellen Prophezeiungsliteratur stammt) einer Welt, die in Lasterhaftigkeit und die unausweichliche Dämonisierung der Anführer verschiedener Religionen und Kulte, wie etwa des Papstes oder Luthers, verstrickt war.

Eine Auslegung biblischer Texte – insbesondere der Propheten und der Offenbarung – findet sich in einem Großteil der prophetischen Schriften der fünfhundert Jahre, die dem sechzehnten Jahrhundert vorausgehen. Die möglicherweise bedeutendste Strömung bildete die der Joachimiten*, um die sich eine ausgedehnte prophetische Literatur entwickelt hatte. Sie lebte bis ins sechzehnte Jahrhundert in den Ideen so revolutionärer Denker wie Paracelsus, dessen Deutung der prophetischen *Vaticinia* (eines illustrierten, fälschlicherweise Joachim von Fiore zugeschriebenen Vorhersehungstextes, der sich mit dem zukünftigen Papsttum und, in geringerem Ausmaß, mit der Geschichte Europas auseinandersetzte) überaus populär war, sowie in den vom Fieber gezeichneten Schriften William Postels fort, eines bis zur Selbstaufgabe leidenschaftlichen Visionärs.

Wie seine *Prognosticatio* dürfte Paracelsus auch die Sammlung seiner Holzschnitte mit lateinischen Kommentaren kurz nach 1536 veröffentlicht haben.[41] Trotz seiner »erklärenden« Anmerkungen bleiben die in Anlehnung an die joachimitische *Vaticinia* verfaßten Texte rätselhaft. Die geheimnisvollen bildlichen Darstellungen der Holzschnittafeln lassen uns zu der Überzeugung gelangen, daß Nostradamus mit der *Prognosticatio* vertraut gewesen war, denn zeitweise erscheint eine Zeile

---

* Die Joachimiten waren die Anhänger des Mönchs und Propheten Joachim di Fiore aus dem zwölften Jahrhundert. Seine weissagende Lehre basierte auf einem Spiel mit der okkulten Bedeutung von Zahlen, verbunden mit einer einigermaßen phantasievollen Auslegung der Bibel. Einige seiner Schüler entwickelten Joachims Theorie historischer Perioden (auf der seine Vorhersagen gründeten) bis zur Unkenntlichkeit fort und leiteten von ihr Weissagungen über das Ende der Welt etwa gegen die Mitte des dreizehnten Jahrhunderts ab.

eines Quatrains, als wäre sie ein Hinweis auf die eine oder andere dieser Hieroglyphen. Immerhin waren sie seinem Freund Scaliger so gut bekannt, daß er eine für die damalige Zeit charakteristische Schmährede gegen sie verfaßte. Je nach Auslegung der Bildnisse ergeben sich interessante Parallelen zu Nostradamus. Zum Beispiel könnten sich die für das Jahr 1536 angekündigten drei »fleur de lys« (*lis* ist die »Lilie«) an einem verdorrenden Zweig (Abb. 21) auf die Zukunft (oder, genauer gesagt, das Fehlen einer solchen) der Dynastie Valois beziehen. Die letzte der drei Linien des französischen Herrscherhauses starb noch in diesem Jahrhundert aus. Als Nostradamus seine Quatrains verfaßte, blieb ihm nur noch das Schicksal der Linie Valois-Angoulême zu schildern, einer Blüte, die im Jahr 1589 mit der Ermordung Heinrichs III., des Sohnes seines Gönners, verwelken sollte.

Postel ließ die hinter seinen Prophezeiungen verborgene Absicht unverhohlener durchblicken als Paracelsus. Sein Aufruf zu einer moralischen Erneuerung, missonarischem Eifer und militärischen Eroberungen war vorgeblich darauf ausgerichtet, daß sich Gottes historischer Plan in einer neuen Ordnung bekunden möge. Dieser neugeschaffenen Gliederung sollte eine Dreiheit aus Papst, König und Richter als gütiger Herrscher über eine Weltkultur vorstehen, in der das nachbabylonische Sprachengewirr ebenso wie etwa das Übel der Armut überwunden worden ist.

Fast bis ins letzte Jahr seines langen Lebens verkündete Postel im Jahr 1581 stets, daß das Ende nahe, und versuchte Heinrich III. von Frankreich zur Durchführung von Reformen zu bewegen, die ihm die Ausweitung seines dreiheitlichen Imperiums sichern würden. Postel hatte vorhergesagt, daß das Heilige Land das religiöse Reich der Zukunft sei, während sein geliebtes Frankreich zum vorübergehenden Zentrum dieses Herrschaftsgebietes werde. Dem können wir entnehmen, daß selbst ein im Okkultismus und auch in der Grünen Sprache so bewanderter Mann wie Postel jene Quatrains nicht verstand, in denen Nostradamus Großbritannien eine zukünftige Herrscherrolle zuwies (s. Seite 341).

Allerdings ist es einfach, Postels Träume in Kenntnis der seit dem sechzehnten Jahrhundert in Europa eingetretenen Eregnisse zu verwerfen. Wie Majorie Reeves in ihrem ausgezeichneten Buch über mittelalterliche Prophezeiungen[42] anmerkte, sollten wir bei dem Versuch, diesem »phantastischen Träumer« Postel den ihm gebührenden Platz zuzuweisen, nicht vergessen, daß er Professor an der Universität von Paris war und ihm sowohl der König von Frankreich als auch Kaiser Ferdinand ihr Ohr liehen.

Die von Jean de Blois verfaßten und 1455 König Karl VII. von Frankreich gewidmeten *Conseils et Predictions* muten wie eine Sammlung von Weissagungen zahlreicher anderer Propheten einschließlich so bemerkenswerter Frauen wie den Sibyllen und Hildegard von Bingen, aber auch Joachims, des Eremiten Telesphorus und anderen. Spuren eines Großteils ihrer Prophezeiungen finden sich auch in Nostradamus' Versen in einzelnen Phrasen und beiläufigen Hinweisen wieder. Jean de Blois' von Telesphorus entlehnte Weissagungen stellten sich im allgemeinen als unzutreffend heraus. Karl wurde weder der Zerstörer Roms, noch gelang ihm die Rückeroberung des Heiligen Landes aus den Händen der Mauren, noch wurde er von dem mystischen engelsgleichen Papst zum Herrscher der westlichen Welt gekrönt.

Auch wenn es offensichtlich ist, daß Nostradamus bis zu einem gewissen Grad ebenfalls von den unterschiedlichsten Strömungen innerhalb der Weissagungskunst beeinflußt war, war sein Interesse ingesamt betrachtet lange nicht so allgemein und episch, sondern scharfsinniger und präziser ausgerichtet. Im Gegensatz zu Lichtenberger weigerte er sich, einen Kaiser oder König zu rühmen, sondern verfaßte statt dessen verschlüsselte Verse, in denen er vorhersagte, was dieser Herrscher erreichen oder wie er sterben werde. Als Nostradamus nach Abschluß der *Prophéties* das Werk 1558 Heinrich II. von Frankreich widmete, hatte er bereits drei Jahre zuvor präzise prophezeit, auf welch grausame Weise der Tod den König ereilen werde (s. Seite 195 ff.). Nur die Chiffrierung seiner Verse hielt den König und seine Höflinge davon ab, die Bedeutung dieses Quatrains zu enthüllen.

Um einen Einblick in das Wesen von Nostradamus zu gewinnen, gibt es kaum einen nützlicheren Vergleich als den zwischen ihm und Wolfgang Lazius. Lazius war der Historiker von Kaiser Ferdinand I. und Autor verschiedenster Bücher. Seine Zusammenstellung von Prophezeiungen aus sämtlichen verfügbaren Quellen war mehr als die übliche nichtssagende Ansammlung alter Rezepte für die Zukunft, denn er unternahm den Versuch, von alten Aufzeichnungen Hinweise abzuleiten, die im historischen Zusammenhang einen Sinn ergaben. Lazius' besonderes Interesse galt den Zukunftsvorhersagen des sechzehnten Jahrhunderts und der Bedeutung des römischen Kaisers Karl V., dessen Regentschaft während eines Großteils von Nostradamus' Leben andauerte. Da er die Zusammenstellung seiner Vorhersagen im Jahre 1547 abschloß, fehlen die Prophezeiungen von Nostradamus darin. Möglicherweise sah Lazius in Karl V. zu Recht einen großen Herrscher und mutigen Mann. Leider gelang es Karl nicht, auch nur eine einzige jener Prophezeiungen, die der unglückselige, vom Historiker zum Propheten gewandelte Lazius so sorgfältig niedergeschrieben hatte, zu erfüllen.

Im Gegensatz zu Lazius' mäßigen Erfolgen als Seher kann man eigentlich keinen von Nostradamus' Quatrains als unrichtig enttarnen. Wo der Historiker von Extrapolationstechniken und leidenschaftlicher Hoffnung abhängig war, verfügte der Gelehrte von Salon über göttliche Erleuchtung, astrologisches Wissen und die Fähigkeit, die Akasha-Chroniken zu lesen. In anderen Worten: Er war ein Eingeweihter in die Geheimwissenschaften (s. Anhang III), zu denen Lazius keinen Zugang besaß.

Auch wenn aus dem sechzehnten Jahrhundert eine Unzahl von Vorhersagen und Prophezeiungen überliefert sind, wäre es falsch anzunehmen, daß in dieser Zeit mehr Aberglaube geherrscht hätte als in anderen Epochen. Möglicherweise gelangte dieses Jahrhundert durch den Einfluß der neuen Druckpressen, die dem ohnehin populären Genre Vorschub leisteten, in den Ruf, geradewegs eine Besessenheit für die Zukunft entwickelt zu haben. Auch damals war die Zukunft mit den Ängsten der Gegenwart beladen. Die billigen prophetischen Pamphlete und Flugblätter, die in jenen Tagen aus den Pressen quollen, befaßten sich hauptsächlich mit den Türken – der größten Bedrohung Europas im sechzehnten Jahrhundert – und dienten erst in zweiter Linie (und mit weit geringerer Genauigkeit) den Bedürfnissen des Bauernstandes nach Wetterprognosen. Die Angst vor den islamischen Expansionsbestrebungen saß tief und wurde begreiflicherweise durch die Einnahme von Zypern im Jahr 1571, mit der sich Nostradamus in einem Vierzeiler befaßt (s. Seite 199 ff.), zusätzlich verstärkt. Die Gefahr wurde durch die Schlacht von Lepanto im selben Jahr nur teilweise gebannt. Nostradamus hatte den Zeitpunkt dieses Ereignisses in seinen Prophezeiungen in mehreren Vierzeilern vorhergesagt (s. Seite 112 f.). Seine Zeitgenossen müssen in der Lage gewesen sein, die allgemeine Bedeutung, wenn nicht sogar die genauen Hinweise darin zu verstehen. Im Gegensatz zu seinen präzisen und wahrlich überraschenden Vorhersagen, daß die Türken durch die Übermacht europäischer Streitkräfte geschlagen würden, hatte Johann Hilten (ein Franziskanermönch aus Eisenbach, der ein Jahr vor Nostradamus' Geburt starb) in einer düsteren, vermutlich lediglich auf Extrapolation fußenden Prophezeiung angekündigt, die Türken würden bis zum Jahr 1600 Italien und Deutschland einnehmen und beherrschen.[43]

Neben der Bedrohung durch den Islam war auch der Weltuntergang ein populäres Thema, das sich gut verkaufen ließ. 1553 verkündete Gaspar Brusch, ein deutscher Gelehrter, in der Einführung zur Ausgabe einer Schrift des Abtes Engelbert aus dem dreizehnten Jahrhundert in ungelenken Worten das Ende der Welt für das Jahr 1588.[44] Tatsächlich handelte es sich dabei um die deutsche Version eines Verses, den Gaspar Brusch in einem Kloster in Noricum* gefunden hatte und der Hand des großen Astrologen Regiomontanus zuschrieb. Die banale Formulierung dieses Textes, die jeder Anmut, jedes tieferen Gehaltes und jeder geistreichen Mehrdeutigkeit entbehrt, bietet einen interessanten Kontrast zu Nostradamus' verschlüsselten Versen. Dadurch kann Regiomontanus als Autor ausgeschlossen werden. Nostradamus' Visionen boten 1588 ein weit weniger bedrohliches Bild der Erde – er erwähnte lediglich die Ermordung von Heinrich von Guise und Blois und, nach Meinung einiger Forscher, die große Armada von Philip II. Die Wirkung von Bruschs Vorhersagen war selbst zu einer Zeit, die von Prophezeiungen über das Ende der Welt überflutet wurde, überaus stark und hat wohl zur Entscheidung von Paul IV. beigetragen, das Gesamtwerk Bruschs 1559 auf den Index** zu setzen.

Wie wir bei der Untersuchung eines Quatrains, der einen Hinweis auf die Schriften Turrels enthält, feststellen werden, scheint die Prophezeiung dieses Astrologen, der das Ende der Welt für das ausklingende achtzehnte Jahrhundert vorhersagte, verschiedene Autoren des sechzehnten, einschließlich Nostradamus, beeindruckt zu haben. (Turrels Weissagung war nicht neu und fußte wahrscheinlich auf den Prophezeiungen des arabischen Astrologen Albumasar, die sich aus dessen Studium der planetarischen *Umläufe* im neunten Jahrhundert ergeben hatten.)

Turrel verkündete seine Version dieser Vorhersage etwa um das Jahr 1531.[45] Die Berechnungsmethode, mit deren Hilfe er zu der Überzeugung gelangt war, daß das Ende der Welt im Jahr 1800, also zweihundertsiebzig Jahre nach der Niederschrift seiner Texte, eintreten werde,

---

  * Unseres Wissens existiert heutzutage kein Gebiet, das dem alten Noricum entspricht. In früheren Zeiten lag diese Provinz zwischen der Donau und den Alpen. Archaisierende mittelalterliche Schreiber hielten diese Namen oft noch lange, nachdem die Länder selbst verschwunden waren, am Leben.

** Der *Index Librorum Prohibitorum* (»Index verbotener Bücher«) ist die offizielle Liste verbotener Bücher der römisch-katholischen Kirche – verboten in jenem Sinn, daß den Katholiken das Lesen dieser Werke, ausgenommen unter besonderen Umständen, untersagt war. Der erste Index dürfte von der Inquisition im Jahr 1557 zusammengestellt worden sein, doch schon lange vor dieser Zeit gab es erfolgreiche Versuche, bestimmte Bücher zu verbieten. Nach einer gewissen Zeit wuchs die Liste immer weiter an und umfaßte schließlich auch so hochwertige literarische Werke, daß es einem guten Katholiken schwergefallen sein muß, jenseits des Studiums der kirchlichen Lehre zu Bildung zu gelangen. Es verwundert, daß eine Liste, die Werke von Descartes, Montaigne, Pascal und Voltaire umfaßte (um allein bei französischen Autoren zu bleiben), niemals den weit revolutionäreren Nostradamus erwähnte. Zweifellos wurde er durch die Verschlüsselung seiner Texte geschützt.

war selbst für die Verhältnisse der Astrologie im sechzehnten Jahrhundert überaus verschlüsselt. Turrel scheint kurz nach Fertigstellung der französischen Übersetzung seiner lateinischen Aufzeichnungen im Jahr 1531 gestorben zu sein, woraus sich schließen läßt, daß die Überlieferung, er habe das Weltende für 1789 oder 1792 vorhergesagt, nicht so weit gefehlt sein dürfte. In einer anderen Passage prophezeit Turrel das Auftreten des Antichrist etwa fünfundzwanzig Jahre nach einer »wunderbaren Konjunktion«, die für 1789 erwartet wurde. Trug diese Aussage zu der Vorstellung bei, Napoleon wäre der Antichrist?

Es heißt, Nostradamus sei von Turrel beeinflußt gewesen. Tatsächlich aber hatte es sich weniger um eine Beeinflussung als um Parallelvisionen gehandelt, denn Nostradamus gab die Einzelheiten und Abfolgen der Ereignisse im Frankreich des Jahres 1789 mit solcher Genauigkeit an, daß wir mit Sicherheit annehmen können, daß er in irgendeiner Form eine unmittelbare Vision dieser Geschehnisse gehabt hatte. Turrel hingegen dürfte auf den von ihm genannten Zeitpunkt lediglich aufgrund astrologischer Betrachtungen gekommen sein.

Es ist vollkommen unmöglich, die Astrologie des sechzehnten Jahrhunderts – insbesondere die Nostradamus' – zu verstehen, ohne die unzähligen verschiedenen Formen der in diesen Zeiten praktizierten Kunst zu berücksichtigen. Spielte Astrologie eine bedeutende Rolle in historisch motivierten Prophezeiungen, bediente man sich der *Mundanastrologie*. Bei dieser Richtung der Kunst verwendeten Astrologen die sogenannten Umläufe, Eintritte, Eklipsentafeln und Planetenkonjunktionen in den *trigoni elementali*. Die *trigoni* scheinen von grundlegender Bedeutung für Nostradamus' astrologische Methode gewesen zu sein und bedürfen einer Erklärung. Die Zyklen von Saturn und Jupiter verlaufen so, daß sie mit einer Regelmäßigkeit von etwa zwanzig Jahren aufeinandertreffen. Eine Anzahl solcher Konjunktionen tritt in Tierkreiszeichen derselben Elemente auf. Zum Beispiel begegnen sich Saturn und Jupiter innerhalb des Zeitraums einer bestimmten Anzahl von Jahren in den Erdzeichen des Stiers, der Jungfrau und des Steinbocks (s. Abb. 22).

Eine andere im sechzehnten Jahrhundert weitverbreitete astrologische Technik hielt sich an die Eintritte. Ein Eintritt ist die Bewegung eines Planeten (zumeist der Sonne) in ein anderes Tierkreiszeichen. Soweit es die Sonne betrifft, gibt es zwölf Eintritte pro Jahr. Die Vorhersagetechnik rund um derartige Phänomene bestand aus der Erstellung eines Diagramms für den Augenblick eines Eintritts in bezug auf einen Monat (oder häufiger auf den Beginn einer neuen Jahreszeit), um einen gewissen Einblick in die Ereignisse dieser Periode zu gewinnen. Einige von Nostradamus' Eintrittsdiagrammen sind erhalten geblieben. Beispielsweise zeichnete er in seinem Almanach für 1566 vier Figuren, die für den Eintritt der Sonne in eine neue Jahreszeit standen (Abb. 23). Sie dürften die Grundlage für die einigermaßen unheilvollen Zukunftsvorhersagen dieses Almanachs gebildet haben.[46] Anhand solcher Eintritte und Konjunktionen verhießen Astrologen, die sich einen Ruf oder einen ausreichenden Verdienst erwerben wollten, indem sie ihre Zeitgenossen in Angst und Schrecken versetzten, große Überflutungen, Feuer und Kriege.[47]

Wie zu allen Zeiten gab es auch im Frankreich des Jahres 1555 eine Fülle astrologischen Unfugs, der sich über ein, zwei Juwele ergoß und diese verhüllte. Da sich dieser Unsinn auf keine Weise von der pseudowissenschaftlichen Astrologie, die uns heute reichlich umgibt, unterscheidet, wollen wir nicht weiter darauf eingehen. Interessant ist jedoch, daß es zu einer Zeit, da in Paris selbst wenige französische Astrologen tätig waren, in Beauvais (nördlich von Paris) eine Astrologieschule gab.

Zentrum dieser Schule von Beauvais, die auf esoterischem Wissen gefußt haben dürfte, war Oronce Finé. Obwohl er in Paris Grammatik und Philosophie studiert hatte, fand er sich schließlich in Beauvais als Professor für Mathematik und Astrologie wieder.[48] Wie es scheint, hatte Finé aufgrund einer astrologischen Weissagung, die den politischen und religiösen Status quo störte, einige Jahre im Gefängnis verbracht. Unter denen, die für seine Freilassung eintraten, befanden sich einflußreiche Okkultisten wie Agrippa von Nettesheim. Im Jahr 1530 dürfte Finés Vergehen in Vergessenheit geraten sein, denn er wurde unter Franz I. zum königlichen Professor für Mathematik bestellt. Man vermutet, daß diese königliche Ernennung ihn schützte, als er sich entschloß, in einer Stadt, die im allgemeinen für eine derartige Wissenschaft nicht besonders empfänglich war, Astrologie zu unterrichten und Schriften in diesem Fachbereich zu verfassen. Aus welchen Gründen auch immer übersetzte und veröffentlichte er eine Anzahl von Werken im Bereich der Astrologie und sogar der Magie. Wie bereits angemerkt, wurde in Paris im Jahr 1556 ein praktischer Leitfaden für den Gebrauch von Ephemeriden und Almanachen unter dem Titel *Les Canons* veröffentlicht. Gleichzeitig druckte man ein Werk des arabischen Astrologen Alcabitius über die übergeordneten Konjunktionen. Sein einflußreichstes Buch war *Mundi Sphaera* (Abb. 24), das gemeinsam mit *Methodus* von Garcaeus zu den besten astrologischen Texten des sechzehnten Jahrhunderts zählt.[49] Ebenfalls dieser Schule verbunden war der deutsche Arzt und Astrologe Marstallerus von Breisgau, der Finés Einfluß nicht verschwieg und sich in seinem 1549 veröffentlichten, wertvollen Werk über die Kunst der Astrologie auf ihre Funktion als Werkzeug der Weissagung konzentrierte.[50]

Der Einfluß einer von Beauvais ausgehenden esoterischen Strömung ist möglicherweise auch in Thomas Bodiers Werk über kritische Tage, die für die mittelalterliche Medizin von großer Bedeutung waren, spürbar. Diese Schrift vereinigt das Heilwesen mit Astrologie. Bodier widmete seine Arbeit bei ihrem Erscheinen im Jahr 1554 Oronce Finé. Ihre Beispiele und Horoskope sind auch heute noch interessant.

Wir haben bereits den deutschen Astrologen Garcaeus erwähnt, und es wäre wahrlich schwierig, über die Astrologie des sechzehnten Jahrhunderts zu schreiben, ohne auf diesen bemerkenswerten Mann einzugehen. Johannes Garcaeus verband seine Bewunderung für alte Formen – er schrieb größtenteils über ptolemäische Astrologie (s. Anhang VI) – mit seinem lebhaften Interesse für die Entwicklungen in Astronomie und Astrologie im Verlauf der ersten Hälfte des Jahrhunderts. Zu diesem Zweck nahm er die Theorien von Regiomontanus und Kopernikus in seine Studien auf. Obwohl Garcaeus erst im Jahr 1561 einen Lehrstuhl erhielt, kursierten seine astrologischen Werke in handschriftlichen Kopien bereits lange vor dieser Zeit. Nostradamus dürfte kaum in der Lage gewesen sein, über seine 1556 veröffentlichte *Kurze Abhandlung* hinwegzugehen.[51] Dieses Werk ist der Untersuchung der geeigneten Grundlage für die Erstellung eines Diagramms zum Zweck einer präzisen Vorhersage gewidmet. Erwähnenswert an dieser Schrift ist die Darstellung einer breiten Palette verfügbarer Methoden zur Unterteilung der Tages- und Nachtzeiten und -zeiträume in einem Horoskop. Garcaeus dürfte den Astrologen und Geometriker Campanus sowie das Werk *Modus Rationalis* von Regiomontanus, als dessen Grundlage er die Unterteilungsmethode des arabischen Astrologen Abraham Aven Ezra erkannte, sehr geschätzt haben. Es ist außergewöhnlich, daß die vierhundert Horoskope umfassende Ausgabe der *Astrologiae methodus*[52] aus dem Jahr 1576 kein einziges Horoskop von Nostradamus enthält, sehr wohl aber Diagramme von Astrologen wie Agrippa, Kopernikus, Garcaeus selbst, Peuerbach, Regiomontanus und Trithemius. Wie es möglich war, Nostradamus aus einer so erlesenen Reihe auszuschließen, ist für den heutigen Leser ein Rätsel, hinter dem man nur ein verabredetes Stillschweigen vermuten kann.

In unserer Untersuchung von Nostradamus' Quatrains werden wir Gelegenheit finden, einen tieferen Einblick in die Schriften einiger dieser Astrologen zu gewinnen. Wie müssen nach einem Blick auf die astrologischen Strömungen in Frankreich zur Zeit der Veröffentlichung der Quatrains des Meisters noch einmal feststellen, daß Nostradamus für diese Verse eine eigene Form der Astrologie entwickelt haben dürfte. Um seine einzigartige Stellung in der Geschichte der Astrologie zu untermauern, widmen wir der Enthüllung jener Geheimastrologie, die die Prophezeiungen durchdringt, ein ganzes Kapitel. Er wendete nicht nur hochspezialisierte astrologische Techniken an und bediente sich der traditionellen Umlauf- und Eintrittsmethoden, sondern scheint überdies Zugang zu Tabellen gehabt zu haben, die zu seiner Zeit entweder noch nicht veröffentlicht oder überhaupt nicht verfügbar waren. Man gelangt zu der Vermutung, Nostradamus habe zusätzlich zu der Fähigkeit, in seinen Visionen zukünftige geschichtliche Ereignisse zu enthüllen, auch die Planeten- und Sternkonfigurationen gekannt, die diese Zukunft begleiteten oder bestimmten. Die Genauigkeit seiner astrologischen Vorhersagen ist in der Literatur einzigartig und bleibt ein ebenso großes Rätsel wie die Quatrains selbst. Niemand fand bisher eine Erklärung, wie ein Astrologe des sechzehnten Jahrhunderts Zugang zu Planetentabellen hätte erhalten können, die noch einige hundert Jahre lang nicht verfügbar waren. Unserer Meinung nach lassen sich die astrologischen Geheimnisse von Nostradamus nicht in Büchern, sondern in einem von den Einweihungslehren abgeleiteten Wissen finden.

Auch wenn Frankreich im sechzehnten Jahrhundert von Tendenzen, die wir heute als okkult klassifizieren könnten, geradezu überschwemmt wurde, stammten die größten Okkultisten aus anderen Ländern. Mit Gewißheit kamen sie nicht aus Paris, wo die akademischen Zirkel in der Universität zersprengt worden waren und es an jener Freiheit des Geistes mangelte, die Voraussetzung für das Studium der Geheimwissenschaften ist. Der brillante Cardan stammte aus Italien, Jean Taisnier aus Hainault, Luca Gauricus, der ein großes Interesse für Vorhersagen über gewaltsame Todesfälle hegte, war ebenfalls Italiener. Als größter Okkultist dieser Zeit, der die Alchimie und kreative medizinische Lehre für zumindest zweihundert Jahre beherrschte, gilt der Schweizer Paracelsus.

Auf die Literatur bezogen, erreichte die Alchimie ihr Goldenes Zeitalter erst im folgenden Jahrhundert. Dennoch kursierten bereits einige alchimistische Manuskripte und auch eine gewisse Anzahl bedeutender Bücher, die in der Mehrzahl unter dem alles beherrschenden Einfluß Paracelsus' geschrieben worden waren. Es verwundert nicht, daß sich bei einem so von den Geheimwissenschaften gefesselten Gelehrten wie Nostradamus in einer Vielzahl prophetischer Quatrains alchimistische Symbole finden. Im sechzehnten Jahrhundert erfolgte die Weitergabe von Geheimzeichen vorwiegend durch die Symbol- oder Horopollo-

Bücher, angeblich Übersetzungen heiliger ägyptischer Schriften. Eine solche Übersetzung schreibt man auch Nostradamus zu.[53]

1556 wurde eine ausgezeichnete Ausgabe von Piero Valerianos *Hieroglyphica* in Basel veröffentlicht, während Alciatis *Emblematum liber* in verschiedenen Editionen Mitte des Jahrhunderts erschien. Die *Hypnerotomachia Poliphili* von Colonna, die einen bedeutenden Einfluß auf Geheimkunst und Geheimliteratur ausübte, wurde zum zweitenmal im Jahr 1553 in einer französischen Version von Kerver herausgegeben. Zweifellos wirkte diese Sammlung von Geheimzeichen (Abb. 25) ebenso auf Nostradamus' literarischen Symbolismus als auch auf bestimmte verschlüsselte Holzschnitte von Albrecht Dürer. Zeichen und Hieroglyphen, die aufgrund ihres Wesens verschiedene Bedeutungen gleichzeitig in sich bargen, waren ideal für die Übertragung esoterischen Wissens. De Rola, ein moderner Historiker, der sich mit Alchimie befaßt, verfolgt diesen Einfluß in alchimistischen Abbildungen, doch ist er ebenso leicht in der Literatur nachzuweisen. Es besteht kein Zweifel daran, daß Nostradamus' geheimnisvolle, in Verse geschmiedete Weissagungen von den Symbol- und Hieroglyphenbüchern ebenso geprägt waren wie vom alchimistischen Symbolismus.[54] Zumindest zwei Quatrains scheinen ihre Wurzeln in alchimistischem Wissen zu haben (s. z. B. Seite 209 ff.).

Mitte des sechzehnten Jahrhunderts war Frankreich erfüllt von unterschiedlichsten Glaubensrichtungen. Wären sie nicht bis heute in Mode, würden wir sie vielleicht als Aberglaube betrachten. David Douglas, ein in Paris lebender junger Schotte, veröffentlichte ein unterhaltsames Werk über die Wunder der Natur, das bis weit in das nächste Jahrhundert hinein große Verbreitung fand.[55] Diese Schrift, die sich mit vom Himmel herabregnenden Fröschen und Fischen befaßt, hat noch heute ihren festen Platz in jedem modernen forteanischen* Bücherregal. Unter den unerklärlichen, rätselhaften Erzählungen findet sich die eines Schiffes, das in einer Mine nahe bei Bern mit gehißten Segeln und den mehr oder weniger unversehrten Leichnamen der Besatzung entdeckt wurde. Auch der im sechzehnten Jahrhundert lebende Deutsche Wolfgang Meurer gehörte zu den leidenschaftlichen, Schilderungen von Wunder sammelnden Forteanern, auch wenn einige seiner Quellen bis auf Aristoteles zurückgehen. Neben seinen Berichten über Naturphänomene wie

---

* Der Begriff »forteanisch« wurde in jüngster Zeit eingeführt, um das Studium oder Interesse an einer breiten Palette »unerklärter« Phänomene abzudecken. Er ist eine Ehrenbezeugung für den Amerikaner Charles Hoy Fort (1874-1932), der sein gesamtes Leben der Sammlung derartiger Hinweise und der Erforschung ihrer Bedeutung widmete.

ungewöhnliche Blitze listete er nicht weniger als vierzehn Regenwunder auf, die Steine, Eisen und Fleisch ebenso einschlossen wie die sattsam bekannten Fische, Würmer und Frösche. Er erhob sogar Hagelkörner in den Stand von Wundern, indem er anmerkte, daß sie oftmals »wundersame Abbildungen« wie die eines Schweinekopfes aufwiesen. Ganz im Sinne der Zeit interpretierte er dies als kosmische oder von Gott stammende Warnung an die Menschheit, ein Leben auf der Stufe eines Schweines zu vermeiden. Meurers Deutung himmlischer Wunder ist in ihrem Zugang nahezu mittelalterlich. Während er den Regenbogen als äußeres Zeichen von Gottes Abkommen mit der Menschheit verstand, daß die Erde niemals wieder durch Überschwemmungen zerstört werde, ging er dann allerdings einen Schritt weiter als die kirchliche Orthodoxie und deutete den roten Streifen als Ankündigung der alles verzehrenden Feuersbrunst und eines Weltendes durch Feuer.

Zwei Drucke, die forteanische Ereignisse zu Nostradamus' Zeiten darstellen, wurden durch C. G. Jung berühmt, der sie als UFO-Phänomene deutete.[56] Ein mit 1561 datierter Einblattdruck aus Nürnberg zeigt für den 14. April 1561 den erschreckenden Anblick einander bekriegender Globen, Kreuze und seltsamer Scheiben rund um die Sonne. Samuel Coccius' Einblattdruck aus dem Jahr 1566 stellt einen »roten, feurigen« Luftkrieg von Globen dar, der im August dieses Jahres über Basel stattfand (Abb. 26). Es ist schlichtweg nicht möglich, die populäre urforteanische Literatur des sechzehnten Jahrhunderts zu lesen, ohne zu bemerken, daß sie mit außergewöhnlicher Häufigkeit Schilderungen von Himmelserscheinungen enthält, die wir heute UFOs nennen würden. Der entscheidende Unterschied zwischen damals und heute ist, daß kaum jemand, der diese Vorkommnisse gewahrte, glaubte, daß es sich um »Außerirdisches« handle. Die Menschen der damaligen Zeit zweifelten nicht daran, daß dies Zeichen und Symbole waren, die wie alle Schöpfungen von Gott stammten.

Einige wenige Abbildungen populärer Einblattdrucke aus dem sechzehnten Jahrhundert wurden auch in der modernen UFO-Wissenschaft bekannt und mögen zu der heute weitverbreiteten pseudowissenschaftlichen Annahme beigetragen haben, Nostradamus hätte UFOs sowie außerirdische Invasionen und sogar einen Krieg der Welten vorhergesagt. Aufgrund unserer Deutungen der entsprechenden Quatrains weisen wir einen derartigen kosmischen Aderlaß zurück. Überdies ist es unwahrscheinlich, daß Nostradamus Außerirdische sah – es sei denn, man rechnet auch Engel dazu (s. Seite 334 ff.). Typischer für Nostradamus und auch für die Ufologie des sechzehnten Jahrhunderts ist ein Druck, der 1554 als deutsche Übersetzung eines seiner angeblichen

Werke veröffentlicht wurde (Abb. 27). Der Holzschnitt darauf stellt einen zunehmenden Mond dar, der einen Feuerbogen ausspeit.[57]

Die oberste Stufe forteanischer Literatur des sechzehnten Jahrhunderts bildeten Bücher von Ungeheuern, in denen von seltsamen Geburten, phantastischen Tieren und mythischen Geschöpfen berichtet wird. Allerdings veröffentlichte man sie nicht, um die Phantasie des Lesers anzuregen. Sie wurden als Zeichen Gottes verstanden, der die Menschheit vor Bösem warnen oder durch diese seltsamen Erscheinungen unheilvolle Ereignisse ankündigen wollte. Unter den herausragenden Büchern über Ungeheuer ist Conrad Lycosthenes' *Prodigiorum ac ostentorum chronicon* zu erwähnen. Der seltsame Nachname des Gelehrten ergibt sich aus der griechischen Version seines richtigen Namens, Wolffhart. Dieses umfangreiche Werk, das über 1500 Abbildungen von sonderbaren Ungeheuern und in den Himmel geschriebenen Omen umfaßt, wie sie »seit Anbeginn der Welt bis in das Jahr 1557« aufgetreten seien, wurde in seinem Todesjahr 1557 veröffentlicht. In Abbildung 28 wird ein für seine Sammlung des Absonderlichen typisches »erschreckendes Erscheinungsbild eines Ungeheuers« dargestellt. Auch die forteanischen Bücher unserer Zeit werden noch von derartigen Illustrationen belebt. Doch Lycosthenes war mehr als nur ein Plagiator und Bildersammler. Bezeichnenderweise forderte er in seinem Hauptwerk seine Leser auf, mit ihm in Kontakt zu treten, sobald sie Zeuge von Hinweisen auf derartige Phänomene würden oder solche in Erfahrung brächten. Möglicherweise war er der erste einer langen Reihe ernsthafter forteanischer Sammler, die eine Art »zentrales Forschungsbüro« einrichteten.

Die beiläufige Bemerkung, die Nostradamus in seinen Quatrains über seltsame Ungeheuer machte, steht höchstwahrscheinlich mit dieser Literatur über Zeichen, Symbole und Omen in Verbindung.

Im Gegensatz zu dem bis in unsere Zeiten anhaltenden Interesse an Astrologie ist die Angst vor Hexerei inzwischen größtenteil ausgestorben. Doch zur Mitte des sechzehnten Jahrhunderts beherrschte sie Frankreich in einem für uns kaum vorstellbaren Ausmaß. Obwohl Jean Bodin, einer der berüchtigtsten legitimierten Hexenjäger, sein Werk *Demonomanie* erst 1580 veröffentlichte, wurde über seine berühmtesten Grausamkeiten bereits 1556 berichtet. Als in diesem Jahr in der Nähe von Laon eine Frau irrtümlich als Hexe verbrannt wurde, entschuldigte Bodin dieses Mißgeschick als verborgenen Richtspruch Gottes gegen das Opfer. 1555 hatte er sich bereits in das Studium der Hexerei vertieft und war mit seinem außergewöhnlichen Hang zur Brutalität zu einem

Meister des Verhörs jener unglücklichen Opfer geworden, die in einem Rechtssystem gefangen waren, das nach der Verhaftung kein Entrinnen mehr bot.

Aber wir sollten uns durch derartige Erzählungen nicht von einer näheren Untersuchung der Person Bodins abbringen lassen, da er zweifellos eine der interessantesten Gestalten des sechzehnten Jahrhunderts war. Setzt man sich mit seinem Wirken auseinander, beschleicht einen das unangenehme Gefühl, als würden sich drei unterschiedliche Wesen in einem Körper verbergen. Einerseits stößt man auf einen berüchtigten Hexenjäger (*Demonomanie*), andererseits tritt er als Geschichtsschreiber (*Methodus*, 1566) und schließlich sogar als politischer Theoretiker (*Republic*, 1576) auf. Es ist nahezu unmöglich, das sechzehnte Jahrhundert zu erforschen, ohne diesem außergewöhnlichen Talent zu begegnen. Doch streben diese drei Einflußbereiche so weit auseinander, daß man einem folgen kann, ohne sich der Existenz der anderen bewußt zu werden.[58]

Die ersten sieben Jahrzehnte des sechzehnten Jahrhunderts markierten eine Zunahme der Hexenprozesse in Frankreich. Vor seiner Hinrichtung in Paris im Jahr 1571 hatte der Magier Trois-Echelles behauptet, daß es im gesamten Land etwa einhunderttausend Hexen gebe. Obwohl es sich bei dieser Aussage wahrscheinlich um eine abgepreßte Äußerung unter dem Einfluß der Folter gehandelt hatte, wurde seinen Worten Glauben geschenkt; sie fanden weite Verbreitung. Möglicherweise trug die Hexerei, die nach allgemeiner (aber auch rechtlicher) Ansicht mit okkulten Künsten in Verbindung stand, dazu bei, daß sich die Einstellung gegenüber Astrologie und Weissagung verhärtete. 1579 wurde auf einem Kirchenkonzil in Melun die Entscheidung gefällt, daß Wünschelrutengänger und alle, die sich mit Weissagungskünsten wie Nekromantie, Pyromantie oder Chiromantie befaßten, zum Tode verurteilt werden sollten. Diese Vorgangsweise der Gerichtsbarkeit gegenüber der Weissagung ist wohl eine Erklärung dafür, warum jeder Quatrain aus Nostradamus' Feder so verschlüsselt und einzig für jene Leserschaft bestimmt gewesen zu sein scheint, die mit den Methoden der Esoterik vertraut war. Nur ein Quatrain befaßt sich offenbar mit dem Geschick einer verurteilten Hexe; es handelt sich um eine Randbemerkung, die sich aus der Schilderung des Schicksals ihres weit berühmteren Gemahls ergab (s. Seite 239 f.).

Nostradamus findet in vielen Texten der zweiten Hälfte des Jahrhunderts zumeist in bewundernden, gelegentlich aber auch zweideutigen Worten Erwähnung, was darauf hindeutet, daß seine Zeitgenossen sein wahres prophetisches Genie nicht erkannt hatten. Beispielsweise widmete der Poet Ronsard Nostradamus in einem seiner Gedichte zwanzig Zeilen, deren Mehrdeutigkeit die Vermutung zuläßt, daß er das Genie des Meisters wohl wahrnahm, allerdings seine Dimensionen nicht begriff:

»Que par les mots douteux de sa prophete voix,
Comme un oracle anticque, il a des mainte annee
Predit la plus grand parte de nostre destinee.«

»Durch die zweideutigen Worte seiner prophetischen Stimme,
Hat er, wie ein antikes Orakel, viele Jahre lang
Den Großteil unseres Schicksals vorhergesehen.«[59]

Ronsards Angriff auf die »l'histoire monstrueuse« seiner Zeit wird heute als Angriff auf die Schriften von Nostradamus und seine Person angesehen, doch läßt sich dies nicht eindeutig aus dem zitierten Gedicht ablesen.[60] Tatsächlich wählte Ward einige Zeilen aus ebendiesem Gedicht zu Nostradamus' Rechtfertigung.[61] Chavigny unternahm den Versuch, anhand von Nostradamus' Werken historische Prophezeiungen zu untersuchen, doch ließ eine erste ernstzunehmende Beurteilung seiner prophetischen Arbeiten bis 1656 auf sich warten.

Das geschah erst in Etienne Jauberts wohlwollender Untersuchung. Dennoch hielten sich einige Mißverständnisse über Nostradamus bis in unsere Zeit.[62] Kaum ein Jahrhundert nach der Veröffentlichung der Quatrains beklagte Jaubert bereits die ungeheure Anzahl gefälschter Prophezeiungen, die unter dem Namen des Meisters verbreitet würden. Auch wenn einige dieser Unwahrheiten auf Mißdeutungen von Nostradamus' Texten zurückzuführen sind, resultiert die Mehrzahl gewiß aus dem Bestreben der Verleger, von der anhaltenden Nostradamus-Strömung zu profitieren und neu geschriebene, leere Versprechungen unter dem Deckmantel eines berühmten Namens zu verkaufen. Von Jaubert erfahren wir überdies, daß Nostradamus bereits jenes dunkle Zeichen auf dem Rücken trug, das sich bei den meisten echten Okkultisten im Laufe ihres Lebens zeigte. Auch verfolge ihn der Ruf eines Nekromanten, der seine Visionen aus seiner Verbindung zu den Engeln der Dunkelheit beziehe. Traurig und ratlos steht Jaubert vor allem den »ungeheuren Fehlern der ersten Kopisten der Quatrains und der armseligen und schlecht korrigierten Drucke seiner Werke« gegenüber. Läßt man stilistische Unterschiede beiseite, könnte man Jauberts kritische Schriften beinahe dem zwanzigsten Jahrhundert zuordnen.

Nur einhundert Jahre lagen zwischen der Veröffentlichung der ersten Vierzeiler und Jauberts Kommentar. In dieser Zeit hatten sich wenigstens fünfzig Verse von Nostradamus in bemerkenswerten historischen Ereignissen erfüllt. Allein um aufzuzeigen, inwieweit Jaubert in seiner Deutung der Vierzeiler fehlte, ist es aufschlußreich, einige dieser präzisen Vorhersagen einer Überprüfung zu unterziehen. Anhand von Jauberts Ansichten über die Quatrains stellt sich die Frage, wie sich Nostradamus' Ruhm so verbreiten konnte. Kaum einer der Vierzeiler, die Jaubert behandelte, scheint jenen prophetischen Einblick widerzuspiegeln, für den Nostradamus heute zu Recht berühmt ist. Tatsächlich hatte sich Jaubert viel zu sehr damit befaßt, die Erfüllung bestimmter Quatrains wenige Jahre nach ihrer Niederschrift aufzuzeigen, und vermutlich war er den historischen Ereignissen zu nahe (und überdies zuwenig Historiker), um die Bestätigung der Geschichte in den Vierzeilern zu begreifen. In manchen Fällen landete er aufgrund der Tatsache, daß er Prophezeiungen behandelte, die sich entgegen seiner Annahme noch nicht erfüllt hatten, in einer Sackgasse. So deutete er in sehr allgemein gehaltenen Worten einen Quatrain als Hinweis auf eine kleinere Seeschlacht im Ärmelkanal, die 1555 stattgefunden hatte, obwohl sich später herausstellte, daß dieser Vierzeiler sich in der Schlacht von Trafalgar in jeder Einzelheit erfüllte (s. Seite 298 ff.).

Der befriedigendste Überblick über die zukünftige Geschichte Europas für die auf den Tod von Heinrich II. im Jahr 1559 folgenden Jahre ist jener, den Nostradamus in seiner Epistel an den König ein Jahr zuvor verfaßt hatte. Dieser Text bietet regelrecht einen historischen Abriß der Zukunft Frankreichs bis ins zwanzigste Jahrhundert. Allerdings befaßte sich niemand jemals in geeigneter Weise mit diesen in Prosa formulierten Prophezeiungen. Dies hauptsächlich, weil sie in derselben Grünen Sprache und verschlüsselten Geheimastrologie geschrieben waren wie die vierzeiligen Verse und somit für den Großteil der Interpreten unerreichbar blieben. Aus diesem Grund werden auch wir uns auf die Verse konzentrieren. Im weiteren gehen wir auf eine Auswahl der bedeutendsten der in Erfüllung gegangenen Weissagungen ein, die sich auf das sechzehnte Jahrhundert und bis zum Jahr 1655 beziehen. Es ist aufschlußreich, daß Jaubert die Bedeutung dieser Vorhersagen entweder entging, oder daß er aus uns unbekannten Gründen beschloß, nicht über sie zu schreiben. Die entsprechenden Quatrains finden sich in der Endnote im hinteren Teil des Buches.

Für das Jahr 1556 prophezeite Nostradamus die Verfolgung der Londoner Anhänger der Königin Maria, für 1558 die Heirat von Maria, der Königin von Schottland, mit Franz II. von Frankreich, für 1559 den tragischen Tod von Heinrich II. in einem Duell und daß seine Gemahlin Katharina ihn sieben Jahre lang, bis 1566, betrauern werde. Er sah den

Rücktritt des Admirals von Frankreich, Coligny, ebenso voraus wie dessen Hinwendung zu den Protestanten, deren Anführer er 1569 wurde. Für das Jahr 1560 verkündete er die Hinrichtungen von Blois, die Verschwörung der Hugenotten in Lyon, das Ableben des französischen Königs Franz kurz vor dessen achtzehntem Geburtstag; außerdem, daß dessen junge Gemahlin, Königin Maria von Schottland, auf die Britischen Inseln zurückkehren würde. Für 1569 prognostizierte er die Ausrufung des Prinzen von Condé zum Führer der hugenottischen Versammlung und dessen Erschießung kurz nach der Schlacht von Jarnac. In verschiedenen Quatrains, die sich mit den Türken befassen, prophezeite er die Belagerung von Zypern im Jahr 1570, die von Famagusta im Jahr 1571 und den damit verbundenen Sieg von Lepanto. Für die folgenden Jahre sagte er das Massaker von St. Bartholomäus vorher, in dessen Anschluß Coligny getötet und an Hals und Füßen am Galgen von Montfauchon etwas außerhalb der Stadtmauern von Paris aufgehängt wurde. Ein weiterer Vierzeiler enthüllt für das Jahr 1574, daß derselbe Montgomery, der Heinrich II. versehentlich getötet hatte, auf Befehl von Katharina hingerichtet werde. Ebenso prophezeite er die Belagerung von Marmande für 1577, die Ermordung von Heinrich von Guise in Blois im Jahr 1588 und den Tod König Heinrichs III. von Frankreich; weiter die Entsendung einer Flotte von Philip II. von Spanien zum Zweck der Eroberung von Marseille und daß Charles de Casau bei dem Versuch, die Stadt zu verraten, getötet werde. Die letzten seiner Vorhersagen für dieses Jahrhundert bezogen sich auf das Jahr 1596 und den englischen Überfall auf Cadiz durch Essex und Raleigh.

Für den Anfang des siebzehnten Jahrhunderts prophezeite Nostradamus die Thronbesteigung von Jakob VI. von Schottland als Jakob I. von England im Jahr 1603 und sieben Jahre danach den Tod Heinrichs IV. von Frankreich durch ein Messerattentat eines jungen Fanatikers. Er kündigte Ludwigs XIII. Einzug als Dauphin in Nancy für 1632 an und die Enthauptung von Herzog Henry Montmorency, des Anführers einer Revolte im Süden des Landes, im Hof eines Gefängnisses. Ebenso sah er Richelieus Aufstieg, die Wirren von 1642 und die Köpfung von Henri de Cinq-Mars voraus, dem eine Verschwörung gegen Richelieu zur Last gelegt wurde. Für Großbritannien prophezeite er den Tod von Karl I. von England im Jahr 1649, die Karriere Oliver Cromwells sowie das Ende des Bürgerkriegs in England mit der zweiten Belagerung von Pontefract im Jahr 1649. Die Schlacht von Dunbar prognostizierte er für das Jahr 1650, ebenso die anschließende Flucht des zukünftigen Königs Karl II. nach den Kämpfen von Worchester und seine Rückkehr nach England sieben Jahre später.[63]

Michel Nostradamus' Prophezeiungen enthielten für seine Zeit einigen Zündstoff, und so war es sicher vorteilhaft, daß sie sich einer Dechiffrierung durch seine Leser entzogen. Soweit uns bekannt ist, wurde Nostradamus zu Lebzeiten nicht wegen seiner Quatrains verurteilt; möglicherweise war er aufgrund seiner Verbindungen zum Königshaus geschützt. Auch griffen ihn beispielsweise Videl und Couillard nicht wegen seiner Vierzeiler, sondern wegen seiner Methoden an.[64] Daraus darf nicht der Schluß gezogen werden, daß seine Vorhersagen oder Methoden auf Verständnis trafen. Ähnlich kritisch äußerte sich William Fulke aus London, der ein *Antiprognosticon* gegen nutzlose astrologische Vorhersagen, wie sie von Nostradamus und anderen verfaßt würden, veröffentlichte.[65] Fulkes Gegenschrift liefert jedoch keinen Hinweis darauf, ob er die astrologischen Techniken des Meisters begriff und in der Lage war, die Quatrains zu interpretieren. Aus Laurent Bouchels Schriften aus dem Jahr 1615 erfahren wir, daß Prognosen, wie Nostradamus sie getätigt hatte, im späteren sechzehnten Jahrhundert gegen das Gesetz verstießen.[66] Eine solchermaßen geartete Astrologie war durch die Verfügungen von Orléans verboten worden. Für die Veröffentlichung eines Almanachs benötigte man eine kirchliche Druckerlaubnis. Obwohl diese Verordnung erst nach dem Tod von Nostradamus in Kraft trat, vermutet Thorndike, daß die hinter diesem Gesetz stehende Geisteshaltung die Erklärung biete, warum sich der Gelehrte entschloß, seine Werke absichtlich zu verschlüsseln.[67]

Ein juristisch derart bedrohliches Umfeld, in dem ein einziges unbedachtes Wort zur Verhaftung aufgrund des Vorwurfs der Hexerei führen konnte, ist eine Begründung dafür, warum es Nostradamus widerstrebte, seine hellseherischen Kräfte allzu sehr zu offenbaren. Jaubert war gewiß nicht der erste, der sich über die Eigentümlichkeit der Verse beklagte, deren Aufbau sich dem Verständnis entzogen. Seiner Meinung nach »tarnte Nostradamus allzuoft die Prophezeiungen durch so verschlüsselte Ausdrücke, daß man ohne eine außergewöhnliche Begabung nichts begriff«. Tatsächlich wurde Nostradamus auch bei jenen Personenhoroskopen, die er für harte Münze (oder angemessene Geschenke) erstellte, häufig wegen seiner Verschleierungstechniken kritisiert. Die von Dupèbe veröffentlichte Korrespondenz wirft ein Licht auf die Schwierigkeiten, die sich zwischen Nostradamus und seinen Klienten wegen des hohen Zeitaufwandes und seiner Neigung, auch private Vorhersagen in rätselhafte Worte zu kleiden, ergaben. In dieser Hinsicht stimmte Jaubert, wie übrigens auch der Großteil der anderen Interpreten der Vierzeiler, mit Nostradamus' eigenem, offenem Kommentar zu diesem Thema vollkommen überein:

»Da die Mehrzahl der prophetischen Quatrains so übersät ist von
Hindernissen, daß niemand einen Weg durch sie findet, o mensch-
lichster König, laßt uns allein einige deuten...«[68]

Obwohl mehr als vier Jahrhunderte vergangen sind, seit Nostradamus
sein aufschlußreiches Geständnis zu Papier brachte, hat seltsamerweise
niemand bisher eine vollkommen zufriedenstellende Erklärung dafür
gefunden, warum er seine Prophezeiungen auf solch undurchdringliche
Weise abfaßte. Seine Intentionen bleiben weiterhin ein Rätsel. Warum
veröffentlichte dieser bemerkenswerte Mann seine präzisen prophetischen Vierzeiler derart »übersät von Hindernissen«, daß niemand in der
Lage war, einen Weg durch das von ihm konstruierte Labyrinth zu finden? Wir können nur vermuten, daß er aufzeigen wollte, daß das Vorhersagen der Zukunft im Bereich des Möglichen liege, er sich aber
gezwungen sah, seine Leser mit seinen Versen nicht vor dem Kommenden zu ängstigen. Dies dürfte auch der Kern von Nostradamus' Geheimnis gewesen sein: Der Gelehrte wollte seinen Lesern Einblick in die
Zukunft gewähren, sie gleichzeitig aber vor Entsetzen schützen. Seine
Quatrains geben ihre Geheimnisse erst preis, nachdem die vorhergesagten Ereignisse in jenen Strom der Zeit eingetreten sind, den wir Geschichte nennen.

Doch wer war dieser Mann? Während des Studiums seiner verschlüsselten Quatrains stellten wir uns oft die Frage, wie Nostradamus wirklich war. Nach all den Jahren, in denen wir seine Arbeit und die damit in
Zusammenhang stehende Literatur untersuchten, begreifen wir, daß uns
über sein Wesen kaum etwas bekannt ist. Er bleibt ein Rätsel. Sicher ist
nur, daß er wohl die außergewöhnlichsten in der westlichen Welt
bekannten Prophezeiungen niederschrieb. Angesichts dieser Tatsache
spielt es eigentlich keine Rolle mehr, daß uns nur sein Gesicht bekannt
ist, das auf dem von seinem Sohn César gemalten Bildnis nachdenklich
in jene Welt blickt, deren Zukunft er vorhersagte.

In den nachfolgenden Jahren tauchte eine beträchtliche Anzahl Porträts von Nostradamus auf, die größtenteils auf Césars Malereien basierten. Eine kleine kreisrunde Kopie eines Bildes findet sich in der Mitte
einer Horoskopdarstellung (Abb. 3), deren Original Hunderten von
dürftigen Imitationen als Vorlage diente. In seiner sorgfältigen Bibliographie der Schriften des Meisters führt Robert Benazra über neunzig
Nostradamus-Darstellungen an. Ihre Bandbreite reicht von den groben,
erfrischend unterschiedlichen Holzschnitten aus dem sechzehnten Jahrhundert (Abb. 29), die für Titelseiten von Büchern verwendet wurden,
bis zu erlesenen Amateurmalereien, wie wir sie aus den großzügig

illustrierten Werken von Torné-Chavigny (Abb. 30) kennen. Mühelos könnten wir dieser Sammlung noch einmal dieselbe Anzahl hinzufügen. Die Erforschung der Entstehungsgeschichte dieser Abbildungen allein wäre eine lohnende Aufgabe. Wie verwandelte sich das von César porträtierte gütige Gesicht in das jenes nachdenklichen, archetypischen jüdischen Gelehrten, das die Wand eines Geschäftes in Salon ziert (Abb. 18)? Wie entstand die überdimensionale, offenbar auf einem Holzschnitt aus dem sechzehnten Jahrhundert basierende Lithographie aus dem neunzehnten Jahrhundert (Abb. 31)?

Angesichts von Nostradamus' Ruf als Geheimastrologe verwundert es, daß keine der uns bekannten graphischen Abbildungen etwas von seiner verborgenen, inneren Weisheit erkennen läßt. So wurde er vorwiegend inmitten symbolträchtiger Himmelskugeln und Meßinstrumente oder als Verfasser von Almanachen in der formelleren Umgebung von Tierkreisdarstellungen und magischen Zeichen (Abb. 33) abgebildet. In verschiedenen Veröffentlichungen erreichte diese Festlegung auf die Sternkunde nahezu parodistische Züge, wo der Gelehrte eingeschlossen in ein Astrolabium und niedergedrückt von der Last der von ihm zum Verkauf angebotenen Almanache dargestellt wurde (Abb. 34).

Eine solche Abbildung trägt nicht dazu bei, etwas von Nostradamus' Wesen zu erfühlen. Wenn sich die Seele eines Menschen auch in seinem Gesicht erkennen läßt, so kaum in einem Porträt, denn das Außergewöhnliche an einem Menschen ist nicht in farbigen Pigmenten oder Druckerschwärze wiederzugeben. Wollen wir den wahren Nostradamus kennenlernen, sollten wir nicht versuchen, über sein physisches Erscheinungsbild zu ihm zu gelangen, sondern durch seine Schriften und jene Signatur, mit der er seinen Letzten Willen bezeugte (Abb. 35). Die vom nahen Tod gezeichnete Unterschrift ist beinahe unleserlich. Dennoch scheint gerade dieses gekritzelte, choreographische *M. Nostradamus* seine undurchdringliche Seele weit treffender zu charakterisieren als jedes Porträt seiner äußeren Erscheinung. Doch wie wir erfahren werden, birgt nicht nur die fahrige Handschrift selbst, sondern auch der Name Nostradamus ein Geheimnis.

Kapitel 2

Die Astrologie von Nostradamus

»Quantum ad genituram Ioannis filii, quam ... ad te mitto, in ipso frontispicio cernere licet duo themata, alterum quidem meo more confectum, alterum ad viam et trutinam Astrologorum, primum est horoscopi, ascendentis secundum; sed omnia significata ex calculo constant triplici. Nec miraberis, heros nobiliss., a me in ea repetita esse quaedam, quod ideo factum est potissimum, quia planisphaerium cum instrumento abavi mei materni Magistri Io. Sanremigii ad harmoniam Astronomicam coniunxi, ne videlicet descriptio geniturae turpiter exaresceret, et taedium tibi nauseamve adferret. Mutla tamen a nobis sunt consulto omissa, qua si perscribere voluissem, Iliadem mehercule confecissem potius, quam iustum geniturae circulum.«

»Was das Diagramm Eures Sohnes John anbelangt, das ich Euch übersende ..., so sind auf der Vorderseite zwei Tabellen zu erkennen. Eine wurde nach meiner eigenen Methode erstellt, die andere nach der von via und trutina. Die erste mittels des Steigungsgrades, die zweite durch Anpassung der Aszendenten: Jedoch enthalten alle Signifikatoren eine Dreifachberechnung. Seid nicht erstaunt, edelster Herr, eine gewisse Wiederholung vorzufinden, denn dies ist die bevorzugte Vorgangsweise, seit das Astrolabium meines Urgroßvaters mütterlicherseits, Jean de Saint-Rémie, [die beiden Tabellen] in astrologischem Einklang vereinte, auf daß alles, was an der Berechnung des Horoskops unschön ist, gelöscht, und somit alles, was Euch langweilen oder aufbringen könnte, entfernt werden möge. Jedoch haben wir vieles unterlassen, das niederzuschreiben ich den Wunsch gehabt hätte: Ich schwöre, ich hätte hier lieber eine Ilias ausgearbeitet als eine korrekte Darstellung einer Genitur.«

(Aus einem Brief von Nostradamus an Hans Rosenberger. Er bezieht sich auf das Horoskop dessen Sohnes. Datiert zu Salon am 9. September 1561. Aus dem Brief XXX in Jean Dupèbes *Nostradamus. Lettres Inédites*, 1983, Seite 96.)

Viele der frühen Porträts von Nostradamus zeichnen ihn als zu den Sternen aufblickenden Astrologen (Abb. 36), was uns daran erinnert, daß er einem Umfeld entstammte, in dem der Astrologie große Bedeutung zukam. Das Horoskop anläßlich seiner Geburt dürfte von seinem Großvater mütterlicherseits erstellt worden sein, wohingegen er seinen eigenen Tod in einem astrologischen Dokument vorhersagte, das für den allgemeinen Gebrauch bestimmt war. Seine von seiner Gemahlin verfaßte, berühmte Grabinschrift belegt in einmaliger Weise seine Auseinandersetzung mit der Kunst der Sterndeutung. Dieser Inschrift zufolge war er der größte Astrologe seiner Zeit. Bis zu einem gewissen Grad ist die Darstellung von Nostradamus als Astrologe, der den Himmel beobachtet, somit gerechtfertigt. Aus einigen der älteren Porträts des Gelehrten gewinnt man den Eindruck, daß er durch »göttlichen Zustrom«, wie er nach Ansicht zeitgenössischer Okkultisten für eine wahre Weissagung unabdingbar war, von den Sternen selbst seine Anordnungen erhielt.

Im Zuge eines im Jahre 1684 verfaßten Kommentars zu Nostradamus' persönlichem Horoskop erinnerte der englische Astrologe John Gadbury seine Leser an den ersten Aphorismus des römischen Astrologen Claudius Ptolemäus, der in der Übersetzung folgendermaßen lautet: »Niemand außer den von Gott Erleuchteten ist in der Lage, die Geschehnisse in ihren Einzelheiten vorherzusagen.« Gadbury handelte klug, seine Leser auf das Besondere an Nostradamus zu erinnern: dessen göttliche Erleuchtung. Doch auch die Tatsache, daß Nostradamus ein Astrologe war, wurde von seinen Kommentatoren oft vergessen oder ignoriert. Meist geschah dies, weil die in seinen Quatrains auftretenden Hinweise auf astrologisches Wissen zu unauffällig sind, um die Aufmerksamkeit auf sich zu ziehen, oder so komplex, daß sie für den menschlichen Geist unbegreiflich bleiben.

Die jüngste Entdeckung eines von Nostradamus unterhaltenen Briefwechsels zum Thema Astrologie hat einiges Licht in seine eigenwilligen astrologischen Methoden gebracht.[1] Diese Schreiben belegen, daß sich Nostradamus im Alltag der Erstellung und Deutung von Horoskopen sowie der Verfassung seiner jährlichen Almanache widmete. Über diese ziemlich weltliche Tätigkeit haben wir bereits berichtet. Wir verweisen an dieser Stelle nochmals darauf, um den tiefgreifenden Unterschied zwischen den Formen der Vorhersageastrologie aufzuzeigen, die Nostradamus für seine täglichen Arbeiten verwendete, und jenen, die den verschlüsselten Vierzeilern seiner Prophezeiungen zugrunde liegen. Alltagsastrologie und Quatrains gemein ist seine Neigung, sich weitschweifig und geheimnisvoll auszudrücken.

Ein gutes Beispiel bietet der zitierte Ausschnitt des Briefes an Hans Rosenberger. Wer diese Zeilen liest, kommt zwangsläufig zu der Überzeugung, daß Nostradamus seine Verschlüsselungen mit einer gewissen Selbstzufriedenheit erfüllten. Wenn dies ein typisches Beispiel für einen Briefwechsel mit einem Nicht-Astrologen war, ist kaum verwunderlich, daß sich einige seiner Klienten (einschließlich Rosenberger) beschwerten, die die bei ihm in Auftrag gegebenen Horoskope nicht vollkommen verstanden. Man fühlt mit ihnen, denn zumindest vier der astrologischen Begriffe in diesem kurzen Zitat sind so geheimnisvoll, daß selbst ein heutiger Übersetzer nicht in der Lage ist, ihren Sinn zu begreifen.[2]

Nostradamus teilte Hans Rosenberger in bezug auf das anläßlich der Geburt von dessen Sohn erarbeitete Horoskop mit, daß er das Diagramm auf herkömmliche Weise erstellt und es dann in Übereinstimmung mit den Regeln der Trutine von Hermes ausgelegt habe. Der übliche Zweck eines derartigen Horoskops bestand darin, anhand eines Geburtsdiagramms den Zeitpunkt der Empfängnis zu ermitteln und so das genaue Datum der Geburt zu bestimmen. Auffallend ist, daß es doch eigentlich keinen Grund gab, warum Nostradamus diese technischen Einzelheiten einem Klienten wie Rosenberger darlegen sollte, der bei mehr als einer Gelegenheit eingestanden hatte, über ein nur beschränktes astrologisches Wissen zu verfügen. Es ist nicht klar, ob sich Nostradamus einen Spaß mit seinem Klienten erlaubte, schlichtweg unernst war, ihm etwas vorzumachen versuchte oder sich nur jenem undurchschaubaren Obskurantismus hingegeben hatte, der offensichtlich seine zweite Natur gewesen war.

Außer daß dieser Brief ein nützliches Dokument ist, das Einzelheiten über die von Nostradamus für die Erstellung persönlicher Horoskope angewendete antike Methode preisgibt, besitzt er besondere Bedeutung für unsere Untersuchung, da in ihm jenes Astrolabium erwähnt wird, welches er vermutlich von seinem Urgroßvater, Jean de Saint-Rémy, erhalten hatte.[3]

Dieser beiläufige Verweis auf Jean (von dem wir aus dessen Hinterlassenschaft annehmen müssen, daß er ein Astrologe war) ist eigentlich bemerkenswert, denn bis zum Auftauchen dieses Briefes war Jean eine Art Rätsel geblieben.[4]

Nostradamus scheint ein natürlicher Obskurantist gewesen zu sein, obwohl er in seinen astrologischen Methoden dem Obskurantismus eher eine unbedeutende Rolle zuwies. Sobald wir jedoch den Schlüssel zu seinen astrologischen Methoden auf seine Verse anwenden, enthüllt sich sein Gebrauch der Geheimastrologie als der außergewöhnlichste in der Geschichte des Abendlandes. Ohne den Schlüssel bleibt seine Astrologie geheimnisvoll. Deshalb wurde sie bislang von praktisch allen Interpreten mißverstanden.

Zahlreiche Forscher nehmen an, daß Nostradamus mit der Nennung der Namen von Planeten lediglich deren symbolische Macht heraufbeschworen habe. So gesehen werde Mars zum Sinnbild des Kriegs, Venus zu dem der Liebe und des Friedens – und so weiter. Dies ist schlicht und ergreifend eine Mißdeutung von Nostradamus' Arbeitsweise. Einem kürzlich erschienenen Buch über seine Astrologie gelang es nicht, sich über diese Interpretationsebene hinauszubewegen. Es mißdeutet in krasser Weise die Aussagen des Gelehrten.[5] Die Behauptung, Nostradamus habe das Wassermannzeitalter erwähnt und vorausgesagt, daß es ein neuartiges Bewußtsein jener Zerstörung, die der Mensch durch die Mißachtung seiner Umwelt verursache, mit sich bringen werde, mag politisch korrekt klingen und dem heutigen Leser gefallen. Dennoch verfaßte Nostradamus weder eine solche Voraussage, noch erwähnte er jemals das Wassermannzeitalter. Ebenfalls zu Mißverständnissen führt die in diesem Buch aufgestellte Behauptung, Nostradamus' Prophezeiungen würden keineswegs eine unabänderliche Zukunft voraussagen. Die Quatrains bestätigen ein ums andere Mal, daß das sehr wohl der Fall ist. Wenn Nostradamus in seiner Epistel an Heinrich II. das alte lateinische Sprichwort »Quod de futuris non est determinata omnio veritas« (»Denn was die Zukunft betrifft, mag die Wahrheit nicht gänzlich vorbestimmt sein«) zitiert, zeigt sich aus dem Zusammenhang, daß er dies mit Hintergedanken und einem Auge auf die Inquisition tut.

Eine weitere und noch irrigere Annahme umgibt Nostradamus in Form der Behauptung, er habe sich in seinen Vierzeilern der üblichen Astrologie bedient. Obwohl er in seinen beiden Briefen, die die Einleitung der *Prophéties* bilden, verkündete, daß er sich auf die übliche Astrologie stütze, ist dies nicht der Fall. So gesteht er, in die Gestirne gesehen zu haben, um kosmische Übereinstimmungen mit den von ihm vorhergesagten Ereignissen zu finden. Dennoch ist an seiner Technik, die Sterne zu befragen, nichts Gewöhnliches, ebensowenig wie an seiner Art, diese kosmischen Einblicke in den Quatrains zu nutzen. Nostradamus griff zu einer verschlüsselten Methode der Darstellung astrologischer Aussagen als Hinweis auf himmlische Geschehnisse. Zu einer anderen Zeit und unter liberaleren politischen Bedingungen hätte er seine Vierzeiler wahrscheinlich in einem weniger kryptischen Stil verfaßt. Selbst der große Michael Servetus, der etwa 1536 nach Paris gezogen war, dürfte an der Universität in Schwierigkeiten geraten sein. So wurde behauptet, er habe sich von seiner eigentlichen Tätigkeit als

Dozent der *Astronomie* abgewandt, indem er sich in das verdächtige Reich der Beurteilungsastrologie – einer Form der Astrologie zur Beantwortung von Fragen anhand einer für den Augenblick der Befragung erstellten Tabelle – begeben habe.[6] Angesichts derartiger Beschränkungen wagte sich Servetus auf einen gefährlichen Kurs, denn nur wenige seiner Zeitgenossen waren in der Lage, den Unterschied zwischen *Astrologia* und *Astronomia* mit einiger Präzision zu definieren. Der Prozeß von Servetus selbst hat für uns in diesem Zusammenhang geringe Bedeutung. Aber er fand zu jener Zeit statt, als Nostradamus seine Schriften verfaßte, und bietet also eine Erklärung, warum unser Gelehrter seine Verse derart verschlüsselt haben könnte – so »scabreux«, wie er in seiner Epistel aus dem Jahr 1558 schrieb.

Nostradamus wählte für seine Quatrains eine Geheimastrologie, die heute *esoterische Astrologie* genannt wird, weil sie Planeten und Tierkreiszeichen als lebendige, schöpferische Wesen sieht. Diese von ihm verbreitete Methode stand eher der alchimistischen Astrologie von Paracelsus und der im folgenden Jahrhundert entstandenen böhmianischen Astrologie nahe als der im Frankreich seiner Zeit bevorzugten. Dies erklärt, warum der moderne Sterndeuter immer wieder bei dem Versuch strauchln muß, die Quatrains so zu lesen, als basierten sie auf der herkömmlichen Astrologie. So wird deutlich, inwiefern die Quatrains selbst den Gegenbeweis gegen die unzähligen irrigen Behauptungen über Nostradamus liefern.

Die Verse sind übersät von astrologischen Anspielungen, oftmals in Geheimschrift oder Symbolen angegebenen Planeten- und Tierkreisnamen. Diese Art der Sterndeutung ist so vielschichtig und okkult, daß sie von der Mehrzahl moderner Astrologen nicht begriffen wird. Es gibt keinen Hinweis darauf, daß sich Nostradamus in seinen Quatrains einer gebräuchlichen Astrologie – weder als Hilfsmittel für eine Weissagung noch als Standardsystem von Deutungssymbolen – bedient hätte. Seine Vierzeiler sind in diesem Sinne keine astrologischen Vorhersagen. Andererseits findet sich ausreichendes Beweismaterial dafür, daß Nostradamus für die Ausarbeitung okkulter Tarnungen und für die Angabe von Zeitspannen astrologisches Wissen einsetzte.

Richtig interpretiert, enthüllen mehrere Quatrains das genaue Datum zukünftiger Ereignisse. Die Zeitgenossen von Nostradamus, die ihn – zu einer Zeit, da sich die herausragenden Intellektuellen Europas der Astrologie widmeten, obwohl diese an der Universität von Paris mit einiger Mißbilligung betrachtet wurde – als eine der führenden Persönlichkeiten auf diesem Gebiet ansahen, hatten zweifelsohne recht. Sein Umgang mit der Astrologie ist in jeder Hinsicht erstaunlich. Setzt man seine Hinweise auf planetarische Positionen und Aspekte in den richtigen Zusammenhang, eröffnen sie uns die Daten seiner Weissagungen mit äußerster Präzision.

Dennoch war Nostradamus zwangsläufig auch ein Mann seiner Zeit. In seinen jährlichen Almanachen griff er häufig auf Techniken der Sterndeutung wie etwa periodische Eintritte zurück. Ebenso bediente er sich der Eklipsentabellen, leitete von den für die monatlichen, nominalen Eklipsen erstellten Diagrammen Schlußfolgerungen ab und las aus ihnen die Geschehnisse der kommenden Monate heraus. Zusätzlich nutzte er eine Reihe von Verfahren, die sich auch in der modernen Astrologie wiederfinden. Gleichwohl unterscheidet sich die Astrologie der Almanache grundsätzlich von der der Quatrains sowie von jener Form, die in der Literatur davor und danach zum Einsatz kam.

An dieser Stelle kehren wir zur der schon erwähnten Mundanastrologie zurück, jener Wissenschaft, die der Astrologie der historischen Prophezeiung zugrunde lag. Sie befaßte sich mit der Vorhersage politischer und religiöser Ereignisse und bildete eine der zwei großen Strömungen der prognostischen Astrologie. Praktisch sämtliche astrologischen Systeme unterteilten sich entweder in die persönliche Geburtshoroskopie (ein Zweig der Astrologie, der sich mit der Erstellung und Deutung von Geburtskarten beschäftigte) oder die Mundanastrologie, die das Gebiet der Umläufe miteinschloß. Diese Umläufe wurden im Rahmen von Vorhersagen zum Studium von Planetenkonjunktionen herangezogen und beschränkten sich zumeist auf die Bewegungen der »übergeordneten« Planeten Mars, Jupiter und Saturn.

Eine in verschiedenen astrologischen Werken erscheinende Abbildung aus dem sechzehnten Jahrhundert erläutert die hinter diesen Konjunktionen stehende Theorie (Abb. 22). Ungefähr alle zwanzig Jahre treten Saturn und Jupiter in Konjunktion (das heißt, sie treffen im selben Grad des Zodiakus aufeinander). In etwa sechzig Jahren kommt es zu drei Konjunktionen in Zeichen desselben Elements. Solche aus drei Elementarzeichen bestehenden Einheiten werden *Trigone* genannt. In Abbildung 22 werden Trigone mit einer Deutlichkeit dargestellt, die es uns ermöglicht nachzuvollziehen, auf welche Weise Astrologen auf der Grundlage eines äußerst präzisen kosmischen Rhythmus Daten bestimmen konnten.

In Abbildung 22 erkennen wir die Konjunktion von Saturn und Jupiter im Feuerzeichen Schütze im Jahr 1723, die Konjunktion dieser beiden Planeten im Feuerzeichen Löwe im Jahr 1743 sowie die darauffolgende im Feuerzeichen Widder im Jahr 1763. Auch wenn diese Abbildung, gemessen an modernen Tabellen, nicht wirklich genau ist, bietet sie uns doch anhand der Konjunktionen im Trigon des Feuers einen Überblick über das etwa alle zwanzig Jahre auftretende Ereignis sowie einen kompletten trigonischen Zyklus, wie er sich alle sechzig Jahre vollzieht.

Das Wort »Umläufe« hat eine eigene Geschichte. Es stammt aus der arabischen Literatur, die seit dem elften Jahrhundert die Keimzelle der Entwicklung der europäischen Astrologie bildet. Der bedeutendste mit Umläufen befaßte arabische Schreiber war ein Astrologe, dessen latinisierter Name Albumasar lautete. Die von diesem Gelehrten entwickelte Theorie der Umläufe war so tief in der europäischen astrologischen Weissagung verankert, daß sich noch heute Spuren davon in populären Formen moderner Astrologie finden lassen. Für uns besteht kein Zweifel daran, daß Nostradamus die Arbeitsweise Albumasars kannte. Allein die jüngste Entdeckung eines Werkes des großen arabischen Astrologen Alcabitius, das Nostradamus' Exlibris trägt, belegt das Interesse des Meisters für jenen Teil der prognostischen Astrologie, die sich mit dem Studium der Umläufe befaßte.[7]

Die Bedeutung der Astrologie für die Geschichtsbetrachtung des sechzehnten Jahrhunderts erfuhr in den vergangenen zwei oder drei Jahrzehnten eine Neubewertung, da sie die Grenzen der Astrologie weit überschreitet. So überprüfte der französische Wissenschaftler Yves Lenoble[8] die Rolle der von Nostradamus benutzten Ephemeriden, unterzogen die deutschen Gelehrten Wöllners und Ludwig Dinzinger[9] bestimmte astrologische, den Quatrains zugrundeliegende Theorien einer systematischen (wenn auch nicht vollkommen überzeugenden) Untersuchung. Eine Folge dieser Studien dürfte die Anerkennung der Einflüsse der arabischen Lehre von Zyklen und Geschichte auf den Westen ab dem elften Jahrhundert sein.

Wie Nicholas Campion in seiner Untersuchung der Werke Bodins aufzeigte, wurden dessen astrologische Hinweise von modernen Historikern vor allem deshalb entweder falsch verstanden oder ignoriert, weil sie mit der Astrologie des sechzehnten Jahrhunderts, auf die sich Bodin häufig bezieht, nicht vertraut waren.[10] Interessant ist, daß sich Nostradamus in seinen Prophezeiungen ausgerechnet jener Theorien über heilige geometrische Zyklen und Astrologie bediente, die auf Bodin einen beträchtlichen Einfluß ausübten. Der Großteil der Astrologie, mit der wir uns bei der Analyse der Quatrains befassen werden, scheint in einem Zusammenhang mit der Mundanastrologie zu stehen. In der arabischen und der von dieser geprägten mittelalterlichen europäischen Astrologie schrieb man den Umläufen der höhergestellten Planeten große Bedeutung zu, so daß der Begriff im sechzehnten Jahrhundert häufig so ausgelegt wurde, als bezöge er sich ausschließlich auf die höheren Planeten. Insbesondere die Konjunktionen dieser Planeten erachtete man als Zeichen für eine historische Wende in der Mundansphäre, also der Sphäre von Politik, Nationenschicksal und sogar Religion.

Die Behauptung, daß astrologische Umläufe angeblich die Zukunft sowohl des politischen als auch des religiösen Lebens interpretieren konnten, erklärt wahrscheinlich die Unbeliebtheit dieser Kunst in den Regierungskreisen Frankreichs. Insbesondere galt dies für das politische und monarchistische Zentrum Paris, wo Politik und Religion häufig aneinandergerieten. Die Umlauftheorie, deren Anwendungsbereich Vorhersagen über Aufstieg und Fall von Religionen, religiösen Sekten und Andersdenkenden lieferte, war der katholischen Kirche gänzlich zuwider. Auch die Mehrzahl der protestantischen Führer lehnte sie ab, da sie die Astrologie als Teil des allumfassenden, vom Papst gelenkten Aberglaubens ansah. Wenige Protestanten hätten die geheimnisvollen astrologischen Symbole in der Kirche von St. Pierre, die über ihrer Stadt Genf thronte, entdeckt, geschweige denn begriffen.[11] Diese Zurückweisung der Mundanastrologie durch beide Hauptreligionen trug dazu bei, daß sich Nostradamus entschloß, die vorzeitige Deutung seiner astrologischen Quatrains durch den Einsatz rätselhafter Formulierungen zu verhindern.

Anhand der Analyse gewisser astrologischer Faktoren in den Quatrains ist es verführerisch anzunehmen, daß Nostradamus wie die arabischen Astrologen vor ihm daran glaubte, daß bestimmte astrologische Ereignisse (wie etwa die Konjunktion von Jupiter und Saturn in bestimmten Tierkreiszeichen) eine besondere Auswirkung auf die Mundansphäre und somit auf die Geschichte hätten. Wie wir gesehen haben, besteht kein Zweifel, daß sich Nostradamus derartiger Zyklen oder Umläufe sowie spezifischer astrologischer Zeitpunkte zur Datierung von Geschehnissen in der Zukunft bediente. Seine Anwendung der Astrologie unterscheidet sich somit deutlich von der, über die Bodin und ein Großteil seiner Zeitgenossen geschrieben hatten. Noch immer handelt es sich um die Astrologie der Umläufe, doch hier wurde sie außerhalb bestimmter Parameter und mit ausschließlich chronologischen Absichten eingesetzt. In dieser Hinsicht dürfte Nostradamus unter den Astrologen des sechzehnten Jahrhunderts einzigartig gewesen sein.

Eine weitere, über arabische Schriften nach Europa gelangte Technik der prognostischen Astrologie ist jene der Eintritte. Einfach ausgedrückt, basierte sie auf der Erstellung jährlicher Diagramme für den Eintritt der Sonne in die vier Hauptzeichen. Aufgrund seiner Bedeutung als erstes Zeichen des astrologischen Jahres wurde das des Widders am häufigsten zu Rate gezogen. Nostradamus griff in seinen prophetischen Almanachen wiederholt auf diese Eintrittstechnik zurück. Abbildung 23 ist ein Beispiel für ein Eintrittsdiagramm aus der Vorhersage, die er für das Jahr 1566, sein Todesjahr, verfaßte. Im mittelalterlichen Kalender stimmte der Eintritt der Sonne in den Widder sogar mit dem Beginn des Kalenderjahres überein und war somit tief in die Chronologie verwoben. Es ist gut möglich, daß sich einer von Nostradamus' Quatrains auf diese astrologische Technik bezieht (s. Seite 263).

Der Mundanastrologie kam im sechzehnten Jahrhundert große Bedeutung zu. Durch ihre Verbreitung in Almanachen, die üblicherweise eine Anzahl unheilvoller Mundanvorhersagen enthielten, genoß sie bis weit ins neunzehnte Jahrhundert hinein große Aufmerksamkeit. Auch wir könnten derselben Versuchung unterliegen wie viele von Nostradamus' Zeitgenossen, in ihm nur einen weiteren Manipulator von Umläufen und Eintritten zu sehen. Dies wäre bedauerlich, denn eine solche Einschätzung würde seinem Genie nicht gerecht werden. Er war nicht nur ein erfahrener Astrologe, der seine Mundanvorhersagen in seltsam verschlüsselter Form abfaßte, sondern einer, dem nach eigenen Worten göttliche Einsicht in die Zukunft gewährt worden war und der ausgeklügelte astrologische Techniken als Hilfsmittel zur Identifizierung und Datierung jener Ereignisse anwendete, die er vorhersah.

Bevor wir uns einigen aufschlußreichen Beispielen von Nostradamus' Einsatz der Astrologie widmen, sollten wir uns aus einem astrologischen Blickwinkel einem weiteren Problem zuwenden. Es ist eine einfache Tatsache, daß die Mehrzahl der in seinen Vierzeilern so reichlich vorhandenen astrologischen Hinweise nicht wirklich das sind, was sie zu sein scheinen. An Nostradamus' Verwendung der Astrologie in den Quatrains ist nichts Traditionelles. Wenn wir die Absicht haben, seine Geheimnisse zu begreifen, müssen wir uns auf eine andere, tiefere Bedeutungsebene als die des reinen Symbolismus oder der klassischen horoskopischen Deutung begeben.

Ziel der in diesem Kapitel vorgestellten Analysen ist nicht die Enthüllung all der verschiedenen, von dem Gelehrten angewendeten astrologischen Techniken. Die Tatsache, daß über einhundert Vierzeiler Hinweise enthalten, die in astrologischen Symbolen und Daten verborgen sind, zeigt auf, daß eine umfassende Untersuchung seiner Methoden weit über den Rahmen dieses Buches hinausgehen würde. Wir wollen lediglich belegen, daß seine Form der Astrologie einzigartig und auf das engste mit den Zeitstrukturen der Prophezeiungen und der geheimen

Grünen Sprache (auf die in Kapitel 4 im Detail eingegangen wird) verflochten ist, in der Nostradamus seine Prophezeiungen aufzeichnete.

Die meisterlichste Art, astrologische Daten einzusetzen, finden wir in seiner Anwendung der Ephemeriden, Tabellen, die die Positionen der Planeten angeben. Nostradamus' Ausdrucksweise läßt oftmals vermuten, daß er sich mit Mundanastrologie befaßt, wenn dies gar nicht der Fall ist. Ein beiläufig erscheinender Hinweis auf zwei oder drei Planetenkoordinaten in einem Quatrain ist nahezu immer eine Aufforderung an uns, einen Ephemeridenband (oder in modernen Zeiten ein hochentwickeltes Computerprogramm) zu Hilfe zu nehmen, um seiner Andeutung einen Zeitrahmen zuzuordnen, da dieser üblicherweise bereits einen Anhaltspunkt für den Inhalt des Vierzeilers und mitunter sogar für ein genaues Datum des jeweiligen Ereignisses enthält. Nur anhand von Beispielen läßt sich die Genialität in Nostradamus' Astrologie verdeutlichen. Aus diesem Grund werden wir ein paar astrologische Vierzeiler eingehender untersuchen. Wir beginnen mit einem besonders einfachen Beispiel, das sich mit Nostradamus' bevorzugtem Thema, der Französischen Revolution, auseinandersetzt.

DIE ZERSTÖRUNG LYONS

Quatrain VIII.46 hebt sich von allen anderen Versen, deren genaue zeitliche Einordnung auf Astrologie beruht, ab. Die Knappheit, mit der Nostradamus auf die jeweiligen astrologischen Faktoren in seinen Versen hinweist, ist in der verschlüsselten Literatur einzigartig.

> »Pol mensolée mourra à trois lieuës du rosne,
> Fuis les deux prochains Tarasc destrois
> Car Mars fera le plus horrible trosne,
> De coq & d'Aigle de France frères trois.«

Da dieser Quatrain Geheimastrologie beinhaltet, ist eine »Übersetzung« – wie wörtlich sie auch sein mag – nicht nur unbeholfen, sondern praktisch bedeutungslos:

> »Pol mensolée wird drei Meilen von der Rhône entfernt sterben,
> Meide die beiden bei Tarara Zerstörten,
> Denn Mars wird seine schreckliche Herrschaft errichten,
> Vom Hahn und vom Adler aus Frankreich drei Brüder.«

De Fontbrune behauptet, bei dem ersten Wort, »Pol«, handle es sich um den Namen des Papstes Johannes Paul II., kombiniert mit der ersten Silbe des Wortes Polen, dem Geburtsland des Papstes. Eine derart selektive Deutung weist den Quatrain eindeutig dem zwanzigsten Jahrhundert zu. Durch kräftiges Drehen und Wenden liest de Fontbrune aus dem Wort »mensolée« einen Hinweis auf die Prophezeiung von Malachai heraus, die er auf Papst Johannes Paul II. bezieht (s. unsere Anmerkungen zu »Pol mensolée« auf Seite 41).

Die Malachai-Prophezeiungen, die wahrscheinlich im sechzehnten Jahrhundert und nicht, wie oftmals behauptet, zu einem weit früheren Zeitpunkt verfaßt wurden, bieten einzeilige Beschreibungen einer Liste zukünftiger Päpste bis an das (nach Voraussagen unmittelbar bevorstehende) Ende des Papsttums. Das in diesen Vorhersagen für Johannes Paul II. angeführte lateinische Zitat lautet »De labore solis«, was ungefähr »über die Arbeit der Sonne« bedeutet. De Fontbrune argumentiert, daß das lateinische Wort »manus« mit »Arbeit« gleichzusetzen sei, weshalb »manus-solée« auf die Malachai-Prophezeiung hindeute. Diese Schlußfolgerung ist natürlich nur scheinbar zutreffend.

Die drei Brüder (»frères trois«) der letzten Zeile werden von de Fontbrune auf wundersame Weise in »drei Verbündete« des Königs von Frankreich und der Vereinigten Staaten verwandelt. Ob es sich hierbei um eine neue Monarchie Frankreichs oder ein mutmaßliches Königreich »Frankreich und die Vereinigten Staaten von Amerika« handeln soll, bleibt der Entscheidung jedes einzelnen überlassen. Erika Cheetham sieht in dem Adler (»l'Aigle«) einen Hinweis auf die Vereinigten Staaten und insbesondere die Kennedy-Familie, auch wenn sich für keine dieser Deutungen ein Anhaltspunkt finden läßt. Wie wir erkennen werden, basiert der Vers auf der Astrologie und bezieht sich auf Ereignisse in Frankreich kurz nach der Französischen Revolution.

Mit einiger Zuversicht dürfen wir aus dem Quatrain einen Hinweis auf ein Ereignis in Lyon herauslesen. Diese Auslegung ergibt sich aus dem Wort »Tarasc« (dem Namen eines ortsansässigen Ungeheuers), das in früheren Ausgaben »Tarara« lautete. Hierbei handelte es sich mit Sicherheit um Tarare am Fluß Turdine, wenige Kilometer von Lyon entfernt. Nun liegt Lyon »nahe Tarare« (»prochains Tarara«) und an der Rhône (»rosne«, erste Zeile). Nostradamus bestimmte oftmals eine Stadt, indem er sich auf eine kleine Ortschaft in ihrer Umgebung bezog. In diesem Fall gibt es einen bedeutenden Grund, warum er den Namen Lyon nicht erwähnte.

Eine erste gründliche Lesung des Quatrains mag den aufmerksamen Historiker auf verschiedene Ereignisse in Frankreich schließen lassen.

Beispielsweise ist es möglich, »die zwei« (»les deux«) aus der zweiten Zeile als Hinweis auf Henri d'Effiat (Cinq-Mars) und François de Thou, die in Lyon als Verschwörer gegen Richelieu im Jahr 1642 enthauptet wurden (s. Seite 240 ff.), aufzufassen.

Allerdings kommt es ausgesprochen selten vor, daß Nostradamus in einem Vierzeiler zwei Ereignisse erwähnt, die nicht in irgendeinem historischen Bezug zueinander stehen. Daher müssen wir uns fragen, ob es nicht noch ein anderes Paar »les deux« gibt, das mit diesem Ort nahe Tarara verbunden ist und zerstört wurde (»destrois«). Die Antwort auf diese Frage ist sowohl eine Bestätigung als auch eine Überraschung.

Merkwürdigerweise ist mit dem Paar die Stadt Lyon selbst, Thema des Quatrains, gemeint. Während einer kurzen gewalttätigen Periode in Frankreichs Geschichte führte sie zwei Namen und wurde nahezu vollständig zerstört. Wie wir erkennen werden, erlaubt uns gerade der Doppelname von Lyon die Datierung der von Nostradamus vorhergesehenen Ereignisse. Diese zeitliche Bestimmung wird auch von in den Vierzeiler eingebauten astrologischen Angaben bestätigt.

Da sich Lyon der Konvention (die *Convention Nationale* war die revolutionäre Versammlung, die 1792 auf die legislative Versammlung folgte) widersetzte, erhielt General Kellerman, der Held von Valmy, 1793 den Befehl, die Stadt in Schutt und Asche zu legen. Nach Aussage von Haydn dauerte die Belagerung siebzig Tage und endete am 9. Oktober.[12] Im Anschluß daran verfügte die Konvention am 12. Oktober 1793 die Zerstörung der Stadt.

Auf die Erstürmung der Mauern folgte eine wahrlich furchtbare Besatzungszeit samt Greueltaten. Während dieser Phase behauptete der Mars seine Schreckensherrschaft (»le plus horrible trosne«) als Gott des Kriegs. Für unseren Quatrain ist die Tatsache von Bedeutung, daß Lyon nicht nur größtenteils zerstört, sondern sein alter Name ausgelöscht wurde. Ohne jede Spur von Ironie änderte die Konvention den Namen im Jahr 1793 in Ville-affranchie (»befreite Stadt«). Den ursprünglichen Namen erhielt Lyon erst nach dem Sturz Robespierres wieder.

Die vierte Zeile lautet: »De coq & d'Aigle de France frères trois«; Mars sitzt auf einem Schreckensthron und herrscht über den Hahn und den Adler. Wir werden später sehen, daß mit dem Hahn das Frankreich der Revolution (Abb. 46), mit dem Adler Napoleon (s. Seite 276) gemeint ist und sich Nostradamus hier auf das doppelte Symbol des Herrschers und der entthronten Monarchie bezog.

Die drei Brüder Frankreichs finden sich in der Dreiteilung der am 20. September 1792 nur vierundzwanzig Stunden nach der Abschaffung der Monarchie in Frankreich gegründeten französischen Nationalversammlung (»France frères trois«). Die drei durch einen Brüderlichkeits- eid (»frères«) miteinander verbundenen Abteilungen waren die *Girondins* (zur Linken), die *Plaine* (in der Mitte) und die *Montagnards* (die Rechten; die Namen entstanden aufgrund ihrer Anordnung auf den höchsten Bänken der Versammlung).

Die dritte Zeile besagt: »Car Mars fera le plus horrible trosne.« Wie bei Nostradamus üblich, enthält auch diese Phrase zwei Bedeutungs- ebenen. Allein die Erwähnung des Mars könnte bei Uneingeweihten kriegerische Konnotationen erwecken, doch für diejenigen, die mit der Methode von Nostradamus vertraut sind, ist es eine Einladung, die Pla- netenpositionen in den Ephemeriden von 1792/93 zu untersuchen.

Das Bildnis von Mars, des heidnischen Kriegsgottes, der den Thron Frankreichs besteigt, ist im höchsten Maße bemerkenswert, da sich die- ses Ereignis in jenem Jahr vollzog, in dem der eintausend Jahre alte Thron (»trosne«) Frankreichs abgeschafft wurde. Diejenigen, die sich des traditionellen Monarchs entledigten, setzten den heidnischen Gott des Krieges an seinen Platz. Gesteht man Amerika zu, als erstes Land eine moderne Demokratie eingeführt zu haben, so war es Frankreich, das sie in ein militärisches Glaubensbekenntnis umwandelte.

In dem Vers finden sich esoterische Doppelbedeutungen, auf die auf- grund ihrer astrologischen Verflechtungen hingewiesen werden sollte. Das Wort »Pol«, mit dem der Vierzeiler beginnt, ist ein lateinischer Ein- wurf – ein Ausdruck des Erstaunens oder ein Fluch. Es ist eine Kurz- form von Pollux, dem Namen des gewalttätigen (kämpferischen) und sterblichen der himmlischen Zwillinge Castor und Pollux, der Gemini unter den Sternbildern. Diese Tatsache führt uns zu einer überaus bemerkenswerten astrologischen Symbolik in dem Quatrain, der sich auf die Position des in der dritten Zeile erwähnten Planeten Mars bezieht.

Wie angemerkt ist der »Schreckensthron« (»horrible trosne«) als metaphorischer Hinweis auf die blutigen Ereignisse im Anschluß an die Einsetzung der Versammlung und die Zerstörung Lyons (beide Ereig- nisse Thema dieses Vierzeilers) zu lesen. Allerdings besaß der Ausdruck »Thron« in der Astrologie des sechzehnten Jahrhunderts noch eine spe- zielle Bedeutung. Er bezog sich auf das Zeichen, das durch traditionelle Herrschaft mit einem bestimmten Planeten verbunden war. Ein Planet befindet sich dann auf dem »Thron«, wenn er über dem von ihm beherrschten Sternzeichen steht. Der Begriff leitet sich von dem grie- chischen Wort »thronois« ab, das Ptolemäus in seinem Werk *Tetrabiblos* verwendete.[13] Bis zum sechzehnten Jahrhundert dürfte der Begriff auf die Vorstellung begrenzt gewesen sein, die in den allgegenwärtigen Darstellungen heidnischer Götter in thronähnlichen Wagen, deren Räder die jeweiligen Tierkreiszeichen enthielten, ausgedrückt wird. Der Mars erreichte den Thron im Zeichen des Skorpions. Am 20. September 1792 (und am darauffolgenden Tag), als die drei Häuser (»trois frères«) der französischen Nationalversammlung gegründet und im Anschluß daran die Monarchie abgesetzt wurden, befand sich der Mars im Zeichen des Skorpions – auf seinem Thron.

Doch ist in dem Quatrain noch ein besonders erwähnenswerter astrologischer Hinweis verborgen. Als General Kellerman in den letzten Julitagen des Jahres 1793 mit der Belagerung von Lyon begann, stand der Mars in Konjunktion zu dem Fixstern Pollux, dem *beta geminorum* des Sonnensystems des deutschen Astronomen und Juristen Johann Bayer (1572-1625). 1793 befand sich Pollux in einem Winkel von 21 Grad im Sternbild des Krebses. Auf diese Weise erklärt sich der andernfalls unverständliche Ausdruck »Pol«, der den Forschern so viele Schwierigkeiten bereitete. Das Wort »mensolée« ist eine Kombination aus Spanisch und Französisch: »men« bedeutet »klein«, »solée«, eine Variante von »soleil«, steht für »Sonne«. Sollte diese Deutung richtig sein, wäre »Pol mensolée« mit »Pollux, die kleine Sonne« zu übersetzen. Heute scheint diese Darstellung nicht weit hergeholt, doch zur Mitte des sechzehnten Jahrhunderts war das Wesen der Sterne noch immer ein Rätsel. Francesco Patrizi, der im Astrologiezentrum Padua studierte und dessen Buch aufgrund seiner unverhüllten astronomischen Ansichten auf dem Index stand, erkannte nicht nur, daß das Universum unendlich war, sondern auch, daß jeder Stern eine Welt für sich bildete. Wenn dieser Gedanke auch als ketzerisch galt, war er doch in der Mitte des sechzehnten Jahrhunderts weit verbreitet.[14]

Patrizis Ansichten scheinen eine intelligente Auseinandersetzung mit den großen Veränderungen widerzuspiegeln, die sich in der Astrologie des sechzehnten Jahrhunderts aufgrund der Entdeckungen von Kopernikus, des Sturzes des ptolemäischen Weltbildes und der Nova von 1572 vollzogen. Dieses letzte Phänomen wirkte sich stärker auf den Zusammenbruch des alten Modells aus als jedes Buch.

Der an der Spitze des südlichen Zwillingsgestirns stehende orange Stern Pollux (»Pol«) befindet sich derzeit in einem Winkel von 23 Grad im Zeichen des Krebses. Mit Hilfe heutiger Computersysteme waren wir in der Lage, die von Nostradamus in diesem Quatrain angegebenen bemerkenswerten Daten über eine annähernde Konjunktion von Mars und Pollux zu bestätigen. Diese Bestimmung ist nicht nur durch die Verwendung der Hinweise in den Ephemeriden[15], sondern auch durch die computersimulierte Wiederholung der Planetenbewegungen im Verlauf der Monate Juli und August des Jahres 1793 möglich geworden. Für diese und einfachere astronomische Wiederholungen benutzten wir das Programm Windows 3.1, Microsoft Astronomer for Windows, 1993. Uns erschien diese Annäherung ratsam, da sie eine begründete Annahme zu jenen Ephemeriden erlaubt, die Nostradamus für bestimmte Quatrains verwendet haben könnte, auch wenn es wenige Hinweise darauf gibt, daß er für seine Vorhersagen auf zeitgenössisches Wissen zurückgreifen mußte. Bemerkenswerterweise scheint er imstande gewesen zu sein, einen Präzisionsgrad zu erreichen, der über dem des zu seiner Zeit verfügbaren ephemeridischen Tabellenwerks lag.

Dieses Beispiel für Nostradamus' Fähigkeit, eine Verbindung zwischen den zukünftigen Konjunktionen eines Sterns und eines Planeten herzustellen, leitet auf natürliche Weise zu der Frage über, wie er die Konjunktionen zur Deutung von Ereignissen in der Zukunft verwendete. In vielen seiner Verse deutet eine Aufstellung von Planeten (wie verschlüsselt sie auch sein mag) üblicherweise auf eine spezifische zukünftige Konjunktion hin, die in dem Vierzeiler so definiert ist, daß sie auf ein einziges Datum verweist, welches immer mit der Bedeutung des Quatrains verbunden ist.

DIE PROTESTANTENKRIEGE

Wenige von Nostradamus' astrologischen Richtlinien sind so einfach wie die der dritten Zeile von Quatrain VIII.2:

> »Condon & Aux & autour de Mirande
> Je voy du ciel feu qui les environne.
> Sol Mars conjoint au Lyon, puis Marmande
> Foudre, grand gresle, mur tombe dans Garonne.«

> »Condom & Auch & um Mirande
> Ich sehe Feuer vom Himmel, das sie umgibt.
> Sonne und Mars verbinden sich im Löwen, dann Marmande
> Blitz, großer Hagelschlag, die Mauer fällt in die Garonne.«

Hier finden sich in ausreichendem Maß bildliche Darstellungen von Zerstörung. Roberts ging weiter als die meisten, indem er den Vierzeiler als Vorhersage der Landung Außerirdischer inmitten eines gewaltigen Himmelskrieges deutete. Er wurde durch seinen eigenen Kopistenfehler dazu verleitet, da er anstatt »grand gresle« die Wörter »grand guerre«, »großer Krieg«, übertrug.

In diesem Vierzeiler bestimmen die astrologischen Angaben das beschriebene Ereignis. Diese astrologischen Bedingungen werden nahezu ohne Zweideutigkeit ausgedrückt. Nostradamus berichtet, daß Sonne und Mars im Zeichen des Löwen vereint seien. Am 10. August 1577 standen sie in einem Winkel von 28 Grad im Sternbild des Löwen in einer exakten Konjunktion. Unter der Annahme einer Schwankungsbreite von 5 Grad (wie sie in der Astrologie gestattet ist) könnte sich die Konjunktion auf den Zeitraum 5. bis 12. August beziehen, an dem der Planet das Zeichen des Löwen verließ. Ohne die Datumsangabe durch diese Konjunktion wäre es uns vermutlich nicht möglich gewesen, die in diesem Vierzeiler angeführten Städtenamen in eine sinnvolle historische Reihenfolge zu bringen. Es handelt sich um Condom (»Condon«), Auche (»Aux«) und Mirande, alle in Gers, im Südwesten Frankreichs, gelegen. Marmande befindet sich im Norden in Lot et Garonne. Bei unserer Überprüfung übereinstimmender astrologischer Bedingungen anläßlich wichtiger, mit ihrer Geschichte in Verbindung stehender Ereignisse erwies sich nur das Jahr 1577 als passend. 1577 wurde Marmande von Heinrich von Navarre belagert, der als Heinrich IV. der erste protestantische König Frankreichs wurde.

Doch warum schreibt Nostradamus »... dann Marmande« (»puis Marmande«)? Dies ist ein Hinweis, daß die Gegebenheiten, die er für Marmande darlegte, in gewisser Weise mit den beiden in den ersten zwei Zeilen erwähnten Städten in Beziehung stehen. Die Belagerung von Marmande war Teil des Versuches, den Protestantismus in Südfrankreich einzuführen. 1569 wurden Condom und verschiedene umliegende Städte von Graf Gabriel von Montgomery, der sich Condé gegen die Katholiken angeschlossen hatte, geplündert.

Derselbe Gabriel von Montgomery taucht auch in Nostradamus' berühmtestem Quatrain (I.35) auf: Er ist der nicht identifizierte Angreifer (»Le lyon jeune«) dessen zersplitterte Lanze das Gesicht Heinrichs II. traf und ihm 1559 ein Auge ausstach (s. Seite 195 ff.). Seine Entscheidung, sich den Hugenotten anzuschließen, stand womöglich mit diesem Unfall in Zusammenhang. Denn als Folge davon fiel er in Ungnade und verließ Paris. Kurz darauf verbündete er sich mit Condé. Im selben Jahr nahmen sie Condon, Auch und Mirande ein. Die Zerstörung dieser Städte wurde als Ergebnis eines Religionskrieges (eines »Himmelskrieges« oder eines Feuers, das vom Himmel auf die Erde herabfuhr) angesehen. Die letzte Zeile beinhaltet ebensolche Umschreibungen, denn Blitze und sich auf die Erde ergießende, verheerende Hagelschauer waren mittelalterliche Verbildlichungen von Gottes Mißfallen. Nostradamus, Royalist und Sproß einer zum Katholizismus übergewechselten Familie, war bemüht, das Mißfallen des Himmels über den Ausbruch des Protestantismus aufzuzeigen. Der Hinweis auf eine in die Garonne stürzende Mauer ist einleuchtend, denn Marmande liegt an diesem Fluß.

DIE FRANZÖSISCHE REVOLUTION

Der Vierzeiler I.16 ist womöglich das komplizierteste Beispiel von Nostradamus' Verwendung der Geheimastrologie. Daher sollte uns eine klare Analyse seiner verschlüsselten Elemente einen Einblick in seinen Umgang mit astrologischem Datenmaterial gewähren. Der Quatrain lautet folgendermaßen:

> »Faux à l'estang, joint vers le Sagittaire,
> En son haut auge de l'exaltation
> Peste, famine, mort de main militaire,
> Le Siecle approcher de renovation.«

Da es sich hierbei um einen wahrlich geheimnisvollen Quatrain handelt, werden wir an dieser Stelle nicht den Versuch unternehmen, ihn zu übersetzen. Die Deutung erfolgt im Zuge der Enträtselung seines astrologischen Sinns.

Der Schlüssel zu seiner Bedeutung liegt in der Terminologie der ersten beiden Verse. Hier deutet Nostradamus in verschlüsselter Weise sowohl auf Planeten als auch auf Tierkreiszeichen hin, wodurch sich ein gewisser Aufwand an Detektivarbeit für die Enthüllung seines Inhalts ergibt. Sobald dies jedoch geschehen ist, wird sich uns ein sehr genaues Datum offenbaren.

»Faux« bedeutet »Sense« und ist ein Hinweis auf Saturn, der (in der astrologischen Symbolik) eine Sense trägt. Hier wird eine Rückkehr zum Ursprung dieses Planetengottes als Gottheit des Ackerbaus und Nachkomme des griechischen Zeitgottes Chronos angedeutet. (Die sensentragende »Vaterzeit« moderner Darstellungen ist mit diesem Saturn verwandt.) Der altfranzösische Ausdruck »l'estang« (im heutigen Französisch »l'étang«) bedeutet »Teich« oder »Tümpel«. Da Fische in Teichen leben, ist es ein Hinweis auf das Wasserzeichen der Fische. Sollten diese Auslegungen richtig sein, würde die Phrase »Faux à l'estang« »Wenn sich Saturn im Zeichen der Fische befindet« bedeuten.

»Joint« heißt »verbunden« und steht für den astrologischen Fachbegriff *konjunkt*, mit dem eine Anordnung bezeichnet wird, in der zwei oder mehr Planeten sich in annähernd demselben Winkel in einem Tierkreiszeichen befinden. Dieser Ausdruck ist nicht sonderlich verschlüsselt, denn selbst in der astrologischen Literatur des späten neunzehnten Jahrhunderts wird eine Konjunktion manchmal in Phrasen wie »Saturn vereint sich mit Jupiter im Zeichen des Löwen« ausgedrückt.

Welche Planeten auch immer in Konjunktion zueinander stehen, sie befinden sich in diesem Fall nicht im Zeichen des Schützen, sondern in seiner Nähe (»vers«). Nun liegen angrenzend an das Zeichen des Schützen das von Skorpion und Steinbock. Wir müssen die übrigen Wörter des Quatrains betrachten, um herauszufinden, ob es einen Hinweis auf eines dieser Zeichen gibt.

Der Schlüssel findet sich in dem Wort »exaltation«, bei dem es sich um einen astrologischen Fachbegriff handelt, der ein in der heutigen praktischen Astrologie unbedeutenderes System bezeichnet (auch wenn seine wichtige Stellung für die Geschichte der Astrologie von verschiedenen führenden Fachleuten anerkannt wurde).[16] Kurz gesagt wurden in diesem System Planeten Tierkreiszeichen zugewiesen, in denen sie ihr ererbtes Wesen angeblich verstärken oder bekräftigen.[17] Aber in der traditionellen mittelalterlichen Astrologie war keinem Planeten eine Erhebung im Zeichen des Schützen zugewiesen. Glücklicherweise drückte sich Nostradamus hier klar aus, indem er lediglich verkündete, daß der Planet sich in der Nähe des Schützen befinde.

Zur Position des Planeten und sämtlicher mit ihm vereinten Planeten heißt es: »En son haut auge de l'exaltation«. Der Ausdruck »haut auge« ist problematisch. »Auge« könnte entweder als das deutsche »Auge«, wahrscheinlicher jedoch als das französische »Eimer« aufgefaßt werden. Wem diese Erklärung auf den ersten Blick nicht in den Zusammenhang der Planetenpositionen zu passen scheint, muß sich nur die Bewegung der Planeten – gemessen in Graden ihres Umlaufs – rund um den großen Kreis der Sternzeichen vorstellen. Nostradamus dürfte diesen Kreis als großes Wasserrad angesehen haben, das nach Ptolemäus' Lehre in konzentrischen Kreisen um die Erde rotierte, wobei die Eimer anstelle von Wasser Planeten trugen.

In einem Horoskopendiagramm ist der höchste Punkt der Erhebung das Zeichen des Steinbocks. Bezeichnenderweise wird es gewöhnlich am oberen Ende der Abbildung dargestellt, wodurch sich ein Bezug zu Nostradamus' Bild eines Eimers ergibt. Das Zeichen des Steinbocks war an den höchsten Punkt des Wasserrades getragen worden. Hilft uns das bei der Bestimmung jenes Planeten, der das Rad trägt, welches den Steinbock an den obersten Punkt der Erhebung bringt?

Greifen wir auf eine mittelalterliche Aufstellung von Erhebungen zurück, so erkennen wir, daß der Skorpion nicht über eine solche verfügt. Der Steinbock hingegen ist die Erhebung des Mars. Somit ergibt sich, daß die rätselhafte Konjunktion (»joint«) den Planeten Mars im Zeichen des Steinbocks einbezieht.

Wenn sich diese astrologische Interpretation bewahrheitet, sollten die ersten beiden Zeilen des Quatrains folgendermaßen übersetzt werden: »Wenn sich Saturn im Zeichen der Fische befindet und Mars in der Nähe des Schützen, noch im Steinbock, seinem Ort der Erhebung, in Konjunktion steht...« Dies ist eine überaus genaue astrologische Angabe. Eine derartige Planetenstellung findet sich so selten, daß wir uns in den Ephemeriden auf die Suche nach dem dazugehörigen Datum begeben können. Die Frage ist nun: Ist es möglich, nach 1555, dem Datum der ersten Veröffentlichung dieses Quatrains, einen Zeitpunkt zu finden, auf den diese astrologischen Bedingungen zutreffen?

Nostradamus, dem bewußt gewesen sein dürfte, daß er seine Leserschaft auf eine Suche durch sämtliche Ephemeriden schickte, bot einen Anhaltspunkt, der sich in der letzten Zeile findet. Diese lautet in der Übersetzung: »Das Jahrhundert neigt sich seiner Erneuerung zu.« Er schlägt also eindeutig vor, in unseren Tabellenwerken die am Ende eines Jahrhunderts liegenden Jahrzehnte zu durchsuchen, allerdings nicht die letzten Jahre, sondern jenen undefinierten Punkt, an dem sich ein Jahrhundert seinem Ende *zuneigt*. Das in dem Quatrain mit solcher Hingabe getarnte Datum bezieht sich also auf ein Ereignis, das zu Ende eines Jahrhunderts eintreffen wird.

Wenn wir die letzten Jahre vor dem Ende der einzelnen Jahrhunderte zwischen 1599 und 1999 betrachten, stoßen wir lediglich auf drei Hinweise, die annähernd den von Nostradamus vorgegebenen astrologischen Bedingungen entsprechen.

Saturn befand sich zwischen Januar 1582 und April 1584 im Zeichen der Fische. Während dieser Jahre stand der Mars zwischen Januar und Februar 1584 im Zeichen des Steinbocks. Am 22. Dezember 1583 waren Saturn im Zeichen der Fische und Mars und Sonne in Konjunktion im Zeichen des Steinbocks.[18]

In diesem Fall bewegten sich Sonne und Mars »in Richtung des Schützen«, wobei die Sonne am Morgen des angegebenen Tages tatsächlich in diesem Zeichen stand. In gegenläufiger Bewegung befand sich die Venus um 7 Uhr 30 in einem Winkel von 29,50 Grad an der äußersten Grenze des Schützen. Es wäre möglich, daß die Nostradamus zur Verfügung stehende Tabelle die Venus bereits im Zeichen des Steinbocks gezeigt hatte.

Diese Horoskopbedingungen stimmen präzise mit jenem von ihm niedergeschriebenen Szenario überein. Selbstverständlich soll diese verschlüsselte Datierung auf einen Zeitpunkt hinweisen, für den »Seuchen, Hungersnot und der Tod durch militärische Mittel« angekündigt werden. Gab es im Jahr 1583 ein Ereignis, das mit einer solchen Vorhersage in Zusammenhang gebracht werden kann?

Unglücklicherweise blieben nur wenige Perioden von Kriegen verschont (wie Nostradamus in einem anderen Vierzeiler selbst eingesteht), und es ist relativ einfach, für 1583 oder nahezu jedes andere Jahr Beispiele für Seuchen, Hungersnöte und Tod im Zuge militärischer Auseinandersetzungen zu finden. Beispielsweise belagerten die Franzosen in diesem Jahr unter der Leitung des Herzogs von Anjou die Stadt Antwerpen, wobei es auf beiden Seiten zu entsetzlichen Verlusten kam. In den in Deutschland wütenden Religionskriegen starben allein in Münster 30 000 Menschen an Hunger. Allerdings bringen uns diese Ereignisse nicht über die üblichen Bedingungen dessen hinaus, was der Esoteriker Gurdjieff »periodischen Ausbruch gegenseitiger Zerstörung« nannte und was das Hauptthema der Weltgeschichte zu sein scheint.[19] Man möchte meinen, Nostradamus hätte bei der Niederschrift seiner Quatrains etwas Bedeutungsvolleres als die Geschehnisse von Antwerpen oder Münster im Sinn gehabt.

Trotz der für das Ende unseres Jahrhunderts erwarteten Schrecken bezog er sich wohl nicht auf diesen Zeitpunkt. Die entsprechenden Ephemeriden für das Ende des zwanzigsten Jahrhunderts liefern keine Konstellation, die mit den von Nostradamus festgelegten Bedingungen übereinstimmt. Zwischen 29. Januar 1994 und 7. April 1996 befand sich Saturn im Zeichen der Fische. Der Mars stand vom 1. Dezember 1995 bis zum 9. Januar 1996 im Steinbock. Am 1. Dezember 1995 waren Saturn im Zeichen der Fische und sowohl Mars als auch Venus im Zeichen des Steinbocks. Auch wenn diese Konfiguration den in dem Quatrain angegebenen astrologischen Gegebenheiten nahekommt, befinden sich Mars und Venus nicht wirklich in Konjunktion und letzterer nicht in der Nähe zur Grenze des Schützen.

Im Gegensatz dazu bietet das Ende des achtzehnten Jahrhunderts eine ganze Reihe von Ereignissen, die sich mit den astrologischen Angaben des Vierzeilers decken. Möglicherweise kommt dies nicht überraschend, denn in seinem in der Ausgabe der Centurien von 1558 veröffentlichten Brief an Heinrich II. befaßte sich Nostradamus mit dem Ende des achtzehnten Jahrhunderts als einer für die Geschichte des Westens außergewöhnlich bedeutungsvollen Periode. Es ist bezeichnend, daß er sie in diesem Brief »die Erneuerung der Zeit« nennt, was dem letzten Vers des von uns untersuchten Vierzeilers sehr nahe kommt.

Zu Beginn des Januars 1789 befand sich Saturn im Zeichen der Fische, Mars in Konjunktion mit der Sonne im Steinbock. Am ersten Tag dieses Jahres trat der Mond in eine exakte Konjunktion mit Saturn. Einige Tage später wurde die Mars-Sonne-Konjunktion noch um Merkur im Zeichen des Steinbocks bereichert. Am 2. Januar 1789 stand Saturn im Zeichen der Fische, wohingegen sich Mars, Sonne und Merkur im Steinbock befanden und die beiden ersteren nahezu präzise in Konjunktion. Diese so genau mit dem Quatrain übereinstimmenden Bedingungen hielten bis zum 19. Januar 1789 an.

Aufgrund dieser Gegebenheiten besteht wenig Zweifel, daß Nostradamus in diesem exakt datierten Quatrain auf das Jahr 1789 hindeutete. Hier erfüllt sich sowohl der im Vierzeiler verschlüsselte Zeitpunkt als auch der Hinweis auf das »Jahrhundert, das sich seiner Erneuerung zuneigt«. Die historischen Ereignisse, die dieses von vielen Historikern »Jahr der Furcht« genannte Jahr prägen, sind nur allzu gut bekannt, veränderten sie doch das Gesicht der europäischen und amerikanischen Geschichte vollständig. Kurz nachdem »das Jahrhundert sich seiner Erneuerung zuneigte«, traten jene Ereignisse ein, die Nostradamus vorhersagte: »Peste, famine, mort de main militaire« – »Seuchen, Hungersnot und der Tod durch militärische Mittel«.

Es ist charakteristisch für seine Methoden, daß er auf diesen verdunkelnden Gebrauch der Astrologie auswich, um mit solch bemerkenswerter Präzision das bedeutendste Datum in der zukünftigen Geschichte Frankreichs anzukündigen.

Die Aufgliederung von Quatrain I.16 gewährte uns ohne Ablenkung durch andere Verschlüsselungsmethoden einen Einblick in jene esoterische Astrologie, die Nostradamus so glänzend beherrschte. Für ein weiteres Beispiel von Geheimastrologie müssen wir einige Jahre bis zur nächsten großen, von Nostradamus vorhergesagten und datierten Eskalation der Gewalt vorrücken. Diese Weissagung ist im Vierzeiler VI.4 verborgen.

DATEN DES ZWEITEN WELTKRIEGS

Dieser Quatrain ist außerordentlich interessant, und deshalb gehen wir an anderer Stelle noch einmal genauer auf ihn ein (s. Seite 319 f.). Gegenwärtig richtet sich unser Blick auf eine Zeile daraus, die vollkommen astrologisch zu sein scheint: »Saturne, Leo, Mars, Cancer en rapine.«

Wie die meisten Verse von Nostradamus ist auch dieser nicht, was er zu sein scheint, denn aus astrologischer Sicht wäre er reiner Unfug. Der Krebs, ein Tierkreiszeichen, wird aufgelistet, als wäre er ein Planet, und »Plünderung« ist kein anerkannter astrologischer Begriff.

Um dieser Zeile Sinn zu geben, nehmen wir an, daß Nostradamus mit »rapine« das Sternbild des Widders meinte, ein Zeichen, das aufgrund seines beherrschenden Planeten Mars mit Soldatentum und Krieg in Zusammenhang gebracht wird.[20] (Im Kontext des Quatrains ist dies wahrscheinlich eine vernünftige Annahme, da der Widder über Deutschland, das Thema dieses Vierzeilers, herrscht.[21])

Doch auch wenn »rapine« mit dem Zeichen des Widders zu ersetzen ist, ergibt die Zeile noch keinen Sinn, da es für ein Sternzeichen, wie etwa »Leo« oder »Cancer«, unmöglich ist, in einem anderen (in diesem Fall dem des Widders) zu stehen. Löwe und Krebs müssen in diesem Zusammenhang eine andere Bedeutung haben. Da diese beiden Zeichen von Planeten beherrscht werden, deren Herrschaft nicht über andere Zeichen verteilt ist (wie bei den anderen fünf Planeten der Fall), können wir annehmen, daß es sich bei den Tierkreiszeichen um okkulte Tarnungen für die »Planeten« Sonne und Mond handelt. Sollte diese Argumentation gültig sein, so kann die Zeile »Saturne, Leo, Mars, Cancer en rapine« mit »Saturn, Sonne, Mars und Mond im Zeichen des Widders« übersetzt werden.

Nun müssen wir feststellen, welche Wichtigkeit diese Deutung für die folgenden drei Zeilen hat, die sich auf die Zerstörung Kölns während des Zweiten Weltkriegs beziehen. Spätestens an diesem Punkt erhalten wir einen Eindruck von dem außergewöhnlichen Talent, mit dem Nostradamus seine astrologischen Berechnungen betrieb.

Der Zweite Weltkrieg begann mit der Kriegserklärung Englands und Frankreichs an Deutschland am 3. September 1939. Bemerkenswert ist, daß sich der Mond an diesem Tag im Zeichen des Widders befand (»Cancer en rapine«). Saturn stand vom 23. September 1939 bis zum 20. März 1940 im selben Sternzeichen.[22] Es ist ein außergewöhnlicher Zufall, daß gerade am 20. März 1940, dem Tag, an dem der Saturn das Zeichen des Widders verließ, die Sonne in selbiges eintrat (»Saturne, Leo, en rapine«).[23] Da ein solcher Übergang in allen Zeichen außerordentlich selten vorkommt (ganz zu schweigen vom Zeichen des Widders), scheint es, als wäre Nostradamus bei seiner Suche nach einer eindeutigen Identifizierung eines bestimmten Zeitpunkts in der Zukunft auf diese eigenartige kosmische Konstellation kurz vor Beginn des Zweiten Weltkriegs gestoßen.

Der Krieg endete in Europa mit der Kapitulation Deutschlands am

7. Mai 1945. Genau an diesem Tag trat der Mars in das Zeichen des Widders ein (daher »Mars en rapine«). Bemerkenswerter ist jedoch, daß am selben Tag der Planet Venus *direkt* in das Zeichen des Widders wanderte, in dem sich noch immer Merkur befand.[24]

Diese Zufälle im Zeichen des Widders sind einfach zu ungewöhnlich, als daß wir über sie hinweggehen dürften. Unter der Annahme, daß Nostradamus bemüht war, die Daten für Beginn und Ende des Zweiten Weltkriegs darzulegen, lieferte er außergewöhnlich genaue Angaben: die Planeten Saturn, Sonne, Mars und Mond waren in Ereignisse verwoben, die mit dem Zeichen des Widders in Zusammenhang standen. So finden wir in diesem Einzeiler praktisch zwei Horoskope – für den Beginn und das Ende des grauenvollsten Konfliktes, den die Welt je gesehen hat. Weit kompetentere Statistiker, als wir es sind, teilten uns mit, die Wahrscheinlichkeit, daß derartige Faktoren in einer solchen Weissagung zusammenfielen, liege bei eins zu mehreren Milliarden.

DIE SCHLACHT VON LEPANTO

»Die größte Schwäche vieler Nostradamus-Forscher liegt in ihrem übermächtigen Verlangen, ihre eigenen Theorien unter Beweis zu stellen«, erklärt Woolf.[25] Dies trifft speziell auf solche zu, die davon ausgehen, daß sich die von Nostradamus praktizierte Astrologie kaum von jener unterscheide, die im zwanzigsten Jahrhundert in Mode war. Auf den folgenden Seiten werden wir erfahren, daß nichts weiter von der Wahrheit entfernt sein könnte.

Heutige Interpreten zeigen eine ausgeprägte Neigung, diese spätmittelalterlichen Prophezeiungen so zu deuten, als wären sie für unsere zeitgenössische Welt bestimmt gewesen. Ein gutes Beispiel bietet Quatrain III.3, der mit einem einfachen astrologischen Zeitrahmen beginnt.

>»Mars & Mercure & l'argent joint ensemble
>Vers le midy extreme siccité,
>Au fond d'Asie on dira terre tremble,
>Corinthe, Ephese lors en perplexité.«

>»Mars, Merkur und Mond vereint,
>Im Süden extreme Trockenheit,
>Aus der Tiefe Asiens wird man von Erdbeben sprechen,
>Korinth und Ephesus dann in Ratlosigkeit.«

Oberflächlich gelesen, scheint der Quatrain auf einen bestimmten astrologischen Augenblick hinzudeuten, in dem es im Süden Trockenheit gibt und Asien von einem Erdbeben erschüttert wird. Die griechischen und türkischen Städte (sie werden hier in Form einer Synekdoche als »Corinthe« und »Ephese« angegeben; zu Synekdoche s. Seite 427) werden in Schwierigkeiten geraten. Einige heutige Forscher haben das Wort »Asien« ausgesprochen frei interpretiert. Zum Beispiel sieht Fontbrune darin einen Hinweis auf ein Erdbeben in Japan, das zu Spannungen zwischen Griechenland und der Türkei führe.[26]

Bevor wir den Versuch anstellen zu bestimmen, ob sich diese Vorhersage auf unsere Vergangenheit oder Zukunft bezieht, sollten wir auf die astrologische Bedeutung der ersten Zeile eingehen. Die zwei erwähnten Planeten sind Mars und Merkur. Da »l'argent« wörtlich »Silber« bedeutet und dieses Metall vom Mond beherrscht wird, könnte es im poetischen Sinn als Hinweis auf den Trabanten der Erde verwendet worden sein. Möglicherweise verschlüsselte Nostradamus dieses Wort, da sich der Quatrain mit den Untertanen des Halbmondes, den Muslimen, befaßt.

Mars, Merkur und Mond stehen häufig in demselben Tierkreiszeichen (»joint ensemble«). Daher können wir aus dieser astrologischen Angabe kein allzu präzises Datum ablesen. Cheetham ist der Ansicht, daß sich diese Prophezeiung ausschließlich auf das Jahr 1977 beziehen könne. Doch tatsächlich gibt es in den Jahrhunderten zwischen 1555 und 1977 verschiedenste Gelegenheiten, für die sich eine exakte Konjunktion dieser drei Himmelskörper bestimmen läßt.[27]

Nostradamus wußte offenkundig, wie häufig diese drei Planeten in Konjunktion traten, und auch, daß der Hinweis darauf keine bestimmte Datierung seiner Prophezeiung zulassen würde. Nehmen wir also an, daß er aus diesem Grund an eine Dreifachkonjunktion kurz nach Fertigstellung des Vierzeilers oder unmittelbar nach seinem eigenen Tod dachte. Zum Beispiel treffen wir am 20. Juli 1564 auf eine Konjunktion der drei Planeten im Zeichen der Zwillinge. In diesem Fall wäre die Konjunktion ziemlich genau, doch kann man den Worten des Gelehrten nicht entnehmen, daß dies eine besondere Bedingung gewesen wäre. Nostradamus sagte, daß sie »joint ensemble« (»vereint«) sein sollten. Er verwendete keinen astrologischen Fachbegriff, der die Konjunktion selbst beschrieb. So können wir vermuten, daß sie lediglich vereint oder im selben Sternzeichen positioniert sein müßten. Sollte ein weiterer Rahmen erlaubt sein, wird diese Dreifachvereinigung zu einem sehr häufigen Ereignis. Beispielsweise wäre sie am 7. Mai 1560 aufgetreten.

Es wäre mühsam, all die nachfolgenden schwachen und exakten* Konjunktionen anzugeben, doch sollte angemerkt werden, daß Nostradamus mit Sicherheit an ein Datum dachte, das seiner eigenen Zeit näher war als dem zwanzigsten Jahrhundert.

Betrachten wir die Geschichte des sechzehnten Jahrhunderts, so erkennen wir, daß der Quatrain einen deutlichen Bezug zu der Periode rund um das Jahr 1564 aufweist. Zu dieser Zeit hatte die Furcht vor den Türken ihren Höhepunkt erreicht, und Nostradamus' Zeitgenossen hätten Vorhersagen, die Erdbeben in Asien versprachen, mit Begeisterung aufgenommen. Solche Vierzeiler wären höchst willkommen gewesen, wenn sie wie dieser auf einen Sieg des Abendlandes hingedeutet hätten.

Da die Eroberung Griechenlands durch das islamische Reich der Türkei im Jahr 1466 abgeschlossen war, befand sich Korinth während Nostradamus' Lebenszeit unter türkischer Herrschaft. Zusätzlich verstärkte sich zu seinen Lebzeiten der Druck der Türkei auf Europa. Kurz nach seinem Tod fielen die Inseln Chios, Naxos und Zypern – zwischen 1566 und 1570 – in türkische Hand. Wenn man von den Bewohnern türkischer Städte wie Ephesus und Korinth hätte sagen können, sie seien »besorgt« oder »ratlos« (»en perplexité«), wäre dies für Nostradamus' Zeitgenossen, die sich verzweifelt nach der Erlösung von der kleinasiatischen Bedrohung sehnten, eine frohe Kunde gewesen. Wir können uns die Furcht vor einer muslimischen Herrschaft im Osten Europas während des sechzehnten Jahrhunderts kaum noch vorstellen. Doch in jenen damaligen Tagen verbreitete sich große Bestürzung angesichts der Tatsache, daß so nahe bei Europa gelegene Länder grausam mißhandelt und zur Zahlung hoher Steuergelder an die Muslime gezwungen wurden. In diesem Zusammenhang erhält der Vierzeiler große Bedeutung, auch wenn das vorhergesagte Datum seiner Erfüllung nicht die erste Dreifachkonjunktion im Jahr 1564 gewesen sein sollte. Könnte der Zeitpunkt eines anderen entscheidenden Konfliktes auf eine andere Dreifachkonjunktion am Ende des sechzehnten Jahrhunderts zurückgeführt werden?

Im Jahr 1571 wurde die Macht der Türken im Osten durch die Seeschlacht von Lepanto unvermutet gebrochen (s. unten). Dies wäre gewiß

---

* Von einer »exakten« Konjunkton ist dann die Rede, wenn zwei Planeten aus geozentrischer Sicht in bezug auf den Tierkreis dieselben Grad-, Minuten- und Sekundenanzahl aufweisen. In der Astrologie gesteht man jeder Konjunktion einen Rahmen (oder Spielraum) von einigen Grad zu. Die Weite dieses Rahmens hängt von den jeweils involvierten Planeten ab. Von einer schwachen Konjunktion spricht man, wenn zwei Planeten nahezu durch die gesamte erlaubte Toleranz (üblicherweise 3 bis 5 Grad) voneinander getrennt sind.

als entscheidender Konflikt anzusehen. In diesem Jahr befanden sich die drei Planeten Mond, Merkur und Mars gemeinsam im Zeichen des Wassermanns. Tatsächlich standen nicht nur sie im Wassermann, sondern auch Sonne und Jupiter.[28] Nostradamus »untertrieb«, bot seinen Lesern eine Art erweiterte Synekdoche: Er erwähnte nur drei von fünf Planeten.

Die Analyse der astrologischen Angaben innerhalb des Quatrains führt zu dieser Schlußfolgerung: Nostradamus sah vorher, daß die Erde im Jahr 1571 unter den Übergriffen der Türken erschüttert werden würde und die beiden Städte Korinth (eine versklavte, fremde Stadt) und Ephesus (im türkischen Mutterland) in große Schwierigkeiten geraten würden. Bezeichnenderweise dürfte er sogar mit dem Golf von Korinth den Ort der Schlacht genau festgelegt haben.

Nostradamus hat offenbar eine Technik aus der Grünen Sprache für einen Hinweis auf die Bedeutung des Sternzeichens des Wassermanns angewendet. Die ersten beiden Worte der beiden mittleren Zeilen lassen sich zu »Versau« (»Verseau«), dem französischen Wort für Wassermann, vereinen:

> »**Vers** le midy extreme siccité,
> **Au** fond d'Asie on dira terre tremble«

Auch wenn man dies nur als Zufall in einem gewöhnlichen Versbau auffassen könnte, ist es doch eine in der Grünen Sprache übliche Verknüpfung. Man fragt sich, ob dies der Vers ist, auf den sich Collot d'Herbois in seinem kurzen, humorvollen Bühnenstück über Nostradamus bezieht, das erstmals im Jahr 1777 aufgeführt wurde. In der zweiten Szene dieses Einakters frohlockt Dastrimon (Nostradamus), wie aufregend sein enger Kontakt zu den Sternen sei:

> »… je pousse Mercure en passant, ici je salve Jupiter, je dis deux mots a Verseau, je fais une petite politesse aux Gemeaux …«[29]

Die astrologischen Nuancierungen sind perfekt. Um auf der guten Seite der Planetengötter zu bleiben, müßte man folgendermaßen vorgehen: Man müßte seinem Glück durch Merkur, den Gott des Handels, nachhelfen, sich vor dem Wohltäter Jupiter, dem Oberhaupt des planetarischen Pantheons, verneigen und zu den Zwillingen (die Leben und Tod, aber auch Ausschweifung und Moral verkörpern) höflich sein. Rätselhaft ist nur, weshalb zwei Worte an den Wassermann (»Verseau«) gerichtet werden sollen. Ist es möglich, daß Collot die beiden verborgenen Worte im Quatrain III.3 entdeckte?

Unserer Ansicht nach erlangt die zweite Zeile des Quatrains eine interessante Bedeutung. In der traditionellen, von der ptolemäischen Literatur abgeleiteten Astrologie (s. Anhang VI) wird der Wassermann als »südliches« Zeichen angesehen (»midy« bedeutet »südlich«) und als »heiß« gewertet. Auch wenn sich diese Begriffe in der modernen Astrologie verloren haben, würde doch im sechzehnten Jahrhundert jeder, der mit dieser Kunst vertraut war, die Bedeutung der beiden Worte erkennen. Die »südliche Hitze« des Wassermanns würde Trockenheit (»siccité«) verursachen. Die Quellen bestätigen, daß die Konjunktion der drei Planeten im südlichen, heißen Zeichen des Wassermanns stattfindet, wie es im Jahr 1571 der Fall war. »Südlich«, »heiß« und »trocken« sind allesamt astrologische Fachausdrücke, die sich auf den Wassermann beziehen. Somit ist dies eine der gelungensten Kombinationen aus Astrologie und der Verwendung der Grünen Sprache.

Gewiß war die Schlacht von Lepanto eines der folgenschwersten Ereignisse des sechzehnten Jahrhunderts. Die türkische Flotte wurde von der Heiligen Liga (Spanien, Venedig, dem Papsttum und ein oder zwei italienischen Staaten) geschlagen, wobei die Türken 117 Schiffe und über 30 000 Mann verloren. Obwohl sie ihre Flotte bald darauf wieder aufbauten, neu formierten und ihren Versuch, Zypern einzunehmen, fortsetzten, war die Wirkung von Lepanto auf die Psyche Europas unermeßlich. Diese Schlacht hatte gezeigt, daß die Türken (die bis dahin als unbesiegbar gegolten hatten) mit Entschlossenheit und einem Zusammenschluß, wie ihn die Heilige Liga bot, niedergerungen werden konnten. Tatsächlich verringerte sich der Druck der Türken auch in den restlichen Jahren des Jahrhunderts nicht. Im Jahr der Schlacht von Lepanto erreichten sie Moskau, zerstörten es größtenteils und brachten von diesem Feldzug über 100 000 Gefangene für ihre Sklavenmärkte zurück. In den folgenden Jahren nahmen sie die Nordwestküste Afrikas ein und hinterließen dort – bis zum heutigen Tag erkennbar – das Zeichen des Halbmondes. Dennoch war die Bestürzung über die türkische Expansion nach dem Jahr 1571 in Europa nicht mehr dieselbe.

Unser Überblick über Nostradamus' Anwendungsbereiche der Astrologie hat interessante Tatsachen zutage gebracht. Die Geheimastrologie in Quatrain IV.100 ist ziemlich einfach zu verstehen. Bis zu einem gewissen Grad ist die Astrologie in Quatrain III.3 komplexer, aber immer noch für den Laien begreifbar. In bestimmten anderen Vierzeilern nutzt Nostradamus das esoterische Potential der Astrologie in vollem Umfang und verfaßt Verse, deren Entschlüsselung selbst für diejenigen, die mit der astrologischen Terminologie bestens vertraut sind, äußerst schwierig ist.

Darunter findet sich das herausragende Beispiel Quatrain I.50. Erst nach einer vollständigen Analyse enthüllt sich dieser astrologische Vierzeiler als Werkzeug für eine Datierungspräzision, wie sie in den Annalen der Kunst der Prophezeiung selten vorkam. Im Französischen lautet der Quatrain folgendermaßen:

»Chef d'Aries, Iupiter et Saturne,
Dieu eternel quelles mutations!
Puis apres long siecle son malin temps retourne,
Gaule & Italie, quelles esmotions.«

Bis wir in der Lage sind, die verborgene Bedeutung zu enthüllen, wollen wir annehmen, daß der Vers etwa folgendes ausdrückt:

»Haupt des Widders, Jupiter und Saturn,
Ewiger Gott, welche Wandlungen!
Dann kehrt nach einem langen Jahrhundert seine üble Zeit zurück,
Frankreich und Italien – welche Gefühle.«

Wir werden anhand unserer Analyse aufzeigen, daß uns die in der ersten Zeile verborgene, verschlüsselte Bedeutung das geheime Thema dieses bemerkenswerten Quatrains enthüllt. Die Zeile kann in zwei Abschnitte unterteilt werden. Der erste, der das »Haupt des Widders« erwähnt, ist ein astrologischer Fachbegriff, der sich auf einen spezifischen Punkt innerhalb des Tierkreises bezieht. Auf diesen Teil werden wir zur geeigneten Zeit zurückkommen. Im zweiten Abschnitt der Zeile wird auf zwei Planeten – die sogenannten »abschätzbaren«, Jupiter und Saturn – sowie auf ihr Zusammentreffen (ihre Konjunktion) Bezug genommen. Dabei handelte es sich um eine der bedeutendsten Planetenkonjunktionen, deren Wesen mit Hilfe einer knappen Untersuchung einiger vor der Veröffentlichung der Centurien verfaßten Werke der prophetischen Literatur aus dem frühen sechzehnten Jahrhundert erläutert werden kann.

Die Konjunktionen der »abschätzbaren« Planeten Jupiter und Saturn (die aufgrund ihrer scheinbaren Langsamkeit diesen Beinamen erhalten haben) werden große Konjunktionen genannt und wurden immer als Kennzeichen wichtiger historischer Ereignisse angesehen. Sie beherrschten die Gedanken aller großen Astrologen des sechzehnten Jahrhunderts. Einige der zu diesem Thema verfaßten Schriften übten mit Sicherheit auch auf Nostradamus Einfluß aus.

Wenn unser Seher über das Interesse an der Zukunft seines Jahrhunderts hinaus von einem Ereignis fasziniert war, dann von jener Epoche, die er für einen zentralen Meilenstein in der Geschichte hielt – die Französische Revolution. Mehrere Quatrains befassen sich mit der Revolution und ihren Auswirkungen auf Frankreich und auf bestimmte Einzelpersonen, die in diesem Drama eine bedeutende Rolle spielten. Längst haben die Historiker erkannt, daß Nostradamus nicht der einzige war, der die letzten Dekaden des achtzehnten Jahrhunderts als entscheidend für die Entwicklung Europas und möglicherweise der gesamten Welt betrachtete. Wie wir erfahren werden, gab Pierre Turrel, ein einflußreicher Astrologe des frühen fünfzehnten Jahrhunderts, der vor Nostradamus' Niederschrift der Prophezeiungen starb, die präzise Jahreszahl 1789 als den Beginn der Wirren an und beharrte darauf, daß diese Periode fünfundzwanzig Jahre andauern werde.

Es gibt Hinweise darauf, daß sich Nostradamus der Überlieferung, auf die sich Turrel bezieht, bewußt war. Der Gelehrte diskutierte ein diesem Ereignis sehr naheliegendes Datum (mit der dazugehörigen Deutung) freimütig in seiner Epistel an Heinrich II. Diese Zeitangabe dürfte im Mittelpunkt verschiedener Quatrains stehen. Unter Anwendung eines geheimen Datierungssystems, dessen Entschlüsselung uns gelungen ist, haben wir aufgezeigt, daß Nostradamus das bedeutungsvolle Jahr 1789 mit außergewöhnlicher Präzision in kosmischen Begriffen bestimmte.

Wir sollten nicht vergessen, daß er oftmals die prognostische und okkulte Literatur seiner Zeit als geeignete Grundlage für seine eigenen Prophezeiungen zu Rate zog. Laver entdeckte in Quatrain I.51 einen Hinweis auf Richard Roussats 1550 veröffentlichtes, bedeutendes Werk *Le livre de l'estat et mutations des temps*. Aus diesem Buch stammt die eigenartige Phrase »renovation du monde« (die frei mit »Erneuerung der Welt« übersetzt werden kann). Sie erscheint in den Prophezeiungen mehrmals.

Diese »Erneuerung der Welt« wurde von Roussat im Zusammenhang mit der großen Konjunktion von Saturn und Jupiter im Zeichen des Widders vorhergesehen und sollte im Jahr 1792 stattfinden. Bezeichnenderweise erfolgt bei ihm die Konjunktion im »Chef d'Aries«. Diese Bezeichnung dürfte Nostradamus von Roussat entlehnt haben. Allerdings behauptete letzterer, daß die große Konjunktion in der Nähe des »Hauptes des Widders« im Jahr 1703 eintreten würde.

Auf die genaue Position dieses »Chef d'Aries« ebenso wie auf ihre Bedeutung werden wir etwas später zurückkommen. Zu diesem Zeitpunkt wollen wir unsere Aufmerksamkeit dem zweiten Teil der ersten

Zeile des Quatrains zuwenden, der auf die Konjunktion zwischen Jupiter und Saturn hinweist.

Da die Konjunktion zwei mächtige Planeten betrifft und überaus selten auftritt, wurde sie von Astrologen als wichtiges Zeichen für Veränderungen in geschichtlichen Ereignissen verwendet. John Plonisco, ein Astrologe des sechzehnten Jahrhunderts, gründete seine Weissagungen für einen Zeitraum von vierzig Jahren lediglich auf die berühmte Konjunktion von 1524.[30] (Die Konjunktion von Saturn und Jupiter in diesem Jahr war außergewöhnlich mächtig, da sie mit einer Konjunktion »nahezu aller Planeten im Zeichen der Fische im Februar des Jahres 1524 der Inkarnation« zusammenfiel.[31]) Im Gegensatz zu Plonisco fürchteten viele, daß diese besondere Konjunktion eine entsetzliche Flut mit sich bringen würde (allerdings stellte sich diese Vorhersage als unbegründet heraus). Der italienische Mönch und Astrologe Nicolaus Peranzonus legte detailliert sämtliche astrologischen Faktoren dar, die seiner Ansicht nach zu einer Flut in diesem Jahr beitragen würden.[32] Der mächtigste Faktor war die große Konjunktion – in deren Folge würden Fischregen in einer Flutwelle auf die gesamte nördliche Hemisphäre heruntergehen. (Zu einem späteren Zeitpunkt werden wir auf Peranzonus' Einfluß auf Nostradamus jenseits eines astrologischen Zusammenhangs zurückkommen.)

Die nächste große Konjunktion ereignete sich im Jahr 1544 im Zeichen des Skorpions. Dies beunruhigte einige Astrologen, wenn sie auch erkannten, daß die Auswirkungen nicht allzu lange andauern würden. Der darauffolgenden Konjunktion im August 1563 allerdings sprach man dauerhaftere Folgen zu. Anhand der Beobachtung dieser Konjunktion erkannte Tycho Brahe im Alter von sechzehn Jahren, daß die berühmten Tabellen von Stadius schwerwiegende Fehler enthielten. Er widmete der Beobachtung und Berechnung zum Zweck der Erstellung einer präzisen Ephemeride sein ganzes Leben.[33] Während Brahe den Versuch unternahm, die Genauigkeit von Zeitangaben wie die der großen Konjunktion mit den Möglichkeiten der Vernunft zu verbessern, erstellte Nostradamus Diagramme und sah (mit außergewöhnlicher Exaktheit) große Konjunktionen, deren Auswirkungen bis nahezu vierhundert Jahre in die Zukunft reichten, vorher. Die Ironie ist, daß er gewiß auf Stadius' Tabellen für die Jahre 1554 bis 1570 zurückgegriffen hätte (in denen er angeblich seinen eigenen Tod vorhersagte), wäre er nicht in die Astralbeobachtung der Zukunft vertieft gewesen und hätte er sich nicht mit der Ausarbeitung zeitgenössischer Horoskope befaßt.[34]

Stadius, der seine Schriften auf einer persönlicheren Ebene verfaßte, merkte in der Ausgabe der *Neuen Ephemeriden*, die Nostradamus als

Nachschlagewerk gedient hätten, an, daß Planeten zu schicksalsschweren Untergängen von Königreichen führen könnten. Er stellte fest, daß die Gefangenschaft von Franz I. von Frankreich auf die Stunde genau von einem Franziskanermönch vorhergesagt worden war, der zudem auch den Tod des Prinzen von Orange im Alter von sechsundzwanzig Jahren angekündigt hatte. Möglicherweise hatte Stadius diesen »Franziskanermönch« mit dem großen Astrologen des beginnenden fünfzehnten Jahrhunderts, Pierre Turrel, verwechselt, der eine vollkommen gleichlautende Prophezeiung über Franz I. veröffentlicht hatte. Wir werden in Kürze feststellen, daß eben dieser Pierre Turrel starken Einfluß auf Nostradamus ausübte und daß seine Schriften über astrologische Vorhersagetechniken wie die großen Konjunktionen jenen Quatrain prägten, den wir untersuchen werden.

Gemessen an einem Menschenleben, sind große Konjunktionen relativ selten auftretende Ereignisse. Wie wir anhand des mittelalterlichen Trigonendiagramms in Abbildung 22 erkennen konnten, bewegen sie sich auf bogenförmigen Bahnen in Schritten von etwa 117 Grad. Bei ihrer Vorwärtsbewegung beschreiben sie große Dreiecke, die, allgemein gesprochen, in das Muster elementarer Gruppen fallen. Dies bedeutet, daß sich die Planeten eine gewisse Zeitspanne lang in Zeichen der Erdquadruplizität* aufhalten, gefolgt von einer Periode in Zeichen der Lufttriplizität usw. Die Trigone der Sequenz des Jahres 1532 waren die Wasserzeichen gewesen, weshalb die Konjunktionen im allgemeinen Verständnis mit Flutereignissen in Verbindung gebracht wurden.

Im Verlauf von etwa achthundert Jahren passieren die trigonalen Konjunktionen alle Zeichen des Tierkreises. Aus diesem Grund wurden sie von mittelalterlichen Astrologen (die stets den arabischen Astrologen nachfolgten) als nützliche Hinweise auf soziale Veränderungen übernommen. Tycho Brahe schrieb über die große Konjunktion der beiden Planeten im Zeichen des Schützen vom 18. Dezember 1603 und ihre Bedeutung für die europäische Geschichte, da er sie als Kennzeichen für den Beginn eines Friedenszeitalters betrachtete. Es ist verständlich, daß professionelle Propheten wie Nostradamus nicht mit dieser Ansicht übereinstimmten. Streng nach den Regeln astronomischer Begriffe wäre es wahrscheinlicher, daß Konjunktionen in den Feuertrigonen Wirren und Kriege mit sich bringen würden.

---

* Im traditionellen astrologischen System gehören Stier, Jungfrau und Steinbock zur Erdquadruplizität. Auch wenn es sich hier um eine Dreieinheit handelt, werden sie Quadruplizität genannt, da sich dieser Ausdruck auf die Tatsache bezieht, daß es vier Elemente gibt, die sich drei Mal in den zwölf Zeichen wiederholen.

Es ist auf die kriegerische Natur der Feuertrigone zurückzuführen, daß das von Nostradamus in seiner Epistel angegebene Datum, welches eine Periode der Unruhen in zukünftigen Zeiten kennzeichnet, das Jahr 1782 betrifft. Am 5. November 1782 vereinten sich Jupiter und Saturn in einem Winkel von 29 Grad im Feuerzeichen des Schützen.

Nun, da wir näher auf die astrologische Bedeutung hinter Nostradamus' harmlos erscheinendem Hinweis auf Jupiter und Saturn (»Iupiter et Saturne«) in Quatrain I.50 eingegangen sind, sollten wir uns daran erinnern, daß er dieses Paar als Konjunktion in einem bestimmten Punkt des Widders voraussah, nämlich in jenem von Roussat entlehnten »Chef d'Aries«.

Der Widder des tropischen Tierkreises entspricht nicht dem Widder des siderischen Tierkreises. Da viele Nicht-Astrologen diese Aussage verwirrend finden mögen, versuchen wir aufgrund ihrer Bedeutung für unseren Zugang zu dem Quatrain, die Situation aufzuklären. Der tropische Tierkreis ist ein durch die scheinbare Bewegung der Sonne um die Erde am Himmel festgelegter Kreis. Er ist in zwölf gleiche Segmente unterteilt und charakterisiert im Grunde den Verlauf der Jahreszeiten auf der Erde. Dieser von der Sonne vorgegebene Tierkreisgürtel ist, genaugenommen, der einzige Zodiakus. Es ist jener Tierkreis, der von nahezu allen Astrologen für ihre Diagrammberechnungen verwendet wird.

Allerdings gab es aus historischen Gründen verschiedene andere stellare Meßsysteme, die ebenfalls Tierkreise genannt wurden. Unter diesen findet sich der Konstellationstierkreis, der auch als siderischer bezeichnet wird. Wie der Name andeutet, wird dieser Zodiakus nicht von der Bewegung der Sonne bestimmt, sondern von den Positionen der Sterne. Er ist außerdem nicht in zwölf gleiche Kreisbögen unterteilt. Für die Bestimmung des siderischen Tierkreises gibt es mehrere Methoden. Üblicherweise wird aber jede der zwölf Flächen (oft auch »Asterismen« genannt) durch eine den Kreisbogen abdeckende, bestimmte Sternengruppe festgelegt. Keine der Gruppen hat identische Kreisbögen. Beispielsweise wird der Widder genannten Sterngruppe ein Kreisbogen von 24 Grad zugewiesen, während der der Sterngruppe der Jungfrau 46 Grad beträgt. Eine moderne Definition dieses siderischen Tierkreises – die Definition der International Astronomical Union aus dem Jahr 1928 – sieht dreizehn Sterngruppen vor. Bei dem Eindringling handelt es sich um den Asterismus Ophiuchus* (eine

---

* Ein Asterismus ist eine Ansammlung von Sternen, wobei dieser Begriff sich im astrologischen Kontext zumeist auf eine bestimmte, historisch beschriebene Sternenkonfiguration bezieht, bei der es sich üblicherweise um eine Konstellation oder eine Gruppe von Sternen in einer Konstellation handelt. In modernen Zeiten wird der Begriff häufig fälschlich als Hinweis auf ein Zeichen des Tierkreises verwendet.

Konstellation, die den Himmelsäquator in einem Bogen von etwa 40 Grad überspannt).

Das eigentlich Problem dieser beiden Tierkreise besteht darin, daß sie räumlich nicht übereinstimmen. Definitionsgemäß beginnt der Widder des tropischen Tierkreises im ersten Grad des Widders. Der Asterismus des Widders im siderischen Tierkreis weicht (aufgrund einer langsamen und komplexen Sonnenbewegung, die *Präzession* genannt wird) etwas ab, so daß er sich nun ein gutes Stück innerhalb des Zeichens Stier des tropischen Tierkreises befindet.

Genaugenommen sollte der siderische Tierkreis gar nicht als Tierkreis bezeichnet werden. Es ist ein über ein Himmelsband gelegtes Netz von Konstellationen. Allerdings war in der ptolemäischen Astrologie, die die mittelalterliche Welt übernahm, die Erwähnung dieser beiden verschiedenen Tierkreise allgemein üblich. In manchen Fällen ist es deshalb wichtig zu wissen, über welches dieser Systeme ein Astrologe spricht, um anhand dieser Angabe die verwendeten Koordinaten präzise bestimmen zu können.

Unabhängig von Roussats Vorstellungen bezog sich Nostradamus in der Verwendung der Phrase »Chef d'Aries« nicht auf den tropischen Tierkreis, sondern auf einen Fixstern (oder eine Gruppe von Fixsternen) im höchsten Punkt des siderischen Widders. Dies bedeutet, daß die in diesem Quatrain angegebene Konjunktion von Jupiter und Saturn im zodiakalen Stier stattfand.

In den Sternbildern wird das »Haupt des Widders« von drei Sternen markiert. Nach moderner Klassifikation sind dies Alpha, Beta und Gamma. Zu Nostradamus' Zeiten nannte man sie Hamal, Sharatan und Mesarthim. Diese Namen stammen aus der arabischen Überlieferung der ptolemäischen Astrologie.

Wie wir erkennen werden, ist der diesen Sternen zugewiesene Einfluß ebenso wie ihre Lage für den Zusammenhang innerhalb von Nostradamus' Quatrain von Bedeutung. Der große Ptolemäus, in dessen Schuld jeder Astrologe (einschließlich des Propheten von Salon) steht, beharrte darauf, daß die im Haupt des Widders befindlichen Sterne einen ähnlichen Einfluß hätten wie der, der von Mars und Saturn ausginge. Dieses Planetenpaar versprach ausschließlich verhängnisvollen Einfluß, Gewalt und Zwietracht.

Unter dem Blickwinkel astrologischer Einflüsse handelt es sich hier um ein ausgesprochen unangenehmes Dreigestirn. Hamal (der sich im Augenblick in einem Winkel von 6 Grad im Zeichen des Stiers befindet) soll Gewalt, Grausamkeit und vorsätzliches Verbrechen hervorbringen. Durch seine Lage im Zeichen des Widders, der den Kopf beherrscht, ist er bis zum Äußersten von Gewalt erfüllt. Auch durch seine Stellung als Herrscher über Deutschland und England ist er mit der Gewalt zwischen oder innerhalb dieser Länder verbunden. Sharatan (in einem Winkel von 2 Grad im Zeichen des Stiers) bringt körperliche Verletzungen, Niederlagen und Zerstörung durch Feuer, Krieg oder Erdbeben mit sich.[35]

Nostradamus war in seinen astrologischen Angaben direkt. Indem er auf Taurus verwies, deutete er auf einen genauen Zeitpunkt der Geschichte, denn eine große Konjunktion kann ihre ungefähre Lage in Rektaszension nur einmal in achthundert Jahren wiederholen. Welcher ist nun dieser genaue geschichtliche Zeitpunkt? Stimmt die von Nostradamus in diesem Quatrain angegebene Jahreszahl mit der Roussats, nämlich 1702, überein?

Diese große Konjunktion fand am 21. Mai 1702 in einem Winkel von 7 Grad im Zeichen des Widders statt. Offensichtlich erfüllen sich dabei die von Nostradamus in seinem Quatrain dargelegten Bedingungen, denn dieses Aufeinandertreffen der Planeten erfolgt zu Beginn des Widders. 1550 erwähnte Richard Roussat allerdings insbesondere die Konjunktion der beiden abschätzbaren Planeten, die für 1702 vorhergesagt war. Diese Jahreszahl liegt am Beginn des Jahrhunderts. Nostradamus jedoch bezieht sich auf eine andere Konjunktion, die »nach einem langen Jahrhundert« stattfinde. Bedeutet dies, daß er auf eine Konjunktion von Jupiter und Saturn hinweist, die für das Ende des achtzehnten Jahrhunderts erwartet wurde?

Diese Vermutung könnte durch die Tatsache bestätigt werden, daß die Konjunktion – obwohl sie in der Nähe des Beginns (Hauptes) des Widders im tropischen Tierkreis auftritt – nicht in der Nähe jener Fixsterne erfolgt, die das Haupt des Widders im Konstellationstierkreis (auch als siderischer Tierkreis bezeichnet) kennzeichnen.

Roussat entlehnte den Großteil seiner Vorstellungen bei früheren Propheten. Den Hinweis auf das achtzehnte Jahrhundert entnahm er einem Text aus den Schriften von Pierre Turrel. Der aus Autun stammende Turrel hatte einen außergewöhnlichen Ruf aufgrund seines Wissens und seiner astrologischen Kompetenz. In einem berühmten, postum erschienenen Werk, das als verloren gilt, datierte er die Französische Revolution exakt auf das Jahr 1789. Bei diesem Buch handelte es sich angeblich um eine Übersetzung eines lateinischen Manuskriptes, das im Kloster von Trois Valées geschrieben worden sein soll. Höchstwahrscheinlich ist dies eine okkulte Tarnung, verfaßte Turrel das Werk selbst, und zwar im Jahre 1530. Da er aufgrund seines eigenwilligen Zugangs zur Astrologie immer wieder mit der Obrigkeit in Schwierigkeiten geriet, war Vorsicht geboten. Zweifellos zog er es vor, sich hinter dem Namen eines Übersetzers solch radikaler Vorstellungen, wie dieses Buch sie enthielt, zu verbergen.

Sein Werk – von dem nur noch so wenige Exemplare existieren, daß es von Bibliophilen als verloren angesehen wird – trug den auffälligen Titel *Le Periode c'est-a-dir la fin du monde*... Ironischerweise dürfte eine der letzten Kopien dieses außergewöhnlichen Buches, das das Jahr der Französischen Revolution vorhersagte, während dieser Revolution zerstört worden sein. Dennoch muß zumindest ein Exemplar der Massenvernichtung entgangen sein, denn es wurde von Eugène Bareste vor 1840 gesehen. Lynn Thorndike gesteht, es nicht gelesen zu haben, notiert aber in einer Fußnote, daß sich eine vollständige Interpretation des Buches in einer anonymen Anmerkung in Guytons *Recherches historiques* aus dem Jahr 1874 befinde.[36]

Merkwürdigerweise haben Teile des Buches überlebt, da Abschnitte zusammengefaßt und kurze Passagen kopiert worden waren, ehe die zerstörerischen Kräfte der Revolution entfesselt wurden.[37] Daraus können wir in Ansätzen den Inhalt des bedeutenden Werkes ableiten, das auf die von Nostradamus übernommenen astrologischen Techniken und kosmischen Rhythmen beträchtlichen Einfluß ausübte. Das Buch enthielt weitere Gedanken, die den Meister aus Salon sicherlich angesprochen hätten, wie etwa Hinweise auf die Präzession der Äquinoktien und die Umläufe des Saturns (die in einer Periode von dreihundert Jahren erfolgen) sowie die Ansicht, die Welt werde etwa zweihundertsiebzig Jahre nach dem Zeitpunkt der Aufzeichnungen untergehen. Bezeichnenderweise fürchtet Turrel die Konjunktion von Jupiter und Saturn »im giftigen Zeichen des Skorpions des Jahres 1544«.

Da das Ende der Welt zweihundertsiebzig Jahre nach Niederschrift seines Buches eintreten sollte und Turrels *annus terribilis* dem Jahr 1789 entsprach, dürfte sein Werk *Le Periode* um das Jahr 1519 verfaßt, jedoch nicht veröffentlicht worden sein. Obwohl Laver behauptete, *Le Periode* sei 1531 entstanden, zeigt die postume Ausgabe weder ein Datum noch den Namen des Herausgebers. Allerdings war es für Manuskripte des späten fünfzehnten und des beginnenden sechzehnten Jahrhunderts nicht ungewöhnlich, daß sie bereits Jahre vor ihrer Veröffentlichung in Umlauf waren.

Einige Prophezeiungen aus Turrels Buch haben überlebt, da Richard Roussat im Jahr 1550 ganze Passagen daraus kopierte. Wie James Laver hervorhebt, ist es ein glücklicher Umstand, daß Roussat in seinem Werk *Le Livre de l'estat et mutations de temps* aus dem Jahr 1550 die Prophezeiung für das Jahr 1789 übernahm, da wir ansonsten vielleicht angenommen hätten, das Buch habe nie existiert.

Ein in Roussats Werk überlieferter Abschnitt lautet: »En apres la tres fameuse approximation et union de Saturn et de Jupiter qui fera **pres de la teste d'Aries**, l'an de Nostre Seigneur mil sept cens et deux ... grandes alterations et mutations.« Die von uns hervorgehobenen Wörter kennzeichnen Nostradamus' Quelle.

An einer anderen Stelle seines Buches, die zweifellos ebenfalls von Turrel übernommen wurde, schreibt Roussat: »Ausgehend vom Zeitpunkt der Verfassung dieses Traktates nähern wir uns der zukünftigen Erneuerung der Welt in etwa 243 Jahren ...« Laver entdeckte als erster, daß die Widmung zu *Le Livre* mit der Jahreszahl 1449 datiert ist, obwohl das Werk angeblich 1550 veröffentlicht wurde. Dies bedeutet, daß sich der Hinweis auf 1792 bezieht, das Jahr der Einführung des Revolutionskalenders. Wir werden sehen, daß verschiedene Vorstellungen Turrels in Nostradamus' Quatrains wieder auftauchen. Allerdings ist es schwierig zu bestimmen, ob sie tatsächlich von Turrel oder aus anderen Quellen stammen.

Doch macht es einen Unterschied, ob Nostradamus Roussat oder Turrel zitiert? Angesichts der Unwissenheit, in der uns die Lektüre von Turrels Buch beläßt, muß diese Frage bejaht werden. Die ersten beiden Zeilen des von uns untersuchten Quatrains stammen direkt von Roussat. Er bezieht sich auf die berühmte Konjunktion von Saturn und Jupiter, die *in der Nähe des Hauptes des Widders* im Jahr des Herrn 1702 stattfinden und zahlreiche Veränderungen mit sich bringen werde. Zweifellos verweist Turrels Prophezeiung auf die Konjunktion der beiden Planeten zu Beginn des Widders im Mai 1702.

Hier taucht die gleichlautende Formulierung »Chef d'Aries« auf, die Nostradamus-Leser als Hinweis auf die nur fünf Jahre vor den *Prophéties* veröffentlichten Prophezeiungen von Turrel oder Roussat erkennen.

Die Bedeutung von Turrels oder Roussats Vorhersagen liegt in der Tatsache, daß sie es uns gestatten, den Sinn der ersten beiden Zeilen von Nostradamus' Quatrain aufzuspüren. Dennoch stellen wir erneut die Frage, ob Nostradamus wie die beiden Gelehrten an das Jahr 1789 dachte, als er seinen Quatrain I.50 verfaßte.

Die Antwort lautet nein – seltsamerweise, da Nostradamus gern verschlüsselte Hinweise auf die Französische Revolution veröffentlichte. Wenn er nicht auf die Konjunktion des Jahres 1789 verwies, auf welche dann? Um dies zu beantworten, werden wir die verfügbaren Computerephemeriden heranziehen, um die relativen Positionen von Jupiter und Saturn einzusehen.

Nach der Konjunktion von 1702 erfolgte die nächste Vereinigung von Jupiter und Saturn im Haupt des Widders in unserem Jahrhundert. Um diese Konjunktion in einen Zusammenhang zu setzen, muß erwähnt werden, daß sich die Trigone unseres Jahrhunderts zumeist in Erdzeichen befinden. Eine Ausnahme bildet ein Aufenthalt im Luftzeichen der Waage. Acht Konjunktionen lagen oder liegen zwischen 1901 und 2000. Die großen Erdtrigonkonjunktionen unseres Jahrhunderts sind die folgenden:

1881	18. Apr.	2 Stier
1901	27. Nov.	14 Steinbock
1921	10. Sep.	27 Jungfrau
1940	8 Aug.	15 Stier
1940	20. Okt.	13 Stier
1941	15. Feb.	10 Stier
1961	19. Feb.	26 Krebs
1981	1. Jan.	10 Waage (wiederholt sich in der Waage am 5. März und 24. Juli)
2000	28. Mai	23 Stier

Jeder, der diese Daten anhand von Ephemeriden überprüft, wird erkennen, daß die Planeten einander einige Tage vor und sogar Wochen nach der exakten Konjunktion verfolgen und ihr Aufeinandertreffen oder ihre Konjunktionen wiederholen, sobald sich der eine oder andere in gegenläufiger Richtung bewegt.

Nur die Konjunktion von 1940 findet mit etwa einem Grad Abweichung von dem im Haupt des Widders liegenden Fixstern Hamal statt. Dieser Position war er seit über achthundert Jahren nicht mehr nahe gekommen. Nostradamus wußte wohl, daß Hamal zum Zeitpunkt des Ereignisses als erster Stern des Widders mit dem ersten Buchstaben des alten griechischen Alphabetes *Alpha* bezeichnet werden würde, was gleichbedeutend ist mit »Haupt des Widders«, »Chef d'Aries«.

Mitte Juni 1940 waren die beiden Planeten in die Einflußsphäre der Konjunktion eingetreten. Am 17. des Monats standen Jupiter in einem Winkel von 7 Grad im Zeichen des Stiers und Saturn bei 11 Grad. An diesem Tag betrug der Winkel zwischen Jupiter und dem Fixstern Hamal nur 1 Grad. Es ist der Tag, an dem Frankreich, praktisch geschlagen, Deutschland um Waffenstillstand bat. Am darauffolgenden Tag war die Evakuierung der britischen Streitkräfte aus Cherbourg abgeschlossen. Nostradamus' geliebtes Frankreich war an die Deutschen gefallen, und Großbritannien stand dem mächtigen Gegner allein gegenüber.

Langsam gewinnen wir Einblick in die Bedeutung von Nostradamus' letzter Zeile. 1940 waren die schlechten Zeiten zurückgekehrt, und »Gaule« (Frankreich) erlebte »quelles emotions«. Natürlich fragt man sich, ob die Verwendung des Wortes »Gaule« ein Hinweis auf das französische Genie General Charles de Gaulle ist, der an der Umkehr der französischen Niederlage teilhatte. So außergewöhnlich dies auch scheinen mag, die Vorstellung ist nicht weit hergeholt. Ein solcher Gebrauch von Namen paßt zu Nostradamus' Methoden. Zudem gibt es verschiedene Quatrains, in denen er die an zukünftigen Ereignissen teilhabenden Personen namentlich identifiziert. Vielleicht verwendete er »Gaule« auch nur zufällig. Andererseits verfügte Nostradamus über eine Anzahl verschiedener Wörter und Symbole für Frankreich und entschied sich hier doch für »Gaule«.

Bleibt noch eine Frage zu klären: Warum erwähnt Nostradamus Italien (»Italie«) in diesem Zusammenhang? Wieder liegt die Antwort in den Sternen oder, um es genauer auszudrücken, in der großen Konjunktion am Himmel. Nach August 1940 blieben Saturn und Jupiter zwei bis drei Monate lang nahe beieinander. Dies geschah hauptsächlich, da sich Saturn in dieser Zeit in gegenläufiger Richtung bewegte und Jupiter am 5. September ebenfalls. Die Planeten vollführten nur wenige Grade von dem Fixstern Hamal entfernt eine Art Katz-und-Maus-Spiel. Am 20. Oktober 1940 vereinten sie sich wieder, diesmal bei 13 Grad im Zeichen des Stiers. In diesem Monat marschierte Mussolini in Griechenland ein. Damit begann Italiens aktive Teilnahme am Krieg.

EIN ASTROLOGISCHES PUZZLE

Die bisher untersuchten Beispiele haben verdeutlicht, daß »astrologische« Quatrains nicht leicht zu entschlüsseln sind. Nostradamus setzte seine Hinweise auf Planeten und Tierkreiszeichen entweder zur Datierung eines bestimmten, genau angegebenen Ereignisses ein oder bestimmte damit ein allgemeines Datum. Selbst wenn es gelingt, aus der Untersuchung eines Quatrains ein Datum zu erhalten, kann man seine Bedeutung nicht immer offenlegen. Ein gutes Beispiel dafür ist Quatrain VIII.91:

> »Parmy les champs de Rodanes entrées
> Ou les croisez seront presques unis,
> Les deux brassieres en pisces rencontrées,
> Et un grand nombre par deluge punis.«

Jede Zeile dieses Verses enthält linguistische Rätsel. Vorab wollen wir uns an folgende »Übersetzung« halten:

>»Auf den Feldern, zu denen die Leute von Rhodos gezogen sind,
>Wo die mit dem Kreuz fast ganz vereint sein werden,
>Werden die beiden Glänzenden einander in den Fischen treffen,
>Und viele wird die Sintflut bestrafen.«

Die dritte Zeile dieses Quatrains ist gänzlich astrologisch, was bedeutet, daß sie uns bei korrekter Auslegung ein sehr präzises Datum (bzw. präzise Daten) liefern sollte. »Les deux brassieres« übersetzen wir als »die beiden glitzernden oder schimmernden Dinge«. »Brassieres« stammt von dem Zeitwort *brassiller* ab, das »glitzern« oder »schimmern« (wie das Meer im Sonnenlicht schimmert) heißt. Da diese beiden »schimmernden Dinge« im Sternzeichen der Fische auftreten (»pisces rencontrées«), leiten wir daraus ab, daß es sich um zwei Planeten handelt.

Die Textstelle »brassieres en Pisces« wurde von allen uns bekannten Forschern fehlinterpretiert. Anatole le Pelletier, ein französischer Gelehrter des neunzehnten Jahrhunderts, verstand sie als Hinweis auf Mars und Venus, wobei er seine Begründung auf Einzelheiten aus der Mythologie stützt. Garencières wiederum hielt sie für eine Anspielung auf eine Konstellation namens *Croziers**. Auch wenn er letztendlich irrte, hatte ihn sein Instinkt doch in die richtige Richtung geführt. Er nannte dieselben Sterne, über die Dante, der aus eingeweihter Quelle schöpfte, im »Purgatorio« der *Göttlichen Komödie* schrieb:

>»e vidi quatro stelle
>Non viste mai fuor che alla prima gente ...«

>»und ich sah vier Sterne
>Nie zuvor gesehen außer von den ersten Menschen ...«

Die mystischen vier sind jene Konstellation, die heute *Crux* genannt wird. Wahrscheinlich dachte Nostradamus an Dante, als er den Quatrain verfaßte, da der italienische Dichter (der die drei Bücher seiner *Gött-*

---

* Dabei handelt es sich um eine Version des Begriffes »Crux«, das Kreuz, eine Konstellation mit vielen unterschiedlichen Namen, deren strahlendste Sterne in etwa ein Kreuz bilden. Der historische Name beinhaltet allerdings eine geheimnisvolle, magische Bedeutung. Wie der Historiker und Fachmann auf dem Gebiet des Konstellationsgesetzes, Richard Allen, aufzeigt, wurde es zuletzt am Horizont von Jerusalem (31° 46' 45" Breite) etwa zur Zeit der Kreuzigung Christi erblickt.

lichen Komödie symbolträchtig mit dem Wort »stelle«, »Sterne«, beendete) die Konstellation unter Anwendung einer okkulten, nur einigen wenigen bekannten Technik gesehen hatte, als sich Venus im Zeichen der Fische (*en Pisces*) befand. Dieser Hinweis auf Dante versetzt uns in die Lage, das Wort »croisez« in der zweiten Zeile zu begreifen. Als Pigafetta, der mit Magellan segelte, im Jahr 1520 die Sterne mit eigenen Augen sah, nannte er sie *El Crucero* und erwähnte nebenbei, Dante habe diese Konstellation erstmals beschrieben.[38] Daß die Sterne von den ersten Menschen (»prima gente«, wie sich Dante ausgedrückt hatte, vielleicht Adam und Eva[39]) gesehen worden waren, ist uns eine Hilfe, den Hinweis auf die Flut in der letzten Zeile des Verses zu verstehen. Obwohl der Quatrain mit Sicherheit eine Vorhersage über ein zukünftiges Ereignis beinhaltet, hat sich Nostradamus entschlossen, es in einem biblischen Rahmen zu tarnen, wodurch die Darstellung eine gewisse Einheit erhält.

Die griechischen Namen der Planeten Jupiter und Saturn leiten sich von Begriffen ab, die mit Licht und Glanz zusammenhängen. Jupiter entspricht dem griechischen *Phaithon*. Dies ist nicht nur der Name eines Planeten, sondern bedeutet auch »strahlend« und wird daher manchmal zur Beschreibung von Sonne oder Mond verwendet. Mitunter wird auch die leuchtende Konstellation Auriga als Phaethon bezeichnet. In astrologischen Zusammenhängen verweist dieser Begriff aber immer auf Jupiter. Beide Namen waren den Sterndeutern des sechzehnten Jahrhunderts bestens bekannt, da Ptolemäus sie in den klassischen astrologischen Standardwerken seiner Zeit verwendete. In Übereinstimmung mit dem überlieferten Glauben, daß die Planeten lebende Wesen und ihre stofflichen Körper lediglich der äußere Anblick ihrer inneren Tätigkeit seien, bezeichnete Ptolemäus sie als »Stern« eines planetarischen Gottes.[40] Diese Neigung, die Planeten als von spirituellen Wesen beherrscht zu betrachten, findet sich ähnlich auch in Trithemius' *De Secundadeis* aus dem Jahr 1522, ein Werk, das tiefen Einfluß auf Nostradamus ausübte.

Der griechische Begriff *Phainon* ist einer der mysteriösesten und geheimnisvollsten Ausdrücke der Antike. In der Astrologie bezeichnet er den Planeten Saturn. Das Wort leitet sich von dem Verb *phaino* ab, das »ans Licht bringen« bedeutet. Es stammt aus derselben Quelle wie unser modernes Wort Phänomen. (Der große griechische Astronom Eudoxos nannte sein Buch über die Sterne *Phenomena*). In der Astrologie wird Saturn als der Schöpfer der Zeit betrachtet. Man kann im Geist nicht über seine Grenzen hinausreisen – er ist der Begrenzer der menschlichen Erfahrung. Es steht eindeutig fest, daß hinter dem ursprünglichen griechischen Namen des Saturn weit mehr steckt, als die Übersetzung »der Leuchtende« vermuten läßt.

In der dritten Zeile dieses Quatrains teilt uns Nostradamus verschlüsselt mit, daß Jupiter und Saturn im Zeichen der Fische vereint seien. Wir haben solche großen Konjunktionen bereits besprochen und erkannt, daß sie selten genug auftreten, um eine sehr genaue Datierung zu ermöglichen. Seit Aufzeichnung dieses Vierzeilers bis zum Ende des Jahrtausends haben sich Jupiter und Saturn nur zweimal in den Fischen vereint: am 3. Mai 1583 in 20 Grad Fische und am 24. Februar 1643 in 25 Grad Fische.

Wir haben zwei mögliche Daten herausgefiltert, finden aber keine sinnvolle Erklärung der übrigen Zeilen des Verses. Nostradamus unternahm eindeutig den Versuch, uns mitzuteilen, daß eine große Anzahl (von Personen?) durch eine Sintflut zur Zeit einer Konjunktion bestraft würde. In den angegebenen Jahren gab es aber offenbar kein bedeutendes Flutereignis, und so müssen wir es einem befähigteren Historiker überlassen festzustellen, auf welches Geschehnis sich dieser Quatrain beziehen könnte. Es wäre uns eine Freude, von Fachleuten Vorschläge zu seiner Deutung im Zusammenhang mit unserer Datierung zu hören.

Die Untersuchung von Nostradamus' Verwendung der Astrologie in seinen Quatrains hat uns bereits in ausgesprochen geheimnisvolle Gefilde geführt. Die folgende Untersuchung geleitet uns in ein noch wesentlich stärker von Mysterien durchdrungenes Reich – das Reich der planetarischen Engel. Nostradamus fand auf zwei unterschiedlichen Wegen Zugang dazu, einmal durch die Übersetzung von Trithemius, dann durch die Fehldeutungen Turrels. Im folgenden Kapitel betrachten wir dieses bedeutende astrologische Gebiet näher.

Kapitel 3

Die planetarischen Engel

»Plaira à vostre plus qu'imperiale Majesté me pardonner, protestant devant Dieu & ses Saincts que je ne pretens de mettre riens quelconque par escrit en la presente Epistre qui soit contrè la vraye foy Catholique, conferant les calculations Astronomiques jouxte mon sçavoir.«

»Eurer mehr als herrschaftlichen Hoheit wird es gefallen, mir zu verzeihen, wenn ich vor Gott und seinen Heiligen bezeuge, daß ich in diesem Brief nichts niederschreibe, was gegen den rechten katholischen Glauben verstieße, wenn ich astronomische Berechnungen in Verbindung mit meinem anderen Wissen heranziehe.«

(Aus Nostradamus' Epistel an Heinrich II., unmittelbar bevor er auf die Chronologie eingeht, die die Grundlage für das trithemische Datierungssystem bildet. Die französische Version stammt aus der Amsterdamer Ausgabe der *Prophéties* aus dem Jahr 1668.)

In diesem Brief an Heinrich II. behauptete Nostradamus, seine Prophezeiungen den »astronomischen Regeln« entsprechend berechnet zu haben. Wie wir aus dem vorangegangenen Kapitel wissen, entspricht dies der Wahrheit, vorausgesetzt, man deutet die »astronomischen Regeln« im Lichte der Geheimastrologie. Dennoch ergibt diese Rechtfertigung seiner Astrologie weder astronomisch noch astrologisch betrachtet einen Sinn.

In dieser Epistel an Heinrich II., die sich in den *Prophéties* zwischen den Centurien VII und VIII findet, entwickelt Nostradamus in zwei langen und komplizierten Absätzen die Chronologie der Welt. Mehr als einmal beharrt er darauf, daß sich die von ihm erstellte Chronik im Einklang mit der Heiligen Schrift befinde. Im ersten Abschnitt scheint er zu dem Schluß zu gelangen, daß die Welt im Jahr 4757 v. Chr. erschaffen worden war. Im zweiten Abschnitt datiert er sie offenbar auf die Jahre 4173 v. Chr. oder 4182 v. Chr. Diese Textstellen, die wirken, als käme ihnen innerhalb des Briefes keine Bedeutung zu, können nur als Versuch von Nostradamus verstanden werden, einen Hinweis auf ein in den Quatrains angewendetes geheimes Datierungssystem zu geben. So ist es kein Zufall, daß die Epistel unmittelbar an die siebte Centurie anschließt, da ihr Datierungssystem auf Siebenereinheiten basiert.

In einem der langen Abschnitte, die sich mit dem Schöpfungszeitpunkt befassen, erklärt Nostradamus, daß er »diese Prophezeiung gemäß der Kettenanordnung, die die ›revolutions‹ enthält, berechnet« habe. Der genannte Textabschnitt führte viele Interpreten in die Irre, die nicht erkannt hatten, daß es sich bei diesen »revolutions« um das okkulte planetarische Datierungssystem handelte, das von dem großen Geheimwissenschaftler Trithemius im Jahr 1522 veröffentlicht worden war.

Einem Astrologen des sechzehnten Jahrhunderts mag verziehen werden, daß er von dem Begriff »revolutions« auf die planetarischen Konjunktionen übergeordneter Planeten schloß, da dieser Ausdruck damals häufig für derartige, sich langsam bewegende Erscheinungen verwendet wurde (Abb. 22). Er hätte sich in diesem Fall allerdings geirrt, und das lag wohl in Nostradamus' Absicht. Die Fehlinterpretation war Teil seines ausgedehnten Programms der Verschlüsselung.

Die Chronologie, auf die Nostradamus hinweist, scheint biblisch zu sein, obwohl sie tatsächlich esoterisch ist und sich letzten Endes vom antiken Gnostizismus ableitet. Die Verweise auf mutmaßliche Entstehungszeitpunkte sind sichere Zeichen dafür, daß sich Nostradamus einer okkulten Datierungsmethode auf der Grundlage eines Systems planetarischer Erzengel bediente. Diese Erzengel wurden von Trithemius im Jahr 1522 als Secundadeis bezeichnet. Wir können mit Gewißheit annehmen, daß Nostradamus sein Wissen über diese planetarischen Wesen und ihren Einfluß auf Vergangenheit und Zukunft von Trithemius bezog.[1]

Die Theorie der sekundadäischen Periodizitäten reicht weit zurück. Trithemius gestand, daß er lediglich Material präsentiere, das er alten Dokumenten des »Schlichters« entnommen habe. So bezeichnete man in der mittelalterlichen Literatur Peter von Abano, einen Okkultisten und Astrologen an der Wende zum dreizehnten Jahrhundert, aufgrund des Kurztitels seines bedeutendsten Werkes. Pierre d'Ailly hingegen benutzte Quellen, die bis zu den Gnostikern zurückreichen. Um die Tragweite dieses Datierungssystems abschätzen zu können, müssen wir die in diesen Texten zum Ausdruck gebrachten Vorstellungen betrachten und uns insbesondere mit den Schriften Trithemius' auseinandersetzen, die dieser – zwanzig Jahre bevor Nostradamus an seiner ersten Staffel von Quatrains zu arbeiten begann – veröffentlichte.

Nach Trithemius handelt es sich bei den Secundadeis um sieben planetarische Engel, die die europäische Geschichte über festgelegte Zeitabschnitte hinweg in einer vorbestimmten Herrschaftsreihenfolge beeinflussen. Jede Periode dauert 354 Jahre und vier Monate. Die erste, von der Regentschaft von Ophiel, dem Engel von Saturn, geprägte Periodizität begann mit der Erschaffung Adams. Die von Trithemius angegebenen Herrschaftsabfolgen und die entsprechenden Daten finden Sie in nachstehender Tabelle.[2]

Ophiel	Saturn	354	4
Anael	Venus	708	8
Zachariel	Jupiter	1063	
Raphael	Merkur	1417	4
Samael	Mars	1771	8
Gabriel	Mond	2126	
Michael	Sonne	2480	4
Ophiel	Saturn	2834	8
Anael	Venus	3189	
Zachariel	Jupiter	3543	4
Raphael	Merkur	3897	8
Samael	Mars	4252	
Gabriel	Mond	4606	4
Michael	Sonne	4960	8
Ophiel	Saturn	5315	

»Aber nact der geburt Chrsti 109.

Jar was und Orifiel ein geyst Saturni ingemeltem (?) seiner Regiment gewesen 245 und 8 monat is Jesus Chrstus der Suhn Gottes am 25 tage der Christmonats zum Bethlehem der Judischen Lands auss Maria der Junctfrauen geborn.«

Anael	Venus	462	4
Zachariel	Jupiter	816	8
Raphael	Merkur	1171	
Samael	Mars	1525	4
Gabriel	Mond	1880	8
Michael	Sonne	2235	
Ophiel	Saturn	2589	4
Anael	Venus	2943	8
Zachariel	Jupiter	3298	
Raphael	Merkur	3652	4 etc.

Obwohl Nostradamus sowohl die lateinische als auch die deutsche Ausgabe von Trithemius' Werk zur Verfügung gestanden haben dürften, scheint es aufgrund der »biblischen« Datierung in seiner Epistel, als ob der Gelehrte entschlossen gewesen wäre, sein eigenes Datierungssystem zu entwickeln. Die folgenden Angaben sind seinem verschlüsselt formulierten Brief entnommen:

Adam bis Noah	1242 Jahre
Noah bis Abraham	1080 Jahre
Abraham bis Moses	515 oder 516 Jahre
Moses bis David	570 Jahre
David bis Jesus	1350 Jahre
	————
	4757

Der von Nostradamus angegebene Schöpfungszeitpunkt weicht vom trithemischen System um 667 Jahre ab. Als ob der Gelehrte aus Salon die Angelegenheit vollkommen verdunkeln wollte, griff er die Frage der Chronologie wieder auf. Diesmal ist er in seiner Aussage deutlicher und gelangt (mit der üblichen Tarnung) zu einem vollkommen anderen Erschaffungsdatum der Welt. Zwischen der eben untersuchten Liste und dieser zweiten besteht keine Übereinstimmung. Hier folgt lediglich eine Zusammenfassung seiner Berechnungsgrundlage.

Adam bis Noah	1506
Noah bis Flut	600
Flut	1 bis 2 Monate
Flut bis Abraham	295
Abraham bis Isaak	100
Isaak bis Jakob	60
Jakob bis Exodus	430
Exodus bis Tempel	480
Tempel bis Jesus	490

Nostradamus behauptete, daß diese Zeiträume insgesamt 4173 Jahre ergäben, doch er irrte. Die Addition bringt eine Gesamtzahl von 3962 Jahren.

Wenn es sich bei diesen Listen nicht um okkulte Täuschungen handelt, definierte Nostradamus darin sowohl das Schöpfungsdatum als auch die gesamte Zeitabfolge neu. Das ist ein bemerkenswerter Aspekt, denn dann würden die von Trithemius als Schlüsseldaten der Geschichte angegebenen Zeitpunkte nicht mit den von Nostradamus berechneten übereinstimmen. Aufgrund unserer sorgfältigen Untersuchung der Quatrains folgern wir aber, daß sich Nostradamus doch des trithemischen Systems bediente.

Neben der Erarbeitung einer kalendarischen Methode zur Bestimmung der historischen Periodizitäten planetarischer Herrscher hinterließ Trithemius auch eine oder zwei kurze Prophezeiungen. Eine davon befaßte sich mit den Veränderungen, die aufgrund der Beendigung der Mondperiodizität im Jahr 1880 (einige Gelehrte behaupten, das trithemische System sei hier um etwa zwei bis drei Jahre ungenau) stattfinden würden, wenn der Sonnenengel Michael von dem Mondengel Gabriel die Herrschaft übernehmen würde.

Nach Trithemius war der Eintritt in diese Sonnenperiode gleichbedeutend mit dem Zeitpunkt, an dem die Juden ihr Heimatland fänden. Auch wenn er kein genaues Datum verkündete, würde das vorhergesagte Ereignis nach dem Jahr 1881 eintreten. Möglicherweise steht diese Zeitangabe in Verbindung mit der Beendigung des Siebenerzyklus und der Übergabe der Herrschaft von Michael an Michael (von Sonne zu Sonne). Der Tempel des Salomon wurde während der prächristlichen Herrschaft von Michael erbaut, und man erwartete eine Wiedererrichtung eines solchen Gebäudes in der postchristlichen Sonnenära. Dennoch ist die Grundlage dieser Prophezeiung in dem uns vorliegenden Zusammenhang nicht von Belang. Wichtig ist allein, daß Trithemius uns ein Beispiel hinterließ, wie die Septenarien in zyklischer Abfolge die Geschichte prägen. Die Präzision der Vorhersage betont die Notwendigkeit einer exakten Bestimmung des Schöpfungszeitpunktes.

Tatsache ist, daß das gesamte System von dem für die Erschaffung Adams angenommenen Jahr abhängt. Wir sollten beachten, daß Gabriel de Mortillet nicht weniger als zweiunddreißig Autoritäten auflistete, die für dieses Ereignis verschiedene, oftmals stark voneinander abweichende Zeitpunkte angaben – der älteste liegt bei 6984, der jüngste bei 3784 Jahren.[3] Für de Mortillet, dessen Hauptinteresse biblischen Schriften galt, ist bezeichnend, daß er weder Trithemius noch Nostradamus in seine Klassifikation von Spekulationen aufnahm.

Die Anfänge bestimmter Ären bildeten immer schon ein Problem für Historiker. Das olympische Datierungssystem der Griechen wurde nach unserer Zeitrechnung im Jahr 776 v. Chr. eingeführt und dürfte bis etwa 440 n. Chr. in Verwendung geblieben sein. Die Römer setzten den Beginn ihrer Zeitrechnung mit dem vermutlichen Gründungsjahr der Stadt Rom (753 v. Chr.) gleich. Die Babylonier bezogen sich auf die Ära Nabonassars (747 v. Chr.). Diese Zeitangaben wurden wahrscheinlich astrologisch bestimmt und brachten jene Schwierigkeiten, die sich aus dem neuen christlichen Zeitsystem ergaben, nicht mit sich. Dionysius Exiguus zufolge begann die christliche Ära am 25. März mit der Verkündigung und nicht erst mit der Geburt Christi. Diese Ansicht galt auch noch zu jener Zeit, als Nostradamus seine Verse verfaßte.

Ein Großteil der Wissenschaftler ist heute der Meinung, die Geburt Jesu hätte etwa zwischen 6 und 4 v. Chr. stattgefunden. Schon in der Frühzeit des Christentums wurde über die präzise Jahreszahl debattiert; Eusabius, Irenaeus und Epithanius gaben unterschiedliche Daten an.[4] Vermutlich bezog sich Nostradamus darauf, als er in seiner Epistel erklärte, daß seine Berechnungen von denen Eusabius' abwichen. Alternativ hätte er mindestens zwölf andere frühchristliche Autoritäten nennen können. Er wollte sich damit gegen jegliche Kritik von seiten der Kirche schützen, denn die hätte leicht vor Gericht enden können. Diese scheinbar nebensächlichen Überlegungen spielen in der zeitlichen Zuordnung bestimmter Vierzeiler eine wichtige Rolle. Nostradamus war bei verschiedenen Gelegenheiten sorgfältig darauf bedacht, auf das jeweils zugrundeliegende Zeitrechnungssystem hinzuweisen, um Verwirrungen zu vermeiden.

Insgesamt erkennt man anhand der Quatrains eindeutig, daß sich Nostradamus des trithemischen Systems bediente. So ist es nur unter dem Aspekt, daß er seine Treue dem christlichen Glauben gegenüber bekunden wollte, verständlich, weshalb er die Gefahr auf sich nahm, ein eigenes Schöpfungsdatum zu veröffentlichen. Wie wir vermuten, handelte es sich bei der Abhandlung über den »Schöpfungszeitpunkt« und seine unzähligen Verweise auf biblische Daten lediglich um eine äußerst kunstfertige, okkulte Tarnung. Nostradamus hielt es für notwendig zu betonen, daß er innerhalb der christlichen Tradition arbeite. Eigentlich befand er sich nicht aufgrund seiner astrologischen Tätigkeit in Gefahr, denn diese stand in einer langen Tradition prophetischer Literatur. Überdies hatte er sich längst durch die Veröffentlichung seiner Almanache als Astrologe etabliert. Nach der Mitte des sechzehnten Jahrhunderts wurde Astrologie an sämtlichen Universitäten Europas gelehrt. Die Kirche zeigte sich Gelehrten gegenüber, die über diese Wissenschaft schrieben und sich dabei innerhalb der Regeln der Kirche bewegten, äußerst milde. Ihr bereitete eher die weitverbreitete praktische Anwendung der Astrologie Sorge, denn nur Gott sollte es vorbehalten bleiben, die Zukunft zu kennen. So sind Nostradamus' diesbezügliche Worte in seinem Brief an Heinrich II. als Lippenbekenntnis zum eigenen Schutz aufzufassen. Der zu datierende Text liefert andererseits den Beweis, daß eine große Zahl von Kirchenmännern ausgezeichnete Astrologen waren.

Auch wenn sich das Kirchengesetz traditionsgemäß gegen Astrologie aussprach, wurde selten entsprechend gehandelt. Nostradamus' Verbindung zum Königshaus reihte ihn überdies unter die wenigen Privilegierten ein, die eine gewisse Sicherheit genossen. Dennoch besteht für uns kein Zweifel, daß seine Tarnungen dem Selbstschutz dienten. Untersucht man die Ursachen für seinen guten Ruf unter seinen Zeitgenossen, stößt man auf die überraschende Tatsache, daß er anfangs eher für seine Verschlüsselungen und seine »scharfe Zunge«, wie er es selbst nannte, bekannt war als für seine Prophezeiungen. Läßt man die Almanache beiseite, dürfte sein Ansehen zu Lebzeiten hauptsächlich auf der Weissagung über den Tod von Heinrich II. (s. Seite 195 ff.) sowie auf seiner verwirrenden Unverständlichkeit beruht haben.

Als Laurent Videl, der Sekretär der Herzöge von Lesdiguières, Nostradamus im Jahr 1558 persönlich kritisierte, geschah dies aufgrund angeblicher Fehler in dessen Almanachen und der Verschlüsselung der Verse. Die Beschimpfungen Videls waren von beachtlicher Direktheit. Er nannte Nostradamus unter anderem einen »schäbigen, räudigen, armseligen Toren und Ignoranten«. Dabei gab es für seine Kritik keinen Anlaß. Die schlichte Tatsache, daß er die Quatrains nicht verstand, berechtigte ihn nicht dazu, sich derart abfällig zu äußern. Höchstens hätte er die Chiffrierung kritisieren können.

Einige Zeit zuvor hatte sich François Rabelais, der für die Beurteilung der Grünen Sprache qualifizierter war als Videl, in seiner Gargantua I.2 über die Methode der Quatrains der Almanache satirisch geäußert. Dabei lag die Schönheit seiner eigenen Quatrains vor allem in der Tatsache, daß sie *nichts* vorhersagten. Rabelais erlaubte sich den Spaß, Prophezeiungen über Vorkommnisse zu machen, die sich ohnehin ereignen würden. Viele Zeitgenossen von Nostradamus begriffen nicht, daß seine Prophezeiungen zum Teil eine ferne Zukunft betrafen, und so rümpften sie angesichts der barbarisch anmutenden Grünen Sprache angewidert die Nase, ohne im geringsten zu ahnen, welches Raffinement sich dahinter verbarg.

Wollte sich ein seriöser Autor um die Mitte des sechzehnten Jahrhunderts seinen guten Ruf bewahren, durfte er nicht offen für okkulte Methoden eintreten. In demselben Jahr, in dem Nostradamus seine Epistel verfaßte, wurden im nahen Toulouse vierzig Hexen verbrannt. Es war nicht die richtige Zeit für die Veröffentlichung eines geheimnisvollen Datierungssystems. Deshalb setzte sich Nostradamus mit so viel Nachdruck für einen biblisch begründeten Schöpfungszeitpunkt ein, auch wenn er diesen in seinen Prophezeiungen wieder ignorierte. Die okkulte Tarnung erwies sich als gelungene Vorsichtsmaßnahme, denn sie täuschte nicht nur die Inquisitoren, sondern auch sämtliche nachfolgenden Interpreten, denen der Hinweis auf Trithemius in Nostradamus' Epistel entgangen war.

Da wir wissen, daß Nostradamus nicht nur in diesem kurzen Brief auf das System eingeht, sondern auch verschiedene Varianten zu Trithemius' Daten anbietet, sollte es uns nicht verwundern, in einer Anzahl von Quatrains wiederum auf diese sorgfältig getarnte Methode zu stoßen.

DIE KRIEGE DER DREI HEINRICHE

Nostradamus setzt das sekundadäische System so gekonnt ein, daß wir ohne dessen Kenntnis nicht in der Lage wären, die entsprechenden Verse korrekt zu interpretieren. Mitunter hat die Hilflosigkeit der Forscher zu Übersetzungen mit nahezu gefährlichen Aussagen geführt. Beispielsweise leitete J. Anderson Black, dem es am Verständnis der Grundlage von Nostradamus' Methode mangelte, aus einem »sekundadäischen« Quatrain einen Konflikt zwischen Ost und West ab, obwohl wir aufgrund des Textes annehmen müssen, daß das beschriebene Ereignis erst in *unserer* Zukunft stattfindet.[5] Er übersetzte die dritte Zeile des Quatrains I.56 folgendermaßen: »Wenn der Islam von seinem Engel geführt wird.« Nostradamus schrieb: »Que si la Lune conduite par son ange.« Hierin findet sich kein Hinweis auf den Islam, es sei denn, das Wort »Lune« würde bewußt als »Islam« übersetzt. Der ganze Quatrain lautet:

> »Vous verrez tost, & tard faire grand change
> Horreurs extremes & vindications,
> Que si la Lune conduite par son ange,
> Le ciel s'approche des inclinations.«

Der Engel (»ange«), der den Mond (»la Lune«) in der dritten Zeile »führt« (»conduite«), ist niemand anders als Gabriel, der lunare Vertreter der sekundadäischen Sieben und damit Symbol nicht des Islam, sondern eines christlichen Erzengels. Auf diese Weise erklärt sich auch die letzte Zeile, die nichts mit Blacks Übersetzung »der Himmel nähert sich dem Gleichgewicht« zu tun hat. Blacks Deutung basiert nicht auf Nostradamus' Originalschrift, sondern stammt allem Anschein nach aus der falschen Übersetzung von Cheetham.

Es liegt nicht in unserer Absicht, diesen Quatrain zu analysieren. Wir wollen lediglich aufzeigen, welche Gefahr die Übersetzung eines Verses ohne die nötige Kenntnis der sekundadäischen Sieben in sich birgt. Hier eine korrekte, wörtliche Übersetzung des Vierzeilers:

>>Ihr werdet bald sehen, und später große Veränderungen erleben,
Außerordentliche Schrecken und Rache,
Daß, wenn der Mond von seinem Engel geführt wird,
Im Himmel sich Wechsel nähern.<<

Wie bei den meisten wörtlichen Übersetzungen von Nostradamus' Texten scheint die deutsche Version nicht viel Sinn zu ergeben. Aus dem Blickwinkel der sekundadäischen Literatur betrachtet, läßt sich allerdings doch eine vernünftige Deutung ableiten, denn der Mond (»la Lune«) wird von Gabriel »geführt« (»conduite par«).

Strenggenommen ist selbst die erste, einfach erscheinende Zeile voller Schwierigkeiten, denn Nostradamus trennt das Wort »bald« (»tost«) von »und später« (»& tard«) durch ein Komma. Man kann diese Zeile (wie Cheetham und Black es getan haben) also nicht einfach mit den Worten »Früher oder später werdet Ihr große Veränderungen sehen« übersetzen. Darüber hinaus schloß Nostradamus die Zeile auch nicht mit einem Punkt.

Der Quatrain enthält von den Interpreten übersehene besondere astrologische Begriffe, die erst im Sprachgebrauch der sekundadäischen Literatur einen Sinn ergeben. Der Ausdruck *inclinaison* (»Wechsel«, hier »inclinations«) ist ein Begriff aus der Astrologie des sechzehnten Jahrhunderts mit grundsätzlich zwei Anwendungsmöglichkeiten. Einerseits bezieht er sich auf den Engel, unter dem der Orbit eines Planeten einen anderen kreuzt. Im Hinblick auf den Mond ist dies nahezu immer der Orbit der Sonne, die Ekliptik. Der Punkt einer solchen Kreuzung wird nach einem kosmischen Drachen benannt, woraus wir die Begriffe *Caput* und *Cauda* für Kopf und Schwanz dieses zweigeteilten Drachen ableiten (Abb. 37). Andererseits wird er für die Bewegung eines Körpers (in diesem Fall müssen wir den Mond annehmen) auf eine andere Position als die, die er in einem Radix-Diagramm einnimmt, verwendet. Um abstrakte Theorien zu vermeiden, wollen wir festhalten, daß in diesem Fall der Begriff »Wechsel« in letzterer Bedeutung angewendet wird. Selbstverständlich bezieht sich Nostradamus nicht auf den Mond als Planetenkörper, sondern als Symbol für Gabriel: Nicht der Mond der Ephemeriden ist gemeint, sondern der Mond der weiter reichenden Periodizitäten des Trithemius.

Nach Trithemius übernahm der Mond im vierten Monat des Jahres 1525 die Herrschaft über die europäische Geschichte und wurde von Gabriel bis in das Jahr 1881 geführt. Diese »Führung« stimmt präzise mit den in den letzten beiden Zeilen des Quatrains angegebenen Voraussetzungen überein. Hier findet sich der Hinweis, daß sich die Vorhersage in dieser Mondperiode von 354 Jahren und vier Monaten erfüllen muß. Nostradamus weist darauf hin, daß das Ereignis *bald* eintreffen werde. Enthalten die in den Quatrain aufgenommenen astrologischen Bedingungen einen Hinweis, der den beiden letzten, rätselhaften Zeilen einen Sinn verleiht? Die Antwort: ja. Um diesen Sinn zu erkennen, müssen wir wissen, wie Nostradamus mit den lateinischen oder deutschen Ausgaben von Trithemius verfuhr, zu denen er Zugang hatte.

Wie die oben angegebenen Daten zeigen, nimmt Trithemius das Jahr 5424 v. Chr. als Schöpfungszeitpunkt an. Um in den Begriffen dieses Systems zu sprechen, wäre Christus in der 15. Herrschaftsperiode unter der Regentschaft von Orphiel, dem planetarischen Engel des Saturn, geboren worden. Diese Herrschaft fand im Jahr 109 n. Chr. ihr Ende. Hier die Abfolge zu Nostradamus' Zeiten und in der von seiner Prophezeiung abgedeckten Periode:

Samael	Mars	1171		1525 4 Monate
Gabriel	Mond	1525	4 Monate	1879 8 Monate
Michael	Sonne	1879	8 Monate	2233

Im vierten Monat des Jahres 1525 wäre die Herrschaft der sechzehnten sekundadäischen Periode auf jenen Erzengel übergegangen, der zu Nostradamus' Lebzeiten regierte. Das Ende dieser Herrschaftsperiode wurde für den achten Monat des Jahres 1879 bestimmt.

Nun kam es im Mai 1525 (dem auf den vierten Monat des Jahres 1525 folgenden Monat) zu einem »Umlauf« (*revolution*) am Himmel. Am 1. Mai 1525 befanden sich die beiden übergeordneten Planeten Saturn und Jupiter kurzfristig im Zeichen des Widders: Saturn trat eben in den Widder ein, als Jupiter es verließ. Ein seltsames Fenster, das Nostradamus zur Bestimmung eines Fiduzials* für seinen Quatrain heranzog.

---

* Das Wort Fiduzial wird in der Astronomie und Astrologie als Markierung, Vergleichspunkt, am Weg liegender Körper oder hypothetischer Punkt, der zum Zweck der Messung als statisch angenommen wird, verwendet. Die Vorstellung eines kosmischen Körpers oder Punktes als statische Bezugseinheit ist lediglich eine Konvention, doch ohne diese wären Messungen unmöglich.

Der Vierzeiler deutet an, daß diese Bedingungen, die zu Beginn der Regentschaft des Mondes herrschten, sich vor Beendigung des Vorsitzes des Mondes zu einem späteren Zeitpunkt in der Zukunft wiederholten. Diese Wiederholung steht in gewisser Weise mit jenem Schrecken und jener Rache in Zusammenhang, die in dem Quatrain angesprochen werden.

Im Interesse der Nicht-Astrologen erwähnen wir, daß die während einer Herrschaftsperiode eintreffenden Ereignisse auf verschiedene Arten bestimmt werden können. Würden wir sie einzig in bezug auf den Mond definieren, legten wir uns auf ein Ereignis fest, das sich nur einen Monat nach dem Mai 1525 zutrug, da der sich rasch fortbewegende Mond innerhalb eines Monats auf seine Radix-Position zurückkehren würde. Aufgrund der Tatsache, daß sich Nostradamus mit Zeiträumen im Bereich von Jahren befaßte, zog er klugerweise die langsamsten aller Indikatoren heran, Jupiter und Saturn, die gemächlichsten der Nostradamus bekannten Planetenkörper. In der Praxis der Prophezeiung wurden sie häufig als Fiduziale verwendet.

Diese Deutung des Begriffes »inclination« lädt uns zu einem Blick in die Ephemeriden des sechzehnten Jahrhunderts ein, anhand deren wir feststellen wollen, wann sich Jupiter und Saturn das nächste Mal gemeinsam im Zeichen des Widders befanden. 1555 stand Saturn im Zeichen des Widders, Jupiter jedoch nicht. Beim darauffolgenden Eintritt von Saturn in den Widder traf er auf Jupiter. Zu Ende des Jahres 1584 und einige wenige Tage im Jahr 1585 fanden sich erneut beide Planeten im Widder ein, und die Bedingungen des Wechsels des Mondes unter der Herrschaft Gabriels erfüllten sich.

Nostradamus sah das Ereignis bald kommen – »Ihr werdet bald sehen« (»Vous verrez tost«), teilte er seinen Lesern im Wissen mit, daß er das prophezeite Ereignis nicht mehr erleben würde. Er starb, neunzehn Jahre bevor sich die Saturn-Jupiter-Konjunktion wiederholte. Aber ihm war bewußt, daß die Generation, für die er schrieb, Zeuge dieses Geschehnisses werden würde.

Jetzt müssen wir uns die Frage stellen, ob es zu Beginn des Jahres 1585 ein Ereignis gab, das den in den ersten beiden Zeilen vorgegebenen Rahmenbedingungen »Außerordentliche Schrecken und Rache« entsprach. Doch bevor wir auf eine Geschichte voller Schrecken und Rache zu sprechen kommen, wollen wir uns eingehender mit den Planetenpositionen befassen, auf die der Quatrain hindeutet. Die Tatsache, daß sich das von Nostradamus angegebene Datum über zwei Jahre erstreckt, ist ein außergewöhnlicher Hinweis auf die Genauigkeit seiner Vierzeiler.

	Saturn	Jupiter
31 Dez. 1584	00 AR 01	25 AR 41
12. Feb. 1585	03 AR 32	00 TA 05

Die oben angegebenen Positionen beziehen sich auf 6 Uhr morgens lokaler Zeit. Wie wir erkennen, gibt es ein Fenster von etwa eineinhalb Monaten, in dem sich Jupiter und Saturn im Widder aufhalten – eine Aufforderung an uns, diese Wochen genauer zu untersuchen.

Im Dezember 1584 unternahmen die de Guise, ein französisches Herzogsgeschlecht, gemeinsam mit dem spanischen König Philip II. und dem Papst in Jointville den Versuch, Heinrich von Navarra vom französischen Thron zu stürzen und an seiner Stelle den Kardinal von Bourbon einzusetzen. Fast augenblicklich brach in Frankreich ein weiterer blutiger Bürgerkrieg aus, der auch »Krieg der drei Heinriche« genannt wird: Heinrich III., Heinrich von Navarra und Heinrich von Guise standen einander gegenüber. Die im folgenden stattfindenden Wirren bewegten Nostradamus, der Nachwelt in präzise formulierten Versen die Schicksale dieser drei Männer zu überliefern.

In Quatrain III.51 erfahren wir, wie Heinrich von Guise 1588 von Heinrich III. ermordet wird. Présage 58* schildert Heinrichs III. Ermordung durch Jean Clement im darauffolgenden Jahr (Clement war »Doux la pernicie« – s. Seite 420). Quatrain III.20 berichtet, daß Heinrich von Navarra dem ermordeten König als Heinrich IV. nachfolge und im Jahre 1610 dem Messerattentat des Mörders Ravaillac zum Opfer falle. Es wäre schwierig zu leugnen, daß es sich dabei um Ereignisse voller »Schrecken und Rache« gehandelt hatte, die sich allesamt im Jahr 1585 zuspitzten.

* Der Begriff Présage wird für gewisse Quatrains verwendet, die Nostradamus wahrscheinlich nicht für seine Sammlung von Prophezeiungen verfaßt hatte. Üblicherweise waren sie für die Almanache bestimmt. Das Wort kommt in Nostradamus' Almanach für das Jahr 1555 in der folgenden Phrase vor: »Cette Prognostications commence par un quatrain intitulé ›Présage en général‹« (»Diese Prognose beginnt mit einem Quatrain, der im allgemeinen den Titel ›Présage‹ trägt«). Nach dem Tod des Meisters veröffentlichte Jean-Aimé de Chavigny einige dieser *présages*, von denen eine oder zwei aus unbekannten Quellen stammen. Sie könnten Texten von Nostradamus entnommen sein, die heute verloren sind. Leider wurden in manche spätere Ausgabe der Prophezeiungen einige dieser *présages* aufgenommen, wodurch die Tatsache verdunkelt wurde, daß sie sich ursprünglich auf ein Ereignis in einem bestimmten Jahr bezogen.

DER UNTERGANG DES BARBARISCHEN REICHES

Obwohl es sich bei den sekundadäischen Periodizitäten um ein Geheimsystem handelte, das die prächristliche Angelologie berücksichtigte, war es unter den Okkultisten des sechzehnten Jahrhunderts beliebt. Diese Popularität beruhte bis zu einem gewissen Grad auf der Tatsache, daß sich sein Datierungssystem deutlich vom üblichen kalendarischen System des Westens abhob. Da es überdies auf einfachen Zyklen basierte, die nichts mit Kosmologie oder planetarischen Rhythmen zu tun zu haben schienen, war es eine nützliche Hilfe bei der Festlegung des Beginns und Endes vergleichsweise langer Zeiträume. Diese Aspekte kamen auch Nostradamus entgegen, der rasch das in einer Methode verborgene Potential zu erkennen pflegte.

Zusammenfassend betrachtet, ist das sekundadäische System prinzipiell eine Theorie historischer Periodizitäten. Es erläutert, daß eine Gruppe von sieben Erzengeln in vorbestimmter, sich wiederholender Abfolge über einen Zeitraum von 354 Jahren und vier Monaten regiert. Während ihrer Herrschaft beeinflussen die Erzengel die Entwicklung der Zivilisationen. So prägt das Wesen jedes Erzengels die Geschichte seiner Periode.

Da jeder Erzengel in einer direkten Beziehung zu einem Planeten oder einer planetarischen Sphäre steht, ist das Wesen seiner Herrschaft untrennbar mit dem Charakter und den Einflüssen eines bestimmten Planeten verbunden. Die Regentschaftsperioden folgen nachstehender Auflistung: Saturn, Venus, Jupiter, Merkur, Mars, Mond, Sonne.

Da wir uns nur insoweit mit dem trithemischen System auseinandersetzen wollen, wie es für Nostradamus von Belang ist, genügt es anzumerken, daß im Jahr 1525 ein Wechsel in der Herrschaft der Engel erfolgte. Der Beherrscher des Mars (Samael) trat die Regentschaft an den Beherrscher des Mondes (Gabriel) ab. Gemäß Trithemius dauerte Gabriels Herrschaft 354 Jahre und vier Monate und endete im achten Monat des Jahres 1879. Zu diesem Zeitpunkt übernahm Michael, der Erzengel der Sonne, die Leitung über die Enthüllung der Geschichte. Wie Nostradamus diese trithemische Sequenz benutzt, wird anhand der Analyse von Quatrain III.97 ersichtlich, der nach Ansicht vieler moderner Interpreten von der Errichtung des Staates Israel in unserem Jahrhundert kündet. Der Vierzeiler lautet folgendermaßen:

>»Nouvelle loy terre neuve occuper,
>Vers la Syrie, Judée, & Palestine,

Le grand Empire Barbare corruer,
Avant que Phebes son siecle determine.«

Eine ungefähre Übersetzung wäre:

> »Neues Gesetz wird neues Land besetzen,
> In der Gegend von Syrien, Judäa und Palästina,
> Das große Barbarenreich wird zusammenbrechen,
> Ehe der Mond sein Jahrhundert beendet.«

Roberts sieht diesen Vierzeiler als Vorankündigung »der Errichtung des Staates Israel«. Cheetham ist der Meinung, die ersten beiden Zeilen des Quatrains würden durch die Beschreibung der Schaffung des Staates Israel »für sich sprechen«. Ausgefallener ist die Deutung von de Fontbrune, der in dem Vierzeiler einen Hinweis auf den Sechs-Tage-Krieg von 1967 sowie die Besetzung des Gazastreifens, des Westjordanlandes und der Golanhöhen durch Israel sieht. Zudem überrascht er mit der Ansicht, die letzte Zeile weise auf den Zeitpunkt der Sommersonnenwende, also den 21. Juni 1967, hin. Diese Auslegungen sind nahezu klassische Beispiele, wie anmaßend Nostradamus-»Übersetzer« bisweilen auftreten.

Doch befassen wir uns lieber mit der eigentlichen Aussage des Vierzeilers. Vorab ist anzumerken, daß der Vers keine eindeutige Erwähnung des Namens Israel enthält, sondern lediglich Palästina nennt, wo (wie wir wissen) der Staat Israel gegründet wurde. Aus dem Blickwinkel des sechzehnten Jahrhunderts betrachtet, erkennen wir, daß sich die Prophezeiung mit einer der tiefsten Ängste der damaligen Zeit, dem Vormarsch der Muslime aus dem Osten in Richtung Westen, auseinandersetzt.

In den ersten Dekaden des sechzehnten Jahrhunderts drohten die Türken die gesamte Mittelmeerregion einzunehmen und weiter nach Europa vorzurücken. Der Druck war gewaltig. Die Macht aus dem Osten beherrschte bereits Zentralungarn und Polen und lieferte Europa fortwährend Kämpfe. Im Jahr 1575 fielen die türkischen Heerscharen in Österreich ein. Nach der schweren Niederlage von Malta im Jahr 1565 hatte das Osmanische Reich zu Nostradamus' Zeiten bereits Griechenland überrannt und im Jahr 1566 erst Chios, dann Naxos und etwa ein Jahr später Zypern eingenommen. Diese bedrohlichen Ereignisse beeinflußten den Inhalt der Quatrains.

Aus der Sicht von Nostradamus' Zeitgenossen betrachtet, handelte es sich bei dem großen Barbarenreich (»grand Empire Barbare«) der dritten Zeile um die Bedrohung durch das nach dem türkischen Herrscher

Osman benannte Osmanische Reich. Eine Deutung dieses »Barbaren-reiches« im Zusammenhang mit Israel oder Israels traditionellen Fein-den ist somit absurd. Der Vers bezieht sich allein auf das Schreckge-spenst des sechzehnten Jahrhunderts, die Türkei. Nostradamus verwies vielleicht sogar auf einen bestimmten muslimischen Führer, denn das Wort »Barbare« ruft den Namen des griechischen Abtrünnigen Khai-reddin Barbarossa in Erinnerung. 1537, etwa zwanzig Jahre vor der Nie-derschrift des Quatrains, war Barbarossa, der gemeinsam mit türkischen Piraten das Mittelmeer unsicher machte, zum Großadmiral der türki-schen Flotte ernannt worden. Der Begriff der »barbarischen Piraten« war weit verbreitet und ist zweifellos ein Teil der vielschichtigen Bedeu-tung der Phrase »grand Empire Barbare«.

Bei der Interpretation dieses Quatrains müssen wir den Zeitpunkt sei-nes erwarteten Eintreffens beachten, auf den sich in der letzten Zeile ein Hinweis findet. Die von vielen Forschern hergestellte Verbindung zwi-schen »Phebes« und unserem Jahrhundert oder sogar einem bestimmten Tag im Jahr 1967 ist reiner Unsinn. Carlo Patrian erkennt den klassi-schen Verweis als solchen, bietet jedoch für seine Bedeutung innerhalb des Quatrains keine Erklärung. Um der Andeutung einen gewissen Sinn zu verleihen, deuten Roberts und Cheetham den Ausdruck »Phebes« als »Sonne«, verwechseln dabei aber Phoebe mit Phoebus Apollo. Sie gehen mit ihrer Interpretation (oder Mißinterpretation) noch einen Schritt weiter, indem sie das zwanzigste Jahrhundert zum »Jahrhundert der Sonne« erklären. Gründe für diese Behauptung legen sie nicht dar, und auch in der esoterischen Lehre findet sich kein Hinweis darauf, daß Jahrhunderte mit einzelnen Planeten verbunden wären.

Eine solch widersinnige Auslegung ist unverständlich, da Nostrada-mus den Inhalt dieser Zeilen deutlich zum Ausdruck bringt. »Phebes« ist lediglich ein anderer Name für Phoebe, »Mond«. Um diesen »Zyklus« geht es, wenn Nostradamus den homonymen Begriff »siecle« verwendet. Er teilt uns mit, daß vor Ende des Jahrhunderts Phöbe, das Barbarenreich, untergehen werde. Hier ist zu beachten, daß Nostrada-mus nicht von der Periode des Mondes, sondern von dem Jahrhundert schreibt. Es handelt sich um das sechzehnte Jahrhundert, in dem die Herrschaft des Mondes beginnt.

Untersucht man Quatrain III.97 auf der Grundlage des heutigen Wis-sensstandes, stellt sich eindeutig heraus, daß er keinerlei Bezug zu unse-rer modernen Zeit oder Israel hat. Der für Nostradamus' Zeitgenossen geschriebene Vers sagt den Rückzug des in seiner Epoche noch domi-nanten Osmanischen Reiches aus den eroberten östlichen Gebieten vor Ende des sechzehnten Jahrhunderts voraus. Das war eine wahrlich bemerkenswerte Prophezeiung, denn nur wenige Zeitgenossen des Gelehrten aus Salon hätten sich erträumt, daß die osmanische Bedrohung innerhalb ihres Jahrhunderts ein Ende finden würde.

Trotz gegenteiliger Erwartungen stellte sich die Vorhersage als zutreffend heraus. Wie sich nachweisen läßt, ist dieser Vierzeiler thematisch mit einer Anzahl anderer wichtiger Quatrains verbunden, die sich ebenfalls mit der Bedrohung durch die Türkei befassen. Wie wir in einem anderen Quatrain gesehen haben, bedient sich Nostradamus einer Verschlüsselungsmethode, die es uns ermöglicht, den Zeitpunkt der Schlacht von Lepanto festzulegen, die als zaghaftes erstes Zeichen des Endes der Expansionsbestrebungen des türkischen Reiches angesehen werden kann.

Doch wollen wir hier weder auf die Genauigkeit der Vorhersage noch ihren Bezug zu den Ängsten von Nostradamus' zeitgenössischen Lesern eingehen, sondern uns mit der in der letzten Zeile angegebenen trithemischen Periodizität befassen: »Avant que Phebes son siecle determine«. Ohne Kenntnis des trithemischen Systems läßt sich aus dieser Zeile keine sinnvolle Bedeutung ableiten. In keinem anderen kalendarischen oder zyklischen System herrscht der Mond über einen Zeitraum von einem oder mehreren Jahrhunderten.

PASTEUR

Daß sich Nostradamus des sekundadäischen Systems zur Verschlüsselung von Zeitangaben für in der Zukunft eintreffende Ereignisse bedient, zeigt sich unter anderem deutlich in Quatrain I.25.

> »Perdu, trouvé, caché de si long siecle,
> Sera pasteur demy Dieu honoré,
> Ains que la Lune acheve son grand cycle,
> Par autres vieux sera deshonoré.«

Dieser Vierzeiler scheint sich mit einem Ereignis zu befassen, das dreihundert Jahre in Nostradamus' Zukunft liegt. Er ist einer von mehreren, deren Begriffe deutlich auf die sekundadäischen planetarischen Engel verweisen und deren zeitliche Angaben heute anhand von Vergleichen mit historischen Aufzeichnungen überprüft werden können. Hier wird Pasteur genannt. »Bevor der Mond seinen großen Zyklus vollendet«, werde sein Name geehrt (und später entehrt), sagt der Quatrain.

Er ist sozusagen ein Prüfstein für die sekundadäischen Tabellen, denn Louis Pasteur machte seine an Hühnern erprobte, »aktive Immunisierung« genannte Entdeckung zwischen 1880 und 1881 – vier Monate vor jenem von Trithemius als Ende des großen Zyklus unter dem lunaren Erzengel Gabriel angegebenen Zeitpunkts (»Ains que la Lune acheve son grand cycle«). Nach Trithemius würde Gabriel im Jahr 1879 seine Herrschaft an Michael, den Führer der planetarischen Sieben, abgeben. Rudolf Steiner, der mit Trithemius' Schriften vertraut war, korrigierte die sekundadäischen Periodizitäten und behauptete, das Zeitalter Michaels beginne nicht im Jahr 1880, sondern 1881.

DAS ENDE DER PROPHEZEIUNGEN

Das Manuskript von Trithemius wurde jahrelang heimlich von Wissenschaftler zu Wissenschaftler weitergereicht, ehe es im Jahr 1522 veröffentlicht wurde. Die Folge war, daß sich eine große Anzahl von Astrologen für die in den Berechnungen verborgene Lehre interessierte. Besonders der Mönch und Astrologe Nicolaus Peranzonus nahm Trithemius' Entdeckung in seine Voraussagen über die große Konjunktion von 1524 auf, die er ein Jahr vor der erwarteten großen Überflutung publizierte.[7] Er prophezeite, daß die Konjunktion der drei übergeordneten Planeten am 4. Februar um 13 Uhr 38 Erdbeben, Gefangenschaft und schwere Überschwemmungen mit sich bringe. Erneute Konjunktionen in den darauffolgenden Wochen würden lediglich zu weiteren Flutereignissen führen.

Die Weissagung, daß sich im Jahr 1524 eine weltweite Flutkatastrophe ereigne, wird von denen, die sie nicht gelesen haben, üblicherweise auf die 1499 veröffentlichten Ephemeriden von Johann Stoeffler zurückgeführt. Doch Stoeffler deutete nur darauf hin, daß im Februar des Jahres 1524 zwanzig Konjunktionen stattfänden, von denen sechzehn in Wasserzeichen erfolgen würden. Nach seiner Aussage führten diese Geschehnisse zu vielen Wandlungen, wie sie seit Jahrhunderten nicht erfolgt seien. Mit keinem Wort wies er auf Flutereignisse hin. Spätere Astrologen waren nicht so zurückhaltend. Sollte diese Konjunktion aller Planeten im Zeichen der Fische stattfinden, würde dies zu einer Sintflut führen. Da wir nicht sämtliche Schriften und Auseinandersetzungen rund um diese Vorhersage besprechen können, verweise ich den interessierten Leser auf eine ausgezeichnete Zusammenfassung in Thorndikes Kapitel über die Konjunktion*. Wir sollten uns die Frage stellen, warum die Konjunktion von 1524 eine derartige Erwartungshal-

---

* Thorndike, op. cit. Band 5, Kapitel XI, S. 178 ff

tung in Europa hervorrief. Wie wir vermuten, liegt die Antwort darauf nicht in einer neuen Entwicklung innerhalb der Astrologie – derartige Konjunktionen von Saturn und Jupiter beschäftigten die Gedanken prognostischer Astrologen bereits, seit diese Wissenschaft nach Europa gelangte –, sondern in der neu aufgekommenen Buchdruckerkunst.

Um das Jahr 1500 gab es bereits in jeder größeren Stadt Europas Druckpressen, und so war es für Astrologen – selbst für mittelmäßige – ein leichtes, ihre billig und gut verkäuflichen Traktate und Prophezeiungen zu veröffentlichen. Die große Konjunktion von 1524 war tatsächlich die erste, die sich nach der Erfindung des Buchdrucks ereignete. Zum erstenmal in der Geschichte des Westens überschwemmten Druckpressen Europa mit populärer, pseudowissenschaftlicher Literatur aus dem Bereich Astrologie. Andere Faktoren, die in der damaligen Zeit das Bedürfnis nach Weissagungen förderten, waren die durch die sekundadäische Literatur weithin bekannten Prophezeiungen über Umbrüche in religiösen Kreisen sowie Vorhersagen, in denen die Periode zwischen 1520 und 1525 als Schlüsseljahre weitgreifender Veränderungen angekündigt wurde. In diesen Zeiten großer Verunsicherung suchten viele Menschen Zuflucht in Vorhersagen.

Peranzonus – und das ist für unsere Untersuchung von Bedeutung – sah die Tatsache, daß die regierende Intelligenz dieses Tages Samael (er nannte ihn »Sammael«) war, der Herrscher über den Feuerplaneten Mars, als wichtigen Faktor für eine große Flutkatastrophe an. Er brachte Samael hauptsächlich deshalb mit einer Wasserflut in Verbindung (wie sie in Trithemius' Berechnungen angekündigt wurde), weil er während der großen Flut zu Noahs Zeiten den Vorsitz unter den Planeten geführt hatte.

Egal, aus welchem Grund Peranzonus Samael auch erwähnt haben mag: Uns bietet sich in diesen nur wenige Monate nach der Veröffentlichung von Trithemius' Buch erschienenen Studien ein unzweideutiger Verweis auf ein sekundadäisches Datierungssystem. Das ist deshalb aufschlußreich, weil sich bei Peranzonus dieselbe Dualität von Interessen zeigt, die wir dreißig Jahre später in Nostradamus' verschlüsselten Versen wiederfinden, nämlich das Bestreben, die planetarischen Secundadeis mit einer weitergefaßten Astrologie zu verbinden.[8] Möglicherweise wollte er mit seinem Verweis auf Trithemius' Samael auch nur aufzeigen, daß er sich auf dem neuesten Stand der Wissenschaft befand.

Soweit wir aus Peranzonus' umfangreichen Studien über Flutereignisse erkennen, begründete er seine Vorstellung, daß sich die Geschichte wiederhole, mit der Wiederholung der Zyklen der planetarischen Herrscher. Nun sind wir kaum in der Lage festzustellen, ob seine Ansicht über historische Zyklen zutreffend war, doch behielt er mit seiner auf Trithemius' Theorie planetarischer Engel gegründeten Aussage recht, daß Samael zur Zeit der großen Flut die Herrschaft innehabe.

Bemerkenswert an den sekundadäischen Quatrains von Nostradamus ist die Festlegung der äußeren Grenzen seiner Prophezeiungen. Betrachten wir hierzu Quatrain I.48:

>>Vingt ans du regne de la Lune passez,
Sept mil ans autre tiendra sa Monarchie:
Quand de Soleil prendra ses jours lassez,
Lors accomplit & mine ma prophetie.<<

Auch wenn der Quatrain auf den ersten Blick wenige Fallstricke erkennen läßt, finden wir in den Ausdrücken »jours lassez« und »mine« verschiedene mögliche Bedeutungen. Die folgende Übersetzung soll uns weiterhelfen:

>>Nachdem der Mond zwanzig Jahre lang geherrscht hat,
Wird nach siebentausend Jahren ein anderer die Herrschaft übernehmen:
Wenn die Sonne ihre verlorenen Tage wiedergewinnt,
Wir meine Prophezeiung zu Ende sein und in Erfüllung gehen.<<

Zweifellos deutet die Phrase »regne de la Lune« auf die trithemischen Periodizitäten hin, eine der geheimen Datierungsmethoden, deren sich der Gelehrte bediente. Gemäß den Tabellen im Anhang endet die Herrschaft des Mondes mit dem vierten Monat des Jahres 1880. In der ersten Zeile verkündet Nostradamus, daß der Zeitpunkt, auf den er in diesem Vers verweist, zwanzig Jahre über die Herrschaft des Mondes hinausgehe. So kommen wir auf das Jahr 1901. In der christlichen Vorstellung war das zwanzigste Jahrhundert das letzte in der Siebenerkette von Millennien.

»Sept mil ans autre tiendra sa Monarchie«: Nach der im sechzehnten Jahrhundert herrschenden historischen Sichtweise handelte Nostradamus korrekt, als er »Sept mil« mit dem Beginn des zwanzigsten Jahrhunderts (20 + 1880) gleichsetzte, denn gemäß der mittelalterlichen Überlieferung würde dieses Jahrhundert durch das Kommen des Antichrist geprägt sein.

Wir wollen annehmen, daß sich Nostradamus in der zweiten Zeile auf die christlich-apokalyptische Ansicht bezog, die Welt finde im letzten

Jahr des siebten Millenniums in einer Katastrophe ihr Ende. Da Nostradamus und seine Zeitgenossen der Ansicht waren, die Erde wäre etwa fünftausend Jahre vor Christi Geburt erschaffen worden, war es aus ihrer Sicht angemessen zu glauben, sie lebten im letzten Millennium. Allerdings boten Nostradamus und Trithemius auch alternative Daten für den Zeitpunkt der Schöpfung der Erde. In seiner Epistel gab Nostradamus, wie wir gesehen haben, sowohl das Jahr 4173 v. Chr. als auch das Jahr 4757 v. Chr. an. Trithemius, der sich der Theorie, der Weltuntergang ereigne sich nach sieben Millennien, nicht anschloß, errechnete als Zeitpunkt ihrer Erschaffung das Jahr 5315 v. Chr.

Doch auch wenn Nostradamus und Trithemius in bezug auf das Weltende unterschiedlicher Ansicht waren, bleibt die Frage, wer mit dem »anderen« (»autre«) gemeint ist, der in 1700 Jahren die Herrschaft innehaben werde. Ist dieser Zeitraum den 2000 Jahren der ersten Zeile hinzuzufügen? Wenn dem so ist, erhalten wir das Jahr 3700. Indem wir die sekundadäische Reihenfolge heranziehen, entdecken wir, daß der Erzengel Raphael, der Herrscher des Merkurs, seine Regentschaft im Jahre 3652 n. Chr. antreten wird. Stellt dieser weit in der Zukunft liegende Zeitpunkt das zeitliche Ende von Nostradamus' Prophezeiungen dar? Das ist kaum anzunehmen, wie wir gleich sehen werden. Liest man die dritte Zeile des Verses, verringert sich die Verwirrung um den geheimnisvollen Hinweis auf das Ende der Prophezeiungen:

>>Quand de Soleil prendra ses jours lassez,
Lors accomplit & mine ma prophetie.<<

»Wenn die Sonne ihre verlorenen Tage wiedergewinnt ...« Dies ist eindeutig ein weiterer Hinweis auf die in der ersten Zeile eingeführte sekundadäische Periodizität. Laut Trithemius trat der Erzengel Michael, der Herrscher über die Sonne, seine Regentschaft über Europa in den letzten Monaten des Jahres 1880 an und wird sie bis in das Jahr 2235 n. Chr. innehaben. Dies scheint auch jener Zeitpunkt zu sein, den Nostradamus in seinen Prophezeiungen festsetzte: »Lors accomplit & mine ma prophetie.«

Es sei an dieser Stelle vermerkt, daß Nostradamus sich hier ausschließlich auf das Ende seiner Weissagungen, keinesfalls aber auf das der Welt oder der Geschichte bezieht, wie von vielen Forschern angenommen wurde, die, ohne den Sinn des Quatrains oder den darin angegebenen Zeitpunkt entschlüsseln zu können, den Vierzeiler als Hinweis auf das Ende der Welt auslegten.

Kapitel 4

Das Wesen der Grünen Sprache

»Mais l'injure du temps ô serenissime Roy, requiert que tels eve-nemens ne soient manifestez que par enigmatique sentence, n'ayant que'un seul sens & unique intelligence, sans y avoir rien mis d'ambique n'amphibologique calculation.«

»Die schweren Zeiten aber, allergnädigster König, erfordern es, daß von solchen geheimen Dingen (wie ich sie vorhersage) nur in rätselhafter Sprache gesprochen wird, die nur einen einzigen Sinn und eine einzige Erklärung hat, ohne jegliche zweideutige oder verwirrende Berechnung.«

(Nostradamus in seiner Epistel an Heinrich II. in der Ausgabe der *Prophéties* aus dem Jahr 1668.)

»Et pource ô tres-humanissme Roy la pluspart des quatrains pro-phétiques sont tellement scrabreux qu'on n'y sçauroit donner voye, ny moins aucun interpreter...«

»Da die Mehrzahl der prophetischen Quatrains so übersät ist von Hindernissen, daß niemand einen Weg durch sie findet, o mensch-lichster König, laßt uns allein einige deuten...«

(Nostradamus, *A L'Invictissime, Tres-Puissant, et Tres Chrestien, Henry Second, Roy de France,* 1558, im zweiten Band der *Pro-phéties*.)

»Tantost il la deguise par les termes si obscurs, que sans un genie tres-particulier, l'on n'y peut rien comprender...«

»Allzuoft tarnte er (Nostradamus) die Verse durch so verschlüs-selte Ausdrücke daß man ohne eine außergewöhnliche Begabung nichts von ihrem Sinn begriff...«

(Etienne Jaubert, *Éclaircissement des veritables Quatrains de Mai-stre Michel Nostradamus...* 1665)

In einem seiner Briefe gestand Nostradamus das Offensichtliche ein – daß er seine Quatrains in einer seltsamen (»scabreux«) Sprache verfaßt habe. Im Wortschatz der Geheimwissenschaft hat diese Sprache viele Namen. In der Astro-Alchimie wird sie üblicherweise Grüne Sprache genannt (weswegen wir diese Bezeichnung hier verwenden), obwohl sie aufgrund der Legenden rund um ihre Entstehung auch unter der Bezeichnung »Sprache der Vögel« bekannt ist. Bevor wir uns einer detaillierten Analyse der Quatrains zuwenden und untersuchen, wie Nostradamus diese Geheimsprache verwendete, müssen wir ihren Hintergrund betrachten.

Die Sprache der Vögel wurzelt in der antiken Mythologie. Im nordischen Epos *Volsunga Saga* tötet Sigurd (das skandinavische Gegenstück zum Siegfried des germanischen *Nibelungenliedes*) den Drachen, der den Schatz bewacht. Unmittelbar darauf brät der Held auf Geheiß des Lehrers Regin das Herz des Drachen. Während er dies tut, verbrennt er sich die Finger. Um den Schmerz zu lindern, steckt er sie in den Mund und saugt daran. So kostet er vom Blut des Drachen. Augenblicklich ist er von der Vision der Eingeweihten erleuchtet und versteht die Sprache der Vögel. Was er von ihnen erfährt, versetzt ihn in die Lage, sein Schicksal zu verändern und den Schatz des Drachen sowie die Sehnsucht seines Herzens (in Gestalt der schlafenden Brunhild) für sich zu gewinnen.

Anhand dieser Legende können wir die Verbindung zwischen Einweihung – dem legitimen Eintritt in das höhere, spirituelle Reich – und der Sprache der Vögel zurückverfolgen. Ähnlich wie die Sphärenmusik kann auch diese Sprache nur von den Eingeweihten – jenen, die sich in die Haut des Drachen gekleidet haben – vernommen werden.

Warum bezeichnete man die Grüne Sprache auch als Sprache der Vögel? Vielleicht liegt die Antwort darin, daß sie dem Reich der Luft zugeordnet wurde, das in Briefwechseln mit Verstand und Kommunikation in Verbindung gebracht wurde. Eine genauere Erklärung findet sich jedoch in der Grünen Sprache selbst. Das lateinische Wort *aviarius* (Wurzel *avia*) bedeutet »den Vögeln verbunden«. In unserem Wortschatz findet sich noch der Ausdruck *Aviarium* (d. i. ein großes Vogelhaus). Nun beinhalten der lateinische Morgengruß *ave* und der Abendgruß *vale* sowohl eine Begrüßung als auch einen Abschied von den Toten, also von denen, die in der spirituellen Welt weilen. Es ist interessant, daß Nostradamus' Witwe Gemella die Grabinschrift für ihren Gemahl mit der Abkürzung »V.« für *Vale* abschließt (s. Anhang IV). Die Sprache der Vögel war an Menschen gerichtet, die, obwohl sie noch in ihren physischen Körpern verweilten, Zugang zu dem verborgenen

Reich und zur Erkenntnis des Geistes hatten. Soweit es die Lebenden betraf, hatten sie Umgang mit dem Reich der Toten, dem Reich des eigentlichen Lebens, in dem der Geist von seinem physischen Körper befreit ist. Sie waren die Eingeweihten, »diejenigen, die zwei Welten angehören«.

Das lateinische Wort *avitus* beinhaltet die Vorstellung von aus der Überlieferung abgeleiteter Heiligkeit (das Adverb *avite* bedeutet »aus alten Zeiten abgeleitet« und wird äußerst respektvoll angewendet). Die Sprache der Vögel gehörte zu diesen ehrfurchtgebietenden, von den Ahnen ererbten und in bestimmten Schulen der Geheimlehre bewahrten Gütern. Mozart und Schikaneder haben, wie sich an ihrer freimaurerischen Oper *Die Zauberflöte* (in deren Libretto uns viele Begriffe aus der Grünen Sprache begegnen) zeigt, das Wesen der Grünen Sprache gut verstanden. Der Vogelfänger Papageno erzählt Lügen, weil er sich der Geheimsprache der Freimaurer nicht zu bedienen weiß. Er gibt vor, die Riesenschlange getötet zu haben, und kann als Strafe für diese Lüge seine Zunge nicht mehr benutzen.

In den oben angesprochenen nordischen Mythen kostet der Held, der das Ungeheuer tötete, mit seiner Zunge vom Blut des Drachen und versteht deshalb den Gesang der Vögel. Papagenos Neigung zur Lüge verhindert dies. Er bleibt ein Vogelfänger, der mehr darauf bedacht ist, seine Vögel zu verkaufen, als ihnen zu lauschen. Er ist, wie er Tamino zu Anfang gesteht, ein »Mensch«, also – im esoterischen Sprachgebrauch – kein Eingeweihter. Papageno spielt die Panflöte, nicht die Zauberflöte, und versteht die Sprache der Vögel, die er verkauft, nicht. Wir erkennen ihn somit als gewöhnlichen Menschen, der sich zwar am Gesang der Vögel erfreut, deren Lieder ihm aber nichts sagen.

Nach Fulcanelli ist die Sprache der Vögel »die Sprache, die in die Geheimnisse der Dinge einweiht und die verborgensten Wahrheiten enthüllt«.[1] Die Inkas bezeichneten sie als Hofsprache, da sie von Diplomaten benutzt wurde. Für sie war sie der Schlüssel zu der »zweifachen Wissenschaft« des Geistlichen und des Weltlichen. Der weltliche Zyniker könnte zu dem Schluß kommen, daß der Diplomat mit Hilfe dieser Sprache imstande war, das eine zu sagen und das andere zu meinen, beziehungsweise das eine zu meinen und das andere zu sagen. Diplomatie war ursprünglich mit »Diplomen« – offiziellen Dokumenten – verbunden und somit eine Kunst, die sich mit der Ausarbeitung und Interpretation solcher Dokumente befaßte. In diesem Sinn war die Diplomatie ursprünglich die Kunst, in einer Privilegierten vorbehaltenen Fachsprache zu sprechen und zu schreiben. So konnten andere, die keinen Zutritt zum inneren Allerheiligsten hatten, leicht getäuscht werden.

Das prophetische Geschenk der Grünen Sprache ist nicht allein auf die nordische Mythologie beschränkt. In der klassischen Literatur wird der Name Tiresias oft für einen Wahrsager und Propheten verwendet, der die Geheimnisse der Sprache der Vögel kannte und sich ihrer bei der Niederschrift seiner Vorhersagen bediente. In der griechischen Mythologie bereut es die Göttin Athene, den sterblichen Tiresias geblendet zu haben, weil er sie nackt gesehen hatte. So befiehlt sie ihrer Schlange, ihre Zunge in die Ohren des Mannes zu stecken, um sie zu reinigen. Durch die Kraft dieser magischen Schlange erhält Tiresias die Fähigkeit, die Sprache der Vögel zu hören und zu verstehen, während sie all denen verborgen bleibt, die sich dieser Reinigung nicht unterzogen. Der tiefere Symbolismus dieser Geschichte enthüllt sich jedem, der sich in das Studium der Esoterik vertieft.

Welchen anderen Zweck könnte die Sprache der Drachenmänner haben als den, eine Form zu finden, in der sich Eingeweihte einander mitteilen konnten, ohne daß Uneingeweihte sie verstanden? Nostradamus konnte auf diese Weise seine »heiklen« Verse mit der Gewißheit verfassen, daß nur eine Handvoll Zeitgenossen imstande war, sie richtig zu lesen, wie wir gesehen haben

Welche Beziehung besteht nun zwischen dieser Sprache des wahren Okkultisten – die vom letzten großen eingeweihten Propheten des Westens verwendet wurde – und Vögeln? Selbst ihr Name ist in eine geheime Mythologie gehüllt, die leicht mißverstanden werden kann. Es heißt, daß spirituelle Wesen, die sich entschlossen hatten, körperliche Gestalt anzunehmen, mitunter zu rasch auf die Erde herabstiegen. Sie waren auf die harten Lebensbedingungen der Erde nicht vorbereitet und den andersartigen Herausforderungen nicht gewachsen. In den Erdstrom eingetaucht, waren sie dazu gezwungen, in inkarnierter Form in ihrem physischen Körper zu verweilen. Da sie nicht so nahe mit der Erde verbunden sein wollten, zogen sie es vor, ein Stück von ihrer Oberfläche entfernt zu leben. So wuchsen ihnen Flügel, mit deren Hilfe sie sich in die Lüfte erhoben und in den Bäumen ihre Nester bauten. Diese Lebewesen – die irgendwann zu den Vögeln wurden – behielten ihre außergewöhnlichen spirituellen Fähigkeiten und betrachteten mit Erstaunen, wie ihre Nachfolger Körper annahmen, die es ihnen erlaubten, aus der Entfernung die Erde zu beeinflussen, mit der sie lediglich als Diebe oder Bettler in Verbindung standen. Die Sprache der Vögel, für den gewöhnlichen Menschen nur ein wenig sinnvolles Gezwitscher, war niemals von dem dunklen, materiellen Ort verunreinigt worden und blieb auf diese Weise die spirituellste aller Sprachen.

Eine weitere Bezeichnung für diese Sprache ist Fröhliche Sprache oder Fröhliche Wissenschaft. Möglicherweise trug sie das Adjektiv fröhlich aufgrund ihrer symbolischen Verbindung mit den vermeintlichen Freuden der Trunkenheit. So wie man vom Wein trunken werden kann, kann dies auch mit Worten geschehen. Der wahre Eingeweihte war in den Augen der Erdverbundenen immer ein wenig trunken oder, um einen mittelalterlichen lateinischen Ausdruck zu verwenden, *dilutior*. Gewiß dachte der große französische Meister der Grünen Sprache, Rabelais, der Nostradamus an der Universität von Montpellier getroffen haben könnte, an diesen Zusammenhang, als er die Phrase »La Dive-Bouteille« verwendete.[2] Es ist kein Zufall, daß ein berühmtes Bildnis aus Rabelais' *Pantagrueline Prognostication* aus dem Jahr 1533 Vögel zeigt, die die Köpfe zweier miteinander sprechender Männer umkreisen, von denen einer in das Gewand eines Narren gekleidet ist. Wörtlich übersetzt bedeutet La Dive-Bouteille »Göttliche Flasche«. Es ist eine bildliche Umschreibung für »die Flasche des Bacchus« oder »guter roter Wein«. Der tiefere Sinn dieses Begriffes enthüllt sich, wenn man Rabelais' derben Humor berücksichtigt: Was in den physischen Körper eines Menschen als roter Wein eintritt, verläßt ihn gelblich-*grün*. Wie es für die Grüne Sprache typisch ist, sind wir hier zufällig auf ein Beispiel für die Verwendung der Doppelbedeutung gestoßen, auf das Innere und das Äußere, das in einem einzigen Wort verbunden ist.

Vielleicht dachte Rabelais mit seinem feinen Sinn für Bedeutungen innerhalb von Bedeutungen an die von der Fröhlichen Wissenschaft gestattete Homophonie, durch die aus La Douteille »la dive but oeil« wird. Dabei handelt es sich um das »Auge der göttlichen Absicht«, das der freimaurerischen Vorstellung der göttlichen Vorsehung sehr nahe stehen dürfte, sich aber auch auf den Eingeweihten selbst bezieht, der die göttliche Absicht ständig in Gedanken oder vor Augen hat. So beinhaltet ein in Rabelais' Vorhersage eines bacchantischen Zechgelages verborgener Begriff einen Geheimausdruck, der sich auf den Sinn des Lebens an sich bezieht. Die rote Flüssigkeit steht mit dem äußeren Leben des Menschen in Verbindung, die grüne Flüssigkeit mit seinem inneren.

Der Name Grüne Sprache scheint aus alchimistischen Quellen zu stammen, doch ließ sich bisher keine zufriedenstellende Erklärung für ihn finden. Eine Deutung leitet sich von der Vorstellung ab, das Grün des Frühjahrs drücke das Unberührte und Lebendige der Sprache aus. Diese Erklärung mutet etwas einfach an. Einem Wort, das zur Beschreibung einer so esoterischen Form der Mitteilung verwendet wird, muß eine tiefere Symbolik zugrunde liegen. Grün ist eine besondere Farbe in der alchimistischen Symbolik, denn sie beschreibt einen Zustand im Vervollkommnungsprozeß des Steins der Weisen. In einem mäßig getarnten Hinweis auf die Grüne Sprache erwähnt der Alchimist Eirenaeus Philalethes den Grünen Löwen und stellt die rhetorische Frage, wer jemals ein solches Wesen gesehen habe:

>>Auf der Jagd nach dem Grünen Löwen,
Dessen Farbe zweifellos nicht diese ist,
Wie Eure Klugheit sehr wohl weiß;
Denn noch kein lebender Mensch hat ihn jemals gesehen,
den Grünen Löwen auf vier Beinen,
Doch glaubt mir, unser Löwe strebt nach Reife
Und wird wegen seiner Unreife grün genannt ...[3]«

Wir haben es hier mit einem Löwen zu tun, der nicht von dieser Welt ist. Er kann von gewöhnlichen Augen nicht entdeckt werden, obwohl er für »Eure Klugheit«, bei der es sich selbstverständlich um die Weisheit der Eingeweihten handelt, sichtbar ist. Selbst die Farbe des Löwen ist nicht, was sie zu sein scheint: »Dessen Farbe zweifellos nicht diese ist«. So beschreibt Philalethes' Gedicht einen Löwen, der nicht von dieser Welt ist und aufgrund seiner Einzigartigkeit und seiner mangelnden Reife grün genannt wird. Er gehört nicht eigentlich in die materielle Welt, und selbst seine Farbe stammt aus dem Reich der Phantasie.

So aufschlußreich derartige Texte auch sein mögen, ist es für unsere Zwecke nicht erforderlich, in der Fachterminologie der Alchimie nach den Wurzeln des Ausdrucks Grüne zu suchen. Der Begriff stammt von dem französischen *Langue Vert* ab. *Vert* (»grün«) ist höchstwahrscheinlich ein Beispiel für den allmählichen Verlust eines unbetonten Anfangsvokals (s. Anhang V). Es bedeutet »offen«. Die *Langue Ouvert* war die »offene Sprache«, die Sprache des gewöhnlichen Mannes. Indem die erste Silbe weggelassen wurde, entstand aus *ouvert* das Wort *vert*, das Gegenteil von offen, nämlich »geschlossen«. Somit handelt es sich bei der *Langue Vert* um die »geschlossene«, die »okkulte« oder »geheime Sprache«. Die Doppelbedeutung der beiden Sprachen – der heiligen und der weltlichen, der geschlossenen und der offenen – liegt in dem Wort *ouvert*. In dieser seltsamen Sprache wird einem gewöhnlich erscheinenden Wort eine andere, tiefere, nur für diejenigen faßbare Bedeutung verliehen, die einen solchen verborgenen Sinn erahnen. Beispielsweise stammt das Wort »scabreux«, das Nostradamus zur Be-

156

schreibung seiner Versdichtung verwendet, aus der Grünen Sprache. Das Adjektiv *cabré* steckt darin, das »sich aufbäumend« bedeutet. Während dieser Ausdruck heute für ein Flugzeug benutzt wird, dessen Heck tiefer liegt als der Bug, beschrieb man damit im sechzehnten Jahrhundert ein tänzelndes oder sich aufbäumendes Pferd. Sowohl in vergangenen als auch in heutigen Zeiten ist es ein Begriff für etwas dem Himmel und somit dem Reich der Vögel Zustrebendes. Anders ausgedrückt: Nostradamus schrieb in der vom Himmel herabgeholten Sprache der Vögel.

Angesichts der im Wort *vert* verborgenen Bedeutung dürfen wir berechtigterweise die Frage stellen, ob zwischen dem rätselhaften grünen *Laubmann* (*le feuillu*) der Franzosen und dem deutschen *Grünen Mann* eine Verbindung besteht. Der Ausdruck *Green Man* als verschlüsselte Bezeichnung für die blumengeschmückten Fassaden der Kathedralen dürfte erst im Jahr 1939 in die englische Sprache eingeführt worden sein.[4] Das Gesicht des Grünen Mannes mit seinem blumenverzierten Mund dagegen gehört zur selben esoterischen Ausschmückung von Kathedralen wie so vieles andere aus der alchimistischen und astrologischen Tradition des Mittelalters. Wahrscheinlich ist das Auftreten der Grünen Sprache – ebenso wie der *Grünen Kinder* und des Grünen Mannes der nordischen Mythologie im elften und zwölften Jahrhundert zu Beginn der gotischen Kunst – kein Zufall. Einer der vielen Namen für die Grüne Sprache war *argot*, das, wie Fulcanelli erläuterte, eine Version von *Art Gotique* ist. Mit der Entwicklung der geheimnisvollen Wissenschaft der Alchimie kam die Grüne Sprache im spätgotischen Zeitalter auf. Ihr bemerkenswertester mittelalterlicher Vertreter war Dante. Er faßte die mittelalterliche Ansicht des Kosmos für zukünftige Generationen zusammen. Beide Bezeichnungen, Grüne Sprache und Sprache der Vögel, strahlen Vitalität und eine ursprüngliche, unberührte Kraft aus wie das Gesicht des Grünen Mannes in den Skulpturen mittelalterlicher Kathedralen. Es ist gut möglich, daß die grünen Blätter, die aus seinem Mund hervorkommen, ein Symbol für die reiche »Grünfärbung« der Geheimsprache sind. Um nur ein Beispiel hervorzuheben: Es besteht kein Zweifel, daß das Grün im Mund von Botticellis Chloris in seinem in den Uffizien von Florenz hängenden Werk *Primavera* ein Hinweis auf die esoterische Sprache ist. Blumen, die eine eigene geheimnisvolle, symbolische Bedeutung haben wie Anemonen, Rosen und Flockenblumen, quellen aus seinem Mund hervor, als wäre die Gottheit eine *Grüne Frau*, die Vegetation atmete. Gelehrte unserer Tage haben aufgezeigt, daß dieses Gemälde, möglicherweise das geheimnisvollste Werk der Renaissancekunst, für eine esoterische Gruppe gemalt wurde, die ein tiefes Interesse an Geheimsprachen zeigte.[5] Vielleicht ist der Grüne Mann der mittelalterlichen Darstellung jener Eingeweihte, der richtig zu sehen und daher richtig zu sprechen versteht – mit Leidenschaft und Wahrheitsliebe. Er ist nicht der offene, sondern der geheimnisvolle Mann.

Da unter den Alchimisten die Ansicht herrschte, daß ihre tieferen Geheimnisse nicht jedermann zugänglich sein sollten, verwendeten sie die Grüne Sprache auf besonders subtile Art. Das Ergebnis ist, daß kaum ein überlieferter alchimistischer Text von einem nicht in diese Sprache Eingeweihten gelesen werden kann. Dies erklärt, warum so viele moderne Wissenschaftler und Historiker, die nicht mit ihr vertraut sind, alchimistische und andere okkulte Texte entweder ignorieren oder mißverstehen. Viele von ihnen behaupten, Spezialisten auf dem Gebiet der Geschichte der Geheimlehre zu sein, doch allzu oft entging ihnen nicht nur der Geist, von dem die Alchimie durchdrungen ist, sondern auch ihr Wesen. Jung errichtete eine Wand von Pseudo-Alchimie um die moderne Psychologie, war aber leider weit davon entfernt zu begreifen, worum es in der Alchimie tatsächlich ging, weil er über keine Kenntnisse der Grünen Sprache verfügte.[6]

Es ist seltsam, daß heutige Wissenschaftshistoriker die geheimnisvolle Grundlage der Alchimie übersehen haben, denn es fehlt in den wichtigsten alchimistischen Texten selbst nicht an Hinweisen darauf. Beispielsweise bezieht sich Zosimus, ein Alchimist des vierten Jahrhunderts aus Alexandria, auf diese Geheimsprache als »Die Sprache der Engel«.[7] Leider wurde sein Hinweis von vielen Interpreten mißverstanden. Er kann leicht mit einem »geheimen« Alphabet, das im frühen sechzehnten Jahrhundert von dem Okkultisten Cornelius Agrippa veröffentlicht wurde, verwechselt werden.[8] Glücklicherweise hinterließ Zosimus ein Beispiel der Sprache der Engel und enthüllte sie auf diese Weise als eine Form der Grünen Sprache. Er erläutert darin, warum Thoth, der Lehrer der Geheimwissenschaft, als der »erste Mensch« bezeichnet werden sollte. Nach Zosimus wurde Thoth bei den alten Mystikern (von denen er nur Chaldäer, Parther, Meder und Hebräer nannte) der Beiname Adam verliehen. Das sei, wie er demonstrativ betonte, ein Wort aus der Sprache der Engel.

Er hat recht. Das hebräische Wort *Adam* geht auf eine Wurzel mit der Bedeutung »rot« zurück und steht höchstwahrscheinlich mit der Vorstellung »rotes Blut« in Zusammenhang. In der esoterischen Lehre wurde der Name Adam der zukünftigen Menschheit, die als erste in physischen Körpern auf die Erde herabstieg, gegeben. Er bezeichnete die ersten spirituellen Wesen, die sich in das Rot des Fleisches und Blutes

158

kleideten. Im Hebräischen bedeutet *Adam* »Erdling« – ein weiterer Hinweis auf die Vorstellung, daß die Menschen vor der Erschaffung Adams Wesen nicht von dieser Welt waren (aus diesem Grund wurden sie manchmal als »Außerirdische« gedeutet). Die ursprüngliche esoterische Lehre der »roten Erdlinge«, »roten Hermaphroditen« usw. steht nicht im Widerspruch zur Bibel. Die Schilderung in der Genesis ist überdeutlich. Lange bevor Gott Adam schuf, schuf er »Mann-Frau«.*[9]

Um auf Zosimus zurückzukommen – warum wurde Thoth in der Sprache der Engel »der erste Mensch« genannt? Dies hängt höchstwahrscheinlich mit dem Hinweis zusammen, daß Adam der erste gewesen sei, der den geschaffenen Dingen Namen zugewiesen habe. In der esoterischen Mythologie war der ägyptische Gott Thoth der erste, der allen Schöpfungen geheime Namen gab; er war Adam, der Erfinder der Geheimsprache der Engel – unserer Sprache der Vögel. In diesem Sinne war Thoth der erste Mensch, was erklärt, warum die Geheimsprache auch als »Sprache des Thoth« oder »hermetische Sprache« bezeichnet wird.

---

* Genesis I.7: »Et creavit Deus hominem ad imaginem suam: ad imagininem Dei creavit illum, masculum et faminam creavit eos.« Die Erschaffung Evas erfolgt erst in Genesis II.22.

Kapitel 5

Die Techniken der Grünen Sprache
in der Praxis

Es liegt nicht in unserer Absicht, die Bedeutungen der geheimen Grünen Sprache in Nostradamus' Quatrains in ihrer Gesamtheit zu untersuchen. Da sie einen so bedeutenden Platz in seinem Code einnimmt, würde eine umfassende Analyse eine Prüfung aller etwa eintausend prophetischen Verse erforderlich machen. Statt dessen wollen wir uns als Vorbereitung für unsere Annäherung an einige Quatrains auf einen kurzen Verweis auf ihr Wesen und ihre Verwendungsart beschränken.

Grundsätzlich ist die Grüne Sprache eine linguistische Methode, Wörtern und Sätzen gemäß einem System von Geheimregeln eine verborgene Bedeutung zuzuweisen. Die Regeln sind komplex. In Anhang V legen wir eine Anzahl von Begriffen dar, die sich auf Nostradamus' häufigste Techniken beziehen, soweit sie mit den anerkannten literarischen Methoden übereinstimmen. Andere in den Prophezeiungen eingesetzte Methoden, die einzig für Nostradamus charakteristisch sind, erwähnen wir, sobald sie in einem untersuchten Quatrain auftauchen. Zusätzlich zu der Geheimsprache baute Nostradamus in vielen seiner Quatrains Worte und Zitate in einer Vielzahl von Sprachen wie Französisch, Deutsch, Englisch, Latein und Provenzalisch ein. Der französische Wissenschaftler Clébert dürfte der einzige in unserer Zeit sein, der die verschlüsselte Natur von Nostradamus' Schriften erkannte. Er rief zu einem Vergleich mit der *pouesio macarouncio*, dem burlesken makkaronischen Stil (der Sprache des Volkes in der Provence des frühen sechzehnten Jahrhunderts) auf.[1] Die Bezeichnung makkaronisch wurde für eine sonderbare Form französischer Versdichtung verwendet, einer burlesken Poesie, in der die Worte der Umgangssprache lateinische Endungen erhielten. Man bediente sich verschiedener sprachlicher Veränderungen, die mitunter bedeutungsschwanger oder sinnlos, immer aber humorvoll waren. Der Begriff stammt von dem italienischen Wort *maccheronico* ab, das neben »burlesk« auch »Küchenlatein« bedeutet. Der bekannte italienische Ausdruck *maccherone* (Makkaroni oder Spa-

160

ghetti) wird im übertragenen Sinn noch für »Tölpel« oder »Dummkopf« verwendet.

Viele Quatrains enthalten überdies Wortspiele, Umkehrungen, Wortverkürzungen, Lautumstellungen innerhalb der Wörter und Synkopen, um nur einige der vielen linguistischen und rhetorischen Hilfsmittel zu nennen, die integraler Bestandteil der Literatur der Grünen Sprache sind. Wie wir erklärten, zielt die Grüne Sprache darauf ab, ein Wort oder eine Phrase so zu präsentieren, daß der Leser den Eindruck gewinnt, er habe die Bedeutung verstanden. Auf diese Weise wird seine Aufmerksamkeit von dem verborgenen Sinn abgelenkt. Ein Wort oder ein Satz, auf die diese Methode angewendet wird, nennt man »okkulte Tarnung«. Sie geht von dem Prinzip aus, daß der ungeübte Leser, zufrieden mit seinem Verständnis des Begriffes, zum nächsten Wort oder Satz übergeht und die eigentliche Bedeutung unversehrt und ungelesen hinter der Tarnung verborgen bleibt. Okkulte Tarnungen werden nicht bloß in prophetischen Versen wie den Centurien verwendet, sondern in vielen Formen von Malerei, Literatur und Symbolismus sowie in bestimmten Geheimdisziplinen des Spätmittelalters wie der Alchimie, dem Rosenkreuzertum und der esoterischen Dichtung. Parallel zur Entstehung einer solchen esoterischen Lehre entwickelte sich ein anerkanntes Fachgebiet, das auf die Erkennung und Deutung von okkulten Tarnungen ausgerichtet war.

Der in den Regeln der Grünen Sprache geschulte Okkultist ist darauf eingestellt, Nostradamus auf verschiedenen Ebenen zu lesen. Wir werden im nachfolgenden Text einige Beispiele dazu analysieren. Üblicherweise entwickelt der Geheimwissenschaftler eine gewisse Sensibilität für die nach festgeschriebenen, klaren Regeln in Wörtern oder Sätzen verborgene Bedeutung. Die Grüne Sprache ist vielschichtig und auf der Tatsache gegründet, daß Worte weit mehr beinhalten als lediglich Bezeichnungen. Sie schließen komplexe Konnotationen ein, die von einem Kenner der Sprache gezielt eingesetzt werden können. Zudem greift sie auf die von der indoeuropäischen Sprachfamilie abgeleitete zusammenhängende Sprachstruktur zurück. Das Lesen eines in Grüner Sprache verfaßten Textes erfordert ein waches Bewußtsein für möglicherweise in einzelnen Lauten oder sprachlichen Konstruktionen verborgene Bedeutungen.

DER STILLE FUCHS

Das Wort »renard« (»Fuchs«) findet sich in Quatrain VIII.41. Im weiteren werden wir auf die Bedeutung des ganzen Vierzeilers eingehen, doch für den Augenblick beschränken wir unsere Untersuchung auf die erste Zeile: »Esleu sera Renard ne sonnant mot« – »Der erwählte Fuchs macht nicht viele Worte«. Etymologisch betrachtet, leitet sich »renard« vom althochdeutschen *reginhart* ab, was etwa »stark in der Herrschaft« bedeutet. Wie uns der Linguist Nigel Lewis in Erinnerung ruft, verbarg sich wahrscheinlich diese Etymologie hinter der Symbolik des deutschen Epos *Reineke Fuchs*, wo der listige Fuchs die Kirche darstellt. Aufgrund dieser Symbolik und zweifellos auch der erkennbaren Eigenschaften des Fuchses selbst bezeichnet man heute eine listige oder schlaue Person mit diesem Wort.[2] Diese Assoziationen – Stärke in der Herrschaft, Schläue, Listigkeit etc. – sind in dem Begriff *renard* vereint, sobald er in der Grünen Sprache eingesetzt wird.

Zusätzlich läßt sich *renard* nach den häufig in der Grünen Sprache verwendeten Regeln der Homophonie in die beiden französischen Worte *reign* (»Königreich«, »Reich«, »König«) und *art* (»Fähigkeit«, »Geschicklichkeit«) teilen – womit wir uns nicht weit von der ursprünglichen deutschen Etymologie entfernen. Als Begriff der Grünen Sprache gewertet, kann das Wort *renard* somit auch in der Bedeutung »geschickt in der Herrschaft« oder »erfahren als König« gelesen werden. Wie wir anhand der nachstehenden Analyse erfahren werden, scheint Nostradamus diese Doppelbedeutung sardonisch einzusetzen.

Um die volle Tragweite dieses Begriffes der Grünen Sprache abschätzen zu können, müssen wir ihn in seinem Kontext untersuchen. Selbstverständlich gibt es unzählige Persönlichkeiten der Geschichte, die als listig und gerissen betrachtet werden können. So finden wir viele berühmte Könige (»in der Herrschaft geschickt«, *reign-art*), deren Ruf sich auf eben diese Eigenschaften gründet. Beispielsweise sah der anonyme Forscher D. D. im Jahr 1740 in diesem Quatrain den »Thronräuber Cromwell«, der seiner Ansicht nach ein »unvergleichlicher Fuchs, dreister Schurke und schelmischer Heuchler« gewesen ist. In jüngerer Zeit verwies Roberts auf Paul Reynaud, der im Jahr 1940 zum Premierminister Frankreichs gewählt wurde. Tatsächlich bezieht sich der Quatrain auf das Leben von Napoleon III., und obwohl es nicht unsere Absicht ist, an dieser Stelle die volle Bedeutung des Verses zu enthüllen, werden wir anhand einer kurzen Analyse aufzeigen, wie sehr das Wort »Fuchs« auf Charles Louis Bonaparte, den späteren Napoleon III., zutrifft. Jede einzelne Zeile des Quatrains ist eine brillante Anspielung auf seine listige Vorgangsweise.

»Esleu sera Renard ne sonnant mot,
Faisant le saint public vivant pain d'orge
Tyranniser apres tant a un coup,
Metant a pied des plus grands sur la gorge.«

Auch wenn sich »vivant pain d'orge« auf verschiedene Weise auslegen läßt, könnte dies für den Augenblick eine geeignete »Übersetzung« sein:

> »Der Erwählte Renard macht nicht viele Worte,
> Ein öffentlicher Heiliger, der seinen Vorteil sucht,
> Nach diesem Streich wird er zum Tyrannen,
> Setzt den Mächtigsten den Fuß in den Nacken.«

Bonapartes Wahl (»esleu«) war nicht nur einzigartig, sondern auch äußerst ungewöhnlich, was Nostradamus' Worten eine bemerkenswerte Note verleiht. Erst wurde er 1848 von vier Départements in die Revolutionsregierung gewählt. (Nach der Revolution ersetzte die französische Nationalversammlung die lokale Aufteilung Frankreichs durch dreiundachtzig Départements, von denen jedes über eine eigene Ratsversammlung verfügte. Dieser ausgesprochen praktische und in sich schlüssige Schritt veränderte die Landkarte Frankreichs vollkommen.) Obwohl diese Wahl bestätigt wurde, lehnte Bonaparte mit einem Auge auf die Zukunft und außerordentlicher Schläue ab. Im Dezember 1848 wurde er mit überraschender Mehrheit zum Präsidenten der Republik gewählt. Doch seine Intentionen reichten höher: Wie sein Onkel wollte er als absoluter Monarch regieren. Während er seine wahren Absichten verbarg, verleitete er die Nationalversammlung listig zu einer repressiven Gesetzgebung.

Die zweite Zeile erscheint so lange undurchsichtig, bis man erfährt, daß Napoleon tatsächlich in der Öffentlichkeit den Heiligen spielte. Beispielsweise schwor er nach seiner Wahl zum Präsidenten, der demokratischen Republik treu zu bleiben, obwohl er bereits ihren Sturz und seine Kaiserkrönung plante, was er am Ende durch einen »coup« erreichte. Die eigenartige Phrase »vivant pain d'orgue« ist wahrscheinlich als das französische Sprichwort *faire ses orgues* zu interpretieren, was soviel wie »sich auf unehrliche Weise Vorteile verschaffen« bedeutet. Dies beschreibt Napoleons Vorgehensweise präzise.

Wie die dritte Zeile andeutet, gelangte er durch einen *coup d'état* (»tant a un coup«) ans Ziel. Nachdem er enorme Anstrengungen unternommen hatte, seine verschwörerischen Anhänger in Schlüsselpositionen einzusetzen, führte er am 2. Dezember 1851 einen Staatsstreich durch und wurde ein Jahr später zum Kaiser erklärt. Die dritte und vierte Zeile müssen als Einheit betrachtet werden, da sie sich mit jener Schreckensherrschaft befassen, die er, mit absoluter Macht gesegnet und durch diese weiter korrumpiert, ausübte. Das Wort »tyrannizer« ist eine ausgezeichnete Beschreibung dessen, was folgte. Napoleon änderte die Gesetze, um die Position der Republikaner zu schwächen, und ließ seine politischen Gegner massenweise deportieren, während seine Geheimpolizisten, die *ratapoils*, die Republikaner terrorisierte. Als das Kaiserreich unterging (teilweise aufgrund der Unfähigkeit Napoleons III. bei Sedan im Jahr 1870), erkannte die Versammlung von Bordeaux das Ausmaß der Verbrechen und der Gewaltherrschaft des Fuchses Napoleon III. und erklärte ihn zum Verantwortlichen für den Niedergang, die Invasion und die Auflösung Frankreichs.

»LECTOYRE«

Unser zweites Beispiel steht mit einem Wort in Zusammenhang, das bereits viele Interpreten, einschließlich Charles Ward, verwunderte. Es dreht sich um den Ausdruck »lectoyre«, der in der dritten Zeile von Quatrain VIII.43 vorkommt: »Dedans lectoyre seront les coups de dards« – »Innerhalb lectoyre wird es Stürme von Pfeilen geben«.

Aufmerksamen Forschern erschien es offensichtlich, daß dieser Vierzeiler eine berühmte, an einem Ort namens Lectoyre geschlagene Schlacht vorhersagte, doch niemand wußte, wo sich dieser Ort befand oder wann die Schlacht stattfinden würde. Obwohl der Ausdruck »Lectoyre« ein Rätsel blieb, mangelte es von seiten der Interpreten nicht an einfallsreichen Vorschlägen für seine Deutung. Anhand einiger bemerkenswert genauer Landkarten, die von dem holländischen Verleger Willem Blaeu (1571-1638) gedruckt worden waren, bemerkte Ward – der seine Schriften im Jahr 1891 verfaßte und sich bewußt war, daß Nostradamus oftmals Anagramme als Teil seiner linguistischen Täuschungsmanöver verwendete –, daß das Sedan gegenüberliegende Ufer der Maas *Grand Torcy* und *Petit Torcy* genannt wurde. Er erkannte *Le Torcey* als Anagramm von »Lectoyre« und kam zu dem Schluß, daß es sich bei dem Ort der prophezeiten Schlacht um Sedan handelte.

Zwei Monate, nachdem Napoleon III. im Jahr 1870 Preußen den Krieg erklärt hatte, wurden die Franzosen bei Sedan vernichtend geschlagen, Napoleon III. nach ergebnislosen Verhandlungen mit Bismarck gefangengenommen. Er faltete im wahrsten Sinne des Wortes die Trikolore zusammen, die im Juli 1789 von den Revolutionären als Nationalflagge eingeführt worden war. Zwei Tage nach Sedan wurde Frankreich wieder zur Republik erklärt.

Eigentlich hätte Ward die alten Karten gar nicht durchstöbern müssen, denn noch heute findet sich westlich von Sedan zu beiden Seiten des Maaskanals eine Place de Torcy und die Prairie de Torcy. Wie wir anhand dieses Beispiels sehen, benötigte Nostradamus keine zeitgenössischen Karten oder Bücher für die Nennung von Ortsnamen oder die Namen zukünftiger historischer Persönlichkeiten. Er gab den Ort der Schlacht mit Hilfe eines weit einfacheren Hinweises an, indem er sich der Grünen Sprache bediente, mit der Ward nicht vertraut war.

Die dritte Zeile beginnt mit dem seltsamen Wort »Dedans«. Lassen wir das Versmaß beiseite, so zeigt sich, daß dieses Wort, »innerhalb«, nicht wirklich notwendig ist. Strenggenommen wäre »bei« oder »in« vollkommen ausreichend gewesen. Möglicherweise setzte Nostradamus »Dedans« aus rhythmischen oder lautlichen Gründen ein, doch es ist andererseits kaum zu übersehen, daß »Dedans« praktisch ein Anagramm von Sedan ist. Wenn wir uns die Frage stellen, warum »lectoyre«, eindeutig eine Ortsangabe, nicht mit einem Großbuchstaben beginnt, können wir dies als Hinweis darauf verstehen, daß auch der Großbuchstabe von »Dedans« weggelassen werden sollte. Wir erhalten *edans*, und das ist ein echtes Anagramm von Sedan.[3] Dieser Verzicht auf den Anfangsvokal gehört zur Praxis der Grünen Sprache. So ergibt sich aus der eigentümlichen Konstruktion der ersten beiden Wörter dieser Zeile die genaue Angabe jenes Ortes, der von so großer Bedeutung für die Errichtung und das Ende der Dritten Republik war. Obwohl der Vers den Namen der Schlacht beinhaltet, war es so gut wie unmöglich, ihn vor dem beschriebenen Ereignis korrekt zu deuten. Und das entsprach, wie wir gesehen haben, den Absichten von Nostradamus.

DER RIESE OGMION

Oft benutzte Nostradamus die Grüne Sprache weniger komplex als im vorherigen Abschnitt. Er war ein Meister in der Kunst, einen vielschichtigen, symbolhaften Ausdruck dieser Sprache in einen harmlos erscheinenden Eigennamen einzubauen. Ein ausgezeichnetes Beispiel dafür finden wir in dem Wort »ognion«. Dieser Begriff, eine Version von *Ogmion*, begegnet in Quatrain IX.89, der sich mit den Ereignissen der Herrschaft von Louis-Philippe, dem letzten französischen König, befaßt. Die vierte Zeile des Vierzeilers verkündet, daß seine Macht von dem jungen »ognion« geschwächt werde. Um die Bedeutung dieses Wortes enthüllen zu können, müssen wir kurz auf den ganzen Quatrain eingehen, der folgendermaßen lautet:

»Sept ans sera PHILIP fortune prospere.
Rebaissera des BARBARES l'effort.
Puis son midy perplex, revours affaire,
Jeune ognion aysmera son fort.«

»Sieben Jahre wird Philip in Glück und Wohlstand leben,
Zunichte machen wird er die Bemühungen der Barbaren.
Nach seinem Zenit wird Unentschlossenheit die Situation umkehren,
Und der junge Ognion wird seine Macht brechen.«

Dies ist einer jener Quatrains, in denen Nostradamus den zukünftigen Protagonisten (Louis-Philippe) ohne den Versuch einer Tarnung nennt. Uns erscheint es schwierig anzuerkennen, daß Philip aus Nostradamus' Sicht eine Gestalt der Zukunft war.

Wie die Anfangszeile andeutet, verliefen Philips erste Regierungsjahre angesichts der Zustände im damaligen Frankreich ausgesprochen gut. Während dieser Zeit marschierte er im Jahr 1827 und 1830 in Algerien ein. Somit erklärt sich das Wort »BARBARES«, das Nostradamus üblicherweise in bezug auf die Türken oder Araber, die Europa im sechzehnten Jahrhundert bedrohten, anwendete (s. Seite 144 f.). Die Schwierigkeiten, denen sich der König gegenübersah, werden im zweiten Teil erläutert:

»Puis son midy perplex, revours affaire,
Jeune ognion abysmera son fort.«

Im Jahre 1836 wurden verschiedene Versuche unternommen, Philip vom Thron zu stürzen. Eine Ursache seiner Probleme fand sich in der Person des konservativen Ministers François Guizot, der sich hartnäckig liberalen Reformen widersetzte, was im Februar 1848 zum Ausbruch einer Revolution führte. Wie bereits im Jahre 1795 verließ Philip das Land, floh diesmal jedoch nicht nach Amerika, sondern nach England, wo er zwei Jahre später verstarb.

Die Grüne Sprache findet sich in der letzten Zeile dieses Quatrains in der Wortschöpfung »ognion«. *Ogmion*, mitunter auch *Ognion* oder *Ogmius*, dürfte sich von *Ogma* aus der keltischen Mythologie ableiten, dem Erfinder des *Ogham*-Alphabets (dessen keltischer Ursprung von einigen Wissenschaftlern bezweifelt wird), der auch die Namen *Ogam*, *ogum* und (im Gälischen) *oghum* führt. Im römischen Gallien war er als *Ogmios* bekannt, doch ist dies wohl auf ein Mißverständnis des Poeten Lucian zurückzuführen, der ihn für eine gallische Gottheit, das nordi-

166

sche Gegenstück zu Merkur und den Schutzherrn der Sprache hielt. Ogmios wuchs physisch möglicherweise durch die Verbindung späterer Varianten seines Namens mit dem lateinischen Ausdruck *orco*, »Dämon«, und dem französischen Wort *Ogre*, das Perrault Ende des siebzehnten Jahrhunderts in seinen Märchen verwendete. Spätere Enzyklopädisten bemühten sich, seinen Namen endgültig in der Form Ogmius festzulegen, und machten ihn zu einem gallischen Gott, einer Art Herkules.

In den französischen Romanzen und Fabeln, mit denen Nostradamus vertraut gewesen sein dürfte, gibt es zwei bedeutende Persönlichkeiten, deren Namen sich von *Ogma* ableiten. Die wichtigste, Ogier der Däne, taucht in den Erzählungen rund um Karl den Großen auf und ist einer der großen Volkshelden der mittelalterlichen Epen. Auf die andere Persönlichkeit, die biblischen Ursprungs ist, treffen wir in Gestalt von Og, dem riesenhaften König von Bashan.[4] Wahrscheinlich leitete Perrault den Begriff *Ogre*, mit dem er menschenfressende Riesen bezeichnet, vom Namen dieses Königs ab.

Auch wenn es strenggenommen nicht zutreffen dürfte, beharren einige moderne Interpreten (unter ihnen Laver) auf der Ansicht, daß es sich bei Ogmios tatsächlich um Herkules handle. Ein faszinierender Gedanke, denn Herkules' Bild taucht sowohl auf der republikanischen Fünf-Franc-Münze aus dem Jahr 1848 als auch auf einer Münze aus dem Jahr 1796 auf. Mit »jeune ognion« ist dann die neue Republik (1848) im Gegensatz zur alten gemeint. Wenn sich Ogmios auf den Geldstücken der Revolution befand, läßt sich daraus folgern, daß Nostradamus dies in seinen Visionen gesehen haben muß. Laver schreibt: »Es ist, als wäre Nostradamus tatsächlich in die Zukunft gereist, hätte sich unter die revolutionäre Menge gemischt und die Geldstücke in seiner Hand gehalten.« Dies ist sicher eine interessante Vorstellung, aber wir sind der Meinung, daß Nostradamus bei der Verfassung seiner Verse keineswegs an die angesprochenen Münzen dachte. Zudem hatte er es nicht nötig, sich der Numismatik zu widmen. Der Riese auf der Münze ist nicht Ogmios.

Laver gab das Datum der ersten Münze falsch an. Die Rückseite trägt die Beschriftung »L'an 5«, was dem Jahr 1796 entspricht. Auf der Vorderseite ist das Bildnis des Riesen Herkules deutlich zu erkennen. Er steht zwischen der Verkörperung von Freiheit und Gleichheit. Die Inschrift lautet: »Union et Force« (Einheit und Stärke). Aufgrund des Löwenfells besteht kein Zweifel, daß es sich bei dieser Abbildung um Herkules und nicht um Ogmios oder Ogier handelt. Scheinbar ohne Zusammenhang taucht der Hercules Gallicus in einem hermetischen

Fresko von Tabaldi und Carducci im Escorial auf, dem Glanzstück öffentlich zur Schau gestellter Geheimmalerei in Spanien. Ströme von Kraft ergießen sich aus seinem Mund und unterwerfen alle vor ihm Abgebildeten. Welcher Art auch immer das Wesen dieses Stroms sein mag, es stellt Herkules in einen Zusammenhang: Er bildet eine Verbindung zu dem Caput Hercules, der über das korrigierte Geburtsdiagramm von Philip II. von Spanien (s. Seite 387) herrschte.

Wenn wir den numismatischen Symbolismus beiseite lassen, erkennen wir, warum Nostradamus das Wort »ognion« zur Beschreibung jenes Riesen wählte, dem Philip gegenüberstand. Wie man es von einer in der Grünen Sprache abgefaßten Konstruktion verlangte, sind verschiedene Bedeutungsstränge in einem Wort miteinander verwoben, die allesamt Nostradamus' in Geheimwissenschaft geschultem Verstand zugesagt hätten. Ognion ist, ebenso wie die Revolution, ein Menschenfresser. Ogmios ist ein Riese, der sich der Macht einfacher Sterblicher entzieht. Er erfand eine geheime Form der Schrift, ist ein Volksheld und somit ein geeignetes Symbol für das allgemeine Gefühl, das Frankreich nach 1848 ergriff.

Die letzte Zeile des Verses verweist auf einen wichtigen Grund, warum Nostradamus es vorzog, diesen Namen und nicht die Revolution zu erwähnen. Ogmions Namensvetter, Ogier der Däne, tritt wiederholt als Retter Frankreichs auf. Unterstützt von Morgan le Fay rettet er Frankreich vor der Invasion der Mohammedaner. Dem Volksglauben zufolge stirbt Ogier nach der Abwehr des Feindes nicht (im Gegensatz zu seinem Pendant Arthur), sondern bleibt in Avalon, um den Ruf Frankreichs in Zeiten der Not zu erwarten. Wir haben es hier nicht mit einer Anspielung auf den klassischen Herkules zu tun, sondern mit einem prophetischen Hinweis auf den Mythos um Karl den Großen und einen Schutzgeist Frankreichs.

Der Name Ognion ist nicht von besonderer Bedeutung für das Studium von Nostradamus, bietet uns jedoch einen Einblick in die Anwendung der Grünen Sprache. Das Wort rief verschiedenste Assoziationen von der Bibel bis zur Mythologie, von der Frühgeschichte Frankreichs bis zu über mehrere Jahrtausende reichenden Erwartungen hervor. Es verbindet den französischen Volksglauben mit der Vorstellung von Riesen in Gestalt einer übergeordneten Macht, die nicht stirbt, sondern auf den Flügeln der Geschichte auf den Ruf zur Rettung Frankreichs wartet. So beschreibt es in eindrucksvoller Weise die im Volk verwurzelte revolutionäre Kraft, die die Grundlage des französischen politischen Systems bildet.

Nicht immer beschränkt sich die Grüne Sprache auf ein getarntes Wort. Oftmals werden ganze Sätze als geheime oder literarische Hinweise herangezogen, die sich allein Eingeweihten oder jenen, die zumindest mit der klassischen Literatur vertraut sind, erschließen. Mitunter wird die Grüne Sprache in der Absicht verwendet, einen Begriff mit einer nuancierten Bedeutung zu versehen, wie es in der gewöhnlichen Sprache nicht möglich wäre. Dann wiederum sollen ein Ortsname oder ein Zeitpunkt getarnt werden, um den Inhalt des Quatrains bis zum Eintreffen dieses Ereignisses im verborgenen zu halten. Ein gutes Beispiel dafür ist »L'oeil de la mer« (»Das Auge des Meeres«) aus Quatrain IV.15, das zu vielen Mißverständnissen geführt hat. 1942 behauptete James Laver, dieser Vers beziehe sich auf die Periskope von Hitlers U-Booten im Nordatlantik – die über die Wellen hinausragende Periskoplinse sei das »Auge«.

Der Quatrain lautet folgendermaßen:

> »D'ou pensera faire venir famine,
> De la viendra le rassasiement:
> L'oeil de la mer par avare canine,
> Pour de l'un l'autre donra huille froment.«

Vorläufig wollen wir wie folgt übersetzen:

> »Man wird nachdenken, woher die Hungersnot kommt,
> Von dort wird auch Genugtuung kommen
> Das Auge des Meeres in hündischem Geiz,
> Wird dem einen und dem anderen Öl und Getreide geben.«

Nahezu alle Wissenschaftler, die nach 1942 diesen Vers kommentierten, schlossen sich Lavers Deutung an. Dennoch ist sie falsch. Nur Roberts weicht von dieser Ansicht ab; er sieht hier einen Hinweis auf Off-shore-Bohrungen und die Entdeckung großer Ölreserven. Dabei unterläßt er es allerdings, eine Erklärung für »Auge des Meeres« zu geben. Wir bezweifeln, daß sich die Zeilen auf Unterseeboote oder Erdölbohrungen beziehen. Der Verweis auf das Auge des Meeres ist ein reinstes Beispiel Grüner Sprache und von der griechischen Phrase *mati tis thalassas* abzuleiten, die wörtlich als »das Auge des Meeres« zu übersetzen ist. Einfach ausgedrückt, bedeutet der Ausdruck »Wasserstrudel«.

Innerhalb der Lehre der Grünen Sprache deutet die Verbindung auf Sizilien hin. Der klassischen Mythologie entnehmen wir, daß sich vor der Küste dieser Insel ein großer Strudel namens Charybdis befindet. Nach Homers Worten ist Charybdis so gewaltig, daß er täglich dreimal das Wasser des Meeres verschlingt.[5] In Ovids *Metamorphosen*, die Nostradamus vertraut gewesen sein dürften, wird der Wasserstrudel in der Meerenge von Messina genannt (obwohl an dieser Stelle keiner zu finden ist).

Homers Hinweis führte zu der berühmten Redewendung (die sich bis zu dem römischen Dichter Horaz zurückverfolgen läßt[6]), in der einander zwei Gefahren gegenübergestellt sind: Will man dem Strudel Charybdis ausweichen, fällt man Szylla in den Rachen. Nach Ovid ist Szylla ein von Circe erschaffenes sechsköpfiges Meeresungeheuer von drei Metern Länge. Der Legende nach ernährte es sich von den »Hunden des Meeres«, wie man die Delphine nannte, und fraß eine Unzahl von Seeleuten, die es von vorüberfahrenden Schiffen herunterholte. Wenn es im Meer schwamm, waren seine Lenden von einem Gürtel wütender Hunde umringt, und an seinen Füßen fanden sich scharfe Klauen wie die des abscheulichen Höllenhundes. Auch sein Gebrüll soll dem Bellen eines Hundes geglichen haben. Man benötigt nicht allzu viel Vorstellungskraft, um in diesem Ungeheuer einen geifernden Hund zu sehen, der einen der beiden Felsen in der Meerenge zwischen Sizilien und Italien bewacht.

Fest steht jedenfalls, daß sich Nostradamus' Zeile eindeutig auf den Wasserstrudel und das Meeresungeheuer und nicht etwa auf eine Erfindung unserer modernen Welt wie ein Periskop bezieht. Haben wir die tarnenden Elemente der Grünen Sprache erst einmal durchschaut, erkennen wir, daß diese Zeile einen Hinweis auf ein Ereignis darstellt, das in Sizilien oder in der nahegelegenen Straße von Messina stattfindet.

In einigen Fällen sind Nostradamus' in Grüne Sprache gehüllte Konstruktionen so tief in ihren Zusammenhang verwoben, daß es nahezu unmöglich ist, sie zu trennen, wie es uns bei dem Wort »ognion« oder dem Ausdruck »L'oeil de la mer« geglückt ist. Aus diesem Grund werden wir uns drei weiteren Beispielen der Grünen Sprache zuwenden, um seine Methode, kontextuell zu arbeiten, näher zu analysieren.

Der erste Quatrain befaßt sich mit den Problemen des Papsttums im achtzehnten Jahrhundert. In diesem Vierzeiler scheint Nostradamus die Grüne Sprache lediglich ein einziges Mal einzusetzen. Zusätzlich dazu nimmt er jedoch eine Anzahl interessanter linguistischer Elemente in den Quatrain auf, die uns einen hilfreichen Einblick in seine Methode gewähren. Wie wir erkennen werden, veranschaulicht dieser Quatrain

einige der ungelösten Schwierigkeiten bei der Annäherung an Nostradamus' Texte. Der zweite Vierzeiler, der sich mit der Leidensgeschichte
Marie Antoinettes gegen Ende des achtzehnten Jahrhunderts auseinandersetzt, bietet verschiedene Nuancen der Verwendung der Grünen
Sprache. Unser dritter Text ist ein Quatrain, der sich mit dem im Jahr
1697 ausgehandelten Frieden von Rijswijk befaßt, und stellt eines der
kompliziertesten Beispiele Grüner Sprache im Werk von Nostradamus
dar.

PÄPSTE, BALLONS UND GRABMÄLER

Der erste Quatrain, V.57, lautet:

»Istra du mont Gaulsier & Aventin,
Qui par le trou advertira l'armée:
Entre deux rocs sera prins le butin,
De Sext. mansol faillir la renommée.«

Eine ungefähre Übersetzung wäre:

»Aus dem Mont Gaulsier und Aventin wird hervorkommen,
der durch das Loch die Aufmerksamkeit der Armee auf sich ziehen
wird,
Zwischen zwei Felsen wird die Kriegsbeute gemacht
Von Sext. Mansols Ruhm wird abnehmen.«

Dieser faszinierende Vers, im Hinblick auf die Grüne Sprache übersetzt,
sagt eine Heißluftballonfahrt und den Tod eines Papstes voraus (vermutlich als Zeitangabe des Ereignisses). Doch diese Interpretation kam
durch jüngste französische Forschungen ins Wanken, die einen vollkommen anderen Zugang zu diesem Quatrain aufzeigen. Das wirft die
Frage auf, ob nicht mehrere bereits »übersetzte« Quatrains durch neue
Deutungen in der Zukunft eine gänzlich unterschiedliche Aussage
erhalten. Zudem ist zu hinterfragen, ob Nostradamus nicht tatsächlich
beabsichtigte, daß seine Quatrains in Übereinstimmung mit ihrer ganz-
heitlichen Struktur mehr als nur eine Bedeutung enthielten.
    Wenden wir uns der Interpretation zu, die durch Hinweise auf die
Grüne Sprache abgeleitet werden kann. Wie die meisten seiner Verse
scheint auch dieser auf den ersten Blick im Französisch des sechzehnten
Jahrhunderts verfaßt worden zu sein. Doch dieser Eindruck trügt. Denn

schon bald werden wir auf englische und lateinische Worte und Wortteile sowie eine Reihe von Wörtern stoßen, die bedeutungsvolle Verdrehungen und Konstruktionen in der Geheimsprache darstellen. Die vorliegende Textstelle enthält einen verschlüsselten Hinweis, einen Ausdruck in Grüner Sprache (als englisch-lateinische Wortverbindung), eine Synkope und eine Reihe scheinbar zum Zweck der Tarnung eingesetzter Wörter im Französisch des sechzehnten Jahrhunderts. Nach üblichen syntaktischen und linguistischen Maßstäben ist sie relativ einfach zu deuten – weswegen wir sie auch für unsere Untersuchung herangezogen haben.

Nostradamus weist in seinen Quatrains Personen und Orten häufig bestimmte Namen zu. Hier erwähnt er beispielsweise den römischen Hügel Aventin. In der Tradition der Grünen Sprache handelt es sich bei solchen Namen oft um Tarnungen. Keine der an Ortsnamen erinnernden Bezeichnungen dieses Textes ist, wie unsere Analyse ergeben wird, das, was sie zu sein scheint. Rufen wir uns die Tatsache in Erinnerung, daß sich die Karte Europas seit Nostradamus' Niederschrift der Verse so oft verändert hat, daß es unsinnig wäre anzunehmen, die von Nostradamus angegebenen Ortsnamen entsprächen auch heute noch existierenden Gegebenheiten.

Nostradamus besaß die Fähigkeit, über Gebiete und Orte zu schreiben, wie sie in der Zukunft, das heißt, zur Zeit des von ihm vorhergesehenen Ereignisses, aussehen würden. (Zu einem späteren Zeitpunkt werden wir auf einen seiner Texte über die im sechzehnten Jahrhundert noch nicht existierenden Vereinigten Staaten von Amerika zu sprechen kommen.) Quatrain V.57 enthält ein französisches Beispiel, das sich auf Distrikte bezieht, welche aus der Französischen Revolution hervorgingen und kurz nach der Wiedereinsetzung der Monarchie zu kartographischen Erinnerungen wurden.

In Quatrain V.57 verflocht Nostradamus die Vorhersage des Heißluftballons der ersten beiden mit dem Schicksal des damaligen Papstes in den letzten Zeilen. Wie wir erfahren werden, erfüllten sich beide Vorhersagen gegen Ende des achtzehnten Jahrhunderts in Frankreich.

Die erste Zeile lautet »Istra du mont Gaulsier & Aventin«. Hier scheint es sich um zwei Berge namens Gaulsier und Aventin (einer der sieben Hügel Roms) zu handeln. Es ist typisch für Nostradamus' Technik, den Aventin als einen »Berg« (»mont«) zu bezeichnen, der doch nicht mehr als ein Hügel ist. (In der dritten Zeile beschreibt er einen echten Berg als Hügel oder Felsen: »roc«.) Dieser Hinweis auf einen Berg läßt sich nur in Kenntnis der Grünen Sprache verstehen. Als Nostradamus seine Texte verfaßte, wurden die Buchstaben »s« und »f« oft ausgetauscht; letzteres nannte man auch langes »s«. So ließ sich »Gaulsier«

auch als *Gaulfier* schreiben. Verbinden wir diesen Ausdruck mit dem vorangestellten Wort »mont«, erhalten wir *montGaulfier*. In der Grünen Sprache ist es durchaus zulässig, sich vokalischer Homonyme zu bedienen und diese in einen seltsam erscheinenden Ausdruck eines anderen Wortes mit demselben Klang einzuschließen. Da *montGaulfier* wie Montgolfier klingt, ergibt sich der Hinweis auf die beiden Brüder Montgolfier, die die Luft in einem Heißluftballon eroberten.

Der Hinweis auf einen römischen »Berg« (»Aventin«) ist wesentlicher Bestandteil der Prophezeiung und deutet auf den zweiten Strang von Vorhersagen in diesem Quatrain hin. Er befaßt sich mit einem der Päpste, der zwar anfangs im Vatikan regierte, aber in Frankreich starb. Selbst das einfache Wort »mont« wird hier zur Hervorhebung einer wichtigen Zweideutigkeit eingesetzt. Als Hauptwort (»mont«) beschreibt es einen Berg, als Zeitwort (*monter*) bedeutet es »ersteigen«, »emporklettern« oder »aufsteigen«.

So beziehen sich die ersten Zeilen des Quatrains auf das ereignisreiche letzte Jahrzehnt des achtzehnten Jahrhunderts. Am 19. September des Jahres 1783 ließen die Brüder Montgolfier vor Ludwig XVI. und seinem versammelten Hof Schafe, Hühner und Enten in einem Heißluftballon in die Luft aufsteigen. Ziel war es zu beweisen, daß Fliegen möglich war und daß die dünnere Atmosphäre keine schädliche Auswirkung auf die Tiere hatte. Am 21. November desselben Jahres hoben J. F. Pilatre de Rozier und der Marquis d'Arlandes vom Châteu de la Muette zur ersten bemannten Ballonfahrt ab. Sie trieben in einhundert Metern Höhe neun Kilometer über Paris, wofür sie ungefähr fünfundzwanzig Minuten benötigten. Nach diesem Versuch erfaßte das Ballonfieber ganz Europa.

Wenden wir uns nun der zweiten Zeile zu: »Qui par le trou advertira l'armée«. Das Mischverb »advertira« stammt von dem lateinischen *adverto* und bedeutet »etwas (besonders seine Aufmerksamkeit) einem bestimmten Ort zuwenden«. So lautet die zweite Zeile ungefähr »der durch das Loch die Aufmerksamkeit der Armee auf sich ziehen wird«. Das Loch steht eindeutig mit dem Montgolfier-Ballon in Verbindung. Innerhalb eines Jahrzehntes nach seiner Erfindung wurde der Heißluftballon bereits für Kriegszwecke verwendet, wenn er auch zu diesem frühen Zeitpunkt auf die Lufterkundung beschränkt war. Im Jahr 1794 kam er erstmals in der neuen französischen Republik während der Entscheidungsschlacht bei Fleurus in Belgien zum Einsatz. Die Ballonfahrer konnten das Gelände und die gegnerische Arme (»armée«) nicht durch ein Loch (»trou«) im Boden des Korbes, wie Cheetham behauptet, sondern durch die »Löcher« des Teleskops überblicken.[7] Eine erlesene Emailarbeit auf einer zeitgenössischen französischen Schnupftabakdose stellt diesen Ballon dar, der, an langen Tauen hinter den französischen Linien befestigt, über der belgischen Armee schwebte. Dies könnte die Abbildung einer Szene sein, wie sie Nostradamus zwei Jahrhunderte früher vorhergesehen hatte.

Die dritte Zeile lautet: »Entre deux rocs sera prins le butin«. Der Verweis auf die »deux rocs« zählt zu Nostradamus' scharfsinnigsten Visionen, denn die beiden Felsen, zwischen denen die Beute gemacht werde, existierten nur wenige Jahre in Form französischer Départements. Nach 1792 (einem für Nostradamus überaus bedeutsamen Datum) führte die aufkommende republikanische Expansionspolitik zur Schaffung eines neuen, Mont Blanc genannten Départements. Im Jahr darauf wurde der Kanton Basel, der sich bereits von der helvetischen Konföderation abgespalten hatte, Frankreich unter dem Namen Mont Terrible als Département eingegliedert. Diese beiden Bezirke existierten nur wenige Jahre als eigenständige kartographische Gebilde. Während dieser Periode wurde die Kriegsbeute (»butin«) aus Italien zwischen den beiden »Bergen« hindurch nach Frankreich gebracht (siehe unten). Dies war an sich nicht die übliche Reiseroute von Rom nach Frankreich. Aufzeichnungen belegen, daß Papst Pius VI. nach seiner Weigerung, seiner weltlichen Macht zu entsagen, gefangengenommen und nach Certosa in der Nähe von Florenz überführt wurde. Als Frankreich der Toskana den Krieg erklärte, wurde er auf den nördlichen Straßen über Turin und Grenoble außer Landes gebracht.

Die Erwähnung der beiden Hügel in der ersten Zeile des Quatrains und die beiden Berge in der dritten Zeile passen zu Nostradamus' Methode, oft mehrere Ereignisse in einem Thema zu einer Einheit zusammenzufassen.

Die wertvolle Kriegsbeute (»butin« ließe sich auch als »Trophäe« übersetzen) ist zweifellos jener in der vierten Zeile genannte Papst. Dies wird durch die Verwendung des zweideutigen Verbs bzw. Substantivs »prins« bestätigt. Der Papst ist ein weltlicher Prinz (die korrekte französische Form würde *prince* lauten). Er wurde »zwischen zwei Felsen« gefangengenommen (»prins« – hier wäre die richtige französische Schreibweise *prise*). 1798 wurde ein Papst (»prins«) als Gefangener (*prins*-oner, ein französisch-englisches Mischwort) nach Valence an der Rhône gebracht.

Nebenbei bemerkt: Nostradamus könnte das den Papst bezeichnende Wort »butin«, das in der Grünen Sprache eine Verbindung zu *butte* (dem englischen *but*) herstellt und »Berg« oder »kleiner Hügel« bedeutet, als Übergang zum Bergthema des Quatrains eingeflochten haben.

Nun gelangen wir zur vierten Zeile: »De Sext. mansol faillir la renommée.« Um die Abkürzung »Sext.« zu verstehen, müssen wir uns erst dem Wort »mansol« zuwenden. Es erscheint in mehreren Quatrains und ist in der alchimistischen Grünen Sprache eine Bezeichnung für das Papsttum. »Mansol« besteht aus dem zusammengesetzten englischen Wort *Man* und dem lateinischen Wort für Sonne, *sol*. Wie bei den meisten Begriffen der Grünen Sprache enthält es jedoch auch eine zusätzliche verborgene Bedeutung, denn »Mansol« läßt sich durch Lautumstellung in *Solman*, eine Anspielung auf Salomon, den für seine Weisheit bekannten König der Juden, umwandeln. Der Papst ist die weise Mann-Sonne, der menschliche Vertreter des Sonnenwesens Christus auf Erden.

Bei »Sext.« handelt es sich um eine Abkürzung des lateinischen *Sextus* (»der Sechste«). Im Jahr der Veröffentlichung von Nostradamus' ersten Quatrains bestieg Giovanni Pietro Caraffa unter dem Namen Paul IV. den Papstthron. Der erste Papst, der nach diesem Zeitpunkt die Zahl VI hinter seinem Namen trug, war Giovanni Angelo Braschi, der den Namen Pius VI. annahm und zwischen 1775 und 1799 regierte. Dies läßt den vermeintlich esoterischen Ausdruck *Sext* sowohl unzweideutig als auch leicht interpretierbar erscheinen. Die Erwähnung »sechster« oder der Zahl »sechs« ist zudem ein Hinweis auf die erste Zeile des Quatrains, in der, symbolisch gesprochen, einer der sieben Hügel Roms (der Aventin) bewegt wird; so bleiben sechs zurück.

Man könnte auch die Ansicht vertreten, »Sext« beziehe sich auf Felice Peretti, der im Jahr 1585 als Sixtus V. die Papstwürde übernahm, oder sogar auf Paul VI., der im Jahr 1963 zum Papst gewählt wurde. Allerdings ist Pius VI. nicht nur der erste, der nach Nostradamus den Beinamen Sextus trug, sondern auch der einzige, der, im Gegensatz zu den beiden letztgenannten, einen Bezug zu den in dem Quatrain enthüllten Ereignissen aufweist. Daher dürfen wir annehmen, daß »Sext.« ein Hinweis auf Pius VI. ist, der zu jener Zeit Papst in Rom war, als die Brüder Montgolfier mit ihren Ballonexperimenten begannen.

Die Hauptschwierigkeit der Grünen Sprache liegt in der Tatsache, daß sie auf bedeutungsvollen Assoziationen basiert. Ihre Technik beschränkt sich nicht lediglich auf die Verwendung alternativer, durch Lautumstellung, Hyphärese oder Synkopen gewonnener Begriffe. Ziel der sprachlichen Anpassungen ist die Schaffung eines neuen Wortes, das sinnvolle Schlußfolgerungen zuläßt. Dies ist anhand der tieferen Bedeutungsebene des Ausdrucks »De Sext.« zu erkennen (einer selbst für die Grüne Sprache außergewöhnlich eigenartigen Konstruktion). Er stellt ein lateinisches Homonym von *dissectus* (einem Partizip des Verbs *dissecare*) dar und bedeutet »abtrennen«. Die Herrschaft Pius' VI. kennzeichnet buchstäblich die Zergliederung des Papsttums, da er gegen seinen Willen von Rom »getrennt« wurde und nicht zurückkehrte.

Auch die eigentümliche Phrase »faillir la renommée« paßt ausgezeichnet auf Pius VI. Das Verb »faillir« läßt sich als »scheitern«, »bankrott machen«, »sich schuldig machen« und »untergehen« übersetzen, wohingegen »renommée« »Ruhm« und »Ansehen« bedeutet. Auch wenn Pius VI. ein bemerkenswerter und tüchtiger Mann war, mußte er doch zusehen, wie das Ansehen des Papsttums schwand, und sich mit kirchlichen, sozialen und politischen Umwälzungen auseinandersetzen, die die Fähigkeiten eines einzelnen Menschen bei weitem überstiegen. Als Folge der Eroberung von Bologna, Ravenna und Ferrara durch Napoleon und der Revolution in Italien, die zur Ausrufung der antikirchlichen römischen Republik führte, wurde Pius im Jahr 1798 seines Amtes enthoben. Er starb als Gefangener (»prins«) Frankreichs 1799 in Valence.

Bis hierher ist die Analyse ziemlich überzeugend. Zwei unterschiedliche Weissagungen vereinen sich in der Gemeinsamkeit des zeitlichen Rahmens sowie in dem den Quatrain beherrschenden Thema Berg. Quatrain V.57 ist nahezu beispielhaft, wenn man aufzeigen will, wie schmal der Pfad ist, den man bei der Interpretation von Nostradamus' Schriften beschreitet. Unser Vierzeiler ließe sich, wie eben gezeigt, sehr schlüssig auslegen – vorausgesetzt, man weiß nichts über einen ganz bestimmten Ort in der Nähe von Nostradamus' Geburtsstadt Saint-Rémy (über den wir schon gesprochen haben). Aufgrund der Forschungen des bemerkenswerten zeitgenössischen französischen Wissenschaftlers Jean-Paul Clébert[8] ergab sich in den letzten Jahren eine vollkommen unterschiedliche Deutung der Verszeilen. Danach bezieht sich der Ausdruck »SEXT. Mansol« möglicherweise nicht auf Papst Pius VI., sondern auf einen Römer namens Sextius.

Wie bereits an anderer Stelle erwähnt, könnte es sich bei »Mansol« um einen Hinweis auf das mittelalterliche Manseolo, einen nur etwa eineinhalb Kilometer von Nostradamus' Geburtsstadt entfernten und nach einer alten Kirche benannten Ort handeln. Diese Gegend war und ist für ihre römischen Fundstücke bekannt, unter denen sich ein römisches Grabmal mit folgender Inschrift befindet: »SEX.L.M.IVLIEI C.F. PARENTIBUS SUEIS ...« (»Sextius Lucius Marcius, Sohn des Gaius, aus dem Geschlecht der Julier, an seine Eltern ...«). Das »SEXT.« der Schlußzeile von Quatrain V.57 könnte somit auf diesen Sextius hindeuten und »Mansol« auf den Ort des Grabmals.

Betrachtet man die geographische Lage von Saint-Rémy, erklärt sich die Identität des ersten Berges. Es handelt sich um Mont Gaussier, der den Eingang zu den Alpilles bewacht. Dieser Berg wird von einer Schlucht durchschnitten. Aufgrund seines eigentümlichen Aussehens erinnert er ein wenig an einen Löwen. Nostradamus verweist in einem anderen seiner fünf Verse, in denen das Wort »Mansol« vorkommt, auf diese Ähnlichkeit. So lautet die letzte Zeile von Quatrain VIII.34: »Lyon Ulme a Mausol mort et tombe«. Die zweite Zeile des hier zu untersuchenden Quatrains V.57 bezieht sich auf diese Schlucht. Durch sie soll die Armee gewarnt werden.

In verschiedenen anderen Quatrains verweist Nostradamus auf einen geheimen Schatz, der in diesem Gebiet entdeckt werde. Möglicherweise wird die Beute (»butin«) zwischen diesen Bergen hindurchgetragen, und vielleicht handelt es sich dabei sogar um den Schatz des Sextius Lucius Marcius. In seinem Werk *Traite des Fardemens* (wahrscheinlich vor der Niederschrift seiner Quatrains im Jahr 1555 veröffentlicht) erwähnt Nostradamus »Saint-Rémy de Provence, das sogenannte Sextrophea«. Nun könnte mit »Sextrophea« das »Monument des Sextius« gemeint sein (das lateinische Wort *tropheum* bedeutet »Grabmal«, »Trophäe«, »Sieg« etc.). Dieses Wortes bediente sich Nostradamus zur Beschreibung seiner Abstammung in der ersten Ausgabe seiner Schrift *Excellent & moult utile Opuscule ...*, herausgegeben im Jahr 1555 in Lyon.[9] Könnte die »Trophäe« der Schatz sein, der an diesem Ort gefunden werden soll?

Wir schreiben über diese Schatzprophezeiung, als läge das Ereignis noch in der Zukunft. Ebensogut ist es jedoch möglich, daß der Schatz am Ausgrabungsort (»trou«?) von Glanum, den Nostradamus in seiner Zukunftsvision nicht sah, bereits gefunden wurde. In seinem Almanach für das Jahr 1563 hatte er die Entdeckung großer Schätze für dieses Jahr vorhergesagt[10], doch andere Quatrains sind in bezug auf Ort und Zeitpunkt weniger genau. Könnte eine Beziehung zwischen diesem und den sechs Quatrains bestehen, die sich mit Mansol befassen?

Im sechzehnten Jahrhundert standen das gewaltige Kenotaph[11] und der Steinbogen, zwei Bauwerke, die Nostradamus zweifellos bekannt waren, an der Straße nach Baux (wie man heute noch sieht). Doch das alte Glanum war in Vergessenheit geraten. Nur einige wenige Historiker erinnerten sich daran als das Glanon der griechischen Literatur oder das spätere Glanum Livii der Römer. Zu ihrer Blütezeit war die römische Stadt groß und bedeutend genug gewesen, um eigene Münzen zu prägen. Sie dürfte um das Jahr 270 n. Chr. herum zerstört worden sein. Als später im Norden Saint-Rémy errichtet wurde, war der alte Ort Glanum längst verlassen und bis auf das Kenotaph und den Steinbogen an der neuen Straße bald vollkommen vergessen. Gelegentlich stieß man auf griechische und römische Fundstücke und Münzen, und so vermutete man lange Zeit, daß die Gegend von Saint-Paul-de-Mausole ein Geheimnis barg. Doch erst im Jahr 1921 begann man mit Ausgrabungen und förderte die Überreste Glanums mit seinen römischen Schätzen zutage. Bezog sich Nostradamus auf diesen Schatz?

Ein Schatz oder Pius VI. – zwei mögliche Deutungen für das Wort »Mansol« zeigen die Komplexität der Grünen Sprache auf. Sie weisen auf die Sorgfalt hin, mit der Nostradamus seine okkulten Tarnungen konzipierte, um die in seinen prophetischen Versen verborgenen Bedeutungen vor den Augen der Uneingeweihten zu schützen.

DIE GEFANGENE KÖNIGIN

Ein weiteres lehrreiches Beispiel der Grünen Sprache findet sich in Quatrain X.17, der sich mit dem Leiden Marie Antoinettes im Gefängnis befaßt. Er lautet folgendermaßen:

> »La Royne Ergaste voyant sa fille blesme.
> Par un regret dans l'estomach enclos,
> Cris lamentables seront lors d'Angolesme,
> Et aux germains mariage forclos.«

> »Die gefangene Königin, wenn sie ihre bleiche Tochter sieht,
> Verspürt einen in ihrem Magen eingeschlossenen Schmerz,
> Schreie des Mitleids werden aus Angoulême zu hören sein,
> Und die Ehe mit dem Vetter ersten Grades wird verhindert.«

Es gibt wohl kaum eine passendere Beschreibung von Marie Antoinette in den letzten beiden Jahren ihres Lebens als »La Royne Ergaste«. »Ergaste« leitet sich von dem lateinischen Ausdruck *ergastulum* ab, bedeutet »Arbeitshaus« oder »Strafanstalt« und bezieht sich wohl in diesem Fall auf das Temple-Gefängnis, in dem Marie und die königliche Familie im Jahr 1792 eingeschlossen wurden. Erst in diesem Jahr, in dem der Orden der Chevaliers de Malte (der frühere Orden des heiligen Johannes von Jerusalem) abgeschafft und das seit Jahrhunderten im Besitz des Ordens befindliche Gebäude konfisziert wurde, wandelte man den Temple in ein Gefängnis um. Da sein ausgedehntes Gelände nur über einen einzigen Zugang auf der Seite der früheren Rue du Temple

(Abb. 38) verfügte, war die Anlage leicht zu bewachen. Der Temple wurde vom Direktorium (diesen Namen trug die französische Regierung nach dem 27. Oktober 1795 bis zu ihrer Auflösung durch Napoleon am 9. November 1799) als Staatsgefängnis verwendet.

Die Degradierung eines heiligen Gebäudes, das ursprünglich den alten Mysterien gedient hatte, zu einem Gefängnis ist ein deutliches Beispiel für die zerstörerische Phase der Französischen Revolution. Nostradamus gibt diese Abwertung in der Wahl seiner Worte wieder. Mit dem in der Grünen Sprache gestatteten homonymen Gebrauch des Wortes »Ergaste« gelangt man zu dem englischen *aghast*, das soviel wie »bestürzt« oder »betroffen« bedeutet. Angesichts der Umstände, unter denen Marie Antoinette zu dieser Zeit zu leben gezwungen war, hatte Nostradamus das Wort keineswegs unpassend gewählt. 1792 wurde die königliche Familie in den Temple gebracht und einzeln in kleinen unterirdischen Kammern mit feuchten Wänden und vergitterten Fenstern eingeschlossen. Die meiste Zeit über gewährte man Marie Antoinette nicht einmal eine Kerze. In diesem Gefängnis verblieben sie, ihre Tochter und eine gewisse Zeit über auch der Dauphin, der Thronfolger, bis sie in die Conciergerie (im Paris der Revolutionstage die Haftanstalt für die gefährlichsten politischen Gefangenen) überstellt wurde, wo sie ihren Prozeß erwartete.

Der Ausdruck »blesme« ist eine Version des modernen französischen Wortes *blême* und bedeutet »bleich« oder »blaß«. Das junge Mädchen (»sa fille blesme«), Marie Antoinettes Tochter, war nicht nur bleich vor Entsetzen, weil sie unter solch unzumutbaren Bedingungen in diesem *ergastulum* festgehalten wurde, sondern weil sie gezwungen worden war, Zeugnis gegen ihre Mutter abzulegen, der Blutschande mit dem Dauphin, ihrem achtjährigen Sohn, vorgeworfen wurde. Trotz gegenteiliger Beweise wurde Marie Antoinette für schuldig befunden und am 16. Oktober des Jahres 1793 hingerichtet.[12]

Die zweite Zeile lautete: »Par un regret dans l'estomach enclos«, »Ein in ihrem Magen eingeschlossener Schmerz«. Eine mögliche Auslegung dieser Zeile enthüllt einen wahrlich außergewöhnlichen tiefen Sinn: »Durch einen schmerzlichen Akt in einem verbotenen Bauch«. Allgemein wird die Ansicht vertreten, daß sich Marie Antoinette keiner sexuellen Verfehlungen mit ihrem Sohn schuldig gemacht hatte und sowohl die Anklage als auch der Prozeß selbst auf Unwahrheiten beruhten. Dennoch ist es möglich, diese Zeile auch so auszulegen, daß die Tochter »bleich« und die Königin selbst »bestürzt« war, weil sie diesen in ihrem Magen eingeschlossenen Schmerz verspürte – eine periphrastische Art, eine ungesetzliche sexuelle Begegnung zu erwähnen.

Ist es möglich, daß Nostradamus ein Ereignis in der Zukunft vorhersehen konnte, das von nachfolgenden Historikern mißverstanden wurde? Üblicherweise wird diese »Inzestzeile« als Hinweis auf die Kinderlosigkeit von Madame Royale, der Tochter von Ludwig XVI. und Marie Antoinette, gedeutet. Doch war diese Tatsache während ihrer Gefangenschaft im Temple kaum von Bedeutung, da sie zu diesem Zeitpunkt noch nicht einmal vermählt war.

Betrachten wir nun die letzte Zeile: »Et au germain mariage forclos«. Im Französischen bedeuten die beiden Worte *cousin-germain* »Vetter ersten Grades«. Louis-Antoine de Bourgon, der Herzog von Angoulême, war ihr Vetter ersten Grades. Nostradamus konnte kaum eine treffendere Beschreibung für diese unglückliche, verhinderte Verbindung finden. Nach ihrer Verlobung im Jahr 1787 durchlebte das junge Paar die Zeiten des Schreckens und heiratete 1799 nach dem Tod ihrer Eltern. Die Ehe blieb kinderlos. Könnte sich die eigentümliche Phrase »estomach enclos«, die wörtlich »verschlossener Magen« bedeutet, auf Madame Royales durch ihre Erlebnisse im Temple verursachte Unfruchtbarkeit beziehen?

DER FRIEDE VON RIJSWIJK

Der letzte Quatrain, den wir für unsere Untersuchung der Grünen Sprache ausgewählt haben, ist weit komplexer als die beiden vorangegangenen. X.7 befaßt sich unter anderem mit dem Frieden von Rijswijk. Die »Übersetzung« dieses verschlüsselten Verses erfolgt am besten in Form eines Kommentars.

> »La grand conflit qu'on appreste a Nancy,
> L'Aemathien dira tout je soubments,
> L'Isle Britanne par vin, sel en solcy,
> Hem.mi.deux Phi. long temps ne tiendra Mets.«

Der eigenartige Ausdruck »solcy« in der dritten Zeile könnte mit dem Verb *salir* in Verbindung gebracht werden, wurde jedoch abgeändert, um (wie wir sehen werden) den Zwecken der Grünen Sprache zu entsprechen.

> »Der große Krieg, zu dem in Nancy gerüstet wird,
> Der Aemathien wird sagen: Ich unterjoche alles,
> Die britische Insel durch Wein und Salz in Besorgnis
> Hem.mi.deux Phi wird Metz nicht lange halten.«

Dies ist eines der faszinierendsten Beispiele der Literatur der Grünen Sprache. Um den Vers in seiner vollen Tiefgründigkeit würdigen zu können, müssen wir auf sein geschichtliches Umfeld eingehen. Das Hauptthema ist der Friede von Rijswijk im Jahr 1697, der mit der spanischen Erbfolge in engem Zusammenhang steht.

Die erste Zeile deutet auf eine Stadt – »La grand conflit qu'on appreste a Nancy«. Karl III. (der Herzog von Lothringen, auch Karl der Große genannt) verstärkte im sechzehnten Jahrhundert die Befestigungsanlagen der Stadt Nancy und errichtete die *ville neuve*. 1633 nahmen die Franzosen die Stadt ein, gaben sie jedoch 1697 im Zuge des Friedensschlusses von Rijswijk wieder zurück. 1766 fiel sie mit dem restlichen Gebiet von Lothringen an Frankreich. Die Ereignisse des achtzehnten Jahrhunderts sind für unsere Betrachtung nicht von Bedeutung. Dieser kurze geschichtliche Abriß der Stadt Nancy deutet auf einen lange andauernden Grenzkonflikt zwischen Spanien (das damals auch über Holland herrschte) und Frankreich hin. Sie ist in die spanische Erbfolgefrage verwickelt, Hauptthema der letzten beiden Zeilen des Quatrains.

Nun zur zweiten Zeile: »L'Aemathien dira tout je soubmets«. »Aemathien«, das in unterschiedlichen Schreibweisen erscheint, wird als Hinweis Nostradamus' auf Ludwig XIV. interpretiert. Die Erwähnung der Britischen Inseln in der dritten Zeile – »L'Isle Britanne par vin, sel en solcy« – scheint vollkommen unpassend zu sein, solange man sich nicht in Erinnerung ruft, daß Großbritannien in den Vertrag von Rijswijk verwickelt war. Durch diesen Vertrag erlangte es die Anerkennung der französischen Monarchie für die Thronbesteigung Wilhelms III. Wilhelm, der 1689 König von Großbritannien und Irland wurde, war in Holland geboren worden. Um dem Angriff von Ludwig XIV. entgegenzuwirken, bildete er die Große Allianz zur Erhaltung des europäischen Gleichgewichtes (1686) und versuchte England in den Konflikt hineinzuziehen. Da ihm der englische Thron angeboten wurde, landete er 1688 in Torbay. Diese Episode wird in einem anderen Quatrain behandelt (s. Seite 243 ff.) und sollte uns an dieser Stelle nicht weiter aufhalten. Im Februar 1689 wurden Wilhelm zum König und seine Gemahlin Maria zur Königin ausgerufen.

Zum erstenmal in der englischen Geschichte belegte Wilhelm Salz (»sel«) und eine Anzahl alkoholischer Getränke (»vin«) mit einer Steuer, um seine kostspieligen Kriegszüge zu finanzieren.[13] Diese historische Tatsache wird hier als Tarnung für eine tiefere Bedeutung der Zeile verwendet. Nach den Regeln der Grünen Sprache ließe sich die Zeile auch folgendermaßen lesen: »L'Isle Britanne parvin selen sol ci«, was etwa »Hier auf den Britischen Inseln treffen der Mond und die Sonne ein« bedeutet.

Diese umfangreichen Lautumstellungen erklären sich folgendermaßen:

»parvin«   von dem französischen Verb *parvenir,* »kommen«, »eintreffen«

»selen«   von dem griechischen Substantiv *selene,* »Mond«

»sol«   von dem lateinischen Substantiv *sol,* »Sonne«

»ci«   von dem französischen Adverb, »dort«

Das letzte Wort kann auch als Abkürzung des französischen *ici* (»hier«) betrachtet werden, wie wir es in unserer Übersetzung getan haben.

Mond und Sonne sind sowohl in der Astrologie als auch in der Alchimie Archetypen für Königin und König. Mit Wilhelm und Maria wurde erstmals in der britischen Geschichte ein Herrscherpaar zu König und Königin erklärt. Diese Zeile ist im Zusammenhang des Quatrains von größter Wichtigkeit, denn obwohl Wilhelm unter den Briten niemals sonderlich beliebt war, trug seine einzigartige »Loyalität« gegenüber Großbritannien zur Etablierung des Landes als bedeutende politische Macht in der europäischen Geschichte im Anschluß an die unblutige Revolution von 1688 und den Frieden von Rijswijk bei.

Betrachten wir die letzte Zeile – »Hem.mi.deux Phi. long temps ne tiendra Mets« – erhalten wir einen Einblick in die Überlegtheit, mit der sich Nostradamus der Grünen Sprache bediente. »Hem.mi.deux Phi.« ist ein Spiel mit drei griechischen Worten, die sowohl in der englischen als auch in der französischen Sprache in einer Vielzahl von Terminologien überlebt haben. »Hem.mi.« ist lateinisch, bedeutet »die Hälfte von« und ist von den beiden griechischen Buchstaben *He mi* abgeleitet. Dieser griechisch-lateinische Ursprung erklärt teilweise den dritten, griechisch erscheinenden Buchstaben »Phi«, in dem man ein weiteres griechisches Wort vermuten könnte, obwohl es sich in Wahrheit um eine Abkürzung handelt. Aus ihrer Tarnung durch die Grüne Sprache herausgelöst, lassen sich die drei Abkürzungen als »Die Hälfte von zwei Phi«, bzw. »Die Hälfte von zwei Philips« übersetzen. Bei diesen Philips handelt es sich um spanische Könige des siebzehnten Jahrhunderts: Philip IV., König von Spanien und Portugal (1605-1665), und Philip V. von Spanien (1683-1746).

Über diese beiden Philips erfahren wir, daß sie Metz (»Mets«) nicht lange halten würden. Diese Vorhersage bewahrheitete sich. Die Stadt Metz wurde Frankreich im Jahr 1648 überlassen und 1697, nach dem

Vertrag von Rijswijk, wiederaufgebaut. Die Lebzeiten beider überschnitten sich mit dem Anfang und dem Ende der neunundvierzig Jahre umfassenden Zeitspanne, die sich Metz im Besitz Frankreichs befand. Philip IV. regierte siebzehn Jahre nach der Abtretung der Stadt Metz an Frankreich, und Philip V. wurde vierzehn Jahre vor dem Frieden von Rijswijk geboren.

Die Stadt Metz wurde nicht nur erwähnt, weil sich ihr Name auf das Wort »soubets« aus der zweiten Zeile reimt, sondern weil sie ein geeignetes Symbol für Lothringen ist, das im Laufe der Geschichte immer wieder aufgrund seiner Grenzlage zwischen Deutschland und Frankreich den Besitzer wechselte. Die Stadt hatte aber für Nostradamus und seine Zeitgenossen auch noch eine weitere Bedeutung. Heinrich II. von Frankreich hatte Metz 1552 eingenommen. Die Versuche des Heiligen Römischen Kaisers Karl V., die kaiserlichen Territorien zurückzugewinnen, waren fehlgeschlagen. Seine Belagerung der Stadt Metz im selben Jahr blieb erfolglos. Aus der Sicht von Nostradamus' Zeitgenossen schien es, als wäre dieser Teil Lothringens endgültig in französischer Hand. Doch Nostradamus prophezeite das Gegenteil. Das umstrittene Gebiet von Lothringen hat seit dem sechzehnten Jahrhundert die europäische Geschichte mitbeeinflußt. Nostradamus sah in diesem Muster die wechselnden Expansionsbestrebungen Frankreichs und Deutschlands vorher.

Aufgrund der Bedingungen des Friedens von Rijswijk erkannte Ludwig XIV. Wilhelm III. als König von Großbritannien und Irland an. Obwohl wichtige Festungen in den von Spanien kontrollierten Niederlanden von den Holländern eingenommen wurden, blieb das Land unter spanischer Herrschaft. Frankreich trat Lothringen ab und behielt lediglich die Stadt Straßburg. Die im Vertrag von Rijswijk verhandelten Themen stimmen mit jenen überein, mit denen sich Nostradamus in diesem bemerkenswerten Vierzeiler auseinandersetzt. In nur vier Zeilen erwähnt er die Hauptpunkte Nancy und Metz (die französische Frage), die spanischen Könige (das Problem der spanischen Erbfolge) und das britische Angebot an Wilhelm (die britische Thronfolge).

Als Abschluß dieses Kapitels wenden wir uns nun der Untersuchung einiger anspruchsvollerer Beispiele der Verwendung der Grünen Sprache zu.

NAPOLEON IN ÄGYPTEN

Quatrain X.79 ist ein herrliches Beispiel Grüner Sprache in höchster esoterischer Vollendung:

»Les vieux chemins seront tous embellis,
L'on passera à Memphis somentrées,
Le grand Mercure d'Hercules fleur de lys
Faissant trembler terre mer, & contrées.«

Wir wollen diese Zeilen folgendermaßen übersetzen:

»Die alten Straßen werden verschönt werden,
Auf ihnen wird man sich nach Memphis begeben, doch nur für eine
kurze Weile,
Der große Merkur von Herkules fleur de lys
Wird Erde, Meer und Länder erzittern lassen.«

Die in der pseudowissenschaftlichen Literatur zu diesem Quatrain begegnenden Deutungen sind zwar bemerkenswert kurz, aber auch unrichtig. Nach de Fontbrune handelt es sich bei dem mystischen »grand Mercure« lediglich um einen »wohlgestalteten jungen Mann«. Unserer
Ansicht nach wurde dieser Vers von seinem Schöpfer mit besonderer
Sorgfalt verschlüsselt, als wäre er ein Schmuckstück.

Will man das Thema des Verses erfassen, muß man wie so oft bei
Nostradamus über die erste Zeile hinausblicken. Hier beispielsweise ist
es erforderlich, sich erst der dritten Zeile zuzuwenden: »Le grand Mercure d'Hercules fleur de lys«. Der Ausdruck »Le grand Mercure d'Hercules« (»der große Merkur von Herkules«) ist womöglich der rätselhafteste Hinweis von Nostradamus und enthüllt seine Vertrautheit mit der
Geheimlehre der Gnosis. Im Okkultismus wird der »grand Mercure« als
»dreifacher« Hermes bezeichnet. Der Name Trismegistos, der »dreimal
Große«, wurde jenem archetypischen Magier der ägyptischen Geheimschule verliehen, der die Lehre der Einweihung im antiken Griechenland verbreitete. Diese Bezeichnung dürfte sich auf seine dreifache Stellung als Philosoph, Priester und König beziehen, könnte ihn aber auch
als Eingeweihten der drei Welten (der spirituellen Welt, der irdischen
Welt und der Unterwelt) ausweisen. Er wird mit dem ägyptischen Gott
Thoth sowie Hermes, dem vermeintlichen Gründer der griechischen
hermetischen Lehre, der die Alchimie nach Europa brachte, gleichgesetzt. Hermes ist der griechische Name für den römischen Namen Merkur und erklärt, warum die frühe Geheimliteratur, die etwa zur selben
Zeit wie das Frühchristentum entstand, oft als hermetische bezeichnet
wird.

Der Schreiber Hippolytus hebt in einem Fragment hermetischer Literatur die symbolische Bedeutung von Herkules, soweit sie die Geheim-

184

lehre betrifft, besonders hervor. Kaum ein an Weltgeschichte so interessierter Gelehrter wie Nostradamus würde Hippolytus' *De Antichristo* übergehen. Wie wir erkennen werden, finden sich gewisse Vorstellungen aus diesem Werk in Nostradamus' Quatrains wieder. Das Hauptwerk von Hippolytus aus dem zweiten Jahrhundert wurde erst mit dem Auftauchen seines Werkes *Philosophumena* im Jahr 1851 entdeckt. Zu Nostradamus' Zeiten schrieb man den in diesem Teil dargelegten Stoff Origenes zu. Doch das beeinträchtigt unsere Untersuchung in keiner Weise.[14]

Hippolytus, dessen Text frühgriechisch-ägyptisches Geheimwissen mit einem christlichen Anstrich enthält, merkte an, daß der Name des Urmannes (den Christus verkörpert) *Geryon* sei. Dieser Geryon taucht in den Herkulesmythen auf, wo der Held – eine seiner Aufgaben – dessen Ochsen davonträgt. Dieser Hinweis aus der Mythologie versetzt uns in die Lage, mit der Enträtselung von Nostradamus' Quatrain zu beginnen. Bei Ovid erfahren wir, daß der Name eines sagenhaften spanischen Königs Geryones gewesen sei, dessen Ochsen von Herkules weggetragen worden seien.[15] Auf den ersten Blick könnten wir daraus schließen, daß Nostradamus ein in Spanien stattfindendes Ereignis beschrieb – möglicherweise als Parallele zur Herkuleslegende – im Zusammenhang mit einem Raub.

Doch Geryon weist auch Verbindungen zu anderen Teilen Europas auf. In der Antike gab es ein Orakel von Geryon, das *Geryonis oraculum* in Patavium im heutigen Italien. Patavium ist der lateinische Name für die Stadt Padua. Hier findet sich eine weitere interessante und bedeutungsvolle Verbindung, denn Patavium soll von dem trojanischen Helden Antenor gegründet worden sein. Antenor war jener trojanische Edelmann, der vorschlug, Helena den Griechen zurückzugeben, um der Belagerung Trojas ein Ende zu bereiten. In dieser Geschichte finden wir nahezu die Umkehr der Herkuleslegende. Gestohlenes Eigentum (in diesem Fall die schöne Helena) wird seinem rechtmäßigen Gemahl oder Land zurückgegeben.

Unterlegen wir den Quatrain mit dieser Erzählung, würde er ein Ereignis in Padua beschreiben, das möglicherweise die *Rückgabe* eines gestohlenen Gutes einschließt.

Wie es scheint, gibt es durch das Hauptthema Raub aus Habgier eine tiefgehende Verbindung zwischen Padua und diesem Quatrain. Nach dem Untergang der französischen Republik im Jahr 1797 wurde die bis dahin zu Venedig gehörende Stadt von Napoleon während seines Österreichfeldzuges eingenommen. Die Besetzung selbst war von kurzer Dauer, blieb den Einwohnern von Padua aber aufgrund der Ausschreitungen der Franzosen noch lange in Erinnerung. Nostradamus erschien das Ereignis ausreichend wichtig, um einen weiteren Quatrain darüber zu verfassen. Fünf Monate später gab der französische Herrscher die Stadt an die Österreicher zurück.

1797 entschloß sich Napoleon zum Einmarsch in Ägypten. Aus dieser Jahreszahl erklärt sich die Nummer des Quatrains (79). Es ist ein Spiel mit der in der Jahreszahl 1797 eingeschlossenen 79 und gleichzeitig eine Umkehr der letzten beiden Ziffern. Oftmals erteilt uns Nostradamus durch die willkürlich erscheinende Zuordnung der Nummern seiner Quatrains einen verschlüsselten Hinweis.

Gibt es in diesem Quatrain eine weitere Andeutung, die uns die Orientierung erleichtert? Die dritte Zeile wird mit dem leicht verständlichen Symbol »fleur de lys« abgeschlossen. Auch wenn wir uns nicht weiter mit der Geheimbedeutung der Blume* auseinandersetzen müssen, sollten wir anhand dieses Beispiels doch die Überlegtheit hervorheben, mit der Nostradamus Symbole einsetzt. In diesem Zusammenhang symbolisiert die Blume Frankreich, denn die *fleur de lys* ist das alte Hoheitszeichen der französischen Monarchie und wurde in der jüngeren Geschichte zum Symbol der Bourbonen.

Napoleon unternahm den Versuch, die der Geheimlehre entstammende Biene wieder als französisches Nationalsymbol einzuführen. Ein ausgezeichnetes Beispiel dafür ist die für seinen letzten öffentlichen Auftritt angefertigte, in ihrem Symbolismus wahrlich freimaurerisch anmutende Flagge, die sich heute im Invalidendom in Paris befindet. Selbst die Anordnung der vier Achtergruppen von Bienen zielt darauf ab, das Siegel des Salomon wiederzugeben und mit dem von einem Kranz umgebenen Großbuchstaben »N« an das griechische Wort *nike* (»Sieg«) zu erinnern. Die Biene findet sich ebenso in den Skulpturen der Diana in Ephesus wie in zahlreichen alchimistischen Abbildungen. Die Bedeutung dieses Symbols geht weit über den Rahmen dieser Untersuchung hinaus.

Innerhalb von Nostradamus' Quatrain erhält »fleur« besondere Symbolkraft, denn 1797 war der französische König guillotiniert worden und die in der verdorrten Blume versinnbildlichte Macht in die Hände von Napoleon übergegangen. Doch setzt Nostradamus die Blume hier lediglich als Hinweis auf Frankreich ein.

Ein Schlüsselwort des Quatrains findet sich in der dritten Zeile in dem Wort »Memphis« – »L'on passera a Memphis somentrées«. Mem-

---

* Ursprünglich handelte es sich nicht um eine Blume, sondern eine Biene, wie Napoleon aufgrund seiner freimaurerischen Schulung erkannt haben dürfte.

phis, jahrtausendelang Hauptstadt Ägyptens, wird innerhalb dieses Vierzeilers als Symbol für das gesamte Land eingesetzt. Ägypten hatte schon immer Faszination auf den Freimaurer Napoleon ausgeübt. Einerseits war sein Ägyptenfeldzug als Schlag gegen England und Teil seines Planes der Errichtung einer französischen Weltherrschaft gedacht, andererseits fühlte er sich von den antiken Mysterien Ägyptens, die die Basis vieler freimaurerischer Rituale bildeten, angezogen. Es ist kein Zufall, daß die freimaurerische Oper *Die Zauberflöte*, deren Text und Musik in der Grünen Sprache verfaßt sind, in Ägypten angesiedelt ist.

Die Genialität der dritten Zeile wird nun offenkundig, und die Symbole beginnen, sich ineinanderzufügen. In Napoleon finden wir die Verbindung von Frankreich (»fleur de lys«) und dem Riesen (»Herkules«). Er und seine Armeen sind in einen großangelegten Diebstahl (ähnlich dem von Herkules verübten Diebstahl) antiken Wissens oder antiker Wege (»les vieux chemins«) verwickelt. Wie Herkules würde auch Napoleon nur für kurze Zeit (»somentrées«) in Ägypten (»Memphis«) verweilen. Möglicherweise bezieht sich die letzte Zeile »Fasiant trembler terre mer, & contrées« auf die auf den Ägyptenfeldzug folgenden napoleonischen Kriege. Der legalisierte Diebstahl von Antiquitäten und die an den Feldzug anschließende Verbreitung mutmaßlichen Geheimwissens übten einen tiefgreifenden Einfluß auf die westliche Kultur aus.

Ein weiteres interessantes Beispiel Grüner Sprache ist »Terre mer«, das ursprünglich ohne trennendes Komma geschrieben wurde. Dies läßt den Schluß zu, daß es auch als »Erdmutter« (*Terre mere*) – ein direkter Hinweis auf den Isiskult Ägyptens – gedeutet werden kann. Ist es möglicherweise der Einfluß dieser Gottheit, der den Westen »erzittern« lassen wird?

Wenden wir uns nun wieder der zweiten Zeile zu: »L'on passera a Memphis somentrées« – »Sie werden sich nach Memphis begeben, doch nur für eine kurze Weile«. Napoleons Truppen trafen im Juli 1798 in Alexandria ein und hatten das Land drei Wochen später unter ihre Kontrolle gebracht. Sie räumten Kairo gegen Ende des Jahres 1801. Obwohl sie weniger als drei Jahre in Ägypten gewesen waren, hatten ihre »Ausgrabungen« eine außergewöhnliche Anzahl von Fundstücken und Aufzeichnungen zutage gefördert, die sie bei ihrer Rückkehr nach Frankreich mitnahmen. Die anschließenden »Entdeckungen« französischer Gelehrter zieren noch heute die Museen Frankreichs. Einer der heiligsten Gegenstände der Geheimlehre – die vom Dach des Tempels in Denderah gestohlene große Tierkreisplanisphäre – wird in Paris im Louvre ausgestellt. Ist dieser großangelegte Raub von Antiquitäten das Gegenstück zu Herkules' Raub an Geryon? Immerhin stahl Herkules

Vieh, und das weitläufige Serapeum in Memphis ist weltweit der größte Friedhof heiliger Stiere. Der französische Ägyptologe Auguste-Edouard Mariette entdeckte ihn 1861, doch war der Kult des Apis-Stiers bereits vor Napoleons Ägyptenfeldzug bekannt. Zu dieser Zeit waren die ägyptischen Hieroglyphen noch nicht entziffert, und es ist der Arbeit französischer Wissenschaftler zu verdanken, daß Jean-François Champollion 1821 die erste erfolgreiche Übersetzung dieser Schriftzeichen gelang. Der Stein von Rosette, der Champollion erst die Lösung des antiken Rätsels der Hieroglyphen ermöglichte, wurde von Napoleons Offizier Boussard in der Nähe von Fort St. Julien im Jahr 1799 gefunden. Wieder im Zuge legalisierten Diebstahls fand der Stein, den Napoleon in Alexandria hatte ausstellen lassen, durch die Abtretung Ägyptens an die Briten im Jahr 1801 seinen Weg in das Britische Museum.

Das Thema Rückgabe geraubten Gutes aus der Antenor-Legende wird nun als wesentlicher Bestandteil des Quatrains gewertet. Als Folge von Napoleons Feldzug wurde das antike Wissen Ägyptens nicht im eigentlichen Sinn gestohlen, sondern in den freimaurerischen Tempeln der Kunst, der Literatur und dem spirituellen Leben Europas »zurückgegeben«.

Die erste Zeile des Quatrains, die anfangs so einfach erschien, enthüllt nun ihre köstliche Zweideutigkeit. »Embellis« kann, wie wir es getan haben, mit »verschönen« übersetzt werden. Allerdings ist *bellis* in der lateinischen Sprache der Pluralablativ für Kriege (und bedeutet beispielsweise »im Krieg«). Somit würde Nostradamus' Erfindung des nichtfranzösischen Wortes *enbellis* in der lateinischen Sprache »kriegsbereit gemacht« lauten. Dies könnte sich sowohl auf die alten Landstraßen (von Frankreich nach Italien und weiter nach Ägypten) als auch auf die antiken Geheimpfade und hermetischen Wege beziehen, die von der auf Napoleons ägyptisches Zwischenspiel folgenden Wissenschaft verschönt wurden. Wie wir erkennen können, ist diese Zweideutigkeit von Belang, denn beide Auslegungen sind für das Thema des Quatrains relevant.

Wir beginnen die verborgene Bedeutung des Quatrains langsam zu erahnen, der sich auf das eine ewige Gut, das der Ägyptenfeldzug Napoleons erbrachte, bezieht – die Geheimwissenschaft. Die alten Straßen wurden wieder verschönt: Als Folge des Feldzugs wurden die heiligen alten Schriften gedeutet und das alte Wissen der Ägypter der gesamten Welt zugänglich gemacht. Auch wenn diese Anerkennung erst in Nostradamus' Zukunft erfolgte, müßte sie einem mit der Grünen Sprache vertrauten Mann wie dem Gelehrten aus Salon sehr zugesagt haben. Dieser Quatrain hebt sich von allen anderen durch die in dieser Kürze zum Ausdruck gebrachte Genialität und die Komplexität der verwendeten Symbole ab. Man fühlt, daß Nostradamus diesen Vers mehr für sich als für seine zukünftigen Leser schrieb.

EINE BERÜHMTE SCHLACHT

Wir haben genügend Beispiele der Grünen Sprache betrachtet, um ein Gefühl für ihren Zweck zu entwickeln. Um Nostradamus besser verstehen zu können, sollten wir uns nun vorbereiten, die linguistischen Regeln seiner Grünen Sprache (soweit sie sich formulieren lassen) einer eingehenderen Untersuchung zu unterziehen.

Der anonyme Forscher D. D., bei dem es sich um einen Doktor der Theologie gehandelt haben könnte, merkte während der Untersuchung von Quatrain VI.4 an, daß Nostradamus' Verwendung des Wortes »Agripine« in der Bedeutung *Colonia Agrippinae* eine *Synedoche partis pro toto* sei: »Weitverbreitet bei Rednern und Poeten«.[16] Obwohl D. D. niemals den Ausdruck Grüne Sprache benutzte, war er doch genug Vertreter der Kultur seiner Zeit, um zu erkennen, daß Nostradamus' Texte kodiert waren. Im Gegensatz zu den meisten heutigen Interpreten nahm er es als selbstverständlich, daß Nostradamus den Sinn seiner Prophezeiungen vor dem Blick der Öffentlichkeit verbarg. Zudem hielt er Nostradamus' Tarnungen keineswegs für einzigartig. Verschlüsselte Prophezeiungen, Geheimschriften im Bereich der Alchimie und Astrologie und sogar in rästelhaften Ausdrücken abgefaßte alltägliche Prosa und Verse waren wichtige und populäre Bereiche in der Literatur des sechzehnten Jahrhunderts. Somit war die von Okkultisten angewendete Grüne Sprache lediglich eine außerordentlich komplexe und wohlersonnene Form eines populären Literaturgenres.

Nostradamus erfährt von modernen Autoren so wenig Anerkennung für sein Kodierungssystem und die Tatsache, daß er in einer Geheimsprache schreibt, daß sie ihm die Unverständlichkeit seiner Texte vorwerfen, anstatt den Versuch zu unternehmen, die Rätsel des Weisen zu enthüllen. Angesichts von Quatrain IX.14 hob Cheetham entsetzt die Hände und tat ihn als einen der unverständlichsten Verse von Nostradamus ab. Anerkennt man jedoch, daß sich Nostradamus einer Geheimsprache bediente, und untersucht man den Vers gemäß den Begriffen der Grünen Sprache, eröffnet sich seine Bedeutung in voller Klarheit.

In diesem Quatrain wird in der letzten Zeile in einer Konstruktion der Grünen Sprache auf den Ort des Ereignisses hingewiesen. Die wahrscheinlich einzigartige lineare Struktur scheint keinen Namen zu besitzen: Wäre die gesamte Zeile ein einziges Wort, handelte es sich (will man die Sprache über ihre natürlichen Grenzen hinaus ausweiten) um eine Apokope/Aphärese. Als Zeile können wir die Mutation lediglich als dreifachen Rebus bezeichnen. Zugegebenermaßen eine seltsame Beschreibung für einen Vers:

>>Sept. fum extaint au canon des borneaux.<<

Die Bedeutung dieser Zeile läßt sich nur erfassen, wenn sie in dreigeteilter Form dargestellt wird:

>>Sept.   fum extaint au canon des   borneaux.<<

Untersuchen wir diese drei getrennten Einheiten. >>Sept.<< bedeutet wört­lich >>sieben<<, doch weist seine Reduktion auf den Stamm auf eine Abkürzung hin. Wenn wir eine Art von erweitertem Einschub anneh­men, müssen wir nun zum Zweck der Vervollständigung des Ausdrucks an das Ende der Zeile zu dem Wort >>borneaux<< blicken. *Borne* steht für Grenzstein, und *bornoyer* bedeutet >>markieren<< (wie in der Landver­messung). Somit ließe sich *born eaux* als von Wasser markiertes Gebiet auslegen. Fügt man die Worte von Anfang und Ende der Zeile zusam­men, erhält man: >>Sept.borneaux<<.

Sept-Born ist der alte Name für Waterloo, wo im Jahr 1815 die berühmte Schlacht geschlagen wurde. Daß die Vereinigung dieser beiden Worte beabsichtigt war, wird durch den Punkt nach >>Sept<< bestätigt, der anzeigt, daß es sich um eine Abkürzung handelt. Nostradamus' Einsatz alter Namen ist eine besonders aufschlußreiche Form der Archaisierung und eine von ihm häufig angewendete Technik der Grünen Sprache.[17]

In der vorliegenden Konstruktion könnte >>Sept.born eaux<< als >>die Wasser von Sept-Born<< gedeutet werden. Hiermit ergibt sich eine Kombination aus dem alten Namen *Sept-Born* und – durch das französische Wort *eaux* – der Hälfte des heutigen Namens **Water**loo. Diese verständlichen Worte werden nun von einem seltsamen Wortbild getrennt: >>fum extaint au canon<<. Der Ausdruck >>fum<< ist eine Apokope von *fumée* (>>Rauch<<, >>Dampf<<). >>Extaint<< geht wahrscheinlich auf das lateinische Wort *extenuo* (>>verringern<<, >>verkleinern<<) zurück, könnte sich jedoch ebenfalls von dem französischen Ausdruck *extenuer* (>>entkräften<<) oder sogar von *etendre* (>>ausbreiten<<) ableiten. Darüber hinaus gibt es noch eine Anzahl weiterer Auslegungen. Allerdings geht aus jeder der obengenannten Deutungen eines als wesentlich hervor, nämlich daß

Rauch oder Dampf aus Kanonen aufsteigt oder daß die Kanonen selbst (durch eine *Hypallage*, ein Ausdruck, auf den wir in Anhang V eingehen werden) von einer derartigen Ausgabe von Rauch entkräftet sind. Bedeutungsvoll an diesem Bild der rauchenden Kanonen ist, daß die beiden die Stadt Waterloo beschreibenden Wörter es »umklammern«.

Die dreigeteilte Struktur ist keineswegs Zufall, sondern deutet auf eine geradezu unglaubliche Zahlenmystik hin. In Quatrain VIII.1 verweist Nostradamus mit einem dreigeteilten Ausdruck auf ein offensichtliches Anagramm für Napoleon: »PAU NAU LORON«. Das bedeutet NAPAULON ROY und ist eine für das sechzehnte Jahrhundert angemessene Annäherung an einen Namen, der Europa in den ersten Jahrzehnten des neunzehnten Jahrhunderts in Angst und Schrecken versetzte.

In Quatrain X.14 verweist Nostradamus auf den Krieg, der diesem Schrecken mit der Niederlage des großen Kaisers ein Ende bereitete. Die beiden Beginn und Ende des Krieges markierenden Verse sind auch numerologisch miteinander verbunden. Fügen wir der VIII die Zahl X hinzu, erhalten wir XVIII, also 18. Addieren wir 1 und 14, erhalten wir 15. Vereinen wir nun die beiden Additionsresultate, so ergibt sich 1815, das Jahr der Schlacht von Waterloo.

Um die Grüne Sprache in Quatrain X.14 zu verstehen, mußten wir den mittleren Abschnitt erst einmal unbeachtet lassen und uns dem Beginn und dem Ende zuwenden. Wollen wir zu einer sinnvollen Zahlenmystik gelangen, müssen wir ebenfalls einen Beginn und ein Ende (in einem historischen Kontext) herausnehmen und die dazwischenliegenden Quatrains beiseite lassen. So führen uns die Centurienangaben zu dem jeweiligen Jahrhundert und die Zahl des Quatrains zu der jeweiligen Dekade innerhalb des Jahrhunderts.

Da wir wissen, daß sich dieser Vierzeiler mit der Schlacht von Waterloo auseinandersetzt, enthüllen sich auch verschiedene andere Elemente in dem verbleibenden Versteil, die uns allerdings zum gegebenen Zeitpunkt nicht weiter beschäftigen. Es genügt zu sagen, daß sich durch einen intelligenten, systematischen Zugang (unter Verwendung der Techniken der Grünen Sprache) die Bedeutung selbst der kompliziertesten Quatrains bestimmen läßt.

TEIL 2

Vorhersagen vom sechzehnten bis zum
zwanzigsten Jahrhundert und darüber hinaus

Kapitel 6

Das sechzehnte Jahrhundert

»Europa allein wird genügen, war es doch Schauplatz von Veränderungen, die keineswegs wunderbar sind… Der große Gustavus von Schweden begann den schicksalsschweren Tanz, & Deutschland trägt noch immer den Schleier jener Verwüstung, die von seinen Waffen verursacht wurde. Portugal erhebt sich gegen Spanien, in Frankreich tobt der Bürgerkrieg, Großbritannien & Irland versinken in Flammen und Chaos.

Die Welt hat noch selten die milde Luft des Friedens geatmet, wenn der aufstrebende Geist Frankreichs, angestachelt durch ehrgeizige Hoffnungen auf Ruhm und vorwärtsgetrieben von der eitlen Sehnsucht nach einer einzigen Monarchie innerhalb der westlichen Welt, frischen Aufruhr in Europa entfacht und dem gesamten Christentum die Fackel des Krieges zugetragen hat… Diese großen Veränderungen und Revolutionen, die sich in der Geschichte der Welt ereignen, wurden stets von seltsamen Vorahnungen und Weissagungen eingeleitet…«

(*The Fortunes of France from the Prophetical Predictions of Mr. Truswell, the Recorder of Lincoln, and Michel Nostradamus*, 1678)

1639 ließ Kardinal Richelieu in der Mitte der Place Royal in Paris eine Statue von Ludwig XIII. aufstellen. Vielleicht hatte er erkannt, daß er in die von Nostradamus niedergeschriebene Reihe zukünftiger Berühmtheiten aufgenommen worden war. Sicher war ihm bewußt, daß der Ort, den er nun für die Verehrung seines Helden wählte, für Nostradamus von Bedeutung gewesen war. An eben diesem Platz hatte im Jahr 1559 jenes schicksalshafte Turnier zwischen Montgomery und Heinrich II. von Frankreich stattgefunden, das letztgenannten das Leben kostete. Nostradamus hatte das Ereignis in einem seiner Quatrains bemerkenswert präzise vorhergesagt. Die Tragödie hatte sich vier Jahre nach Veröffentlichung der Prophezeiung ereignet, der ersten, die sich vor den Augen der Öffentlichkeit erfüllte. Ihre Genauigkeit und die kluge Tarnung trugen in hohem Maß zu

Nostradamus' Ruhm bei seinen Zeitgenossen bei und bestimmten für Jahrhunderte die Beurteilung seiner Schriften. »Diese Prophezeiung hat unserem Schreiber sowohl aufgrund ihrer Klarheit als auch ihrer Wahrhaftigkeit alle Ehre gemacht«, schrieb Garencières im Jahr 1672.

Seit 1559 wurde dieser Vierzeiler von Interpreten als Beispiel für die Genauigkeit von Nostradamus' Vorhersagen herangezogen. Darum wollen wir uns ihm nochmals kurz widmen. Die Prophezeiung findet sich in Quatrain I.35:

»Le Lyon jeune le vieux surmontera,
En champ bellique par singulier duelle,
Dans cage d'or les yeux luy crevera.
Deux playes une, pour mourir mort cruelle.«

»Der junge Löwe wird den alten besiegen,
Auf dem Kampfplatz bei einem Einzelduell,
In einem goldenen Käfig wird er ihn blenden,
Zwei Wunden in einer, um einen grausamen Tod zu sterben.«

Ungeachtet der Tatsache, daß verschiedene Propheten seiner Zeit vorhergesagt hatten, daß Heinrich II. bei einem Turnier sterben würde, rief der König zu einem Tjost. Er war Teil der Feierlichkeiten zu Ehren der Vermählung seiner Tochter Elisabeth mit dem König von Spanien und seiner Schwester Margarete mit dem Herzog von Savoyen. Am 30. Juni 1559 erhob Heinrich die Lanze gegen Gabriel, den Comte de Montgomery, zu dieser Zeit Leutnant bei der königlich-schottischen Garde. Montgomerys Lanze brach, und ein Splitter drang durch das Visier des Königs. Einigen Berichten zufolge durchbohrte das scharfe Holzstück seine Schläfe, anderen zufolge sein linkes Auge. Jedenfalls starb der König nach einem mehrtägigen Todeskampf am 10. Juli.

Wie stimmen die geschichtlichen Einzelheiten mit der Vorhersage überein? Obwohl der König nicht alt war (er starb mit vierzig) war er doch gewiß älter als Montgomery, der zum Zeitpunkt des Unfalls achtundzwanzig Jahre alt war. Der Jüngere besiegte also den Älteren (»Le ... jeune le vieux surmontera«).

Der Tod trat auf dem Kampfplatz ein (»En champ bellique«), als Ergebnis eines einzigen Duells (»singulier duelle«). Selbst wenn wir den französischen Ausdruck »singulier« mit »sonderbar« übersetzen, stimmt er mit der Vorhersage überein, denn Heinrich war vor einem solchen Duell gewarnt worden. Doch die oben angeführte Übersetzung ist zutreffend, da das Wort *singulier* im sechzehnten Jahrhundert auch als Bezeichnung für einen Einzelkampf verwendet wurde.

Die verborgene Genauigkeit der dritten Zeile – so entworfen, daß sie sich erst nach Eintreten des Ereignisses entschlüsseln ließ – versetzte frühe Interpreten in Begeisterung. Bei dem goldenen Käfig (»cage d'or«) handelt es sich um das gitterartige Visier vor dem Augenfeld des Helms. Zwischen diesen Stäben bohrte sich der scharfe Holzsplitter der Lanze hindurch. Gewöhnt an Nostradamus' außerordentliche Exaktheit, sind wir geneigt anzunehmen, daß der Splitter eher das Auge (»les yeux luy crevera«) als die Schläfe traf, obwohl sich zu dieser Frage auch in zeitgenössischen Berichten unterschiedliche Versionen finden. Nach Aussage des Medizinhistorikers Howard W. Haggard läßt sich aus den Aufzeichnungen von Ambroise Pare, dem Chefchirurgen von Heinrich II., lediglich ablesen, daß die Lanze sein Gehirn durchbohrte.[1]

Die vierte Zeile, die keinerlei Rätsel in sich zu bergen scheint, ist einigermaßen problematisch: »Deux playes une, pour mourir mort cruelle«. Zweifellos wurde von den beiden Männern nur Heinrich in dem Duell verwundet, und nur er erlitt infolge des Kampfes einen grausamen Tod (»mort cruelle«). Unglücklicherweise findet sich diese letzte Zeile in verschiedenen Ausgaben der Prophezeiungen in mehreren Varianten, wobei der Großteil moderner Autoren die von Antoine du Rosne im Jahr 1557 veröffentlichte Version bevorzugt.* Möglicherweise führte es zu weit, aus der Mehrdeutigkeit dieser letzten Zeile den späteren grausamen Tod von Montgomery herauszulesen, mit dem sich Nostradamus in einem weiteren Quatrain befaßte. Beruft man sich auf die historischen Tatsachen, so bestand (entgegen der Meinung einiger Interpreten) kein Zusammenhang zwischen der Enthauptung Montgomerys in Paris im Jahr 1574 und seiner unfreiwilligen Rolle als Verursacher des Todes von Heinrich II.

Nostradamus' Prophezeiung wurde von seinen Zeitgenossen weit höher geschätzt als die anderer Astrologen und Seher. Nach Aussage Percopos[2] hatte der Sterndeuter Luc Gauric vorhergesagt, daß Heinrich II. »Schwierigkeiten mit Pferden« haben werde und daß »Tränen aus seinem linken Auge fließen«. Ranzovius[3] schreibt im Jahr 1580, Gauric habe Heinrich vor einem Duell in seinem 41. Lebensjahr gewarnt, da die Sterne eine Wunde an seinem Kopf angekündigt hätten, die Blindheit oder Tod bringen könnte. Wenige Jahre nach dem Unfall bestätigten die Untersuchungen verschiedener Forscher die prophetischen Kräfte einer großen Anzahl von Hellsehern, die diesen Tod vorausgesehen hatten, doch ging keine dieser Weissagungen weiter zurück als die von Nostradamus oder Gauric. Der erste Bericht von der Erfüllung der Prophezeiung stammte wahrscheinlich von der Prinzessin von Cleves (die Zeu-

---

* Dort lautet diese Zeile: »Deux classes une puis mourir mort cruele.«

197

gin des Ereignisses gewesen sein dürfte). Wie Lynn Thorndike aufzeigte, haben wir es hier mit Beispielen von Vorhersagen zu tun, die in zunehmendem Maß präziser wurden, je näher das Ereignis heranrückte.[4]

Verschiedene Astrologen, unter ihnen der Ordensbruder Giuntini aus dem sechzehnten Jahrhundert, hatten ein Horoskop für Heinrich II. entworfen. Bemerkenswerterweise trat sein Tod unter astrologischen Bedingungen ein, die so eindeutig auf einen Tod durch eine Kopfwunde hinwiesen, daß es überrascht, wie viele seiner Zeitgenossen diese Anzeichen übersahen. Nostradamus, der sich mit seiner Vorhersage des Todes von Heinrich II. nicht zufriedengab, verfaßte einen weiteren Quatrain, der sich mit einigen Einzelheiten aus dem faszinierenden Leben und Sterben jenes Mannes auseinandersetzte, der ihn tötete. In seinem Werk *Influence de Nostradamus dans le Gouvernement de la France* behauptet Torné-Chavigny, einer der begeistertsten Nostradamus-Interpreten des neunzehnten Jahrhunderts, daß der Gelehrte noch weitere acht Verse verfaßt habe, die sich mit den Auswirkungen dieses Unfalls beschäftigten, wobei die ersten beiden Zeilen von Quatrain III.55 die eindeutigsten seien:

> »En l'an qu'un oeil en France regnera…
> La court sera en un bien fascheux trouble;«

> »Im Jahr, in dem ein Auge in Frankreich regiert…
> Wird am Hof schlimme Verwirrung herrschen;«

1559, in dem Jahr, in dem der »einäugige« Heinrich regierte und starb, befand sich der französische Hof wahrhaftig in großen Schwierigkeiten. Der Hinweis auf das Auge von Heinrich II. ging jedoch über den Rahmen der Quatrains hinaus, denn Nostradamus machte Heinrich gegenüber in seinem offenen Brief eine verschleierte Andeutung auf das zukünftige Dilemma. Er datierte den Brief an Heinrich, dem er seine letzte Quatrainsammlung widmete, mit der Eintragung »Juni 1558«. Diese Epistel, in der er das Auge des Königs erwähnte – eine Anmerkung, der zu dieser Zeit keinerlei Beachtung geschenkt wurde, die jedoch nach dem Ereignis große Bestürzung hervorrief –, wurde somit ein Jahr vor dem Monat des Unfalls verfaßt. In wenigen Zeilen schilderte Nostradamus, daß er durch die Anwesenheit des Königs aus seiner eigenen Dunkelheit herausgeführt worden sei:

> »… transportée au devant de la face du souverain oeil et du premier monarque de l'univers.«

> »… vor das Antlitz des königlichen Auges und des ersten Monarchen des Universums befördert.«

Das äußere Auge des Königs war machtvoll genug, um Nostradamus (den inneren Seher) aus der Dunkelheit zum Ruhm zu erheben. Die Doppelbedeutung innerhalb dieser kurzen Anmerkung erhält eine tiefere esoterische Bedeutung, sobald wir erkennen, daß Nostradamus bereits bei der Verfassung dieser Widmung gewußt hatte, daß der Monarch in genau einem Jahr seine Sehkraft verlieren und der Hof von Frankreich in Trauer gestürzt würde. Zudem war sich der Gelehrte bewußt, daß die vor dieser Widmung verfaßte Prophezeiung sein eigenes Ansehen beträchtlich steigern würde. So war das königliche Auge für den »Seher« mehr als lediglich ein literarischer Kunstgriff.

Nostradamus bezog sich in einem seiner Présages (prophetische Verse, die er für seine verschiedenen Almanache gesammelt hatte), auf den Tod des Königs. In Présage 40, der sich mit dem Juni 1558 (dem Monat des Unfalls) befaßt, sagte er folgendes vorher: »De maison sept par mort mortell suite« – »Das Haus der sieben folgt dem Tod«. Dieses »Haus der sieben« (»maison sept«) war die Familie Valois, die sieben Kinder Heinrichs II., die alle starben, ohne die Linie fortzusetzen.

DIE INVASION IN ZYPERN

Verständlicherweise konzentriert sich die Mehrzahl der Quatrains auf Themen, die für die Leser des sechzehnten Jahrhunderts von Interesse waren. Dabei stand der Kampf gegen die Osmanen, die Europa vom östlichen Mittelmeer aus bedrohten und für ihre Grausamkeit berüchtigt waren, an erster Stelle. Ein Beispiel eines in Erfüllung gegangenen Quatrains, der sich an Nostradamus' frühe Leser wandte und die damals herrschende Furcht vor einer türkischen Invasion ansprach, ist XII.36. Dieser vor dem Jahr 1558 geschriebene Vierzeiler sagte eine Invasion Zyperns voraus, die zwölf Jahre nach Veröffentlichung der Prophezeiung erfolgte und tiefgreifende Auswirkungen auf den gesamten Mittelmeerraum hatte.

»Assault farouche en Cypre se prepare,
La larme a l'oeil, de ta ruine proche:
Byzance classe, Morisque si grand tare,
Deux differents. le grand vast par la roche.«

»Ein heftiger Angriff auf Zypern wird vorbereitet,
Die Träne im Auge angesichts deines nahenden Untergangs:
Türkische Flotte, und die Mauren solch beträchtlicher Schaden,
Zwei verschiedene. Die weite Ebene bei dem Felsen.«

Nostradamus beanspruchte bei diesem Vers die Phantasie seiner zeitgenössischen Leser und Interpreten nicht übermäßig. Sie konnten leicht erkennen, daß er sich mit einem zukünftigen, von den Türken ausgelösten Konflikt in Zypern befaßte.

Aber die Einzelheiten sind nicht in aller Deutlichkeit klar. Selbst nachdem sich das vorhergesehene Ereignis erfüllt hatte, zögerten die meisten Forscher, bevor sie darauf hinwiesen, daß der berühmte Angriff der Türken im Jahr 1570 gemeint war. Sämtliche uns bekannten Interpreten erfaßten die Bedeutung der Worte »Cypre« (Zypern) und »Byzance« (Byzanz), unterließen es jedoch, genug andere Wörter des Verses einer Untersuchung zu unterziehen. Roberts berichtete lediglich, daß Nostradamus in diesem Quatrain eine Reihe von Kämpfen zwischen dem Islam und dem Christentum vorhersage.

Unserer Ansicht nach sind derartig allgemeine Interpretationen von geringem Wert: Wenn Nostradamus über eine außergewöhnliche seherische Begabung verfügte, kommt jedem einzelnen Wort innerhalb seines Vierzeilers Bedeutung zu. Als Wissenschaftler fühlen wir uns verpflichtet, jede Nuance in den Quatrains zu prüfen und den Versuch zu unternehmen, ihm seinen beabsichtigten Sinn abzuringen.

Der ersten Zeile entnehmen wir, daß ein heftiger Angriff auf Zypern (»Cypre«) erfolgen werde. Die zweite Zeile sagt uns, daß dieser Angriff katastrophale Auswirkungen haben und sich nicht lange nach der Entstehung des Textes ereignen werde (»ta ruine proche«). Die dritte Zeile gibt an, daß sowohl die Muslime der Türkei (»Byzance« ist Byzanz, der alte Name für Istanbul) als auch die Mauren (»Moris«, mit einem »que« verbunden, das »und« bedeutet) in diesen Kampf verwickelt sein und beide große Verwüstung (»tare«) mit sich bringen würden.

1570 ordnete Sultan Selim II. die Invasion der Insel an und landete mit über 60 000 Mann an ihren Küsten. Als Nikosia nach einer fünfundvierzigtägigen Belagerung eingenommen wurde, metzelten die Angreifer 20 000 Einwohner nieder und verkauften die übrigen in die Sklaverei. Famagusta kapitulierte im August 1571 nach einer entsetzlichen, nahezu ein Jahr andauernden Belagerung und wurde von den Türken mit besonderer Grausamkeit behandelt. Die Folter des venezianischen Statthalters Marcantonio Bragadino und seine anschließende Häutung bei lebendigem Leibe sowie das unter den Einwohnern der Stadt angerichtete Blutbad erlangten selbst in den Annalen osmanischer Grausamkeit traurige Berühmtheit. Die Invasion war jedoch keine vorübergehende Angelegenheit. Die nachfolgende türkische Herrschaft über Zypern, die bald zur schrecklichsten Form von Unterdrückung verkam, dauerte über zwei Jahrhunderte an. Die Zerstörung Zyperns war besiegelt.

Damit ist die allgemeine Bedeutung des Textes korrekt. Es ist nicht erforderlich, weiter als bis zu dieser Invasion (»assault«) und Zerstörung (»tare«) der Jahre 1570 und 1571 zu blicken, um das Thema der Prophezeiung zu bestimmen. Doch was können wir aus den anderen, verborgeneren Hinweisen des Quatrains herauslesen? Trotz der Tatsache, daß uns der Zeitpunkt des Ereignisses und die Namen der daran teilhabenden Personen bekannt sind, stellt sich die Frage, wie die rätselhafte vierte Zeile zu interpretieren ist – »Deux differents. le grand vast par la roche«. Wer oder was sind die »beiden verschiedenen«? Und was bedeutet »große Fläche« (»grand vast«) bei (oder verglichen mit) »dem Felsen« (»la roche«)? Wofür steht der Felsen?

Bei den »beiden verschiedenen« (»Deux differents«) dürfte es sich um Famagusta und Lepanto handeln. Diese Städte waren im Jahr 1571 Schauplatz von Kämpfen zwischen Türken und Christen. Beide Kriege wurden auf Anordnung des osmanischen Herrschers Selim II. geführt. Die Einnahme von Famagusta erfolgte unter dem Kommando von Lala Mustafa Pascha. Der zweite Krieg entbrannte zwischen der Christlichen Liga, die von Papst Pius V. hauptsächlich zur Verteidigung von Venedig gebildet worden war, und den Türken unter dem Befehl von Ali Pascha.

Der bemerkenswerte Unterschied (»differents«) zwischen diesen beiden kriegerischen Auseinandersetzungen lag – wenn wir im Kontext des Verses bleiben – darin, daß die osmanischen Streitkräfte in Zypern siegreich blieben, wohingegen sie bei Lepanto vernichtend geschlagen wurden. Ali Pascha wurde bei Lepanto gefangengenommen, der Großteil der islamischen Flotte versenkt, verbrannt oder gekapert. So gesehen waren die Auswirkungen dieser beiden bedeutenden Kämpfe wahrlich verschieden.

Lepanto blickt auf eine berühmte Seefahrtsgeschichte zurück und dies nicht nur, weil hier die letzte große Schlacht stattfand, bei der von Rudern angetriebene Schiffe eingesetzt wurden, sondern auch aufgrund der großen Anzahl von Opfern. 25 000 Türken verloren dort ihr Leben; 15 000 christliche Gefangene wurden von den türkischen Galeeren gerettet. Die Vision von Lepanto bewegte Nostradamus derart, daß er ihr mehrere Quatrains widmete.

Wenn Famagusta und Lepanto die beiden unterschiedlichen, durch die Jahreszahl 1571 vereinten Ort sind, welche Bedeutung kommt dann der großen Leere, Ebene oder Tiefe und dem Felsen (»le grand vast par la roche«) zu? Unserer Ansicht nach bezog sich Nostradamus auf die unterschiedliche Natur der Kampfschauplätze. Die weite Ebene ist das Meer im Golf von Korinth (wie man den Golf von Lepanto heute nennt) zwischen dem Peloponnes und dem griechischen Festland. Der Begriff

»Lepanto« beinhaltet in der Geheimsprache den griechischen Ausdruck *panto*, von *pan*, »alles«. Die große Ebene (»le grand vast«) ist *le panto*, Lepanto. Im Gegensatz zu dieser weiten Ebene wird die Insel Zypern zu einem Felsen, einer Steinmasse (»le roche«) – dem Gegenteil von Wasser.

Das Wort »vast« beinhaltet womöglich noch eine zusätzliche verborgene Bedeutung. Es könnte eine Anspielung auf den Ursprung des Wortes Peloponnes sein, der sich von Pelops, einem mythologischen Riesen, ableitet. Dessen Nachkommen waren von dem Wagenlenker Myrtilus verflucht worden, da sie ihn von der Halbinsel ins Meer gestürzt hatten. Die Verbindung zu dem klassischen Mythos des Felssturzes von den Höhen des Peloponnes wird durch das Wort »vast« hervorgerufen. Das lateinische *vastus* bedeutet nicht nur »leer« und »vergeudet« (im Sinn von »unproduktiv« und »verwüstet«), sondern auch »riesig« und »weit«. Nostradamus fügte klassischen Begriffen häufig eine zusätzliche Bedeutung bei. So könnte seine Erwähnung der Mauren (»Morisque«) in der dritten Zeile eine weitere Anspielung auf das Wort Peloponnes sein, da der mittelalterliche Name der Halbinsel aufgrund ihrer an eine Maulbeere erinnernde Form *Morea* lautete.

Dieser Quatrain weist noch eine Nuance auf, mit der wir uns befassen wollen. Warum bedient sich Nostradamus in der zweiten Zeile dieser eigenartigen Konstruktion in der Einzahl? Warum schreibt er »Die Träne im Auge« (»La larme a l'oeil) statt Plural »Les larmes«? Selbstverständlich handelt es sich hier um ein Spiel mit Worten und Bedeutungen gemäß den Methoden der Grünen Sprache. Aus der Konstruktion »La larme« läßt sich sowohl der französische Ausdruck für »Alarm« ableiten – ein passender Begriff angesichts des beschriebenen Ereignisses – als auch Lala (»**La la**rme«), ein Hinweis auf den Namen des Eroberers von Famagusta, Lala Mustafa Pascha. Ohne das ungeschliffene Französisch wären diese Deutungen nicht möglich gewesen. Das läßt uns zu dem Schluß kommen, daß diese Struktur bewußt als weiterer Hinweis für die Zukunft gewählt wurde.

Doch warum fügte Nostradamus diese Konstruktion in den Ausdruck »Die Träne im Auge« ein? Die Antwort findet sich in einer historischen Fußnote, die den Bezug zu Famagusta und dem Jahr 1571 zu bestätigen scheint. Nach der Kapitulation der Stadt wurde der venezianische Statthalter entgegen sämtlicher Kriegsgepflogenheiten und unter Mißachtung seines Kapitulationsabkommens mit den Türken auf grausame Weise getötet. Im Zuge der Verstümmelungen, die der eigentlichen Folter vorangingen, schnitten ihm die Türken erst das rechte Ohr – Mustafa selbst übernahm das –, dann das linke und schließlich die Nase ab. Nur seine Augen wurden während der zwölf Tage dauernden Folter verschont.

Manch einer, der mit Nostradamus' Wesen nicht vertraut ist, zweifelt vielleicht daran, daß der Gelehrte den Namen eines zukünftigen grausamen Feldherrn wie Lala oder die genaue Schilderung unmenschlicher Folter in seine Vierzeiler eingeflochten haben soll. Womöglich hält er es für unglaubwürdig, daß einem Propheten die Namen zukünftiger Protagonisten und Orte so präzise bekannt sind, daß er sie zum Gegenstand eines Wortspiels macht. Tatsache ist jedoch, daß Nostradamus diese Namen tatsächlich kannte und sie in seine Vierzeiler einbaute. In einem weiteren Quatrain mit demselben historischen Hintergrund gibt er den Namen des osmanischen Anführers Sultan Selim III. sowie den auf den Tag genauen Zeitpunkt der Schlacht von Lepanto an. In anderen Vierzeilern finden wir Einzelheiten über Orte, Eigennamen und präzise Zeitangaben, die dem Leser den Eindruck vermitteln, als hätte er ein Geschichtswerk vor sich und keine Prophezeiung.

Ward listete über dreißig von Nostradamus vorhergesehene Eigennamen auf. Unserer Ansicht nach lassen sich dieser Aufstellung noch eine Anzahl weiterer Namen hinzufügen. Dazu gehören Selim in Quatrain V.78, Achilles in Quatrain VII.1 und (aus unserem Jahrhundert) Franco in Quatrain IX.16.

DER STERN UND DER PAPST

Aufgrund von Nostradamus' häufiger Schilderung von flammenden Sternen wurden einige seiner Quatrains mit UFOs und forteanischen Phänomenen in Zusammenhang gebracht. Berücksichtigt man das Interesse des Gelehrten an der Astrologie und die Zeit, in der er lebte, ist es weit wahrscheinlicher, daß diese Beschreibungen auf die apokalyptische, an solchen Feuerereignissen reiche Bibelliteratur zurückzuführen sind. David Pitt Francis veröffentlichte in seinen jüngsten Nostradamus-Untersuchungen einige nützliche Erkenntnisse im Zusammenhang mit dem Einfluß der Bibel auf das Werk des Meisters. Er führte vierzig den Quatrains entnommene Beispiele an, von denen sich vier mit Sternenfeuern befassen.

Darunter befindet sich ein Vierzeiler mit eindeutig stellarem Inhalt, der keinerlei Bezug zu apokalyptischer Literatur aufweist. In vielfacher Hinsicht ist es ein außergewöhnlicher Quatrain, da er sich auf ein Ereignis bezieht, das zu Nostradamus' Lebzeiten unmöglich und im Widerspruch zur göttlichen Bestimmung erschienen sein muß. Er behandelt ein Himmelsgeschehnis, das sich nur wenige Jahre nach seinem Tod ereignete und sich in einer Weise zeigte, die ohne den geringsten Zweifel beweist, daß Nostradamus sowohl den Zeitpunkt als auch das Phänomen selbst in einer Vision gesehen hat. Diese Vorhersage finden wir in II.41:

> »La grand, estoille par sept jours bruslera,
> Nuë fera deux Soleis apparoir,
> Le gros mastin toute nuict hurlera,
> Quand grand pontife changera de terroir.«

> »Der große Stern wird sieben Tage lang leuchten,
> Eine Wolke wird zwei Sonnen erscheinen lassen,
> Der gewaltige Bluthund wird die ganze Nacht lang heulen,
> Wenn der große Pontifex das Land verändert.«

Auch wenn sich im Zuge unserer Analyse herausstellen wird, daß die obige Übersetzung der eigentlichen Bedeutung nicht gerecht wird, gibt sie doch den wörtlichen Inhalt des Quatrains wieder. Der Vers befaßt sich so eindeutig mit einem stellaren Phänomen, daß es höchst beunruhigend ist, Cheethams Deutung, er beinhalte die Beschreibung des Dritten Weltkriegs gegen Ende des zwanzigsten Jahrhunderts, zu lesen. Cheetham erklärt mit Blick auf die vierte Zeile, daß der Papst womöglich dazu gezwungen sei, den Vatikan oder sogar Europa zu verlassen ...

De Fontbrune zögerte keinen Augenblick, den Stern als Kometen und den Bluthund (»mastin«) der dritten Zeile als Winston Churchill zu interpretieren, obwohl er für diese Auslegung keine überzeugende Begründung anbot. Eine ernsthafte Analyse ergab, daß der Quatrain weder mit Weltkriegen noch mit Bulldoggen, sehr wohl aber mit einem längst verstorbenen Papst in Zusammenhang steht.

Der Stern (»estoille«) versinnbildlicht die Nova von 1572, die in Europa große Bestürzung hervorrief und letztendlich die mittelalterliche Sicht des Kosmos entscheidend veränderte.[5] Bis zu dieser Nova (von der der Gelehrte Schuler aus Wittenberg erstmals im August dieses Jahres berichtete) herrschte allgemein die Meinung, das Reich außerhalb der Einflußsphäre des Mondes wäre ein unveränderlicher Teil des von Gott erschaffenen Universums. In diesem Reich gab es weder Geburt noch Tod, es war die Krönung von Gottes Schöpfung. Nach der Entstehung des neuen Sterns im Jahr 1572 erkannte man, daß selbst dieser göttliche Bereich Veränderungen unterworfen war. Es schien, als wäre nichts frei von Wandel und Verfall. Nun gab es keinen Ort mehr, den man von Veränderlichkeit frei wußte, wenn selbst das Reich des

Himmels nicht unveränderlich war. Nostradamus sagte voraus, daß es sieben Tage lang »brennen« würde (»sept jours bruslera«); das Ereignis war nahezu sechzehn Monate lang sichtbar und galt als eines der kosmischen Wunder dieser Epoche.

Angeblich zog der Stern auch Tycho Brahes Aufmerksamkeit auf sich, als dieser auf dem Weg zu seinem Alchimielabor war. Er war von diesem neuen Wunder so beeindruckt, daß er jeden weiteren Gedanken an die Alchimie beiseite schob und sich ganz der Astrologie widmete – eine Entscheidung, die unter anderem zur Verfassung seines hervorragenden Sternenkatalogs führte.[6] Obwohl er nicht der erste war, der die Nova erblickte, erscheint es passend, daß der Stern über zwei Jahrhunderte lang seinen Namen trug.

Diese besondere Nova im Sternbild der Kassiopeia war vermutlich der erste derartige Stern, der, was wissenschaftliche Messungen bestätigten, außerhalb des Sonnensystems lag. Selbst bei Tag war er aufgrund seines im Vergleich zur Venus bedeutend helleren Scheins mit bloßem Auge leicht erkennbar. So taufte ihn der Astronom Cornelius Gemma, der ihn im November erblickt hatte, »Neue Venus«; später wurde er unter dem Namen »Tychos Stern« bekannt. Die Nova leuchtete so hell, daß man sie für die Wiedergeburt des Sterns von Bethlehem hielt. Sie veranlaßte Theodore de Bese, einen Schweizer Theologen des sechzehnten Jahrhunderts, eine Vorhersage über das zweite Erscheinen Christi zu treffen, die großen Einfluß auf seine Zeitgenossen ausübte.[7] Mit einiger Gewißheit kann angenommen werden, daß Nostradamus sich auf dieses Ereignis bezog, als er von den »zwei Sonnen« (»deux Soleils«) schrieb, die am Himmel auftauchen würden.

Das Wort »nuë« läßt sich mit »Schwarm« oder »Wolke« übersetzen, da die Nova auch als Lichtwolke am dunklen Nachthimmel beschrieben werden kann. Unserer Ansicht nach sollte »nuë« als »bewölkt« im Sinne von verdunkelt gedeutet werden, um anzuzeigen, daß die Sonne nicht am Himmel stand. Der Quatrain bezieht sich auf die Nacht, in der das Licht der Sonne durch den Erdkörper selbst abgeschirmt war, was uns daran erinnert, daß wir nachts in den verlängerten Erdschatten emporblicken.

Nostradamus sprach von zwei Sonnen. Betrachtete er die Nova des Jahres 1572 als Sonne? Die Antwort ist ja. Bei den zwei erscheinenden Sonnen (»deux Soleils apparoir«) handelt es sich um Sonnen, die am Nachthimmel leuchten. Der Schlüssel zur Identität der zweiten Sonne findet sich in den Worten »gros mastin« in der dritten Zeile, die wir mit »der gewaltige Bluthund« übersetzten.

Wer ist dieser gewaltige Bluthund, der die ganze Nacht hindurch heulen wird (»toute nuict hurlera«)? Nostradamus bediente sich des Wortes

»mastin« in mehreren Quatrains; dennoch findet sich keine vollkommen klare Deutung. Im Französischen bedeutet die Phrase wörtlich »ein gewaltiger Bluthund«, etymologisch betrachtet ist das Wort dagegen mit dem Begriff »Kreuzung« verwandt. Das Verb *matiner* beschreibt eine derartige selektive Zucht. Zudem besteht ein enger Zusammenhang des Wortes »mastin« mit den griechischen Begriffen *mastigo* (»Geißel«) und *mastigias*, »Schurke«, einem ursprünglich griechischen Wort, das in der französischen Umgangssprache in der Form *matin* überlebte, womit ein unangenehmer oder schlechter Bursche bezeichnet wird. Wie wir erfahren werden, vereinen sich all diese Bedeutungen in dem von Nostradamus beabsichtigten Sinn.

In einem Quatrain, das sich so deutlich auf ein stellares Phänomen bezieht, lesen wir »mastin« als Hinweis auf den Hundsstern Sirius. Der Sternenkarte läßt sich entnehmen, daß sich Sirius im Maul des Canis Majoris (also des Großen Hundes) befindet, wodurch sich der Ausdruck »gros mastin« im Gegensatz zu Canis Minor (dem Kleinen Hund) erklärt. Nach Homer ist Sirius der Herbststern:

> »Er leuchtet in der Tiefe der Nacht,
> der von den Menschen Hundsstern des Orion genannt wird.«[8]

Bereits im antiken Ägypten war das Hieroglyphenzeichen für diesen Stern (der »Sihor« genannt wurde) das Abbild eines Hundes. Nostradamus' Anmerkung, daß der große Hund die ganze Nacht hindurch belle, könnte als gelungener literarischer Verweis auf die Phönizier gedeutet werden, die ihn »Hannabeah«, den »Beller«, nannten. Allerdings geht Nostradamus' nächtliches Bellen auf eine spätere astrologische Quelle zurück.

Wenn wir annehmen, daß es sich bei Nostradamus' Hund um Sirius handelte, wie fügt sich dieser Stern dann in den Inhalt des Quatrains? In der astrologischen Lehre wird ihm ein unheilvoller Einfluß zugeschrieben. Dies könnte eine ausreichende Erklärung für die Worte »toute nuict hurlera« sein. Im Shepheard-Kalender des Monats Juli finden wir die Worte:

> »Den zügellosen Löwen jagt der Hund mit übelriechendem Atem,
> dessen unheilvolles Bellen Leid, Seuchen und drohenden Tod mit
> sich bringt«.[9]

Wir wollen hier nicht den Eindruck erwecken, als wäre Nostradamus Spensers sorgfältig verschlüsseltes Gedicht bekannt gewesen, denn es wurde erst im Jahre 1579, also einige Jahre nach dem Tod des Sehers und dem in dem Quatrain prophezeiten Ereignis, veröffentlicht. Auch Spenser hatte seine Zeilen über den seuchenbringenden Himmelshund Vergils *Aeneis* entnommen, die für jeden mittelalterlichen Gelehrten, der etwas auf sich hielt, Pflichtlektüre war.

Allerdings hatte der römische Astrologe und Poet Manilius – der sein Gedicht *Astronomica*, das Nostradamus gewiß bekannt war, zu Beginn des christlichen Zeitalters verfaßte – Sirius als eine entfernte Sonne bezeichnet, die einer anderen stellaren Welt diene. War Sirius eine der beiden Sonnen (»deux Soleils«) am Nachthimmel neben dem neugeborenen Venusstern? Dies würde den Hinweis auf die Nacht (»nuict«) erklären. Denn betrachteten wir einzig die Nova, stünden lediglich tagsüber zwei Sonnen am Himmel, wobei das helle Licht der Sonne das der Nova überstrahlte. Sirius wäre während des Tages nicht zu sehen.

Ganz anders nachts. Denn in den Nächten der Jahre 1572 und 1573 waren die beiden Sonnen des Sirius und der Nova im November (dem Monat, in dem das Leuchten des Sirius seinen Höhepunkt erreicht), etwa um die Zeit, als Tycho Brahe die Nova erstmals beobachtete, deutlich sichtbar am Himmel erschienen.

Somit steht fest, daß sich die ersten drei Zeilen weder auf UFO-Sichtungen noch zukünftige Kriege beziehen, sondern eine präzise Jahreszahl eines Ereignisses beinhalten, das zur Zeit der Niederschrift der Prophezeiung noch in Nostradamus' Zukunft lag.

Der Stern wurde erstmals im Jahr 1572 gesichtet. Die vierte Zeile bestätigt die Bedeutung dieses Jahres durch den Hinweis auf einen großen Papst (»grand Pontife«). Nach dem Tod von Pius V. im Jahr 1572 wurde Ugo Buoncompagno als Gregor XIII. zum Papst gewählt. Auch wenn diesem Papst eine Reihe tiefgreifender Änderungen einschließlich der Reform jenes Kalenders, der heute nach ihm benannt ist, gelang, weist Nostradamus auf Umwälzungen hin, die sich im Jahr nach seiner Wahl vollzogen. Nach dem fehlgeschlagenen Versuch von Gregor XIII., Spanien und Venedig zum Kampf gegen die Türken aufzurufen, wandte er seine Aufmerksamkeit von der Türkei ab und konzentrierte sich auf Europa. Er unterstützte die Katholische Liga in Frankreich und Philip II. von Spanien in seinem Krieg gegen die Niederlande.

Auf diese tiefgreifenden politischen Veränderungen, die ganz Europa betrafen, verweist Nostradamus in seiner letzten Zeile (»changera de terroir«). Selbstverständlich läßt sich die vierte Zeile auch als »das Land verändern« übersetzen, wie wir es getan haben. Dies wäre eine akzeptable Beschreibung dessen, was Gregor mit seiner Unterstützung kriegführender Parteien tatsächlich bewirkte. Andererseits ist es aber auch möglich, die französische Textstelle in der Bedeutung »wird den

Schrecken ändern« zu lesen, die ebenfalls zutreffend wäre, berücksichtigt man, daß er seine Macht nicht mehr gegen den Islam, sondern gegen die protestantischen Christen einsetzte.

Die Parallelen zwischen der Nova und dem Papst sind erstaunlich. Wie die Nova die menschliche Betrachtungsweise des Kosmos veränderte, wandte sich der Papst einem neuen Fokus zu, indem er sich nicht weiter mit der Bedrohung durch den Islam, sondern mit der Bedrohung einer internen Spaltung des christlichen Glaubens befaßte.

Nostradamus' seherische Begabung ist bisweilen so weitreichend, daß der Leser ungläubig staunt. Es gibt einen über die gemeinsame Jahreszahl hinausgehenden außergewöhnlichen Grund, warum er die Nova von 1572 mit Gregor XIII. verband. Er liegt in der Tatsache, daß Gregors Name uns noch heute in unserer Bezeichnung für den neuzeitlichen Kalender (Gregorianischer Kalender) begegnet. Gregor verdanken wir die Vollendung dieser schwierigen Reform. Bemerkenswert ist, daß sich die Himmelsgegend, in der die Nova erstmals beobachtet wurde (das moderne dreifache Beta der Kassiopeia), in einer jener Fiduzialen befindet, die den Äquinoktialkolur kennzeichnen.* Somit ist sie ein idealer Ort für die Kennzeichnung einer siderischen Umlaufzeit, weshalb sie auch als Fiduzial für die Kalenderreform herangezogen wurde. Wie Nostradamus in seinem Vierzeiler die Nova mit Gregor in Verbindung brachte, stellte der Himmel im Jahr 1572 eine Beziehung zwischen der Nova und Gregor her.

DIE PROTESTANTEN VON GENF

Ein Holzschnitt von Lukas Cranach dem Älteren zeigt den predigenden Martin Luther. Zu seiner Linken irren katholische Geistliche am Eingang zum Schlund der Hölle umher, aus der Flammen und Rauch aufsteigen. Zu seiner Rechten brechen die Protestanten das Brot und trinken den Wein des Sakraments. Auf dieser Seite sind die spirituellen Kräfte nicht sichtbar, doch die Abbildung des gekreuzigten Christus erinnert uns, daß die Kräfte der Erneuerung vom Himmel herabströmen, um die Menschen auf Erden zu nähren. Dieser Austausch von Energien – einerseits das aufsteigende Höllenfeuer und andererseits der herabsteigende

---

* Bei den Koluren handelt es sich um zwei große, in den Himmel gezeichnete Kreise, die den Erdäquator in rechtem Winkel schneiden und durch die Erdpole führen. Der Äquinoktialkolur schneidet die beiden Äquinoktialpunkte.

Geist – spiegelt sich auch in der Gestik Luthers wider, dessen linke Hand abwärts deutet, während seine rechte erhoben ist.

Das Thema dieses Holzschnitts dürfte mit einer Vision von Nostradamus übereinstimmen, die er in einem seiner verwirrendsten Quatrains niederschrieb. Dennoch war Nostradamus kein Verteidiger Luthers oder der Protestanten. Da er selbst zum Katholizismus übergetreten war, achtete er sorgfältig darauf, sich den politischen Gegebenheiten entsprechend zu verhalten. Sah er sich gezwungen, in verbotenes Gebiet vorzudringen, bediente er sich der Tarnungstechniken. Als Eingeweihter (s. Anhang III) kannte er die wahren Gründe, die zum Schisma geführt hatten, und als Seher war er soweit mit der Zukunft vertraut, daß er seine leicht mißzudeutenden Ansichten vor den Machthabern seiner Zeit verbarg. Es war nicht sein Schicksal, zu Lebzeiten zum Märtyrer zu werden. Aus diesem Grund wird sein sorgsam verschlüsselter Quatrain IX.44. denjenigen ein Rätsel bleiben, die ihn nicht unter dem Aspekt der Religionskonflikte seiner Zeit betrachten.

»Migrés, migrés de Geneve trestous,
Saturne d'or en fer se changera,
Le contre RAYPOZ exterminera tous,
Avant l'advent le Ciel signes fera.«

»Flieht, flieht alle aus Genf,
Saturn wird sich von Gold in Eisen wandeln,
Der Gegner RAYPOZ wird alle ausrotten,
Vor diesem Ereignis werden Zeichen am Himmel zu sehen sein.«

Verständlicherweise verursachte dieser Quatrain einer großen Anzahl ernsthafter Interpreten Schwierigkeiten und begeisterte Chiliasten. Roberts z. B. sieht ihn als Vorankündigung einer atomaren Macht und Warnung vor einer möglichen Zerstörung unserer Zivilisation durch Atomkraft.[10] Dabei scheint sich der Quatrain keineswegs mit unserer Zukunft, sondern mit den Ereignissen, die kurz nach seiner Niederschrift in Genf stattfanden, zu befassen.

Das auf solch auffällige Weise geschriebene Wort »RAYPOZ« will unsere Aufmerksamkeit erregen. Nostradamus verwendete in Großbuchstaben wiedergegebene Worte in seinen Vierzeilern insgesamt nur zweiundzwanzigmal, woraus wir ableiten können, daß er ihnen eine besondere Bedeutung beimessen wollte. Bei »RAYPOZ« handelt es sich um einen Geheimausdruck, der nach Nostradamus' Wunsch unentschlüsselt bleiben sollte. Glücklicherweise werden wir nach Analyse der übrigen Verse des Quatrains in der Lage sein, diesem Wort einen Sinn zuzuweisen, der sich ausgezeichnet in den Zusammenhang einfügt. Vorerst können wir »RAYPOZ« als Gegenstück zu jener unsichtbaren spirituellen Energie auffassen, die in Cranachs Bild als Nahrung Christi für die Menschheit vom Himmel herabströmt.

Die eigentümliche Phrase »Saturn d'or fer se changera« könnte, oberflächlich betrachtet, als Veränderung in der Atomstruktur aufgefaßt werden. Sie könnte den Eindruck erwecken, als käme eine Zeit, in der Gold (»or«) in Eisen (»fer«) verwandelt würde. Da wir gewöhnt sind, in den Begriffen des zwanzigsten Jahrhunderts zu denken, haben wir die alchimistische Betrachtungsweise von Metallen, mit der Nostradamus vertraut war, nahezu vergessen. Im sechzehnten Jahrhundert nahm man an, Metalle könnten ineinander übergehen. Ein Blick auf die außergewöhnlichen Schriften von Paracelsus zeigt, wie tief diese Ansicht verwurzelt war. Um Paracelsus Gerechtigkeit widerfahren zu lassen, weisen wir darauf hin, daß er nicht von gewöhnlichen Metallen oder dem, was wir heute Elemente nennen, schrieb. »Das wahrhaft Wertvolle verbirgt sich nicht im Körper einer Substanz, sondern allein in ihrer Tugend«, erklärte er.[11]

Paracelsus' (ebenso wie vermutlich Nostradamus') esoterische Alchimie befaßte sich mit Tugenden in jenem Reich, das moderne Okkultisten Äther nennen würden. Dies muß vorausgeschickt werden, da ansonsten die Schriften der Alchimisten des sechzehnten Jahrhunderts unverständlich blieben. Der Materialismus der modernen Wissenschaft und ganz besonders der der Psychologie der Jungschen Schule führten in unserer Zeit zu grundsätzlichen Mißverständnissen in bezug auf die Alchimie. Wenn Paracelsus beispielsweise von einer gewissen Veränderung in der Kalzination eines Metalls sprach, die sich in dem Schein über dem Schmelztiegel beobachten lasse, bediente er sich nicht jener stofflichen Begriffe, die Jakob Böhme das »vegetative Auge« nannte, sondern einer Ausdrucksweise des spirituellen Auges.

Der deutsche Mystiker Jakob Böhme (1575-1624) ist wahrscheinlich jener Eingeweihte, dem das größte Verdienst an der Niederschrift der geheimen Grundsätze des Rosenkreuzertums zukommt. Der von Böhme und William Blake (von Böhme stark beeinflußt) verwendete poetische Begriff »vegetatives Auge« war der Versuch, die irdische Sichtweise (die erdverbundene, »vegetative« Wahrnehmung gewöhnlicher Menschen) von der spirituellen, nicht an die Erde oder an materielle Sinne gebundenen Betrachtungsweise der Eingeweihten zu unterscheiden. Zu dieser höheren Sicht kann man nur durch »Reinigung« des Wahrnehmungsportals gelangen.

Lesen wir die Werke der Alchimisten des sechzehnten Jahrhunderts, so müssen wir uns in Geduld fassen, denn wir sind die Unwissenden, sie dagegen die erleuchteten Meister. Aus diesem Grund wurden sie auch *Sapientiae* genannt. Nicht die Ausbildung oder Lebenseinstellung spielen hier eine Rolle, sondern eine unterschiedliche Betrachtungsweise.

Aus der Sicht des sechzehnten Jahrhunderts bedeutete der Übergang der drei in der zweiten Zeile angeführten Metalle ineinander keinerlei Gefahr. Doch was wollte uns Nostradamus damit mitteilen? Die Phrase ist selbst für alchimistische Begriffe ausgesprochen zweideutig. Nehmen wir an, er wollte tatsächlich ausdrücken, daß sich Saturn von Gold in Eisen wandeln werde. Der Alchimie zufolge ist die Sonne Gold, der Mond Silber, Merkur Quecksilber, Venus Kupfer, Mars Eisen, Jupiter Zinn und Saturn Blei. In jedem der sieben planetarischen Metalle findet sich auch jedes der anderen. Paracelsus eröffnete seine bemerkenswerte Studie der sieben Metalle mit der Bemerkung: »Alles ist in einem.« Obwohl dieser Ausspruch nicht von ihm stammt, ist er eine ausgezeichnete Einleitung für sein hervorragendes Buch.[12]

Sofern wir die lateinisch-französischen Worte richtig verstanden haben, beschreibt Nostradamus damit die Schaffung von Eisen aus dem Saturn, aus Gold oder aus einer Mischung von beiden. Im Prinzip ist dies ein degenerativer Prozeß, denn Gold ist die Sonne, das Sinnbild für das innere und äußere Licht, während es sich bei Eisen um ein niedrigeres Metall handelt, da es an das Zentrum der Erde gebunden ist (»enfers«). Möglicherweise erklärt diese Zurückstufung oder Verdunkelung von Licht die Struktur der Zeile, in der sich das französische Wort für »Unterwelt« (»enfers«) findet: »Saturne d'or **en fer** se changera«. Paracelsus setzte sich mit dieser Erzeugung von Eisen (»fer«) in seinem dritten Kanon auseinander. Wie er uns mitteilte, ist es für einen Prinzen oder König sehr schwierig, aus einem untauglichen oder gewöhnlichen Menschen hervorzugehen. Doch wenn der Mars (»fer«) mit starker, kampfbereiter Hand die Herrschaft fordert und die Stellung des Königs für sich gewinnt, kann eine solche Umwandlung stattfinden. In der Alchimie herrscht der König über das Gold (»or«) und das Licht der Sonne (»sol«). Der Saturn steht für den Ursprung der Zeit. Auf diese Weise läßt sich das alchimistische Metall Sonne-Saturn oder Gold-Blei (»Saturn d'or«) als alter König und in weiterer Folge als Christus deuten. Unter Berücksichtigung dieser Zusammenhänge zeigt sich die Zeile in neuem Licht. Der Mars (»fer«) greift in einem zwar natürlichen, doch aufrührerischen Akt der Maßlosigkeit nach der Macht des alten Königs (»Saturn d'or«).

Als Nostradamus seine Verse verfaßte, war Genf das Zentrum des Protestantismus und ein Dorn im Fleisch der Katholiken. Nach anfänglichen inneren Unstimmigkeiten und Konflikten hatte es sich im Jahr

1536 zum reformierten Glauben bekannt. Man könnte es Zufall nennen, daß Calvin ausgerechnet in diesem Jahr nach Genf kam und sich zum Bleiben entschloß. Abgesehen von seinen anderen Unternehmungen gründete er auch eine Schule für protestantische Missionare. So wurde Genf das protestantische Gegenstück zum katholischen Rom und ein Zufluchtsort für verfolgte Protestanten aus ganz Europa. Wie es Sully überschwenglich ausdrückte, war Genf »die heilige Stadt Jerusalem«. Sie war die »Stadt der Heiligen«, eine heilige Nation und irdische Verherrlichung Gottes. John Knox, ein Zeitgenosse von Nostradamus, schrieb etwa zu der Zeit, als Nostradamus Quatrain IX.44 verfaßte, daß Genf die reinste christliche Lehre verbreite, die es seit den Tagen der Apostel auf Erden gegeben habe.[13]

Eines der ungelösten Probleme der Genfer Protestanten zu Nostradamus' Lebzeiten war die Frage der heiligen Kommunion. Die drei im sechzehnten Jahrhundert bestehenden unterschiedlichen Ansichten über die Sakramente lassen sich der katholischen Kirche, Luther und Zwingli zuordnen. Die beiden letzteren lehnten die katholische Auffassung der Sakramente ab, da sie nichts anderes als magische Zeremonien seien. Brot und Wein, die Symbole für Leib und Blut Christi, gewannen nach Luthers Meinung einzig durch den Glauben ihre Wirksamkeit. Zwingli leugnete die wahre Anwesenheit Christi in den Sakramenten und betrachtete die Kommunion als symbolische Erinnerung an Christus. So führte diese Frage nach tiefgreifenden Auseinandersetzungen zu einem der wichtigsten Schismen innerhalb der protestantischen Kirche. Schließlich fand sich auch unter den Lutheranern eine Gruppe, die an die stoffliche (d. h. wirkliche) Anwesenheit Christi in Leib und Blut glaubte, wohingegen die Reformierten an einer virtuellen (d. h. spirituellen) Anwesenheit Christi durch den Glauben festhielten. Könnte Nostradamus dieses Auseinanderklaffen in der christlichen Lehre (über ein Thema, das innerhalb des katholischen Glaubens von entscheidender Bedeutung ist) gemeint haben, als er seine »alchimistische« Zeile verfaßte? In der Alchimie ließe sich das spirituelle Ereignis der Messe als Schaffung des wahren Leibes Christi (»Saturn d'or«) aus dem roten Fleisch und Blut des Mars (»fer«) deuten.

Nostradamus teilt uns in der dritten Zeile mit, daß »RAYPOZ« alle ausrotten werde. Dies dürfte im Widerspruch zu der alchimistischen Richtung der zweiten Zeile stehen, da es zu »enfers«, d. h. zum Tod der Seele, führt. Eine Erklärung für den Ausdruck »RAYPOZ« läßt sich aus einem griechischen und einem lateinischen Wort ableiten. Nach den Methoden der Grünen Sprache muß jedes dieser Worte mit der übrigen Textzeile in Bezug gesetzt werden.

So geht »RAYPOZ« möglicherweise auf den griechischen Ausdruck *raibos* zurück, was »schief« oder »gebeugt« bedeutet und oft zur Beschreibung krummer Beine verwendet wurde. Nostradamus benutzte in seiner französischen Version des griechischen Wortes anstelle des Beta, das als P ausgesprochen wurde, ein Phi. So ist es in der Grünen Sprache auch gestattet, Y und I gegeneinander auszutauschen. Rabelais bediente sich dieser Technik in dem Namen »Doribus«, der für »Ory« steht, jenen Inquisitor, der Michael Servetus[14] einsperren ließ. Doch welche Bedeutung kommt dem Wort »schief« oder »krummbeinig« innerhalb des Zusammenhangs dieses Quatrains zu? Aus alchimistischer Sicht wirft diese Frage kein Problem auf, denn der kosmische Schmied Vulcanus war krummbeinig. Der römische Gott des Feuers Vulcanus (mitunter auch Mulciber, »Hüter des Feuers«, genannt) stimmt mit dem griechischen Hephaistos überein. Seine Eltern waren Zeus und Hera. Da er lahm geboren worden war, wurde er aus dem Himmel auf die Erde hinabgeworfen. Auf diese Weise errang ein Gott, der sich sein kosmisches Wissen bewahrte, die Herrschaft über Irdisches. Durch sein doppeltes Wissen wurde er zum Lehrer der Eingeweihten – jener Wesen, die auf zweifachem Weg wandeln – und Schirmherr der Alchimie.

Nach Paracelsus ist Vulcanus der Meister der Alchimisten und Spagiriker. Die Kunst des Gottes Vulcanus besteht in der Trennung zwischen Gut und Böse. Als krummbeiniger Schmied taucht er in einer großen Anzahl alchimistischer und spagirischer Symbole und Abbildungen auf. Abbildung 41 zeigt beispielsweise das Titelbild des Werkes *Tripus Aureus* von Michael Maier aus dem Jahr 1618, auf dem die drei Alchimisten Basil Valentine, John Cremer und Thomas Norton (dessen Arbeiten in dem Buch wiedergegeben werden) neben einem Schmelzofen zu erkennen sind. Die Flammen werden von ihrem Mentor, dem lahmen Vulcanus, überwacht. Die Tradition um den Gott Vulcanus lebt fort: Ein großer Alchimist und Meister der Grünen Sprache des zwanzigsten Jahrhunderts wählte den Namen *Fulcanelli*, »der kleine Vulcanus«, als Pseudonym.[15]

»RAYPOZ« läßt sich aber auch durch eine beabsichtigte Verdrehung des lateinischen Ausdrucks *reposco*, der »zurückverlangen« oder »fordern« bedeutet, ableiten. Möglicherweise schrieb Nostradamus dieses interessante Wort aber auch in Großbuchstaben, um es mit dem C von »Ciel« (»Himmel«) in der Zeile darunter zu verknüpfen. Könnte »RAYPOZ« als ein »Zurückfordern des Himmels« aufgefaßt werden? Angesichts des göttlichen Einflusses von geopfertem Fleisch und Blut scheint diese Annahme nicht weit hergeholt. Die Messe ist ein Sakrament, in dem die Menschen das Göttliche ersuchen, in Form von spiritueller

Speise zu ihnen zurückzukehren und aus seinem spirituellen Reich (»d'or«) in die Tiefe der Fleischeslust (»fer«) herabzusteigen.

Wenn unsere Theorie stimmt, ist RAYPOZ-Vulcanus selbst die spirituelle Energie oder das Feuer der Messe, und der Gegen-RAYPOZ (»contre RAYPOZ«) der Messe versinnbildlicht jenes Feuer, das unter Schmerzen verbrennt. Es ist das Gegenteil des vom Himmel herabsteigenden Feuers und gleicht eher jenem, das aus der Hölle emporlodert. Anders ausgedrückt: das Feuer, vor dem die Einwohner Genfs fliehen sollen.

Der RAYPOZ-Vulcanus ist das Wesen, das die alchimistische Umwandlung der zweiten Zeile erfolgreich bewirken kann: »Saturne d'or en fer se changera«. Mit seinem Feuer und seinem Hammer stellt Vulcanus ein furchterregendes Geschöpf dar, das allem Anschein nach nur von den Alchimisten gezähmt werden kann. In diesem Quatrain sieht Nostradamus eine Art Anti-Vulcanus voraus, vor dem man fliehen soll.

Was hat es mit diesem vulkanischen Feuer auf sich, das die Stadt Genf zu bedrohen scheint? Die Lösung findet sich in dem verborgenen Wort »enfers« (»en fer s«) in der zweiten Zeile, das neben der Bedeutung »Hölle« auch als »im Feuer« (»en fer«) ausgelegt werden kann. »RAYPOZ« scheint das innere Feuer, die vulkanische, von Schwefel genährte Flamme des ungezügelten Willens zu sein. Hätte Michael Servetus nicht einige Jahre vor der Verfassung dieses Quatrains in Genf in den Flammen den Tod gefunden, hätten wir annehmen können, die Prophezeiung bezöge sich auf ihn. Dennoch ist es möglich, daß sich Nostradamus bei der Niederschrift seiner Vorhersage dieses verbotenen Scheiterhaufens erinnerte, der mit Calvins stillschweigender Duldung entzündet worden war. Jedermann, der einem solchen Schicksal entgehen wollte (dem zweideutigen Schicksal des Todes auf dem Scheiterhaufen einerseits und des Protestantismus andererseits), sollte Genf eiligst fliehen.

Ist diese wichtige Streitfrage über die Gültigkeit der heiligen Kommunion tatsächlich Thema dieses Quatrains, dann ist die Bedeutung der vierten Zeile eindeutig. In der katholischen Lehre erscheint vor jeder Messe ein Zeichen am Himmel: »Avant l'advent le Ciel signes fera«.

Gewiß ist es bedeutsam, daß die zweite Zeile in verschlüsselter Form das Wort »Hölle« (»enfers«) enthält, wohingegen die vierte Zeile das Wort »Himmel« (»Ciel«, mit einem großgeschriebenen Anfangsbuchstaben) aufweist. Diese Zeile erinnert uns daran, daß Zeus und Hera den lahmen Vulcanus bei seiner Geburt auf die Erde hinabgeschleudert hatten, wodurch Vulcanus selbst zu einem solchen Zeichen am Himmel geworden war.

Kapitel 7

Das siebzehnte Jahrhundert

»Was nun Nostradamus' Prophezeiungen anbelangt, bin ich nach eingehender Untersuchung der Grundsätze der Astrologie überzeugt, daß es ein vergebliches Unternehmen ist, irgend etwas auf dieser Kunst aufbauen zu wollen. Doch beziehen sich einige seiner Schwärmereien auf solch eigentümliche Ereignisse, daß ich gerne Eure Meinung dazu hören würde. In seinen vielen tausend Versen erwähnte er England höchstens 20 Mal. Dennoch erfüllte sich bereits annähernd die Hälfte dieser Vorhersagen in unserer Zeit mit äußerster Genauigkeit.«

(»J. F.« *The Predictions of Nostradamus, Before the Year 1558*, 1691 – zur Veröffentlichung freigegeben am 26. Mai desselben Jahres)

Als ein niederländischer Herausgeber 1668 die wohl hochwertigste Ausgabe von Nostradamus' *Prophéties* veröffentlichte, verzierte er die Titelseite mit zwei dramatischen Stichen.[1] Einer stellte London in Flammen dar (Abb. 42), der andere die Enthauptung von König Karl I. (Abb. 43). Diese Titelseite liefert den Beweis, daß man innerhalb von zwei Jahren nach der verheerenden Feuersbrunst erkannt hatte, daß Nostradamus das Große Feuer von London für das Jahr 1666 vorhergesagt hatte. Nahezu zwei Jahrzehnte später stellte man fest, daß der Gelehrte die Hinrichtung von Karl I. von England in Whitehall prophezeit hatte.

Großbrände waren im Europa des Spätmittelalters keine Seltenheit, doch die Hinrichtung eines Königs war ungewöhnlich und war deshalb einer Titelseite würdig. Die grobe Abbildung der königlichen Exekution ist die Kopie eines prachtvollen Gemäldes von Weesop. Von ihm stammen auch die beiden ovalen Nebenporträts, die den lebenden und den enthaupteten König darstellen. Der Scharfrichter Brandon hält den Kopf hoch. Weesop zeigt ihn unmaskiert, obwohl er, um seine Identität zu verbergen, auf dem Schafott stets eine Perücke und einen falschen Bart trug.

In beiden Abbildungen ist die Fassade von Whitehall gut zu erkennen. Der König wird kniend in Erwartung des tödlichen Hiebes dargestellt. Im Vordergrund des Gemäldes von Weesop erkennt man eine Dame der Gesellschaft, die angesichts des Blutes in Ohnmacht fällt. Der Kopist von Nostradamus' Titelseite übertrug diesen Zwischenfall in seine Arbeit. Er schenkte diesem Detail aus guten Gründen Beachtung: Jenes nebensächliche Ereignis war als wichtiger Teil der »Handlung« von Nostradamus' Quatrain erkannt worden. Wie wir sehen werden, erwähnt Nostradamus bei der Schilderung der Enthauptung ausdrücklich den Fall einer Frau.

Auch die auf der Titelseite darunter abgebildete Darstellung des Feuers ist eine Kopie einer Einblattdruckgraphik. Das Feuer betraf das links der Brücke über die Themse liegende Gebiet, dessen Namen in dem Fluß mit Southwark angegeben wird. Der Amsterdamer Drucker fertigte eine recht genaue Kopie des Gemäldes an, entfernte jedoch das identifizierende Wort. Dennoch ist London vor der Feuersbrunst mit der alten London Bridge und einer Unzahl von Kirchen, die später den Flammen zum Opfer fallen würden, in der Abbildung gut zu erkennen. Auf der sicheren Seite des Flusses ragt im Vordergrund der Turm der Kirche von St. Mary Overies, der späteren Kathedrale von Southwark, in den Himmel. Weder der Graveur noch der Herausgeber dieser Nostradamus-Edition wußten, daß die Kirche eine entscheidende Rolle in der von dem Meister im Jahr 1555 veröffentlichten Prophezeiung spielen würde.

Nach Meinung einiger Interpreten hatte Nostradamus in der Ermordung von Karl I. vor dem Parlament im Jahr 1649 und dem späteren Feuer von London auf seltsam okkulte Weise einen Zusammenhang gesehen. Zudem habe er geglaubt, daß das Blut des hingerichteten Königs, den Gesetzen eines geheimen, magischen Rituals folgend, nach dem Blut von London rufe.[2] Die Verbindung dieser beiden Ereignisse dürfte auf Garencières, einen Interpreten des siebzehnten Jahrhunderts, zurückzuführen sein, der erkannte, daß sich der erste Quatrain mit der »gottlosen und abscheulichen Hinrichtung unseres höchsten Herrschers und Königs Karl I., dessen Andenken gesegnet sein möge«, befaßte. Er unterstellte Nostradamus, die Feuersbrunst von London als Sühne für dieses am König begangene Verbrechen zu betrachten.

Die Prophezeiung regte die Vorstellungskraft des siebzehnten Jahrhunderts an, aus dem uns verschiedene Deutungen überliefert sind. Ein Gedicht, in dem auf unbeholfene Weise der Versuch unternommen wird, Nostradamus' Schreibstil nachzuahmen, findet sich in einer Handschrift, die mit Januar 1671 datiert ist:

»Das Blut der Gerechten wird angesichts des Urteilsspruchs über
    London erstarren,
Wenn Flammen die Stadt im Jahre sechsundsechzig einhüllen
Und Feuerbälle hochsteigen werden und nur einige wenige
Von Whitehall bis zur Pudden Lane verschont bleiben werden...
Wenn die glattgesichtige Abscheulichkeit angesichts des Verrats
    nicht errötet
Und Kontrollstellen die Lombard Street absperren;
Wenn Schausteller hinter verschlossenen Vorhängen und Bühnen
Die Rollen von Königinnen spielen.
Wenn Sodomie das größte Vergnügen des Augenblicks ist
Und Hurerei die letzte Sünde bei Hof,
Wenn ein Junge seine Schwester zur Geliebten nimmt
Und in den Abendstunden Blutschande mit ihr treibt...«[3]

Diese zwischen einem Königsmord und einer Feuersbrunst hergestellte
Verbindung durch das »Blut der Gerechten« taucht immer wieder bei
verschiedensten Autoren auf. Abgesehen von der zeitlichen und geogra-
phischen Nähe dieser beiden Ereignisse gibt es wenige Hinweise darauf,
daß Nostradamus diese Geschehnisse in Beziehung zueinander hätte
bringen wollen. Hatte eine ähnliche Betrachtungsweise den Schöpfer
dieser Titelseite dazu bewogen, die beiden Stiche zusammen auf einer
Seite abzubilden? Es ist wahrscheinlicher, daß die beiden Bilder zu Wer-
bezwecken eingesetzt worden sind und lediglich auf zwei kürzlich in
Erfüllung gegangene Prophezeiungen hindeuteten. Immerhin war das
Buch im Jahr 1668 herausgegeben worden, als die Aufregung über die
Erkenntnis, daß Nostradamus erneut über ein Jahrhundert hinweg mit
nahezu unheimlicher Genauigkeit die Zukunft vorhergesagt hatte, einen
neuen Höhepunkt erreicht hatte.

Das wirklich Interessante an dieser Titelseite ist aus unserer Sicht,
daß der Amsterdamer Herausgeber offenbar keinerlei Zweifel daran
hegte, daß Nostradamus die Hinrichtung von Karl I. und das Große
Feuer von London vorhergesagt hatte. Eine Analyse der diesbezüglichen Quatrains führt uns zu derselben Überzeugung, wenn auch
unsere Deutung von den zuvor angegebenen Interpretationen abweicht.

Quatrain II.51 ist wohl der bekannteste von Nostradamus' Vierzeilern, da seine prophetische Aussage eindeutig zu sein scheint. In einer
Zeile, die auf den ersten Blick keinerlei verschlüsselte Begriffe aufweist, sagt Nostradamus das Ereignis des Großen Feuers von London
mit der genauen Jahreszahl voraus:

»Le sang du juste à Londres fera faute,
Bruslez par foudres de vingt trois les six,
La dame antique cherra de place haute.
De mesme secte plusieurs seront occis.«

»Das Blut der Gerechten wird Schuld auf London laden,
Es brennt durch Blitzschlag sechs von dreiundzwanzig Mal,
Die alte Dame fällt von einem hohen Ort,
Mehrere von der gleichen Sekte werden getötet.«

Der ersten Zeile entnehmen wir, daß sich die Prophezeiung auf London bezieht. Die zweite Zeile bietet den Hinweis auf ein Feuer, das in einem Jahr stattfinden wird, das die Zahl 66 (20 x 3 + 6) oder 666 enthält. Da die Feuersbrunst London im Jahr 1666 heimsuchte, sind die Interpreten der Ansicht, dies sei ausnahmsweise ein klarer Hinweis auf das vorhergesagte Ereignis. Bei genauerer Überprüfung stellt sich diese Eindeutigkeit rasch als Tarnung heraus. Da es sich bei dem Ausdruck »bruslez« wahrscheinlich um das französische Wort *bruler*, »brennen«, handelt, lautet die Übertragung der Zeile »Bruslez par fourdes« »von einem Blitzschlag in Brand gesteckt«. Doch das Feuer von London entbrannte nicht aufgrund eines Blitzschlages. Um an der gängigen Deutung festzuhalten, könnten wir vielleicht argumentieren, daß »bruslez par foudres« auf ein durch den Zorn eines Gottes hervorgerufenes Feuer hindeutet, als hätte Zeus einen Blitz vom Himmel herabgesandt.

Auch die Zeitangabe des Ereignisses ist seltsam verschlüsselt. Mehrere Autoren haben klugerweise darauf hingewiesen, daß sich die Phrase »vingt trois les six« nicht nur als 666, sondern auf verschiedene Arten auslegen läßt. Dennoch bildet diese Textstelle der dreifachen Sechs (»trois les six«) einen geschickten Hinweis auf die eigentliche Bedeutung der Worte, ohne die okkult erscheinende Zahl 666 tatsächlich zu erwähnen. Nostradamus hatte gewiß die Absicht, diese Zahl nicht allzu deutlich anzugeben, da sie in der Offenbarung ein Sinnbild des Antichrist ist. Die Wiedergabe dieser Zahl in seinem Quatrain hätte dessen Bedeutung vollkommen verändert und die Vorhersage mit biblischen Reichen in Verbindung gebracht, die nicht sein Thema sind. Keine andere Jahreszahl, die sich aus der Zeile ableiten läßt, bietet dieselbe Präzision: 236 (d. h. das Jahr 1236) und 2366 gehen über den Anfang und das Ende der Vorhersageperiode hinaus, wodurch diese beiden Daten nicht weiter zu berücksichtigen sind. Da es sich hierbei wahrscheinlich um die lautmalerischste Jahreszahl in der englischen Geschichte handelt, müssen wir davon ausgehen, daß »les six« als Hinweis auf mehrere Sechsen, d. h. auf das Jahr 1666, zu betrachten ist. So scheint der Quatrain den Ausbruch eines Feuers in London im Jahre 1666 vorherzusagen. Wenn wir das auch zugestehen, werden wir nun mit der Tatsache konfrontiert, daß keine der anderen drei Zeilen des Quatrains einen Sinn zu ergeben scheint.

Was läßt sich beispielsweise aus der Textstelle »Die alte Dame fällt von einem hohen Ort« ableiten? Einige Autoren vermuteten, Nostradamus habe in seiner »prophetischen Vision« eine Skulptur der Jungfrau Maria von der Spitze der Kathedrale von St. Paul herabstürzen gesehen. So schreibt Chodkiewicz, daß die Dame »möglicherweise eine Statue war, die bei dem Einsturz des Turms von St. Paul zu Boden fiel«.[4] Dies ist jedoch nicht denkbar, da der Turm von St. Paul lange vor dem Feuer zerstört wurde. Garencières scheint der erste gewesen zu sein, der die Vermutung äußerte, die »dame antique« sei die Kathedrale von St. Paul, »die in Zeiten des Paganismus Diana geweiht war«. Obwohl dieser Gedanke höchstwahrscheinlich falsch ist, hat er sich bis in die pseudo-wissenschaftliche Literatur unserer Zeit gehalten.

Durch einen eigenartigen Zufall war der 493 Fuß hohe Turm im Jahr 1561 von einem Blitz getroffen worden, worauf die Holzkonstruktion der Kathedrale Feuer fing. Turm und Dach des Kirchenschiffes stürzten in sich zusammen. Während das Dach schließlich repariert wurde, baute man den Turm nicht mehr auf. Würde uns Nostradamus' Hinweis durch die seltsame Jahreszahl 1666 nicht zu einer anderen Deutung zwingen, hätten wir wahrscheinlich angenommen, die Prophezeiung stünde mit einem Ereignis in Zusammenhang, das im Jahr 1561, nur fünf Jahre nach Veröffentlichung seiner Verse, eintraf.

Einige Interpreten meinten, die »dame antique« sei die Kathedrale von St. Paul selbst. Auch wenn aus der Zeit vor 1285 wenig bekannt ist, findet sich doch kein Verweis darauf, daß die Kirche jemals der Heiligen Jungfrau gewidmet gewesen wäre. Die Behauptung, St. Paul sei an einer Stelle errichtet worden, die früher einer heidnischen Gottheit[5] gewidmet gewesen sei, ist nicht haltbar. Immerhin betont die Prophezeiung, daß etwas fallen werde. Darüber hinaus waren jegliche heidnischen Spuren zur Zeit des Feuers seit Jahrhunderten ausgelöscht.

Möglicherweise müssen wir uns nach anderen stürzenden Frauen umsehen. Vielleicht sollten wir dem Hinweis nachgehen, daß die Bank von England nur wenige Jahre nach ihrer Errichtung 1734 »The Old Lady« genannt wurde.[6] Ihr voller Titel lautete »Die alte Dame von der Threadneedle Street«. Dies ist deshalb von Bedeutung, da dieses Gebiet ebenso wie die Gegend rund um St. Paul von dem Großen Feuer so ver-wüstet wurde, daß es komplett wiederaufgebaut werden mußte. Wenn wir annehmen, die Prophezeiung bezieht sich auf die Bank von England, so erhält der Vers eine zumindest doppelte Bedeutung: Einerseits befaßt er sich mit dem Großen Feuer, andererseits mit dem Zusammenbruch der Bank von England. Das würde bedeuten, daß ein Teil der Vorhersage unsere Zukunft betrifft.

Wenn wir annehmen, der Sturz der mysteriösen alten Dame hätte nichts mit der vorhergesagten Feuersbrunst zu tun, müssen wir uns eingestehen, daß ihre Identität ein Rätsel bleibt. Viele Kirchen wurden durch das Feuer zerstört. Ganz abgesehen von 13 000 Privathäusern gingen siebenundachtzig Pfarrkirchen und vierundvierzig Gemeinschaftshäuser in Flammen auf. Eines der eindrucksvollsten Gebäude des siebzehnten Jahrhunderts, die prachtvolle, von Sir Thomas Gresham finanzierte Königliche Börse, wurde vollkommen zerstört. Es ist vorstellbar, daß unter all den einstürzenden Holzkonstruktionen dieser großartigen Gebäude auch eine Art von Statue – möglicherweise eine damals in diesem »reformierten« Land noch häufig anzutreffende Abbildung der Jungfrau Maria – zu Boden fiel, doch bislang bleiben die alte Dame und damit der Inhalt der gesamten letzten Zeile (»De mesme secte plusireus seront occis«) ein Rätsel. Unterlegen wir der letzten Zeile aber eine logische Erklärung, enthüllt sich uns die Identität der gefallenen Dame doch.

Aber vorher befassen wir uns mit der Frage, wer mit »derselben Sekte« (»mesme secte«) gemeint ist. Es besteht Grund zu der Annahme, daß sich Nostradamus mit dieser Formulierung auf den Protestantismus bezog, der im katholischen Frankreich des sechzehnten Jahrhunderts mit einiger Verachtung und Furcht als ketzerische Sekte betrachtet wurde. Anhand von Aufzeichnungen wissen wir, daß bei dem Großen Feuer von London lediglich sechs Menschen den Tod fanden. Angesichts der üblichen Blut und Unheil schildernden Prophezeiungen, kann diese Zahl kaum als »plusieurs« bezeichnet werden. Im sechzehnten Jahrhundert und speziell in der von Nostradamus eingesetzten Sprache könnte man das Worte »secte« auch als »secteur« interpretieren. Diese Auslegung bietet eine verständlichere Erklärung der letzten Zeile, die sich nun in der Form »in demselben Abschnitt wurden mehrere getötet« übersetzen läßt. Somit kommt der gestürzten Dame keine religiöse Bedeutung mehr zu, denn unabhängig von der Frage, wer oder was zu Boden stürzte, erfahren wir, daß eine gewisse Anzahl von Menschen im selben Gebiet getötet wurde. Auch wenn wir uns dieser Ansicht nicht anschließen, deutet letztere Analyse darauf hin, daß der Quatrain mehr Geheimnisse umfaßt, als von vielen Autoren angenommen. Den in den Zeilen getarnten Hinweisen können wir lediglich entnehmen, daß wahrscheinlich im Jahr 1666 in London ein Feuer ausbrechen werde.

Betrachten wir nun den Quatrain aus einem anderen Blickwinkel. Nehmen wir an, der Fall der alten Dame und der Tod der Menschen »derselben Sekte« hätten keinen zeitlichen Bezug zu dem Feuer. Die erste Zeile lautet: »Le sang du juste à Londres fera faute«. Das darin vorkommende »fera faute« läßt sich verschiedenartig auslegen. »Faute« kann sowohl als »Mangel« oder »Knappheit«, aber auch als »Fehler« oder »Irrtum« gedeutet werden. Als intransitives Verb ist es als »irren« oder »irregeleitet werden« zu übersetzen. Auch wenn die allgemeine Richtung der Zeile eindeutig ist, findet sich nicht so leicht eine vernünftige Erklärung. Nach Ansicht einiger Forscher bezieht sich diese Zeile auf Karl I., den »gerechten König«, dessen Blut bei seiner Enthauptung im Jahr 1649 vergossen wurde. Teilweise wird diese Meinung durch die Tatsache unterstützt, daß sich Nostradamus in zumindest zwei anderen Quatrains auf diese Hinrichtung bezieht.[7] Doch auch mit einiger Phantasie ist es nicht möglich, Karl I. als gerecht zu bezeichnen. Er dürfte ein tapferer Mann mit gewissen edlen Eigenschaften gewesen sein, sich jedoch kaum durch ein besonderes Gefühl für Gerechtigkeit hervorgetan haben. Seine elfjährige Schreckensherrschaft wird noch immer als Beispiel für den Mißbrauch der Gesetze und der englischen Bürgerrechte genannt.[8]

Andererseits war Nostradamus ein überzeugter Royalist. Die Tatsache, daß er sich mehrmals auf Karl I. bezieht, läßt den Schluß zu, daß er die Hinrichtung eines Königs, den er als Abgesandten einer göttlichen Ordnung betrachtete, für Verrat hielt. Dennoch findet sich in dem Vers kein Beweis, daß die Ereignisse des Jahres 1649 mit dem Feuer von 1666 in Zusammenhang stehen. Wenn wir uns von dieser Vorstellung lösen, können wir uns dem Quatrain aus einem anderen Blickwinkel nähern.

In dem Jahr, in dem Nostradamus den ersten Teil seiner Prophezeiungen veröffentlichte, begann in London die Verfolgung der Christen. Am 28. Januar wurde in der damals St. Mary Overies genannten Kirche der erste einer langen Reihe von Prozessen eröffnet, in denen Katholiken des Ketzertums angeklagt wurden. Zweifellos ist es Zufall, daß diese Kirche auf dem Stich des Feuers von London zu sehen ist, der die Titelseite der Nostradamus-Ausgabe der *Prophéties* aus dem Jahr 1668 schmückt (s. Abb. 42, oben). Die Gerichtsverhandlungen fanden in der alten Kapelle der Heiligen Jungfrau statt. Die erste Gruppe von Ketzern wurde wie so viele nachfolgende zum Tod durch Verbrennen verurteilt.

In den Augen der Welt und selbstverständlich des katholischen Nostradamus' waren diese Männer und Frauen unschuldig, war ihre Verurteilung ungerecht. Möglicherweise finden wir hier eine Spur für die

Deutung der ersten Zeile des Quatrains: »Le sang du juste à Londres fera faute« – »Das Blut der Gerechten wird Schuld auf London laden«.

Die Ketzerfeuer dieser katholischen Märtyrer brannten viele Jahre lang. Ein Auszug aus den Tagebüchern von Machyn aus dem Jahr 1556 liefert uns einen Augenzeugenbericht:

>»Am 27. Tag des Monats Juni ritt ich von Newgate nach Stratford-
>a-bow. Elf Männer und zwei Frauen wurden vor 20 000 Zuschau-
>ern an vier Pfähle gebunden und bei lebendigem Leib verbrannt.«[9]

Anhand dieser Aussage scheint es vernünftig, die Bedeutung der ersten und letzten Zeile des Quatrains in derartigen Ereignissen zu suchen: »Das Blut der Gerechten wird Schuld auf London laden ... mehrere von der gleichen Sekte werden getötet«. Jetzt enthüllt sich der eigentliche Sinn der Worte »juste« und »secte« ebenso wie die Identität der alten Dame in aller Deutlichkeit.

Die alte Dame ist St. Mary Overies.* Im zwölften Jahrhundert von Maria, der Tochter eines Fährmannes, gegründet,[10] behielt sie trotz der Unterdrückung durch Heinrich VIII. ihren Status als Pfarrkirche und wurde im neunzehnten Jahrhundert zur Kathedrale der Diözese von Southwark. Der Name der Gründerin, Maria, wurde in die Ausschmückung der Kirche aufgenommen. Selbst das Siegel von St. Mary Overies zeigt die Jungfrau Maria mit dem Kind auf ihren Knien. Mitunter ist das Bild Marias auch in die *vesica piscis* eingeschlossen. Ist dieser bewußte Symbolismus möglicherweise ein Spiel mit dem zweideutigen Ausdruck Overies? Die Maria mit dem Christuskind des Kirchensiegels ist eine sarkastische Anspielung auf die spanische Armada, die nach England aufbrach, um den katholischen Glauben wieder einzusetzen, und deren Flaggen das Abbild Marias und des gekreuzigten Christus trugen. Es ist eine Ironie des Schicksals, daß eine Kirche mit einer alten Marientradition in der Mitte des sechzehnten Jahrhunderts zum Schauplatz von Prozessen und Verbrennungen von Katholiken wurde. Möglicherweise läßt sich daraus ableiten, was Nostradamus meinte, als er die alte Dame von ihrer hohen Stellung in der Kapelle der Jungfrau Maria stürzen sah.

---

* »Ofers«, die alte Form von Overies, bedeutet »am Ufer« oder »fern des Ufers«. Beide Interpretationen weisen auf die Lage der Kirche am Ufer des Tideflusses hin. Der Name St. Mary Overies wurde im Volksmund gebraucht, wohingegen die Aufzeichnungen der Kirche ihren Namen mit Sancta Maria de Suthewercha angeben.

Unserer Ansicht nach betrachtete er das Große Feuer von London im Jahr 1666 als gerechte Strafe Gottes für die Folter und Verbrennung aufrechter katholischer Männer und Frauen. In vielfacher Hinsicht ergibt die Deutung, daß sich Nostradamus auf die Folgen der Verbrennungen bezog, dem gesamten Quatrain mehr Sinn als eine Erklärung, die sich lediglich auf das Feuer von London beschränkt.

DIE PEST IN LONDON

Die Interpretation von Quatrain II.51 wurde von den im Vers selbst eingebauten Hinweisen abgeleitet. Ein weiterer, mit diesem in Zusammenhang stehender Vierzeiler bestätigt diese Deutung. Es handelt sich um Quatrain II.53, von II.51 durch einen Vers, der sich in keiner Weise mit den Themen Feuer, Blut oder Gerechtigkeit befaßt, getrennt. Seine Position erinnert uns daran, daß Nostradamus oftmals zwei zusammengehörige Quatrains in Paaren anordnete, in die ein dritter Vers eingeschoben wurde. In diesem Fall ist die Zahlenangabe des Verses vorsätzlich gewählt, da die beiden Ereignisse ein Jahr nacheinander eintrafen.

Daß sich die beiden Verse aufeinander beziehen, steht außer Zweifel. Dieser zweite Quatrain befaßt sich nicht mit dem Feuer von London, sondern mit der großen Pestepidemie, welche die Stadt ein Jahr zuvor heimgesucht hatte.

> »La grand peste de cité maritime
> Ne cessera que morte ne soit vengée:
> Du juste sang par pris damné sans crime,
> De la grand' dame par fainte n'outragée.«

Eine ungefähre Übersetzung lautet:

> »Die große Seuche wird von der Stadt am Meer
> Nicht weichen, bis der Tod gerächt ist,
> Das Blut der Gerechten, schuldlos gefangen und verurteilt,
> Weil die große Dame sich gekränkt stellte.«

Allein die Tatsache, daß Nostradamus eine Pestepidemie mit einer solch genauen Zeitangabe vorhersah, ist bemerkenswert. Pestseuchen brachen im Europa des sechzehnten Jahrhunderts häufig aus; die Seuche, die sich im Mai 1665 in London verbreitete, gehörte zu den schwersten ihrer Art. 68 000 Menschen starben in diesem Jahr allein innerhalb der

Stadt. Als im September des darauffolgenden Jahres das Feuer aufflackerte, hatte sich die Stadt noch nicht von diesem Schicksalsschlag erholt. Am Ende stellte sich das Zusammentreffen von Pest und Feuer allerdings als Segen heraus, denn der anschließende Wiederaufbau der Stadt bildete eine Weichenstellung im Hinblick auf ihr zukünftiges Wachstum und die Gesundheit ihrer Bewohner. In gewisser Hinsicht verdanken wir dem Großen Feuer vieles von jener Größe und wirtschaftlichen Macht, die sich später in London vereinten. Da bei der Wiedererrichtung der Stadt sozialen und gesundheitlichen Bedürfnissen Rechnung getragen wurde, bezeichnete man London im Jahr 1707 als die »gesündeste Stadt der Welt«. Diese Faktoren trugen zweifellos zu ihrem wirtschaftlichen Erfolg und der Genauigkeit von zumindest einem bemerkenswerten Quatrain von Nostradamus bei (s. Seite 341 ff.). Da Nostradamus seine Verse im Jahre 1550 verfaßte, zeigte er sich lediglich von den Schrecken der Pest und des Feuers betroffen, die, wie er voraussah, die Stadt zerstören würden.

London wird in Quatrain II.53 nicht mehr namentlich erwähnt; Nostradamus nennt es »Stadt am Meer« (»cité maritime«). In diesem Quatrain wird erneut jenes schuldlos vergossene Blute der Gerechten erwähnt, das wahrscheinlich das Hauptthema des vorherigen Quatrains war. Wieder scheint das Blutvergießen mit einer Frau in Zusammenhang zu stehen, diesmal jedoch mit einer »grand' dame« anstelle der »alten Dame«. Daß es sich um dieselbe handelt, läßt sich aus der auffälligen Parallele zwischen den beiden Versen schließen. Das Wortspiel der dritten und vierten Zeile mit »damné« und »dame« bestätigt diese Ansicht zusätzlich. Sofern wir mit unserer Interpretation des Feuerquatrains recht behalten, handelt es sich auch bei dieser »grand' dame« um die Jungfrau Maria.

Wenn wir an der vorgeschlagenen Deutung von Quatrain II.51, in dem Nostradamus die Pest und das Feuer als Zeichen göttlichen Mißfallens über die Behandlung der Katholiken versteht, festhalten, läßt sich dieser Vers relativ leicht entschlüsseln.

Wieder sehen einige Autoren in diesem Vers einen Hinweis auf die Rache für die Ermordung von Karl I., auch wenn es für eine derartige Verbindung der Ereignisse von 1649 mit denen von 1665 und 1666 keinerlei Anhaltspunkte gibt.

DIE HINRICHTUNG VON KARL I.

Die Erwähnung der »Hinrichtungsprophezeiung« führt uns zu Quatrain VIII.37, der sich mit den Einzelheiten der Enthauptung von Karl I. befaßt.

> »La forteresse aupres de la Tamise
> Cherra par lors, le Roy dedans serré,
> Aupres du pont sera veu en chemis
> Un devant mort, puis dans le fort barré.«

Bevor wir uns der Untersuchung dieses schwierigen Vierzeilers widmen, wollen wir folgende Übersetzung anbieten:

> »In der Festung an der Themse
> Wird der König gefangengehalten,
> Nahe der Brücke wird er im Hemd gesehen,
> Kurz vor seinem Tod, im Schloß wird er begraben.«

Aufgrund von Aufzeichnungen aus dem Bürgerkrieg wissen wir, daß Karl nach seiner Niederlage bei Naseby im Januar 1647 gefangengenommen und in Windsor Castle, einer an der Themse gelegenen Festung, eingekerkert wurde. Nun ließe sich »Cherra par lors« als »etwas wird fallen« interpretieren, womit gemeint sein könnte, daß die an der Themse gelegene Festung einstürzen werde. Die Zeile könnte sogar darauf hinweisen, daß sich der König noch in der Festung befinde, wenn sie in sich zusammenstürze.

Liest man »par lors« jedoch als *pour lors*, ergibt sich als Übersetzung »zu dieser Zeit«. So könnte die zweite Zeile ungefähr folgendermaßen lauten: »Zu dieser Zeit wird der König in ihrem Inneren gefangengehalten«. Die Betonung dieser Zeitangabe ist außergewöhnlich, denn Windsor war gleichsam der königliche Wohnsitz von Karl I., in dem er »zu dieser Zeit« als Gefangener gehalten wurde. Wie wir sehen werden, kehrte er zu einem späteren Zeitpunkt nach Windsor zurück.

Trotz der altertümlichen Zeichensetzung in diesem Quatrain ändert sich nach der zweiten Zeile der Schauplatz. Wir erfahren, daß man den König nahe der Brücke in einem Hemd sieht. Wie Laver in einem anderen Zusammenhang bemerkte, wirkt es oftmals beinahe, als wäre Nostradamus Augenzeuge gewisser Ereignisse gewesen, so oft verweist er auf bedeutsame Einzelheiten.

Bei der angesprochenen Brücke handelt es sich um die London Bridge, die damals einzige feste Verbindung über den Fluß, der ansonsten von einer großen Anzahl von Fähren gekreuzt wurde. Whitehall, aus dessen Bankettsaal Karl auf das an die Begrenzungsmauer herangezogene Schafott stieg, lag in der Nähe der Brücke.

Das hier erwähnte Hemd zählt zu den sonderbarsten Einzelheiten, die uns aus der Geschichte dieses Tages, an dem die Engländer wie widerstrebende Schlafwandler ihren König ermordeten, überliefert sind. An diesem 30. Januar trug Karl als Vorbereitung auf seine bevorstehende Hinrichtung ein am Kragen offenes weißes Hemd (mitunter wird auch behauptet, er habe zwei weiße Hemden angehabt). Mit unglaublichem Mut bemerkte er Bischof Juxon gegenüber, der an diesem bitterkalten Tag neben ihm stand, er hoffe, daß die versammelte Menschenmenge nicht glaube, er zittere vor Angst.[11]

Was läßt sich der letzten Zeile, die sich mit den Ereignissen nach Karls Tod befaßt, entnehmen? »Un devant mort, puis dans le fort barré«. Dies ist eine bemerkenswerte Textstelle, denn derjenige, der in sozialem und spirituellem Sinn vorne (»devant«) sein sollte, liegt nun tot (»mort«) vor (»devant«) der Menschenmenge. Nach der Hinrichtung wird der Leichnam zu der in der ersten Zeile erwähnten Festung von Windsor zurückgebracht, wo er auch begraben wurde. Somit trat er die Rückreise nach Windsor an, auf die in »par lors« (*pour lors*) hingewiesen wurde. In der zweiten Zeile ist der König am Leben, in der letzten tot.

Trotz dieser Einzelheiten könnte man die Ansicht vertreten, daß es sich bei dem bewußten König nicht um Karl I. von England handle. Wenn auch der indirekte Hinweis auf Windsor jeden Zweifel beseitigen sollte, könnte Nostradamus in jener schwer zu deutenden zweiten Zeile eine Konstruktion der Grünen Sprache eingebaut haben. Die Verschlüsselung dieser Zeile erklärt die selbst für Nostradamus eigentümliche französische Formulierung sowie die Verwendung der unregelmäßigen Zukunftsform des Verbs *Choir*, das als »Cherra« nicht mit der beabsichtigten Bedeutung übereinzustimmen scheint. Wendet man jedoch die Regeln der Grünen Sprache an, so ergibt sich aus dieser Zeile der Name des Königs: »**Cherra** par **lors**, **le Roy**« = *Charles le Roy*.

So enthält auch die französische Phrase »le Roy dedans serre«, die sich mit Karls Gefangenschaft befaßt, eine zusätzliche Bedeutung: Sie verweist auf den zu Beginn derselben Zeile verborgenen Namen des begrabenen Königs.

DIE FLUCHT VON JAKOB II.

Auch Quatrain VIII.58 befaßt sich mit der Geschichte der Stuarts – mit der kurzen, aber bedeutenden Herrschaft von Jakob II., dessen schmachvolle Flucht aus England im Jahr 1688 das Ende der Linie der Stuarts kennzeichnete. Er lautet folgendermaßen:

»Regne en querelle aux freres divisé,
Prendre les armes & le nom Britannique
Tiltre Angelican sera tard advisé,
Surprins de nuict mener à l'air Gallique.«

»Streit um das Königreich zwischen den entzweiten Brüdern,
Im Namen Britanniens greift man zu den Waffen,
Englands Anspruch wird zu spät erkannt,
In der Nacht überrascht, steuert man den französischen Himmel an.«

Bei den entzweiten Brüdern (»freres divisé«) handelt es sich um Karl II. und Jakob II., die beiden Söhne des glücklosen Karl I., dessen Ende Nostradamus in Quatrain VIII.37 vorhersagte.

Die Brüder waren aus verschiedenen Gründen »entzweit«. »Es gibt keine zwei Brüder, die unterschiedlicher sein könnten«, bemerkte der große Historiker Feiling.[12] Dabei geht es nicht nur um ihre gegensätzliche Persönlichkeit. Ihre vollkommen voneinander abweichenden Haltungen der Religion gegenüber sind überaus auffällig. Karl bewahrte das Geheimnis der von ihm gewählten Religion bis zu seinem Tod im Jahre 1685, Jakob brachte seine Loyalität Rom gegenüber deutlich zum Ausdruck. Seine Offenheit erregte das Mißfallen seines Bruders, denn im England dieser Zeit war ein derartiges Eingeständnis gefährlich. Obwohl Jakob ein zukünftiger Anwärter auf den Thron von England war, besaß er die Unverschämtheit, die Katholikin Maria von Modena zur Gemahlin zu nehmen. Eine derartige Zurschaustellung seiner Sympathie für den Katholizismus war im protestantischen England unklug.

Die Affäre um das »päpstliche Komplott«, durch das Karl ermordet und Jakob zum König ausgerufen werden sollte, trug zur Unpopularität der beiden Brüder bei. Obwohl es sich bei diesem Komplott weitgehend um eine Erfindung von Titus Oates handelte, entzweite es ganz England. Nach zwei Jahren interner Machtkämpfe wurde Jakob (damals Herzog von York) in die Verbannung geschickt und sein rechtmäßiger Thronanspruch überprüft. In gewisser Weise ist es bemerkenswert, daß Jakob nach dem Tod seines Bruders der Thron angeboten wurde und seine Herrschaft drei Jahre andauerte.

Die merkwürdige Geschichte Englands im siebzehnten Jahrhundert sollte uns nicht von Nostradamus' Genialität ablenken. In nur einer Zeile zeigte der Gelehrte die Einzigartigkeit dieser unterschiedlichen Brüder aus dem Hause Stuart auf und verwies auf die geschichtliche Entwicklung, die die beiden verband und auf getrennten Wegen auf den Thron von England führte: »Prendre les armes & le nom Britannique« – eigentlich »Die Waffen und den Namen Britanniens ergreifen«.

Weder Karl noch Jakob nahmen die Waffen Englands, wie es englische Könige vor ihnen getan hatten, sondern griffen *im Namen Britanniens* zu den Waffen. Ihr Vater, Karl I., war der Sohn von Jakob I. von England, der auch als Jakob VI. über Schottland regierte. Die Linie der Stuarts, die mit Jakob II. endete, war die erste echt britische, was sich auch im Wappen widerspiegelte. So zeigte der Schild von Jakob I. den englischen Löwen neben dem schottischen Einhorn. Jakob I. war der erste König von Großbritannien, der solche Waffen trug (»armes«). Der Titel der englischen Herrscher lautete bereits seit der Mitte des vierzehnten Jahrhunderts »König von Großbritannien, Frankreich und Irland« (was nicht ganz zutraf).

In der dritten Zeile enthüllt Nostradamus' Sehergabe das Wesentliche: »Tiltre Anglican sera tard advisé«. Der wahre Grund, warum Jakob aus England fliehen mußte und seinen Thron verlor, lag in seiner katholischen Religion. Das Wort »Anglican«, das uns nur in einer einzigen der viertausend von Nostradamus verfaßten Zeilen begegnet, deutet auf das Religionsthema hin.[13] Die englische Staatsreligion war sowohl von Gesetz wegen als auch in der Praxis der Protestantismus, der sich von jener römischen Kirche abgespalten hatte, welcher Jakob die Treue hielt. Heute bezeichnet man diese Glaubensbewegung als anglikanisch, ein Wort, das »der reformierten Kirche Englands verbunden« bedeutet und erst 1635 in die englische Sprache eingeführt wurde.[14]

Der tiefere Sinn des Ausdrucks »Tiltre Anglican« wird erst nach eingehender Untersuchung der letzten Zeile des Quatrains ersichtlich. »Surprins de nuict mener à l'air Gallique«. Wie wir wissen, floh Jakob von England nach Frankreich – doch wurde er in der Nacht überrascht? Aufzeichnungen beweisen, daß er tatsächlich bei Nacht reiste und »überrascht« wurde, wenn diese beiden Ereignisse auch zeitlich nicht übereinstimmen. Wieder einmal scheint Nostradamus auf ein einzigartiges zukünftiges Ereignis von weitreichender historischer Bedeutung zu verweisen.

Jakob unternahm im Jahr 1688 zwei Fluchtversuche aus England. Das erste Mal wurde er von Fischern aus Faversham abgefangen (»surprins«). Bei seinem zweiten Versuch am 23. Dezember war er erfolgreicher. Er wurde in einem Boot aus Rochester fortgebracht. Nach zwei

Tagen und einer Nacht (»nuict«) erreichte er Frankreich (»l'air Galli-que«), früh genug, um, zu seiner großen Erleichterung, der katholischen Weihnachtsmesse beizuwohnen.

Mit seiner Flucht endete die Herrschaft des britischen Hauses Stuart. Unter dem Vorwand, Jakob habe abgedankt, wurde der britische Thron Wilhelm und Maria von Holland angeboten, die einen Treueeid ablegen muß-ten, der sie zu restriktivem Vorgehen gegenüber dem Katholizismus ver-pflichtete. Vielleicht finden wir in diesem Nachsatz zur Geschichte der Stuarts die tiefere Bedeutung der Zeile »Tiltre Anglican sera tard advise...«

Ereignisse rund um die Ermordung Karls und die wiederholte Erwäh-nung von Seuchen und Feuern beherrschen die Verse der Prophezeiun-gen, die sich mit dem siebzehnten Jahrhundert auseinandersetzen. Jeder dieser Quatrains beschreibt eine Facette der britischen Geschichte mit solch bemerkenswerter Genauigkeit, als hätte Nostradamus die Fähig-keit von Zeus besessen, die Zeit durch einen Blitzschlag für einen Augenblick anzuhalten.

Da die Bandbreite jener Quatrains, die sich mit dem siebzehnten Jahrhundert befassen, den Rahmen dieses Buches bei weitem überstei-gen, folgen nur die wichtigsten Vorhersagen bezüglich Frankreichs. Aufgrund der Tatsache, daß sich Nostradamus hauptsächlich auf ge-schichtliche Entwicklungen in Frankreich bezog, wollen wir seiner Sorge um England nicht allzu viel Bedeutung beimessen.

EIN STARKER KÖNIG VON FRANKREICH

Ein wichtiger Quatrain, der sich mit dem siebzehnten Jahrhundert be-faßt, wurde in jüngster Zeit von Emile Ruir mit einem der entscheiden-sten Ereignisse in der Geschichte des modernen Frankreichs in Verbin-dung gebracht. Ruir dürfte zu jenen französischen Autoren gehören, die von dem Gedanken der Wiedereinführung der Bourbonenherrschaft besessen sind. Am Abend des Zweiten Weltkriegs veröffentlichte er in *Le Grand Carnage* seinen Versuch einer astrologischen Deutung der Centurie IV.86. Er sah in diesem Vers die Voraussage der Wiedererrich-tung der Monarchie in Frankreich im Juni des Jahres 1944.[15] Der Vier-zeiler lautet folgendermaßen:

> »L'an que Saturne en eau sera conjoinct,
> Avecques Sol, le Roy fort & puissant,
> A Reims & Aix sera receu & oingt,
> Apres conquestes meurtrira innocent.«

Aufgrund der Zweideutigkeiten in der französischen Sprache ist der Quatrain schwierig zu übersetzen. Dennoch wollen wir ihn vorerst in dieser Form deuten:

»In dem Jahr, da Saturn im Wasser mit der Sonne
In Konjunktion steht, ist der König stark und mächtig,
In Reims und in Aix wird er empfangen und gesalbt werden,
Nach Eroberungen wird ein Unschuldiger getötet.«

Diesem Quatrain entnahm Rochetaillée, daß die Dritte Republik im Jahre 1944 ein Ende finden werde. Um seine astrologische Argumentation zu unterstützen, berief er sich auf ein für den 25. Januar 1944 ausgearbeitetes, eigenartiges Horoskop. Wie er beteuerte, werde die Dritte Republik an diesem Tag »das Ende des Todeskampfes erleben« (Abb. 44). Im selben Jahr noch werde ein großer König auf dem französischen Thron eingesetzt werden. Da Ruir nicht recht wußte, wie er die letzte Zeile des Quatrains mit diesem Ereignis verbinden konnte, behauptete er, sie sage eine vorbereitende militärische Eroberung Italiens durch Frankreich voraus.

Als mißglückte Deutung könnten wir sie wie Tausende andere auf Nostradamus' Quatrains aufbauende, unzutreffende Prophezeiungen einfach vergessen, doch ist sie in vielfacher Hinsicht auch interessant. Sie zeigt deutlich, wie leicht die Vorurteile eines Interpreten selbst unter Zuhilfenahme präziser astrologischer Methoden zu einer völligen Mißdeutung führen können.

In Ruirs Fall wurzelte das Vorurteil in seiner Kurzsichtigkeit im Hinblick auf das Ende der Dritten Republik und die Wiedererrichtung der Monarchie, nach der er sich heftig gesehnt zu haben scheint. Trotzdem muß ihm zugute gehalten werden, daß er sich der in dem Quatrain enthaltenen Astrologie ausgesprochen logisch annäherte. Er nahm zu Recht an, daß der astrologische Hinweis die Aufmerksamkeit des Lesers auf ein bestimmtes Jahr, in dem sich das vorhergesagte Ereignis erfüllen würde, lenken sollte. Ein starker und mächtiger König würde den Thron besteigen und ein Unschuldiger möglicherweise durch die Hand desselben Königs den Tod finden.

Da Ruirs allgemeine Theorie zutrifft, wollen wir seinen Gedanken weiterverfolgen, um zu sehen, wo er in seinem logischen Vorgehen irrte. Seine astrologische Deutung der ersten beiden Zeilen lautete: »In dem Jahr, da Saturn im Wasser mit der Sonne in Konjunktion steht...« Nun entspricht es der Wahrheit, daß Saturn exakt am 22. Juni 1944 mit der Sonne im Zeichen des Krebses in Konjunktion stand. Unglücklicherweise hatte Ruir übersehen, daß Nostradamus nicht das Zeichen des

Krebses erwähnte, sondern lediglich »eau« (Wasser). Theoretisch könnte sich dieses Wort auf jedes der vier Wasserzeichen – Krebs, Skorpion, Fische (die sogenannte Wasserdreiheit) sowie Wassermann – beziehen. Dieser astrologische Hinweis wird von Nostradamus öfter verwendet, um die Bedeutung zu verschleiern.

Vielleicht ist es Ruirs Engstirnigkeit oder einfach einer gewissen astrologischen Ignoranz zuzuschreiben, daß er es unterließ, darauf hinzuweisen, daß die angesprochene Konjunktion im Zeichen des Krebses bereits mehrmals seit der Verfassung von Nostradamus' Versen aufgetreten war. Ein derartiges astrologisches Ereignis hatte sogar am 31. März 1916, also in unserem Jahrhundert, stattgefunden.

Deutet man den Quatrain in der von Nostradamus beabsichtigten Weise, indem man »eau« tatsächlich als »Wasser« und nicht als das Sternzeichen des Krebses übersetzt, ergeben sich zwischen 1555 und dem zwanzigsten Jahrhundert eine große Anzahl möglicher Daten. Betrachten wir beispielsweise die ersten drei Dekaden des sechzehnten Jahrhunderts, die auf die erste Veröffentlichung der Prophezeiungen folgen, so erkennen wir, daß die in dem Quatrain beschriebenen Bedingungen nicht weniger als zehnmal erfüllt werden. Die nachstehenden Positionen werden in bezug auf den Julianischen Kalender, der die Grundlage von Nostradamus' Berechnungen bildete, angegeben:

Juni 1562	Krebs
Juni 1563	Krebs
Oktober 1571	Skorpion
November 1572	Skorpion
November 1573	Skorpion
Januar 1580	Wassermann
Januar 1581	Wassermann
März 1581	Fische
Februar 1583	Fische
Februar 1584	Fische

Dieser Überblick beweist, daß sich allein anhand der Astrologie keine Verbindung zwischen diesem Quatrain und den Ereignissen des Jahres 1944 ableiten läßt.

Freilich könnte diese Liste erheblich gekürzt werden, wüßten wir, welches der vier Zeichen Nostradamus mit dem Wort »eau« meinte. Er hatte dieselbe Phrase bereits einmal zuvor verwendet; dort war »eau« als Hinweis auf das Zeichen des Wassermanns aufzufassen.[16] Es handelte sich dabei nicht einfach nur um einen ikonomanischen Gebrauch der Grünen Sprache, denn das französische Wort für Wassermann ist *verseau*, von dem sich »eau« als Abkürzung ableiten läßt. Der in der Grünen Sprache verborgene Humor zeigt sich in der Tatsache, daß sich das Wort »eau« bereits in einem *vers* (auch im Französischen eine Zeile eines Gedichtes) befindet und somit keine echte Abkürzung stattfinden muß.

Beschränken wir unsere Suche in den Ephemeriden auf das Zeichen des Wassermannes, und beziehen wir den Inhalt von Quatrain IV.86 mit ein, so gelangen wir anhand der verbleibenden Daten zu einer höchst interessanten Schlußfolgerung. Im Jahr 1610 befand sich Saturn zum zweitenmal nach der Verfassung der Verse der Prophezeiungen im Wassermann. Am 3. Februar 1610 neuer Zeitrechnung vereinte er sich im Zeichen des Wassermannes mit der Sonne.

Nun erklärt Nostradamus, daß in dem Jahr, in dem dieses Ereignis am Himmel stattfindet,

> »… le Roy fort & puissant,
> A Reims & Aix sera receu & oingt,
> Apres conquestes meurtrira innocent.«

Der Quatrain weist darauf hin, daß ein starker und mächtiger König in Reims und Aix empfangen und gesalbt werde. Nach Eroberungen wird ein Unschuldiger getötet.

Seit dem fünfzehnten Jahrhundert war nahezu allen französischen Monarchen in Notre-Dame in Reims die Königswürde übertragen worden. So ist Ruirs Irrtum, der Quatrain bezöge sich auf die Krönung eines Königs, absolut verzeihlich. Nostradamus hatte jedoch nicht nur den Namen der Stadt erwähnt, sondern zusätzlich auf eine Salbung hingewiesen (»oingt« als Apokope von *oignant*). In der Abtei von St. Rémi in Reims wurde jene Phiole heiligen Öls aufbewahrt, die für Weihungen und Taufen verwendet wurde und der Legende nach von einer Taube vom Himmel herabgetragen worden war. Die letzte derartige Salbung in Reims war die von Karl X. im Jahr 1824, und so ist es nicht verwunderlich, daß Ruir die Krönung und Salbung seines zukünftigen Königs im Jahr 1944 ebenfalls, wie in dem Quatrain vorhergesagt, in Reims erwartete.

Unglücklicherweise hatte Ruir sich sowohl im König als auch im Jahrhundert geirrt. Was er für das Jahr 1944 voraussah, war bereits 350 Jahre zuvor eingetreten.

1610 war Heinrich IV. von Frankreich von François Ravaillac ermordet worden. Daß Nostradamus auf diesen König Heinrich verwiesen hatte, wird durch jene Worte bestätigt, die er in seinem Brief an Heinrich II. wählte. Dort pries er den König als den »Tres Puissant«, den überaus Mächtigen.

Die zweite Zeile, die eine Schilderung des Empfanges und der Salbung dieses starken und mächtigen Königs enthält, entspricht nicht genau dem, was ein Leser von dem Vers erwarten könnte. Tatsache ist, daß auch Heinrich IV. in Reims gekrönt und gesalbt wurde. Diese Stadt war allerdings auch noch aus einem zweiten Grund für ihn von Bedeutung. Sie hatte sich ihm nach der Schlacht von Ivry unterworfen, womit er sie im wahrsten Sinne des Wortes »empfangen« hatte. Nun ist es interessant, daß der astrologische Hinweis in dem Quatrain sich nicht auf das Jahr der Salbung oder Krönung des Königs, sondern auf sein Todesjahr bezieht. Das ist erneut eine für Nostradamus typische Tarnung, der uns nach einer *Salbung* suchen läßt, während wir nach einer *Einbalsamierung* Ausschau halten sollten.

Die rätselhafte vierte Zeile stimmt ausgezeichnet mit der Lebensgeschichte von Heinrich IV. im Jahr 1607 überein. Die Phrase »nach Eroberungen« faßt die Lage vor seinem Tod vorzüglich zusammen. Kurz vor seiner Ermordung (»meutrira«) hatte er Kaiser Rudolph II. den Krieg erklärt.

Der »Unschuldige« des Quatrains war Heinrich IV. selbst. Ravaillac ermordete ihn, da er den Gerüchten Glauben geschenkt hatte, Heinrich trage sich mit der Absicht, dem Papst den Krieg zu erklären. Die Gerüchte stellten sich als unbegründet heraus, weswegen Heinrich im wahrsten Sinne des Wortes als »innocent« zu betrachten ist.[17]

DIE SPUR DER MÖRDER

Nostradamus schien sich in seinen Quatrains auf die bedeutendsten Ereignisse in der französischen Geschichte zu konzentrieren – auf den Tod von Königen und Königinnen, auf Verräter und Helden, glorreiche Siege und tragische Niederlagen sowie auf Revolutionen. Aber es gibt auch einige Vierzeiler, die sich mit scheinbar trivialen Geschehnissen in der Geschichte Frankreichs befassen.

Liest man einen derartigen Vers, überkommt einen nicht nur ein Gefühl der Enttäuschung angesichts der von Nostradamus angewendeten obskuren Methoden, sondern auch eine gewisse Unzufriedenheit über den eigenen Mangel an Wissen im Hinblick auf die Nebengebiete europäischer Geschichte. Einige Quatrains rufen geradezu dazu auf, ihr in verschlüsselter Form überliefertes Wissen zu erforschen, während andere sich jeder Deutung hartnäckig entziehen und wohl für alle Zeiten unergründlich bleiben werden. Mitunter bietet ein einziges Wort einen vielversprechenden Hinweis, der den aufmerksamen Forscher alte Bücher durchsuchen läßt, in der Hoffnung, jene Knoten zu entwirren, die Nostradamus so sorgfältig knüpfte.

Unter diesen anhand eines »einzelnen« Wortes enthüllten Quatrains findet sich einer, der ein faszinierendes Moment, eine (damals) zukünftige Fußnote in der französischen Geschichte, offenbart. Die Kraft dieses Quatrains liegt in der Tatsache, daß ein von Nostradamus verwendeter Eigenname in Dokumenten aus dem siebzehnten Jahrhundert überlebte. Ohne diesen Namen würde der gesamte Vers vermutlich in alle Zeiten obskur und unübersetzt bleiben.

Quatrain IX.68 lautet folgendermaßen:

»Du mont Aymar sera noble obscurcie,
Le mal viendra au joinct de Saone & Rhosne,
Dans bois cachez soldats jour de Lucie,
Que ne fut onc un si horrible throsne.«

Für den Augenblick wollen wir uns mit folgender Übersetzung zufriedengeben:

»Vom Berg Aymar wird große Finsternis kommen,
an die Mündung von Saône und Rhône wird das Unheil gelangen,
Am Tag der heiligen Luzia in einem Wald Soldaten im Hinterhalt,
Nie zuvor gab es ein grausameres Urteil.«

Der Schlüssel zu diesem Quatrain findet sich in dem Namen »Aymar«. Der historische Hintergrund des Vierzeilers ist die Ermordung eines Weinhändlers und seiner Gemahlin am 5. Juli des Jahres 1692 in Lyon (am Zusammenfluß von Saône und Rhône gelegen – »au joinct de Saone & Rhosne«). Da es mit üblichen Mitteln nicht gelang, den Mörder aufzuspüren, rief die Obrigkeit den Rhabdomanten* Jacques Aymar zur Verfolgung des Täters zu Hilfe. Im siebzehnten und achtzehnten Jahr-

---

* Rhabdomantie ist ein nahezu in Vergessenheit geratenes Wort für die Weissagung mit Hilfe von Stäben, das sich von dem griechischen Wort *rhabdos* (»Stock«) ableitet. Im sechzehnten und siebzehnten Jahrhundert wurde es nicht ausschließlich im magischen Sinn verwendet, sondern auch zur Bezeichnung jener Propheten, die Erz- und Minerallagerstätten aufspürten.

hundert war es durchaus üblich, sich in solch einer Situation an einen Hellseher zu wenden. Der Glaube, im Blut verberge sich eine heilige Kraft, die nach den Mördern rufe und den Täter bei der Konfrontation mit dem Leichnam seines Opfers zusammenbrechen lasse, war weithin verbreitet. Aymar dürfte der beste französische Wahrsager auf diesem Gebiet gewesen sein; deshalb ist sein Name überliefert.

Doch nicht nur sein Name ist uns erhalten geblieben. In einem Werk von Le Lorrain über okkulte Wissenschaft, das Ende desselben Jahrhunderts veröffentlicht wurde, ist mit einiger Gewißheit Jacques Aymar mit seinem Zauberstab abgebildet (s. Abb. 45).[18] Aus den Berichten seiner Zeitgenossen wissen wir, daß er als Vorbereitung auf die Verfolgung der Mörder seinen Stab, sein *baquette,* auf das Blut der Opfer »einstellte«.

In diesem von Nostradamus vorhergesagten Fall ergab die Untersuchung Aymars, daß es sich um drei Mörder handelte. Er folgte ihrem Geruch auf dem von seinem Stab angegebenen, verschlungenen Pfad bis ans rechte Ufer der Rhône. Die außergewöhnliche Reise führte über viele Kilometer bis zum Militärlager von Sablon, wo Aymar keine Verfügungsgewalt zu haben glaubte. Er kehrte umgehend nach Lyon zurück, forderte Unterstützung an und nahm die Jagd erneut auf. Sobald die Verfolgergruppe auf der Spur des Blutes Beaucaire erreichte, wurde sie in das dortige Gefängnis geführt, wo sie einen Mann entdeckte, der kurz zuvor wegen eines unbedeutenden Diebstahls verhaftet worden war. Schlußendlich gestand der Mann, einer der drei Mörder des Weinhändlers und seiner Gemahlin gewesen zu sein. Erneut nahm Aymar die Spur auf und folgte den beiden anderen Tätern bis Nîmes, weiter nach Toulon und an die Grenze des Königreiches, wo seine behördliche Genehmigung endete. Der verhaftete Mann wurde in einem Prozeß für schuldig erachtet und am 30. August 1692 auf dem Rad gefoltert.

Blut, die edelste aller Flüssigkeiten, ist in diesem Fall »obscure«. Die Verfolgung gelingt allein anhand seiner Spur. Das Böse (»mal«) erreichte tatsächlich den Zusammenfluß der Saône und der Rhône bei Lyon ...

Viele Interpreten vermuteten in dem Quatrain einen Berg namens Aymar (»mont Aymar«), wodurch sich dann auch die Orthographie veränderte.[19] Soweit wir jedoch feststellen konnten, existiert kein Ort dieses Namens. Nostradamus dürfte dies bewußt gewesen sein, denn er schrieb »mont« anstelle von *Mont,* wodurch sich eine Deutung in der Form »Von dem Berg wird Aymar ...« ableiten läßt.

Was ist jedoch mit den verbleibenden Zeilen des Quatrains? In welcher Beziehung (falls eine solche überhaupt existiert) stehen sie zu Aymar?

»Dans bois cachez soldats jour de Lucie,
Que ne fut onc un si horrible throsne.«

Diese Verse sprechen von Soldaten, die sich am Festtag der heiligen
Luzia, dem 13. Dezember, in den Wäldern verbergen. Nostradamus
konnte dieses Datum kaum vergessen, da es über seinem Geburtstag in
den Ephemeriden vermerkt steht.[20] Da Aymars rhabdomantische Reise
Anfang Juli 1692 begann, besteht keine Möglichkeit, einen direkten
Zusammenhang zwischen den letzten und den ersten beiden Zeilen her-
zustellen. Wohin führt uns das? Unter Berücksichtigung der Grünen
Sprache könnten wir annehmen, daß es sich bei der Erwähnung der hei-
ligen Luzia um einen deutlichen Hinweis auf die rhabdomantische
Methode selbst handelt. Die heilige Luzia ist die Schutzpatronin aller
Augenleidenden. Die Legende berichtet, daß sie, um die Aufmerksam-
keit eines Edelmannes von sich abzulenken, der die Schönheit ihrer
Augen bewundert hatte, diese aus den Höhlen riß und ihm auf einem
Tablett reichte. Aus diesem Grund wird sie zumeist mit einem Paar
Augen in der Hand dargestellt. Für Nostradamus ist von Bedeutung, daß
Aymar, ähnlich wie Luzia, dem Mörder folgte, ohne seine Augen zu
gebrauchen. Die Übereinstimmung zwischen Jungfrau (*virgo*) und Stab
(*virga*) dürfte Nostradamus nicht entgangen sein. Tatsächlich ist dies
eines der häufigsten Wortspiele des christlichen Symbolismus, das auch
Einzug in die an solchen Zusammenhängen reiche Grüne Sprache fand.
    Früher war man der Ansicht, Aymar und seine rhabdomantischen
Forscher seien keiner unsichtbaren Blutspur, sondern einer »matière
meutrière« (mörderischen Substanz)[21] gefolgt, die von allen Mördern
abgeschieden werde und sie über einen unsichtbaren Faden mit ihrem
Opfer verbinde. Angesichts dieses Glaubens erhält Nostradamus' Ausdruck »noble obscurcie« in bezug auf den Symbolismus der heiligen
Luzia eine besondere Bedeutung. Was für das menschliche Auge im
Dunkeln verborgen bleibt, erscheint dem Stab in klarstem Licht.
    Wie bereits mehrmals angemerkt, zieht Nostradamus oftmals eine
interessante Parallele zwischen zwei in einem Vers verbundenen Ereignissen. Berücksichtigt man dies, erscheint es vernünftig, die letzten beiden Zeilen mit einer früheren Heldentat des Sehers Aymar in Zusammenhang zu bringen.
    Als Mitglied einer erst kurz zuvor aus Sicherheitsgründen zum Ka-
tholizismus übergetretenen jüdischen Familie muß das Ereignis, das
dem zweiten Teil des Vierzeilers zugrunde liegt, beunruhigt haben.
Nahezu ein Jahrzehnt nach jener berühmten Lyoner Verbrecherjagd
wurde Aymar von den Katholiken von Cevennes beauftragt, eine des

Mordes verdächtigte Gruppe von Protestanten mit rhabdoskopischen Mitteln zu verfolgen. Als Ergebnis seiner Suche wurden zwölf Protestanten verhaftet und hingerichtet. »Que ne fut onc un si horrible throsne«. Auch wenn dies eine dramatische Übertreibung war, enthält sie eine nützliche Aussage. »Throsne« wird von den Interpreten zumeist als »Thron« übersetzt, wenn dieser Begriff auch innerhalb des Zusammenhangs des Quatrains keinen Sinn ergibt. Das französische Wort für Thron ist *trone*. Wenn »throsne« nun kein französischer Begriff ist, ist es dann vielleicht einer aus der Grünen Sprache?

Das griechische *Thronos* bietet verschiedene Deutungsmöglichkeiten wie etwa »Stuhl«, »Orakelstuhl« (wurde bei den Mysterien benutzt) und »Richterstuhl« (in juridischen Zusammenhängen) an. Die letzten beiden Bedeutungen haben einen unmittelbaren Bezug zu diesem Quatrain, in dem eine von der Lehre der Mysterien (in diesem Fall der Rhabdomantie) und der Gerichtsbarkeit abgeleitete Technik enthalten ist.

Darüber hinaus birgt dieses Wort aber auch eine astrologische Bedeutung. Wir erinnern uns: Im sechzehnten Jahrhundert bezeichnete man einen Planeten als »auf seinem Thron«, wenn er sich in demselben Zeichen befand, über das er die Herrschaft ausübte. Somit ist Saturn auf dem Thron, wenn er im Zeichen des Steinbocks steht, die Sonne, sobald sie in das Zeichen des Löwen eintritt. Wir können »horrible Throsne« demzufolge als Wortspiel dieser Art auffassen. In der Astrologie ist der Thron eine günstige Position, eine Stellung der Stärke. Steht ein Planet dem von ihm beherrschten Zeichen gegenüber, befindet er sich in einer schwachen Position. Im siebzehnten Jahrhundert nannte man diese Anordnung *Carcer* (Gefängnis) oder *Caductus* (Fall).

Somit ist »terrible throsne« nach den Regeln der Astrologie als »Gefängnis« auszulegen, was in diesem Fall gleichbedeutend ist mit dem Verlust des würdevollen Mysterien- oder Richterstuhls. Die Verfolgung der Protestanten durch okkulte Methoden wurde von Nostradamus demnach als Mißbrauch einer hellseherischen Kraft gewertet, durch deren Hilfe Gerechtigkeit erzielt werden sollte.

Könnte dies ein Hinweis auf eine bedeutende astrologische Konstellation am Festtag der heiligen Luzia im Jahr 1692 sein? An diesem Tag stand der Mars im Zeichen des Schützen mit Saturn in Konjunktion, und beide befanden sich in Opposition zu Jupiter im Zeichen der Zwillinge. In den Begriffen der Astrologie von Nostradamus könnte dies als Festnahme (Saturn) eines fliehenden Verbrechers (Mars im Zeichen des Schützen) interpretiert werden. Auch wenn wir auf dieses Thema nicht weiter eingehen wollen, paßt die angeführte Deutung ausgezeichnet zu seinem Hinweis auf den Festtag der heiligen Luzia.

Der »terrible throsne« ist also ein kosmischer Konflikt, der sich auf der materiellen Ebene als Religionskonflikt widerspiegelt. Obwohl sich die Ereignisse um Aymar in Frankreich abspielten und sich die verschiedenen Prophezeiungen zu den Stuarts auf England beziehen, sind sie durch die Parallele religiöse Intoleranz miteinander verbunden.

DER TOD EINES SCHATZMEISTERS

Quatrain VII.1 ist einer der wenigen, der sich mit dem siebzehnten Jahrhundert befaßt und den identifizierbaren Namen einer bekannten historischen Gestalt beinhaltet. Zusätzlich findet sich darin auch der Name einer Person, die in das beschriebene Drama verwickelt war. Beide begegnen in der ersten Zeile:

>»L'arc du thresor par Achilles deceu,
>Aux procrées sçeu la quadrangulaire:
>Au faict Royal le comment sera sçeu,
>Corps veu pendu au veu du populaire.«

>»Der Bogen des Schatzes von Achill getäuscht,
>Den Nachkommen das Viereck bekannt:
>Die Umstände der Tat des Königs werden offenbar,
>Vor den Augen des Volkes eine Leiche am Galgen.«

»L'arc du thresor« ist ein Wortspiel der Grünen Sprache um den Namen einer Persönlichkeit und deren politische Rolle. Nach seiner Ankunft am französischen Hof im Gefolge von Maria von Medici erkaufte sich der Italiener Concino Concini den Zugang zur französischen Aristokratie, indem er das Marquisat von Ancre (»arc«) erwarb. Anagrammatisch besteht ein enger Zusammenhang zwischen dem Wort »arc« und dem Namen Ancre. Erlaubte sich Nostradamus einen esoterischen Spaß, indem er aus dem Wort Ancre den Konsonanten »n« entfernte, der viermal im Namen Concino Concini enthalten ist?

Schließlich wurde D'Ancre zum Ersten Minister der Krone und Schatzmeister (»thresor«) bestellt, wodurch sich die ersten vier Worte des Quatrains erklären. Durch seine nachlässige und moralisch zweifelhafte Führung des Schatzamtes zog er sich den Haß vieler Zeitgenossen zu, unter denen sich auch Condé und (wie behauptet wird) Achilles de Harlay (»Achilles«) befanden.

Achilles de Harlay, Baron von Sancy und Bischof von St. Malo, galt in jeder Hinsicht als großzügig. Während seiner Zeit als Botschafter in

Konstantinopel rettete er viele grausam mißhandelte Sklaven aus der Knechtschaft der Türken. Einmal kaufte er den Türken sogar aus eigenen Mitteln über eintausend französische Christen ab und schenkte ihnen die Freiheit. Als er in die politischen Konflikte der türkischen Herrschaftsnachfolge verwickelt wurde, beorderte man ihn nach Frankreich zurück. Später reiste er mehrmals nach England, um die englische Monarchie zur Wiedereinsetzung des Katholizismus zu bewegen. Vermutlich erwähnte Nostradamus seinen Namen, da seine persönliche Großzügigkeit einen solch scharfen Kontrast zur öffentlichen Bereicherung des »Helden« des Quatrains bildete.

Das Faszinierendste an dieser grausamen Vorhersage ist ihre Genauigkeit. Concini wurde am 24. April 1617 von Vitry, du Hallier und Perray auf Anordnung des Königs (»Au faict Royal«) erschossen. Er wurde noch an seinem Todestag – nachdem man an seinem Leichnam und in seinem Haus eine beträchtliche Menge belastenden Materials gefunden hatte – in St. Germain l'Auxerrois beerdigt. Tags darauf exhumierten aufgebrachte Einwohner von Paris die Leiche, schleppten sie zum Pont-Neuf und hängten sie an einem Mast auf, den der Schatzmeister einst selbst für jene hatte errichten lassen, die sich gegen ihn stellten. Nach dieser öffentlichen Zurschaustellung (»Corps veu pendu«) wurde der Leichnam abgenommen und in viele Teile zerschnitten.

Eine Einzelheit in diesem Quatrain scheint allerdings auf den ersten Blick nicht ins Bild zu passen. Die letzte Zeile verweist darauf, daß Concini auf einem weiten Platz (»la quadrangulaire«) getötet werde. Dies trifft jedoch nicht zu. Madame de Bolly, einer Historikerin des neunzehnten Jahrhunderts, zufolge wurde er außerhalb des Louvre auf der Zugbrücke zum Palast erschossen und, wie erwähnt, an einer Seine-Brücke aufgeknüpft.[22] Unserer Erfahrung nach beging Nostradamus selten einen Fehler, woraus wir schließen, daß sich der Quatrain nicht allein auf das grausame Schicksal Concinis bezog, sondern auch auf das ebenso entsetzliche Ende seiner Gemahlin, die als direkte Folge seiner Ermordung auf einem großen Platz den Tod fand.

Concinis Gattin Leonora Dori, Maria von Medicis bevorzugte Hofdame, wurde der Zauberei beschuldigt. Zu Beginn des siebzehnten Jahrhunderts sprach die Pariser Gerichtsbarkeit nur widerstrebend eine Anklage wegen angeblicher Hexerei aus.[23] Dem Hexenhistoriker Montague Summers zufolge (der nach eigenen Angaben fünfzehn zeitgenössische Berichte über ihren Prozeß und Tod untersuchte) beschuldigte man sie des Satanismus, unter anderem weil man eine große Anzahl von Amuletten und Schatullen in ihren Gemächern gefunden hatte.[24] Summers bezweifelte nicht, daß Leonora eine Hexe gewesen war. Seine Schlußfolgerungen basieren auf den Originalaufzeichnungen des Prozesses. Doch in Wahrheit wurde sie wahrscheinlich aufgrund der Zeugenaussage ihrer verängstigten Dienerschaft verurteilt, denn einer ihrer Untergebenen hatte die bekannte Schreckensgeschichte zu Protokoll gegeben, daß sie zu Mitternacht auf dem Friedhof einen Hahn geopfert habe. Als verschiedene hebräische Bücher in ihrem Schrank gefunden wurden, war ihr Fall praktisch verloren. Sie wurde zum Tod verurteilt (wenn auch mit einiger Unstimmigkeit unter den Prozeßrichtern). Offenbar begegnete sie ihrem ungerechtfertigten Tod mit außergewöhnlichem Mut. Im selben Jahr wurde eine satirische Tragödie in vier Akten mit dem Titel »La Magicienne étranger« uraufgeführt, die sich auf eher oberflächliche Weise mit ihrem Leben befaßte.

Aufgrund ihres hohen Standes wurde sie nicht – wie bei Verurteilungen wegen Hexerei üblich – auf dem Scheiterhaufen verbrannt, sondern am 8. Juli auf der Place de Grève enthauptet. Ihren Leichnam äscherte man anschließend öffentlich in einem riesigen Feuer ein. Wie Summers folgerte, hatte zweifellos die politische Lage ihr Schicksal besiegelt.

Nach ihrer Enthauptung war ihr Körper (»corps«) an einen Pfahl gebunden worden, ehe er vor der versammelten Menge (»veu pendu au veu du populaire«) verbrannt wurde. Sie starb auf der Place de Grève, wo bis zum Jahr 1832 sämtliche Exekutionen durchgeführt wurden. Seit 1806 war der Platz als Place de l'Hôtel de Ville bekannt. Doch welchen Namen er auch trug: Es handelte sich in jedem Fall um ein großes Viereck (»la quadrangulaire«), wie im Quatrain beschrieben.

EIN QUATRAIN ZU RICHELIEU

In einem weiteren Quatrain, der sich auf Ereignisse des siebzehnten Jahrhunderts bezieht, findet sich zwar kein Eigenname, dennoch besteht kein Zweifel daran, daß mit der in VIII.68 angegebenen Beschreibung »Vieux Cardinal« Richelieu gemeint ist. Obwohl sich Nostradamus eingehend mit der Geschichte der königlichen Familie in dem auf seine Lebzeit folgenden Jahrhundert befaßte, erwies er in einer Anzahl von Quatrains auch Kardinal Richelieu seine Reverenz, den er zu Recht als Gestalter des Schicksals Frankreichs erkannte. Ein oder zwei Vierzeiler weisen deutlich auf den Kardinal hin. Selbst dessen Zeitgenossen erfaßten, daß Nostradamus Richelieu als Repräsentant seiner Vision des zukünftigen Frankreichs gewählt hatte. So erklärt sich, warum zu Richelieus Lebzeiten verschiedene, angeblich von der Hand des Meisters stammende Quatrains kursierten. Quatrain VIII.68 beginnt kompromißlos mit einem direkten Hinweis auf den Kardinal:

>»Vieux Cardinal par le jeune deceu,
Hors de sa charge se verra desarmé,
Arles ne monstres double soit aperceu
Et liqueduct & le Prince embaumé.«

Vorerst lautet unsere Übersetzung folgendermaßen:

>»Der alte Kardinal wird durch den jungen Mann getäuscht,
Seines Amtes beraubt wird er machtlos sein,
In Arles wird ein doppeltes Wunder geschehen,
Einer wird beseitigt, der Fürst einbalsamiert.«

Wie wir sehen werden, ist der Quatrain teilweise astrologisch. Eine Analyse wird aufzeigen, daß der gesamte Vierzeiler eine Wiedergabe der planetarischen Konstellationen des letzten Lebensjahres von Kardinal Richelieu darstellt.[25]

Die erste Zeile ist eine meisterhafte Zusammenfassung eines Betruges, der Richelieu zutiefst berührte. 1642, im letzten Lebensjahr des Kardinals, wurde er zu Recht als der »alte Kardinal« (»Vieux Cardinal«) bezeichnet. In diesem Jahr entdeckte man die Verschwörung des zweiundzwanzigjährigen Favoriten von Ludwig XIII., Henri de Cinq-Mars, gegen das Leben Richelieus. Als Folge seines Verrats und seiner trügerischen (»deceu«) Verhandlungen mit Spanien hinter dem Rücken des Königs und des Kardinals wurde er 1642, dem Todesjahr Richelieus, enthauptet.

Die mehrdeutige zweite Zeile scheint die Schicksale des jungen Cinq-Mars und des Kardinals zu beschreiben: »Hors de sa charge se verra desarmé«. Es lag nicht in Richelieus Macht (»hors de sa charge«), Cinq-Mars verschonen zu lassen, denn der Kardinal hatte das unveränderliche Prinzip aufgestellt, daß Favoriten keinerlei Privilegien zugestanden werden sollten, und die Verschwörung zu einem Mord wurde üblicherweise mit Enthauptung geahndet. Allerdings gibt es noch eine weitere mögliche Deutung von »Hors de sa charge«, denkt man daran, daß Richelieu durch die Arbeit seines effizienten Geheimdienstes von der Verschwörung erfahren hatte. Wir sollten darauf hinweisen, daß das Wort »desarmé« faszinierende Deutungen zuläßt, führt man sich vor Augen, daß der zweite Teil des Namens Cinq-Mars mit dem Namen jenes Pla-

241

neten übereinstimmt, der über militärische Waffen gebietet. Gleichzeitig beherrscht dieser Planet durch sein Sternzeichen, den Widder, auch den Kopf des menschlichen Körpers. Auf diese Weise ist »desarmé« ein außerordentlich zutreffender Ausdruck, der in bezug auf Cinq-Mars sowohl auf seine Enthauptung durch das Schwert als auch auf den zweiten Teil seines Familiennamens verweist.

Die letzten beiden Zeilen des Quatrains sollten gemeinsam betrachtet werden, da sie eine sonderbare astrologische Konstellation beinhalten: »Arles ne monstres double soit aperceu/Et liqueduct & le Prince embaume«.

Der Todeszeitpunkt Richelieus wurde am Himmel von einer Sternenkombination formuliert, die Nostradamus immer schon begeistert hatte – einer Konjunktion der Planeten Jupiter und Saturn. An Richelieus Todestag, dem 4. Dezember, standen die beiden Planeten im Zeichen der Fische im Einflußbereich einer Konjunktion.[26] Doch erfolgte die exakte Konjunktion erst am 24. Februar 1643. Wie der Quatrain angibt, war der Kardinal (»le Prince«)[27] zu dieser Zeit bereits einbalsamiert (»embaume«). Am Tag seiner Beisetzung in einem Sarkophag in der Sorbonne standen Jupiter und Saturn in vollkommener Konjunktion in einem Winkel von 25 Grad im Zeichen der Fische. Die Bedeutung dieser exakten Konjunktion findet sich in einer Konstruktion der Grünen Sprache.

»Liqueduct« ist ein faszinierendes Wort. Es verwirrte einige Interpreten dermaßen, daß sie es zu »l'aqueduct« berichtigten (wodurch der Sinn des Quatrains verlorenging).[28] Es ist einer jener so häufig von Nostradamus verwendeten doppeldeutigen Ausdrücke der Grünen Sprache und kann sowohl »Wasserträger« als auch »im Wasser getragen« bedeuten. In jedem Fall bezieht sich der Ausdruck auf das Sternzeichen der Fische. Dieses Tierkreiszeichen wird von zwei Fischen gebildet, die in der Flüssigkeit (»Lique«, aus dem lateinischen »liquefacere«, flüssig machen) getragen (»ductus«) werden.

Interessant ist nun, daß am 24. Februar 1643 nicht nur die beiden berechenbaren Planeten im Zeichen der Fische standen (»liqueduct«), sondern auch Sonne und Merkur.[29] Es war ein bemerkenswerter kosmischer Augenblick, in dem das Wasserzeichen der Fische in ungewöhnlicher Weise betont wurde. Als Nostradamus der in der Zukunft liegende Todestag des großen Kardinals bekannt war, zeigte er ihn durch einen Verweis auf ein Satellitium (eine Konjunktion oder annähernde Konjunktion von drei oder mehr Planeten) im Zeichen der Fische an.[30]

Die Phrase »Arles ne monstres« ergibt wenig Sinn, solange wir sie nicht in einem astrologischen Zusammenhang sehen und als Druckfehler von »Aries ne monstres« lesen. Diese Deutung stimmt ausgezeichnet mit dem astrologischen Symbolismus des Ereignisses überein.[31] Für seine Verschwörung gegen Richelieu wurde Cinq-Mars enthauptet. Der Widder beherrscht den Kopf, und der Planet Mars regiert nicht nur über den Widder, sondern übt auch Einfluß auf den Waffengebrauch anläßlich einer Köpfung aus. Auch wenn der junge und der alte Mann im selben Jahr starben, offenbarte sich doch nur der Tod des großen Richelieu in den Sternen. So ist die Phrase »der Widder zeigt sich nicht« (»Aries ne monstres«) am Himmel des Todestages des jungen Mannes wörtlich aufzufassen.

Der eben analysierte Richelieu-Quatrain zählt zu Nostradamus' brillantesten. In wenigen Zeilen schildert er eine komplizierte Zukunftsgeschichte, die die beiden Protagonisten exakt beschreibt, auf die Art ihres Todes hinweist und die planetarischen Bedingungen rund um ihre Sterbedaten widerspiegelt.[32]

DER GEWÄHLTE KÖNIG VON ENGLAND

Das Bemerkenswerte an Quatrain IV.89 ist die Genauigkeit, mit der eine vielschichtige und unerwartete Geschichte in vier Versen erzählt wird. Er beschreibt, wie dem Prinzen von Oranien der englische Thron angeboten wurde.

> »Trente de Londres secret conjureront,
> Contre leur Roy sur le pont l'entreprinse,
> Luy, satellites la mort degousteront,
> Un Roy esleu blond, & natif de Frize.«

Vorläufig versuchen wir es mit folgender Übersetzung:

> »Dreißig aus London werden sich insgeheim
> In einem Unternehmen gegen ihren König verschwören,
> Für ihn werden die Satelliten den Tod erleiden,
> Ein Blonder wird zum König gewählt, aus Friesland stammend.«

Das Wort London (»Londres«) in der ersten Zeile weist auf den Ort der Geschehnisse hin, doch verrät uns erst die letzte den Hauptdarsteller: »Un Roy esleu blond, & natif de Frize«. Wilhelm III. ist der einzige Monarch in der europäischen Geschichte, der jemals zum König gewählt (»esleu«) wurde. Offensichtlich beschreibt dieser Vierzeiler seine

Wahl auf den britischen Thron im Jahr 1689, als er den Platz des flüchtigen Jakob II. einnahm.

Der Ausdruck »esleu« erklärt die Identität dieses Königs, doch das Wort »blond« macht uns zu schaffen. Es ist von der Mehrheit der Interpreten mißverstanden worden.

Charles Ward, der diesen Quatrain einigermaßen detailliert kommentierte, hatte in einigen Einzelheiten – wie der Haarfarbe von Wilhelm und daß er eine Perücke getragen habe – unrecht. Dem niederländischen Brauch entsprechend trug Wilhelm vor seiner Wahl zum König keine Perücke. Diese waren zwar an den französischen und englischen Höfen üblich, nicht aber bei den Niederländern. Wilhelms Haar war dunkelbraun, wie das im Jahre 1677 anläßlich seiner Heirat mit Maria, der ältesten Tochter des späteren Jakob II., entstandene Porträt von Lely beweist.

Eigentlich vermuten wir, daß sich Nostradamus' Hinweis nicht auf die Bedeutung »blond« im Sinne einer Haarfarbe bezieht. Einige Zeit lang standen wir unter dem Eindruck, dieser Begriff leite sich vom lateinischen *blandus* in der Deutung »erfreulich« oder »angenehm« ab, denn die Wahl Wilhelms war tatsächlich eine angenehme und sogar eine für England zu jener Zeit notwendige. Doch eine zufällige Bemerkung von C. T. Onions über die mittelalterliche Etymologie des Begriffes »blond« änderte unsere Meinung. Onions zufolge ist dieses Wort wahrscheinlich deutscher Herkunft und in der Form *blondus*, also »gelb«, zu deuten.[33] Im sechzehnten Jahrhundert konnte es kaum eine weniger geheimnisvolle Art geben, um auf den Namen des in der Zukunft zu wählenden Königs Wilhelm von Oranien hinzudeuten.

Einer der frühen englischen Interpreten von Nostradamus, der uns nur unter seinen Initialen D. D. bekannt ist, wandte ein, die Tatsache, daß Wilhelm nicht in Friesland (»Frize«), sondern in Den Haag geboren worden war, stelle ein Problem bei der Deutung dar. Ein Blick auf die Topographie hilft uns weiter: Gegen Mitte des siebzehnten Jahrhunderts bestand das Gebiet, das wir heute unter dem Namen Niederlande und Belgien kennen, aus drei Hauptteilen. Im Süden, angrenzend an Frankreich, lagen die einstigen Spanischen Niederlande, die Frankreich durch Krieg und Diplomatie zwischen 1659 und 1679 eingegliedert wurden. Nördlich davon befanden sich die Überreste der Spanischen Niederlande, die östlich an das Deutsche Reich (Bistum von Lüttich) anschlossen. Luxemburg wurde vom Deutschen Reich und Frankreich im Südosten »eingekreist«. Der dritte und wesentlich größere Teil, bestand aus den Vereinigten Provinzen, die sich 1648 vom Deutschen Reich losgesagt hatten. Dieser Teil erstreckte sich von Brügge und Antwerpen bis zur Nordsee und umfaßte im Norden Friesland und Groningen.

Wie deuten wir nun die »Dreißig aus London« (»Trente de Londres« der ersten Zeile? Ist dies ein Hinweis auf jene Verschwörer, die in die Geheimverhandlungen gegen den König verwickelt waren? In seiner Studie über die heimlichen Versuche, Wilhelm anstelle von Jakob II. als Herrscher einzusetzen, gibt Tobias Smollett, ein Historiker des achtzehnten Jahrhunderts, eine genaue Liste derer an, die Wilhelm die ersten Einladungen überbrachten. Der Ausdruck »secret conjureront« trifft zu, denn die ersten offiziellen Angebote wurden Wilhelm in Form von chiffrierten Briefen überbracht, die die Unterschrift verschiedener bedeutender englischer Staatsmänner wie Shrewsbury, Devonshire, Danby, Lumley, Compton, Russell und Sidney trugen. Ob tatsächlich dreißig Personen in diese Intrige verwickelt waren, steht nicht eindeutig fest, doch könnte sich die Gesamtzahl sehr wohl in diesem Bereich bewegen. Smollett führte vierzehn berühmte Namen auf.[34] Ein anonymer Nostradamus-Interpret schrieb im Jahr 1691, daß die »Dreißig von London« ausgezeichnet mit den neunundzwanzig in der *Gazette* vom 11. Dezember 1688 genannten Lords übereinstimmten.[35]

Die Auslegung der zweiten Zeile – »Contre leur Roy sur le pont l'entreprinse« – ist einigermaßen kompliziert. Die französische Phrase »sur le pont l'entreprinse«, die eigentlich als »auf der Brücke das Unternehmen« übersetzt werden sollte, scheint in diesem Kontext keinen Sinn zu ergeben. Wir sind versucht, das Wort »pont« als Schreibfehler von *point* zu sehen. Die Brücke (»pont«), oder besser gesagt das »überbrückende Unternehmen« (»le pont l'entreprinse) könnte als Überbrückung des Kanals zwischen England und Holland betrachtet werden. Zur damaligen Zeit war dies ein gewagtes Unterfangen, das die äußeren Zeichen einer – wenn auch friedlichen und unblutigen – Invasion in sich barg. Der Autor J. F. hat diese phantasievolle Deutung, die eine vernünftige Erklärung für eine ansonsten unentschlüsselbare Zeile bietet, in seinem Werk *The Predictions of Nostradamus, Before the Year 1558* offenbar als erster vorgeschlagen.

Auch die dritte Zeile – »Luy, satellites la mort degousteront« – ist problematisch. Auf wen bezieht sich das Wort »Luy«, und wer sind die »satellites«? Es ist verführerisch, letztere als Gefolgsleute von Jakob II. zu sehen. Von ihnen werden später einige den Tod »kosten« (»la mort degousteront«), wie etwa die Schotten, die ihm die Treue hielten. Andererseits ist es wahrscheinlicher, daß es sich bei den »satellites« um Länder und nicht um Personen handelte. Dies würde auch die eigenartige Struktur der Zeile erklären, die mit einem Personalpronomen beginnt, für das sich weder eine identifizierbare Person noch ein Verbum findet. Liest man »Luy« den Regeln der Grünen Sprache folgend als Homophon, könnte es ein Hinweis auf Ludwig XIV. sein, der Jakob II. Unterstützung anbot. Als Jakob Paris erreichte, befand sich Frankreich im Krieg mit Holland, Spanien und dem Deutschen Reich. Man kann diese Länder durchaus als »satellites« rund um Ludwig XIV. bezeichnen, der wahrlich von einem Kreis von Feinden umgeben war.

Selbst in den einfach wirkenden Zeilen von Nostradamus' Versen findet sich üblicherweise eine tiefere Bedeutung, und so fragen wir uns, ob dieser Hinweis auf das Blutvergießen auf dem Kontinent nicht als ironischer Kontrast zu den zeitgleichen Geschehnissen in England gemeint ist. Seit Wilhelm von Oraniens Wahl zum König von England wurde dieses Ereignis von englischen Historikern friedliche oder unblutige Revolution genannt.

Ein zu Ende des siebzehnten Jahrhunderts verfaßter Vers scheint den Quatrain zu vervollständigen. Er handelt von einem erstarkten Prinzen von Oranien, der imstande wäre, Frankreich die Stirn zu bieten – eine von den Engländern inbrünstig gehegte Hoffnung:

> »Wenn ein wütender Poet,
> Dinge aus der Zukunft vorhersagen kann,
> wage ich es selbst, Prophet zu sein,
> Und ihm sein eigenes Schicksal zu erzählen.
> Doch der alte Nostradamus
> hat selbst geweissagt,
> daß die fidele Lilie verwelken und sterben wird,
> sobald ihr der mutige Oranier zu nahe kommt.«[36]

Kapitel 8

Das achtzehnte Jahrhundert

»Dès le Xe siecle, Albumasar avait calculé que l'année mil sept cent quatre-vingt-neuf serait feconde en revolutions sociales, à cause de l'une des grandes conjonctions de Saturne. L'astrologie est vanité, erreur, monsonge, tout ce que vous voudrez; mais enfin voilà une prédiction d'une authenticité irrecusable.«

»Im zehnten Jahrhundert berechnete Albumasar, daß aufgrund der großen Konjunktionen des Saturn das Jahr 1749 von sozialen Revolutionen erfüllt sein wird. Astrologie ist Eitelkeit, Irrtum, Traum – was auch immer Ihr wollt: und doch, nachdem alles gesagt und getan ist, hier eine Vorhersage von unzweifelhafter Authentizität.«

(Migne, *Dictionaire des Prophèties*, II, 339, aus Albumasars *De Magnis Conjunctionibus*, Traktat II/8, zitiert von Charles Ward in *Oracles of Nostradamus*, 1891)

Als Nostradamus durch die in der Akasha-Chronik aufgezeichneten Visionen der Zukunft blätterte und Paris um 1790 betrachtete – vielleicht anläßlich des mutigen Todes von Marie Antoinette –, sah er womöglich auch eine Freiheitsstatue in einer römischen Tunika. Die riesenhafte Statue blickte auf die blutgetränkte Place de la Revolution, die später den etwas beschönigenden Namen Place de la Concorde erhielt, hinab. Die weibliche Darstellung der Freiheit erhob sich auf demselben Sockel, der einst die Statue von Ludwig XV., nach dem der weitläufige Platz ursprünglich benannt war, getragen hatte. Ironischerweise hielt sie einen von den Phrygiern abgeleiteten Freiheitskranz, der einst in den antiken Mysterienzentren ein Symbol für einen hohen Einweihungsgrad dargestellt hatte. Die Statue war mit poetischer Präzision als »außerirdisches Wesen unter Menschen«[1] beschrieben worden, denn ihre pupillenlosen Augen konnten weder das Blutvergießen noch die Qualen oder Klagen der Leidenden erkennen. Wir dürfen mit Gewißheit annehmen, daß Nostradamus eine derartige Vision hatte, denn er erwähnte die Statue in einem seiner verschlüsselten Verse, in dem er sie als »Castulon monarque« beschrieb, da sie eine römische *castula* (»Tunika«) trug.

Nun steht ein anderes heiliges Mysterium auf der Place de la Concorde – der gewaltige Obelisk von Luxor, dessen Hieroglyphen die Ehre und den Ruhm des Gottkönigs Ramses II. verkünden. Dieser mächtige Stein, der im Jahr 1836 nach einer schier endlosen Reise aus Luxor Paris erreichte, war ein Geschenk Mohammed Ali Paschas an Ludwig Philip. Angeblich kennzeichnet der Obelisk präzise jenen Platz, an dem Ludwig XVI. guillotiniert wurde. Nostradamus hatte seinen Finger am Puls der französischen Geschichte, denn seine Quatrains erwähnten sowohl Ludwig Philip als auch die Guillotinierung Ludwigs und den ägyptischen Einfluß auf Frankreich als Folge von Napoleons Eroberung von Ägypten.

Aufgrund unsachlicher Deutungen wird allgemein angenommen, Nostradamus habe die Französische Revolution für das Jahr 1792 vorhergesagt. Dies entspricht nicht der Wahrheit. Er kündigte sie präzise für das Jahr 1789 an und nannte auch die Daten verschiedener nachfolgender Ereignisse, wie etwa die Einführung des Revolutionskalenders im Jahr 1792. Die Quatrainserie, die sich mit der Revolution befaßt, enthält ausführliche Einzelheiten. Liest man diese Verse, kommt man nicht gegen das Gefühl an, ein Geschichtswerk statt einer Sammlung von Prophezeiungen in Händen zu haben. Nostradamus scheint von den Ereignissen, die wir heute unter dem Begriff Französische Revolution zusammenfassen, regelrecht besessen gewesen zu sein, denn etwa vierzig Vierzeiler beschäftigen sich mit den letzten beiden Jahrzehnten des achtzehnten Jahrhunderts. Die folgenden Quatrains, die nur die Jahre rund um den Königsmord berühren, sind erwähnenswert.

Die Vierzeiler I.3, I.14, I.53, VII.14 und VI.23 befassen sich direkt mit den Geschehnissen im Umfeld der eigentlichen Revolution des Jahres 1789 in Paris. IX.20 beschreibt die Flucht von Ludwig und Marie Antoinette im Jahr 1791. Auch dem Jahr 1792 sind einige Revolutions-Vierzeiler gewidmet. Beispielsweise werden in Quatrain IX.34 die Tuilerien genannt und Einzelheiten über Sauce, den königlichen Bürgermeister von Varennes, angeführt, der mithalf, die Flucht des Königspaares zu verhindern. Der Vierzeiler VIII.80 berührt die Exzesse der Revolutionäre, Quatrain X.1 befaßt sich mit der eingekerkerten Marie Antoinette und ihrer Tochter. I.42 enthält einen Bericht über die Revolutionsversammlung, während das Jahr 1792 in Quatrain I.82 mit einer Schilderung der Guillotine und dem französisch-österreichischen Krieg abgerundet wird. 1793 beginnt mit Quatrain VIII.46 und der Belagerung von Lyon, einer direkten Auswirkung der Revolution. Darauf folgen die

Quatrains X.43 und VIII.87 mit der Beschreibung der Hinrichtung von Ludwig XVI. und einem Seitenblick auf den Tag seiner Enthauptung (Quatrain I.57) sowie Quatrain VI.92 mit Einzelheiten seiner Bestattung. Die Auswirkungen des Königsmordes werden in Quatrain X.9 untersucht, der außerdem den Aufenthalt des Dauphins im Temple beinhaltet. Dieses für den Adel verhängnisvolle Jahr wird in Quatrain IX.77 zusammengefaßt, der einen weiteren Bericht vom Tod Ludwigs XVI., Marie Antoinettes, des Dauphins und Madame Dubarrys bietet. Wann präzise die Revolution begann und endete, ist noch umstritten. Würden wir dieser Aufzählung noch die auf die Revolution folgenden Kriege und die Geschichte Napoleons hinzufügen, erhielten wir eine wahrlich lange Liste.

DIE GUILLOTINE

Eine der unvergeßlichsten von Nostradamus' Schilderungen ist die der in Bewegung gesetzten Guillotine. Das Tötungsinstrument wird erstmals zu Beginn von Quatrain I.82 erwähnt.

> »Quand les colomnes de bois grande tremblée,
> D'auster conduicte couverte de rubriche,
> Tant vuidera dehors une assemblée,
> Trembler Vienne & le pays d'Austriche.«

Vorerst wollen wir diese Verse folgendermaßen deuten:

> »Wenn die starken Holzsäulen erzittern,
> vom Süden geleitet, bedeckt von Rot,
> Wird die große Versammlung leer werden,
> Wien und Österreich erbeben.«

Die durch den Fall des schweren Beils erzitternden, starken Holzsäulen (»colomnes de bois grande«) sind eine eindrucksvolle Beschreibung der Enthauptungsmaschine. Diese Darstellung bietet uns die Gelegenheit, den Ereignissen des Quatrains eine Jahreszahl zuzuweisen. Das der Nationalversammlung von Dr. Guillotin im Jahr 1789 empfohlene Gerät (welches entgegen der häufig vorgebrachten Meinung nicht von ihm erfunden worden war) wurde erstmals am 15. April 1792 zur Exekution eines Verbrechers eingesetzt. Den übrigen Zeilen entnehmen wir, daß der folgende Hinweis ebenfalls Begebenheiten betrifft, die sich in der Zeit des Terrors zwischen August 1792 und Mai 1793 ereigneten.

Das Wort »auster« in der zweiten Zeile bedeutet »Südwind« und bezeichnet Österreich (das ebenfalls in der letzten Zeile genannt wird). Preußen und Österreich marschierten 1792 in Frankreich ein. Wie Nostradamus erwähnte, führte der Herzog von Brunswick eine berühmte Deklaration, auch Manifest genannt (s. unten), mit sich, bei der es sich wahrscheinlich um die »Rubrik« (»rubriche«) der zweiten Zeile handelte. Dieser seltsame Ausdruck wurde wohl aufgrund seiner Doppeldeutigkeit gewählt, da er sowohl die in diesem Manifest zum Ausdruck gebrachte Drohung gegen Frankreich beschreibt als auch die blutrote Farbe des Originaldokuments. Merkwürdigerweise marschierte Brunswick nicht von Süden, sondern von Südosten auf Frankreich zu.

Die dritte Zeile enthält das bemerkenswerte Wort »assemblée«, das erst während der von diesem Quatrain beschriebenen Epoche seine heutige Bedeutung erhielt. Damit bezeichnete man jene gesetzgebende Versammlung, die sich am 1. Oktober 1791 für den Krieg mit Österreich aussprach und Ludwig XVI. die Macht entzog.

Bei »Vienne« dürfte es sich mit einiger Gewißheit um Wien, die Hauptstadt Österreichs, und nicht um Vienne, ein im Süden an der Isère gelegenes Département handeln. Die mit den Preußen verbündeten Österreicher erbeben (»trembler«) aufgrund ihrer ersten Niederlage bei Valmy und den in den darauffolgenden Kriegen erlittenen Niederlagen gegen Napoleon.

Eine kurze Zusammenfassung des historischen Hintergrundes der von diesem Quatrain beschriebenen Ereignisse wird mehr Licht auf ihre Bedeutung werfen. Im Verlauf des Jahres 1791 kamen Wien und Berlin überein, daß gegen das aufständische Frankreich Maßnahmen ergriffen werden müßten. Der Herzog von Brunswick wurde mit dem Marsch auf Paris beauftragt. Zu diesem Zweck stellte man eine Armee von über 100 000 Österreichern und einer geringeren Anzahl Preußen zusammen. Allerdings verzögerte sich ihr Aufbruch durch die Krönung von Kaiser Franz II. Vor ihrem Abmarsch ließ Brunswick eine Erklärung verlautbaren (das Manifest vom 25. Juli 1792), in der den aufständischen Franzosen der Tod und Paris die Zerstörung angedroht wurde, sollte der königlichen Familie ein Leid zugefügt werden. Für die Revolutionäre bot sich die Gelegenheit zu behaupten, Ludwig XVI. stünde mit den Angreifern im Bunde. Die um ihr Leben fürchtende königliche Familie suchte in der Nationalversammlung Zuflucht. Später beschloß die Versammlung die Abschaffung der Monarchie und die Einsetzung einer revidierten Verfassung. Kurz darauf erklärte Danton den Beginn des Terrors.

Die von einem österreichischen Corps unterstützten Preußen marschierten in Lothringen ein. Nach Longwy fiel im September Verdun.

Bei Valmy wurde die Armee dann zurückgeschlagen.[2] Am Tag der Schlacht fand sich die Versammlung in den Tuilerien ein, am folgenden wurde die Abschaffung der Monarchie beschlossen.

DER TOD LUDWIGS XVI.

Ward zufolge befaßt sich Quatrain VI.92 mit den Auswirkungen der Guillotine oder zumindest mit der postumen Geschichte ihrer berühmtesten Opfer. Von diesem Vers wollen wir uns lediglich den letzten beiden Zeilen widmen.

»La cité au glaive de poudre face aduste,
Par trop grand meurtre la chef du Roy hay.«

»Die Stadt unter dem Schwert, von Scheiten aus Pulver verbrannt,
ein zu großer Mord, das Haupt des Königs verhaßt.«

Die Stadt des Schwertes oder die Stadt unter dem Schwert (»la cité au glaive«) ist eine überaus gelungene Beschreibung des Paris der Guillotine, die unter den blicklosen Augen der Freiheit ihr Werk vollbrachte. »Um eine Schilderung von derartiger Einfachheit und Eindringlichkeit zu schaffen, bedarf es eines Meisters der Sprache ... Doch findet man diese erstaunliche Formulierkunst immer aufs neue in der Beschreibung historischer Tatsachen – Tatsachen, die erst Jahrhunderte nach dem Tod des Verfassers am Horizont der Geschichte erscheinen werden –, müßte der Nacken eines Lesers wahrlich steif sein, erwiese er einem solchen, von Gott berührten Mann nicht seine Reverenz.«[3]

Das brennende Pulver (»poudre ... aduste«), das sich mit der Waffe vereint (»glaive«), ist ungelöschter Kalk. Nach der Enthauptung von Ludwig XVI. wurden der Kopf und der Körper des verhaßten Königs (»Roy hay«) in geflochtenen Körben auf den Madeleine-Friedhof getragen.[4] Der ausgehobene Graben, in den man die Körbe warf, war etwa zwölf Fuß tief und mit ungelöschtem Kalk bestreut. Als vierundzwanzig Jahre nach dem Königsmord (oder diesem »zu großen Mord« wie es der Royalist Nostradamus ausgedrückt hatte) das Grab wieder geöffnet wurde, weil die sterblichen Überreste auf würdigere Weise bestattet werden sollten, stieß man nach Wards Worten lediglich auf »einige wenige kalzinierte Gebeine«. An jenem Ort ließ Ludwig XVIII. im Jahr 1826 im Andenken an den König und Marie Antoinette die Chapelle Expiatoire errichten.

Nostradamus war nicht nur von der Französischen Revolution als Ereignis gefesselt, sondern auch von ihrer grausamen und unkontrollierten Entwicklung – sinnloses Blutvergießen, Königsmord, die Tötung Unschuldiger und die Verbreitung kriegsähnlicher Wirren auf ganz Europa. Wären uns nur seine Quatrains als historische Berichte dieser außergewöhnlichen Begebenheiten überliefert, könnten wir die allgemeine Tendenz der Geschichte anhand von einigen herausragenden Daten und Schilderungen jener Ereignisse zusammenfügen, die zu Ende des Jahrhunderts Europa in seinem Innersten erschütterten.

DAS KÖNIGREICH VON SARDINIEN

Wenige Quatrains bieten einen so deutlichen Hinweis auf die Folgen der Revolution für Europa wie VIII.88, der in der ersten Zeile das Eintreffen eines Königs in Sardinien ankündigt. Für den heutigen Leser ist dies keineswegs eine Neuigkeit. Da Sardinien bis ins zwanzigste Jahrhundert eine Monarchie war, sind wir geneigt zu vergessen, daß die Herrschaft der sardischen Könige erst eineinhalb Jahrhunderte nach Nostradamus' Lebzeiten begann. Der Quatrain lautet folgendermaßen:

> »Dans la Sardaigne un noble Roy viendra,
> Qui ne tiendra que trois ans le Royaume,
> Plusieurs couleurs avec soy conjoindra,
> Luy mesme apres soin sommeil marrit scome.«

> »In Sardinien kommt ein edler König an die Macht,
> Nur drei Jahre lang wird er die Herrschaft behalten,
> Mehrere Banner wird er mit seinem verbinden,
> Er selbst erlebt später Sorge, Schlaf, Trauer und Spott.«

Wie dem Vierzeiler zu entnehmen ist, wird der nach Sardinien kommende König seine Herrschaft nur drei Jahre lang behaupten. Entspräche dies der Wahrheit, enthielten die vorliegenden Zeilen eine ganz außergewöhnliche Weissagung. Allem Anschein nach traf diese Prophezeiung nicht ein, denn nachdem Sardinien zum Königreich geworden war, blieb es das beinahe zweihundert Jahre lang. Doch wie bei Nostradamus üblich, enthält der Quatrain nicht das, was er zu enthalten scheint. Merkwürdigerweise wirkt es, als zeigte Nostradamus ein stärkeres Interesse am Niedergang Spaniens und am Schicksal Italiens als an der Zukunft Sardiniens.

Zu den historischen Tatsachen: Als Folge der im Vertrag von London im Jahr 1718 erzielten Übereinkommen wurde Viktor Amadeus II. von Savoyen der Titel König von Sardinien im Austausch gegen Sizilien zugesprochen. Sardinien blieb bis 1878 unter der Herrschaft des Königshauses von Savoyen und wurde nach dem Tod von Viktor Emanuel II. von den Königen des vereinten Italiens regiert. Nach der Thronbesteigung von Viktor Amadeus scheint es allerdings keine Unterbrechung von drei Jahren gegeben zu haben.

Während der seiner Herrschaft vorangehenden Jahre durchlebte Sardinien eine wechselvolle Geschichte. Nahezu zwei Jahrhunderte lang hatte die Insel unter den brutalen und despotischen Spaniern gelitten, bis sie im Vertrag von Utrecht (1713) Österreich zugesprochen wurde. Dies war zuviel für den großen italienischen Minister und Kardinal Jules Alberoni, der sich vollkommen in den Dienst von Philip V. von Spanien und seiner Gemahlin Isabella Farnese gestellt hatte. 1717 entriß Alberoni Sardinien den Österreichern in Philips Namen. Er wurde im darauffolgenden Jahr aus Gründen, die in keinem Zusammenhang mit der Einnahme von Sardinien standen, ins Exil geschickt; Philip gelang es, die Insel »für nur drei Jahre« zu halten: »Qui ne tiendra que trois ans le Royaume«. 1718, in dem Jahr, in dem Alberoni nach Italien ins Exil ging, bestimmte der Vertrag von London, daß Spanien Sardinien an das Haus von Savoyen abtreten mußte, das sie mit allen dazugehörigen Rechten im Austausch gegen Sizilien erhielt. Das fiel nach diesem Vertrag Österreich zu. Viktor Amadeus II. von Savoyen nahm Sardinien erst mit seiner Thronbesteigung im Jahr 1720 in Besitz. Wie wir erkennen, bezogen sich die vorhergesagten »drei Jahre« nicht auf die neue Linie von Königen, sondern auf die letzten drei Jahre der spanischen Herrschaft, die Alberoni durch Waffengewalt für Philip V. errungen hatte.

Nostradamus, der angekündigt hatte, daß Sardinien ein Königreich werde, befaßte sich mit dem Schicksal des Mannes, der Philip die Insel für drei Jahre übergeben hatte: »Plusieurs couleurs avec soy conjoindra«. Wir zweifeln keinen Augenblick daran, daß es sich bei diesen Farben (»couleurs«) um militärische Banner handelte[5] und daß Nostradamus jenen unglücklichen Alberoni meinte, der sich mit den Kriegsflaggen verbündete. In seinem Eifer, die verlorenen Herzogtümer von Parma, Piacenza und der Toskana für Isabella Farnese zurückzugewinnen, plante Alberoni einen Krieg gegen Italien. Die Vereinigten Provinzen, England und Frankreich schlossen sich gegen diese Bestrebungen in der berühmten Tripelallianz von 1717 zusammen.

Der britische Admiral Byng zerstörte die spanische Flotte vor Passaro, worauf 1718 der Krieg erklärt wurde. Dieser endete nahezu sofort mit einer Niederlage Spaniens. Als Folge trat Philip ab und sandte Alberoni, teilweise auch, um sein Gesicht zu wahren, ins Exil. Von der Spitze der Macht als Erster Minister der spanischen Krone stürzte Alberoni in tiefes Elend und verbrachte einige Jahre in einem italienischen Gefängnis.

Die vierte Zeile lautet: »Luy mesme apres soin sommeil marrit scome«. »Soin« bedeutet Sorge, »marrit« Trauer. »Sommeil« (»Schlaf«) ist schwierig zu interpretieren, es sei denn, man bezöge sich darauf, daß er in dem italienischen Gefängnis außer schlafen nicht viel tun konnte. Selbst im modernen Französisch wird das Verbum *sommeiller* mitunter in der übertragenen Bedeutung »schlafend liegen« verwendet. »Scome« dürfte eine Apokope des provenzalischen Wortes *scomma* sein, im sechzehnten Jahrhundert ein Ausdruck etwa für »verhaltener Spott«. Das Wesentliche der Zeile ist klar: Alberoni durchlebte schwierige Zeiten. Doch das Leben ist einem ständigen Wandel unterworfen: 1724 wurde er in die engere Wahl für die Papstwürde gezogen (allerdings errang er nicht die Mehrheit der Stimmen des Konklaves, das schließlich Pietro Francesco Orsini als Benedikt XIII. zum Papst wählte).

VERÄNDERUNGEN IN SIZILIEN

Die Geschichte des kurz zuvor gebildeten »royaume« von Sardinien wird in VIII.81 fortgesetzt.

> »Le neuf empire en desolation,
> Sera change du pole aquilonaire,
> De la Sicile viendra l'emotion,
> Troubler l'emprise à Philip. tributaire.«

> »Das neue Reich gerät in Verwüstung,
> Vom Nordpol wird es verändert werden,
> Von Sizilien her wird Erschütterung kommen,
> Um die Enteignung von Philip zu stören. Tributpflichtig.«

Infolge der grausamen Behandlung, die Sardinien während des erbitterten spanischen Erbfolgekrieges erleiden mußte, war das neue Königreich verwüstet (»Le neuf empire en desolation«). Bis 1720 war Sardinien wohl eines der ärmsten und elendsten Länder des Westens – hauptsächlich aufgrund der unerbittlichen Grausamkeit und des »laisser-faire« der Spanier, die kein Interesse an der Insel hatten außer als Steuerquelle.

Nostradamus zufolge würde eine willkommene Wende aus dem Norden erfolgen (»du pole aquilonaire«). Tatsächlich kam die Wende, die

die Vertreibung der Spanier zur Folge hatte, schließlich von Utrecht und London. Der Friede von Utrecht (1713) brachte die Insel in den Besitz Österreichs und führte zum spanischen Einfall, und der Friede der Tripelallianz in London (1717) sprach Sardinien dem Haus Savoyen zu.

Die dritte Zeile liest sich »De la Sicile viendra l'emotion« – »Von Sizilien her wird Erschütterung kommen«. Im Jahr 1717 wurde im Frieden von London verfügt, daß Amadeus Sizilien im Austausch für Sardinien den Österreichern zu übergeben hatte. Die Erschütterung und der Aufruhr, die zur Gründung des neuen Königreiches von Sardinien führten, kamen von dieser noch südlicher gelegenen Insel, präzise wie Nostradamus es vorausgesagt hatte.

In der letzten Zeile findet sich eine glänzende Zusammenfassung der Gründe, warum Sardinien dem Königreich Spanien durch den Norden entrissen wurde: »Trobler l'emprise à Philip. tributaire«. Es war unvermeidlich, daß der Vertrag zwischen den nördlichen Ländern England, Frankreich und den Niederlanden (die Tripelallianz) die »Enteignung« (»emprise«) von »Philip«, der Steuern aus Sardinien erhielt (er war »tributaire«), stören (»troubler«) würde. In dieser Zeile zählt jedes Wort, und jedes Wort enthält eine Erzählung im Zusammenhang mit der Geschichte Sardiniens.

PERSIEN UND DER NIEDERGANG DES OSMANENREICHES

Nur wenige von Nostradamus' Prophezeiungen überschreiten die Grenzen Europas. Zwar befassen sich einige mit dem amerikanischen Kontinent, doch kaum einer mit dem Osten, ausgenommen es ging um eine Gefährdung Europas. Ein Quatrain, in dem Nostradamus auch ein genaues Datum anbietet, scheint allerdings Sorge über die in Persien stattfindenden Ereignisse auszudrücken. Im Zuge unserer Untersuchung werden wir feststellen, daß der Vers zwar mit außergewöhnlicher Genauigkeit Geschehnisse in Persien wiedergibt, zugleich aber auch Auswirkungen auf die Gesamtentwicklung der europäischen Geschichte umfaßt. Hier Quatrain III.77:

> »Le tiers climat sous Aries comprins,
> L'an mil sept cens vingt & sept en Octobre.
> Le Roy de perse par ceux d'Egypte prins,
> Conflict, mort, perte, à la croix grand opprobre.«

Vor unserer Analyse wollen wir den Vers folgendermaßen übersetzen:

»Das dritte Klima unter dem Zeichen des Widders,
Im Jahr 1727 im Oktober,
Der König von Persien in der Hand derer aus Ägypten:
Krieg, Tod, Verlust, große Schmach für das Kreuz.«

Wenn die erste Zeile auch verschlüsselt wirkt, ist die zweite erfrischend direkt. Die Ereignisse des Quatrains beziehen sich auf das Jahr 1727. Der folgenden Zeile können wir entnehmen, daß dieses Datum mit der Geschichte Persiens in Verbindung steht.

Die geschichtlichen Entwicklungen der dem Jahr 1727 vorangehenden Periode waren in Persien ausgesprochen kompliziert. Sie sind eine Reihe kriegsähnlicher Zwischenspiele, unterbrochen von Blutbädern, politischen Winkelzügen und habgieriger Grausamkeit. Shan ›Abbas‹ hatte im vorigen Jahrhundert den Versuch unternommen, einige Reformen durchzuführen, und die Städte Bagdad, Kerbala, Mosul und mehrere andere wichtige Orte des damaligen Persiens aus der Gewalt der Türken zurückerobert. Schließlich errichtete er das prachtvolle Isfahan als neue Hauptstadt des Landes. Mit der gewaltsamen Einnahme der portugiesischen Niederlassung am Persischen Golf und der Insel Ormuz trat er in die europäische Geschichte ein.

Nach seinem Tod stürzte Persien erneut in Hoffnungslosigkeit. 1722 eroberte der Afghane Khilzais von Kandahar unter Mir Mahmud die Stadt Isfahan und zerstörte sie. Mahmud, der eine Neigung für Blutorgien gehabt hatte, verfiel schließlich dem Wahnsinn und wurde von seinem Cousin Ashraf ermordet. Auf diesen Ashraf bezieht sich Nostradamus in seinem Quatrain, da sich die Ereignisse in Persien auf Europa auswirkten.

In der Hoffnung auf Hilfe und Unterstützung gegen die Afghanen trat Ashraf große Gebiete einschließlich Astarbads und Gilans an Rußland ab. 1724 unterzeichneten Rußland und die Türkei auf Vermittlung Frankreichs einen Vertrag, der die Annexion und Teilung Nordwestpersiens vorsah. In dem entscheidenden Jahr 1727 gelang es Ashraf jedoch, die Türken zurückzuschlagen. Trotzdem überließ er den Osmanen den westlichen Teil Persiens – unter der Bedingung, daß sie sein Königtum anerkannten. Ein Jahr darauf starb er.

Nostradamus sah für dieses Jahr bedeutende Entwicklungen für Europa vorher. Er zeigte in seiner Prophezeiung außergewöhnlichen Weitblick, denn die damals getroffenen Entscheidungen sind noch heute Ursache vieler Konflikte und Spannungen im Mittleren Osten, deren Folgen seit zweihundert Jahren bis in unsere Zeit nachwirken.

Wir werden die außergewöhnliche Genauigkeit seiner Prophezeiung (daß nämlich das Geschenk Persiens an die Osmanen zu großem Unheil führen werde) anhand eines historischen Abrisses zurückverfolgen. Vorher müssen wir uns mit ein oder zwei von dem Seher aus Salon verwendeten Fachbegriffen auseinandersetzen.

Es ist sehr unwahrscheinlich, daß selbst belesene Zeitgenossen Nostradamus' die erste Zeile dieses Quatrains verstanden: »Le tiers climat sous Aires comprins« – »Das dritte Klima unter dem Zeichen des Widders«. Jeder der zwei Hauptbegriffe stammt aus der astrologischen Tradition, die im sechzehnten Jahrhundert nicht mehr von allzu großer Bedeutung war. »Das dritte Klima« (»Le tiers climat«) ist ein ursprünglich aus der babylonischen Astrologie stammender Begriff, der Nostradamus entweder durch Ptolemäus oder aus Übersetzungen arabischer Astrologen bekannt gewesen sein dürfte. Die Koordinaten, auf die er sich bezieht, scheinen von dem arabischen Astrologen Alfraganus zu stammen, der sieben *Klimate* definierte.[6] Der ursprüngliche griechische Begriff war *clima* im Singular und *climata* im Plural. Für Alfraganus stellen die *climata* eine Art Breitenbänder dar, die mehr von der Zeit als von räumlichen Überlegungen bestimmt werden. Selbstverständlich führen die Zeiteinteilungen zu den Breiten der Klimate, die wiederum in geographische Zonen einer ungenauen und etwas willkürlich erscheinenden Spezifikation übertragen werden.

Wir werden nicht weiter auf dieses System eingehen, doch zum besseren Verständnis von Nostradamus' Hinweis bleibt noch anzumerken, daß die Messung der Klimate bei 13 Grad parallel zum Äquator beginnt und in nördlicher Richtung bis auf 1440 Kilometer an den Nordpol heranreicht. Alfraganus zufolge ist das dritte Klima ein Band von fünfhundertsechzig Kilometern Breite, das 1340 Kilometer von seiner Ausgangslinie entfernt beginnt. Dies bedeutet, daß das dritte Klima (»tiers climat«) ungefähr mit der Fläche zwischen dem 28. und 34. nördlichen Breitengrad im modernen Meßsystem übereinstimmt. Dieses Band läuft rund um den Erdball und schließt den Großteil des modernen Persiens, Afghanistan im Osten, sowie den Irak und die nördlichen Gebiete der arabischen Halbinsel ein.

Auch die zweite Zeile ist aus der Astrologie abgeleitet: »sous Aries comprins«. In dem von Ptolemäus *Chorographie* genannten astrologischen System waren jedes Land und jede größere Stadt einem bestimmten Planeten und Tierkreiszeichen zugewiesen. In seinem Werk *Tetrabiblios*[7] teilt er uns mit, daß Persien unter die Herrschaft des Stiers falle. Dies ist seltsam, da Nostradamus ausdrücklich von einem Gebiet spricht, das sich im dritten Klima und unter dem Einfluß des Widders befindet. Wie löst sich dieses Rätsel? Betrachten wir Ptolemäus' Chorographie genauer, erkennen wir, daß Syrien, Palästina, Idumäa und Judäa unter die Herrschaft des Widders fallen. Das ist genau jenes Gebiet des Osmanischen Reiches, das im Westen an Persien anschließt und den Bereich umfaßt, den Ashraf an die Osmanen abgetreten hatte.

Somit hatte Nostradamus präzise Ort und Zeitpunkt einer bedeutenden und weitreichenden historischen Entscheidung angegeben.

Da wir nun die Begriffe der ersten Zeile näher untersucht haben, sind wir in der Lage, eine genauere Übersetzung anzubieten:

»Le tiers climat sous Aries comprins,
L'an mil sept cens vingt & sept en octobre«

»Zwischen dem 28. und dem 34. nördlichen Breitengrad im Westen von Persien, im Oktober des Jahres 1727«

Eine derart exakte Beschreibung eines Ereignisses, das nahezu zweihundert Jahre in der Zukunft liegt, ist beinahe unglaublich.

Der Quatrain lautet weiter:

»Le Roy de Perse par ceux d'Egypte prins,
Conflit, mort, perte, à la croix grand opprobre«.

Es steht fest, daß Ashraf, der im Jahr 1727 noch König von Persien war, nicht von den Ägyptern gefangengenommen wurde, wie eine oberflächliche Betrachtung der Zeile vermuten ließe. Die »Ägypter« eigneten sich Persien an, als er die Hälfte seines Landes an sie abtrat. Der Hinweis auf »ceux d'Egypte« ist erneut außergewöhnlich präzise: Nostradamus spricht nicht von »den Ägyptern«, sondern von »denen aus Ägypten«. Die Osmanen hatten als Erben der islamischen Tradition nahezu unmerklich Ägypten von den Arabern übernommen, die es im achten Jahrhundert erobert hatten. Somit herrschten die Osmanen im Jahr 1727 über Ägypten und konnten als »ceux d'Egypt« beschrieben werden. Das Land blieb bis 1789 in ihrer Hand, als die Streitkräfte der Mamelucken unter Selim III. von Napoleon vertrieben wurden.

Konsequenz dieses persischen Geschenkes war vor allem eine Reihe von Kriegen zwischen den Türken und dem Osten und Westen, der sich später in einen Krieg zwischen Irak/Iran und Ost und West wandelte. Sie reichten bis in den Zweiten Weltkrieg, als Griechenland, das westliche Schlachtfeld der Auseinandersetzung zwischen Italien und Osmanenreich, den Griechen zurückerstattet wurde.

In beiden Phasen dieser Geschichte wurde der Konflikt durch religiöse und im weiteren auch weltanschauliche Differenzen geschürt. Friedensperioden gab es in dieser von Krisen erschütterten Region kaum. Die folgenden Daten verweisen auf einige der bedrohlicheren Auseinandersetzungen. 1733 verbündete sich der Sultan der Mamelucken mit Rußland zum Angriff auf Persien. Rußland besetzte das Gebiet um das Kaspische Meer, und die Türken nahmen Aserbaidschan und Hamadan ein. Bei Kirkuk wurden sie von Nadir Kuli Khan besiegt. Dieser führte bald darauf einen weiteren Krieg gegen die Türken – in Kars und im Irak –, der dreizehn Jahre andauern sollte (bis 1747).

Darauf folgten die Kriege gegen Napoleon und Nelson, der russische Grenzkonflikt (Vertrag von Bukarest, 1812), die Revolte in Serbien (Abkommen von Akkerman, 1826, und Vertrag von London, 1827), der zur Errichtung eines russischen Protektorats über Serbien führte; die Aufstände in Morea und Moldawien im Jahr 1821; die Einnahme von Missolonghi (wo Byron starb) durch die Türken im Jahr 1825; 1828 die Invasion der Russen in die türkischen Kaukasusprovinzen (Vertrag von Adrianopel, 1829); der Angriff Mehmet Alis auf den Sudan im Jahr 1821 und im Anschluß daran auf Kreta und Morea, gefolgt von der Invasion Syriens im Jahr 1832 und seiner Vertreibung aufgrund der Bedingungen der Konvention von London aus dem Jahr 1840. Weiter sind der Krimkrieg zu erwähnen, in den mehrere europäische Länder verwickelt wurden, die Revolution von 1875 in Bosnien und Herzegowina (damals noch unter osmanischer Herrschaft), der damit in Zusammenhang stehende serbische Krieg sowie der russische Krieg im Jahr 1876 (Vertrag von Berlin, 1878), der zur britischen Besetzung von Zypern führte. Diese und andere Krisen begleiteten den Niedergang der osmanischen Macht, führten im zwanzigsten Jahrhundert unerbittlich zum Ersten Weltkrieg und strecken ihre gespenstischen Finger bis in unsere Tage aus.

Es ist kein Zufall, daß sich im Zuge des Ersten Weltkriegs, der vorgeblich zur Eindämmung des deutschen Expansionismus in Europa geführt wurde, die Kämpfe auf das alte türkische Reich, Mesopotamien, Palästina, Syrien und Ägypten ausdehnten. Angesichts dieser unvollständigen Aufzählung kriegerischer Auseinandersetzungen, die sich bis zur Abtretung von Gebieten an die osmanische Türkei zurückverfolgen lassen, ist Nostradamus äußerst sparsam mit Worten. Er berichtet lediglich von »conflit, mort, perte, à la croix grand opprobre«. Vor allem die letzten fünf Worte, die jeder Zurückhaltung entbehren, zeigen, daß er erkannt hatte, daß die auf die historische Entscheidung von 1727 folgenden Kriege zwar territorial bedingt erscheinen, in Wahrheit aber in den religiösen Unterschieden und Bestrebungen von Halbmond und Kreuz wurzeln.

259

KATHARINA »DIE QUALBRINGENDE«

Wenige Quatrains enthalten so viele Vorhersagen wie VIII.15. Er umfaßt siebenundzwanzig Jahre und fünf große Konflikte in der russischen Geschichte:

»Vers Aquilon grands efforts par hommasse
Presque l'Europe & l'univers vexer,
Les deux eclypses mettra en telle chasse,
Et aux Pannons vie & mort renforcer.«

»Gegen den Norden große Bemühungen einer männlichen Frau
Nahezu ganz Europa und das Universum leiden Qualen,
Durch die zwei Verfinsterungen wird sie eine solche Verfolgung
    auslösen,
und Polen vom Leben zum Tod zwingen.«

»Aquilon« ist ein von Nostradamus häufig verwendeter Ausdruck für »Norden«. Unter normalen Umständen könnte er kaum der Geheimsprache zugeordnet werden, da er sich von dem lateinischen Wort *aquilonius*, »nördlich«, ableitet. In diesem Quatrain enthält er jedoch eine zusätzliche Bedeutung, da der lateinische Begriff *aquila* mit »Adler« zu übersetzen ist. Damit könnte der »nördliche Adler« auf Rußland hinweisen, eines von mehreren nördlichen Ländern, das den Doppeladler im Staatswappen trug.

Das Wort »Hommasse«, das wie eine typische Erfindung von Nostradamus wirkt, stammt aus dem spätmittelalterlichen Französisch und ist noch heute in Gebrauch. Es bedeutet »männliche Frau«. Sein Ursprung läßt sich leicht in der Kombination von *homme* (Mann) mit der weiblichen Endung -*esse*, was gemeinsam »Mannfrau« ergibt, zurückverfolgen.[8] Daß es sich bei der auf diese Weise beschriebenen Person um Katharina II. handelt, erkannten viele Interpreten bereits vor längerer Zeit, denn es gibt wenige so ausgeprägt maskuline Frauen in der russischen Geschichte. Es ist typisch für Nostradamus, daß er ihre eigentümliche Bezeichnung als Mannfrau neben ihre großen Bemühungen (»grand efforts«) stellte, als hätte er gewußt, daß sie von ihren Zeitgenossen Katharina die Große – auf französisch *la Grande* – genannt werden würde. Zuweilen hieß man sie auch *la Semiramis du Nord*, was direkt auf das zweite Wort der ersten Zeile »Aquilon« (nördlich) überleitet und, in Anlehnung an diese assyrische Prinzessin, auf ihr berühmtes sexuelles Verlangen hindeutet.

Auch wenn in der zweiten Zeile »Presque l'Europe & l'universe vexer« eine Bedeutung verborgen sein mag, die uns entgangen ist, besteht kein Zweifel, daß diese große Kaiserin von Rußland Europa und den Rest der Welt in Unruhe versetzte und große Zerstörung bewirkte. Möglicherweise ist der Verweis auf »univers« ein Wortspiel mit dem Ausdruck »Pannons« (vierte Zeile), der nicht nur »Polen« bedeutet, sondern auch das griechische *pan* (»alles«) enthält (s. unten). Gleichzeitig läßt sich »l'univers« auch in *luni vers* unterteilen, das im Lateinischen der Bedeutung »in Richtung des Mondes« nahekommt. Die Relevanz dieser Auslegung wird deutlich, sobald wir uns mit dem türkischen Symbolismus der letzten beiden Zeilen befaßt haben.

Der Begriff »univers« könnte ein Verweis auf Katharinas »Spitznamen« Semiramis sein, denn Ninus, der Gemahl dieser Prinzessin, wurde auch als »König der Welt und Herrscher über die vier Himmelsrichtungen der Welt« bezeichnet.[9] Nach dessen Tod regierte Semiramis an seiner Stelle, wie Katharina an Stelle des wesentlich weniger eindrucksvollen Peter III. regierte, der im Jahr 1762 von den Orlows ermordet worden war. Das abschließende Wort »vexer« leitet sich von dem lateinischen *vexo* oder *vexarier* ab und bedeutet »erschüttern«, »bewegen« oder »schädigen«.

Die beiden letzten Verse sollten gemeinsam betrachtet werden, da sie die zerstörerischsten Kriege beschreiben, in die Katharina verwickelt gewesen war:

> »Les deux eclypses mettra en telle chasse,
> Et aux Pannons vie & mort renforcer.«

»Die zwei Verfinsterungen« (»Les deux eclypses«) stellen die beiden Kriege gegen die Türkei dar. Nostradamus hat keinesfalls unrecht, sie als »Verfinsterungen« zu bezeichnen. Dabei dachte er wohl an eine Mondfinsternis, bei der der Mond völlig im Schatten der an der Sonne vorüberziehenden Erdkugel verschwindet. Beide Kriege wurden zwischen der sonnenorientierten christlichen Religion (Rußland gehörte offiziell der orthodoxen Kirche an) und der mondorientierten muslimischen Türkei ausgefochten, die den Halbmond als ihr Staatssymbol erwählt hatte.[10]

Der erste Krieg gegen Mustafa III. dauerte von 1768 bis 1774, der zweite gegen Abdul Hamid I. von 1787 bis 1791. Die Macht und Brutalität Rußlands ließen das Leuchten des türkischen Mondes nahezu verblassen. Der Vertrag von Kuchuk Kainarji (1774) war wohl der demütigendste, den die Türkei jemals unterzeichnet hatte. Die Nachricht von der grausamen Abschlachtung aller Männer, Frauen und Kinder nach dem Fall von Khotin, Jassy und Ochakow durch die Russen soll für

Abdul Hamid ein solcher Schock gewesen sein, daß er starb. Nostradamus' Betrachtung der beiden Kriege als Darstellung des von der russischen Sonne verdunkelten türkischen Mondes trifft somit zu.

In der zweiten Gruppe von Konflikten finden wir keinen derartigen
»Religionskrieg«. Die vierte Zeile bezieht sich auf die Polen (»Pannons«) und beschreibt den Einfluß von Katharinas politischer und
militärischer Macht auf dieses Land. »Pannons« ist teilweise griechischen Ursprungs und teilweise auf die Grüne Sprache zurückzuführen.
Das alte Land *Pannonia* lag zwischen Noricum und Illyricum. In diesem
Sinne bezieht sich der Name auf ein Gebiet, das einem Teil des ehemaligen Polens entspricht. Eine weitere Bedeutungsebene findet sich in der
Tatsache, daß das lateinische *pannosus* auch als »zerrüttet« und »ermat-
tet« ausgelegt werden kann, was den Zustand Polens nach Katharinas
Rückzug ausgezeichnet beschreibt.

In der ersten Zeile stellten wir aufgrund des doppelköpfigen Adlers
im Staatswappen eine Verbindung zwischen »Vers Aquilon« und Rußland her. Durch den Verweis auf Polen können wir den Anfangsvers neu
deuten. Da das Wappen Polens einen einköpfigen Adler trägt, könnten
wir »Vers Aquilon«, was unzweifelhaft als »in nördlicher Richtung« zu
deuten ist, auch als »in Richtung Polen« interpretieren. Mit dieser Auslegung verändert sich der Inhalt der ersten Zeile beträchtlich, denn nun
können wir sie auch folgendermaßen lesen: »Große Bemühungen einer
Mannfrau in Richtung Polen«.

Um die polnische Bevölkerung zu reduzieren und ihr eigenes Gebiet zu erweitern, eignete sich Katharina Polen Schritt für Schritt an
und brachte jeden Widerstand mit außergewöhnlicher Grausamkeit
zum Schweigen. Bei der ersten Teilung im Jahr 1772 verlor Polen
nahezu ein Viertel seines Territoriums und einen ebensolchen Anteil
seiner Bevölkerung. Bei der zweiten Teilung im Jahr 1793 wurde es
auf ein Drittel seiner ursprünglichen Größe und eine Bevölkerung von
annähernd einem Viertel verkleinert. Die sogenannte dritte Teilung im
Jahr 1795 war vollkommen, denn selbst der Name Polens wurde von
den Landkarten gelöscht und verschwand für mehr als ein Jahrhundert. Dies war wahrlich ein fortschreitendes Drängen (»renforcer«)
der gesamten polnischen Nation (»Pannons«) vom Leben zum Tod
(»vie & mort«).

Nach dieser Zusammenfassung von Katharinas kriegerischen »Heldentaten« (im Sinne des Kriegsgottes Mars) können wir gut verstehen,
warum Nostradamus auf der Suche nach einem neuen Wort zur Beschreibung ihrer Persönlichkeit den Begriff »Hommasse« benutzte, der
dem Klang nach dem englischen *homicide* (»Mörder«) ähnelt.

Nur wenige Interpreten wußten den Quatrain I.42 zu deuten. Der einflußreiche französische Gelehrte Anatole le Pelletier beschränkte sich auf die Vermutung, Nostradamus' Text sei an verschiedenen Stellen verfälscht worden, der sich auch eine Anzahl moderner Autoren anschloß. Der Quatrain lautet folgendermaßen:

> »Les dix Kalendes d'Avril de fait Gotique
> Ressuscité encor par gens malins,
> Le feu estaint, assemblée diabolique,
> Cherchant les os du d'Amant & Pselin.«

Vorerst wollen wir das so übersetzten:

> »An den zehnten Kalenden des April nach dem gotischen System.
> Wiederbelebt von böswilligen Menschen …
> Erlischt das Feuer (während) einer Teufelsmesse,
> Man sucht die Gebeine von Amant und Pselin.«

Le Pelletier behauptete, die vorletzten Worte »d'Amant &« sollten als »Demon de« interpretiert werden.[11] Selbst nach dieser Berichtigung bleibt die Bedeutung zumindest geheimnisvoll. Seine These gründet auf der Annahme, der Quatrain basiere auf einem byzantinischen Text, dem *De Daemonibus* von Michael Psellus, einem Gelehrten des elften Jahrhunderts. Doch dies ist leicht zu widerlegen. Der Bezug auf Psellus erklärt keinen Augenblick lang die Bedeutung des Quatrains. Trotz dieses Mangels wurde le Pelletiers Ansicht von praktisch jedem Interpreten seit dem Jahr 1867, als der Franzose sein erstes wissenschaftlich erscheinendes Werk über Nostradamus veröffentlichte, übernommen.

Uns bleibt nun zu untersuchen, ob dieser Quatrain innerhalb von Nostradamus' Œuvre tatsächlich eine solche Ausnahme darstellt. Sollte er wirklich keine Prophezeiung enthalten und nur ein bedeutungsloser Hinweis auf ein Hexenritual oder ein anderes Ritual der schwarzen Magie sein, wie die Psellus-These nahelegte? Handelt es sich wahrhaftig um einen Quatrain, in dem einige Schlüsselworte verfälscht sind?

Die nachstehende Analyse des Vierzeilers wird beweisen, daß er sehr wohl prophetisch ist, kaum einen Bezug zur schwarzen Magie aufweist und keineswegs verfälscht ist. Er enthüllt Nostradamus' meisterliche Beherrschung sowohl des astrologischen Symbolismus als auch der Methoden der Grünen Sprache.

Wenden wir uns der ersten Zeile zu: »Les dix Kalendes d'Avril de fait Gotique« – »An den zehn Kalenden des April nach dem gotischen System«. Die meisten Forscher gingen davon aus, daß sich der Hinweis auf das »gotische System« (»fait Gotique«) auf den von Julius Cäsar entworfenen römischen Kalender (auch Julianischer Kalender genannt) bezog. Da dieses System erst nach Nostradamus' Tod reformiert wurde, bestünde unter normalen Umständen keinerlei Notwendigkeit, überhaupt auf diesen Kalender zu verweisen, ausgenommen, es geschähe in einem prophetischen Sinn. Tatsächlich wird unsere Analyse ergeben, daß Nostradamus in dieser Zeile nicht auf das Kalendersystem, sondern auf eine Methode zur Bestimmung der Abfolge von Daten Bezug nahm. Das römische System der Anordnung der Tage eines Monats unterschied sich wesentlich von der im sechzehnten Jahrhundert gebräuchlichen Gliederung, so wie dieses große Abweichungen zu dem heute gebräuchlichen System aufweist. Der römische Monat wurde von drei Grundtagen gekennzeichnet, den *Kalendae*, den *Nonae* und den *Iden*. Die Kalenden fielen jeweils auf den ersten Tag des Monats. Im April lagen die Nonen auf dem 5. und die Iden auf dem 13. Tag. Die Tage zwischen Kalenden und Nonen galten als Tage vor den Nonen, die zwischen Nonen und Iden als Tage vor den Iden. Die übrigen Tage wurden in bezug auf ihre dem Tag vor den Kalenden des folgenden Monats vorgelagerte Reihenfolge angegeben.

Nach dieser Rechenmethode würden die zehnten Kalenden des April dem 21. März entsprechen.

Hat dieser 21. März irgendeine Bedeutung für Nostradamus? Die gregorianische Bulle zur Kalenderreform aus dem Jahre 1582[12] strich zehn Tage, wodurch der 5. Oktober 1582 als 15. Oktober galt. Dies bedeutete, die Frühjahrs-Tagundnachtgleiche wurde auf den 21. März verschoben. In diesem Datum und der Tatsache, daß sich Nostradamus auf eine spezifische Periode von zehn Tagen bezieht, können wir das Hauptthema der ersten beiden Zeilen erkennen. Nostradamus scheint sich mit einer wichtigen Kalenderreform zu befassen, die erst elf Jahre nach seinem Tod in Kraft trat und in Frankreich weitere fünf Jahre lang nicht umgesetzt wurde. Selbst in diesem begrenzten Sinn ist der Vers somit prophetisch.

Zugegeben, es gibt es keinen Beweis für die Annahme, daß Nostradamus, offiziell ein aufrichtiger Katholik, diese zukünftigen Reformen in irgendeiner Weise als diabolisch betrachten würde. Und doch scheinen die übrigen drei Zeilen des Quatrains auf eine Art Hexenritual oder schwarze Magie in Verbindung mit diesem römischen Kalender hinzudeuten.

Aus diesem Grund sollten wir untersuchen, ob ein anderer Kalender dem 21. März eine besondere Bedeutung zuweist. Gibt es noch einen nichtkatholischen oder heidnischen Kalender, durch den sich in sinnvoller Weise ein Bezug zu diesem Quatrain herstellen läßt? Ja – der Revolutionskalender des Jahres 1792 war grundsätzlich heidnisch. Er wurde bewußt als Trennung von dem vom katholischen Papsttum vorgeschlagenen und verwendeten Kalender eingesetzt und galt als »logischer« Kalender, der angeblich frei von jedem Aberglauben war.

Bevor wir diesen Kalender analysieren, müssen wir uns dem letzten Wort der ersten Zeile zuwenden: »Gotique«. Ursprünglich waren die Goten ein reichlich gewalttätiger germanischer Stamm, der im dritten bis fünften Jahrhundert in Europa einfiel und Königreiche in Italien, Frankreich und Spanien errichtete. Wie Fulcanelli aufzeigte, hat der Ausdruck gotisch in der Grünen Sprache eine besondere Bedeutung: Der Begriff *art Gothique* war die Tarnung für »argot«. Dieses Wort bezeichnet einerseits die Alltagssprache der gewöhnlichen Leute, andererseits ist *Argotique* die Sprache der Eingeweihten, die uns an die esoterische Natur jener Helden erinnert, welche auf der Suche nach dem Goldenen Vlies das Sternbild der »Argo« durchsegelten. So können wir annehmen, daß Nostradamus (den Eingeweihten gegenüber) eingesteht, daß das verschlüsselte Datum nach der Methode der Grünen Sprache auszulegen ist.

Während und nach der Französischen Revolution verursachte das Volk mutwillig große Zerstörungen. Es verhielt sich wie die einfallenden Goten, die sämtliche christlichen und katholischen Güter vernichteten. Ihr neues Kalendersystem könnte somit als »gotisches System« (»fait Gotique«) bezeichnet werden. Angesichts dieser Tatsache dürfen wir annehmen, daß sich die erste Zeile des Quatrains auf das im Jahr 1792 vorgeschlagene System des Revolutionskalenders bezieht.

Ausgangspunkt dieses Kalenders war die Gründung der Republik am 22. September 1792. Abgesehen von kalendarischen Angleichungen sollte jedes Jahr aus zwölf Monaten und dreißig Tagen bestehen, wobei die restlichen fünf Tage als Ergänzungstage betrachtet und als Feiertage eingeführt wurden. Die fünf dem Jahr des Revolutionskalenders hinzugefügten Schalttage wurden *Sans Culottides* (»Sansculottes«) genannt. Ursprünglich bezeichnete man Revolutionäre der Arbeiterklasse so, weil sie *sans culottes*, »ohne Kniehose«, waren. Diese fünf Feiertage gestand man der Arbeiterklasse vermutlich zu, um sie zu beschwichtigen.

Jeder Monat war in drei Abschnitte von zehn Tagen unterteilt. Diese Kalenderreform blieb nur bis zur Wiedereinsetzung des gregorianischen Systems durch Napoleon I. am 31. Dezember 1805 in Kraft. Die für uns wichtigste Tatsache ist, daß der Revolutionskalender den 21. März als ersten Tag des Frühlings und somit als 1. *Germinal* bezeichnete.

Nebenbei möchten wir anmerken, daß Nostradamus dieses Jahr in seinem Brief an Heinrich II. durch eine geheimastrologische Konfiguration[13] besonders hervorhob:

>»…und in diesem Jahr wird die unerbittlichste Verfolgung der christlichen Kirche beginnen, so wie es noch nie in Afrika geschah, und dies wird andauern bis in das Jahr 1792, in dem eine Erneuerung des Jahrhunderts stattfinden soll…«[14]

Quatrain I.42 könnte auch als Kommentar oder Fußnote zu dieser bemerkenswerten Weissagung gewertet werden. Nostradamus' Genauigkeit bei der Angabe des Datums verlangt uns Bewunderung ab, denn die tatsächliche Einführung des Kalenders wurde wenig später, nämlich am 24. November 1793 (offiziell dem 4. *Frimaire* des Jahres II), verfügt.

Die Phrase »Ressuscité encor par gens malins« (»Wiederbelebt von böswilligen Menschen…«) war als Hinweis auf Hexerei und schwarze Magie gedeutet worden. Le Pelletier, bemüht, eine Verbindung zwischen diesem Quatrain und den Schriften von Psellus herzustellen, übersetzte »gens malins« als *habiles sorciers* (»kluge Magier«). Tatsächlich ist die Zeile jedoch eine Weiterführung der ersten. Am Ende der Anfangszeile findet sich kein Komma. Diese Phrase verweist somit darauf, daß der Revolutionskalender von »böswilligen Menschen« eingeführt wurde – denn jene Menschen, die ihren König zu ermorden sich entschlossen hatten, waren nach Nostradamus' Ansicht bösartig.

Anzumerken wäre, daß das Wort »Ressuscité« eine von Nostradamus gezogene Parallele zu dem in dem Brief verwendeten Wort »renovation« zu sein scheint. Aus dieser Überlegung heraus lassen sich die ersten beiden Zeilen folgendermaßen interpretieren:

>»Am einundzwanzigsten März nach dem gotischen Kalender wiedererrichtet von böswilligen Menschen.«

Worin liegt der Sinn dieses Hinweises auf einen zukünftigen Kalender?

>»Le feu estaint, assemblée diabolique,
>Cherchant les os du d'Amant & Pselin.«

Le Pelletier sah drei Parallelen zwischen diesem Vierzeiler und einem kurzen, aus Psellus' Werk zitierten Abschnitt. Zwei davon sind jedoch ohne jegliche Gültigkeit, da sie auf radikalen Mißinterpretationen der lateinischen Version des Psellus-Textes (Psellus schrieb in griechischer Sprache) basierten. Die dritte Parallele dürfte jedoch begründet sein.

In seinem Buch *De Daemonibus* berichtet Psellus, daß sich die Gesellschaft nach Auslöschen der heiligen Feuer der Zügellosigkeit hingeben werde.[15] Auch wenn es verführerisch ist, diesen Quatrain mit Hexerei und Teufelsanbetung in Zusammenhang zu bringen, scheint eine derartige Auslegung in bezug auf das angegebene Datum des 21. März, den Beginn des Sternkreisjahres, wenig Sinn zu ergeben. Wir müssen davon ausgehen, daß jede frühere Deutung, die auf der Annahme basiert, Nostradamus oder seine Drucker hätten schwerwiegende Fehler begangen, unzutreffend ist.

Setzen wir die Auslöschung der heiligen Feuer und das Verhalten einer »diabolischen Versammlung« mit dem Revolutionskalender in Beziehung, klärt sich das Rätsel.

Für Nostradamus scheint die Französische Revolution tatsächlich das bedeutendste und zugleich entsetzlichste aller zukünftigen Ereignisse gewesen zu sein. Der »logische« Kalender der Revolutionäre spiegelt präzise das von Nostradamus verschlüsselt angegebene Datum wider. Dort war der 21. März der erste Tag des *Germinal* und somit der erste Tag des Frühlings.

Auch wenn die Versammlung nicht »diabolisch« gewesen sein mag, war sie doch gewiß revolutionär. Der Hinweis auf Psellus' Text ist somit lediglich als Angabe eines bestimmten Verhaltenstyps aufzufassen. Das in der dritten Zeile ausgelöschte (»estaint«) Feuer (»feu«) war in Psellus' Schrift ein heiliges Feuer. Hier bezieht es sich auf das von den Revolutionären ausgelöschte heilige Feuer der französischen Königsnachfolge. Dem heiligen Feuer kommt eine tiefe Bedeutung zu, da der 21. März der Tag der Frühjahrs-Tagundnachtgleiche ist, an dem die Sonne (das Symbol göttlichen Lichts) ihren jährlichen Umlauf durch den Tierkreis beginnt. An diesem Tag tritt sie in das Feuerzeichen des Widders ein. Auf diese Weise wird das heilige Feuer des Königtums ausgelöscht anstatt erneuert. Deshalb greifen die Revolutionäre auf ein heidnisches Tierkreissystem zurück, in dem die Monate und Jahre anhand dieses großen Lichts, der Sonne, gemessen werden.

Im Licht obiger Betrachtung müssen wir nun die letzten beiden Zeilen untersuchen, um festzustellen, inwiefern sie sich in bezug auf die Ereignisse von 1792 interpretieren lassen. Die dritte Zeile lautet: »Le feu estaint, assemblée, diabolique« (»Erlischt das Feuer [während] einer Teufelsmesse«). Auf welches erloschene Feuer bezieht sich Nostradamus? Mit einiger Gewißheit dürfen wir annehmen, daß es sich um das Feuer oder Licht der französischen Königsnachfolge handelt. Er gibt das Datum dieses Ereignisses an und verweist auch in seinem Brief an Heinrich darauf. Dort behauptet er, die Schreckenszeit (in astrologischer Form wiedergegeben) werde bis 1792 andauern. Der Beginn und das Ende der Französischen Revolution lassen sich mit Juni 1789 und 1792, dem Jahr, in dem der neue Kalender eingeführt wurde, angeben. In den beiden Worten »assemblée diabolique« erhalten wir ein weiteres Beispiel für Nostradamus' außergewöhnliche Sehergabe. Die von ihm vorhergesagten Kalenderreformen wurden von der französischen Nationalversammlung verfügt, der *Assemblée Nationale*, wie man sie im Juni 1789 erstmals hieß. Die Nationalversammlung war einer der entscheidenden Faktoren, die zur Französischen Revolution führten. Sie ließ die Menschenrechtserklärung verlautbaren und stimmte 1791 über eine Verfassung ab, die allen Bürgern vor dem Gesetz gleiche Rechte einräumte. Außerdem beschloß sie jenen Revolutionskalender, der Gegenstand des Quatrains ist.

Daß Nostradamus diese Versammlung »diabolisch« (»diabolique«) nannte, paßt zu seiner royalistischen Haltung. Wir dürfen nicht vergessen, daß er diese Sammlung von Vierzeilern dem herrschenden Monarchen gewidmet hatte und die Bedeutung der Jahre 1789 bis 1792 in eben diesem Brief an den König erstmals zur Sprache brachte. Außer Zweifel steht, daß Nostradamus die Folgen der vorhergesehenen Französischen Revolution zutiefst bedauerte.

Nun kommen wir zur letzten Zeile, die viele Interpreten gleichzeitig faszinierte und verwirrte. »Cherchant les os du d'Amant & Pselin« – »Man sucht die Gebeine von Amant und Pselin«. Ihre Bedeutung ist eindeutig im Ausdruck »d'Amant & Pselin« zu suchen. Frühere Interpretationen erklärten diese Zeile zu einem Zitat des byzantinischen Schreibers Psellus (»Pselin«). Psellus wird tatsächlich erwähnt, ist aber nur eine der beiden Personen, auf die Bezug genommen wird. Zudem findet sich in seinem Dämonenbuch *De Daemonibus* keinerlei Hinweis auf eine »Suche nach Gebeinen«.

Die richtige Deutung lautet folgendermaßen: »Amant« steht für Amand, den großen Missionar, Heiligen Flanderns und Bischof von Maastricht. Im sechsten Jahrhundert evangelisierte und bekehrte er große Teile Flanderns und unternahm sogar den Versuch, die Slawen zu missionieren. Er handelte als Mittler zwischen dem Papst und verschiedenen Bischöfen Galliens (in diesen Tagen war noch nicht ganz Frankreich zum Christentum bekehrt). Zudem gründete er eine Reihe von Klöstern in Frankreich, von denen einige bis in unsere Zeit erhalten blieben. Insgesamt war Amand für Nostradamus ein Symbol für das missionarische Leben der westlichen Frühkirche.

»Pselin« weist auf Psellus hin, den byzantinischen Historiker des elften Jahrhunderts, dessen man sich heute hauptsächlich aufgrund seines Werkes *De Daemonibus* erinnert. Allerdings handelt es sich dabei um eine seiner unwichtigeren Schriften. Historisch gesehen, kommt *Chronologia*, einem Bericht über sein Jahrhundert, wesentlich mehr Bedeutung zu.[16] Psellus war nicht nur ein einflußreicher und machiavellistischer Staatsmann, sondern auch einer der größten christlichen Gelehrten der byzantinischen Kirche. Sein Hauptbeitrag zum westlichen Gedankengut war seine Ansicht, daß der Platonismus mit dem christlichen Glauben vereinbar sei. Dieser Ansatz fiel nach dem Besuch des Patriarchen der Ostkirche im Florenz des frühen fünfzehnten Jahrhunderts auf fruchtbaren Boden. Psellus war für Nostradamus ein Symbol für das intellektuelle Leben der Frühkirche des Ostens.

Diese Kurzbiographien lassen ahnen, was Nostradamus beabsichtigt haben könnte, als er Amand und Psellus zusammenbrachte. »Auf der Suche nach den Gebeinen von Amand und Psellus« könnte als christlich missionarischer Eifer des Erstgenannten und Suche nach einem scholastischen Humanismus des Zweitgenannten interpretiert werden. Gleichzeitig sind sie – jeder auf seine Weise – Vertreter der West- bzw. Ostkirche. Daraus ließe sich schließen, daß die Zeile auf die Suche nach den Wurzeln des Christentums vor der Trennung von Konstantinopel und Rom hinweist.

Im Zusammenhang mit dem gesamten Quatrain könnte sie als Suche nach jenem christlichen Geist gewertet werden, der als Folge der Revolution in Frankreich verlorenging. Die Geschichte würde niemals wieder dieselbe sein. Ost und West würden sich niemals in der Ökumene vereinen. Sowohl der missionarische Eifer als auch die Kirchenwissenschaft würden verlorengehen und wie die Gebeine der Heiligen begraben werden.

Es gibt noch einen Grund, weshalb Nostradamus gerade diese beiden berühmten historischen Persönlichkeiten als Symbole für seine Quatrains verwendete. Wenn wir bedenken, daß sie, so bedeutend, einflußreich und bekannt sie in ihren Tagen auch gewesen sein mögen, heute nahezu in Vergessenheit geraten sind, so erkennen wir, daß Nostradamus auch andere Namen hätte wählen können. Unter den Missionaren und Gelehrten beider christlicher Kirchen befinden sich ausreichend Beispiele, die den Anforderungen dieser letzten Zeile entsprochen hätten. Nostradamus hätte sie auch gewiß herangezogen, wenn er nicht die Absicht gehabt hätte, dem Vers eine tiefere Bedeutung zuzuweisen, und nicht mit der Grünen Sprache vertraut gewesen wäre. Angesichts dieser Umstände sollten wir die Worte nun unter dem Gesichtspunkt Grüne Sprache untersuchen.

269

»Amant« (Amand) ist lateinisch und bedeutet »sie lieben«. Im Französischen bezeichnet das Wort einen männlichen Liebhaber. Es beginnt – und das ist von Bedeutung, wie wir im weiteren erkennen werden – mit A.

»Pselin« ist nicht lediglich eine gedankenlose Variation des Namens Psellus. Darauf muß hingewiesen werden, denn nur dann erklärt sich die Verwendung des Namens Psellus im Hinblick auf Nostradamus' Erwähnung des »erlöschenden Feuers« oder »Lichts« (»Le feu estaint«) in der dritten Zeile. Die französische Version von Psellus wäre Psellos. Die eigenartige Orthographie von »Pselin« erfüllt mehrere Funktionen. Sie erinnert uns an den immer wieder begegnenden Namen Selin, mit dem der Gelehrte entweder die Türken oder die Muslime bezeichnete (s. Seite 423). In dieser Bedeutung nach der Grünen Sprache bezieht sich das Wort nicht nur auf die byzantinische Form des Christentums, sondern auch auf den Islam. Anerkennen wir dies, verbleibt uns sozusagen ein alleinstehendes P. Dies nehmen wir als Hinweis darauf, daß es eine eigenständige Bedeutung hat.

Das Wort »os«, das mit »Gebeine« übersetzt werden kann, klingt in der richtigen Aussprache wie der fünfzehnte Buchstabe des Alphabets, O. Nach den in der Grünen Sprache geltenden Regeln für Homonyme dürfen gleichklingende Worte gegeneinander ausgetauscht werden. Worauf sollte sich dieses O beziehen, wenn nicht auf den großen Tierkreis, der das Maß jenes Kalenders war, der in den ersten beiden Zeilen des Quatrains beschrieben wurde?

Ein Kreis hat weder Anfang noch Ende. In der Tradition der Kalendersysteme ebenso wie in der Astrologie fängt der Tierkreis jedoch mit dem Widder an. In diesen kalendarischen Begriffen gesprochen, »beginnt« die Sonne ihre Reise durch den Tierkreis am 21. März, nach dem Revolutionskalender dem ersten Tag des *Germinal*, dem »dix kalendes d'Avril de fait Gotique« des Quatrains. Derselben Tradition folgend enden sowohl der Tierkreis als auch der kalendarische Zyklus in den Fischen. Damit endet das Zeichen der Fische und beginnt das des Widders am 21. März.

Das Sternzeichen des Widders wird mit dem Liebesimpuls des Frühjahrs und den männlichen sexuellen Energien seines beherrschenden Planeten, des Mars, in Verbindung gebracht. »Amant« ist somit in seiner Bedeutung als »männlicher Liebhaber« eine hervorragende Konstruktion der Grünen Sprache zur Beschreibung des Widders. Es beginnt zudem mit demselben Großbuchstaben wie das Tierkreiszeichen *Aries* (Widder).

Das Zeichen der Fische gehört zu den Wasserzeichen; deshalb wird es in Form von zwei Fischen dargestellt. Der Ausdruck Selin erhält in der

Grünen Sprache eine zusätzliche Bedeutung, da er sich auch als *selene* – das griechische Wort für »Mond« – auslegen läßt. Der Mond ist Herrscher über das Wasser, Herr über die Meere. Der erste Buchstabe des Zeichens *Pisces* (Fische) ist ein P. Fügen wir nun dem Ausdruck der Grünen Sprache *Selin* das P in Anlehnung an das Zeichen der Fische hinzu, erhalten wir »Pselin«.

Ist es zu phantastisch, aus den Namen Amant und Psellus die Großbuchstaben A und P herauszufiltern und auf den Beginn und das Ende des Tierkreises und des kalendarischen Zyklus in den Zeichen *Aries* und *Pisces* zu beziehen? Möglicherweise führt dieser Gedanke nach exoterischen Gesichtspunkten zu weit, doch fügt er sich ausgezeichnet in den von der Grünen Sprache vorgegebenen Rahmen ein. Zudem erlaubt uns eine Deutung dieser Art, die letzte Zeile in einen sinnvollen Zusammenhang zu den vorangegangenen zu setzen.

Doch welche Auslegung erhalten wir tatsächlich nach dieser ausführlichen Analyse der Elemente der Grünen Sprache? Nostradamus befaßt sich in diesem Quatrain mit dem neuen Revolutionskalender, der im Jahr 1792 selbst die Vorherrschaft der katholischen Religion über die Struktur des Jahres hinwegfegte. Diese Veränderung wird von »böswilligen« Männern herbeigeführt. Die alte Ordnung der Religion (obwohl nur drei Religionen genannt werden) wird von diesen Wandlungen und diesen Männern bedroht. Die Menschen können sich auf der Suche nach Antworten auf ihre Fragen nicht mehr an die religiösen Vorbilder der Vergangenheit wenden. Die Gebeine der Heiligen und der überlieferten Weisheiten gehen verloren.

Ein niederschmetternderes Bild der Zukunft hätten sich die Menschen des sechzehnten Jahrhunderts kaum vorstellen können.

DAS SCHICKSAL DER FRANZÖSISCHEN KÖNIGSFAMILIE

Wie bereits erwähnt, erfüllten die Revolution und die vom Staat sanktionierte Ermordung von Ludwig XVI. und seiner Familie Nostradamus mit Schrecken. Er geht in mehreren seiner Quatrains darauf ein, am prägnantesten in IX.77:

>»Le regne prins le Roy conviera,
> La dame prinse à mort jurez à sort,
> Le vie à Royne fils on desniera,
> Et la pellix au fort de la consort.«

271

»Die Regierung greift den ermutigten König auf,
Die gefangene Dame wird durch das Los zum Tode verurteilt,
Dem Sohn der Königin wird man das Leben verweigern,
Und der Kurtisane die Kraft des Geliebten.«

Obwohl manch Zweifel über die genaue Bedeutung der ersten Zeile herrscht, hätte man eine tragische Geschichte – geschweige denn die Voraussage einer kommenden Tragödie – kaum knapper und direkter beschreiben können. Dieser Quatrain erzählt Zeile für Zeile das Schicksal der vier bedeutendsten Personen am Hofe Ludwigs XVI.

Ludwig wurde in der Tat von der Regierung »aufgegriffen« und dazu »ermutigt« (oder »aufgefordert« – beide Wörter sind zutreffend), König zu bleiben, später allerdings durch dieselbe Instanz guillotiniert. Die gefangene Dame war Marie Antoinette, die von einem aus Geschworenen aller Bevölkerungsschichten bestehenden und per Los ermittelten Revolutionstribunal zum Tode verurteilt wurde. Der damals erst im Kindesalter stehende Dauphin, der Sohn der Königin (»Royne fils«), starb im Temple an einem uns unbekannten Tag. Mit jener »pellix«, die sich auf die Kraft ihres Geliebten (»fort de la consort«), Ludwig XV., verlassen hatte, ist Madame Dubarry gemeint. Die vierte Zeile liefert ein ausgezeichnetes Beispiel davon, wie bewußt Nostradamus mit der Grünen Sprache umging. Der Begriff »pellix« ist eine Metathese des lateinischen *pellax*, das wiederum von einem griechischen Wort mit der Bedeutung »trügerisch und verführerisch« abstammt. Wenngleich etymologisch mit *pelleatus* (»hautbekleidet«) oder *pellis* (»ein Gewand aus Haut«) nicht verwandt, beinhaltet dieses Wort eine Anspielung auf eine oberflächliche Schönheit, eine Tarnung für Verdorbenheit. Von dieser Anspielung ausgehend ist ersichtlich, daß »pellix« die Bedeutung von »Kurtisane« hätte übernehmen können.

In diesem Kontext läßt Nostradamus keinen Zweifel daran, daß diese bestimmte »pellix« Madame Dubarry ist, die, bevor sie die Lieblingsmätresse von Ludwig XV. wurde, in einem Bordell beschäftigt war. Er scheint sich bewußt gewesen zu sein, daß das Wort »pellix« (im Sinne von »Bekleidung«) auf Dubarry besonders zutraf, denn als Prostituierte in Paris hatte sie unter dem Namen Lange – französisch für »Windel« – gearbeitet.

Gibt es in diesem Vierzeiler eine Andeutung auf ein den Historikern unbekanntes Ereignis? Das Schicksal des Dauphins – theoretisch Ludwig XVII. – ist bis heute ein Rätsel geblieben. Man vermutet, daß er am 8. Juni 1795 im Temple exekutiert wurde.[17] Für uns stellt sich dieser Quatrain insofern als interessant heraus, als seine Zeilen offenbar die Reihenfolge

272

des Todes der vier Protagonisten behandeln. Wir wissen, daß Ludwig (der »Roy« der ersten Zeile) am 21. Januar 1793 hingerichtet, und auch, daß Marie Antoinette (die »dame« aus der zweiten Zeile) am 16. Oktober desselben Jahres enthauptet wurde. Des weiteren ist uns bekannt, daß das Todesurteil von Madame Dubarry (die »pellix« aus der vierten Zeile) zwei Monate darauf, am 7. Dezember 1793, vollstreckt wurde. Setzt Nostradamus den Tod des Dauphins (»Royne fils«) in die dritte Zeile, um anzugeben, daß er zwischen Oktober und Dezember 1793 starb?

DER KÖNIG, DER NIEMALS HERRSCHTE

Quatrain X.9 befaßt sich mit der Gefangenschaft des »Königs, der niemals herrschte« oder, wie Nostradamus es in der letzten Zeile des Verses ausdrückt, des »Niemals-Königs« (»Onc Roy«) – Ludwig XVII.

»De Castillon figujeres jour de brune,
De femme infame naistra souverain prince
Surnom de chausses perhume luy posthume,
Onc Roy ne fut si pire en sa province.«

»Auf der allegorischen Festung bei Tagesanbruch
Wird von einer berüchtigten Frau ein erhabener Prinz geboren,
Sein Beiname ›Schuhmacher‹ wird ihm zu Lebzeiten und nach
    seinem Tod verliehen,
der Niemals-König war so glücklos in seiner Provinz.«

»Castillon« ist der Temple, der während der Revolution zur Einkerkerung königlicher Gefangener verwendet wurde (s. Abb. 38). Weshalb er als »Festung« (*castel*) beschrieben wird, untermauern zeitgenössische Drucke. Darauf erinnert er eher an eine Befestigungsanlage als an einen Ort der Gottesverehrung (wie es seinem Namen entsprechen würde). »Castillon figujeres« (*Castel figure*, genauer *Castel se figurer*) läßt sich im weiteren Sinne als »allegorische Festung« oder »Phantasiefestung« übersetzen, was sich ausgezeichnet in die Deutung einfügt. Der Temple war ursprünglich eine Festung der Tempelritter, wurde jedoch von den Revolutionären hauptsächlich aufgrund ihrer guten Befestigung und des Umstandes, daß sie mit ihrem einzigen Eingang gut zu bewachen war, als Gefängnis genutzt.

Was hat es mit dem »jour de brune« auf sich? Am 27. Oktober wurde der Knabe von seiner Mutter getrennt und in einen größeren Turm des

Temple gebracht. Dem Revolutionskalender zufolge, auf den sich Nostradamus mehrmals bezieht, ist dies *Brumaire*. Dieser Ausdruck bedeutet sowohl »winterlich« als auch »dunstig« oder »nebelverhangen«. Das Wort »brune« ist für unsere Zwecke eine einfache Metathese des Stammwortes *brume*, auf das Nostradamus in der dritten Zeile (den Regeln der Grünen Sprache folgend) mit dem Reim auf »posthume« hinweist.

Was verbirgt sich nun in der zweiten Zeile, »De femme infame naistra souverain prince«? Die »femme infame« ist die Mutter des Dauphins, Marie Antoinette. Sie war unter den Revolutionären aufgrund ihres verschwenderischen Lebensstils berüchtigt. Als Folge des Prozesses, der eine Anklage wegen Kindesmißbrauchs einschloß, hatte sie später auch unter dem gemeinen Volk den Ruf einer niederträchtigen Frau. Doch auch in der Homophonie von »femme« und *fame* findet sich ein Wortspiel: Sie ist eine Frau, die eine »Nicht-Frau« ist (»femme infame« oder »*in-femme*«). Wir erwähnten bereits die gegen Marie Antoinette wegen sexuellen Mißbrauchs erhobenen Beschuldigungen, denen sich Nostradamus anzuschließen schien (s. Seite 178 f.).

Ludwig wurde als »erhabener Prinz« geboren (»naistra souverain prince«), denn als Erstgeborener trug er den Titel Dauphin. Eigentlich ging die Königswürde aufgrund der Enthauptung seines Vaters auf ihn über, doch er regierte niemals. So gebar eine »Nicht-Frau« oder »Nicht-Mutter« (»infame«) einen König, der ein »Niemals-König« (»Onc Roy«) war.

»Surnom de chausses perhume luy posthume« lautet die dritte Zeile. »Surnome de chausses« könnte als »Beiname Schuhmacher« übersetzt werden. Am 3. Juli 1793 ernannte der Ausschuß für Öffentliche Sicherheit einen Schuhmacher namens Simon zum Vormund des Dauphins. *Chausser* bedeutet unter anderem »Schuhe machen«. »Surnom« ist als linguistisches Wortspiel zu Simon aufzufassen. Selbst wenn es nicht beabsichtigt gewesen sein sollte, bleibt die Tatsache bestehen, daß der Vormund Simon von Gesetzes wegen Macht über (»sur«) den Namen (»nom«) seines Schützlings hatte.

Jeder, dem die seltsame Geschichte des Dauphins bekannt ist, wird angesichts der letzten Phrase dieser Zeile aufhorchen: »Perhume luy posthume« ließe sich in etwa als »vor und nach seinem Tod« deuten. Den homonymen Regeln zufolge könnte die Phrase »perhume luy« aber auch als »vor dem Tod von Ludwig« gelesen werden.

Soweit uns bekannt ist, gibt es in der französischen Sprache kein Wort, das *hume* oder *perhume* lautet, sehr wohl aber das Verb *humer*, das »inhalieren« oder »einatmen« bedeutet. Da wir es hier mit einer Konstruktion der Grünen Sprache zu tun haben, kann »perhume« als Gegensatz zu »posthume« gesehen werden. Daraus schließen wir, daß das Leben selbst eingeatmet wird, ehe es in den postumen Zustand übergeht. Sobald wir die Komplexität von Nostradamus' Vision erkennen, müssen wir uns fragen, ob dieses »Einatmen« auf irgendeine Weise mit dem geheimnisvollen Schweigen über Leben und Tod des Dauphins in Verbindung steht. Möglicherweise verweist es aber auch nicht auf den Schuhmacher Simon sondern auf den Autor Simien Despreaux, der für das Überleben des Knaben verantwortlich war: Die beiden homophonen Simons beziehen sich somit auf das »prähume« und das postume Leben des Knaben. Diese Homophonie ist zumindest bemerkenswert, denn einem der Männer oblag die Sorge über die prämortale Existenz, während dem anderen dessen vermeintliche postmortale Existenz zukam.

Dieser eigentümliche Ausdruck, der sowohl auf einen Tod als auch auf eine postume Existenz verweist, trifft sehr gut auf den Dauphin zu, der offiziellen (wenn auch nicht sonderlich überzeugenden) Berichten zufolge im Temple gestorben sein soll. Es gab allerdings genug Gerüchte, die behaupteten, er sei noch am Leben.

Diesem Quatrain können wir entnehmen, daß Nostradamus nicht den Tod von Ludwig im Gefängnis vorhersah. Doch können wir uns an dieser Stelle nicht mit der komplizierten Geschichte des »postumen« Überlebens des Dauphins befassen. Es genügt zu sagen, daß trotz des offiziellen Berichtes vom Tod des zehnjährigen Knaben der Autopsie (eine etwas heimliche Angelegenheit) weithin kein Glaube geschenkt wurde. Das Gerücht, bei dem toten Kind habe es sich nicht um Ludwig, sondern um einen Taubstummen gehandelt, hielt sich hartnäckig. Despreaux war eine jener angesehenen Persönlichkeiten, die bis 1814 an ihrer Behauptung festhielten, Ludwig XVII. sei noch am Leben. Doch zu dieser Zeit war sein Überleben sowohl für Revolutionäre als auch für Royalisten gleichermaßen unbedeutend; die Mehrheit letzterer unterstützte den Thronanspruch von Ludwig XVIII.

Die vierte Zeile (»Onc Roy ne fut si pire en sa province«) bestätigt ohne jeden Zweifel, daß sich der Quatrain auf Ludwig XVII. bezieht, dessen Herrschaft wahrlich »unglücklich« genannt werden kann. Der junge Ludwig war »Onc Roy«, ein »Niemals-König«, was nur auf wenige Herrscher der Geschichte zutrifft, außerdem in seiner »Provinz glücklos« (»pire« bedeutet »hoffnungslos«). Den Regeln der Grünen Sprache zufolge können wir »province« auch als Frankreich, sein Königreich oder den Temple auslegen, in dem er seine gesamte, unglückliche Regentschaft verbrachte. Nostradamus betonte ausdrücklich, daß der Niemals-König in seiner »province« glücklos sei, nicht in seinem Königreich.

Ludwig zählte erst sieben Jahre, als er (nach Ansicht der Royalisten, wenn auch nicht in den Augen Frankreichs) nach der Ermordung seines Vaters König von Frankreich wurde. Seine Regierungszeit verbrachte er im Temple. Auch wenn er die Gefangenschaft überlebt haben sollte – sein Königtum wurde niemals offiziell anerkannt. Auf keinen anderen so glücklosen (»si pire«) König hätte diese Beschreibung zugetroffen.

Bevor wir uns von dieser bemerkenswert genauen Prophezeiung abwenden, wollen wir nicht versäumen, den literarischen Stil und die Schönheit der bedeutungsvollen Homophonien von »femme infame« und »perhume« hervorzuheben. Das französische Wort »posthume« verweist auf eine Durchdachtheit, die den Vers in den Rang höchster Literatur emporhebt. Marie Antoinette war sowohl »femme« als auch *infemme* (»infame«), Ludwig (»luy«) »perhume« und »posthume«. Man fühlt, daß Nostradamus, hätte er nicht die edelsten prophetischen Verse der Welt verfaßt, sicherlich ausgezeichnete Poesie geschrieben hätte.

DER AUFSTIEG NAPOLEONS

Wenn nach Nostradamus' Ansicht die vorletzte Dekade des achtzehnten Jahrhunderts von der Französischen Revolution beherrscht werden würde, so stand die letzte im Zeichen von Napoleon. Auf dessen Bedeutung wird in einem frühen Vers, Quatrain I.31, hingewiesen, der die auf die Revolution folgenden Kriege ankündigt:

> »Tant d'ans les guerres, en Gaule dureront
> Outre la course du Castulon Monarque,
> Victorie incerte trois grans couronneront
> Aigle, Coq, Lune, Lyon, Soleil en marque.«

> »Viele Jahre werden die Kriege in Frankreich dauern
> Und auch der Ansturm auf die Castulon-Monarchin:
> Der Sieg ist ungewiß: drei Große wird man krönen,
> Adler, Hahn, Mond, Löwe, Sonne sind die Zeichen.«

Wie wir gesehen haben (Seite 247), war die Castulon-Monarchin die Statue der Freiheit, die die Place de la Revolution in Paris überblickte, auf der die Guillotine während der Französischen Revolution ihre Aufgabe erfüllte. Die weibliche Statue hatte ein 1792 von seinem Sockel gestürztes Standbild von Ludwig XV. ersetzt. Sie war von Dr. Lemot im klassischen Stil erschaffen worden und trug eine Tunika oder *castula*, wie bei den Frauen des alten Roms üblich. Der Plastik war – wie das meiste mit Schuld Beladene – nur ein kurzes Leben vergönnt. Sie behauptete ihren Platz kaum acht Jahre lange.

Möglicherweise ist der Quatrain mehrdeutig. Würde es nach der Entfernung der Castulon-Monarchin viele Kriege geben, oder würden die Kriege ebenfalls auf einen Zeitraum von acht Jahren begrenzt bleiben? Wenn wir davon ausgehen, daß Nostradamus niemals irrte, müssen wir ersteres annehmen, denn die Kriege Napoleons dauerten weit über acht Jahre. Tatsächlich gab Nostradamus einen nützlichen Hinweis auf den von ihm erwähnten Krieg, indem er in der letzten Zeile des Quatrains einige astrologische Daten nannte: »Aigle, Coq, Lune, Lyon, Soleil en marque«.

Der Symbolismus ist eindeutig astrologisch. Der Adler (»Aigle«) ist das Vogelzeichen von Jupiter, der Hahn (»coq«) als männlicher Vogel ein Symbol für den Mars. Ein höchst interessanter Stich aus dem Jahr 1789 überlebte jene Schreckensjahre (Abb. 46). Er zeigt den krähenden Hahn, das Symbol des kriegerischen Frankreichs, auf einer Kanone, über deren Rohr eine zerbrochene Kette liegt, die die Freiheit versinnbildlicht. Über dem Hahn finden sich die Worte: *Je chante pour la Liberté* (»Ich singe für die Freiheit«).

»Lune« ist das französische Wort für Mond, »Lyon« das für Löwe, und »Soleil« bedeutet Sonne. Mit »Marque« bezeichnet man das Sternzeichen der Zwillinge, da der Schütze auf der gegenüberliegenden Seite des Tierkreises seinen Bogen in der Absicht, seine Marke (»marque«) zu hinterlassen, auf dieses Sternzeichen anlegt. Die Zwillinge sind das eigentliche Ziel des Schützen, der sich selbst als halbes Tier sieht und nach vollkommenem Menschsein mit jener Gottähnlichkeit und Sterblichkeit strebt, wie sie die himmlischen Zwillinge besitzen. Nach dieser Deutung verweist die Zeile auf folgendes Planetenschema:

Sonne	Zwillinge
Mond	Löwe
Mars	Löwe
Jupiter	Löwe

Existiert eine Zeit, auf die diese astrologischen Gegebenheiten zutreffen? In einem Zeitraum von drei Tagen rund um den 16. Juni 1801 ist die folgende Planetenanordnung zu beobachten:

Sonne	25 Zwillinge
Mond	24 Löwe
Mars	08 Löwe
Jupiter	05 Löwe

Diese Positionen werden für den Mittag des 16. Juni angegeben. Dieselbe Anordnung dürfte vom 15. Juni bis in die ersten Stunden des 17. Juni, also nahezu zweieinhalb Tage, erhalten geblieben sein.[18] Nostradamus hätte auch andere astrologische Angaben wählen können, um die Mitte des Jahres 1801 zu bezeichnen, doch entschied er sich für »Lyon« (den Löwen dieses Horoskops) als Symbol für den Namen Napol**eon**. Wie wir sehen werden, ist der Name von großer Bedeutung für den Sinn des Quatrains. Dieser Tag ist praktisch der Mittelpunkt des Kalenderjahres, und so können wir annehmen, daß Nostradamus die Absicht hatte, auf die Besonderheit des gesamten Jahres 1801 im Hinblick auf den Frieden oder zumindest das Ende der Kriege in Frankreich hinzuweisen.

Erstaunlicherweise wurden in diesem Jahr nicht weniger als vier Verträge geschlossen, die den Frieden zum Inhalt hatten. Der Friede von Luneville (9. Februar) beendete den Krieg mit Österreich. Im Vertrag von Aranjuez (21. März) wurde der Friede zwischen Frankreich und Spanien beschlossen. Der Vertrag von Florenz (28. März) und der Vertrag von Madrid (29. September) begründeten den Frieden zwischen Spanien und Portugal und bestätigten somit den Frieden für Frankreich. Nostradamus dürfte vorhergesehen haben, daß diese Verträge nicht lange eingehalten werden würden, denn er schrieb »Victorie incerte« als Einleitung seines Verweises auf »drei große Männer«, die gekrönt werden würden.

Wer waren diese »drei großen Männer« (»trois grands«)? Es fällt auf, daß Nostradamus keine »großen Könige« erwähnt hatte, als hätte er gewußt, daß die Ereignisse des Jahres 1789 ein vorübergehendes Ende der alten Blutlinie der Könige von Frankreich mit sich bringen würden. Bei den drei Männern handelt es sich um die drei Napoleons, die alle in den Jahren nach 1801 zum Kaiser gekrönt (»couronneront«) wurden.

Napoleon krönte sich 1804 in der Kathedrale von Notre Dame in Paris buchstäblich selbst. Sein Sohn Franz Karl Joseph wurde während der Hundert Tage zum Kaiser Napoleon II. ausgerufen. Ludwig-Napoleon schließlich führte 1851 einen Staatsstreich durch, der zur Wiedereinsetzung des Kaisertums und seiner Krönung als Napoleon III. im Jahr darauf führte. Seine traurige Geschichte wird in anderen Quatrains erzählt (s. Seiten 162-165).

Kapitel 9

Das neunzehnte Jahrhundert

»Wenn wir einige Meinungen über die Schriften und das Wesen des Nostradamus aufführen, werden wir erkennen, daß ihn viele der Scharlatanerie und des Betrugs bezichtigen, je weiter wir uns unserem Zeitalter nähern. Was heute Wissenschaft genannt wird, anerkennt nichts als wahr, das nicht von der Vernunft ableitbar ist. Es wird als erwiesen angenommen, daß es keine Kenntnis der Zukunft gibt, die über das hinausgeht, was ein kultivierter Geist aus der politischen Erfahrung mit der Vergangenheit schließen kann ...«

(Charles A. Ward, *Oracles of Nostradamus*, 1891)

Das heutige Paris scheint Nostradamus vergessen zu haben. Nicht eine einzige Straße, kein Boulevard oder Platz trägt seinen Namen. Lediglich in ein paar Winkeln von »Babylon« – wie Nostradamus die Stadt mitunter zu bezeichnen pflegte – finden wir noch vereinzelte Fußnoten, die uns an den Meister von Salon erinnern. So entdecken wir beispielsweise im Musée des Souverains die Kurzjacke und den langen Mantel von Kaiser Napoleon, die zu ihrer Zeit berühmt waren. Sie werden zu Recht von einem modernen Nostradamus-Interpreten[1] als Beweis der Genauigkeit des Quatrains VIII.57 herangezogen, der ankündigt: »De robe courte parviendra à la longue« – »Nach der kurzen Robe wird er die lange erreichen«.

Trotz ihrer Eigenartigkeit findet sich in dieser Zeile wenig Esoterisches. Die Kurzjacke, die bereits zu seinen Lebzeiten als besonders kurz galt, gehörte zu Napoleons Privatkleidung. Bei dem langen Mantel handelt es sich um die hermelinbesetzte und mit einer langen Schleppe versehene Krönungsrobe.

Es ist wahrscheinlich, daß diese beiden Kleidungsstücke mehr zum Andenken an Nostradamus als zu dem an Napoleon ausgestellt werden. Diese beiden geistreichen Männer werden zu Recht von ihren Landsleuten verehrt. Viele französische Gelehrte waren und sind sich der Be-

279

deutung dieser Mäntel für den Meister aus Salon und den Herrscher des Reiches bewußt.

Daß eine weitere Erinnerung an Nostradamus überlebt hat, ist wahrscheinlich eher einem Zufall zuzuschreiben. An der Place Vendôme in Paris befindet sich ein Monument, das offiziell Colonne d'Austerlitz, im Volksmund jedoch »Colonne Vendôme« genannt wird. Am Sockel findet sich in römischen Ziffern die Jahreszahl 1805. Seine Basreliefs stellen die heroischen Ereignisse des von Napoleon Bonaparte unternommenen Deutschlandfeldzuges dar. Die Inschrift beginnt mit einer Widmung an den Kaiser: NEAPOLIO. IMP. AUG. Die beiden letzten Abkürzungen beziehen sich auf den römischen Ausdruck *Imperator Augustus*. Der Kaisertitel ist eine Erinnerung daran, daß Napoleon den antiken römischen Lorbeerkranz anstelle des korrupten Königsamtes, des Auslösers der Französischen Revolution, gewählt hatte. Das erste Wort, NEAPOLIO, ist eine griechisch-lateinische Version von Napoleons Namen. Wahrscheinlich geht die Entscheidung für diese Version für das Monument aus dem Jahr 1805 auf einen von Nostradamus verfaßten Quatrain zurück. Der französische Gelehrte Le Pelletier dürfte der erste gewesen sein, der auf die griechisch-lateinische Inschrift auf der Colonne Vendôme verwies, doch er erkannte ihre Beziehung zu den Quatrains I.76 und IV.54 nicht.[2] Seit Le Pelletiers Zeiten mußte die Säule verschiedene Veränderungen über sich ergehen lassen: 1871 wurde sie während der *Commune* gestürzt, 1875 offensichtlich auf Kosten von Gustave Courbet wieder aufgestellt. Die Bronzeauflage wurde nach den alten Formen neu gegossen, so daß die von Le Pelletier überlieferte Inschrift noch zu sehen ist.

Sowohl Nostradamus als auch Napoleon waren Männer des Schicksals. Sie repräsentierten die Gegensätze französischer Errungenschaften. Auf der einen Seite steht der Mystiker, der in die Zukunft blicken konnte, auf der anderen Seite der geniale Militärstratege, der die Zukunft formte. So ist es nahezu unvermeidlich, daß sich der Weise in solcher Ausführlichkeit mit dem Soldaten befaßte.

Die beste moderne Studie über Nostradamus und Napoleon stammt von Stewart Robb, der in einer Reihe überzeugender Kommentare einundvierzig Quatrains interpretierte, die sich mit den Heldentaten des großen Franzosen auseinandersetzen.[3] Nostradamus muß Napoleons vorbestimmten Einfluß als einzigartig in der Geschichte Frankreichs angesehen haben, denn keiner anderen Persönlichkeit (nicht einmal dem Königshaus Valois) widmete er in seinen *Prophéties* soviel Aufmerksamkeit.

ANAGRAMM FÜR NAPOLEON

Den ersten Quatrain der VIII. Centurie eröffnete Nostradamus mit einem Dreifachanagramm, das den kaum getarnten Namen Napoleons wiedergibt:

>»PAU, NAY, LORON plus feu qu'à sang sera«

>»PAU, NAY, LORON, mehr Feuer wird sein als Blut«

Wahrscheinlich ist dies aufgrund seiner Offenkundigkeit das berühmteste Anagramm im gesamten Œuvre von Nostradamus. Nahezu seit dem Tag, an dem Napoleons Name in die Annalen der Geschichte einging, erkannte man die Bedeutung des Anagramms, denn die drei Worte lassen sich auf zwei reduzieren: NAPAULON ROY. Dadurch läßt sich die erste Zeile des Quatrains so übersetzen: »Napoleon der König wird mehr Feuer als Blut sein«. Eine nahezu perfekte Beschreibung eines Herrschers, der sich den französischen Thron durch Kriege erkämpfte, ihn nicht auf dem Weg der üblichen Blutsnachfolge errang.

Garencières, der im Jahr 1672 eine notdürftige Übersetzung und Deutung des Quatrains lieferte[4], gestand, daß er nicht wisse, wie er die Prophezeiung auslegen solle. Auch Quatrain I.60, den wir nun ohne Schwierigkeiten mit Napoleon in Verbindung bringen können, bereitete Garencières Probleme:

>»Un Empereur naistra pres d'Italie,
>Qui à l'Empire sera vendu bien cher,
>Diront avec quels gens il se ralie
>Qu'on trouvera moins Prince que boucher.«

>»Ein Kaiser wird nahe Italien geboren,
>Dem das Reich viel opfern wird,
>Man wird sagen: mit welchen Leuten verbündet er sich,
>Und ihn eher einen Schlächter als einen Fürsten nennen.«

Hier kam Garencières dem französischen Original sehr nahe, aber die Prophezeiung blieb ihm ein Rätsel. Da »man noch niemals von solch einem Herrscher hörte ...«, entschied er, daß seine Erfüllung wohl noch in der Zukunft liege. Garencières Ratlosigkeit im siebzehnten Jahrhundert ist nur allzugut verständlich, liegt doch der Schlüssel zum Verständnis der etwa vierzig Prophezeiungen über Napoleon in der Einmaligkeit dieses großen Mannes. Denken wir nur an die Eigentümlichkeit seines Namens, an die Tatsache, daß er überhaupt Kaiser von Frankreich wurde, an seine einzigartigen Symbole und den Ort seiner Geburt. All dies blieb so lange im dunkeln verborgen, bis es sich durch ihn selbst enthüllte.

EIN »WILDER NAME«

Nostradamus befaßte sich mehrmals mit der Bedeutung von Napoleons Namen. In der ersten Zeile des Quatrains I.76, in dem der Meister die Grüne Sprache auf amüsanteste Weise einsetzt, bezieht er sich auf einen Namen, mit dem nur Napoleon gemeint sein kann. Der Vers lautet folgendermaßen:

> »D'un nom farouche tel proferé sera,
> Que les trois soeurs auront fato le nom:
> Puis grand peuple par langue & fait duira,
> Plus que nul autre aura bruit & renom.«

Vorerst wollen wir den Vers auf diese Weise übersetzen:

> »Von wildem Namen, so daß es scheint,
> als hätten die drei Schwestern den Namen verkündet:
> Dann wird er mit Wort und Tat ein großes Volk führen
> Und berühmter als alle anderen sein.«

Zuerst müssen wir uns fragen, was an dem Namen Napoleon »wild« oder gar bestialisch ist. Man könnte spaßeshalber behaupten, Bonaparte bedeute »nur teilweise gut« (das italienische Wort *buona* steht für »gut«, *parte* für »teilweise«). Doch hat dies nichts mit seinem Vornamen zu tun, der sich aus der latinisierten Version von Novapolis, dem heutigen Neapel (ital. *Napoli*), ursprünglich griechisch *Nea Polis* (Neue Stadt), abzuleiten scheint.

Unter Bezugnahme auf den Klang des ursprünglichen Namens, den er später (in Quatrain IV.54) als »neuen Namen« beschrieb, bediente sich Nostradamus einer Konstruktion der Grünen Sprache unter Einbeziehung des Wortes *Apollyon*. Napoleon wurde der Neue Apollyon – der *Ne'apollyon*.[5]

In der von der biblischen Dämonologie abgeleiteten Grimoire-Literatur wird *Apollyon* als griechischer Ausdruck für »der Zerstörer« erklärt. Der Name ist das griechische Gegenstück zu dem im Buch der Offenbarung genannten Abaddon, dem Dämonenkönig der bodenlosen Grube.

Die Grimoire-Literatur, mit der Nostradamus zweifellos vertraut war, verkündet:»Dieses furchterregende Wesen wird in solch grotesker Gestalt erscheinen, daß selbst diejenigen, die es mit erlaubten Mitteln beschwören, mitunter (im wahrsten Sinne des Wortes) zu Tode erschrecken«.[6] Es wurde auch die Meinung vertreten, Nostradamus habe sich des lateinischen negativen Stammwortes *Ne* bedient, so daß *Ne-Apollyon* als »nicht der Zerstörer« zu deuten sei. Doch auch die durch und durch frankophile Bezeichnung auf der Säule der Place Vendôme widerspricht dieser Auslegung.

Lassen wir sämtliche Irritationen beiseite, bleibt Napoleon der Archetyp des Zerstörers. In einer ephemerischeren Kunstform als der der berühmten Säule findet sich eine zeitgenössische Bestätigung dieser Behauptung. Eine Zeichnung von James Gillray (1756-1815) zeigt den General als Urbild des dämonischen Franzosen mit spitzen Hörnern und jener grotesk langen Mütze, die Gillray zu karikieren liebte, als Anspielung auf seine buffonesken Truppen. Die Überschrift lautet:»Apollyon, des Teufels Generalissimo, spricht zu seinen Legionen.«

Aus der literarisch-dämonischen Tradition erklärt sich, warum Nostradamus den Namen Napoleon als »un nom farouche« (»Name einer wilden Bestie«) bezeichnete und ihn von einem der schrecklichsten Dämonen der biblischen Überlieferung ableitete. Lord Byrons Epos über Napoleon steht eindeutig unter dem Einfluß jener Worte, die Nostradamus nahezu dreihundert Jahre zuvor zu Papier gebracht hatte:

»Dein wilder Name
war niemals mehr in den Gedanken der Menschen verbreitet als
heute.«

Wahrscheinlich wurde Byron stärker von dem »Nom farouche« der Prophezeiungen geprägt als von irgendeinem anderen Gedanken der griechischen Etymologie, wie einige Interpreten zu glauben scheinen. In seiner *Ode an Napoleon* und *Ode von den Franzosen* begegnet uns mehr als ein Vers, der darauf schließen läßt, daß sich der englische Dichter an Nostradamus' Vorhersagen orientierte.

Einerseits finden wir in dem Quatrain einen Hinweis auf einen »wilden Namen« und andererseits die drei in der zweiten Zeile auftretenden Schwestern (»Que les trois soeurs auront fato le nom«). Welche Beziehung besteht zwischen jener seltsamen Bezeichnung und diesen drei Schwestern? Auf einer Bedeutungsebene handelt es sich um die drei Parzen, wodurch sich die Zweideutigkeit zu Ende der zweiten Zeile erklärt: die Schwestern, die den Namen »fato« tragen. Das lateinische

Wort, das in verschiedenen europäischen Sprachen »Schicksal« bedeutet, wurde von dem Partizip Perfekt (*fatere*) des Verbs *facere* abgeleitet.

Die ersten beiden Zeilen bilden ein wahrlich geniales Verspaar. Nostradamus bediente sich nicht nur der Grünen Sprache, um den Namen des großen Mannes zu nennen, der Europa nahezu zerstörte, sondern geht auch auf die Tatsache ein, daß sein Lebensweg vom Schicksal bestimmt war: Er war *ein Mann des Schicksals*. Bei der Schaffung seines Namens, der sein schreckliches Schicksal enthüllen würde, entschieden sich die drei unheimlichen Schwestern, den Namen des Dämonenfürsten der bodenlosen Grube miteinzuflechten. Eine der ungeschriebenen Bedeutungen des Verses ist, daß die unter seiner Führung stehenden »großen Menschenmengen« (die französischen Armeen, die Europa Zerstörung brachten) von ihm in die bodenlose Grube, also die Hölle, geleitet würden. Für diese Leistung würde seinem Namen Ruhm und Ansehen zuteil werden. Sind wir nicht berechtigt, einen Hauch von Ironie in diesem Vers zu fühlen, nun da wir die Nuancen der darin enthaltenen Techniken der Grünen Sprache enthüllten?

Es gibt einige Hinweise darauf, daß sich Napoleon der möglichen Interpretationen jener Quatrains bewußt war, die von seinen Leistungen berichteten. Vermutlich trug er sein Haar besonders kurz (»teste raze«), um den Quatrains zu entsprechen, die einen solchen Haarschnitt vorhersagten.* Wie bereits angemerkt, ist seine berühmte Kurzjacke ebenfalls wahrscheinlich auf einen diesbezüglichen Hinweis in Quatrain VIII.76 zurückzuführen. Auch die Annahme, Napoleons Wahl stellarer Symbole (die Byron später zu ironischen Bemerkungen veranlaßte) sei von der Deutung der Verse Nostradamus' beeinflußt, ist zulässig.

NAPOLEON, KÖNIG DER GALLIER

Ein späterer Quatrain, der sich mit Napoleon befaßt, scheint seinen Siegeszug durch Europa zusammenzufassen und sogar einen Hinweis auf sein Liebesleben zu liefern. Wie im vorigen Fall beginnt auch Quatrain IV.54 mit einer Betrachtung seines Namens:

---

* Nostradamus benutzte »teste raze« – in verschiedenen Schreibweisen –, um auf Napoleon hinzuweisen. Die Wörter beziehen sich nicht nur auf den berühmten Haarschnitt des Eroberers, sondern auch darauf, daß seine »Regierungszeit« nur deshalb möglich war, weil dem vorangehenden König der »Kopf abgeschnitten« (»teste raze«) worden war.

»Du nom qui oncquez ne fut au Roy Gaulois,
Jamais ne fust un fouldre si craintif,
Tremblant l'Italie l'Espagne & les Anglois,
De femme estrange grandement attentif.«

Verglichen mit dem vorangegangenen Vierzeiler läßt sich dieser Quatrain trotz einiger Begriffe aus dem sechzehnten Jahrhundert geradezu mit Leichtigkeit deuten:

»Von einem Namen, den noch nie ein französischer König trug,
noch niemals wurde ein Blitz so gefürchtet.
Italien, Spanien und die Engländer erzittern,
Edle Aufmerksamkeit einer fremden Frau gegenüber.«

Der Kaisertitel war seit über eintausend Jahren keinem französischen König mehr verliehen worden. Ebenso neu war der Name Napoleon vor der Machtergreifung des Korsen. Anzumerken ist, daß der Ausdruck »fouldre« (den wir als »Blitz« übersetzten) dem modernen Wort *foudre* entspricht und somit »Blitzschlag« bedeutet. Der französische Begriff »craintif« bedeutet eigentlich »furchtbar« (wörtlich »voll von Furcht«), woraus wir in unserer Übersetzung ableiteten, daß der Blitz zu fürchten sei. Nachdem Napoleon erfolgreich in Italien und Spanien einmarschiert war, konnte man, angesichts seines drohenden Angriffs auf England, zu Recht behaupten, daß er die Engländer erzittern ließ. Wären die mit Nostradamus' Schriften besser vertraut gewesen, hätten sie erkannt, daß der Gelehrte ihrem Land Sicherheit und schlußendlich den Sieg vorhergesagt hatte.

Das Wort »estrange« in der letzten Zeile ist das Äquivalent des heutigen *étrange* und bedeutet »sonderbar« oder »fremd«. Napoleon kannte mehrere ausländische Damen, denen gegenüber er sich sehr aufmerksam verhielt. Die einzige von Bedeutung allerdings – und sowohl fremd als auch sonderbar – war Josephine, eine Kreolin aus Martinique, die starkes Interesse am Okkulten zeigte. Napoleon heiratete sie im Jahr 1796. Ihr Exgemahl war zwei Jahre zuvor guillotiniert worden.

Wir können an diesem Quatrain nicht vorübergehen, ohne Betrachtungen über die Bedeutung des Symbolismus in der ersten Zeile anzustellen. Er ist angesichts der Tatsache, daß er sich auf ein Ereignis bezog, welches zweihundert Jahre nach der Niederschrift des Verses eintraf, ganz außergewöhnlich.

Die Blitz-Darstellung fand bereitwillig Einzug in die napoleonische Mythologie, denn der Kaiser wurde häufig mit dem Bild eines fallenden

Sterns, eines Meteors oder sogar eines Kometen in Verbindung gebracht. Eines der einfachsten Beispiele ist eine zeitgenössische Holzschnittarbeit, die Napoleon beim Angriff auf die Türkei im Jahr 1798 zeigt – vermutlich vor oder nach der Schlacht um die Pyramiden. Über den angreifenden napoleonischen Truppen und den ängstlich zurückweichenden Türken schwebt ein funkelnder Stern am Himmel, ein Symbol sowohl für Napoleon als aufsteigenden Stern Europas als auch für das Schicksal als gottgegebene Pflicht. Mit einem weit ausgeprägteren Gefühl für Ästhetik verwies Lord Byron wieder und wieder auf diese Darstellung des Sterns, obwohl der Stern des Dichters einen weit apokalyptischeren Ring um sich trägt als der des Holzschnitts. In seiner *Ode an Napoleon* vereint Byron die klassischen Blitzschläge des Zeus mit dem Fall des biblischen Apollyon:

> »Seit er den Morgenstern zu Unrecht benannte,
> ist noch kein Mensch oder Teufel so tief gefallen.«

Kaum hatte Byron die Kunde von der Abdankung des Kaisers erreicht, verfaßte er diese Ode, die sein Verständnis für stellaren Symbolismus verdeutlicht. Er entwickelte die Vorstellung, Napoleon selbst sei sich seiner Verbindung zum Stern des Schicksals bewußt gewesen – dem fallenden Morgenstern, dem Wermutsstern, der auf den Boden des Grabens sinkt –, da er ihn an der Brust getragen hatte:

> »Die protzigen Tausend liebten sie zu tragen,
> Den Stern, die Kette, die Krone?«

In seiner *Ode von den Franzosen* gerät der Dichter in eine apokalyptische Schwärmerei über seinen Kriegshelden, der ihn durch seine späteren Taten enttäuschen würde:

> »Wie der Wermutsstern
> Des geheiligten Sehers einst vorhersagte,
> Wird eine feurige Flut herabregnen
> Und die Flüsse in Blut verwandeln.«

Man könnte der Versuchung erliegen, in dem »geheiligten Seher« Nostradamus zu vermuten, der Napoleon in stellaren Begriffen beschrieben hatte, aber es besteht kein Zweifel daran, daß sich Byron auf den heiligen Johannes, den mutmaßlichen Verfasser der Offenbarung, bezog. Von diesem prophetischen Bibeltext leiteten sowohl Nostradamus als auch Byron ihr Bild des Wermutsstern genannten Himmelskörpers ab.[7] Die Bedeutung dieser biblischen Quelle für andere Quatrains von Nostradamus wird im weiteren verdeutlicht (s. Seite 335 f.).

In der ersten Zeile von IV.54 wird ein Thema von größter Bedeutung (für einen französischen Royalisten des sechzehnten Jahrhunderts) behandelt: Der Herr über die Blitze werde einen Namen tragen, wie er noch niemals von einem französischen König verwendet worden sei. Nicht nur, daß Napoleon die Königswürde ablehnte (er wurde gewählt, um den Kaisertitel anzunehmen); Napoleons Aufstieg beendete auch wirkungsvoll die französische Königslinie, die mit der Dritten Republik erlosch. Zudem trug bis zu seiner Machtübernahme keiner der Könige, die nach der Abfassung der Quatrains den Thron bestiegen, einen neuen Namen. Dies muß bedeuten, daß Nostradamus bei der Niederschrift der ersten Zeile die Reihenfolge sämtlicher Herrscher, die den Thron Frankreichs in den nächsten zweihundert Jahren innehatten, bekannt war.

Auch der von Nostradamus in einem späteren Napoleon-Quatrain verwendete Name bezieht sich auf dieses »Ende der Linie der Könige«. Wie wir bereits erfahren haben, war eine der Metaphern, mit denen Nostradamus Napoleon bezeichnete, »teste raze« (»geschorenes Haupt«). Interpreten weisen gerne auf die Tatsache hin, daß Napoleons Haar kurz war und er damit einen Stil prägte, der eine deutliche, symbolische Abweichung von der Tradition französischer Könige darstellte, die luxuriöse Perücken getragen hatten. Doch wie bei Nostradamus oft der Fall, können wir in dieser eigentümlichen Bezeichnung »geschorenes Haupt« noch eine weitere Bedeutungsebene entdecken. Durch die Machtübernahme Napoleons wurde dem Königtum mit der Enthauptung von Ludwig XVI. am 21. Januar 1793 im wahrsten Sinne des Wortes der Kopf abgeschnitten.

In Quatrain VII.13 erfahren wir, daß das geschorene Haupt die Statthalterschaft übernehmen werde (»La teste raze prendra la satrapie«). Dem Vers zufolge wird seine Tyrannei vierzehn Jahre lang währen (»Par quatorze ans tiendra la tyrannie«). Es ist verführerisch, James Lavers Argumentation zu folgen und Napoleons Abdankung in Fontainebleau am 11. April 1814 als Ende der Schreckensherrschaft zu betrachten.[8] Unglücklicherweise läge dieser Zeitpunkt fünf Monate nach der vorhergesagten Periode, und wie uns bereits bekannt ist, war Nostradamus in bezug auf Daten und Zeitangaben äußerst präzise.

Doch tatsächlich dürfte die Niederlage von Leipzig am 18. Oktober 1813 die Entscheidung für Napoleons Schicksal gebracht haben. Der Angriff der Herzöge von Wellington, Blücher und Schwarzenberg auf Frankreich ist als direkte Folge dieser Schlacht zu werten. Nehmen wir dieses Ereignis als Wendepunkt, so fand die napoleonische »Statthalterschaft« nur wenige Tage vor Vollendung des vierzehnten Jahres ihr Ende.

VERRAT AN NAPOLEON

Die glanzvolleren Jahre des Mannes, der Napoleon verriet, fallen zwar in das achtzehnte Jahrhundert, doch wir wollen uns hier mit den Ereignissen nach der Jahrhundertwende befassen. In Quatrain X.34 heißt es:

> »Gaulois qu'empire par guerre occupera,
> Par son beau frere mineur sera trahy,
> Par cheval rude voltigeant trainera,
> Du fait le frere long temps sera hay.«

> »Der Franzose, der durch Krieg ein Imperium erobern wird,
> Wird von seinem jüngsten Schwager verraten werden,
> Ein wildes, sich aufbäumendes Pferd wird ihn hinter sich herziehen,
> Wegen dieses Vorfalls wird der Schwager lange Zeit gehaßt werden.«

Diesmal gibt es wenig Verwirrung; alles klärte sich nach dem Ereignis. Wir müssen darauf hinweisen, daß man zu Nostradamus' Zeiten in Frankreich noch nicht einmal von einem Imperium träumte – und hier wurde es offen mit dem Hinweis erwähnt, daß ein Franzose dieses Reich durch Krieg erobern werde. Aus der Perspektive der Gegenwart erkennen wir in dieser Zeile einen Hinweis auf Kaiser Napoleon. Der Schwager, der den Herrscher betrügen wird, war zwar weniger berühmt, doch keineswegs die Erfindung eines Dichters des sechzehnten Jahrhunderts.

Joachim Murat hatte wie so viele, die aus einfachen Verhältnissen stammten, durch die Revolution und die nachfolgenden Kriege eine hohe Stellung erworben. Er war für Napoleon in den ersten Jahren von unschätzbarem Wert. So war es Murat, der Napoleon in dem berühmten »coup d'état« von 1799 beistand, der nach Napoleons Rückkehr nach Frankreich den Abzug aus Moskau leitete, der den Aufstand in Madrid niederschlug; obwohl er von den Engländern in Sizilien geschlagen worden war, stand er bei der siegreichen Pyramiden-Schlacht an Napoleons Seite.

Murat ehelichte Caroline Bonaparte, wurde also zu Napoleons Schwager und entsprach damit den Details in der zweiten Zeile des Quatrains. 1767 geboren, war er zwei Jahre älter als Napoleon, diesem jedoch, auch nachdem er im Jahr 1808 König von Neapel geworden war, im Rang unterlegen (»mineur«). Um angesichts Napoleons schwindender Macht seinen eigenen Thron zu retten, verhandelte Murat hinter dem Rücken des Kaisers mit den Österreichern. Seine niedrige Herkunft und sein Verrat spiegeln sich in dem eigentümlichen »rude voltigeant« wider, was als »ungestümer Wankelmütiger« gedeutet werden kann. Napoleon war von dem Verrat erschüttert. Noch mehr erschreckte ihn jedoch die Genauigkeit von Nostradamus' Prophezeiung.

Der seltsame Verweis auf ein wildes, sich aufbäumendes Pferd in der dritten Zeile (»cheval rude voltigeant«) bezieht sich auf Murats zukünftigen Ruhm als geschickter Kavallerieoffizier. Die Phrase »cheval ... voltigeant« könnte einerseits als »fliegendes Pferd« übersetzt werden, andererseits werden mit dem Begriff *Voltigieren* Übungen zu Pferd bezeichnet. Überdies ist *Voltigeur* auf einen Soldaten der leichten Infanterie anzuwenden.

Das Schicksal, das Murat schließlich ereilte, erwartete man nicht von einem angesehenen Kavallerieoffizier: 1815 wurde er an die Wand gestellt und erschossen. Auf seine Exekution nimmt der eigentümliche Schluß des Quatrains Bezug. Die Orthographie von »hay« deutet auf das Gegenstück des transitiven Verbums *hair* (»hassen«) im Französisch des sechzehnten Jahrhunderts hin. Doch kann der Ausdruck *haie* auch eine Reihe von Gewehren oder Bajonetten bezeichnen. Möglicherweise dachte Nostradamus in seiner Sprachgewandtheit an diese beiden Bedeutungen, denn ohne große Umwandlung läßt sich die Zeile auch folgendermaßen lesen: »Du fait le frere long temps sera hay« (»Wegen dieses Vorfalls wird der Schwager vor Bajonette gestellt«).

Doch die Beziehung zwischen Murat und Napoleon beschäftigte Nostradamus auch in einem anderen Zusammenhang. Die im Jahr 1558 verfaßte Vorausschau auf die komplizierte Geschichte der ersten Dekade des neunzehnten Jahrhunderts lautet in der Epistel wie folgt:

»... par le tiers qui estendra ses forces vers le circuit de l'Orient de l'Europe aux pannos l'a profligé & succombe & par voile marine fera ses extensions, à la Trinacrie Adriatique par Mirmido & Germaniques du tout succombe & sera la seste Barbarique de tout des Nations grandement affligée et dechassé.«

»... von dem dritten, der seine Macht bis in das östliche Europa zu den Pannoniern ausdehnen wird, die geschlagen werden und unterliegen, und sich dann auf dem Seeweg weiter bis Sizilien und die Adria bis zu den Myrmidonen und Germanen ausbreiten wird, die alle unterliegen werden, und der barbarische Panzerhandschuh wird von all den Nationen stark bedrängt und verjagt.«

Dieser kurze Auszug aus der Prosa von Nostradamus zeigt erneut, wie intensiv er sich der Grünen Sprache bediente. Wir müssen »le tiers« als Hinweis auf »Tiers« deuten, den Dritten Stand und Auslöser der Französischen Revolution, auf deren Rücken Napoleon (und selbstverständlich auch Murat) zu Macht und Größe gelangte. Obwohl »tiers« eindeutig als »Dritter Stand« zu übersetzen ist, sahen verschiedene französische Interpreten in diesem Wort einen Hinweis auf die Dritte Republik.

»Pannos« ist ein eigentümlicher Begriff. Das griechische *panos* bedeutet »Fackel«; uns scheint das lateinische *pannosus* zutreffender, da es sich als »abgekämpft« und »erschöpft« auslegen läßt. Wir wagen zu vermuten, daß Nostradamus mit »Mirmido« Griechenland meinte, das sich zu seiner Zeit in den Händen der wilden Türken befand. Die Myrmidonen waren Krieger, die in Thessalien, einem Gebiet im Norden Griechenlands, lebten. Sie fanden ihren Einzug in die populäre Literatur durch die Belagerung von Troja, die einen Teil des symbolischen Hintergrundes dieses Nostradamus-Textes bildet. Eine erweiterte Bedeutung wäre »angeheuerte Krieger«. »La seste Barbarique« scheint zweideutig zu sein. Der *cestus* ist der in Faustkämpfen von Gladiatoren verwendete *casetus* – eine Art gepanzerter, aus Lederbändern und Metallstreifen gefertigter Handschuh. In diesem Zusammenhang bezieht er sich gewiß auf den für seine Grausamkeit berüchtigten, schweren Osmanen-Handschuh. Wie wir wissen, ist es typisch für Nostradamus, in einem Quatrain zwei Fachbegriffe aus demselben historischen Kontext zu verbinden – in diesem Fall aus dem römischen Gladiatorenkampf: *caestus* und *myrmillo* oder »Netzkämpfer«.

Sobald die Verschlüsselungen der Grünen Sprache aus dem französischen Text herausgelöst sind, erkennen wir, daß er eine ausgezeichnete Beschreibung der Ausdehnung von Napoleons Reich ebenso wie seines Bestrebens nach Festigung dieses Reiches enthält. Am Höhepunkt seiner Macht erstreckte sich Napoleons Herrschaftsgebiet unter Einbeziehung großer Teile des heutigen Deutschlands und Italiens von der Nordsee bis nach Sizilien (»Trinacrie«). Napoleons Brüder regierten als Könige an den Außengrenzen des europäischen Reiches – Ludwig in Holland, Jerôme in Westfalen und Joseph (der in dem Quatrain erwähnt wird) in Neapel.

»Der Kreis Osteuropas« (»le circuit de l'Orient de l'Europe«) ist eine zutreffende Phrase im Zusammenhang mit Napoleon. In dem Versuch, eine sichere Ostgrenze gegenüber den Ländern des Mittelmeers zu errichten, ging er sogar so weit, Syrien anzugreifen.

»Mirmido« deuten wir, wie gesagt, als Hinweis auf Griechenland, das sich zu dieser Zeit in der Gewalt der Osmanen befand. Ein zwischen

Frankreich und dem Osmanenreich im Jahr 1802 unterzeichneter Vertrag sicherte die freie Seefahrt auf dem Schwarzen Meer. Sebastiani, ein korsischer Oberst, wurde 1801 mit der Überbringung des Vertragsentwurfes an den Osmanenführer Selim beauftragt. Gemäß seinen Anweisungen erkundete er das Land auf seiner Reise durch die ionischen Inseln und bereitete so die Invasion in Ägypten vor, die von Griechenland ausgehen sollte. Diese Erforschung führte zu Napoleons Sieg in der Pyramiden-Schlacht und der Einnahme von Kairo. Der Quatrain, der sich mit diesem Unternehmen befaßt, wird auf Seite 183 ff. analysiert.

DAS ITALIENISCHE ERDBEBEN

So wie Nostradamus die Französische Revolution von 1789 als Schlüsselereignis der französischen Geschichte herausstrich, verwies er auf die Jahre 1848 und 1849 als Meilensteine in der Geschichte Italiens. Quatrain IX.31 bezieht sich auf die Erfolge der Garibaldi-Anhänger im Jahr 1849, während sich Quatrain X.64 mit den Schicksalen verschiedener norditalienischer Städte im damaligen Savoyen, Venedig und dem Herzogtum von Florenz befaßt. Die Zentren dieser Regionen werden in Vers X.64 namentlich erwähnt:

>»Pleure Milan, pleure Lucques, Florence,
>Que ton grand Duc sur le char montera,
>Changer le siege pres de Venise s'advance,
>Lors que Colonee à Rome changera.«

Vorerst wollen wir den Vers folgendermaßen übersetzen:

>»Weine, Mailand, weine, Lucca und Florenz,
>Wenn dein großer Fürst auf den Wagen steigt,
>Er macht sich auf, seinen Sitz in die Nähe Venedigs zu verlegen,
>Wenn sich die Säule in Rom verändern wird.«

Der Quatrain befaßt sich mit der zukünftigen Geschichte dieser Gebiete in den Jahren 1848 und 1849. Um seine Bedeutung einschätzen zu können, müssen wir die Ereignisse in diesen drei Städten während der genannten Periode näher betrachten. Auf die eine oder andere Weise waren sie in den entsetzlichen Kampf zur Vertreibung der Österreicher und die Errichtung einer konstitutionellen Demokratie eingebunden. In der ersten Zeile heißt es: »Pleure Milan, pleure Lucques, Florence«.

Mailand und Lucca sind die Städte, die »weinen«. Die Österreicher wurden gezwungen, Mailand zu verlassen. Anfang Juli stand bereits ganz Norditalien unter der Ägide des Hauses von Savoyen; dennoch wurden nach dem von Karl Albert vereinbarten Waffenstillstand die Lombardei und Venedig an die Österreicher abgetreten.

Lucca allein ist Anhaltspunkt genug, um das Datum des Quatrains festzulegen, denn die Stadt geriet 1847 unter die Herrschaft des Herzogtums von Florenz. Mitte des neunzehnten Jahrhunderts war das von einem Großherzog regierte Florenz Zentrum des ausgedehnten Herzogtums der Toskana. So erklärt sich der Ausdruck »grand Duc« in der zweiten Zeile. 1849 war Leopold II. noch Großherzog der Toskana. Im selben Jahr wurde dort die Republik ausgerufen, und Leopold floh unter dem Vorwand, sich mit dem Papst zu beraten, nach Gaeta. Möglicherweise nimmt die zweite Zeile Bezug auf dieses Ereignis: »Que ton grand Duc sur le char montera« – »Wenn dein großer Fürst auf den Wagen steigt«.

In diesem Fall verweist »dein« auf die Florentiner. Allerdings verbirgt sich in dieser Zeile eine für Nostradamus typische Zweideutigkeit. Das Bild des seinen Wagen besteigenden Großherzogs könnte sich nicht nur auf dessen endgültige Abreise (nach der Vertreibung durch seine Untertanen) im Jahr 1859, sondern auch auf seine Rückkehr aus Rom im Jahr 1849 beziehen. Beide Reisen waren von großer Bedeutung für die Geschichte Norditaliens. Als der Großherzog im Juli 1849 nach Florenz zurückkehrte, stand er unter dem Schutz der österreichischen Armee, wodurch er viel von seiner Popularität einbüßte. Es war der Anfang vom Ende seines Herzogtums. 1852 lehnte Leopold sowohl die Forderungen nach einer konstitutionellen Demokratie in der Toskana als auch nach einem vereinten Italien ab. Als 1859 ein weiterer Krieg zwischen dem Piemont und Österreich drohte, erhoben sich die Florentiner. Der Großherzog bestieg seinen Wagen ein letztes Mal und verließ die Toskana im April 1859 für immer. Nachdem er sich geweigert hatte, an dem Krieg gegen Österreich teilzunehmen und eine Verfassung zu erlassen, dankte er ab.

Die dritte Zeile bezieht sich auf die Belagerung von Venedig. Vom freien Zugang zum Meer abgehalten und dem Hungertod ausgesetzt, kapitulierte die Stadt am 24. Mai. Die letzte Zeile (»Lors que Colonee à Rome changera«) dürfte sich auf die berühmte römische Familie Colonna beziehen; die Bedeutung bleibt jedoch im dunkeln. Die französischen Angriffe auf Rom wurden von Garibaldi zurückgeschlagen, doch im Juli 1848 gelang es einer verstärkten französischen Armee, die weltliche Macht des Papstes wiederherzustellen. Alle Hoffnung auf die nationale Einigung lag auf Viktor Emanuel II.

Es ist verständlich, daß so viele Interpreten aus Quatrain IX.31 einen Hinweis auf ein Erdbeben oder eine Bombardierung herausgelesen haben. Die Anfangsphrase »Le tremblement de terre« (»das Beben der Erde«) könnte leicht als Anspielung auf solch eine Naturkatastrophe gedeutet werden:

> »Le tremblement de terre à Mortara,
> Cassich sainct George à demy perfondrez
> Paix assoupie, la guerre esveillera,
> Dans temple à Pasques abysmes enfondrez.«

> »Erdbeben in Mortara,
> Die Ritter von St. George zur Hälfte vernichtet:
> Der Friede schlummert ein, der Krieg erwacht,
> Im Tempel an Ostern werden sie in Abgründe stürzen.«

Roberts deutet den Quatrain als Vorhersage eines fürchterlichen Artilleriefeuers sowie als Hinweis auf eine drohende Niederlage Englands und die Bombardierung von Coventry im Jahr 1941, gibt aber keine Begründung für seine Wahl der Daten und Städte an. Cheetham stellt einen Bezug zwischen dem Quatrain und einem Erdbeben her, findet jedoch keine Erklärung, in welcher Weise England davon betroffen sein sollte (wie Roberts war auch sie über den verschlüsselten Verweis auf St. George gestolpert). Eine sorgfältige Analyse des Textes wird erbringen, daß er höchstens in einem figurativen Sinn mit einem Erdbeben in Zusammenhang steht.

Das Wort »Mortara« in der ersten Zeile liefert sowohl den Schauplatz als auch den Zeitpunkt. Jean-Charles de Fontbrune scheint der erste gewesen zu sein, der den durch dieses Wort enthüllten historischen Kontext des Quatrains erkannte.[9] Leider ist seine Übersetzung des Vierzeilers absurd. Es entspricht einfach nicht der Wahrheit, daß die Hälfte der italienischen Armee bei Mortara vernichtet wurde.

Die Österreicher besiegten die Piemontesen bei Mortara in der Lombardei im Jahr 1849, einem Schlüsseljahr in der italienischen Geschichte. Der Quatrain beschreibt den Wendepunkt in den Bestrebungen Österreichs, seine Herrschaft über Italien zu behaupten. Ein weiteres wichtiges Thema ist das aufgrund des gemeinsamen Kampfes gegen die schwächer werdende österreichische Dynastie unter den Italienern aufkommende Gefühl der Zusammengehörigkeit.

1849 brach Karl Albert von Sardinien den mit den Österreichern anläßlich der Eroberung Norditaliens geschlossenen Waffenstillstand und griff sie an. Nach der Schlacht bei Mortara am 21. März endete sein nur fünf Tage dauernder, verhängnisvoller Feldzug bei Novara. Die erlittene Niederlage bewegte ihn dazu, am 23. März 1849 auf den Thron zu verzichten. Nun betrat der große Viktor Emanuel II. die Bühne. Er verhandelte mit den Österreichern, weigerte sich dabei aber hartnäckig, auf ihre Bedingungen einzugehen. Bald schon galt er als Verfechter der Freiheit Italiens.

Das in der ersten Zeile angegebene Datum des genannten Konfliktes steht mit der vierten Zeile, in der das Osterfest (»Pasques«) erwähnt wird, in Zusammenhang. Auf diese Weise ergibt sich ein präziser Zeitpunkt für die Einordnung der Ereignisse des Quatrains. Heutzutage ist Ostern ein bewegliches Fest, das am ersten Sonntag nach dem auf die Frühjahrs-Tagundnachtgleiche folgenden Vollmond stattfindet. Doch Nostradamus verfaßte seine Quatrains vor der gregorianischen Kalenderreform, und die Kirche von Frankreich feierte Ostern am 21. März, dem Tag der Schlacht von Mortara.

Aufgrund des Ortsnamens und des verschlüsselten Datums war es uns möglich, das Thema des Quatrains zu enthüllen. Doch auch die geheimnisvoll wirkenden übrigen Hinweise lassen sich erklären.

Der Ausdruck »Cassich« dürfte der Grünen Sprache zuzuordnen sein und sich von der Via Cassia, einer alten Römerstraße, die von Modena in der Lombardei nach Rom führte, ableiten. Franz V., der 1846 die Herzogswürde übernahm, rief anläßlich lokaler Unruhen eine österreichische Garnison zu Hilfe. Möglicherweise ist die deutsche Endung von »Cass**ich**« eine Anspielung auf diese österreichische Dominanz. Für den Quatrain von Bedeutung ist jedoch die Stadt Rom am anderen Ende der Via Cassia.

Entgegen der Behauptung vieler moderner Interpreten bezieht sich »sainct George« nicht auf England. Nostradamus gibt diesen Namen als Schlüssel für ein Datum an, den Festtag des heiligen Georg am 23. April. An diesem Tag im Jahr 1849 wurden die Soldaten Garibaldis von Rieti nach Rom berufen. Um es zu erreichen, marschierten sie wohl in südlicher Richtung über die alte Via Cassia. Am 24. April wurde Garibaldi zum Brigadegeneral der römischen Republik bestellt. Eine Woche später feierte er bei Rom seinen ersten Sieg über die Franzosen, wurde jedoch verwundet. Auch wenn diese kurzlebige Republik nach weniger als zwei Monaten fiel, war sie doch Vorbotin kommender Entwicklungen.

Warum »vergeudete« der ansonsten mit Worten so sparsame Gelehrte von Salon eine ganze Zeile für etwas so Offensichtliches wie »Der Friede schlummert ein, der Krieg erwacht«? Die Analyse zeigt, daß in diesem unauffälligen Vers der Schlüssel für die Bedeutung des Quatrains liegt. Der Ausdruck »assoupie« der dritten Zeile leitet sich von *assoupir* ab, das nicht nur »schlafen«, sondern im übertragenen Sinn auch »ersticken«, »töten« oder »unterdrücken« bedeutet. Nun hat »esveillera« (im modernen Französisch *éveiller*) ebenso wie das italienische Wort *risorgimento* mit »Erwachen« zu tun. *Il Risorgimento* war das Erwachen der nationalen Größe, die sich in dem revolutionären Impuls zur Mitte des neunzehnten Jahrhunderts zeigte. Man gewinnt den Eindruck, Nostradamus kannte das Schlüsselwort, das Historiker späterer Zeiten für die Hauptströmung der Ereignisse im Italien des neunzehnten Jahrhunderts verwenden würden. Wie er in dieser Zeile voraussah, riefen die Kriege zur Vertreibung der Österreicher in Italien das Streben nach Einigung hervor und veränderten so die Zukunft des Landes.

Nun eröffnet sich uns die wahre Bedeutung des angesprochenen Erdbebens (»tremblement de terre«). Es ist die Vorhersage eines *geistigen* Bebens und Erwachens des gesamten Landes (»terre«) Italien. Obwohl das lateinische *terra* aufgrund der Homophonie in der Grünen Sprache auch als »Terror« gedeutet werden kann, beinhaltet diese Zeile keine Vorankündigung einer Katastrophe, sondern die Anerkennung des Bruchs mit der Geschichte, der die Voraussetzung für eine Einigung Italiens war.

Der »Abgrund«, der Italien verschlungen hatte – die Österreicher –, war beseitigt. Der Ausdruck »abysmes enfondrez« in der vierten Zeile ist seltsam, da das letzte Wort in der französischen Sprache nicht existiert. Das Verb *fonder* wird hier in einer für Nostradamus typischen Weise als Reim-Dualität verwendet. Da mit *fonder* das Legen eines Fundamentes beschrieben wird, könnte die Phrase bedeuten, daß der Abgrund ausgefüllt sei. Österreich als Graben oder Abgrund, das Italien verschlungen hatte und bald – selbst geschwächt – von den Anhängern Garibaldis zurückgedrängt werden würde. Das Bild vom Fundament wird im vierten Vers weitergesponnen. Man fragt sich, ob damit auf eine der berühmtesten und unkonventionellsten Handlungen Garibaldis hingewiesen wird: In der Kathedrale von Palermo (vielleicht das »temple« des Quatrains) saß er während einer Messe auf dem Hohen Thron des Altarraumes, in sein rotes Revolutionshemd gekleidet, das Schwert gezückt.

EIN ERDBEBEN IN NEAPEL

»Die Franzosen haben viele villeneuves, die Deutschen viele Neustädte, die Italiener und Spanier viele villa novas«, schrieb Garencières beißend. Er bezog sich auf Quatrain I.24, in dem die Worte »Cité nefue

(»neue Stadt«) zum ersten von vielen Malen in den Prophezeiungen auftauchen. Roberts übersetzt »Cité nefue« in ein Halbamerikanisch und erhält »Nu-Rem-Burg«, was ihn zwar weit von Nostradamus wegführt, aber einen Übergang zu seinem düsteren Steckenpferd, dem Nationalsozialismus, bildet. Le Pelletier, der über mehr Einfühlungsvermögen in die französische Sprache verfügt, erkennt in *cité neuve* einen Hinweis auf das unter Napoleon III. wiedererrichtete Paris. Die beiden Worte dürften auch frühen Interpreten Schwierigkeiten bereitet haben. 1656 gestand Jaubert seine Ratlosigkeit angesichts von X.49 (in dem sie begegnen): »Es ist schwierig, die Bedeutung dieses Quatrains zu ergründen... denn in Europa gibt es mehrere Städte, die als ›Neue Stadt‹ bezeichnet werden.«[10] Er kam zu dem Schluß, daß Nostradamus einen provenzalischen Begriff verwendet habe, der sich auf die *Cité Neuve de Malthe*, die Stadt Valetta auf Malta, beziehe, welche nach der Belagerung von 1565 errichtet wurde.

Nostradamus verwendete diesen Ausdruck häufig, wies ihm aber selten dieselbe Bedeutung zu. Der darin verborgene Ortsname muß vom Sinn des jeweiligen Quatrains abgeleitet werden. Der Vers lautet folgendermaßen:

> »Jardin du monde aupres de cité neufve.
> Dans le chemin des montagnes cavees,
> Sera saisi & plongé dans la cuve,
> Beuvant par force eaux soulphre envenimées.«

> »Der Garten der Welt nahe der neuen Stadt,
> Auf den Straßen der durchschnittenen Berge,
> Er wird gefangen werden und in einen Bottich getaucht,
> Unter Zwang wird er giftiges Schwefelwasser trinken.«

Die drei Worte »Jardin du monde« (»Garten der Welt«) in diesem Quatrain bereiteten den Interpreten nahezu ebensolche Schwierigkeiten wie die »cité neufve«. Jauberts Deutung ist einzigartig. Er weist darauf hin, daß *cosme* im Griechischen »die Welt« bedeute, und verdreht den Satz so lange, bis er *cosme du jardin* erhält.

Roberts, der in diesen Zeilen die bestürzende Prophezeiung einer Katastrophe sieht, die eine gewaltige Flutwelle vergifteten Wassers einschließe, scheint dagegen keinerlei Probleme bei der Identifizierung des Gartens der Welt zu haben. Seiner Ansicht nach passen die Hinweise auf eine »neue Stadt« und den »Garten der Welt« ausgezeichnet auf Atlantic City in den USA. Das vergiftete Wasser überflute die berghohen Wolkenkratzer (»montagnes cavées«) dieser Stadt.

Dabei ist es gar nicht erforderlich, den »Garten der Welt« außerhalb von Europa zu suchen … Die heute in der British Library aufbewahrte Kopie des seltenen Werkes von Garencières über Nostradamus (1672) befand sich im siebzehnten Jahrhundert im Besitz von Daniel Thomas, der einige höchst interessante Randnotizen anbrachte.[11] Die Anmerkungen zu Quatrain X.49 lassen darauf schließen, daß er als Tourist Neapel besucht und die von ihm bereisten Orte anhand der entsprechenden Liste in dem Vierzeiler abgezeichnet hatte. Er notierte:

»1. Italien wird der Garten der Welt genannt.
2. Neue Stadt ist Neapel (Neopolis).
3. Berg Posilip durchgegraben.
4. In der Nähe von (unleserlich) & schwefelhaltige Grotte.«

Thomas schien keinerlei Zweifel zu hegen, daß sich Nostradamus in diesem Quatrain auf Neapel bezog. Unserer Ansicht nach verband er die aus dem Vers zu entnehmende Bedrohung mit Vulkantätigkeit. Im Hinblick auf den untertunnelten Berg, den Nostradamus mit der eigenartigen Phrase »Dans le chemin des montagnes cavées« beschreibt, dürfte er recht behalten. Im Jahr 27 n. Chr. wurde von Marcus Agrippa ein über sechshundert Meter langer und teilweise über zwanzig Meter hoher Tunnel durch das Vorgebirge des Posilipo gegraben – eine ingenieurtechnische Meisterleistung (wenn sie auch von dem früher fertiggestellten Doppeltunnel von Eupalinus auf der Insel Samos in den Schatten gestellt wurde).

Prophezeite Nostradamus ein Erdbeben oder eine Flutwelle für das Gebiet um Neapel? Das Gelände ist von Rissen durchzogen, die tellurischen Kräfte stoßen mit Salzsäure durchmengten Dampf aus, und dicht unter der Erdoberfläche ist kochendheißes Wasser zu finden.

Da Nostradamus keinerlei internen Hinweis lieferte, der eine Datierung des in dem Quatrain beschriebenen Ereignisses zuläßt, können wir nicht mit Sicherheit feststellen, auf welche geologische Störung sich der Seher bezieht. Die folgenreichste Naturkatastrophe war das Erdbeben auf der Insel Ischia im Jahr 1883, mit dem eine Flutwelle einherging, die Casmicciola vollkommen zerstörte und in Florio, Lacco Ameno und Serrara Fontana große Schäden anrichtete. Die einzige vergleichbare Zerstörung in der jüngeren Geschichte Neapels stammte von Menschenhand: 1943 wurden große Teile der Stadt von britisch-amerikanischen Bomben in Schutt und Asche gelegt.

Selbstverständlich ist auch dieser Vers von Nostradamus nicht das, was er scheint. Ganz offensichtlich ist der von dem Seher verwendete,

heiter wirkende Ausdruck »Garten der Welt« (»Jardin du monde«) iro-
nisch gemeint, denn trotz ihrer landschaftlichen Schönheit wurde jene
Region von alters her gefürchtet. Das Gebiet zwischen Puteoli und Neapel (Solfatara) wurde *phlegreai campi* (»brennende Felder«) genannt.
Die Ironie beruht auf der Übereinstimmung mit dem griechischen Wort
phlegethon (»in Flammen«), mit dem der unterirdische Feuerfluß des
Hades bezeichnet wird. Durch Assoziation ergibt sich die in dem Vierzeiler genannte Region als »Garten der **Unter**welt«.

Da wir keine Möglichkeit haben, den Quatrain zu datieren, läßt sich
nicht bestimmen, ob sich die Prophezeiung auf das Erdbeben des Jahres
1883 oder ein in der Zukunft liegendes Ereignis bezieht. Mit Gewißheit
schließen wir allerdings aus, daß Nostradamus eine schwefelhaltige
Flutwelle vorhersagte, die Atlantic City unter Wasser setzen würde.

DIE SCHLACHT VON TRAFALGAR

Drei bemerkenswerte Quatrains konzentrieren sich auf die bedeutendste
Seeschlacht der napoleonischen Kriege – die Schlacht von Trafalgar, die
Napoleons Bestrebungen nach der Seeherrschaft ein Ende bereitete. Der
eindeutigste ist Quatrain I.77:

> »Entre deux mers dressera promontoire
> Que puis moura par le mords du cheval:
> Le sien Neptune pliera voille noire,
> Par Calpte & classe aupres de Rocheval.«

Vorerst wollen wir die Zeilen folgendermaßen übersetzen:

> »Zwischen zwei Meeren wird der ein Vorgebirge errichten,
> Der dann durch einen Pferdebiß sterben wird,
> Sein Neptun wird das schwarze Segel entfalten,
> Von Gibraltar die Flotte nach Rocheval.«

Das Problem der Interpreten steckt in der zweiten Zeile. Sie wird üblicherweise als Hinweis auf den glücklosen Villeneuve gewertet, der die
vereinte, französisch-spanische Flotte bei Trafalgar befehligte. Einige
Forscher behaupteten fälschlicherweise, daß der Tod des französischen
Vizeadmirals – wie in dem Quatrain offenbar vorhergesagt – durch
einen Pferdebiß verursacht worden sei. Er verübte jedoch Selbstmord,
indem er sich eine lange Nadel ins Herz stieß.

Ein französisches Wort für »Nadel« ist *cheville*, das »cheval« auffällig genug ähnelt, um Aufmerksamkeit zu erregen. Mit *cheville* bezeichnet man den aus Holz oder Metall bestehenden »kleinen Schlüssel« oder Zapfen, mit dem man Holzstücke untereinander verbinden kann. Die französische Wendung *avoir l'âme chevillé au corps* (»die Seele an den Körper geheftet tragen«) könnte hier von Bedeutung sein, denn Villeneuve löste seine an seinen Körper geheftete Seele, indem er sich eine Nadel ins Herz stieß.

Im sechzehnten Jahrhundert wurde das Wort *cheval* allerdings auch als Bezeichnung für einen Holzbock verwendet, der zur Bestrafung ungehorsamer oder rebellischer Soldaten diente. Dieses *cheval* war ein flaches Holzstück, das von einem Bock getragen wurde, an den der verurteilte Soldat, dessen Füße mit Ketten gefesselt waren, gebunden wurde.[12] Wir hegen keine Zweifel, daß Nostradamus das Wort in diesem Sinne verwendete, denn obwohl der glücklose Vizeadmiral nicht an ein solches Gerät gebunden starb, hielt er für sich doch eine Bestrafung, wie sie einem Aufständischen gebührte, für angebracht. Daß sich Nostradamus in dieser Zeile auf den Tod von Villeneuve bezog, steht nahezu außer Frage, denn der dritte Vers scheint den Tod seines Gegners in dieser Seeschlacht, des großen Nelson, ins Auge zu fassen.

Das »schwarze Segel« (»voille noire«) dort ist ein klassischer Hinweis auf die Vergeßlichkeit des griechischen Helden Theseus,[13] der sein Versprechen, die schwarzen Segel seines Schiffes auszuwechseln (traditionsgemäß für all diejenigen vorgeschrieben, die zu Minotaurus nach Kreta segelten), nicht hielt. Als Folge dieses Fehlverhaltens ertränkte sich sein Vater Aegeus in dem Glauben, sein Sohn wäre tot, im Meer. Auch bei Villeneuve führte die eigene Phantasie zum Selbstmord.

Eine der außergewöhnlichsten historischen Tatsachen rund um diese Prophezeiung ist, daß sich in der britischen Flotte bei Trafalgar ein mit zweiundsiebzig Kanonen bestücktes Schiff namens *Theseus* befand. Darüber hinaus besteht eine direkte Verbindung zwischen Nelson und diesem Schiff, da er an dessen Mast zum erstenmal seine Flagge als Konteradmiral hißte: das ergreifende Symbol seines Todes bei Trafalgar. In der tragischen Geschichte Villeneuves existierte das schwarze Segel nur in seiner Vorstellung. Er beging Selbstmord, weil er der Ansicht war, bei Napoleon in Ungnade gefallen zu sein. Im Fall der ebenso tragischen Geschichte Nelsons paßt das schwarze Segel sowohl auf die Ereignisse von Trafalgar als auch auf den Namen seines ersten Flaggschiffs: »... der Name der *Theseus* wird unsterblich sein ...« versprach die Schiffahrtsgesellschaft.[14]

»Le sien Neptune« ist eine seltsame Wendung, in der man eine einem Anagramm für Nelson angenäherte Konstruktion erkennen kann: **Le sien Ne**ptune = NE L S EN.

Die Bedeutung der vierten Zeile bleibt so lange einigermaßen rätselhaft, bis man erkennt, daß sie sich auf eine der wichtigsten Folgen der Schlacht von Trafalgar bezieht. Mit »Calpte« ist gewiß *Calpe* gemeint, einer der alten Namen für Gibraltar. Ursprünglich war dies die griechische Bezeichnung für einen der Stützpfeiler des Herkules, die die Einfahrt vom Atlantischen Ozean kennzeichneten. Das Kap Trafalgar, vor dessen Küste die berühmte Seeschlacht angeblich ausgefochten wurde, liegt nur wenige Kilometer westlich der Straße von Gibraltar. Tatsächlich ist Trafalgar nur ein willkürlicher Name, da die Schlacht selbst weit draußen im Meer zwischen dem Kap Trafalgar und Cadiz stattfand. Sie endete damit, daß Gravina mit den verbleibenden französischen und spanischen Schiffen in das vierzig Kilometer nördlich gelegene Cadiz floh. Nostradamus deutete jedoch nicht nur den Ort der berühmten Seeschlacht an, sondern verwies auch auf die britische Verbindung, denn im Jahr 1805 befand sich Gibraltar fest in der Hand des britischen Reiches.

Aus dem Zusammenhang nehmen wir an, daß sich Nostradamus mit dem Ausdruck »Rocheval« auf einen Ortsnamen bezog, der mit Roche begann, und ihn aus verstechnischen Gründen mit der auf »cheval« reimenden Endung versah. Diese Ansicht basiert auf der Erkenntnis, daß sich in dem betreffenden Gebiet kein Ort dieses Namens findet. Tatsächlich gibt es weder in Frankreich noch in Spanien oder Portugal eine bedeutende Stadt, die Rocheval heißt.

Der einzige annähernd passende Ort an der Südwestküste Spaniens und Portugals ist das unweit von Lissabon liegende Roca (*Cap da Roca*). Zweifellos weist dies auf die spanische Geschichte *nach* Trafalgar hin.

VILLENEUVE

Napoleon, dessen Hoffnungen bei Trafalgar enttäuscht wurden, verkündete, daß er das Meer durch die Macht des Landes erobern werde. Er verlangte von den verschiedenen Ländern Europas, ihre Häfen für britische Schiffe zu sperren und jegliche Versorgung Großbritanniens einzustellen. Da Portugal ein Verbündeter Englands war, verweigerte es seine Teilnahme an dieser Blockade und lehnte eine Schließung des Hafens von Lissabon ab. Als Unterstützung entsandte die britische Regierung im August 1808 ein Expeditionskorps nach Portugal. Das war die scharfe Klinge des britischen Keils, der unter der genialen Leitung Wellingtons Napoleon schließlich aus Spanien vertrieb. Nostradamus entwarf das Bild der Folgen der Seeschlacht von Trafalgar, das das Ende der napoleonischen Eroberungen westlich von Frankreich kennzeichnete.

Der frühe Quatrain I.24 ist, gelinde gesagt, rätselhaft:

> »A Cité neufue pensif pour condamner,
> L'oysel de proye au ciel, se vient offrir.
> Apres victoire à captifs pardonner,
> Cremone & Mantoue grands maux aura à souffrir.«

> »In der Stadt will man ein Urteil fällen,
> Den Raubvogel hat man dem Himmel geopfert:
> Nach dem Sieg vergibt man den Gefangenen,
> Cremona und Mantua werden großes Leid erleben.«

»Cité neufue« (»neue Stadt«) könnte als Hinweis auf Villeneuve gedeutet werden, den französischen Vizeadmiral, der Nelson an jenem schicksalhaften Tag im Jahr 1805 gegenüberstand. Die Wendung »pensif pour condamner« erklärt sich aus der Tatsache, daß er nach der Schlacht fürchtete, für sein Versäumnis in der Ausführung der ihm übertragenen Befehle von Napoleon verurteilt und bestraft zu werden, und daher Selbstmord beging. In seinem Abschiedsbrief erklärte er, daß sein Leben – nun, da sich Napoleon von ihm abgewandt habe – voller Schmach und der Tod eine Pflicht sei. Aufgrund einer unglücklichen Wendung des Schicksals und verstrickt in seine subjektive Einschätzung, richtete er sich selbst. Dabei hatte Napoleon keineswegs die Absicht, ihn zu bestrafen.[15]

»L'oysel de proye« ist möglicherweise gleichbedeutend mit *oiseau de proie* (»Raubvogel«). Eines der unter Villeneuves Befehl stehenden Schiffe trug den Namen *Aigle*, »Adler«. Dieses von den Briten gekaperte Schiff trieb an die Küste und wurde während der auf die Schlacht folgenden Stürme zerstört. Aber es ist anzunehmen, daß Nostradamus mit dem Raubvogel den noch populären Napoleon meinte, der sich gerne des vom römischen Imperium abgeleiteten Adlersymbols bediente.

Sollte Nostradamus dem Wort »victoire« eine Doppelbedeutung als Eigennamen zugewiesen haben, so entspräche er dem britischen Flaggschiff *Victory*, auf dessen Deck Nelson verstarb. Wie die Zeile andeutet, behandelten die Briten die zahlreichen französischen und spanischen Gefangenen nach dem Sieg mit bemerkenswerter Großzügigkeit. Man ließ sogar einige der gekaperten Schiffe fahren. Aber der Hinweis könnte sich auch allein auf Villeneuve beziehen, denn der Vizeadmiral war gefangengenommen und im April, im Zuge eines formellen Gefangenenaustauschs, in die Heimat zurückgeschickt worden. Seine Briefe beweisen, daß er mit höchstem Respekt behandelt worden war. Sollte tatsächlich diese Lesart gemeint sein, ließe sich die Zeile als Hinweis auf die scheinbare Ungerechtigkeit auslegen, daß der französische Befehlshaber als Gefangener überlebt hatte und gut behandelt worden war, während die Briten ihren eigenen Anführer, Vizeadmiral Lord Nelson, verloren hatten.

Die wahre und zugleich romantische Rettung eines französischen Seemannes wurde von dem Historiker Geoffrey Bennett zu Recht als Zeichen dafür aufgegriffen, daß Nelson nicht umsonst darum gebeten hatte, daß »Humanität nach dem Sieg« vorherrschen möge.[16] Unter einigen geretteten und an Bord der *Revenge* gebrachten französischen Seeleuten befand sich auch eine Frau namens Jeanette, die als blinder Passagier mit ihrem Gemahl mitgereist war. In einer Version war sie nackt, in einer anderen als Mann verkleidet; in jedem Fall wurde sie von den Offizieren und der Mannschaft mit außerordentlicher Zuvorkommenheit behandelt. Das glückliche Ende dieser wahren Begebenheit: Jeanette wurde mit ihrem Gemahl vereint, den man von der sinkenden *Achille* – sie war während der Schlacht explodiert – gerettet hatte. Da Nostradamus in diesem Quatrain Namen besonders hervorhebt, könnte man annehmen, (falls er den Vorfall um Jeanette vorhersah), er wollte aufzeigen, daß die *Revenge* aus Respekt für Nelsons Wünsche ihrem Namen nicht gerecht werden würde (»Apres victoire à captifs pardonner«).

Das seltsame französische Wort »maux« in der letzten Zeile muß gewiß als *maudit* in der Bedeutung »verdammt« oder »elend« verstanden werden. Daraus ergibt sich die Auslegung »Cremona und Mantua werden großes Leid erleben«. Nur diese Zeile widersetzt sich offenbar dem Versuch, den Quatrain zur Schlacht von Trafalgar in Bezug zu setzen. Auf den ersten Blick ist nicht erkenntlich, welche Verbindung zwischen Cremona oder Mantua (beide in Norditalien gelegen) und der Seeschlacht von Trafalgar besteht, da keines der in den Kampf verwickelten Schiffe den Namen einer dieser Städte trug. Dennoch ergibt sich aus der Analyse eine Bedeutung.

Als Mantua nach der Kapitulation der Österreicher unter dem Befehl von Wurmser am 2. Februar 1796 an Frankreich fiel, kennzeichnete dies das Ende des österreichischen Widerstandes in Italien. Die Stadt wurde Frankreich im Friedensvertrag von Lunéville zuerkannt, ging allerdings 1814 wieder in österreichische Hand über. Im selben Jahr fiel auch Cremona (wie die übrige Lombardei) an Österreich. Damit können wir diese Städte als Symbol des Endes von Napoleons Macht im Süden Europas ansehen, so wie Trafalgar als Symbol für seine Niederlage in Westeuropa steht. Beide Städte mußten während der verschiedenen französischen und österreichischen Eroberungen wahrlich großes Leid erdulden.

GRAVINA

Auch Quatrain VII.26 brachte man stets mit der Schlacht von Trafalgar in Verbindung.[17] Soweit wir feststellen konnten, befaßt er sich mit deren Folgen.

> »Fustes & galeres autour de sept navires,
> Sera livrée une mortelle guerre;
> Chef de Madric recevra coup' de vires,
> Deux eschapez & cinq menez à terre.«

> »Boote und Galeeren umfahren sieben Schiffe,
> Ein mörderischer Krieg beginnt,
> Der Herr von Madrid wird plötzlich wieder Kräfte sammeln,
> Zwei entkommen, fünf werden an Land gebracht.«

Obwohl sich dieser Quatrain eindeutig auf eine Seeschlacht bezieht, sieht Roberts in ihm eine Darstellung fliegender Schiffe. Darüber hinaus entnimmt er den Zeilen einen Hinweis auf Mehrfachatomsprengköpfe, die von Unterseebooten abgefeuert würden. Jaubert verhielt sich bei seiner Deutung im siebzehnten Jahrhundert etwas zurückhaltender und interpretierte den Vers in Zusammenhang mit einer entsetzlichen Seeschlacht im November 1555. Die Kämpfe wurden zwischen französischen und spanischen Schiffen vor Calais und Dover ausgetragen, wobei die Franzosen fünf spanische Schiffe kaperten. Unglücklicherweise übersah Jaubert die Tatsache, daß dies kaum eine Prophezeiung gewesen wäre, da Quatrain VII.27 erst in der Ausgabe der *Prophéties* aus dem Jahr 1558 erschien und möglicherweise lange nach dem Ereignis verfaßt worden war.

Eine vorsichtigere Beurteilung von Nostradamus' Zeilen ergibt, daß sich der Vierzeiler mit einem bedeutenden Seefahrtsereignis befaßt, das kurz nach der Schlacht von Trafalgar stattfand. Die Ankündigung eines Seeschlachtthemas erfolgt auf brillante Weise in der ersten Zeile. »Fustes« leitet sich von dem italienischen Wort *fusta* ab und wurde im sechzehnten Jahrhundert als Bezeichnung für den hölzernen Wagen, auf dem das Kanonenrohr ruhte, verwendet. Somit ist es ein ideales Wort zur Beschreibung hölzerner, kanonentragender Segelschiffe. Das Wort »galeres« wird als zweimastiges, von Ruderern zusätzlich angetriebenes Kriegsschiff definiert, wie sie im Mittelmeer im Einsatz waren.[18] Später erfahren wir, warum diese beiden unterschiedlichen Schiffstypen zwischen sieben anderen Schiffen dargestellt werden.

Ausnahmsweise müssen wir uns zum Verständnis der Bedeutung des Quatrains erst der letzten Zeile zuwenden.

Am 23. November 1805, nur zwei Tage nach der Schlacht von Trafalgar und dem Abflauen des anschließenden Sturms, entschloß sich der ranghöchste Offizier, Flottenadmiral Casmao-Kerjulien, den Versuch zu wagen, einige der von Nelson gekaperten verbündeten Schiffe zurückzugewinnen. Als Kommandant der *Pluto* führte er vier weitere Schiffe an, die *Rayo*, die *Indomptable*, die *Neptuno* und die *San Francesco de Assisi*. Dem Unternehmen des Flottenadmirals war kein Erfolg beschieden, denn er fand sich einer zweimal so starken Gruppe britischer Schiffe gegenüber. Doch sein mutiger Vorstoß lenkte die Aufmerksamkeit der Briten so lange ab, daß die begleitenden Fregatten die *Neptuno* und Alvas Flaggschiff, die *Santa Ana,* zurückerobern und sicher in den Hafen von Cadiz steuern konnten. Diesem Bericht entnehmen wir eine passende Erklärung für die letzte Zeile des Quatrains. Im Zuge dieses Unternehmens entkamen zwei Schiffe (»deux eschapez«), während die fünf an ihrer Rettung teilnehmenden ebenfalls sicher in den Hafen zurückkehrten (»cinq menez à terre«). Auf für den frankophilen Nostradamus typische Weise beschrieb er das Ende der Katastrophe von Trafalgar als französische Heldentat.

Doch wie lassen sich die sieben Schiffe (»sept navires«) der ersten Zeile erklären? Dies kann eindeutig kein Hinweis auf die volle Stärke der an der Schlacht von Trafalgar beteiligten Schiffe sein. Die alliierte Flotte umfaßte dreiunddreißig Kriegsschiffe und fünf Fregatten, denen siebenundzwanzig britische Kampfschiffe und sechs Fregatten gegenüberstanden. Doch wir wissen, wie präzise Nostradamus war. Die größten Schiffe der Schlacht besaßen drei Decks. Die französisch-spanische Flotte verfügte über vier Schiffe dieses Typs, die britische über drei. Die spanischen Dreidecker waren die *Santissima Trinidad* mit einhundertvierzig Kanonen, *Santa Ana* und *Principe de Asturias* mit jeweils einhundertzwölf Kanonen und die *Rayo* mit einhundert Kanonen, die britischen *Victory*, *Britannia* und *Royal Sovereign* mit je einhundert Kanonen. Könnten dies die sieben großen Schiffe sein, die von den anderen »Fustes & galeres« der ersten Zeile umringt waren?

Der mörderische Krieg (»mortelle guerre«) von Trafalgar muß an dieser Stelle nicht eigens geschildert werden. Es genügt zu sagen, daß es auf britischer Seite 449 Tote und 1 242 Verwundete gab. Über die Verluste auf französischer und spanischer Seite existieren keine so genauen Aufzeichnungen, allerdings ist bekannt, daß über fünftausend Mann getötet oder verwundet wurden. Nach der Schlacht befanden sich siebzehn Schiffe in der Gewalt der Briten (von denen einige später entkamen oder in den folgenden Stürmen zerstört wurden). Sämtliche britischen Schiffe überstanden die Schlacht mit geringeren oder größeren Schäden.

Auch die dritte Zeile ist für die Ereignisse nach Trafalgar von Bedeutung, denn sie bezieht sich auf Federico Carlos Gravina, den ehemaligen spanischen Botschafter in Paris, der maßgeblich daran beteiligt gewesen war, daß Frankreich Großbritannien den Krieg erklärte. Kurz vor der Schlacht von Trafalgar erhielt er den Befehl über das in Cadiz stationierte Leitschiff Spaniens und wurde später Vizeadmiral. Er war in zweifachem Sinn »Oberhaupt von Madrid« (»chef de Madric«) – einerseits als Botschafter, später als Anführer der spanischen Flotte in dieser historischen Seeschlacht. Wie von Nostradamus vorhergesagt, wurde er bei Trafalgar an Bord der *Principe de Asturias* schwer verwundet. Er starb wenige Monate später.

DER VERRÄTER

Charles Ward gesteht, daß Nostradamus »mitunter eine Säule des Feuers, häufiger jedoch eine Säule des Nebels« sei.[19] Möglicherweise gibt es keinen Vers, der vor dem prophezeiten Ereignis so verschleiert und nach seiner Erfüllung im Jahr 1893 in so gleißendes Licht gehüllt erscheint wie Quatrain IV.66:

»Au deserteur de la grand forteresse,
Apres qu'aura son lieu abandonné:
Son adversaie sera si grand proüesse,
L'empereur tost mort sera condamné.«

»Der Deserteur der großen Burg,
Nachdem er seinen Ort verlassen hat:
Sein Gegner wird sich durch eine große Heldentat auszeichnen,
Der bereits tote Kaiser wird verurteilt.«

Der Quatrain klärte sich erst nach der Erfüllung der vorhergesagten Geschehnisse in Frankreich im Jahr 1893. Anschließend verlor er jede Doppeldeutigkeit. Die »große Burg« wurde als Paris erkennbar, als

»Deserteur« entpuppte sich der bedauernswerte General Bazaine, und Napoleon III. war der »Kaiser«.

Während des gut organisierten Angriffs der Preußen auf Frankreich im Jahr 1870 verwandelte sich Paris in eine Festung (»la grand forteresse«). Die Geschichte der Belagerung wird von Alistair Horne auf meisterliche Art erzählt. Eine Zeile aus seinem Buch gibt auch Nostradamus' Thema an: »Als die preußischen Linien vorrückten, wurde eines offensichtlich; selten zuvor hatte es eine stärker bewaffnete oder stärker befestigte Burg gegeben als Paris.«[20] Es bleibt hinzuzufügen, daß die mittelalterlich wirkenden Mauern Montparnasse, Belleville, Montmartre und Batignolles umschlossen und sich bis zum Bois de Boulogne erstreckten. Ein gewaltiger Ring von neun Meter hohen, mit einem Burggraben versehenen steinernen Wällen zog sich um Paris, unterstützt von einer inneren, kreisförmig angelegten Bahnstrecke, auf der Hilfstruppen entlang der Verteidigungswälle verschoben werden konnten. Dreiundneunzig Bastionen verstärkten die Mauern, hinter denen eine Kette mächtiger Stellungen lag. Der französische General Louis-Jules Trochu, dem der Befehl über die Verteidigung von Paris oblag, ließ zusätzliche Stellungen errichten, und die Pariser hielten den Preußen unter entsetzlichen Bedingungen mehrere Monate lang stand.

Die Franzosen waren beklagenswert schlecht vorbereitet gewesen, als ihr Kaiser Preußen den Krieg erklärte. General Bazaine, dem unter Kriegsbedingungen bis zu 200 000 Mann unterstanden, hatte nie mehr als 25 000 befehligt, und das lediglich bei Manövern. Zu Beginn des Konfliktes wurden seine Streitkräfte von den Preußen abgeschnitten und schließlich in Metz eingeschlossen. Dort erlebte er eine schreckliche, mehr als zwei Monate andauernde Belagerung, ehe er kapitulierte und gefangengenommen wurde. Sobald die Nachricht seiner Niederlage Leon Gambetta (der sich zu dieser Zeit in Tours aufhielt) erreichte, wurde Bazaine zum Verräter erklärt. Auch heute noch wird Bazaine in französischen Geschichtsbüchern als Verräter bezeichnet, obwohl dieses Urteil zu Unrecht gesprochen wurde. Er war lediglich ein schlechter General mit einer ungeeigneten und unzureichend ausgerüsteten Armee, der den Befehl erhalten hatte, einen Krieg zu führen, den er unmöglich gewinnen konnte.

Wichtig ist jedoch, daß die eingeschlossene Bevölkerung von Paris und der hinter den Mauern der Stadt aktive General Gambetta Bazaine als »Deserteur« (»deserteur«) und Verräter an ihrer Sache betrachteten. Die erste Zeile ist herrlich zweideutig, denn obwohl sie unzweifelhaft auf Paris hindeutet, könnte sie sich ebensogut auf Metz beziehen, wo Bazaine – ebenfalls hinter festungsartigen Wällen – eingeschlossen war.

Die zweite Zeile scheint dies zu bestätigen, denn Bazaine verließ nicht Paris, sondern Metz (»son lieu abandonne«). Danach zeichnete sich sein Gegner (»Son adversaire«) sowohl während der Belagerung von Paris als auch bei mehreren Schlachten in ganz Frankreich durch große Heldentaten (»si grand prouesse«) aus. Die preußische Armee war so gewaltig, daß Frankreich gegen diesen Gegner keine Aussichten auf Erfolg besaß.

Nostradamus befaßte sich in verschiedenen Versen mit der Geschichte von Napoleon III. (»L'empereur«). Wir verweisen auf Quatrain VIII.41 (s. Seite 162 f.), wo er als listiger »Fuchs« (»renard«) begegnet. Wenn es möglich ist, die Schuld an einem Krieg einem einzigen Mann zuzuweisen, dann könnten wir behaupten, daß Kaiser Napoleon III. jenen falsch eingeschätzten Krieg gegen Preußen heraufbeschwor, der schließlich in der Belagerung von Paris endete. Wie bereits erwähnt (s. Seite 164 f.), wurde er nach Sedan gefangengenommen. Er blieb während der gesamten Dauer des Krieges Gefangener in der Burg von Wilhelmshöhe in Preußen. In Paris wurde inzwischen die Republik ausgerufen. Die in Bordeaux tagende Nationalversammlung (Paris war von den Preußen vollständig eingeschlossen) setzte ihn ab, da man ihn für den »Ruin, die Invasion und die Teilung Frankreichs« verantwortlich machte.

Auch wenn die letzte Zeile des Quatrains sehr deutlich ist, beinhaltet sie nicht das, was man erwarten würde: Sie bezieht sich nicht auf einen bereits toten Kaiser, der nun verurteilt wird, sondern auf die Schicksale zweier Männer in ein und demselben Jahr.

Das Jahr 1873 bedeutete einen Wendepunkt in der Geschichte Frankreichs. Am 9. Januar starb Napoleon III. (»L'empereur tost«) und beendete somit das Königtum in Frankreich. Im selben Jahr wurde der bedauernswerte Bazaine zum Tode verurteilt (»mort sera condamné«).

Glücklicherweise wurde das Urteil später abgeändert, Bazaine auf der Île Sainte-Marguerite eingekerkert. Ein Jahr darauf gelang ihm die Flucht nach Italien. Schließlich ließ er sich in Spanien nieder, wo er 1883 starb.

Kapitel 10

Das zwanzigste Jahrhundert
und darüber hinaus

»Wie die Bibel, die Pyramiden oder eine Sphinx ist Nostradamus'
mysteriöses und rätselhaftes Buch ein Grundpfeiler menschlichen
Wissens. Nach denselben Regeln errichtet wie jene Monumente, ist
dieses Werk nicht weniger als eine moderne Fassung geometri-
scher und kosmographischer Methoden, die bis in antike Zeiten
zurückreichen.«

(Aus dem Vorwort von P. V. Piobb in *Texte Integral de Nostradamus* von Vigier und Brunissen, 1936)

Anläßlich des 400. Todestages von Nostradamus im Jahr 1966 wurde an
der Südeinfahrt Salons, nahe der Place Gambetta (s. Abb. 47) eine
moderne Statue errichtet. Es handelte sich um eine von François Bouché
geschaffene Metallplastik, die den großen Mann in der spätmittelalterlichen Robe eines Gelehrten zeigte, deren vertikaler Faltenwurf der
Gestalt tiefe Würde verlieh. Sein linker Arm ruhte auf einer armillari-
schen Sphäre, und seine Füße standen auf einem Himmelsglobus: Der
Bildhauer ließ keinen Zweifel daran, daß Nostradamus sich mit den
Sternen befaßt hatte.

Einige Jahre nach ihrer Errichtung wurde die Statue bei einem Last-
wagenunfall schwer beschädigt. Bouché sah sich nicht in der Lage, das
Werk wiederherzustellen, und schuf deshalb eine andere Statue – eine
gewaltige Betonkonstruktion, die möglicherweise besser geeignet war,
dem Anprall von Lastwagen und den Veränderungen der Welt zu widerstehen. Das rätselhafte Monument, das nichts von jenem klaren Symbolismus der zerstörten Metallplastik an sich hat, wurde im Oktober 1979
enthüllt und grüßt nun die von Süden nach Salon kommenden Besucher
(s. Abb. 48).

Das Überraschende an diesen Skulpturen ist nicht ihre Geschichte an
sich, sondern daß beide Nostradamus ohne Augen darstellten. Der Kopf
der ersten Statue trug keine erkennbaren Gesichtszüge; blicklos hatte

das Gesicht in ein Stundenglas gestarrt. Die zweite Plastik zeigte anstatt eines Gesichtes eine Aushöhlung. Wenn wir das Gesicht suchen, müssen wir unseren Blick zum Himmel heben und die Sterne betrachten. Der Seher von Salon war wiedergegeben worden, als wäre sein Blick nach innen gerichtet gewesen oder als mangelte es ihm am Menschsein. Nostradamus, der das Schicksal ganz Europas vorhersehen konnte, war als Blinder dargestellt worden.

Die Statuen bewiesen künstlerischen Einblick in das subtile Wesen von Nostradamus, indem sie ihn in engerem Verhältnis zu den Sternen als zu den Menschen zeigten, zu denen er kaum gehört zu haben schien. Sosehr er sich auch in Tausenden von Versen mit der Zukunft beschäftigte, lag es doch nicht in seiner Absicht, sie seinen Lesern zu enthüllen, ehe sie nicht Vergangenheit geworden war. Er war fürwahr die janusgesichtige Gestalt, als die ihn sein Schüler Chavigny im Titel des ihm gewidmeten Buches abbildete. Nostradamus, der seine Weisheit aus dem Wissen der Eingeweihten bezog, ließ die Menschheit bewußt in einen verdunkelten Spiegel der Zukunft blicken.

Wir tendieren zu dieser Lesart der Statuen, da wir nach jahrelanger Studie der Quatrains des Meisters von Salon zu der Schlußfolgerung gezwungen sind, daß er seine Prophezeiungen nicht vor ihrem Eintreffen verstanden wissen wollte. Ward gesteht nach seiner Interpretation von Quatrain IX.34, der sich auf die Flucht von Ludwig XVI. bezieht, daß »vor dem Eintreffen des vorhergesagten Ereignisses jeder Schlüssel für eine Interpretation fehlt und die Prophezeiung selbst wie wirres Gerede wirkt, das sich jeder vernünftigen Annäherung entzieht, doch ... kaum ist das Geschehnis eingetreten – wir könnten auch sagen, hat es das Licht der Sonne erblickt –, erscheinen Hinweise, und das Licht und das Verstehen erwachen gleichzeitig.«[1]

Die Geschichte des zwanzigsten Jahrhunderts hat den gesamten Erdball erschüttert und läßt Nostradamus' Sorge um Europa beinahe kurzsichtig erscheinen. Doch die vor nahezu vierhundert Jahren verfaßten Verse befassen sich auch bis in die außergewöhnlichsten Einzelheiten mit den zwei bedeutendsten Ereignissen unsrer Zeit – den beiden Weltkriegen.

Eines der größten Geheimnisse um Nostradamus blieb bislang ungelöst: Zwei Quatrains definieren und identifizieren jene Krisen, die das Erbe des zwanzigsten Jahrhunderts darstellen. Während allgemein bekannt ist, daß der Weise den Zeitpunkt der Französischen Revolution vorhersagte, wird erst jetzt deutlich, daß er mit noch größerer Präzision jenes Jahrhundert beschrieb, das die schwerwiegendsten Umwälzungen der Geschichte erleben würde.

Nostradamus »definierte« das zwanzigste Jahrhundert mit Hilfe der Geheimastrologie, was möglicherweise erklärt, warum sein Geheimnis so lange unentdeckt blieb. In einem Quatrain beschrieb er genau, wann das zwanzigste Jahrhundert beginnen, in einem anderen, wann es enden werde. Den zwei Vierzeilern ist eines gemein: Sie beziehen sich auf einen spezifischen Punkt im Stier, und beide verwenden das Wort »tremblement« (das wir vorerst als »Erdbeben« übersetzen werden) zur Beschreibung der Ereignisse des Jahrhunderts. Betrachtet man sie nicht als Bücherstützen der Epoche, ergeben sie wenig oder gar keinen Sinn.

Der erste Quatrain, X.67, bezieht sich auf den Beginn des Jahrhunderts, der zweite, IX.83, auf das Ende desselben. Sie bergen die außergewöhnlichsten astrologischen Vorhersagen, auf die wir jemals gestoßen sind.[2]

Quatrain X.67 lautet folgendermaßen:

>»Le tremblement si fort au mois de May,
> Saturne, Caper, Jupiter, Mercure au boeuf:
> Venus aussi, Cancer, Mars en Nonnay,
> Tombera gresle lors plus grosse qu'un oeuf.«

Sobald wir den in Geheimastrologie verborgenen Inhalt analysiert haben, werden wir eine Übersetzung versuchen. Obwohl die planetarischen Positionen zweideutig sind, werden dem Leser die folgenden Hinweise in Grüner Sprache eine Hilfe sein, eigene Schlußfolgerungen zu ziehen.

»Caper« (der lateinische Ausdruck für »Ziege«) steht hier für den Steinbock, »boeuf«, »Ochse«, bezeichnet den Stier. Da der Krebs (»Cancer«) ein Tierkreiszeichen ist, kann er sich nicht in einem anderen Tierkreiszeichen befinden. Daher ist in diesem Zusammenhang anzunehmen, daß mit »Cancer« der Mond gemeint ist, der der planetarische Herrscher dieses Zeichens ist. »Nonnay«, abgeleitet von den französischen Worten *nonne* oder *nonnain*, »Nonne«, steht für Jungfrau. In der mittelalterlichen Ikonographie wird das Bild einer Nonne oder eines weiblichen Ordensmitglieds mitunter mit der Jungfrau in Verbindung gebracht, da sie die himmlische Jungfrau – einen kosmischen Urtyp der Jungfrau Maria – darstellt, der Nonnen spirituell nachstreben. Schließlich erwähnte Nostradamus den »mois de May«, um anzudeuten, daß die Sonne im Stier steht. Dieser versteckte Hinweis auf die Sonne bedeutet, daß in diesem seltenen Quatrain eine Position für jeden der sieben traditionellen Planeten angegeben wird. Nostradamus bot dem scharfsinnigen Astrologen keine Möglichkeit, den von ihm avisierten Tag herauszulesen. Anhand der Bedeutung dieser verschlüsselten Begriffe können wir das in dem Quatrain enthaltene, einfache Horoskop übersetzen und bekommen folgende Daten:

>»Sonne im Zeichen des Stiers
Saturn und Jupiter im Zeichen des Steinbocks,
Merkur im Zeichen des Stiers
Venus ebenfalls im Zeichen des Stiers, mit dem Mond.
Mars im Zeichen der Jungfrau.«

Somit läßt sich der Quatrain folgendermaßen übersetzen:

>»Starkes Erdbeben im Monat Mai,
Saturn und Jupiter im Steinbock, Merkur im Stier:
Venus und Mond ebenfalls im Stier, mit Mars in der Jungfrau,
Dann werden Hagelkörner groß wie Eier vom Himmel fallen.«

Soweit wir feststellen konnten, gab es seit 1558 nur einen Tag, an dem alle diese astrologischen Bedingungen gleichzeitig erfüllt wurden: den 17. Mai 1901. Aus Gründen der Vereinfachung werden wir die von Nostradamus angegebenen Positionen neben den tatsächlichen Positionen der Planeten an diesem Tag anführen. Die Sequenz der Planeten folgt der Aufzählung in dem Vierzeiler:

Sonne im Stier:	SO	11	Stier 08
Saturn im Steinbock:	SA	16	Steinbock 02 Rück.*
Jupiter im Steinbock:	JU	12	Steinbock 39 Rück.
Mars in der Jungfrau:	MA	02	Jungfrau 06
Merkur im Stier:	ME	28	Stier 37
Venus im Stier:	VE	29	Stier 52
Mond im Stier:	MO	25	Stier 35

Nun läßt sich erkennen, daß eine Übersetzung der ersten Zeile in der Form, daß im Monat Mai ein Erdbeben stattfinden werde, irreführend gewesen wäre. Es scheint vielmehr, als wäre der Monat Mai (»mois de May«) Teil jenes astrologischen Musters, das Nostradamus zu beschreiben versuchte. Der Monat ist nur insofern von Bedeutung, als er angibt, daß die Sonne sich im Zeichen des Stiers befinden wird. So nehmen wir

---

* d. i. in Rückwärtsbewegung.

an, daß das »tremblement« in jenem Jahr erfolgen wird, in dem alle sechs astrologischen Bedingungen zusammentreffen – d. h. 1901.

Nun gab es im September 1901 ein Erdbeben im schottischen Grampiangebirge. Es wäre unserer Ansicht nach jedoch unsinnig, den Schluß zu ziehen, daß Nostradamus die Mühe auf sich genommen hätte, einen solch außergewöhnlichen Quatrain zu verfassen, nur um auf ein mittelschweres Erdbeben in Schottland hinzuweisen. Wir sind davon überzeugt, daß sich das »tremblement« auf das einhundert Jahre andauernde Erdbeben bezieht – die Gesamtheit aller sozialen, politischen und militärischen Umwälzungen, die im zwanzigsten Jahrhundert stattgefunden haben. Unter Anwendung seiner geheimastrologischen Techniken deutete Nostradamus mit außerordentlicher Präzision auf eine einmalige Planetenkonfiguration hin, die das erste Jahr des zwanzigsten Jahrhunderts bezeichnet, dessen Schrecken er wohl vorhergesehen hat.

Quatrain X.67 markiert das erste Jahr des zwanzigsten Jahrhunderts. Auf ähnliche Weise deutet Quatrain IX.83 auf dessen letztes Jahr hin. X.67 ist einer der »Umlaufquatrains«. Er hängt von den Zeigern der Saturn-Jupiter-Konjunktionen ab, die in die kosmische Uhr unseres Himmels gezeichnet sind (Abb. 22). Wir haben bereits mehrmals darauf hingewiesen, daß Nostradamus Saturn-Jupiter-Konjunktionen bevorzugt zur Kennzeichnung wichtiger Daten einsetzte. Interessant ist nun, daß sich eine ähnlich große Konjunktion von Jupiter und Saturn, wie sie zu Beginn des zwanzigsten Jahrhunderts eintraf, auch im Jahr 2000 ereignen wird. Einer der Quatrains, die ein entsetzliches »Erdbeben« für dieses Jahr vorhersagen, läßt sich übersetzen. Ähnlich wie in der ersten Zeile von X.67 ist auch in IX.83 ein Hinweis auf Mai-Stier zu finden:

> »Sol vingt de Taurus si fort terre trembler,
> Le grand theatre remply ruinera,
> L'air, ciel & terre, obscurcir & troubler,
> Lors l'infidele Dieu & sainct voquera.«

Für den Augenblick wählen wir folgende Übersetzung:

> »Die Sonne bei zwanzig im Stier, die Erde wird sehr stark beben,
> Das große, überfüllte Theater wird einstürzen,
> Luft, Himmel und Erde verdunkelt und erschüttert,
> Der Untreue wird Gott und die Heiligen anflehen.«

Die Prophezeiung scheint unheilvoll, weshalb wir versuchen wollen, den Quatrain zu datieren. Erst müssen wir uns jedoch fragen, was mit »zwanzig im Stier« (»vingt de Taurus«) gemeint ist. Dieser Hinweis läßt sich sowohl als »20 Grad im Stier« oder »der zwanzigste Tag der Sonne im Stier« interpretieren. Angesichts der Bedeutung, die den Graden großer Konjunktionen in der mittelalterlichen Astrologie zugeschrieben wird, schließen wir, daß sich die erste Zeile des Quatrains auf eine Periode bezieht, in der eine wichtige Konjunktion in einem Winkel von 20 Grad im Stier stattfindet.

Stier, Jungfrau und Steinbock waren jene Erdzeichen, die (der mittelalterlichen Astrologie zufolge) die Wirren und Unruhen des zwanzigsten Jahrhunderts überblicken würden. Das letzte der Erdtrigone wird am 28. Mai 2000 stattfinden, wenn die beiden berechenbaren Planeten bei 23 Grad im Taurus aufeinandertreffen. Für das zwanzigste Jahrhundert werden die großen Konjunktionen im Erdtrigon in nachstehender Tabelle angeführt:

1881	18. April	2	Stier
1901	27. November	14	Steinbock
1921	10. September	27	Jungfrau
1940	8. August	15	Stier
1940	20. Oktober	13	Stier
1941	15. Februar	10	Stier
1961	19. Februar	26	Steinbock
2000	28. Mai	23	Stier

Obwohl wir für dieses »Erdbeben« oder diese Umwälzung zwei Annäherungsdaten erhalten, finden sich keine astrologischen Hinweise, die es uns gestatten, ein Jahr für dieses Ereignis vorzuschlagen. Tatsächlich entdecken wir lediglich in unserer unmittelbaren Zukunft, im Mai 2000, eine Übereinstimmung mit dem Quatrain.

Da Nostradamus auf eine Position von 20 Grad im Stier hinweist, wollen wir die Bedeutung dieser Angaben für den Mai 2000 untersuchen. Am 7. tritt Saturn in 20 Grad des Stiers ein. Obwohl Jupiter zu diesem Zeitpunkt praktisch in Konjunktion mit Saturn steht, befindet er sich innerhalb der Toleranz von 2 Grad, d. h. in einem Winkel von 18 Grad im Stier. Daher müssen wir uns fragen, ob es in diesem Monat einen weiteren astrologischen Augenblick gibt, in dem die Position von 20 Grad im Stier deutlicher hervortritt. Die Antwort ist wirklich bemerkenswert.

Am 9. Mai 2000, wenn die Sonne präzise in einem Winkel von 20 Grad im Stier steht, kommt es zu einer massiven Konjunktion von sechs der traditionellen Planeten im Stier. Die Positionen sind die folgenden:

Sonne	20	Stier
Merkur	20	Stier
Venus	11	Stier
Jupiter	18	Stier
Saturn	20	Stier

Die beiden Planeten, die sich außerhalb des Satellitiums befinden, sind der Mars (im Zwilling) und der Mond (im Löwen). Unnötig hervorzuheben, daß sich eine derartige Planetenkonfiguration erst nach einigen hundert Jahren wiederholt.

Da sie zum Zeitpunkt der Verfassung dieses Buches noch in unserer eigenen Zukunft liegt, können wir lediglich annehmen, daß sie mit Quatrain IX.83 in Verbindung steht. Es ist das einzige Datum in einem Zeitraum von vielen Jahrhunderten, das mit den Angaben des Vierzeilers übereinstimmt. Nostradamus war in seiner Wortwahl und in seiner Verwendung astrologischer Daten zu vorsichtig, als daß er kein einmaliges Datum gewählt hätte. Um welche Art von Umwälzung, Erdbeben oder Konflikt es sich in diesem Quatrain handeln mag, werden wir erst nach Eintreffen des Ereignisses wissen.

Eine präzise und unwiderlegbare Untersuchung der planetarischen Position hat zwei Daten erbracht, die den Beginn und das Ende des zwanzigsten Jahrhunderts markieren, für das Erdbeben, Veränderungen und Katastrophen vorhergesagt wurden. Am Ende dieses Jahrhunderts angelangt, erkennen wir, wie zutreffend Nostradamus' Vorhersagen waren. Da er voller Überraschungen steckte, ist es gut möglich, daß sich die Prophezeiungen für das Jahr 2000 auf ein großes Erdbeben oder einen Krieg beziehen, wenn...

»... das große, überfüllte Theater (die Erde) einstürzen wird,
Luft, Himmel und Erde verdunkelt und erschüttert werden,
So daß der Untreue Gott und die Heiligen anfleht.«

Wir sind geneigt, diese Zeilen als sorgfältig ausgearbeitete Beschreibung des Endes eines Jahrhunderts zu sehen, das wohl mehr Umwälzungen erlebte als jedes andere in der Geschichte der Welt. Das Jahrhundert beginnt relativ »friedlich« mit Hagelkörnern in der Größe von Eiern und endet in Zerstörung. Dies scheint uns eine zutreffende Zusammenfassung des zwanzigsten Jahrhunderts zu sein.

Im Hinblick auf Nostradamus' Prophezeiungen für unser Jahrhundert überrascht es kaum, daß die Quatrains, die er für die zwischen den beiden Endpunkten 1901 und 2000 liegenden Jahre schrieb, voll von Kriegsvorhersagen sind. Ein vielsagendes und sogar historisch einflußreiches Beispiel sind die sogenannten Hitler-Quatrains.

DIE HITLER-QUATRAINS

Diese Vierzeiler bieten ein gutes Beispiel für die Schwierigkeiten der Vorhersage vor Eintreffen des Ereignisses. In Quatrain II.24 verwendete Nostradamus das Wort »Hister«. Vor den zwanziger Jahren unseres Jahrhunderts wurde dieses Wort als Hinweis auf den Fluß Hister oder Ister, den lateinischen Namen für den unteren Teil der Donau, gedeutet. Im Gesamtzusammenhang des Quatrains betrachtet, der sich in der ersten Zeile mit Flüssen befaßt, schien dies eine vernünftige Annahme:

»Bestes farouches de faim fleuves tranner,
Plus part du camp encontre Hister sera
En cage de ferle grand sera trainner,
Quand Rin enfant Germain observera.«

»Vor Hunger wilde Tiere durchschwimmen die Flüsse,
Der größte Teil des Schlachtfelds wird an dem Fluß Hister liegen.
Der Große wird in einem eisernen Käfig verschleppt,
Wenn das deutsche Kind den Rhein sehen wird.«

In unserer Zeit war der Quatrain oftmals Gegenstand außergewöhnlichster Deutungen, die nahezu alle auf der Auslegung des Wortes »Hister« als »Hitler« beruhten.[3] Roberts beharrt auf seiner Ansicht, der Quatrain enthalte eine Vorhersage über das Schicksal von Adolf Hitler, wobei er den eisernen Käfig (»cage de fer«) als Anspielung auf den Bunker in Berlin, in dem Hitler starb, betrachtet. Obwohl de Fontbrune bekannt ist, daß sich Hister auf die Donau bezieht, liest er aus dem Quatrain Hitlers Untergang im April 1945. Der eiserne Käfig wurde zu dem Wagen, in dem Mussolini zu seiner Exekution geführt wurde. Der italienische Nostradamus-Forscher Carlo Patrian widersteht der Versuchung, den Quatrain mit Hitler oder Mussolini in Verbindung zu bringen, bietet jedoch keinerlei Erklärung an.

Unsere Übersetzung basiert auf der Annahme, daß das Wort »tranner« am Ende der ersten Zeile eine Version des lateinischen Infinitivs *tranare* (»durchschwimmen«) ist. Wir anerkennen die Doppeldeutigkeit der letzten Zeile, denn das zu dem letzten Verb gehörende Subjekt ist nicht eindeutig definiert. Die Zeile könnte sogar als »der Rhein sieht das deutsche Kind« übersetzt werden.

Obwohl klassisch geschulte Nostradamus-Interpreten nicht daran zweifeln, daß sich das Wort »Hister« auf die Donau bezieht, nahm es nach Hitlers Machtergreifung eine andere Bedeutung an und wurde als Hinweis auf ihn gewertet. Obwohl Hitler der lateinische Ursprung des Wortes bekannt war, glaubte auch er, daß sich der Ausdruck auf ihn bezog.

Wie Ellic Howe 1967 in *Uranias Kinder* anmerkte, versuchten sowohl Hitler als auch Goebbels aus dieser Prophezeiung Kapital zu schlagen. Vermutlich führte dieses Wort zu unzähligen, zweifelhaften »Nostradamus«-Prophezeiungen, die von den Nazis und den Alliierten während des Zweiten Weltkriegs verbreitet wurden.[4]

Nostradamus' Vorhersagen waren von C. Loog, einem deutschen Postbeamten aus Berlin, in einer höchst subjektiven Interpretation (die er 1921 veröffentlichte) auf kuriose Weise übersetzt worden.[5] Loog behauptete, einen numerologischen Schlüssel für die Quatrains entdeckt zu haben, und kam unter Anwendung dieses »Schlüssels« zu vielen weitreichenden Auslegungen. Für unsere Forschung von Bedeutung ist die Tatsache, daß Loog, indem er seine Interpretationsmethode auch auf Quatrain III.57 anwendete, zu der Schlußfolgerung gelangte, daß Großbritannien 1939 das Ende seiner Größe und den Beginn seines Niederganges erleben würde. Auf irgendeine Weise würde dies mit seiner Beschützerfunktion Polen gegenüber in Verbindung stehen. Loog irrte in der Datierung und im Hinweis auf Polen. Er übersetzte bestimmte, von Nostradamus als Schlüsselworte eingesetzte Ausdrücke unrichtig, fälschte das Datierungssystem und setzte sich unbekümmert über Nostradamus' kalendarisches System hinweg. Tatsächlich war Loogs Auslegung so abstrus, daß sie vergessen worden wäre, wenn sie nicht als Referenz in einem anderen Buch aufgetaucht wäre. Ein von Dr. H. H. Kritzinger im Jahr 1922 verfaßter Hinweis auf diese Version der Prophezeiungen gelangte in die Hände von Frau Goebbels. Schon bald stuften Hitler und sein Propagandaminister die Vorhersage als äußerst bedeutend ein.[6]

David Pitt Francis behält womöglich recht, wenn er meint, daß in dieser letzten Episode der Geschichte der Centurien die Prophezeiungen bis zu einem gewissen Grad selbsterfüllend sind. So ist es gut möglich, daß die deutsche Führung den Zeitpunkt für die Invasion in Polen im Jahr 1939 aufgrund der Übersetzung Loogs wählte. Wie Francis anmerkt, war Loogs Interpretation vielleicht »der direkte Auslöser einer der schrecklichsten Kriege in der Geschichte der Menschheit«.

Für unsere Studien ist die unbestreitbare Tatsache von Bedeutung, daß die unterschiedliche (d. h. prä- und post-Hitlersche) Auslegung des

Wortes »Hister« unvermeidlich zu weit voneinander abweichenden Interpretationen des Quatrains führte. Obwohl eine Deutung in Zusammenhang mit dem römischen Flußnamen nach wie vor sinnvoller ist, läßt sich die Mehrzahl moderner »Übersetzer« nicht davon abbringen, in diesem Wort einen Hinweis auf den Diktator zu sehen. Höchstwahrscheinlich ist dies auf Loogs Irrtum zurückzuführen, der von Cheetham in die populäre Nostradamus-Literatur eingebracht wurde.

Beispiele für die Weiterführung von Fehlern sind in der modernen Literatur in ausreichendem Maß vorhanden. So finden wir in der reichlich oberflächlichen Abhandlung von Arkel und Blake[7] die zweite Zeile in der Bedeutung »Der Großteil des Schlachtfeldes wird Hitler zufallen«. Diese Auslegung ist von Nostradamus' Original so weit entfernt, wie dies nur irgend möglich ist.

DIE FLUSSQUATRAINS

Interpreten, die darauf bestehen, »Hister« als »Hitler« zu deuten, ignorieren vermutlich die Tatsache, daß Nostradamus denselben Flußnamen (diesmal in der Variante »Hyster«) in einem anderen Vierzeiler verwendete. Es handelt sich um Quatrain IV.68, dessen dritte Zeile folgendermaßen lautet: »De Rhin, & Hyster, qu'on dira sont venus«. Aufgrund des Zusammenhangs besteht kein Zweifel, daß die Zeile in dieser Form übersetzt werden solle: »Sie werden sagen, sie kommen vom Rhein und von der unteren Donau«.

Seltsamerweise bezieht sich auch ein anderer mit 68 bezeichneter Quatrain, nämlich V.68, auf die Flüsse Donau und Rhein, diesmal jedoch mit ihren heutigen Namen. Es erscheint sinnvoll, diese beiden Vierzeiler unter dem Begriff »Flußquatrains« zusammenzufassen.

Lag es in Nostradamus' Absicht, eine Verbindung zwischen diesen beiden Quatrains herzustellen, indem er bewußt dieselbe Nummer für sie wählte? Auch wenn keine Notwendigkeit besteht, dieser Frage weiter nachzugehen, wollen wir doch festhalten, daß er unserer Meinung nach einen Fluß dann mit dem Namen anführte, wenn er sich auf genau diesen Fluß bezog. Deshalb sollten wir zumindest einen dieser Vierzeiler eingehender untersuchen. Betrachten wir V.68:

> »Dans le Dannube & du Rin viendra boire,
> Le grand Chameau, ne s'en repentira:
> Trembler du Rosne & plus fort ceux de Loire,
> Et pres des Alpes Coq les ruynera.«

»In der Donau und im Rhein wird er seinen Durst stillen,
Das große Kamel, das er nicht bereuen wird:
Erzittern werden die von der Rhône und noch mehr die von der Loire,
Und bei den Alpen wird er den Hahn vernichten.«

Da der Quatrain reich an Assoziationen ist, können wir nicht garantie-
ren, daß die von uns vorgeschlagene Interpretation korrekt ist. Er scheint
sich auf Leben, Zeit und Leistungen des Prinzen Eugen von Savoyen zu
beziehen, der auch Gegenstand eines anderen Quatrains ist. Bevor wir
diesen Querverweisen detaillierter nachgehen, müssen wir die hier verwendeten Begriffe der Grünen Sprache untersuchen.

Die Interpretation des ganzen Vierzeilers dürfte von der Bedeutung
des eigenartigen Wortes »Chameau« abhängen. Es heißt es wörtlich
»Kamel«, doch der große Anfangsbuchstabe läßt vermuten, daß es ein
Ausdruck der Grünen Sprache ist. Die Chamaven (frz. »Chamaves«)
waren ein germanisches Volk, das sich später zum Bund der Franken
zusammenfand. Daher leitete sich schließlich der Name Frankreich ab.
Daß der letzte Teil des Wortes, »-aves«, zu »eau« verändert wurde, ist
aus dem Blickwinkel der Grünen Sprache von höchster Bedeutung. Im
Lateinischen steht *aves* für »Bienen«. Wie bereits früher angemerkt,
behaupten Esoteriker, das ursprüngliche Design der *fleur-de-lys* Frankreichs seien Bienen gewesen. Deshalb beharrte auch Napoleon darauf,
die Biene als Symbol des Imperiums und für Frankreichs Größe einzuführen. Im Französischen steht *eaux* für »Wasser«. An und für sich kein
überraschendes Wort in einem Quatrain, der sich so offensichtlich mit
den Namen von Flüssen befaßt. Im Hinblick auf diese verborgenen
Bedeutungen müssen wir annehmen, daß mit »Chameau« Frankreich
gemeint ist – wobei der Name des Volkes mit dem Nationalsymbol kombiniert wird –, und zwar jener Teil des Landes, in dem die beiden Flüsse
Rhône und Loire fließen.

Allerdings lautet die Verschlüsselung nicht lediglich »Chameau«,
sondern »le grand Chameau«, oder »der große Franzose«. Wie wir wissen, war Prinz Eugen von Savoyen ein solcher großer Franzose, möglicherweise sogar der größte seines Jahrhunderts (Abb. 49). In Paris geboren, wurde er aufgrund eines gegen alle Franzosen, die in fremden
Armeen dienten, erlassenen Dekretes verbannt. Dies könnte teilweise
eine Nebenbedeutung des Ausdrucks »chameau« erklären, da in der
französischen Umgangssprache das Wort »Kamel« als Bezeichnung für
einen unpopulären Menschen verwendet wurde. Möglicherweise war er
in Frankreich wenig beliebt; von den Österreichern wurde er dafür sehr
geschätzt. Er diente unter Leopold I. und erhielt für seinen Erfolg gegen

die Türken bei der Befreiung Wiens im Jahr 1683 das Kommando über ein Dragonerregiment.

Die Anfangszeile von V.68 erwähnt die Donau und den Rhein. Bei der Belagerung Wiens, das an der Donau liegt, gelangte Prinz Eugen im Jahr 1683 erstmals zu Ruhm. Diesem Datum entnehmen wir die wichtige Zahl 68, die die beiden Flußquatrains miteinander verbindet und uns einen Hinweis auf den Zeitpunkt liefert, dem die Verse zuzuordnen sind. Als Folge der Siege bei Wien wurden in dieser Dekade zwei bedeutende Vertragswerke unterzeichnet: Der Vertrag von Wien (1686) und der von Blasendorf, in dem im selben Jahr die Oberhoheit Leopolds I. anerkannt wurde.

Aufgrund seiner ruhmreichen Taten in Wien erfreute sich Eugen bald der unbegrenzten Unterstützung von Leopold, der ihn nach Italien und in die spanischen Thronfolgekriege entsandte. Davon handelt die zweite Zeile von Quatrain V.68. Trotz unglaublicher Schwierigkeiten überquerte Eugen die Berge (»Alpes«) von Tirol nach Italien und schlug die französischen Truppen zurück. Die Franzosen wurden schließlich gezwungen, auf ihren Anspruch auf die Gebiete um Mantua zu verzichten. Prinz Eugens überwältigender Sieg gegen die Franzosen bei Turin im September 1706 besiegelte das Schicksal Frankreichs (»Coq les ruynera«) in Italien bis in die Zeiten Napoleons.

Die Phrase »ne s'en repentira« in der zweiten Zeile bezieht sich eindeutig auf einen Vorfall in Eugens Leben. Obwohl er aus Frankreich verbannt worden war, wurde ihm von Ludwig XIV. nach Bekanntwerden seiner erstaunlichen militärischen Fähigkeiten der Marschallstab von Frankreich angeboten. Prinz Eugen, der sein ganzes Leben hindurch seinen Prinzipien treu blieb, lehnte das Angebot ab und bereute seine Entscheidung nie (»ne s'en repentira«), sich für Deutschland und Österreich entschieden zu haben (»Dans le Dannube & du Rin«).

VERÄNDERUNGEN IN KÖLN

Die Schwierigkeit bei der Übersetzung von Nostradamus' Texten liegt unter anderem darin, daß er eine Reihe von Ereignissen in einem einzigen Wort oder einer kurzen Wendung festhält.

Im Zusammenhang mit Flüssen sollten wir einen Blick auf einen weiteren Quatrain werfen, der sich auf das zwanzigste Jahrhundert bezieht. In verschiedenen Vierzeilern sieht Nostradamus entsetzliche Überflutungen und das Auftauchen neuer geographischer Formationen in vielen Teilen der Erde vorher. Darunter befindet sich auch Quatrain VI.4, der auf den ersten Blick anzudeuten scheint, daß der Rhein seinen Lauf so verändern wird, daß die Stadt Köln nicht mehr an seinen Ufern liegen wird. Dies würde enorme geographische Veränderungen in unserer Zukunft bedeuten. Deswegen fassen moderne Interpreten den Vierzeiler als Hinweis auf allgemeine Zerstörungen in unserer näheren Zukunft auf. Die ersten beiden Zeilen lauten:

»Le Celtique fleuve changera de rivage,
Plus ne teindra la cité d'Agripine;«

»Das Ufer des keltischen Flusses wird sich verändern,
Er wird die Stadt der Agrippina nicht mehr berühren ...«

Nun könnte sich der »keltische Fluß« auf viele europäische Flüsse einschließlich Themse, Maas, Donau, Ruhr, Seine und viele andere beziehen. Erst der Hinweis auf die »Stadt der Agrippina« (»la cité d'Agripine«) ermöglicht es uns, den gemeinten Fluß zu identifizieren. Köln, ursprünglich Colonia Agrippina, war eine römische Siedlung und nach Agrippina, der unglücklichen Mutter des wahnsinnigen römischen Imperators Nero, benannt worden. In der Antike wurden die Einwohner dieser Kolonie *Agrippinenses* genannt.

Bei näherer Betrachtung erkennen wir die Doppeldeutigkeit der ersten beiden Zeilen. Es ist gut möglich, den Vers auch als Hinweis auf eine Zeit zu betrachten, da der Fluß die Richtung seines Laufes ändern wird. Doch wenn wir das »Plus« der zweiten Zeile als »Wieder« auffassen, könnte dies bedeuten, daß sich nicht der Fluß selbst verändern wird, sondern die an seinen Ufern gelegene Stadt. Könnte dies ein Hinweis auf die Zerstörung Kölns während des Zweiten Weltkriegs sein? Bis zu einem gewissen Grad wird diese Auslegung durch die dritte Zeile der Prophezeiung unterstützt: »Tout transmue ormis le vieil langage« – »Alles, außer der alten Sprache, wird sich ändern«. Während des Zweiten Weltkriegs wurde Köln durch die Bombenangriffe der Alliierten schwer beschädigt. Selbst am Dom, der wie durch ein Wunder keiner Bombe zum Opfer fiel, waren umfangreiche Renovierungsarbeiten notwendig. Alles war verändert – bis auf den alten, vom lateinischen *colonia* abgeleiteten Namen. Man könnte den Quatrain also auch so auslegen. Untersuchen wir die astrologischen Begriffe der vierten Zeile (s. Seite 111), zeigt sich unzweifelhaft, daß er sich tatsächlich auf den Zweiten Weltkrieg und somit auf ein Ereignis in unserer Vergangenheit und nicht, wie einige Interpreten behaupten, in unserer Zukunft bezieht.

Da wir davon ausgehen können, daß der Ort des Ereignisses Deutschland ist und der Zeitpunkt das Ende des Zweiten Weltkriegs, sollten wir anmerken, daß während der letzten Kriegstage (bevor Köln am 7. März 1945 von den Alliierten eingenommen wurde) ein anderer deutscher Fluß eine bedeutende Rolle spielte. Nachdem die 1. US-Armee am 11. Februar bis zum oberen Abschnitt der Ruhr vorgedrungen war, durchbohrten die Deutschen die Dämme. Als Folge wurde das Gebiet zehn Tage lang überflutet, was weitere Angriffe unmöglich machte. Könnte Nostradamus in seiner Vision diesen überschwemmten Landstrich gesehen haben, und sollte der »Celtique fleuve« demnach als die Ruhr gedeutet werden? Da nicht zwangsläufig ein Zusammenhang zwischen der ersten und der zweiten Zeile der Prophezeiung bestehen muß, ist eine solche Deutung durchaus denkbar. Die Überflutung des Ruhrgebiets und die Zerstörung von Köln waren zwei unterschiedliche, jedoch nahezu zeitgleiche Ereignisse. Sollten wir recht behalten, sind wir soeben auf ein weiteres Beispiel für Nostradamus' Neigung, zwei Prophezeiungen in einem Quatrain zu verbinden, gestoßen.

AM MAST GEHÄNGT

Quatrain IV.92 kann gut im Zusammenhang mit dem zwanzigsten Jahrhundert untersucht werden, da er in jüngster Zeit von mehreren Interpreten als Hinweis auf eine moderne Erfindung – die Radio- oder Fernsehantenne – ausgelegt wurde.

»Teste trenchée du vaillant Capitaine,
Sera jetté devant son adversaire,
Son corps pendu de sa classe à l'antenne,
Confus fuir par rame à vent contraire.«

»Dem kühnen Kapitän werden sie den Kopf abhacken,
Und ihn seinem Gegner vor die Füße werfen:
Seinen Körper werden sie an den Mast seines Schiffes hängen,
Verwirrte Flucht bei Gegenwind in Ruderbooten.«

Roberts sieht in dem Wort »antenne« einen Hinweis auf eine Radioantenne. Cheetham meint, Nostradamus verwende diesen Ausdruck, um auf eine komplizierte Apparatur wie etwa ein Funkgerät hinzudeuten, mit der er nicht vertraut gewesen sei.

Es besteht keinerlei Notwendigkeit, das Wort »antenne« auf unsere modernen Zeiten zu beziehen, da das lateinische *antenna* im sechzehnten Jahrhundert ein nautischer Ausdruck war, mit dem die Rahnock eines Schiffes bezeichnet wurde. In seiner Interpretation aus dem Jahr

1672 übersetzte Garencières dieses Wort als »Segelmast«. In dem Bestreben, Nostradamus in unsere Zeit zu übertragen, wurde dies von vielen Autoren übersehen.

Der Quatrain beschreibt das Aufknüpfen eines Seemannes, dessen Identität wir allerdings nicht mit hundertprozentiger Sicherheit enthüllen können. Unser Hauptanliegen ist es aufzuzeigen, daß »antenne« keineswegs auf eine Radio- oder Fernsehantenne hinweist, wie sich aus dem Kontext ersehen läßt. Wahrscheinlich bezieht sich der Quatrain auf den Tod des Prinzen Francesco Caracciolo im Jahr 1799. Der Prinz war ein neapolitanischer Admiral und Revolutionär und hatte im Unabhängigkeitskrieg an der Seite Englands gegen Amerika gekämpft. 1799 übernahm er das Kommando der Flotte der neuen Republik und kämpfte gegen die britischen und neapolitanischen Geschwader. In der Nähe von Neapel versuchte er verkleidet zu fliehen. Man legte ihn in Ketten und verurteilte ihn an Bord von Nelsons Flaggschiff zum Tode. Er wurde unmittelbar nach dem Urteil am 30. Juni 1799 am Mast der *Minerva* gehängt.

Bestimmte Wörter des Quatrains legen nahe, daß es sich bei dem Gehängten um Caracciolo handelte. »Trenchée« stammt wahrscheinlich von dem Verbum *trancher* ab, das wörtlich »schneiden« oder »aufschlitzen« bedeutet. Dies verleitete einige Interpreten dazu, den Vers als Beschreibung einer Enthauptung zu übersetzen. Allerdings stünde eine solche Auslegung mit der dritten Zeile in Widerspruch, in der von einem *Gehängten* die Rede ist. Die französische Wendung *trancher du grand seigneur* bedeutet »vorzugeben, ein großer Mann zu sein«. Caracciolo wurde (in den Augen Nelsons) eben aus diesem Grund gehängt, da er eine Macht vorgetäuscht hatte, die er nicht besaß. Er hatte behauptet, Anführer (*chef*) der neapolitanischen Flotte zu sein.

Obwohl Nelson sicherlich wußte, daß sowohl das Gerichtsverfahren als auch die Exekution illegal waren, ließ er den Mann aufknüpfen. Es heißt, Königin Maria Carolina habe Lady Hamilton (die sich zu dieser Zeit an Bord von Nelsons *Minerva* befand) aus persönlichen Motiven angestiftet, Nelson dazu zu überreden. »Adversaire« ist ein zutreffender Ausdruck, da Nelson befehlshabender Kommandant der neapolitanischen Flotte war. Caracciolo, einstiger neapolitanischer Admiral, war Revolutionär und Befehlshaber über die Flotte der neuen Republik und somit der Anführer der Widersacher. Mit der genauen Auslegung dieses Quatrains müssen wir uns jedoch nicht weiter befassen. Es genügt anzumerken, daß ein mißverstandenes Wort zu phantasievollen Deutungen führen kann.

DIE SCHLACHT UM FRANKREICH

Soweit wir feststellen konnten, sah der französische Schriftsteller de Fontbrune Quatrain IV.80 als erster als Hinweis auf die Maginot-Linie.[8] Da er seine Auslegung im Jahr 1939, nur vier Jahre nach deren Errichtung, niederschrieb, konnte er die volle Bedeutung des Quatrains, der sich mit der Schlacht um Frankreich im Jahr 1940 befaßt, zu diesem Zeitpunkt noch nicht erkennen. Der Vierzeiler beginnt mit der Beschreibung eines großen Grabens ausgehobener Erde:

> »Pres du grand fleuve grand fosse terre egeste
> En quinze parts sera l'eau divisée:
> La cité prinse, feu, sang, cris, conflit meste,
> Et la plus part concerne au collisée.«

> »Beim großen Fluß ein großer Graben ausgehobener Erde
> In fünfzehn Teile wird das Wasser geteilt:
> Die Stadt erobert, Feuer, Blut, Schreie und Kämpfe.
> Und der größte Teil voller Kollisionen.«

Die Maginot-Linie verlief über einige Kilometer parallel zum Rhein (»Pres du grand fleuve«). Sie war tatsächlich ein großer Graben (»grand fosse«) ausgehobener Erde (»terre egeste«). Die Aneinanderreihung unterirdischer Gänge und bis zu siebenstöckiger Bunker, in denen Krankenhäuser, Unterkünfte, Büros und Waffenlager untergebracht waren, erreichte eine Gesamtlänge von dreihundertzehn Kilometern. Zwischen 1930 und 1934 wurden ein beträchtlicher Teil der Maginot-Linie neu errichtet und einige ältere Befestigungsanlagen – die aus der Zeit vor dem Ersten Weltkrieg stammten, wie Thionville, Metz, Verdun und Belfort – als zweite Linie modernisiert. Während der Invasion von 1940 umgingen die Deutschen die Maginot-Linie und stießen über Luxemburg und Belgien in die schwach verteidigte Region in der Nähe von Sedan vor. Sobald die Franzosen erkannten, daß sie überlistet worden waren, zogen sie sich zurück.

Ironischerweise hat Sedan bereits durch einen anderen Nostradamus-Vers Berühmtheit erlangt (s. Seite 164 f.). Die Einnahme der Stadt und der Vorstoß der Deutschen auf Abbeville (einen Hafen an der Somme in Nordfrankreich), durch den die alliierte Armee in Belgien abgeschnitten wurde, bestimmten den weiteren Verlauf des Krieges.

Lange Zeit konnten wir die zweite Zeile nicht ganz verstehen. Warum beharrte Nostradamus darauf, daß »das Wasser in fünfzehn Abschnitte geteilt« werde (»En quinze parts sera l'eau divisee«)? Welches Wasser, und warum war es für die Maginot-Linie von Bedeutung? Betrachten wir die Zeile in bezug auf die Ereignisse, die auf das deutsche Ausweichmanöver folgten, ergibt sich ein Sinn. Der deutsche Plan beinhaltete die Einnahme von Sedan am nördlichen Ende der Maginot-Linie und den zangenförmigen Vorstoß auf Abbeville. Durch diese Strategie wurden die britischen Streitkräfte abgeschnitten, was zu dem nahezu in einer Katastrophe endenden Rückzug bei Dünkirchen führte. Die Deutschen marschierten ohne Verzögerung in einer Dreierformation von Sedan nach Abbeville, wobei sich zwei Panzerdivisionen in nördlicher, zehn in südlicher Richtung und eine direkt auf das Zentrum zu bewegten. Um Abbeville zu erreichen, überquerten sie einen Kanal und vier Flüsse (Ardennen-Kanal, Maas, Serre, Oise und Somme), insgesamt also fünfzehn Wasserläufe. In einem 1980 veröffentlichten Kommentar behauptet de Fontbrune fälschlicherweise, daß das Drainagesystem der Maginot-Linie in fünfzehn Abschnitte unterteilt gewesen sei. Die Tatsache, daß sie einen Kanal überquerten, erklärt, warum Nostradamus von geteiltem Wasser (»l'eau«) und nicht von Flüssen (*fleuves*) sprach.

Somit handelt es sich bei der von den Deutschen eingenommenen Stadt (»La cité prinse«) höchstwahrscheinlich um Abbeville.[9] »Conflit meste« könnte ein militärischer Fachausdruck sein, denn selbst im sechzehnten Jahrhundert war der Begriff *mestre* für die erste Kompanie eines Regimentes gebräuchlich. Daraus läßt sich ableiten, daß es zu einem Konflikt zwischen solchen Kompanien gekommen sein könnte.

Die letzte Zeile enthält ein beträchtliches Maß an Ironie: »Et la plus part concerne au collisée« – »Und der größte Teil voller Kollisionen«. Die Absicht der Franzosen war es gewesen, eine Befestigungslinie zu errichten, die die Deutschen zurückhalten würde; sie hätten mit dem Bauwerk kollidieren (»collisée«) sollen. Doch die Deutschen ignorierten die beeindruckende Barriere und umgingen sie.

Das deutsche Vorgehen entschied die Schlacht um Frankreich und ist Erklärung genug, warum Nostradamus dieses Ereignis erwähnenswert fand. Die letzte Zeile des Quatrains faßt das Problem der Maginot-Linie zusammen. Da sie tatsächlich undurchdringlich war, blieb den Deutschen keine andere Wahl, als sie zu umgehen.

HALB MENSCH, HALB SCHWEIN

Nachdem wir uns gerade mit den kriegerischen Auseinandersetzungen des zwanzigsten Jahrhunderts befassen, ist es angebracht, auch folgenden seltsamen Quatrain zu untersuchen, der die Aufmerksamkeit verschiedener moderner Interpreten erregte – Quatrain I.64 mit der außergewöhnlichen Zeile »Quand le pourceau demy homme on verra...« – »Wenn man die Gestalt halb Mensch, halb Schwein entdeckt...«.

Da der Vierzeiler eindeutig die Beschreibung eines Krieges enthält, wurde diese Zeile manchmal als Hinweis auf einen Panzer aufgefaßt. Chodkiewicz bestätigt aufgrund seiner eigenen Erfahrungen während des Zweiten Weltkriegs, daß »porceau demy homme« eine gute Beschreibung für einen Panzer sei. Uns erscheint diese Argumentation nicht sonderlich überzeugend. Im Kontext der Weltkriege müssen wir nicht allzu lange suchen, um diesen eigentümlichen Satz mit jenen Gasmasken und Kohlenstoffbehältern in Verbindung zu bringen, die ihrem Träger das Aussehen eines Schweines verleihen. Daran sollten wir uns bei der Betrachtung des außergewöhnlichen Quatrains I.64 erinnern.

> »De nuict soleil penseront avor veu,
> Quand le pourceau demy homme on verra,
> Bruit, chant, bataille au Ciel battre apperceu,
> Et bestes brutes à parler on orra.«

> »Nachts glauben sie, die Sonne erblickt zu haben,
> Wenn sie die Gestalt halb Mensch, halb Schwein entdecken,
> Lärm, Gesang, am Himmel wird man eine Schlacht sehen
> Und grauenvolle Tiere sprechen hören.«

Die »nächtliche Sonne« (»nuict soleil«), die den Eindruck vermittelt, als würde die Nacht zum Tag, könnte als Hinweis auf Suchscheinwerfer, Bomben oder beides betrachtet werden. Auf den ersten Blick werfen die »grauenvollen Tiere« (»bestes brutes«) einige Probleme auf. Wer oder was sind diese Geschöpfe, die man wird sprechen hören?

Chodkiewicz (der von Nostradamus' Visionen moderner Kriegsführung so beeindruckt war, daß er zur Illustrierung seines Standpunktes zwei Zeichnungen anfertigte) deutet die Sprache der grauenvollen Tiere als Geräusch eines Funkverstärkers. Doch auch hier scheint die einfache Gasmaske eine ausreichende Erklärung zu bieten. Wer die gedämpften und ausgeprägt tierischen Laute jemals vernommen hat, die man unter solch einer Maske von sich gibt, wird mir zustimmen.

DIE SÄKULARISIERUNG DER TÜRKEI

Nur eine Handvoll Vierzeiler beschäftigt sich mit den Grenzen Europas, darunter auch III.95, der von vielen Interpreten eindeutig mißverstanden wurde.

»La loy Moricque on verra deffaillir,
Apres une autre beaucoup plus seductive,
Boristhenes premier viendra faillir,
Par dons & langues une plus attractive.«

»Die Lehre des Morus wird hinfällig werden,
Wenn neue, verführerischere Ideen aufkommen.
Der Dnjepr-Fluß wird zuerst nachgeben,
Weil die Geschenke und Sprachen verlockender sind.«

Roberts sieht den Quatrain als Vorhersage des Untergangs des Islam und des Aufschwungs des Kommunismus. Da sein Kommentar im Jahr 1947 veröffentlicht wurde, mag ihm verziehen werden, daß er die zukünftige Stärkung des Islam und die Schwächung des Kommunismus nicht antizipierte. De Fontbrune betont den nahenden Zusammenbruch des islamischen Gesetzes, auf das das verführerischere Gesetz des Kommunismus folgen werde. Er interpretiert den Vers als Prophezeiung des Zusammenbruchs Rußlands, das von den Vorzügen der französischen Sprache profitieren werde. Seltsamerweise versucht Carlo Patrian das Wort »Morique« als Hinweis auf den im sechzehnten Jahrhundert lebenden Sir Thomas More zu deuten, in dem er einen Befürworter einer dem Marxismus ähnlichen Doktrin sieht. Man fragt sich, welche Ausgabe von Mores Satire *Utopia* Patrian gelesen haben mag, um zu einer solchen Schlußfolgerung zu gelangen.

Wie der Quatrain angibt, wird in einem Teil Europas eine Zeit kommen, da das islamische Recht zugunsten eines anderen, verführerischeren Rechts an Stärke einbüßen wird. Bevor dies geschieht, muß »Boristhenes« nachgeben. Mit dieser Änderung des Rechts und dem Nachgeben von »Boristhenes« werden Geschenke und die Einführung einer neuen Sprache einhergehen, die schließlich zum Auftreten eines attraktiveren Rechts führen.

Da Nostradamus in dem Quatrain keinen Hinweis auf ein Datum liefert, müssen wir anhand des Inhalts feststellen, welcher Periode er zuzuordnen ist. Andererseits ermöglichte es uns der Gelehrte, den Ort des Ereignisses durch die Erwähnung eines heute in Rußland liegenden Flusses zu spezifizieren. Da er allerdings auch ein »islamisches Gesetz« (Sharia) erwähnt, sollten wir in unserer Annäherung an den Vierzeiler von zwei unterschiedlichen Handlungsorten ausgehen. Sämtliche Anhaltspunkte deuten auf Rußland und das alte Osmanenreich hin, die im Gebiet des Schwarzen Meeres aneinandergrenzen und seit Jahrhunderten in bewaffnete Konflikte verstrickt sind.

Der Quatrain bezieht sich auf eine Periode von wenigen Jahren, in denen sowohl das russische Imperium als auch das alte Osmanenreich ein abruptes und unerwartetes Ende fanden.

Das geschwächte Osmanenreich fiel im Oktober 1923 mit der Ausrufung der türkischen Republik in Ankara. Das Sultanat, die Grundlage des alten Osmanenreiches, war bereits ein Jahr zuvor abgeschafft worden; die Ratifizierung durch die Nationalversammlung dürfte dem osmanischen Imperium endgültig den Todesstoß versetzt haben.

Ausgestattet mit dieser allgemeinen Auslegung, wollen wir die einzelnen Zeilen näher betrachten: »La loy Moricque on verra deffaillir« – »Die Lehre des Morus wird hinfällig werden«. Im Jahr 1928, kurz nach dem Ende des Osmanenreiches, wurde der türkische Staat für säkular erklärt. Der entsprechende Wandel setzte voraus, daß die Sharia zugunsten eines den Bestrebungen der türkischen Nation zuträglicheren Gesetzes aufgegeben wurde. Dies geschah im Jahr 1926, als das muslimische Religionsgesetz von einem auf einer Anzahl europäischer Gesetzeswerke basierenden Zivilgesetz abgelöst wurde. Diese weitblickende Entscheidung war der erste Schritt in einem progressiven Versuch der Säkularisierung des Staates und der Errichtung fester Beziehungen zur westlichen Welt – auf Kosten der alten osmanischen Verbindungen zum arabischen Osten. Vermutlich betrachtete Nostradamus die Einführung des römischen Alphabets als verführerisch, weil sie eine neue Zukunft für die Türkei versprach. »Apres une autre beaucoup plus seductive« – »Wenn neue, verführerischere Ideen aufkommen«.

Nun müssen wir uns fragen, in welchem Zusammenhang diese Reform in der Türkei mit der dritten Zeile steht: »Boristhenes premier viendra faillir« – »Der Dnjepr-Fluß wird zuerst nachgeben«. Welche Auslegung man auch wählt, »Boristhenes« bleibt ein seltsamer Archaismus. Abbé Rigaux deutete ihn als »Boristen« und bezog ihn auf die Nachkommen von Boris, eine Reihe russischer Prinzen vor dem sechzehnten Jahrhundert. Wie uns aus einem anderen Kontext bekannt ist, war Boristhenes der alte Name des Flusses Dnjepr, der westlich von Moskau entspringt, durch Smolensk und Kiew fließt und sich an der Spitze der großen Halbinsel Krim in das Schwarze Meer ergießt. Der Fluß ist für Europa eine symbolische Trennung Rußlands. Vor der Ausweitung des Kommunismus nach Westen definierte er ungefähr die Abgrenzungen zu Estland, Lettland, Weißrußland und der Ukraine (die durch den Fluß zweigeteilt wird). Somit war der Name für Nostradamus ein geeignetes Symbol, um anzudeuten, daß das russische Imperium, Erzfeind des Osmanenreiches, fallen mußte, ehe es zur Abschaffung des islamischen Gesetzes kommen konnte.

Im Hinblick auf den jahrhundertealten Konflikt zwischen Rußland und den Osmanen sind Zeitangaben trügerisch, aber wir setzen den Untergang des russischen Imperiums mit der Revolution im Jahr 1914 an.

Wie wir im Zusammenhang mit einem anderen Quatrain bemerkten (s. Seite 258 f.), bildete die Aufteilung des zwischen Ost und West gelegenen Gebietes eine der Grundlagen für die beiden Weltkriege, da die europäischen Länder ihren Einfluß auf die Regionen rund um das Schwarze Meer zu behalten trachteten. Nun gilt es, in Nostradamus' Quatrain einen Hinweis auf diese miteinander verbundenen Ereignisse – den Untergang des russischen Imperiums und das Ende des Osmanenreiches – zu entdecken.

Der nächste Schritt nach der Säkularisierung des türkischen Staates war die Reform des Alphabets. 1928 wurde das römische Alphabet als Ersatz für die arabische Schrift eingeführt. Gleichzeitig unternahm man den Versuch, alte türkische Worte anstelle jener arabischen und persischen Ausdrücke wiedereinzuführen, die in die osmanische Sprache Einzug gefunden hatten. Auf diese Reform wird in der vierten Zeile verwiesen: »Par dons & langues une plus attractive«. Die »verlockendere« Sprache ist das westliche Alphabet, das die neuen kulturellen Verbindungen der Türkei zum Westen bekräftigte.

DER VERTRAG VON LAUSANNE

Verschiedene weniger bekannte Quatrains befassen sich mit den Folgen des Untergangs des Osmanischen Reiches. Da im sechzehnten Jahrhundert vom Islam eine starke Bedrohung ausging, ist dies keineswegs überraschend. Gewiß erforschten Nostradamus' Leser die Verse auf der Suche nach Hinweisen auf die zukünftigen Geschehnisse, doch wie hätte ein Leser des sechzehnten Jahrhunderts einen verschlüsselten Zukunftsquatrain wie VIII.10 deuten können?

> »Puanteur grande sortira de Lausanne,
> Qu'on ne sçaura l'origine du fait.
> L'on mettra hors toute la gent loingtaine
> Feu veu au ciel, peuple estranger deffait.«

> »Von Lausanne her zieht ein großer Gestank auf,
> Über dessen Ursprung man nichts weiß,
> Alle entfernten Menschen wird man aus der Stadt werfen,
> Am Himmel erscheint Feuer, das fremde Volk ist verstört.«

Die Analyse zeigt, daß der Vers ein Hinweis auf die Ereignisse im Umfeld des endgültigen Zerfalls des Osmanischen Reiches ist. Mit dem Vertrag von Lausanne im Jahr 1923 erzeugten die Diplomaten einen Impuls, dessen Auswirkungen bis zum Beginn des Zweiten Weltkriegs fühlbar blieben.

Jeder, der das wunderschöne und saubere Lausanne kennt, wird über eine Prophezeiung erstaunt sein, die diese Stadt mit einem »großen Gestank« in Verbindung bringt. Es ist anzunehmen, daß Nostradamus nicht die Stadt selbst meinte, sondern den im Jahr 1923 dort ausgehandelten Vertrag, der die Grundlage für die Neuordnung jenes Reiches bildete, das Nostradamus' Zeitgenossen so gefürchtet hatten.

Warum beschrieb er den Vertrag von Lausanne als Quelle von »Gestank« (»Puanteur«)? Möglicherweise hängt die Antwort mit der Tatsache zusammen, daß der Vertrag dazu beitrug, den Konflikt zwischen der Türkei und Griechenland erneut anzufachen, obwohl er die beiden Länder miteinander versöhnen sollte. Teilweise erfolgten die Vertragsverhandlungen sogar parallel zu kriegerischen Auseinandersetzungen, da die Griechen in das osmanische Gebiet Kleinasiens einmarschierten, wo sie eine vernichtende Niederlage erlitten. Gestärkt durch den Sieg, diktierte die Türkei in Lausanne Bedingungen, die sich für die zukünftige Stabilität am Ostrand Europas als nachteilig herausstellen sollten. Einer der gravierendsten Mängel des Vertrags war die Tatsache, daß er keine Bestimmungen für die Autonomie der Kurden – von den Alliierten als ein vorrangiges Ziel des Abkommens betrachtet – enthielt. Während die Türkei auf ihre arabischen Eroberungen verzichten mußte, gestattete man ihr, zu den vor dem Ausbruch des Ersten Weltkriegs gültigen Grenzen zurückzukehren. Man könnte durchaus sagen, daß von dem Vertrag ein übler Geruch ausging, weil er in höchstem Maße einseitig war und einige besonders wichtige Probleme ungelöst ließ, die im weiteren Verlauf des Jahrhunderts zu großen Schwierigkeiten führen sollten.

Nach diesem geschichtlichen Überblick ist es möglicherweise einfacher zu erklären, warum Nostradamus behaupten konnte, daß niemand die ursprünglichen Verhältnisse kannte, die die Formulierung des Vertrags zur Folge hatten: »Qu'on ne sçaura l'origine du fait« – »Über dessen Ursprung man nichts weiß«.

Die historischen Begleitumstände des griechisch-türkischen Konfliktes waren äußerst kompliziert und überforderten die Diplomaten, die den Vertrag ausarbeiteten. Nostradamus war der jahrhundertealte Gegensatz zwischen dem Christentum und dem Islam als Ursprung dieser Spannungen bekannt. Der Vertrag, der sich auf die Schlichtung von

Grenzstreitigkeiten und Auswirkungen früherer kriegerischer Auseinandersetzungen beschränkte, berücksichtigte in keiner Weise die unterschiedlichen religiösen Bestrebungen und Soziallehren. Nostradamus hätte sich über ein solches Vorgehen sehr erstaunt gezeigt, denn im sechzehnten Jahrhundert wurden Religionsfragen auf eindeutige Weise geklärt: Man schwor dem Kreuz die Treue und kämpfte gegen den Halbmond.

Trotz aller Unzulänglichkeiten war der Vertrag ein Versuch, den Grenzstreit zwischen der Türkei und Griechenland zu schlichten. Die Türkei sollte auf jene Gebiete verzichten, die ihr in der folgenschweren Entscheidung aus dem Jahr 1727 zugesprochen worden waren, und im Gegenzug gab Griechenland seinen territorialen Anspruch in Kleinasien auf.

Praktisch einzigartig in modernen (und möglicherweise auch antiken) Zeiten war das umfassende Rücksiedlungsprogramm der Flüchtlinge, das zur Vermeidung zukünftiger Schwierigkeiten nach der Ratifikation des Vertrags organisiert wurde. Unter Aufsicht des Völkerbundes erfolgte ein relativ harmonischer Austausch von Siedlern zwischen der Türkei und Griechenland. Auf diese Umsiedlung bezog sich Nostradamus in seiner eigentümlichen Zeile aus dem Jahr 1558: »L'on mettra hors toute la gent loingtaine« – »Alle entfernten Menschen wird man aus der Stadt werfen«. »Gent loingtaine« ist in diesem Zusammenhang ein außergewöhnlicher Ausdruck, denn diese Siedler waren keine Fremden, sondern »entfernte Menschen«, die aus ihrer Heimat vertrieben worden waren.

Wie sollen wir aber in diesem Kontext die letzte Zeile deuten? »Feu veu au ciel, peuple estranger deffait« – »Am Himmel erscheint Feuer, das fremde Volk ist verstört«. Das Wort »deffait« hat hier verschiedenste Bedeutungen, die von »verstört« bis »besiegt« reichen. Wie wir erfahren werden, sind diese Auslegungen im historischen Kontext, den der Quatrain wiedergibt, von Bedeutung.

Obwohl wir eingestehen müssen, daß die Schlußzeile auf eine Vielzahl von Kriegsgebieten im zwanzigsten Jahrhundert anwendbar wäre, bezieht sie sich eher auf die Ereignisse, die auf den 1923 geschlossenen Vertrag von Lausanne folgten. In diesem Jahr wurde ein italienischer Offizier in der griechischen Stadt Epirus ermordet. Als Reaktion bombardierte die italienische Luftwaffe (bereits unter dem Einfluß der Faschisten und in Erinnerung an die Ereignisse rund um ihre Vertreibung aus Epirus durch die Osmanen) die Insel Korfu. Der Angriff erfolgte ohne Vorwarnung und führte zu einer beträchtlichen Zahl von Todesopfern und materiellen Schäden. Wieder trifft Nostradamus' Vorhersage exakt ein, denn der Himmel war tatsächlich von Feuer erfüllt. Auch mit seiner Aussage, daß Fremde verstört sein würden, behielt er recht. Der Bombenangriff mit seinen zahllosen Opfern verursachte einen internationalen Zwischenfall, der nur durch die Vermittlung des Völkerbundes (»peuple estranger«) beigelegt werden konnte.

Während der letzten Tage des Osmanenreiches hatte der Dodekanes Tribut an die Türkei gezahlt. Als Italien im Zuge des italienisch-türkischen Kriegs diese Inselgruppe 1912 eroberte, erwies es sich den Griechen gegenüber als repressiver als die Osmanen. Viele Griechen verließen die Inseln, während die Italiener ihre Präsenz ausbauten und mit der Errichtung einer mächtigen Marinebasis in Leros begannen. Aufgrund der italienischen Repressalien wurden die Griechen entweder zum Verlassen der Insel oder zur Annahme der italienischen Staatsbürgerschaft gezwungen. Diese Situation blieb bis zum Ausbruch des Zweiten Weltkriegs unverändert. Danach fiel die Inselgruppe wieder an Griechenland.

DER SPANISCHE BÜRGERKRIEG

Quatrain IX.16 ist einer der interessantesten jener Vierzeiler, die sich mit dem Spanien des zwanzigsten Jahrhunderts befassen:

> »De castel Franco sortira l'assemblée
> L'ambassadeur non plaissant fera scisme:
> Ceux de Ribiere seront en la meslée,
> Et au grand goulphre desnier ont l'entrée.«

> »Aus einer Festung wird Franco die Versammlung herausführen,
> Sie gefallen dem Botschafter nicht, die das Schisma bewirken:
> Die von Ribiere werden im Getümmel sein,
> Und zu der großen letzten Schlucht haben sie keinen Zugang.«

Der Grund für diese »Übersetzung« wird während der folgenden Analyse deutlich.

Dieser Quatrain ist einer der seltenen Vierzeiler, in denen praktisch keine getarnten Namen vorkommen. Die Worte »Franco« und »Ribiere« verweisen eindeutig auf General Franco und Primo de Rivera. Letzterer regierte Spanien während des schrecklichen Bürgerkriegs von 1936-1939. Die leichte Modifikation des Namens in »Ribiere« ist von Bedeutung. Möglicherweise verfuhr Nostradamus so, weil das »b« der erste Konsonant im Alphabet ist – »Primo« bedeutet »der Erste«.

Selbst der angegebene Ortname ist eindeutig. Das Wort »castel« steht für Kastilien, das im sechzehnten Jahrhundert dem großen Königreich von Kastilien und León entsprach, welches sich vom Golf von Biscaya durch Zentralspanien bis an die Grenze des Königreichs von Granada erstreckte.

In seiner üblichen Wortkargheit legte Nostradamus in diesem Vers die Strategien Francos und Molas während des Bürgerkriegs dar. Während Franco von Marokko aus nach Spanien vorstieß, westlich von Gibraltar einen Brückenkopf errichtete und Sevilla einnahm, drang Mola von Norden ein. Wie in dem Quatrain angedeutet, rückten Francos Truppen von Norden durch das alte Kastilien (»castel«) über den Tajo in das sogenannte Neukastilien vor. Sein Ziel war es, die Republikaner zu spalten, indem er quer durch Spanien bis ans Mittelmeer vordrang. Eine Doppelattacke von Saragossa und Teruel aus zersplitterte die Republikaner in Enklaven rund um Barcelona und Madrid. Dieser Vorstoß im Juni 1938 führte schließlich zum Zusammenbruch der republikanischen Armee.

Wer ist der »Botschafter« (»l'ambassador«) der zweiten Zeile? Diese Frage ist nicht so einfach zu beantworten. Nostradamus' Ausdruck »no plaissant« ist zweideutig. Er kann sowohl »es gefällt ihnen nicht« als auch »nicht angenehm« bedeuten. Da das Subjekt im Singular angegeben wird, neigen wir zu der zweiten Auslegung.

Mit dem Botschafter, dem die Trennung Spaniens nicht gefalle, könnten der Vertreter Deutschlands oder der Italiens gemeint sein, denn beide erkannten die spanischen Nationalisten unter Franco zu Beginn des Bürgerkriegs an (sie hatten die eigenen Gewinne im Kopf). So unterstützten sie Franco mit Soldaten und Waffen und waren enttäuscht, als er ihnen später zwar dankte, aber keinen Zugriff auf sein Land gestattete. Francos Weigerung, Hitler Einfluß auf Gibraltar zu gewähren, wird als mitentscheidend für den Sieg der Alliierten im Zweiten Weltkrieg gewertet. Weder der italienische noch der deutsche Botschafter (oder die jeweiligen Regierungen) schienen genug Macht über den schlauen Franco zu haben, um eine Teilung Spaniens herbeizuführen.

Betrachten wir die Zeile im Hinblick auf die Grüne Sprache, so finden wir auch an den Namen der beiden Botschafter nichts, was uns einen Hinweis liefern könnte, auf welches Land Bezug genommen wird. Roberto Cantalupo war Italiens erster Botschafter unter Francos Regime. Sein Familienname bedeutete ungefähr »singender Wolf«. Könnte Nostradamus an ihn gedacht haben, als er den »Botschafter« als »nicht angenehm« bezeichnete? Gewiß war Cantalupo von der langsamen und methodischen Vorgehensweise Francos während des Bürgerkriegs enttäuscht. Mussolini, der wie Hitler Franco mit Truppen und Militärgerät ausgestattet hatte, drängte auf eine Etablierung der Nationalisten in Spanien, doch Franco beharrte darauf, daß man von ihm keine Eile erwarten solle.[10] Wieder und wieder betonte er, daß er behutsam vorgehen müsse, um das Leben der spanischen Bevölkerung zu schonen.

General von Faupel war der erste in Francos Spanien eingesetzte deutsche »chargé d'affaires«. Von Faupel war in jenem Regiment Oberst gewesen, in dem Hitler während des Ersten Weltkriegs als Korporal gedient hatte. In der Grünen Sprache ist »Faupel« in der Bedeutung »faulige Haut« ebenfalls kein sonderlich »angenehmer« Name. Er leitet sich von faul (im Sinne von verdorben, verfault usw.) und Pelle (Schale, Haut usw.) ab. Zudem läßt sich eine Verbindung zu dem Wort Faulpelz herstellen.

Angesichts dieser Schwierigkeiten sind wir versucht, den Botschafter als Hinweis auf die Tatsache zu deuten, daß beide im spanischen Bürgerkrieg vertretenen Parteien von fremden Nationen unterstützt wurden, wobei die Botschafter Deutschlands und Italiens eine wichtige Rolle für die Entwicklung des Konfliktes spielten. Man muß es Franco als Verdienst anrechnen, daß er weder Hitler noch Mussolini im Gegenzug für ihre Hilfe an Boden gewinnen ließ.

In der dritten Zeile wird Primo de Rivera (»Ribiere«) erwähnt, der zu dieser Zeit Spanien regierte. Ursprünglich war Franco einer seiner Generäle gewesen. Dies könnte der Grund sein, warum der Quatrain zwischen den beiden Männern zu unterscheiden scheint. Nostradamus teilte uns mit, daß Franco eine »Versammlung« (»assemblée«) hatte, was der Wahrheit entsprach, denn er errichtete eine eigene Armee und sammelte sie im Norden und Süden Spaniens. Rivera hingegen verfügte über die Männer, die bereits bei ihm waren (»Ceux«). Für einen Herrscher ergab sich keine Notwendigkeit, Gefolgsleute zu versammeln, denn er besaß ohnehin Kommandoeinheiten.

»Goulphre« in der vierten Zeile bedeutet »Schlucht« oder »Strudel«. Gewiß ist dieser Ausdruck als Abgrund des schonungslosen Bürgerkriegs aufzufassen. In den letzten beiden Zeilen behauptete Nostradamus, daß Rivieras Anhänger in Kampfhandlungen verwickelt würden, und deutete zu Recht an, daß dieser nördlichen Gruppe der endgültige Durchbruch gelingen werde, der schließlich den Verlauf des gesamten Konfliktes bestimmte.

Die Bedeutung des Wortes »desnier« in der letzten Zeile ist umstritten. Wie wir bereits bemerkten, verwendete Nostradamus den Buchstaben »s« häufig in einem Wort, in dem er im modernen Französisch nicht mehr vorhanden ist. Somit können wir *denier* lesen. Doch dieses Wort ist weder grammatikalisch korrekt noch in diesem Zusammenhang bedeutungsvoll. Andererseits bildete es in der Form *dernier* mit der Bedeutung »letzter« einen hervorragenden Kontrast zu »Primo«. So erklärt sich, warum wir die Zeile folgendermaßen übersetzten: »Und zu der großen letzten Schlucht haben sie keinen Zugang«.

UFOS UND HIMMELSFEUER

Das starke Interesse unserer Zeit an unidentifizierten Flugobjekten hat zu einer unerbittlichen Neubearbeitung und Neuübersetzung verschiedener Quatrains geführt. Auch wenn diese Vorstellung sehr weit hergeholt scheint, enthalten gewisse von Nostradamus' Versen, oberflächlich betrachtet, Ereignisse, die auf vom Himmel herabsteigende fremde Wesen hinweisen. Allerdings hält dieser erste Eindruck einer eingehenden Analyse nicht stand. Das eigentliche Problem besteht darin, daß einige Interpreten verschiedene Verse umformten, um die Vorhersage eines UFO-Kontaktes zu verdeutlichen. Ein gutes Beispiel hiefür findet sich in Henry Roberts' Kommentar zu Quatrain I.83:

»La gent estrange divisera butins
Saturne & Mars son regard furieux,
Horrible strage aux Toscans & Latins,
Grecs qui seront à frapper curieux.«

Der Vers läßt sich etwa folgendermaßen übersetzen:

»Fremde werden die Beute teilen,
Saturn und Mars stehen einander feindlich gegenüber,
Schreckliche Qualen für die Toskana und Latium,
Die Griechen begierig loszuschlagen.«

Roberts, der Nostradamus' Französisch nicht korrekt wiedergab, behauptete, der Quatrain sage die Landung Außerirdischer vorher, die den Süden Europas bedrohen würden. Trotz der Ungenauigkeit und Banalität seiner Übersetzungen üben sie auf moderne »Interpreten« großen Einfluß aus und finden sich in Form ähnlicher »Übersetzungen« in anderen Büchern über Nostradamus wieder. Beispielsweise scheinen Arkel und Blake Roberts' Fehler zu kopieren, der seine Deutungen den Schriften Garencières von 1672 entnahm. Doch dieser Quatrain sieht keinerlei Invasion aus dem Weltall vorher und erwähnt keine Außerirdischen.

Ein weiterer interessanter Vierzeiler, I.46, fand seinen Weg in die modernen »UFO«-Anthologien:

> »Toute aupres d'Aux, de Lectore & Mirande,
> Grande feu du ciel en trois nuicts tombera,
> Cause adviendra bien stupende & mirande,
> Bien peu apres la terre tremblera.«

> »Nahe von Aux, Lectoure und Mirande,
> Wird drei Nächte lang Feuer vom Himmel fallen,
> Etwas Erstaunliches und Wunderbares wird geschchen,
> Kurz darauf die Erde beben.«

Die drei Städte Aux, Lectoure und Mirande liegen südlich von Agen an der RR21, im Westen der Stadt Toulouse in Südwestfrankreich. Selbst während der Weltkriege dürfte es in dieser Region keinerlei Explosionen oder sonstige Brandereignisse gegeben haben, die dem in so untypisch einfachen Worten beschriebenen Geschehnis entsprechen. Daraus schließen wir, daß dieses dreitägige Himmelsfeuer und das nachfolgende Erdbeben in unserer Zukunft liegen. Doch beinhaltet der Quatrain auch eine persönliche Anmerkung, als hätte sich Nostradamus auf etwas bezogen, das er selbst als erstaunlich und wunderbar erfahren hatte. Wir wissen, daß er 1531 Zeuge des prachtvollen Erscheinens des Halleyschen Kometen gewesen war. Darum stellt sich uns die Frage, ob er sich an dieser Stelle nicht auf ein ähnliches Phänomen bezieht. Möglicherweise betrachtete er den Kometen in der Gegend der drei in dem Vers erwähnten Städte.

Von der Sichtung eines Kometen oder eines fallenden Sterns ist es zur apokalyptischen Offenbarung nicht weit. In Vers 8.5 dieses verschlüsselten biblischen Textes werden wir mit dem Bild eines Engels konfrontiert, der Feuer gegen die Erde schleudert, wonach diese von Erdbeben erschüttert wird. Fünf Verse weiter (in 8.10) wird von einem größeren Stern berichtet, der wie Feuer brenne, vom Himmel fallen und mit dem Namen Wermut bezeichnet werde. Die im sechzehnten Jahrhundert weitverbreitete apokalyptische Literatur kennt eine Unzahl von Hinweisen auf Himmelsfeuer. Viele Pamphlete aus jener Zeit, die Himmelsereignisse, wie sie heute mit UFOs in Verbindung gebracht werden, schildern, sind uns erhalten geblieben (s. Abb. 27).

Welches himmlische Feuer oder Erdbeben Nostradamus in Quatrain I.46 auch beschreiben mag: Der Text enthält keinerlei Anspielung auf

Weltallbesucher oder sonstige Außerirdische. Wer ihn als Ankündigung einer Raumschifflandung auslegt, handelt verantwortungslos. Henry Roberts irrt in seiner Interpretation, dies sei eine Prophezeiung der Sichtung und Landung von Außerirdischen, »die den Erdmenschen Gutes bringen werden«. In ihrer Betrachtung des Quatrains, die auf Roberts' Version basiert, gelangen Arkel und Blake zu der falschen Schlußfolgerung, daß »Besucher aus dem All in einem Kontingent ankommen werden«.

Quatrain II.46:

> »Au ciel veu feu, courant longue estincelle«
> »Am Himmel erscheint ein langer Feuerschweif«

Quatrain II.96:

> »Flambeau ardant au ciel soir sera veu«
> »Am Abendhimmel sieht man glühendes Feuer«

Auch wenn man geneigt wäre, der Phantasie nachzugeben und die beiden Zeilen als Vorhersagen von UFOs zu deuten, bleibt die einfachste Erklärung die, daß Nostradamus sich auf Kometen oder Meteore bezog. Wir haben bereits gesehen, daß ein anderer Quatrain, der der Ufologie angepaßt wurde, in keinem Bezug zu Außerirdischen steht, sondern eine Schilderung der Nova von 1572 und des Fixsterns Sirius beinhaltet (s. Seite 203 ff.). Eine oberflächliche Analyse dieses Quatrains, der zwei Sonnen am Himmel und heulende Hunde zu erwähnen scheint, hätte zu großem Enthusiasmus unter den Anhängern des Forteanismus führen können.

So einzigartig Nostradamus als Prophet auch war, arbeitete er keineswegs in literarischer Isolation. Die von dem Gelehrten bevorzugte apokalyptische Literatur – vorrangig die Bücher Jesaja, Ezechiel und Daniel sowie die Apokalypse des Johannes – enthalten eine Fülle von Hinweisen auf Sternenfeuer, Kometen, fallende Sterne und ähnliches. Möglicherweise lehnte sich Nostradamus hier innerhalb der traditionellen Darstellungsweise an den üblichen Stil von Prophezeiungen an. So finden sich in seinen Quatrains Ströme von Blut, wie sie auch in den Schilderungen kirchlicher Propheten üblich sind.

Quatrain I.69:

> »Apres paix, guerre, faim, inondation«
> »Nach dem Frieden, Krieg, Hungersnot, Überschwemmung«

Quatrain II.57:

»Aupres du fleuve de sang la terre tainte.«
»Nahe dem Fluß färbt Blut die Erde rot.«

Quatrain IV.94:

»Rougir mer, Rosne sang Leman d'Alemagne ...«
»Die Farbe des Meeres rot, Blut im Genfer See, aus Deutschland.«

Wie nützlich solche Beispiele auch sein mögen, es ist nicht unsere Absicht, eine Analyse der sogenannten »UFO«-Quatrains oder »Feuer-vom-Himmel«-Verse anzubieten, sondern lediglich aufzuzeigen, daß diejenigen, die diese Texte passend zum heutigen Aberglauben deuten, im Irrtum sind. Der Großteil dieser kosmologischen und atmosphärischen Darstellungen leitet sich aus der biblischen Überlieferung ab, einem der grundlegenden Einflüsse auf die prophetische Literatur. Wie wir anhand mehrerer Beispiele erkennen konnten, meint Nostradamus selten wörtlich, was er schreibt: »terre tremblera« (»die Erde wird beben«) deutet nicht immer auf ein Erdbeben hin, und sein »feu du ciel« (»Feuer vom Himmel«) ist auf keinen übernatürlichen Einfluß zurückzuführen, sondern Hinweis auf Luftbombardements, wie sie auch im sechzehnten Jahrhundert möglich waren.

DAS ENDE DES GROSSEN KRIEGES

Ein gutes Beispiel eines solchen Vierzeilers ist IV.100, der ebenfalls leicht als UFO-Prophezeiung zu interpretieren wäre, sich jedoch nach sorgfältiger Analyse als astrologischer Quatrain enthüllt, der Ereignisse während des Ersten Weltkriegs vorhersagt.

»De feu celeste au Royal edifice,
Quand la lumiere du Mars deffaillira,
Sept mois grand' guerre, mort gent de malefice,
Rouen, Evreux, au Roy ne faillira.«

»Himmelsfeuer im königlichen Palast,
Wenn das Licht des Mars erlischt,
Sieben Monate lang großer Krieg, die Niederträchtigen werden umkommen,
Rouen, Evreux wird dem König nicht zufallen.«

Die ersten drei Zeilen teilen uns mit, daß »Himmelsfeuer« auf den »königlichen Palast« fallen würden und daß, sobald das Licht des Mars erlösche, ein sieben Monate andauernder großer Krieg ausbrechen werde. Die übrigen Zeilen, die uns im jetzigen Zusammenhang nicht berühren, berichten, daß Menschen umkommen und die Städte Rouen und Evreux nicht an den König fallen würden.

Wie Chodkiewicz anmerkt, verbirgt sich in diesem Quatrain ein Hinweis auf die letzten Jahre des Ersten Weltkriegs.[11] Er stützt seine vernünftige Argumentation auf die Tatsache, daß das »himmlische Feuer« jener nahezu senkrecht auf Paris (das »Royal edifice«) fallende Bombenhagel war, der von der deutschen Langstreckenkanone *Langer Max* abgefeuert wurde. Chodkiewicz zufolge dauerte diese Bombardierung von Paris mehrere Tage lang an, wobei aus einer Entfernung von etwa einhundert Kilometern alle zwanzig Minuten Bomben abgeschossen wurden. Noch nie zuvor hatte es eine solch schonungslose Bombardierung einer Stadt gegeben. Selbst der deutsche Kanonenangriff während der Belagerung von Paris im Jahr 1870 läßt sich nicht damit vergleichen. Die Deutschen näherten sich Paris bis auf etwa sechzig Kilometer, was ihnen ausreichend Gelegenheit bot, ihr zerstörerisches »Himmelsfeuer« auf die Stadt herabregnen zu lassen.

Die rätselhafteste Zeile ist wohl die zweite; sie erlaubt es uns, den Quatrain anhand von astrologischen Hinweisen zu datieren: »Quand la lumiere du Mars deffaillira«. Der Satz »Wenn das Licht des Mars erlischt« hat strenggenommen keine astrologische Bedeutung, läßt sich aber als eine Situation auslegen, in der der Mars nicht über seine üblichen Kräfte verfügt. Für diese Schwächung gibt es zwei mögliche Ursachen: Er befindet sich in einem für ihn ungünstigen Zeichen oder Grad, oder er bewegt sich rückläufig. Im sechzehnten Jahrhundert (wie auch heute) neigten Astrologen dazu, letzteres als schwächste Erscheinungsform eines Planeten zu definieren.

Der große französische Astrologe des sechzehnten Jahrhunderts, Morin de Villefranche (siebzehn Jahre nach Nostradamus' Tod geboren), führte die mittelalterliche Tradition der Astrologie fort, indem er darauf beharrte, daß rückläufige Planeten eine ihrer eigentlichen Kraft entgegengesetzte Wirkung ausübten. Dies bedeutet, daß der starke Planet Mars in rückläufiger Bewegung schwach (»defaillier«) wäre. Morin faßte lediglich die astrologischen Ansichten zusammen, mit denen Nostradamus vertraut war.[12]

Wie paßt diese Rückwärtsbewegung des Mars in den astrologischen Hintergrund rund um die Ereignisse des Ersten Weltkriegs? Eine solche Bewegung fand während der langen Kriegszeit lediglich zweimal statt.

Die erste begann am 1. Januar 1916 und endete am 22. März 1916. Danach folgte der Mars nahezu zwei Jahre lang seinem üblichen Lauf, ehe er am 4. Februar 1918 wiederum die Richtung änderte.

Wie von Nostradamus vorhergesagt, eröffneten die deutschen Kanonen während dieser zweiten rückläufigen Periode ihr Himmelsfeuer auf Paris. Die Rückwärtsbewegung des Mars stimmt präzise mit den »sept mois grand' guerre« der dritten Zeile überein. Außergewöhnlich ist überdies, daß nach dieser rückläufigen Periode nur sieben Monate bis zum Ende des Krieges vergingen. Der Zeitraum zwischen der neuerlichen Richtungsänderung am 26. April 1918 und dem Waffenstillstand vom 11. November 1918 beträgt präzise sechs Monate und fünfzehn Tage.

Dürfen wir es als Ausdruck von Nostradamus' überwältigender Genialität werten, daß er mit derselben Wendung, die diesen menschlichen Konflikt (»grand' guerre«) beschreibt, auch die daran Beteiligten nannte? Bis eine neue Stufe der Zerstörung in diesem Konflikt den Begriff »Weltkrieg« prägte, galt er als »Großer Krieg«.

DER PAPST UND FÜNF

Quatrain V.92 enthält eine Prophezeiung, in der manche Interpreten eine Liste zukünftiger Päpste sehen. Malachai, ein mittelalterlicher Prophet, setzte das geweissagte Ereignis für die Jahrhundertwende an.[13]

> »Apres le siege tenu dix & sept ans,
> Cinq changeront en tel revolu terme:
> Puis sera l'un esleu de mesme temps,
> Qui des Romains ne sera trop conforme.«

> »Nachdem er den Sitz siebzehn Jahre innehatte,
> Werden fünf einander in derselben Periode abwechseln;
> Dann wird für dieselbe Zeit einer gewählt,
> Der den Römern nicht sehr angenehm sein wird.«

Viele Nostradamus-Forscher erkannten in diesen Zeilen einen Hinweis auf einen Papst, der siebzehn Jahre lang regieren werde. Fünf weitere Päpste würden in derselben Zeitspanne folgen. Andere deuteten sie in bezug auf einen König, dessen Herrschaft siebzehn Jahre andauern werde. Beispielsweise behauptet Henry Roberts in der Ausgabe seines Buches von 1982, daß sich der Quatrain mit Louis-Philippe von Frankreich befasse, der fünf Söhne gehabt und dessen Regierungszeit siebzehn Jahre (»dix sept ans«), von 1831 bis 1848, angedauert habe. Leider ist dies nicht korrekt: Louis-Philippe wurde am 7. August 1830 König von Frankreich und floh im Februar 1848 nach England. Erika Cheetham erklärt in ihrem 1973 veröffentlichten Buch, Nostradamus sei ein Irrtum von etwa zwei Jahren unterlaufen; die Zeilen verwiesen auf Pius XII., dessen Amtsperiode neunzehn Jahre betrug. Auf dieser Grundlage deutet sie auch auf Malachais Prophezeiungen hin, der ihrer Ansicht nach fünf weitere Päpste vor dem Ende des Papsttums angab. Tatsächlich dürfte sich der Quatrain sowohl auf einen Papst als auch auf einen König beziehen. Die Angabe »siebzehn Jahre« ist der Schlüssel zum Verständnis des Vierzeilers, denn seit dem sechzehnten Jahrhundert regierte lediglich Pius XI. siebzehn Jahre. Er hatte den Papststuhl von 1922 bis 1939 inne. Auf den ersten Blick entsteht nun das Problem, daß seiner Regierung keine Gruppe von fünf Päpsten folgte, die ebenso lange herrschten. Aus diesem Umstand erkennen wir, daß Nostradamus nicht an eine Papstnachfolge dachte.

Die Struktur des Verses weist vielmehr darauf hin, daß sich »cinq« (»fünf«) auf »ans« (»Jahre«) bezieht, nicht auf »siege« (»Sitz«). Pius XI. verstarb am Vorabend des Zweiten Weltkriegs. In den fünf auf seine Amtszeit folgenden Kriegsjahren erlebte Europa tiefgreifende Veränderungen, und auf diesen Zeitraum von fünf Jahren – den Zweiten Weltkrieg – rekurriert »Cinq changeront en tel revolu terme«. Den wichtigsten Hinweis auf diese Auslegung enthalten die ersten beiden Zeilen. Sie bieten uns zwei Daten, anhand deren wir den Quatrain zeitlich einordnen können. Der Beginn der siebzehnjährigen Periode liegt im Jahr 1922, ihr Ende 1939. Da die fünf Jahre nach 1939 vom Zweiten Weltkrieg beherrscht waren, müssen wir annehmen, daß der Vierzeiler von ihnen spricht. Wer aber war für den Zweiten Weltkrieg von Bedeutung, stand in einer Verbindung zu Italien und wurde 1922 mit einem wichtigen Amt betraut?

Das Jahr 1922 war für die politische Laufbahn Benito Mussolinis von entscheidender Bedeutung. Bereits 1919 war er Kandidat der Faschisten in Mailand gewesen, hatte aber nur eine Handvoll Stimmen erhalten. Auch sein Versuch, im Jahr 1920 durch Parteinahme für die aufständischen Metallarbeiter an die Macht zu gelangen, schlug fehl. 1921 wurde er schließlich von den Faschisten gewählt; bis Ende des Jahres war der Faschismus in einer eigenen Partei organisiert. Der Generalstreik von 1922 wurde von den Faschisten ausgelöst. Noch im selben Jahr sagte sich Mussolini vom Republikanismus los und wurde vom italienischen König mit der Bildung eines neuen Kabinetts beauftragt. Im Oktober 1922 kam die erste faschistische Regierung Italiens an die Macht (sieben Geschäftsbereiche verblieben in der Hand des Duce).

Angesichts dieser Ereignisse erhalten die letzten Zeilen eine neue Bedeutung: »Puis sera l'un esleu de mesme temps, Qui des Romains ne sera trop conforme«. Während einer Periode von siebzehn Jahren würde die Macht jenes Erwählten (»l'un esleu«) anwachsen, der den Römern nicht sehr angenehm sein würde. Wie in verschiedenen anderen Quatrains bedient sich Nostradamus auch hier des Namens einer Stadt (Rom), um ein ganzes Land zu bezeichnen (Italien). Mussolinis Machenschaften während dieser siebzehn Jahre vor dem Zweiten Weltkrieg führten Italien durch die Unterzeichnung des italienisch-deutschen Abkommens im Jahr 1939 (dem Ende der siebzehnjährigen Periode) in eine unselige Allianz mit Hitler. Die fünf darauffolgenden Kriegsjahre waren für das Land eine einzige Katastrophe.

DAS BRITISCHE EMPIRE

Eine von Nostradamus' weniger verschlüsselten Prophezeiungen findet sich in Quatrain X.100, der sich mit der zukünftigen Größe Englands befaßt:

> »Le grand empire sera par Engleterre,
> Le Pempotan des ans plus de trois cens:
> Grandes copies passer par mer & terre,
> Les Lusitains n'en seront pas contens.«

Diesmal scheint eine Übersetzung keinerlei Schwierigkeiten zu bereiten:

> »Das große Reich wird England sein,
> Der prunkvolle Mächtige über 300 Jahre lang,
> Große Heere werden über See und Land ziehen,
> Und die Portugiesen werden darüber nicht glücklich sein.«

Dieser Quatrain ist eines der herausragenden Beispiele für Nostradamus' seherische Fähigkeiten. Zur Mitte des sechzehnten Jahrhunderts wies nichts auf den Aufstieg Englands zu einem Weltreich hin. Angesichts der historischen Gegebenheiten hätten Nostradamus' Zeitgenossen eher erwartet, daß Spanien oder Holland in der Zukunft die Siegespalme tragen würden, während Hoffnungsvollere aus diesen Zeilen geschlossen hätten, daß Frankreich eine große Zukunft bevorstehe. Trotz gegenteiliger Anzeichen in seinem Umfeld bot Nostradamus einen Quatrain an – vermutlich der letzte seiner Originalsammlung –, in dem er für das heute britisches Empire genannte Reich eine Blüte von »mehr als« dreihundert Jahren vorhersagt.

Was ist dieses Empire, dieses »Pempotan«? Wir können die Bedeutung des außergewöhnlichen Quatrains nicht verstehen, ohne Überlegungen zu der genialen Wortschöpfung »Pempotan« anzustellen. Obwohl sich der Ausdruck in keinem uns bekannten Wörterbuch findet, ist diese Vermischung lateinischer und griechischer Begriffe eindeutig der Grünen Sprache zuzuordnen. Er ist ein Hybrid aus dem griechischen *pan*, das »alles« bedeutet, und dem lateinischen *potens* (»mächtig«). Somit ergibt der Hybrid »all-mächtig«. Durch Euphonie könnte man auch eine Beziehung zu dem griechischen Adverb *pennipotens* (»flugfähig«) oder dem griechischen »potamos« (»Fluß«) ableiten. Mit dieser letzten Assoziation stellte Nostradamus eindeutig einen Bezug zwischen der Ausweitung des britischen Empires und der Themse her, die er in den *Prophéties* mehrmals als Ersatz für »London« verwendete. Ein weiteres Element der Geheimsprache finden wir in dem Wechsel von *pan* zu *pen*, der als Möglichkeit, aus **Pemp**otan den Beginn von **Emp**ire herauslesen zu können, gedacht zu sein scheint.

Dieser Ausdruck der Grünen Sprache bezeichnet also etwas Allmächtiges, das, im metaphorischen Sinne, flugfähig ist und seine Kraft von einem Fluß ableitet. *Pempotan* ist der Umhang der Größe, der England für einen Zeitraum von mehr als dreihundert Jahren zugeschrieben wird.

Nun stellt sich die Frage, wann diese dreihundertjährige Periode begann. Über ihr Ende müssen wir keine Spekulationen anstellen, da uns Nostradamus mit der Erwähnung der Portugiesen (»Lusitains«) einen wertvollen Hinweis auf den Beginn dieses Zeitraums gab.

Obwohl das *Oxford English Dictionary* das Wort *Lusitanian* dem englischen Sprachgebrauch des Jahres 1607 zuweist, wurde es von Nostradamus bereits 1558 in seiner typisch unorthodoxen Schreibweise verwendet. Möglicherweise bediente er sich dieses alten Namens zur Bezeichnung der Portugiesen im Gedanken an das portugiesische Nationalepos *Lusiad* von Luis de Camões (auch Camõens geschrieben) aus dem Jahr 1572, das die Größe Portugals sowie die Heldentaten von Seefahrern wie Vasco da Gama und dessen Rolle bei der Ausweitung des portugiesischen Handels auf Indien verherrlicht.

Im frühen sechzehnten Jahrhundert lag den portugiesischen Entdeckern die Welt zu Füßen. »Und hätte sich die Welt noch weiter erstreckt, wären sie auch dorthin gereist«, faßte Camoes diese Expansionsperiode zusammen, in der Magellan den Globus umschiffte, und beanspruchte die gesamte Welt für Portugal. Die Portugiesen hatten

Stützpunkte in Macao, Goa, Malakka, Grönland, Labrador, Tibet und auf den Westindischen Inseln.

Unglücklicherweise wurden zur selben Zeit, als diese Abenteurer den neuentdeckten Globus erforschten, in ihrem Heimatland verschiedene Fehlentscheidungen getroffen. Das portugiesische Geschäftsleben war durch die Ausweisung der Mauren und Juden am Ende des vorherigen Jahrhunderts geschwächt worden und das Land aus unterschiedlichen Gründen nicht in der Lage, von dem Handel mit jenen weit entfernten Teilen der Welt zu profitieren. Die religiöse und soziale Unterdrückung erreichte im Jahr 1536 einen Höhepunkt, als die Inquisition Einzug hielt und sich mit unglaublicher Geschwindigkeit ausbreitete. Der Kind-König Sebastian (er herrschte von 1557 bis 1578) versuchte von den schlechten inneren Zuständen abzulenken, indem er die Ungläubigen in Marokko angriff. Dieser verhängnisvolle Feldzug kostete ihn eine Armee und das eigene Leben.

Zudem floß aufgrund eines losen Abkommens mit Spanien Geld aus den Schatullen des einst reichen Portugals in die unersättliche, in Madrid zentralisierte Wirtschaft. Portugal war bereits ein geknechteter Staat, als England und Holland es zur See herausforderten.

Die Zerstörung der großen Armada im Jahr 1588 kennzeichnete das Ende aller Machtansprüche Portugals. Die spanische Armada war vom prächtigen Hafen Lissabons aus zu ihrer unüberlegten Invasion Englands in See gestochen. Viele portugiesische Soldaten und Seeleute befanden sich unter den Männern, die mit der riesigen Flotte von 129 Schiffen gen Norden segelten. Aus diesem Grund griffen die Engländer nach der Vernichtung der Armada so viele portugiesische Siedlungen in Pernambuco, auf den Azoren und in Indien an und plünderten sie.

Auf den Niedergang Portugals, das für sein Bündnis mit Spanien bestraft wurde, dürfte sich Nostradamus mit dem Wort »Lusitains« bezogen haben.

Das Jahr 1588 war nicht nur ein Tiefpunkt in der Geschichte Portugals, sondern markierte auch den Gipfel der britischen Expansion. Nach der Zerstörung der Armada im Jahr 1588 schien sich kaum eine Nation dem britischen Imperialismus in den Weg stellen zu können. Nostradamus behielt recht, daß Großbritanniens Armeen Land und Wasser überschreiten (»Grandes copies passer par mer & terre«) und jenes Großreich schaffen würden (»grand empire«), das über dreihundert Jahre bestehen sollte.

Obwohl er mit seinem Hinweis auf die Portugiesen den Beginn dieser Periode andeutete, unterließ er es, ein exaktes Datum anzugeben. Diese ungenaue Formulierung dürfte Hitler in den Anfangstagen seines Kon-

343

fliktes mit Großbritannien ermutigt haben. Der Diktator mißverstand die vermeintliche Schwäche Großbritanniens als Hinweis auf das bevorstehende Ende des dreihundertjährigen Empires. Die Tatsache, daß das Empire während des Zweiten Weltkriegs noch kraftvoll genug war, um militärische Erfolge zu feiern, läßt den Schluß zu, daß sein Ende erst im Jahr 1947 mit der Selbstbestimmung Indiens – dem Juwel des Reiches – anzusetzen ist. Ausgehend von diesem Datum sollten wir kurz vor 1647 nach seinem Beginn suchen.

Sollten wir mit unserer Annahme recht behalten, daß Nostradamus 1588 als Beginn des britischen Empires sah, würde dessen Ende etwa auf das Jahr 1888 fallen. Man könnte geneigt sein, dieses Datum mit dem Tod von Königin Victoria (1901) gleichzusetzen.

Doch nicht alle Interpreten erklärten sich mit dem Sieg über die spanische Armada als Beginn der Periode einverstanden. Der englische Autor H. I. Woolf bemerkte im Hinblick auf Quatrain X.100, daß die Portugiesen zur Zeit der Niederschrift des Quatrains bereits ein weitreichendes Kolonialreich in Afrika, Indien und Südamerika aufgebaut hatten. Aus diesem Grund bezog er den Quatrain nicht auf die Armada, sondern auf das Jahr 1578, als Sebastian von Portugal bei Alcazar Quivir von Mouley Abd-el-Melik besiegt wurde. Seine Deutung der Prophezeiung war allgemeiner Natur, da er keine Verbindung zwischen dem Mißfallen der Portugiesen und dem Aufstieg des britischen Empires herstellte. Er betrachtete die Kolonisation der atlantischen Küste Nordamerikas im Jahr 1607 als Ausgangspunkt.

Ziehen wir die Armada-Theorie als Grundlage der Datierung von Quatrain X.100 heran – d. h., setzen wir den Beginn der britischen Großmacht für das Jahr 1588 an –, sollten wir uns fragen, ob sich nicht ein Vierzeiler finden läßt, der sich mit diesem Ereignis befaßt. Quatrain II.68 wurde oftmals mit der Invasion der spanischen Armada im Jahr 1588 in Verbindung gebracht, doch unsere Analyse kann diese Annahme nicht bestätigen. Der Quatrain lautet folgendermaßen:

> »De l'Aquilon les efforts seront grands,
> Sur l'Ocean sera la porte ouverte,
> Le regne en l'isle reintegrand,
> Tremblera Londres par voille descouverte.«

> »Im Norden werden große Anstrengungen unternommen,
> Das Tor zum Meer wird geöffnet,
> Das Königreich auf der Insel wiedererrichtet,
> Und London wird zittern, wenn es das Segel entdeckt.«

Dieser Quatrain hat die Phantasie vieler Interpreten angeregt, deren Auslegungen von der Einsetzung Peters des Großen in Rußland bis zur Rückkehr von Karl II. nach England reichten. Allerdings dürfte der Vers nach eingehender Untersuchung weder mit diesen Ländern noch mit Spanien in Beziehung stehen. Möglicherweise beinhaltet er nicht einmal die Invasion durch Schiffe. Anstelle der Bedrohung Englands durch die Armada könnte er sich mit dem Zweiten Weltkrieg befassen, als London buchstäblich vor einer besonderen Form des »voille« zitterte. Serge Hutin wies wohl als erster auf die deutsche Bombardierung Londons hin, doch waren seine Argumente nicht sonderlich überzeugend.[14]

Das Wort »voille« aus der vierten Zeile läßt sich mit Hilfe der Grünen Sprache als *vols* oder *voile* deuten, wobei ersteres »Luftangriff« und zweiteres unter anderem »Segel« oder »Schleier« bedeutet. Hier könnten also Luftangriffe gemeint sein, die eine Stadt zum Erbeben bringen und den Himmel mit einem Schleier von Rauch bedecken.

Der Begriff »regne« der dritten Zeile könnte sowohl »Königsnachfolge« als auch »Regierung« bedeuten. Im Kontext des Zweiten Weltkriegs betrachtet, stehen uns auch hier wieder zwei Möglichkeiten offen. Kurz vor Kriegsausbruch hatte die Abdankung von Eduard VIII. zu einer Unterbrechung der Thronfolge geführt, ehe Georg VI. die Regentschaft übernahm. Gleichzeitig wurde die Vorherrschaft Großbritanniens wieder hergestellt, das den Streitkräften Deutschlands, die einen bezwungenen Kontinent besetzten, einige Monate lang allein Widerstand leistete.

Auch die rätselhafte zweite Zeile ergibt im Rahmen des Zweiten Weltkriegs einen Sinn. Ohne eine offene Verbindung über den Atlantik in die Vereinigten Staaten wäre ein Sieg Großbritanniens in diesem Krieg nicht möglich gewesen.

Der Ausdruck »Aquilon« aus der ersten Zeile ist zweideutig. Einerseits steht das französische Wort *aquilon* für den Nordwind und könnte sich somit auf ein Land im Norden – wie etwa Großbritannien oder Deutschland – beziehen. Andererseits verliert es einiges von seiner Zweideutigkeit, weil Nostradamus es mit einem Großbuchstaben beginnen läßt.

»Aquila« ist das lateinische Wort für Adler. Obwohl die USA dieses Symbol im Jahr 1782 in ihr Staatswappen aufnahmen, können die Vereinigten Staaten nicht als im Norden gelegen betrachtet werden. Andererseits machte der Ozean zwischen Großbritannien und den Vereinigten Staaten, eine erfolgreiche Kriegsführung erst möglich. Der doppelköpfige Adler der Nazis blickt aber zweifellos auf eine längere Tradition zurück als der von den Vereinigten Staaten gewählte Jupiteradler.

Wie bereits bekannt, griff Nostradamus zur Bestimmung von Daten und Zeiträumen oft auf die Astrologie zurück. Findet sich auch für diese etwa dreihundertjährige Periode ein astrologischer Hinweis? Wie viele andere Propheten hob Nostradamus bedeutende Ereignisse häufig mit einem Hinweis auf die großen Konjunktionen von Jupiter und Saturn hervor. Da der Widder über England herrscht, könnte er geneigt gewesen sein, die große Konjunktion von 1702 als Beginn des Empires heranzuziehen. Dies wäre passend, denn das Trigon von 1702 fand in 6 Grad Widder statt. Durch eine seltsame Laune des Schicksals kam es zweihundertachtzig Jahre später, im Jahr 1981, nahezu diametral zu der Konjunktion im Widder, zu einer großen Konjunktion in 5 Grad Waage. Somit könnte ein Astrologe den Aufstieg einer unter dem Schutz des Widders stehenden Nation zur Macht mit der Konjunktion in 6 Grad Widder und ihren Niedergang mit einer präzise gegenüberliegenden Konjunktion angeben. Da dieses »Pempotan« nicht erlischt, sondern nur von einer Nation auf die andere übergeht – läßt sich in Erweiterung von Nostradamus' Methode nach 1981 ein »Pempotan« in einer weiteren großen Konjunktion finden? Die nächsten großen Konjunktionen des kommenden Jahrhunderts werden in den Lufttrigonen stattfinden.

Doch es gibt noch eine weitere Möglichkeit, diese dreihundertjährige Periode zeitlich festzulegen, indem wir uns auf ein von Nostradamus angegebenes Datum beziehen. Auf Seite 311 analysierten wir Quatrain X.69, um aufzuzeigen, wie er auf das Jahr 1901 hindeutet, den Beginn des Schreckens des zwanzigsten Jahrhunderts. Der mit diesem Vers in Beziehung stehende Quatrain IX.83 kennzeichnet durch eine ähnliche astrologische Angabe das Ende desselben Jahrhunderts. Wenn wir Nostradamus glauben können, wird sich die Welt nach 1901 radikal verändern. Nehmen wir diese Jahreszahl als Ende des »Pempotans«, müssen wir die Suche nach dessen Beginn in das Jahr 1601 verlegen.

Da Quatrain X.100 eng mit X.66 verbunden ist, sind wir versucht, die erste Zeile des letzteren, »La chef de Londres par regne l'Americh«, als Hinweis darauf zu deuten, daß die frühere Größe des Empires nach Beendigung des Zyklus im Jahr 2000 auf Amerika übergehen wird.

DIE SCHOTTISCHE INSEL

Dies ist ein geeigneter Zeitpunkt, um den »amerikanischen« Vers, Quatrain X.66, zu untersuchen:

> »Le chef de Londres par regne l'Americh
> L'isle d'Ecosse t'empiera par gelée:
> Roy Rebauront un si faux Antechrist,
> Que les mettra trestous dans la meslée,«

Obwohl dies ein besonders schwierig zu deutender Vers ist, bieten wir folgende Übersetzung als Diskussionsgrundlage:

>»Das Oberhaupt von London durch das Reich Amerika,
Die Insel wird dich durch Frost von Schottland trennen:
Einen rebellischen König und lügnerischen Antichrist werden sie
   wieder haben,
Der alle in den Streit führen wird,«

Quatrains, die sich auf die Zukunft beziehen, bieten so wenige Anhaltspunkte, daß mancher Interpret bei der Auslegung das Gefühl bekommt, in einem Meer von Worten zu ertrinken. So ist es uns ein Trost, daß bisher noch kein Nostradamus-Forscher diesem Quatrain einen echten Sinn geben konnte. Allgemein herrscht die Ansicht, die britische und amerikanische Politik werde zur Einsetzung eines Diktators (oder eines Antichrist) führen, der großes Elend über die Welt bringe (»Le chef de Londres par regne l'Americhe«). »Americh« steht für »Amerique« (wie in der Ausgabe von Rigaud aus dem Jahr 1566 angegeben) und bezieht sich eindeutig auf Amerika. Wie wir bereits anmerkten, war dieser Name im sechzehnten Jahrhundert keineswegs üblich. Da wir nicht wissen, wer mit »Oberhaupt von London« (»chef de Londres«) gemeint ist, läßt sich die erste Zeile schwer deuten. Doch selbst wenn es uns gelänge, die Person zu identifizieren, bliebe die Zeile zweideutig und würde etwa folgendermaßen lauten: »Das Oberhaupt Englands von amerikanischer Macht…« oder »Das Oberhaupt Englands unter der Herrschaft Amerikas«.

Sobald der Quatrain in Erfüllung gegangen ist und die Namen der Beteiligten bekannt sind, werden sich seine Worte zweifellos klären. Vorerst müssen wir jedoch unsere Ratlosigkeit eingestehen.

Anzumerken ist, daß der Quatrain nicht mit einem Punkt, sondern mit einem Komma endet. Da dies in den Prophezeiungen außerordentlich selten vorkommt, fragen wir uns, ob es nicht ein Hinweis auf eine Verbindung zum nächsten Vierzeiler ist (X.67), den wir im Zusammenhang mit dem Beginn des zwanzigsten Jahrhundert behandelten. Er steht wiederum in enger Beziehung zu Quatrain (X.83), der sich mit unserer eigenen Zukunft – dem Monat Mai 2000 – befaßt. Diese beiden Verse interpretierten wir auf den Seiten 310-315. Wir wollen die dabei gewonnenen Erkenntnisse in die Analyse des vorliegenden Quatrains X.66 einfließen lassen.

Die zweite Zeile lautet: »L'isle d'Ecosse t'empiera par gelée:«. Nahezu alle Interpreten deuteten sie in bezug auf Schottland, obwohl die

Worte einen eindeutigen Hinweis auf eine von Eis gehärtete »Insel« enthalten.

Man könnte argumentieren, daß das Wort »Escosse« auch eine andere Auslegung zuließe. So bedeutet das in der französischen Umgangssprache verwendete *escoffier* »abschreiben« oder »töten«, wohingegen es in diesem Quatrain als »gehärtet von Eis« zu übersetzen ist. Diese Vision ist den Lesern von Dantes *Inferno* als Eissee im Zentrum der Hölle bekannt. Die Insel in diesem Meer des Todes ist Luzifer.

Das Verb *Empierrer* bedeutet annähernd »durch Frost zu Stein gehärtet«. Würde sich die Zeile auf Schottland beziehen, müßte sie in etwa folgendermaßen lauten: »Die Insel Schottland wird dich zu Eis erhärten...«

Allerdings ist es möglich, daß sich in der Version des Quatrains aus dem Jahr 1668 ein Fehler verbirgt, denn in früheren Versionen finden sich die Varianten »tempiera« und »temptera«, wodurch sich die Bedeutung der Zeile grundlegend verändert.

Das lateinische *temperor* bedeutet »angemessen teilen«. Eine derartige Auslegung würde insofern einen Sinn ergeben, als die Eisschicht im Zentrum des Fegefeuers die obere von der unteren Hemisphäre trennt und sich die Zeile nun folgendermaßen interpretieren ließe: »Die Insel wird von Schottland durch Eis getrennt«.

Im Zusammenhang mit Dantes *Inferno* ergibt die Erwähnung des Antichrist in der dritten Zeile einen Sinn. Allein dieses Wort wäre Hinweis genug, daß wir es hier mit einem apokalyptischen Quatrain zu tun haben. Somit erklärt sich auch die Zahl des Verses – 66 –, die an 666 erinnert, die Zahl der Bestie in der Offenbarung.

Der Zufall wollte es, daß zwei Artikel in der Times vom 7.10.1996 Themen ansprechen, die Parallelen zu Quatrains von Nostradamus' Vorhersagen aufweisen. Auf den einen, der sich auf die Gefahren der Europäischen Union bezieht, kommen wir später zurück (s. Seite 357 ff.); der andere wirft ganz offensichtlich Licht auf Quatrain X.66. Der Bericht von Ian Murray dreht sich um den Plan, eine Art nördlichen Panama-Kanal quer durch das britische Festland zu bauen, der Schottland zu einer Insel machen würde. Man kann davon ausgehen, daß ein solcher Kanal im Winter bisweilen zufrieren würde und *Island* (eine von Nostradamus' Bezeichnungen für England) so durch Eis von Schottland getrennt werden würde. Die Verbindung dieser Vorhersage (falls sie sich auf dieses Ereignis bezieht) mit einem vermutlich falschen Antichrist erschließt sich uns heute noch nicht. Doch die Kenntnis von Nostradamus' Methoden läßt ahnen, daß der Kanalbau einen zeitlichen Rahmen vorgibt, anhand dessen die anderen Einzelheiten des Quatrains einzuordnen sein könnten.

Wenden wir uns nun den ersten beiden, weniger dramatischen Worten dieser Zeile zu: »Roy Rebauront un si faux Antechrist«. »Roy« kann als Nominativ in der Bedeutung »der König« aufgefaßt werden. In jedem Fall haben wir ein Hauptwort in der Einzahl und ein Verb in der Mehrzahl (sofern »Rebauront« ein Verb ist), wobei »Roy« im Akkusativ steht. Somit ließe sich die Phrase folgendermaßen deuten: »Den König, den sie wieder haben werden«.

Das aus der griechischen Sprache abgeleitete lateinische Wort *reboatus* (»zurückrufen«) wäre ebenfalls zutreffend. Somit würde »Roy Rebauront« »der König, den sie zurückriefen« bedeuten. Doch wer ist dieser König (»Roy«), der lautstark zurückgerufen wird? Aufgrund der allgemeinen Tendenz des Quatrains sind wir versucht, »Roy Rebauront« als Spiel mit dem Namen einer Person zu interpretieren, die in irgendeiner Form in einer Republik König wird. Ob dies ein Land der Wirtschaftsgemeinschaft Europa – die aufgrund ihrer undemokratischen Struktur für eine Alleinherrschaft anfällig ist – oder ein Präsidenten-König in den USA sein wird, läßt sich noch nicht sagen. Erst die nächsten Jahre werden die Bedeutung dieser Wörter offenbaren.

Sollte es hier tatsächlich um ein Wortspiel gehen, wären alle Versuche, die Phrase zum gegenwärtigen Zeitpunkt zu entschlüsseln, vergeblich. Wer hätte beispielsweise die Bezeichnung Achilles vor dem Jahr 1617 auf Achilles de Harlay bezogen und wer die Bedeutung des Wortes Franco vor 1930 verstanden?

Nun sollten wir uns der vierten Zeile zuwenden: »Que les mettra trestous dans la meslée«. Wer auch immer dieser Rebauront sein mag, er wird alle ins Elend stürzen. Das Wort »meslée« steht für »mêlée« und bedeutet »Konflikt« oder »Chaos«. Auf Grundlage dieser Überlegungen könnte der Vers folgendermaßen gedeutet werden: Sie werden einen als Führer zurückrufen, der ein solch falscher Antichrist ist, daß er alle ins Chaos stürzen wird.

Fest steht lediglich, daß wir es hier mit der Ankündigung eines Königs zu tun haben oder, was heute wahrscheinlicher wirkt, einer bedeutenden politischen Gestalt (möglicherweise sogar eines Präsidenten der USA), die auf der falschen Seite zu stehen scheint. Auf der falschen Seite wovon? Der Geschichte? Der Vereinigten Staaten?

Diese Person wird das Auftreten eines Antichrist haben und sein Land in eine schwierige Position bringen. Auch wenn wir es beinahe bereuen, diese Worte niedergeschrieben zu haben, haben wir das Gefühl, daß sie als Beweis eines ehrlichen Versuchs, einen Quatrain zu interpretieren, dessen Bedeutung noch im dunkeln bleibt, ihre Berechtigung finden.

Im Hinblick auf Schottland, das vom Zeichen des Krebses beherrscht wird, ist interessant, daß Nostradamus im folgenden Quatrain X.67 den Krebs als Hinweis auf den Mond verwendete. Auf diese Weise stellte er eine Verbindung zwischen dem vorliegenden Quatrain X.66 und X.67 her, der ein genaues Datum angibt.

KRIEG UND FRIEDEN

Die Bestimmung der Tierkreiszeichen für die Vereinigten Staaten wird vielfach diskutiert, doch sind wir davon überzeugt, daß sie der Kraft des Wassermannes unterliegen.[15] Am 20. Dezember 2020 werden die beiden Planeten Saturn und Jupiter – äußerst wichtig für die prognostische Astrologie – im ersten Grad des Wassermannes aufeinandertreffen.

Diese Zeit scheint für Nostradamus sehr vielversprechend gewesen zu sein. In dem zwischen anderen Versen, die grimmige Ereignisse vorhersagen, eingeschobenen Quatrain X.89 prophezeite er einen Friedenszeitraum von siebenundfünfzig Jahren:

> »De brique en marbre seront les muirs reduicts,
> Sept & cinquante années pacifique,
> Joye aux humains, renoüé l'aqueduict,
> Sante, grands fruits, joye & temps mellifique.«

Nur selten drückt einer von Nostradamus' Quatrains soviel Hoffnung aus. Die Idylle und das gegebene Versprechen lassen nahezu vergessen, daß es ein brillanter astrologischer Quatrain ist:

> »Aus Marmorsteinen werden die Mauern neu errichtet werden,
> Siebenundfünfzig Jahre des Friedens
> Freude den Menschen, das Aquädukt renoviert,
> Gesundheit, große Früchte, Freude und honigsüße Zeiten.«

Für einige Interpreten begann die Friedenszeit 1945 mit dem Ende des Zweiten Weltkriegs. Doch es wäre eine Illusion vorzugeben, daß die Konflikte in Korea, Vietnam, Kuwait und im früheren Jugoslawien oder auch um Suez oder die Falklands nie stattgefunden hätten und wir heute in einer friedvollen Zeit lebten. In einer Anmerkung zu seiner Studie der fünfzehnjährigen Kriegszyklen bemerkt Rodney Collin: »Tatsächlich ist Krieg kontinuierlich, und die (gemessenen) Spitzen scheinen nur die Augenblicke höchster Spannung auszudrücken.«[16]

Es mag den Anschein haben, als ergäbe die Vorhersage einer siebenundfünfzigjährigen Friedenszeit für uns nur dann einen Sinn, wenn wir davon ausgehen, daß sich Nostradamus allein auf Europa bezieht. Natürlich läßt sich dieser Gedanke auch sinnvoll begründen, denn die Quatrains basieren überwiegend auf der Geschichte Frankreichs und betrachten Großbritannien, Holland, Italien, Deutschland, Spanien, die Türkei und Griechenland höchstens als Nebenschauplätze. Die meisten von ihm genannten Länder außerhalb dieses begrenzten europäischen Rahmens werden ausschließlich im Zusammenhang mit Europa erwähnt. Auch wenn er sich mit Amerika befaßte, scheint das im Zusammenhang mit den Geschicken Europas geschehen zu sein. Stimmt das, können wir davon ausgehen, daß Nostradamus Feindseligkeiten, die auch Europa betreffen, nach der Jahrtausendwende vorhersieht – siebenundfünfzig Jahre nach 1945.

Gibt es irgendeinen Hinweis in dem faszinierenden Quatrain, der mehr Licht auf diese Vorhersage wirft, oder gar eine andere Lesart? Tatsache ist, daß wir uns zum Verständnis dieser »Friedens«-Prophezeiung von X.89 einer »Konflikt«-Prophezeiung (enthalten in IX.83) zuwenden müssen. Womöglich gewährte uns Nostradamus hier einen Einblick in die Zeit nach dem Ende dieser Friedensperiode.

Nach einem Blick auf die Trigone der Erde sollten wir uns erneut der Betrachtung des »aqueduict« aus Quatrain X.89 widmen, der den Eintritt in die Trigone der Luft kennzeichnet. Die nächste Konjunktion von Jupiter und Saturn erfolgt am 21. Dezember 2020 und wird im ersten Grad des Wassermannes stattfinden. Diese Konstellation erklärt die verdeckten Hinweise der dritten Zeile (»renoué l'aqueduict«). Der zu erneuernde Aquädukt (»aqueduict«) ist das Tierkreiszeichen Wassermann. Das Wort Aquädukt stammt aus dem Lateinischen und bedeutet »Wasserleitung« oder »Wassergießer«. Das Zeichen des Aquarius ist der Wasserträger. Da nach Hunderten von Jahren der Abwesenheit die Konjunktion im Jahr 2020 im ersten Grad des Wassermanns (in 00.29 Minuten) stattfinden und somit ihren Zugriff auf dieses Zeichen erneuern wird, erklärt sich uns, wieso Nostradamus hier von einer »Erneuerung des Aquäduktes« spricht. Wir sollten festhalten, daß das Wort *renoué* ebenfalls »erneut aufnehmen« bedeutet und die Vorstellung eines erneuten Zusammentreffens, wie man die Konjunktion von Jupiter und Saturn in diesem neuen Wassermann bezeichnen könnte, ebenfalls zutrifft. Über achthundert Jahre lang erfolgte keine solche Konjunktion der beiden berechenbaren Planeten.

Leser, denen die spätmittelalterliche Astrologie fremd ist, werden nicht erkennen, daß viele Hinweise in dem Quatrain aus speziellen Termini astrologischer Textvorlagen hervorgehen. Tatsächlich beziehen

351

sich auch einige andere Begriffe darin auf die Natur des Wassermannes. In der verschlüsselten, Nostradamus gut bekannten Klassifizierung der Tierkreiszeichen wurde der Wassermann als »menschliches« Zeichen benannt – daher »joye aux humains«. Der Wassermann war aber auch ein »süßes« Zeichen, deshalb der Ausdruck »mellifique«, und galt überdies als »fruchtbares« Zeichen (»große Früchte«).[17]

Wir müssen zugeben, daß es ausgesprochen schwierig ist, einen auf die Zukunft bezogenen Quatrain von Nostradamus zu interpretieren, fühlen uns mit dieser Deutung von X.89 als Hinweis auf eine Friedenszeit von siebenundfünfzig Jahren, beginnend im Jahr 2020, aber auf sicherem Boden.

DIE SIEBEN WANDLUNGEN BRITANNIENS

Die Vorhersage in III.57, die die zweihundertneunzigjährige Periode enthält, in der das britische Volk sieben große Wandlungen erleben werde, kommt den für den »Pempotan« des britischen Reiches vorhergesagten dreihundert Jahren sehr nahe.

> »Sept fois changer verrez gent Britannique,
> Taints en sang en deux cents nonante an:
> France, non point par appuy Germanique,
> Ariez doubt son pole Bastarnan.«

Dies kann ungefähr wie folgt übersetzt werden:

> »Sieben Mal wird sich Britannien ändern,
> Mit Blut besudelt in 290 Jahren,
> Frankreich, nicht durch deutsche Unterstützung,
> Ariez zweifelt am Volk von Bastarn.«

Der Chevalier de Jant* und einige französische Interpreten nach ihm sahen in diesem Quatrain eher eine Vorhersage der französischen Größe als eine besondere Bezugnahme auf Großbritannien. Er deutete die bei-

---

* Interpreten des siebzehnten Jahrhunderts (und spätere) sprechen von Chevalier de Gant, dem tatsächlichen Chevalier de Jant. Jacques de Jant war der Verfasser einiger Kommentare zu Nostradamus, von denen zwei Teile im Jahre 1673 erschienen. Er war der offizielle Beauftragte für das Raritätenkabinett von Philippe d'Orléans, dem Bruder von Ludwig XIV., und bezeichnete sich gern als »Chevalier«, da er dem prestigeträchtigen Orden der Malteser als Ritter angehörte.

den letzten Zeilen als »die Verbindung des Deutschen Reiches und Frankreichs in einer nicht zu fernen Zukunft« und wagte die Vermutung, daß diese Union im Jahr 1700 (weniger als dreißig Jahre nach seiner eigenen Zeit) zustande komme. Zu jenem Zeitpunkt werde das neue und mächtige französische Reich auch Palästina regieren. Der Chevalier folgte lediglich Jauberts Deutung des Quatrains, der ihn im Zusammenhang mit der glorreichen Standhaftigkeit des französischen Königreiches gesehen hatte. Weder Jant noch Jaubert verfügten über ausreichende Kenntnisse, um Nostradamus' Schriften zu interpretieren. Ansonsten hätten sie die Zukunft im Hinblick auf die Schrecken, die er für Frankreich im achtzehnten Jahrhundert vorhergesehen hatte, ganz anders eingeschätzt. Wir sind heute besser informiert als diese beiden Schriftsteller des siebzehnten Jahrhunderts, da die Gesamtaussage des Quatrains im Verlauf der Zeit an Deutlichkeit gewonnen hat.

In der Hoffnung, diesem komplexen Vierzeiler eine Bedeutung entnehmen zu können, müssen wir ihn in zwei Strophen zerlegen. Nach einer detaillierten Analyse dieser Doppelzeilen werden wir in der Lage sein festzustellen, daß ihre Verbindung in der britischen Verfassung liegt.

Die wichtigste Frage ist: Wann beginnt und wann endet diese zweihundertneunzigjährige Periode? Fertigen wir eine Liste aus siebzigjährigen Zyklen im Geiste dieses Quatrains an, müssen wir (1) die in Großbritannien erfolgten Veränderungen (»verrez gent Britannique«) und (2) das aus diesen Veränderungen resultierende Blutvergießen auf englischem Boden (»taints en sang«) erkennen.

Es ist mit ziemlicher Sicherheit anzunehmen, daß Nostradamus den Gerichtsmord von Karl I. als den ersten »Blutfleck« der englischen Geschichte nach 1555 ansah. Andererseits könnte man nach 1555 auch das Jahr 1587 als Meilenstein für Großbritannien betrachten, da es eine große Veränderung mit sich brachte und blutgetränkt war. Die angeordnete Ermordung von Königin Maria veränderte die britische Erbfolge. Nostradamus übersah dies möglicherweise bewußt, da sich Maria durch ihre Verwicklung in die Babington-Verschwörung schuldig gemacht hatte. Sieht man von ihrem Einfluß auf die Thronfolge ab, scheinen die sieben Ereignisse das Blutvergießen Unschuldiger auf englischer Erde mit sich gebracht zu haben.

Wir können davon ausgehen, daß sich Nostradamus in seiner Vorhersage auf den Zeitraum von zweihundertneunzig Jahren ab dem Königsmord von Karl I. 1649 bezog, der die unausweichliche Folge des Blutvergießens im Bürgerkrieg war. Dies würde bedeuten, daß das Ende des zweihundertneunzigjährigen Zeitraums auf das Jahr 1939 fallen würde. Genau in dieser Periode, in den letzten Monaten von 1936, erfolgte der

Thronverzicht von Eduard VIII. Ist es möglich, fünf andere Ereignisse im Zusammenhang mit Änderungen in der Thronfolge der britischen Krone in jenem spezifischen Zeitraum von zweihundertneunzig Jahren zu entdecken? Nicht nur das; wir finden in den *Prophéties* sogar Quatrains, die sich auf diese sieben historischen Ereignisse beziehen. Darin erwähnte Nostradamus entweder den Namen Großbritannien, die Engländer oder die Tatsache des Blutvergießens.

Jede dieser Veränderungen in der Thronfolge spiegelt sich in Bürgerkriegen, Aufständen gegen die Monarchie oder einem Blutvergießen auf englischem Boden wider. Zweck der sieben Beispiele ist es, eine Erklärung für die tiefgreifenden Veränderungen der britischen Verfassung zu liefern. Möglicherweise war Nostradamus weniger an Veränderungen in den Blutlinien der britischen Monarchie als an den dadurch verursachten oder gar beschleunigten internen (um nicht zu sagen bürgerlichen) Schäden interessiert. Es lohnt sich, diese sieben internen Konflikte näher zu betrachten, um festzustellen, wie deutlich Nostradamus die Intervalle von siebzig Jahren bemaß.

1. Karl I. und der Bürgerkrieg, beendet durch den Königsmord im Jahr 1649. Siehe Quatrains IX.49, II.51 und II.53 (»juste sang«), besprochen auf Seite 217. Nostradamus verweist in III.81 auf die Belagerung von Pontrefact (1649): »Le pout rompu«; Pontrefact stammt von *pontus fractus*, »zerbrochene Brücke«. Wenn diese letzte Schlacht des Bürgerkriegs als erstes Jahr der siebzigjährigen Sequenz betrachtet wird, hält die Zeitenfolge, wie von Nostradamus vorhergesagt, präzise zweihundertneunzig Jahre an.

2. Oliver Cromwell als militärischer Diktator, nach 1650. Viel Blutvergießen, die schrecklichsten Auswirkungen in Irland. Siehe Quatrains III.81 und VIII.76 (»saignera terre«).

3. Karl II., als König wiedereingesetzt im Jahr 1660. Vor allem aus Furcht löste er das stehende Heer auf und schwächte die Marine beträchtlich. Im Juni 1667 fuhr ein niederländisches Geschwader die Themse flußaufwärts, bombardierte Sheerness und brach bis Chatham durch. Feuerschiffe zerstörten die halbe Flotte. Das Flaggschiff *Royal Charles* wurde als Trophäe gekapert. Siehe Quatrain X.4 zur Wiederkehr von Karl (»sept ans apres«).

4. Jakob II.: die unter einem bösen Stern stehende Rebellion von Argyll und Monmouth, in der beide Rebellen ihren Kopf und viele Whigs das

Leben verloren – Sedgemoor 1685. Siehe Quatrain VIII.58 zur Flucht von Jakob (»nom Britannique«).

5. Wilhelm II. und die sogenannte »unblutige Revolution«. Vor Wilhelms Thronbesteigung versuchte John Graham von Claverhouse, der spätere Viscount Dundee, die Bewohner der Highlands gegen den britischen König aufzuwiegeln. Teilweise gelang ihm dies, doch starb er bei diesem Versuch. Als Folge des Aufruhrs mußte jedes Oberhaupt eines Clans ab 1692 einen Loyalitätseid ablegen. Macdonald von Glencoe wurde durch schlechtes Wetter aufgehalten und unterschrieb sechs Tage zu spät. Dies führte zu dem vollkommen ungerechtfertigten Massaker an den Macdonalds in Glencoe. Siehe Quatrain IV.89.

6. Georg I. (Hannoveranische Erbfolge). Derwentwater und die Jakobiter-Rebellion; die Jakobiter erreichten Preston im Jahr 1715. Derwentwater wurde im folgenden Jahr auf dem Tower Hill geköpft. Siehe Quatrain V.93 (»Ecosse … Anglois«).

7. Eduard VIII.: 1936 Thronverzicht. Diese Änderung ging 1940 als dem Jahr des Kriegseintritts mit Nazideutschland voraus und beendete den Zyklus von zweihundertneunzig Jahren. Man nimmt nicht an, daß Eduard VIII. die Ansprüche Nazideutschlands unterstützt und damit zum Blutvergießen in Großbritannien beigetragen hätte. Nostradamus scheint dies in den Quatrains X.22, VI.13 und X.40 angemerkt zu haben. Daß er die Tragweite des Ersten Weltkriegs erkannte, steht außer Zweifel (s. z.B. Quatrain IV.100). Doch er ist in Quatrain III.57 weniger an den Verwicklungen der britischen Geschichte interessiert als an den bedeutenden Veränderungen innerhalb der Monarchie als Ursache für Blutvergießen.

Mehrere Versuche wurden unternommen, die sieben britischen Unruhen auszumachen. Jener von D. D. aus dem Jahr 1740 ist wohl der humorvollste. Zu diesem Zeitpunkt lagen noch zweihundert Jahre der Periode in der Zukunft. In seiner historischen Position setzte D. D. wagemutig das blutige Jahr 1649 als Beginn der Sequenz an, drängte dann aber die verbleibenden fünf Änderungen in weniger als einhundert Jahren zusammen. Sein vorletztes Bravourstück – aus dem Jahr 1714 – galt König Georg I. Er drückte seine Hoffnung aus, daß durch dessen Herrschaft »in Zukunft nichts mehr über Zerwürfnisse gehört werden möge«. Seine Verehrung für Georg I. ist schwer nachzuvollziehen, war Georg doch König von England, ohne der englischen Sprache mächtig zu sein, und hegte überdies keine große Liebe für Großbritannien. Allerdings wurde D. D.s Buch über Nostradamus im Jahr 1715, kurz nach Georgs Thronbesteigung, herausgegeben, was eine Erklärung für seine Hoffnungen, nicht aber für die Ungenauigkeit der Vorhersagen sein könnte. Wie enttäuscht wäre wohl D. D. gewesen, hätte er von den Zerwürfnissen nach der Regierungszeit seines Helden gewußt!

Wirklich interessant an D. D.s Sequenz ist, daß er mit dem Beginn der Periodizität im Jahre 1649 deren Ende für das Jahr 1939 vorhersah. Dies führte ihn zu einer seiner wenigen eigenen Prophezeiungen. In seiner typischen Sprache formulierte er das von ihm vorhergesehene Ereignis in royalistischen Begriffen: »290 Jahre nach dem Tode von König Karl, dem Märtyrer, wird, wie von Nostradamus vorausgesagt, die siebente und letzte Revolution stattfinden«. Vernünftigerweise versuchte er nicht den Charakter dieser letzten Revolution zu beschreiben. Dennoch zeichnete sich seine Vision durch besonders menschliche Wünsche aus, denn er sagte vorher, daß es von 1714 bis 1939 keine Unterbrechung in der Erbfolge des Hauses Hannover geben werde.

Charles Nicoullaud schlug 1914 eine etwas andere Abfolge der sieben Veränderungen vor: 1. 1603 wurde Jakob I. von Schottland König von Großbritannien; 2. Im Jahre 1653 wurde Oliver Cromwell zum Protektor bestellt; 3. Im Jahre 1660 wurden die Stuarts in der Person von Karl II. wieder eingesetzt; 4. 1689 bestieg Wilhelm III. (als Usurpator, wie Nicoullaud nachdrücklich anmerkte) den Thron von England; 5. Das Jahr 1702 erlebte mit der Thronübernahme von Königin Anna, der Tochter des abgesetzten Jakob II., eine kurze Restauration der Stuarts; 6. 1714 ging der Thron an das Haus Hannover – in der stattlichen Gestalt von Georg I. – über. Nicoullaud war sich bewußt, daß eine Lücke von mehr als zweihundert Jahren zwischen diesem schicksalsträchtigen Jahr und dem durch die siebente Veränderung gekennzeichneten Ende der genannten Periode klaffte. Mit einer gewissen Unsicherheit stellte er fest, daß das Ende für das Jahr 1939 anzusetzen sei. »Was wird geschehen?« fragt er. »Das ist das Geheimnis der Zukunft.« Nach seiner eigenen Berechnungsmethode irrte er, denn das Haus Hannover erlosch im Juli 1917, als König Georg V. aus freiem Willen seine deutschen Titel ablegte und den Namen Windsor wählte.

1655 erklärte der französische Gelehrte Jaubert, die Periode habe bereits ein Jahrhundert zuvor mit der ersten Veröffentlichung der Quatrains ihren Anfang genommen. So bestand er darauf, daß England bereits vier der sieben Wandlungen durchlaufen habe – die erste mit Maria, der Königin aller Schotten, die den katholischen Glauben wiederbrachte und deren Bruder Eduard VI. England beinahe in den Ruin stürzte; die zweite mit Elisabeth I., die den Protestantismus wiedereinsetzte; die dritte mit Jakob I., der das Land durch die Union der drei Königreiche England, Schottland und Irland veränderte; die vierte bestand aus der Vertreibung des legitimen Königs Karl I. und der Machtergreifung Cromwells. Frankreich, so schrieb er (mit jener Prise Stolz, die so oft kurz vor dem Fall kommt), würde sich weder in der Religion noch in der Regierung verändern. Den Ausdruck »par appuy Germanique« interpretierte er in wahrlich frankophilem Geist: Dies sei eine sichere Voraussage der Übernahme des Throns des Deutschen Reiches durch den König von Frankreich.

Nun wenden wir uns den schwierigeren Versen des Quatrains zu. Wir müssen eingestehen, daß wir uns bei der Zuweisung der beiden letzten Zeilen zu historischen Ereignissen überfordert sehen. Unsere Vermutung geht dahin, daß das Thema des Quatrains im Zusammenhang mit der Zukunft der Verfassung Großbritanniens weitergeführt wird. Sollten wir mit dieser Annahme recht behalten, bezöge es sich auf eine grundlegende Veränderung der Monarchie und zukünftiges Blutvergießen.

> »France, non point par appuy Germanique,
> Ariez doubt son pole Bastarnan.«

»Wörtlich« lautet das Verspaar folgendermaßen:

> »Frankreich, nicht durch deutsche Unterstützung,
> Ariez zweifelt am Volk von Bastarn.«

Wenn wir keine sehr gewagte Deutung des Quatrains erstellen wollen, bleibt der Sinn dieser beiden Verse im dunkeln. Doch bevor wir eine Auslegung in Angriff nehmen, sollten wir die verschlüsselten Stellen näher betrachten. Die dritte Zeile, die sich mit Frankreich und der Unterstützung durch Deutschland befaßt, ist in diesem Kontext der Monarchie und des Blutvergießens rätselhaft. Zweifellos kannte auch Frankreich Perioden, während der das Königshaus Blutvergießen verursachte, doch findet sich vor dem Jahr 1939 kein Hinweis auf eine nennenswerte Unterstützung Deutschlands für Frankreich oder die französische Monarchie.

Der »pole Basternan«, eine Wendung, die die Nazis zu einem Studium der Schriften von Nostradamus angeregt haben soll (s. Seite 315 ff.), hat bereits einigen Interpreten große Schwierigkeiten bereitet. Sogar der anonyme D. D. – der seine Gelehrsamkeit normalerweise eher zurückhaltend einsetzte – war angesichts dieser beiden Zeilen derart ratlos, daß er *Bastarion* zu einem arabischen Wort mit der Bedeutung *humanus* erklärte. Tatsächlich ist das merkwürdige Wort der archaische Name eines ausgedehnten Landstrichs im Osten Europas. Die römischen *Bastarnae* waren jenes Gebiet, das sich von der Niederdonau zu ihrer Mündung im Schwarzen Meer und von der Quelle der Weichsel bis zu den Karpaten und sogar bis zur Ostsee erstreckte. Es scheint den durch Flüssen markierten Grenzen Österreichs, der Tschechoslowakei, Ungarns, Polens und des Ostens von Deutschland zu entsprechen.

Könnte der deutsche Interpret Loog mit seiner Theorie recht behalten, daß diese beiden Zeilen des Quatrains auf eine Schwäche Großbritanniens hindeuten, die sich aus dem Umgang mit Polen ergibt? Seine Ansicht, daß der Quatrain in gewisser Weise eine Abnahme des britischen Einflusses auf den Osten Europas beschreibt, dürfte sich bestätigen.

In unserer Studie haben wir bisher nur selten auf geringfügige Unterschiede in den frühen Ausgaben der Quatrains hingewiesen, jedoch scheint eine Variante dieser letztgenannten Zeile eine Erläuterung zu erfordern. Beispielsweise findet sich in der Ausgabe von Pierre Rigaud aus dem Jahr 1558 die letzte Zeile in folgender Form: »Aries doubte son pole Bastarnan«.[18]

Die eigenartige Wortkonstruktion, die wir aus der Amsterdamer Ausgabe von 1668 übernommen haben, ist somit als Druckfehler zu bezeichnen. Während »Ariez« keinen Sinn ergibt, findet sich für Aries sehr wohl eine Bedeutung. Aries, das Tierkreiszeichen des Widders, herrscht tatsächlich über Deutschland und England. Dies könnte auch die in dem Wort »Pol« angedeutete Polarität erklären. Die Tatsache, daß Nostradamus auf den Widder hinwies, erkannten auch frühere Interpreten wie Garcencières, obwohl dessen (wie D. D.s) nachfolgender »astrologischer« Kommentar dem Reich der Phantasie zuzuordnen ist.

Ähnlich wie andere Autoren deutete Jaubert im siebzehnten Jahrhundert die beiden Worte als *Ariez double* – ein astrologischer Sprachgebrauch, der angibt, daß das Zeichen des Widders zwei Pole besitzt. Leider beweist diese Auslegung lediglich sein mangelndes astrologisches Wissen. So überrascht es nicht nur, daß sein Kommentar nachfolgende Autoren in die Irre leitete, sondern noch mehr, daß sich diese Mißdeutung bis in die moderne Literatur hinein erhalten hat. In einem weiteren astrologischen Irrtum nahm Jaubert an, das Zeichen des Widders beherrsche Frankreich, Palästina, »La Bastarnie« und weitere Länder. Dies ist nicht der Fall. Hätte er auch nur ein astrologisches Werk aus Nostradamus' Zeit zu Rate gezogen, wäre ihm sein Irrtum bewußt geworden. So berichtet beispielsweise Luca Gauricus aus seiner chorographischen Liste (die sich überwiegend von Ptolemäus herleitet), daß das Zeichen des Widders über England, Deutschland und *Polonia minor* regiere. Frankreich (*Gallia*) dagegen stehe unter der Herrschaft des Krebses.[19]

Gibt es irgendeine überzeugende Möglichkeit, diese beiden Zeilen zu interpretieren? Die Antwort ist ja, sofern wir bereit sind, das Verspaar als Nachsatz zu dem siebzigjährigen britischen Zyklus zu deuten. Um die Zeilen sinnvoll auslegen zu können, müssen wir sie als Hinweis auf die britische Geschichte *nach* 1939 und die Polarität der im Zeichen des Widders stehenden Länder, England und Deutschland, lesen. Aufgrund der Einwirkung des Mars entsteht aus dieser Polarität eine Animosität zwischen den beiden Ländern. Im Hinblick auf ihre martialischen Qualitäten haben sie in hohem Maße Respekt voreinander, doch schränkt die Tatsache, daß Deutschlands Mars keine langen Meer-Grenzen besitzt, seinen martialischen Willen zur Ausbreitung ein. Dies ist wiederum der Grund für eine dauerhafte Bedrohung des nicht unter dem Sternzeichen Mars stehenden Landes Frankreich. Da keine Polarität zwischen Deutschland und Frankreich vorhanden ist, mangelt es auch an Respekt für martialische Fähigkeiten. Somit muß das aufgrund seines Tierkreiszeichens schwächere Frankreich versuchen, Deutschland durch diplomatische Mittel und eine Politik der Beschwichtigung ruhigzuhalten. In gewisser Weise ist es dieser durch die Tierkreiszeichen vorgegebene Impuls, der aus unserer Sicht die Anstrengungen, aus Europa einen Staatenbund zu machen, unvernünftig erscheinen läßt. Die von den Sternzeichen herrührenden Animositäten innerhalb der europäischen Länder werden die Schaffung eines paneuropäischen Staates zweifellos erschweren und verhindern, daß er lange Zeit Bestand haben wird. Vom Standpunkt der esoterischen Geschichte aus können die Freundschaften und Auseinandersetzungen innerhalb der Europäischen Union ausschließlich als Interaktionen der vorherrschenden Tierkreiszeichen gedeutet werden.

Auch wenn wir die weitere Deutung erschweren, sollten wir doch festhalten, daß in der antiken Lehre (die zumindest auf Ptolemäus zurückgeht[20]) das Zeichen des Widders ausschließlich über England und nicht über die britischen Inseln herrschte, die in den antiken astrologischen Texten im allgemeinen als vier getrennte Einheiten betrachtet wurden. Irlands Tierkreiszeichen war der Stier, das Schottlands der Krebs, während Wales im Zeichen des Steinbocks stand. Wenn diese drei Staaten auch in gewisser Weise durch eine Befriedung Deutschlands, die sich hinter der Fassade des vorgeschlagenen Staatenbundes verbirgt, gewinnen würden, wäre dies doch kein Gewinn für England.

Auch bei der Betrachtung dieser Zeile im Hinblick auf die jetzt bestehenden Chorographien sehen wir Schwierigkeiten bei der Interpretation des Quatrains. Es wäre beispielsweise möglich, den »pole Bastarien« als ausschließlich auf Deutschland, auf die deutschen Schwierigkeiten mit der Ostgrenze und sogar auf die nunmehr überwundene deutsche Teilung nach dem Zweiten Weltkrieg bezogen zu deuten. Dies ist jedoch unwahrscheinlich, da sich der Quatrain eindeutig mit dem Schicksal Englands befaßt.

Ausgesprochen interessant ist die Tatsache, daß der Vierzeiler in diesen beiden Versen Frankreich, Deutschland und die antiken Bastarniae erwähnt, Länder, die alle maßgeblich am Zweiten Weltkrieg beteiligt waren. Trotzdem sind unserer Meinung nach Veränderungen in der Verfassung und nicht der Krieg Hauptthema des Quatrains. Der Vers scheint schreckliche Folgen für den Fall vorherzusagen, daß England die in dem von Nostradamus beschriebenen siebzigjährigen Zyklus ausgebaute Souveränität meint aufgeben zu müssen.

Wir erwähnt, scheinen sich zwei Berichte in einer Ausgabe der *Times* (7. 10. 1996) unbeabsichtigt auf Nostradamus zu beziehen. Im ersten geht es um den Vorschlag, einen Kanal zu bauen, der Schottland von England abtrennt (s. Seite 348); das paßt zu Quatrain X.66. Der zweite stammt von George Brock und trägt den Titel »Angst vor Deutschland gefährdet Frankreichs mächtigen Einfluß in der EU«. Er bezieht sich auf die Ansicht, daß die geplante Währungsunion nicht mehr sei als ein französisch-deutsches Bündnis, das die EU beherrsche. Dies scheint auch ein Thema von Quatrain X.89 zu sein. Hinzuzufügen wäre, daß die unglaublich hohen Kosten der deutschen Wiedervereinigung am Ende wohl von allen getragen werden müssen, die der Währungsunion beitreten. Wenn die beiden letzten Zeilen des Quatrains so interpretiert werden (der französische Text unterstützt diese Lesart), entsteht der Eindruck, die angesteuerte Vereinigung werde nicht funktionieren. Ob sich das auf die politische oder die wirtschaftliche Union bezieht, bleibt aber unklar.

Die grundlegendste Veränderung seit 1939, deren weitreichende Folgen heute noch nicht abzuschätzen sind, war, daß die britische Regierung die demokratische Verfassung englischer Völker, welche mit großer Anstrengung im Laufe der Geschichte geschaffen worden war, aufgab. In den letzten Jahrzehnten des zwanzigsten Jahrhunderts hat die britische Regierung nahezu alle Rechte, die seit 1649 unter so schmerzlichen Umständen wie Aufruhr, Königsmord und Auflehnung gegen die herrschenden Autoritäten zustande gekommen sind, aus der Hand gegeben. Die Macht wurde größtenteils der Europäischen Union übertragen. Betrachten wir die Geschichte dieses Geschenkes in seinem historischen Kontext, erkennen wir, daß die eigentliche Macht dem anderen Pol des Widders, nämlich Deutschland, ausgehändigt worden ist.

Die verschiedenen Schritte von den scheinbar unschuldigen Vorschlägen des ursprünglichen Gemeinsamen Marktes bis hin zur möglicherweise unheilvollen Europäischen Union haben die Natur der britischen Verfassung stärker verändert als irgendein anderes Ereignis seit Nostradamus' Lebzeiten. Sollten die gesetzlichen Auswirkungen der EU-Richtlinien ernst genommen werden, müssen wir uns tatsächlich fragen, ob dem monarchischen oder demokratischen System Großbritanniens noch irgendeine Substantialität erhalten bleibt (und dies ist der Kernpunkt des Quatrains). Im Hinblick auf die Veränderungen, die in den letzten Jahrzehnten in Großbritannien stattgefunden haben, erscheint die alte Prophezeiung, nach der Prinz Charles nicht König Großbritanniens werde, in einem neuen Licht. Sieht man einmal von seinem persönlichen Schicksal ab, wäre es denkbar, daß es eines Tages kein Königreich mehr gibt, das er regieren könnte[21].

Ob dies Gutes oder Schlechtes bringt oder ob solch radikale Veränderungen weitere »Taints en sang« bewirken, wird die Zukunft zeigen. Im Hinblick auf die anvisierte Europäische Union ergeben die beiden Verszeilen des Quatrains unzweifelhaft einen Sinn. Sie ist im wesentlichen eine Folge der Bestrebungen der Politik des achtzehnten und neunzehnten Jahrhunderts, einen aus Frankreich und Deutschland bestehenden Machtblock zu schaffen. Deutschland muß ständig auf der Hut sein angesichts der Bedrohung seiner östlichen Grenzen, den *Bastarnae* römischer Zeiten.

DIE KÖNIGLICHE SCHEIDUNG

Zweifellos werden die letzten Jahre des ausgehenden zwanzigsten Jahrhunderts Hellsehern und Astrologen ein willkommener Anlaß sein, die Ehescheidung von Prinz Charles und Prinzessin Diana zu kommentieren. Unweigerlich wird es Versuche geben, die Aufmerksamkeit auf Quatrain X.22 zu lenken, da hier scheinbar tatsächlich von einer Scheidung in einem Königshaus die Rede ist:

»Pour ne vouloir consentir au divorce,
Oui puis apres sera cogneu indigne,
Le Roy des isles sera chassé par force,
Mis à son lieu qui de Roy n'aura signe.«

»Da er der Scheidung nicht zustimmen will,
Die später als unwürdig anerkannt wird,
Wird der König der Inseln mit Gewalt vertrieben werden,
An seine Stelle wird einer kommen, der nicht das Zeichen eines
    Königs trägt.«

Die Übersetzung vernebelt vor allem die verschlüsselten Stellen. Zum Beispiel liegt im Französischen eine Doppeldeutigkeit vor, ob nun der »König« oder die »Scheidung« unwürdig sei. Ebenfalls bleibt offen, ob der König oder ein anderer einer Scheidung nicht zustimme. Es gibt weitere Doppeldeutigkeiten. Einige Interpreten behaupteten, daß sich der Quatrain keineswegs auf eine königliche Trennung beziehe und daß das Wort »Scheidung« als Symbol für die Trennung zwischen Hof und Parlament zu werten sei. Tatsächlich gewinnen wir nach eingehender Prüfung zahlreicher Kommentare zu diesem Quatrain den Eindruck, daß einzig dahingehend eine gewisse Übereinstimmung besteht, es handle sich um einen König Großbritanniens (»Le Roy des Isles«) und es spiele eine Art von Trennung eine Rolle. Auf den ersten Blick findet sich in dem Vers kein Hinweis, der es uns gestattet, ihm ein gewisses Datum zuzuordnen.

Tatsächlich haben auch in der Vergangenheit bereits verschiedene Interpreten diesen Quatrain mit dem Haus Windsor in Verbindung gebracht. Beispielsweise sah Woolf, der seinen Kommentar im Jahr 1944 verfaßte, in dem Vers einen Verweis auf den Thronverzicht von Eduard VIII.[22] Diese Ansicht wurde von nahezu jedem nachfolgenden Interpreten übernommen. Frühere Autoren hatten in der »Scheidung« keinen Verweis auf die Scheidung einer Ehe, sondern der Krone gesehen. So wurde eine Lesart möglich, die Karl I. und Cromwell als Bettgenossen im Quatrain zusammenfügte. Sollte sich der Quatrain doch auf Charles und Diana beziehen, scheint er Schwierigkeiten nach der Ehescheidung anzudeuten. Wie aber kann eine Ehescheidung als »nicht würdig« angesehen werden? Wessen würdig? Wie könnte Charles zudem aufgrund einer solchen Scheidung verjagt werden?

Nach langen Überlegungen sind wir zu dem Ergebnis gekommen, daß sich der Vierzeiler auf Eduard VIII. bezieht. Jede der Vorhersagen scheint perfekt zu seiner Lebensgeschichte zu passen. Dem Parlament widerstrebte es, in die Eheschließung des Königs mit der geschiedenen Mrs. Simpson einzustimmen. Spätestens nach seinem Verzicht auf den Thron hielt man Eduard des Ranges eines Königs von Großbritannien für unwürdig (»cogneu indigne«). Seine nachfolgenden Verbindungen zu den Nazis und seine Feststellung, die Deutschen sollten England durch einen Bombenregen zur Unterwerfung zwingen, sind im allgemeinen Tenor der zweiten Zeile enthalten. Trotz aller Widrigkeiten und gegen den Willen seines Vaters, König Georg V., wurde Eduard König von Großbritannien (»Roy des Isles«) und später tatsächlich vom Parlament des Landes verwiesen (»sera chassé par force«), wobei sein Verzicht auf den Thron lediglich die formelle Anerkennung der Tatsache war, daß er die Krone angesichts einer solchen Opposition nicht mehr lange hätte halten können. Der vielleicht fragwürdigste Vers ist der vierte, denn George VI., der an seine Stelle trat (»Mis à son lieu«), war nicht unbedingt jemand, der kein Zeichen der Königschaft an sich trug (»Mis à son lieu qui de Roy n'aura signe«).

Könnte es der Fall sein, daß sich diese Zeile nicht, wie so oft vermutet, auf seinen Nachfolger, sondern erneut auf Eduard VIII. bezieht? Er war gewiß »auf einen Platz verwiesen« worden, wo er kein Zeichen seiner Königsmacht mehr zur Schau stellen konnte. Nach seinem Thronverzicht war es Eduard verboten, den Königstitel zu führen oder königliche Attribute zur Schau stellen (»de Roy n'aura signe«). Er bereiste Frankreich, Spanien und die Vereinigten Staaten mit einer Frau, die laut Protokoll weder Königin noch Prinzessin genannt werden durfte.

DER GROSSE KÖNIG DES SCHRECKENS

Zweifellos ist Quatrain X.72 einer der berühmtesten von Nostradamus. Sein Ruf geht auf die Tatsache zurück, daß er im allgemeinen als Mitteilung über das Erscheinen eines schrecklichen Wesens – eines furchterregenden Etwas –, gedeutet wird, das die Erde im Juli 1999 heimsuchen werde.

> »L'an mil neuf cens nonante neuf sept mois
> Du ciel vendra un grand Roy d'effrayeur
> Resusciter le grand Roy d'Angoulmois.
> Avant apres Mars regner par bon heur.«

Zu diesem Zeitpunkt wollen wir wie folgt übersetzen:

> »Im Jahre 1999, im siebenten Monat,
> Wird ein großer Schreckenskönig vom Himmel kommen:
> Den großen König von Angoulmois wird er von den Toten erwecken,
> Vor und nach Mars wird er durch Glück regieren.«

Die blutrünstigeren Interpreten neigen dazu, diese Erscheinung in Worten des Schreckens als Vorhersage einer Weltrevolution oder eines fürchterlichen Krieges zu beschreiben. Einige sehen in diesem Vers sogar den Weltuntergang angekündigt, obwohl Nostradamus dies ausdrücklich in seinem Vorwort zu den *Prophéties* verneinte. Ganz abgesehen von solchen Deutungen bleibt die Tatsache bestehen, daß es sich hier um einen der wenigen Quatrains mit einer genauen, unverschleierten Zeitangabe handelt.

Wie bei den meisten Vierzeilern hängt die Auslegung dieses Verses von einem Schlüsselwort im Quatrain selbst ab, in diesem Falle »Angoulmois«. Trotz seiner offensichtlichen Bedeutung ist dieses Wort von Nostradamus-Forschern nie in geeigneter Weise erklärt worden. Statt dessen zeigen zeitgenössische »Übersetzungen« dieses merkwürdigen Wortes deutlich, wie die der Grünen Sprache Unkundigen bei ihrem Versuch, Nostradamus' Schriften auszulegen, in dichtem Nebel herumstochern. 1949 interpretiert Roberts den Begriff als Hinweis auf *Jacquerie* und deutet damit an, daß die Zeile »Sich gegen den großen König der Jacquerie erheben« heiße.*

In einer Fußnote verweist er darauf, daß »Roy d'Angoulmois« ein Anagramm des Ausdrucks »Roi des Mongulois« und somit des Königs der Mongolen sei. So gelangt er zu der Ansicht, daß aus dem Osten Krieg drohe. Aber von wo aus dem Osten? Aus Rußland, Tibet, China oder der Mongolei? Seine Interpretation ergibt keinen Sinn. Cheetham übersetzt das Wort als Verweis auf die »Mongolen« und deutet die Zeile als »Er wird den großen König der Mongolen ins Leben zurückbringen«. Aus unerfindlichen Gründen sieht sie in diesem Quatrain einen Hinweis auf einen »König der Mongolen« als »asiatischen Antichrist«. Dafür findet sich in Nostradamus' Worten kein Anhaltspunkt. 1983 erklärt de Fontbrune den Begriff als Verweis auf die Stadt Angoulême und die Bedeutung der Zeile als »(ins Leben zurück) rufen des großen Siegers von Angoulême«. Um wen es sich bei diesem »großen Sieger« (König?) von Angoulême handeln könnte, bleibt der Phantasie der Leser überlassen.

Wie zu vermuten, ist Angoulmois ein Wort der Grünen Sprache. Eine korrekte Interpretation seiner Bedeutung wird dem gesamten Quatrain ein besonderes Licht verleihen. Tatsächlich können wir die Zweideutigkeit des Datums in der ersten Zeile nicht verstehen, ohne die Bedeutung von Angoulmois zu kennen. Angesichts dieser Tatsache wenden wir uns vor einer Deutung des Quatrains der dritten Zeile zu, in der wir das Schlüsselwort finden: »Resusciter le grand Roy d'Angoulmois«.

Auf den ersten Blick kann die Zeile ungefähr als »Den großen König von Angoulmois wieder zum Leben bringen« übersetzt werden. Die Frage ist: Was oder wo ist Angoulmois, und wer ist der große König? Der Begriff aus der Grünen Sprache läßt sich in drei Teile zerlegen:

---

* Wir können den Begriff *Jacquerie* in diesem Zusammenhang nicht erläutern – die angebotene Auslegung ergibt keinen Sinn.

ANG OUL MOIS. Zunächst ist ANG eine Apokope von *Ange*, dem französischen Wort für »Engel«. *Oul* ist ein verschlüsselter Begriff, der dem Wort »Angoulmois« einen Sinn verleiht. *Ol*, in verschiedenen orthographischen Versionen geschrieben, ist der Name eines der Erzengel der Tierkreiszeichen (wir werden später zu dieser Bedeutung zurückkehren). Diese Namen und Zeichen erscheinen in der mittelalterlichen Astrologie – in Zauberformeln und Grimoires wie etwa den magischen Kalendern des fünfzehnten Jahrhunderts – und waren Nostradamus durch die magische *scala* in Agrippas bekanntem Werk *De occulta Philosophia* gewiß bekannt.[23] *Mois* ist der französische Ausdruck für »Monat«. So finden sich in den drei Komponenten des Begriffes »Angoulmois« zwei französische und ein lateinisches Wort. *Ange Ol mois* kann dann übersetzt werden als »der Monat des Engels Ol«.

Nun herrscht der Erzengel Ol mittelalterlichen Grimoires zufolge im Zeichen des Löwen.[24] Er trug zwei verschiedene Namen, Verchiel und Voel. Zu Nostradamus' Lebzeiten hatten die Kalenderreformen das Verhältnis zwischen den Monaten und den Tierkreiszeichen noch nicht zerstört. Der Gregorianische Kalender wurde in Frankreich erst nach dem Tod des Gelehrten im Jahr 1582 eingeführt. So konnte er den Engelsherrscher eines Tierkreiszeichens mit einem Monat verbinden. Eine solche Gleichung ist heute nicht mehr möglich. Da zu seinen Lebzeiten die Bezeichnung des Monats Juli als Monat des Löwen zulässig war, würde der verschlüsselte Begriff *Angolmois* Juli bedeuten.

Angesichts dieser historischen Fakten haben die drei Worte, aus denen »Angoulmois« gebildet wird, in ihrer Abfolge eine spezifische Bedeutung. Der neunteiligen Hierarchie der Engel zufolge handelt es sich bei dem Erzengel mit dem Namen Ol um den Herrscher über den Monat Juli. Da wir nun die getarnte Bedeutung in der dreigeteilten Struktur »Angoulmois« entschlüsselt haben, können wir auch den in der Zeile verborgenen Sinn enträtseln.

Zunächst müssen wir uns fragen, wer der König (»Roy«) des Monats Juli, der Herrscher im Zeichen des Löwen, ist. In der astrologischen Lehre wird der Löwe durch die Sonne beherrscht, in der Esoterik dominiert der Erzengel Michael die Sonne. Der esoterischen Tradition der Secundadeis (s. Seite 143) zufolge, die Nostradamus bekannt waren und die er in seiner Epistel an Heinrich II. erwähnte, ist Michael das Haupt der sieben planetarischen Erzengel: Deshalb kann er *Roy* oder König der Sieben genannt werden.

Sol, auch davon haben wir schon gesprochen, ist die lateinische Bezeichnung für »Sonne«. Es bildet eindeutig die Grundlage des antiken verschlüsselten Namens Ol, wobei die Version Oel ein Anagramm von *leo* (»Löwe«) ist. Die Bedeutung der Herrschaft des Erzengels Michael über die sieben planetarischen Wesen wird durch eine verborgene Numerologie unterstrichen. Diese Numerologie kann in der Struktur des Wortes »Angoulmois« aufgespürt werden, in dem Oul durch Wörter mit drei und vier Buchstaben (insgesamt sieben) sein Gleichgewicht erhält: ANG (drei), OUL, MOIS (vier).

Es ist also offensichtlich, daß Nostradamus den Namen des planetarischen Erzengels zu »Roy d'Angoulmois« umwandelte. Diese Siebenerabfolge bezieht sich auf die Tatsache, daß Michael im Zusammenhang mit den Secundadeis in der hebräischen Bilderwelt als Mittelpunkt der sieben Planeten angenommen wird. Doch es gibt auch eine berühmte, viel subtilere verborgene Numerologie in diesem Quatrain zu entdecken; sie findet sich in seiner Numerierung – 72. In vielerlei Hinsicht ist die 72 die geheimnisvollste aller Zahlen. Kosmologisch gesehen ist sie mit der Sonnenbewegung verbunden, da sich die Sonne in einem Zeitraum von zweiundsiebzig Jahren gegenüber dem Gefüge der Sterne um genau ein Grad verschiebt. Dies ist einer der Gründe, warum in der Geheimliteratur das menschliche Leben symbolisch mit zweiundsiebzig Jahren angegeben wird. Man geht davon aus, daß der Mensch mit einem Grad geboren wird und stirbt, wenn sich dieser Grad verschiebt. Unter anderem aus diesem Grund ist die 72 in der Esoterik die heiligste aller Zahlen.

Zum jetzigen Zeitpunkt sollten wir festhalten, daß der »Große König« (»grand Roy«) zu *dem* großen König wird, im Gegensatz zu *einem* großen König, wie in der zweiten Zeile angegeben. Die tiefere Bedeutung liegt darin, daß der große König der zweiten Zeile nicht mit dem der dritten übereinstimmt.

Nachdem wir nun den Geheimausdruck »Angoulmois« nach den Regeln der Grünen Sprache in seinen wahren Kontext gesetzt haben, können wir den Quatrain als Ganzes betrachten: »L'an mil neuf cens nonante neuf sept mois« – »Im Jahr 1999, im siebenten Monat«.

Es ist sehr verführerisch, diesen Vers als Hinweis auf Juli 1999 zu betrachten. Zu diesem Zeitpunkt soll das in den folgenden drei Zeilen vorhergesagte Ereignis eintreffen. Eigentlich müßten wir aufgrund der von Nostradamus vielfach verwendeten tiefgründigen astrologischen Hinweise auch zu diesem Datum ein bemerkenswertes kosmisches Phänomen erwarten. Dies ist nicht der Fall: Es gibt in jenem Monat nichts von besonderem planetarischem Interesse. Wir haben schon auf jenen Quatrain hingewiesen, der die Aufmerksamkeit auf die Planetenkonfiguration von 1999 lenkt und die noch bedeutendere von 2002 und 2020.

Die Jahreszahl 1999 hat bereits unzählige Interpreten beschäftigt.

Man versuchte sogar die letzten drei Ziffern umzudrehen, um auf diese Weise 666 zu erhalten, die Geheimzahl der Bestie in der Apokalypse. Obwohl diese Zahl zweifellos von großer okkulter Bedeutung ist, halten wir es für unwahrscheinlich, daß Nostradamus eine derartige Aphärese (der ersten Zahl) und Inversion (der restlichen drei) einsetzen würde, ohne im Text auf die Notwendigkeit eines solchen Vorgehens hinzuweisen.

Aus einem bedeutenden Grund zögern wir, die erste Zeile als Referenz auf das Jahr 1999 zu deuten. Der Leser, der uns in der Studie der Schriften Nostradamus' bis hierher gefolgt ist, weiß inzwischen, daß jede Zeile aus dessen Feder, wie einfach sie auf den ersten Blick auch zu sein scheint, meistens eine tiefe, versteckte Bedeutung in sich birgt. Wir sollten uns also fragen, ob diese scheinbar unverschlüsselte Zeile nicht anders interpretiert werden muß.

Folgen wir dem in okkulten Kreisen verwendeten sekundadeischen System – von dem Nostradamus behauptete, er habe es in seinen Quatrains benutzt, und dem wir uns in Kapitel 3 widmeten –, so gelangen wir zu einer völlig anderen Deutung.

In seinem arkanen Vorwort zu den *Prophéties* erklärte Nostradamus, daß er sich in den Quatrains auf das von dem großen Okkultisten Trithemius verbreitete Datierungssystem gestützt habe (s. Seite 132 f.) und daß wir »gegenwärtig vom Mond beherrscht werden«. Das entsprach 1555 den Tatsachen. Laut Trithemius hatte Gabriel, der Erzengel des Mondes, seine Herrschaft über die Zeiten im Jahr 1525 angetreten. Diese Herrschaft, so teilte uns Nostradamus mit, dauere fort, bis »die Sonne erscheinen wird«. Nun sollte Trithemius zufolge die Herrschaft des Mondes im Jahr 1881 enden und die des Sonnen-Erzengels Michael beginnen. »Und dann folgt Saturn«, erklärte Nostradamus in Übereinstimmung mit Trithemius. Ophiel, der Erzengel des Saturn, werde im Jahre 2235 seine Regentschaft antreten. Fügen wir dieser Jahreszahl jeweils 354 Jahre für eine Herrschaftsperiode hinzu, entdecken wir etwas Interessantes. Nostradamus bezog sich tatsächlich auf eine vollständige Periodizität von sieben aufeinanderfolgenden Regentschaften von Erzengeln. Die Herrschaft des Mondes wird also erneut im Jahr 4005 beginnen.

Als Nostradamus seine Schrift verfaßte (1. März 1555), währte die Herrschaft Gabriels bereits achtundzwanzig Jahre. Wenn wir von 4005 diese achtundzwanzig Jahre subtrahieren, erhalten wir 3977. Das ist ein numerologisches Anagramm für die Zahl 3797, die Nostradamus präzise als Datum für das Ende seiner Prophezeiungen angab. Diese in der Geheimliteratur häufig verwendete, okkulte Tarnung besteht aus dem

Austausch der beiden inneren Ziffern eines Datums. Nostradamus deutete mit der Verschlüsselung seiner Daten an, daß seine Prophezeiungen direkt an die Periodizitäten der Secundadeis gekoppelt sind.

Ein Monat (ein Zwölftel) beträgt somit in bezug auf die von Trithemius mit 354 Jahren und vier Monaten angegebene sekundadäische Periode etwa neunundzwanzig Jahre und sechs Monate. Entsprechend der ersten Zeile unseres Quatrains ist das Ereignis für den siebten Monat des Ol zu erwarten, das heißt 7 x 29 und ein halbes Jahr nach dem Beginn der Herrschaft des Erzengels Michael, also zweihundertsechs und ein halbes Jahr nach dem ersten Jahr der Herrschaft Michaels, die 1881 begann. So gesehen kann die Prophezeiung in Quatrain X.72 auf das Jahr 2087 verweisen. Eines steht jedoch fest: Unabhängig davon, ob wir sie auf 1999 oder 2087 beziehen – der Quatrain enthält keinen Hinweis auf das Ende der Welt. Nostradamus selbst belegte das, indem er anmerkte, daß sich seine »astronomischen Verse« auf die Zeit bis zum Jahre 3797 bezögen.

Da er seine erste Sammlung Prophezeiungen im Jahr 1555 veröffentlichte, erstrecken sich seine Vorhersagen über eine Zukunft von 2245 Jahren. Dies ist wiederum eine interessante Zahl, denn sie kommt einer der großen Zeiten – den Einteilungen des sogenannten »Großen Jahres« – sehr nahe.* Heute wissen wir, daß das Große Jahr durch Präzession 2160 Jahre andauert. Diese genaue Zeitangabe stand Nostradamus nicht zur Verfügung; ihm waren bestimmt zumindest ein halbes Dutzend Theorien zur Dauer des Großen Jahres bekannt. Im sechzehnten Jahrhundert war man der Ansicht, eine Präzessionsperiode entspräche einem Grad pro Jahrhundert. Diese Periodizität war durch Dante verbreitet worden, der sich auf die Schriften des arabischen Astrologen Alfragus bezogen hatte.

Unmittelbar nachdem Nostradamus seinen Lesern mitgeteilt hatte, daß sich die Prophezeiungen über einen Zeitraum von 2242 Jahren (d. h. bis in das Jahr 3797) erstrecken würden, schrieb er den überraschenden Satz:

»Wenn Ihr das natürliche Alter eines Menschen erreicht, könnt Ihr an Eurem Ort der Erdkugel, und unter dem Himmel Eures Horoskops, die vorhergesagten zukünftigen Ereignisse sehen.«

---

* In der mittelalterlichen Astrologie ist das Große Jahr jene Periode, nach der sämtliche Planeten zu einem vorgegebenen Fixpunkt zurückkehren. Es gibt keine Übereinstimmung darüber, wie lange sie dauert. William von Conches setzt sie mit 49 000 Jahren an.

Der aufgeklärte Okkultist wird in diesen Worten einen Hinweis auf die Reinkarnation sehen. Der Geheimdoktrin entsprechend wird jedes menschliche Wesen in jedem Zeitalter einmal als Mann und einmal als Frau geboren. So teilte uns Nostradamus also mit, daß jeder Mensch Zeuge von Ereignissen werde, die er für diesen Zeitraum vorhergesagt hat. Was auch immer 1999 geschehen mag (falls sich Nostradamus in dem Quatrain tatsächlich auf dieses Jahr bezieht) – es wird nicht der Weltuntergang sein.

Nun wollen wir zur zweiten Zeile zurückkehren: »Du ciel viendra un grand Roy d'effrayeur« – »Vom Himmel wird ein großer Schreckenskönig kommen«. Wie in vielen von Nostradamus' Formulierungen ist auch hier nicht alles das, was es zu sein scheint. Während »effrayeur« sicherlich als »Aufrührer« oder »Erschrecker« auszulegen ist, bedeutet das abgeleitete Verb *defrayer* »vergnügen« oder »unterhalten«. Andererseits läßt sich das Substantiv *frayeur* mit »Angst« oder »Schrecken« übersetzen. Manche Interpreten wählten die letztere Bedeutung und beschrieben dieses Wesen als »den großen Schreckenskönig«. Es könnte auch eine weitere abgeleitete Bedeutung in »effrayeur« mitschwingen, da das französische Verb *rayer* »auslöschen« oder »auswischen« heißt. Innerhalb der Grünen Sprache ist jede dieser Deutungen möglich, und so können wir davon ausgehen, daß Nostradamus den merkwürdigen Terminus wählte, um eine Assoziation zu allen Möglichkeiten herzustellen. Wir erkennen auf diese Weise, daß in der Natur dieses »großen Königs«, der sowohl erschrecken, verstören und terrorisieren kann, eine gewisse Doppeldeutigkeit liegt. Mit Sicherheit wird er vom Himmel kommen. Wie nicht anders zu erwarten war, hat diese Tatsache die Gemüter so mancher moderner Ufologen bewegt, die der Ansicht sind, das zukünftige Schicksal der Erde liege in den Händen von Außerirdischen.

Wir müssen annehmen, daß Nostradamus mit dieser doppeldeutigen und vagen Beschreibung des »großen Königs« eindeutig klarlegen wollte, daß es sich *nicht* um die Wiederkehr Christi handelt. Im sechzehnten Jahrhundert hätte die Nennung eines großen Königs, der vom Himmel kommen werde, ohne die dazugehörige Warnung durchaus als Hinweis auf Christus gedeutet werden können. Tatsächlich scheint es nicht sehr sinnvoll zu sein, über diesen großen König zu spekulieren, da sich seine Identität ausschließlich aus der okkulten Literatur ableiten läßt. Aber wir wollen – da dies bisher noch kein Interpret bemerkt zu haben scheint – unterstreichen, daß dieses Wesen nicht derselbe große König ist, der in der nächsten Zeile des Quatrains erwähnt wird.

Die dritte Zeile lautete folgendermaßen: »Resusciter le grand Roy d'Angoulmois« – »Den großen König von Angoulmois wird er von den

Toten erwecken«. Da wir »den großen König von Angoulmois« als Wendung der Grünen Sprache für den Erzengel Michael bestimmt haben, können wir erkennen, daß von dieser Zeile nicht die ihr üblicherweise zugeschriebene unheilvolle Kraft ausgeht. Merken wir an, daß sich »**le** grand Roy« offensichtlich von dem vorhergehenden »**un** grand Roy« unterscheidet. So befaßt sich diese Prophezeiung mit zwei großen Königen. Es scheint, als brächte der letztere (Angoulmois) den vorhergehenden ins Leben zurück.

Aber wie deuten wir die vierte Zeile? »Avant apres, Mars regner par bon heur« – »Vor und nach Mars wird er durch Glück regieren«. Die Worte »Avant apres« bieten einige Schwierigkeiten, da sie sich gegenseitig auszuschließen scheinen. Eine von etlichen Gelehrten vorgeschlagene Lösung lautet, sie als *avant et apres*, »vor und nach«, zu lesen. Allerdings bedeutet *a pres* als Adverb »beinahe«, wie beispielsweise in dem Ausdruck *a peu pres*, »fast so«. Vielleicht sollten wir daher lesen: »Avant a pres« – »Fast unmittelbar bevor«.

Unserer Ansicht nach beziehen sich diese beiden Wörter auf die verschiedenen »Könige« – von denen einer »vorher« und der andere »nachher« kommt.

Nun zum schwierigsten Teil. Welche Ereignisse erwartet Nostradamus »vorher« oder »nachher«? Was bedeutet diese enigmatische Wendung, in der Mars durch Glück regiert? Da der Mars der sekundadeischen Literatur zufolge seine irdische Herrschaft erst lange nach jener Periode antreten soll, für die Nostradamus' Prophezeiungen gültig sind, liegt der Schluß nahe, daß eine andere Interpretation des Wortes Mars in dem vorliegenden Kontext gefunden werden muß. Auf deutsch bedeutet *par bonheur* »glücklicherweise«. Da die Erwähnung des Mars für gewöhnlich als Hinweis auf Krieg zu deuten ist, müssen wir uns fragen, wie ein Krieg »durch ein günstiges Schicksal« oder »durch Glück« geführt werden kann.

Da *faire le bonheur de quelqu'un* »jemandem eine Freude bereiten« bedeutet, ließe sich die Zeile dahingehend interpretieren, daß Mars sich selbst Freude bereitet – d. h. durch Blut und Elend watet.

Kehren wir zum Text zurück, und behandeln wir die Wörter »bon« und »heur« einzeln, wie sie in den frühen Ausgaben gedruckt wurden. Der Ausdruck »gut« (»bon«) läßt sich auf den Erzengel Michael anwenden. »Heur« (gelesen als Apokope der Grünen Sprache für *heure*, »Zeit«), kann sehr wohl als Epitheton für jenes dem Erzengel Michael gegenüberstehende Wesen gewählt werden. Es ist in esoterischen Kreisen als *Ahriman* – der »Herr über die Zeit« – bekannt. Zwischen den Nachfolgern dieser beiden Wesen werden Kriege ausgefochten werden.

Eine hoffnungsvollere Deutung der Zeile erhalten wir, wenn wir darin die Vorhersage sehen, daß die Herrschaft des Mars erlischt, eine Periode »glücklicher Geschicke« anbricht und Kriege enden werden. Leider legen die von uns untersuchten Quatrains, die sich eindeutig mit den ersten Jahrzehnten des einundzwanzigsten Jahrhunderts auseinandersetzen, anderes nahe.

Wie können wir diese komplexen Analysen eines verschlüsselten Textes des sechzehnten Jahrhunderts am besten zusammenfassen? Nostradamus scheint anzudeuten, daß im Jahr 1999 oder 2087 ein großes, für die Menschheit möglicherweise unheilbringendes, in jedem Fall aber Schrecken verbreitendes Wesen auf die Erde herabsteigen werde. Als Folge dieses Ereignisses wird unsere Zivilisation gespalten werden. Während viele Menschen sich überreden lassen, diesem schrecklichen Wesen zu folgen, glauben sich andere mit einer erneuerten Spiritualität versehen – durch das Wirken Michaels, des herrschenden Erzengels unserer Zeiten. Daraus resultieren Kriege und große soziale Umbrüche. Die Ambiguität des Verses deutet jedoch an, daß der »große König« nicht notwendigerweise furchterregend sein muß. Wenn wir berücksichtigen, daß Nostradamus innerhalb der esoterischen Tradition wirkte, könnten wir seine Vorhersage als Langzeitbestätigung für den erwarteten Eintritt Christi in das an die physische Ebene angrenzende spirituelle Reich sehen.

Aufgrund unserer fundierten Kenntnisse der prophetischen Literatur des sechzehnten Jahrhunderts sind wir der Ansicht, daß Nostradamus diesen Quatrain für seine Zeitgenossen verfaßte, um ihren Erwartungen über »das Ende aller Dinge« im siebten Jahrtausend zu genügen. Diese okkulte Tarnung zielte darauf ab, seinen Lesern eine Auslegung zu ermöglichen und gleichzeitig auf jenes spirituelle Ereignis hinzuweisen, das dem zwanzigsten Jahrhundert seine für das geistige Leben der Menschheit bedeutende Rolle verleihen würde.

DIE ZUKÜNFTIGE SPIRITUALITÄT

Nahezu alle Quatrains befassen sich mit speziellen Ereignissen in der Zukunft, was letztlich von prophetischen Versen ja auch erwartet werden darf. Doch eine Handvoll Quatrains scheint darüber hinaus Überlegungen von tiefem philosophischem Gewicht zu enthalten, die zeitlos sind, gleichzeitig aber ebenfalls auf die Zukunft verweisen. Quatrain IV.25 ist einer dieser Verse, dessen Aussage uns dazu bewog, ihn für unsere abschließende Analyse aufzubewahren.

»Corps sublimes sans fin à l'oeil visibles,
Obnubiler viendra par ses raisons,
Corps, front compris, sens, chef & invisibles,
Diminuant les sacrées oraisons.«

»Dem Auge sichtbar verfeinerte Leiber ohne Ende,
Für eigene Zwecke werden sie verschleiert:
Leiber, vereintes Denken, Sinne und Haupt unsichtbar.
Die heiligen Reden werden immer weniger.«

Dieser Quatrain, der eher ein Gedicht als eine Vorhersage zu sein scheint, ist zugleich einer der schönsten und bemerkenswertesten von Nostradamus. Sollte er jedoch eine Vorhersage sein, müssen wir befürchten, daß er in eine von Schrecken erfüllte Zukunft weist.

Wir gehen davon aus, daß mit den »verfeinerten Leibern« (»corps sublimes«) jene Himmelskörper, Planeten, und Sterne gemeint sind, die für das Auge sichtbar sind (»à l'oeil visibles«). Diese Beschreibung bestärkt die im sechzehnten Jahrhundert verbreitete Annahme (der sich auch Trithemius in seinen Schriften anschloß), daß die Planeten spirituelle, von hohen Intelligenzen angeführte Wesen seien. Daß diese himmlischen Körper unendlich groß sind, ist für uns selbstverständlich, doch für Nostradamus' Zeitgenossen war das eine erschütternde und neuartige Vorstellung. Die bemerkenswerte Wendung »par ses raisons« (zweite Zeile) würde mehr Sinn ergeben, wenn sie mit »aus eigenen Gründen« übersetzt würde.

Vielleicht erfordert nur die dritte Zeile einen ausführlichen Kommentar: »Corps, front comprins, sens, chef & invisibles«. Dies ist nicht allein die Beschreibung des physischen und geistigen Körpers des Menschen, sondern auch eine bedeutsame arkane Erläuterung, die eine Verbindung zum kosmischen Kontext der ersten Zeile herzustellen versucht. Die hier eingewebten Hinweise enthüllen ihren Sinn ausschließlich im Zusammenhang mit dem traditionellen Bild des Menschen in den Tierkreiszeichen. Mit der Erwähnung der »Stirn« (»front«) soll zweifellos auf das Zeichen des Widders, des Herrschers über den Kopf (»chef«) und die Stirn, aufmerksam gemacht werden. Diese Herrschaft wird durch die traditionellen Bilder, die den Widder als auf dem Kopf des kosmischen Mannes (Abbildung 50) ruhend darstellen, bestätigt. Der Widder übt die äußere Herrschaft über den physischen Körper und die innere über das Denken des Menschen aus. In der Philosophie des Spätmittelalters galt das Denken als Vorgang, bei dem der Mensch mit den höheren geistigen Welten Kontakt aufnahm. Die körperlichen Gebärden, die von einem Betenden erwartet wurden, dienten weitgehend dem Zweck, den spirituellen Kontakt zwischen dem Menschen und dem geistigen Reich, das auf den Kopf konzentriert war, herzustellen. So erklärt sich teilweise auch der Zusammenhang zwischen dem Widder, dem Herrscher des Kopfes, und dem Lamm, dem Sinnbild Christi. Beim wahren Beten verbinden sich Widder und Lamm, verschmelzen Außen und Innen. Während Nostradamus in der dritten Zeile darauf Bezug nahm, betonte er in der zweiten die Verbindung zwischen physischer und spiritueller Realität, indem er die Zeile mit dem sichtbaren Physischen (»Corps«) begann und mit dem unsichtbaren Spirituellen (»invisibles«) beendete.

Die letzte Zeile weist auf die Trennung hin, die sich zwischen Mensch und Kosmos oder geistigem Reich ereignen wird, denn diese Lockerung, dieses Nachlassen der Verbindung wird sogar das Gebet schwächen: »Diminuans les sacrées oraisons«.

Pietro Pomponazzi, ein italienischer Philosoph des frühen sechzehnten Jahrhunderts, stand mit seiner Verkündigung, Seher und Sibyllen seien von den Sternen inspiriert, ganz in der Tradition der Antike. Nostradamus, der ein Eingeweihter war (s. Anhang III), wußte, daß alle Menschen in dieser Weise inspiriert sind und die kosmische Welt in das Leben jedes einzelnen hineinwirkt. Was er in diesem Quatrain von außerordentlicher sprachlicher Schönheit zu sagen scheint, ist, daß die Menschen ihre Verbindung mit dem geistigen Reich verlieren werden und daß ihre Körper (sowohl die physischen als auch die unsichtbaren geistigen Organe) mehr und mehr die lebenspendende Kraft der stellaren Welt verdunkeln werden.

In welchem Ausmaß dies seit dem sechzehnten Jahrhundert bereits geschehen ist, muß jeder Leser für sich entscheiden.

Es gibt die Wege der Natur und die des Geistes. Die Wege der Natur unterliegen der Entropie und dem, was »das zweite Gesetz der Thermodynamik« genannt wird. Das Gesetz des Geistes unterliegt weder der Entropie noch Energieverlusten. Der Quatrain spricht von der Kluft zwischen diesen beiden Wegen, einer Kluft, die auch heute für alle Sehenden nur allzu deutlich erkennbar ist. Sie spiegelt sich in der arkanen Lehre wider, die eine Zukunft beschreibt, welche eine Spaltung der Menschheit mit sich bringt. Ein großer Teil wird relativ rasch einen moralischen und physischen Niedergang erleben, während ein kleiner Teil spirituell wachsen wird. Diese Trennung kann nicht ohne beachtliche Konflikte zwischen den beiden Parteien stattfinden.

Bis zu welchem Grad Forderungen und Launen der großen Masse eine ausreichende und bereitwillige Sensibilität von Seele und Geist zulassen, müssen sich in der Zukunft vor allem die fragen, die in den vor uns liegenden Jahren Seite an Seite mit dem sich entwickelnden Teil der Menschheit gehen wollen. Wie Nostradamus bemerkte, kann nur der einzelne für sich entscheiden, ob er eine Verbindung mit der Natur oder mit dem Geiste anstrebt.

Schlußbemerkung

»… beunruhigt blicke ich auf meine Aufzeichnungen, denn ich verriet mehr von dem alten Geheimnis, als viele meiner Mitstudierenden für richtig erachten.«

(W. B. Yeats. Aus »Magic«, übersetzt nach *W. B. Yeats. Selected Criticism*, bearbeitet von A. Norman Jeffares, Ausgabe 1970, S. 93)

Welche Schlußfolgerungen können wir aus unserer Studie über Nostradamus ziehen? Die wohl faszinierendste ist, daß die Prophezeiungen des Gelehrten aus Salon ohne den geringsten Schatten eines Zweifels beweisen, daß Vorhersagen zukünftiger Ereignisse über Jahrhunderte hinweg möglich sind. In dieser Hinsicht war Nostradamus keineswegs einmalig. Auch andere seriöse Propheten beschrieben die Zukunft, oft mit ähnlicher Genauigkeit.

Aber wir haben auch gesehen, daß Nostradamus als Phänomen insgesamt sehr wohl einzigartig war. Seine Unvergleichlichkeit basiert nicht nur auf der Fülle seiner Visionen und der Qualität seiner Literatur, sondern auch auf den okkulten Techniken, in die er seine Prophezeiungen kleidete. Wie viele andere Interpreten vor uns haben wir mehr als nur einmal über die Unverständlichkeit seiner Quatrains geklagt. Wieder und wieder stolperten wir über Ausdrücke der Grünen Sprache und astrologische Hinweise, die sich nicht erläutern ließen. Diese Verschlüsselungen sollten uns jedoch nicht verwundern, denn immerhin bilden sie die Grundlage von Nostradamus' Stil. Wenn uns unsere Studie eines gelehrt hat, dann dies: Wir sollten erst unsere eigenen Erwartungen in bezug auf die Kunst der Prophezeiung klären, ehe wir die Methoden des Gelehrten kritisieren.

Die Quatrains wurden von Nostradamus so verfaßt, daß uns ihre Bedeutung vor dem Eintreffen des Ereignisses verschlossen bleibt. Es ist bemerkenswert, daß wir trotz unserer umfassenden Untersuchung unzähliger zu Nostradamus veröffentlichter Kommentare, Abhandlungen und Erklärungen auf keinen einzigen Fall gestoßen sind, in dem ein Quatrain vor dem vorhergesagten Ereignis richtig gedeutet worden wäre. Dies allein ist eine außergewöhnliche Leistung des berühmten Propheten.

Wie es scheint, war Nostradamus Einblick in eine Zukunft gewährt worden, die er seinen Lesern nicht enthüllen wollte – zweifellos eine Enttäuschung für jeden, der etwas über die Zukunft erfahren will.

Wir haben uns den Quatrains intensiv genug gewidmet, um feststellen zu können, daß Nostradamus in einem Maß an Wortspielen und subtilen, verschlüsselten Hinweisen Gefallen fand, daß er selbst erfahrene Geheimwissenschaftler zur Verzweiflung brachte. Seine Vorliebe für Tarnungen scheint sich selbst in seinen nichtprophetischen Schriften wie den *Fardemens* und den Almanachen fortzusetzen, die für eine fachlich nicht gebildete Leserschaft bestimmt waren. Auch in seinen überlieferten Privatbriefen neigte er zu Weitschweifigkeit. Sie belegen, daß ihm die Formulierung seiner Gedanken auf verschlüsselte Weise zur zweiten Natur geworden war. Sein gesamtes künstlerisches Schaffen scheint eng mit seiner Neigung zur literarischen Tarnung verbunden zu sein. Doch auch wenn man dies akzeptiert, kann man sich gegenüber den *Prophéties*, seinem berühmtesten Werk, einer gewissen Ungeduld nicht erwehren. Wenn seine Quatrains auch zu den Höhepunkten überlieferten Gedankengutes zählen mögen, das die größten Geister des Mittelalters beschäftigte, und das Werk eines wahren Genies sind, müssen wir uns doch fragen, ob sie all die uns abverlangten Mühen wert sind. Soll man es einem Autor zugestehen, Literatur zu verfassen, die praktisch niemand versteht? Diese Fragen sind berechtigt, denn unsere gesamte kulturelle Tradition läßt uns erwarten, daß ein Autor, der ein Buch veröffentlicht – und somit etwas »ans Tageslicht bringen« will, wie man im sechzehnten Jahrhundert sagte –, dies in der Absicht tut, seine Gedanken anderen zugänglich zu machen. Macht die undurchdringliche Verschlüsselung der Quatrains denn Sinn?

Nach reiflicher Überlegung müssen wir dies mit ja beantworten. Daß uns Nostradamus seine Gedanken mitteilte, steht außer Zweifel, doch wir dürfen seine Absichten und Bemühungen nicht an unseren Vorstellungen messen. Er schuf eine Literaturform, mit der wir nicht vertraut sind und die wir aufgrund unserer kulturellen Tradition und Erziehung nicht erwarteten. Sobald wir uns dieser Tatsache bewußt geworden sind, sollten wir unsere Klagen über seine »Unverständlichkeit« einstellen und uns ganz dem Genuß der genialen Einzigartigkeit seines Spiels hingeben. Denn die schlichte Wahrheit ist, daß Nostradamus ein Prophet war, der sich der Prophezeiung *verweigerte* und nur den Rückblick zulassen wollte. Dies ist das ausgeklügelte Spiel, das er sowohl mit der Geschichte als auch mit seinen Lesern spielt.

Betrachten wir Nostradamus' Prophezeiungen ohne Vorurteile, erkennen wir zu unserer Verwunderung, daß der Gelehrte nicht aus der Vergangenheit, sondern aus der Zukunft für uns schrieb. Das war sein Geheimnis. Der Fehler liegt bei uns, denn unsere eingeschränkte Sicht wird seiner nicht gerecht. Wir sind von unserer Zeit geblendet und nicht in der Lage, jenen visionären Sprung zu tun, der es uns erlaubte, die in seinen Worten verborgene Zukunft vor der Enthüllung durch die Geschichte zu erkennen. Im Gegensatz zu Nostradamus sind wir an das materielle Reich der Schatten gebunden, ausgeschlossen von jener Zukunft, die sich uns erst eröffnet, wenn sie uns auf der Ebene uns vertrauter Erlebnisse begegnet. In diesen Momenten klärt sich die Bedeutung der Quatrains.

Nostradamus war ein Meister des Spiels. Sein Spiel war die Zeit, in der sich die Prophezeiung eines Quatrains erschließt, nicht der weissagende Quatrain, der die Zukunft öffnet (wie man es von einem Propheten erwarten würde). Nostradamus beschränkte dieses Spiel räumlich auf Europa, faßte es zeitlich aber nicht so eng, denn in beinahe jedem Augenblick der Geschichte verwirklichte sich eine weitere Prophezeiung, wurde einem weiteren Quatrain das Leben geschenkt.

Noch immer nehmen wir an diesem Mitte des sechzehnten Jahrhunderts erfundenen Zukunftsspiel teil, das (wenn man Nostradamus' Aussagen glauben darf) noch weitere dreihundert Jahre andauern wird. Dies ist sein eigentliches Geheimnis – daß er nicht aus der Vergangenheit zu uns spricht, sondern durch die Magie seiner literarischen Technik von der anderen Seite des Schleiers, die wir Zukunft nennen, immer noch mit uns spielt.

Selbstverständlich bleiben unzählige Fragen zu Nostradamus und seinen Prophezeiungen unbeantwortet, nicht zuletzt die, weshalb er die Sammlung geheimer Verse überhaupt verfaßte. Aufgrund seiner prophetischen Visionen und der Art, wie er sie tarnte, erkennen wir, daß er ein Eingeweihter war (s. Anhang III). Möglicherweise war er einer der *Söhne der Witwe*, doch welcher Organisation er nun angehörte, ist im Grunde nicht von Bedeutung. Zweifellos muß man ihn als einen der *sapientiae* bezeichnen – der »Männer der Weisheit«, wie Eingeweihte in der mittelalterlichen Literatur häufig genannt wurden –, dem der ungehinderte Zutritt zu den beiden Welten des Materiellen und des Spirituellen offenstand.

Doch Einweihung bringt auch Verantwortung mit sich. Üblicherweise bewahren Eingeweihte, die aufgrund ihres Wesens über Kenntnisse aus Vergangenheit und Zukunft verfügen, die dem gewöhnlichen Menschen nicht zugänglich sind, ihr Wissen für sich. Tatsächlich ist in den meisten Eingeweihtenschulen Stillschweigen oberstes Gebot. Warum nahm sich dann Nostradamus die Freiheit, sein Wissen – in welch verschlüsselter Form auch immer – preiszugeben? Brach er damit nicht sein Schweigegelübde? War er ein unlauterer Eingeweihter, der sein Geheimwissen verriet? Fütterte Nostradamus – um es mit den Worten eines anderen Eingeweihten, Agrippa von Nettesheim, auszudrücken – die »Spatzen mit Zucker und warf Perlen vor die Säue«? Tat er das Verbotene und sprach, wo er Schweigen hätte bewahren sollen?

Daß Nostradamus »Perlen verstreute«, steht außer Zweifel. Die *Prophéties* sind ein Meisterwerk in der Literatur der Grünen Sprache, und die darin enthaltene Weisheit wird nur einigen wenigen gewährt. Und doch ist es zweifelhaft, ob er »Perlen vor die Säue warf«. Er gab seine Weisheit in dem Wissen weiter, daß sie nur für diejenigen von Nutzen sein würde, die sie auch in all ihrer Kunst erfaßten.

War Nostradamus der Ansicht, daß er dem Gelübde des Schweigens gehorchte, indem er in Rätseln sprach? Das wäre immerhin eine Erklärung für die Verschlüsselung der Verse. Es würde darlegen, warum der Magier solche Mühen auf sich nahm, um sicherzustellen, daß sich seine Weissagungen erst nach dem Eintreffen des Ereignisses klärten. Auf diese Weise blieb sein hermetisches Schweigen gewahrt, bis seine Worte keinen Schaden mehr anrichten konnten. So kam Nostradamus nie in jene vielleicht prekäre Situation, der sich viele Hellseher gegenübersehen, die die Erfüllung der geweissagten Ereignisse selbst erleben.

Was erreichte er? Einerseits schuf er einen Mythos um sich selbst, andererseits brachte er ein erstaunlich hermetisches Dokument hervor. Die *Prophéties* zählen zu den Glanzlichtern der Literatur der Grünen Sprache und enthüllen ihre Geheimnisse nur einigen wenigen vom Glück Begünstigten, die das Privileg genießen, sich der hermetischen Schlüssel bedienen zu können. Wie Nostradamus Heinrich II. gegenüber erwähnte, sind seine Verse so kompliziert, daß es kaum einen Weg gibt, sie zu deuten. Wie sollte man diese Literatur bezeichnen, wenn nicht als Okkultismus für Okkultisten?

War es Nostradamus' Absicht, sich dieser zwei Ebenen zu bedienen – das ausgeklügeltste System okkulter Tarnung zu entwickeln, dessen äußere Form verwirrt und täuscht und dessen Inhalt sich allein den *sapi-*

entiae erschließt? Hatte er sich das Ziel gesetzt, das vollkommenste Werk okkulter Tarnung in der westlichen Literatur zu schaffen?

Auch wenn kein Zweifel daran besteht, daß er gute Gründe hatte, seine Visionen in Verse zu fassen, können wir nur raten, welche das waren. Vielleicht liegt das Geheimnis in der Tatsache, daß die *Prophéties* ein Denkmal der astrologischen Grünen Sprache darstellen, die heute nicht mehr Bestandteil unserer literarischen Tradition ist. Vielleicht sah Nostradamus mit seinen gottbegnadeten Augen voraus, daß seine Kunst der Astrologie – die höchste Lehre der *sapientiae* – in den folgenden Jahrhunderten ihre spirituellen Wurzeln verlieren und zu einem Instrument der Glorifizierung des eigenen Egos verkommen würde. Empfand er es als seine Bestimmung, sich dieser heiligen Kunst und der Geheimsprache der Eingeweihten zu bedienen, um ein letztes, überragendes Monument okkulten Gedankengutes zu schaffen? Trieb ihn seine seherische Kraft an, ein literarisches Meisterwerk einer Prophezeiungskunst zu hinterlassen, die über die Sibyllen hinaus in die Antike zurückreicht? Sah er sich zu Recht als einen der letzten einer langen Reihe eingeweihter Propheten, erwählt, das Ende seiner geliebten Tradition zu kennzeichnen, indem er eine der herausragendsten Schriften jener spätmittelalterlichen Welt verfaßte, in der diese Tradition ihre Blüte erlebte?

Dies würde zumindest einen seltsamen Hinweis in seinem Brief an Heinrich II. erklären. Bezugnehmend auf die Einflüsse, die es ihm erlaubten, solche Verse zu schreiben, erwähnte er etwas, das er »den natürlichen, von seinen Vorfahren ererbten Instinkt« nannte. Meistens werden diese Worte als Verweis auf seine jüdische Abstammung, womöglich sogar auf die kabbalistische Lehre, die die Juden so ausgezeichnet beherrschten, aufgefaßt. Vielleicht enthalten sie aber auch eine tiefere Bedeutung – vielleicht betrachtete er die Propheten des Altertums als seine wahren Vorväter, denen er in jener Zeit, da ihre aus der Antike überlieferte Lehre erlosch, nachzueifern strebte.

Anhang

Anhang I

Das Horoskop von Nostradamus

»... quapropter eas obsigno tenacissima cera, anulo meo superin-
sculpto, cuius ad oram nomen est meum, Solis figura supremum
locum tenente, tribusque planetis infimum.«

»... aus diesem Grund versiegle ich diese Briefe mit dem stärksten
Wachs und presse meinen Siegelring hinein, in den mein Name
sowie im oberen Teil das Zeichen der Sonne und im unteren Teil
das dreier Planeten eingraviert ist.«

(Dies ist der einzige bekannte Hinweis von Nostradamus auf sein
eigenes Horoskop. Er findet sich in einem Brief des Gelehrten an
Lorenz Tubbe vom 15. Oktober 1561)

Vielleicht wird eines Tages ein Gelehrter das Geburtsdiagramm von
Nostradamus, von dessen Hand gezeichnet, enthüllen. Angesichts einer
unlängst gefundenen Briefsammlung von Nostradamus, die auch authentische Kopien einiger weniger seiner Diagramme enthält, ist diese Hoffnung nicht unbegründet.[1]
Leider ist im Augenblick kein solches Diagramm bekannt, da sämtliche im Umlauf befindlichen Horoskope des Gelehrten als Spekulationen gewertet werden müssen. Tatsache ist, daß der entscheidende Zeitpunkt seiner Geburt nicht zuverlässig überliefert sein dürfte. Es scheint,
als bestünde im Hinblick auf sein Horoskop eine Verschwörung des
Schweigens, denn es ist kaum vorstellbar, daß zur damaligen Zeit
jemand auf die Erstellung eines Geburtsdiagrammes verzichtete. Sollte
es Diagramme für den 14. Dezember 1503 gegeben haben, sind diese
verschwunden; wir sind gezwungen, uns auf die Angaben des unzuverlässigen Chavigny zu stützen.[2] Glücklicherweise werden wir in Kürze
erkennen, daß Nostradamus sehr wohl einen oder zwei Hinweise auf
sein Horoskop hinterließ, als hätte er vorhergesehen, daß es verlorengehen würde.
Das Fehlen eines authentischen Geburtsdiagramms ist um so verwun-
derlicher, da sein Großvater mütterlicherseits als hervorragender Astro-

loge bekannt war, wenn dessen Reputation auch aufgrund von Leroys meisterlichen Forschungen ins Wanken geriet.

Je eingehender man sich mit Nostradamus' Horoskop befaßt, desto rätselhafter wird es. Im sechzehnten Jahrhundert war es üblich, die Geburtsdiagramme berühmter Persönlichkeiten – teilweise auch gegen ihren Willen – zu veröffentlichen. In der damaligen Zeit waren weit mehr Menschen imstande, Horoskope zu lesen und ihren Sinn und Verlauf zu deuten, als heutzutage. Angesichts dieser Tatsache ist es eigenartig, daß Nostradamus' Diagramm zu seinen Lebzeiten nicht publik gemacht wurde. Bemerkenswert finden wir ebenfalls, daß zeitgenössische Astrologen wie Johann Garcaeus, dessen umfangreiche Sammlung vierhundert Geburtsdiagramme von so bedeutenden Persönlichkeiten des sechzehnten Jahrhunderts wie den Okkultisten Trithemius, Agrippa und Lazius, Geheimsymbolisten wie Alciati und Dürer, Astronomen wie Kopernikus, Ärzten wie Hutten und Vesalius und Neuplatonikern wie Bembo und Mirandola enthielt, das Horoskop des ähnlich berühmten Nostradamus unbeachtet ließ.[3] Dies verblüfft, da wir keinen Zweifel daran hegen, daß Garcaeus mit dem Diagramm des führenden Propheten und Astronomen seiner Zeit vertraut war. Tatsächlich veröffentlichte Garcaeus als Beispiel sogar ein Horoskop, das nur um wenige Tage von Nostradamus' Geburtszeitpunkt abwich.[4] Man fragt sich unwillkürlich, warum er nicht für die von ihm beabsichtigte Erklärung das des Sehers verwendete. Immerhin hatten sich Saturn in gegenläufiger Bewegung nur um 1 Grad und Jupiter etwas über 2 Grad gegenüber jenen Positionen verschoben, die in Nostradamus' Diagramm angegeben gewesen sein müßten.

Luca Gauricus, dessen Werk mehr als zweihundert berühmte Horoskope einschließlich derer von Regiomontanus und Agrippa, aber auch von Heinrich II. von Frankreich und seiner dominanten Gemahlin Katharina von Medici umfaßte, unterließ es ebenfalls, das des Propheten in seine Sammlung aufzunehmen. Allerdings festigte sich Nostradamus' Ruhm erst etwa drei oder vier Jahre nach der Verfassung dieses Buches.[5] Doch auch in späteren Ausgaben fehlt das Diagramm.

Noch beunruhigender ist die Tatsache, daß Cardan 1578 in seinem Werk das Horoskop des Herzogs von Farnese, der genau einen Monat vor Nostradamus geboren worden war, mit der exakten Angabe der zu diesem Zeitpunkt einwirkenden Sterne und der Konjunktion der übergeordneten Planeten veröffentlichte, ohne auf den Seher einzugehen.[6] In diesem Diagramm befand sich Jupiter, wie Cardan es ausdrückte, »in der zweiten Magnitude des Apollo, im Wesen des Merkur«. Dies entsprach der spätmittelalterlichen Beschreibung des Fixsterns Castor, des

Alpha der Zwillinge, eines wichtigen Elementes in Nostradamus' Geburtsdiagramm. Der Mond stand im 14. Grad des Schützen, Cardan zufolge also »über dem Stern im Haupt der Schlange in der dritten Magnitude«. Im sechzehnten Jahrhundert gab man auf diese Weise den Stern Rasalhague, das Alpha des Ophiuchi,[7] an. Anhand solcher Beobachtungen erkennen wir die gewaltige Bedeutung, die Astrologen des sechzehnten Jahrhunderts den Fixsternen in ihren Interpretationen zuwiesen. Nostradamus' Diagramm war darum vielleicht aufgrund seiner trigonalen Konfiguration und der Beziehung zwischen den übergeordneten Planeten und bedeutenden Fixsternen eines der außergewöhnlichsten des sechzehnten Jahrhunderts.

Dieser interessante Überblick über Astrologen jener Zeit hat uns angeregt, ein Geburtsdiagramm in der Form zu erstellen, wie es veröffentlicht worden wäre (Abb. 16). Die Bedeutung der Fixsterne wäre wohl in der Karte herausgestrichen und eventuell sogar in einem in die Abbildung integrierten Kommentar vermerkt worden. Das Horoskop basiert auf der von Garcaeus verwendeten, auf Zeichen beruhenden Methode und bezieht das von Nostradamus bevorzugte Häuser-System des Regiomontanus mit ein.

Wenn die Geburtszeit nicht bekannt ist, kann der Astrologe auf eine »Berichtigung« zurückgreifen, um einen genauen Zeitpunkt festzulegen, der eine gewisse Aussage über die Ereignisse im Leben desjenigen erlaubt, für den der *natus* (ein alter Begriff für »Geburtsdiagramm«) erstellt wurde. Unsere Untersuchung der Progressionen und Transits der wenigen aus Nostradamus' Leben datierten Ereignisse ließen uns zu der Schlußfolgerung gelangen, daß er um 12:14:20 Uhr Lokalzeit geboren wurde. Unabhängig von der genauen Geburtszeit wird sein Diagramm von einer außergewöhnlichen Konfiguration beherrscht, einer der Sonne gegenüberliegenden Dreifachkonjunktion. Tatsächlich ist diese bestimmte Anordnung der einzige zeitgenössische Hinweis auf sein Geburtsdiagramm. In dem zu Anfang des Kapitels zitierten Brief von Nostradamus an Lorenz Tubbe vom 15. Oktober 1561 beschrieb er den von seinem Siegelring hinterlassenen Abdruck, damit Tubbe keine Zweifel über die Urheberschaft der Briefe hegte.

Diese Beschreibung dürfte ein Hinweis auf sein Horoskop sein.[8] Die Sonne seines Diagramms steht im Steinbock, während sich die drei Planeten (die übergeordneten Planeten Mars, Jupiter und Saturn) auf der gegenüberliegenden Seite des Tierkreises im Krebs befinden. Die Annahme ist zulässig, daß Nostradamus für seinen Siegelring mit der Sonne in Opposition zur Dreifachkonjunktion der übergeordneten Planeten die wesentlichen Aspekte seines Horoskops wählte. Trifft das zu, wurde Nostradamus rund um die Mittagsstunde geboren, da sich die Sonne zu dieser Zeit auf dem Höhepunkt befand und die drei Planeten am tiefsten Punkt des Himmels, den die Astrologen als *Imum Coeli* bezeichnen (Abb. 3).

In ihrer französischen Übersetzung von Nostradamus' Korrespondenz erwähnt Bernadette Lecureux den Satz als Hinweis auf sein Horoskop. Doch was Nostradamus auf eine einfache Darstellung reduziert hatte, war nicht das Horoskop, sondern ein Diagramm einer Dreifachkonjunktion in Apposition zur Sonne. Aufgrund der Geburtszeit von 12 Uhr 14 ergibt sich ein *Pars Fortunae* auf dem berühmten Bogen der Astrologen. Existiert ein anderer Faktor, der dieses Geburtsdiagramm mit der Astrologie verbindet? Die Antwort ist ja. Ein Fixstern liefert die Erklärung für eine der außergewöhnlichsten Tatsachen in Nostradamus' Leben, nämlich warum der Seher seine Visionen trotz seines unzweifelhaften Talents erst so spät veröffentlichte.

Der MC (*Medium Coeli* oder Himmelsmitte, Symbol des höchsten Punktes, den die Sonne erreicht) seines Diagramms stand im 6. Grad des Steinbocks und befand sich somit (in der ersten Dekade des sechzehnten Jahrhunderts) auf dem Fixstern Pelagus. Dieser kleine Stern, das Sigma des Schützen, war laut Ptolemäus von derselben Wesensart wie Jupiter und Merkur. Da in Nostradamus' Geburtshoroskop die Radixposition des Merkur mit der Himmelsmitte übereinstimmte, verdoppelte dieser Stern die Merkur-Komponente seines Lebens und bietet so die Erklärung für die unzähligen von ihm verfaßten Schriften und sein tiefgreifendes Interesse an der Medizin. (Merkur ist der römische Name für Hermes, den großen Heiler und Esoteriker.)

Aus Robert Benazras umfangreicher Bibliographie[9] erfahren wir, daß Nostradamus erst etwa im fünfzigsten Lebensjahr zu schreiben begonnen hatte. Interessant am Einfluß von Pelagus ist, daß er in Verbindung mit Saturn Erfolg bis ins Alter von fünfzig Jahren verzögert. Ebenso verspricht er erst gegen das Lebensende hin Reichtum und eine gute Ehe. Da der MC sich unter der Herrschaft des Saturn im Zeichen des Steinbocks befand, trafen diese astrologischen Bedingungen auf Nostradamus' Leben zu.

Eine der wichtigsten astrologischen Traditionen im sechzehnten Jahrhundert war die Theorie des Einflusses von Fixsternen. Einzelsterne (*stella inerranta*) werden häufig in den Quatrains erwähnt. Sie erhielten diesen Namen als Unterscheidung zu den Planeten oder wandernden Sternen. In Anlehnung an ihre arabischen Vorbilder, die sich auf den Einfluß der Sterne spezialisiert hatten, beharrten die Astrologen des Mittelalters auf ihrer Ansicht, daß gewissen Sternen ein Einfluß auf

Geburtshoroskope zugeschrieben werden könne, sofern sich diese in der Nähe von Planetenkonjunktionen oder Knotenpunkten befänden. Als der dänische Astrologe Matthias Hacus Sumbergius das Horoskop von Philip II. von Spanien vom 21. Mai 1527 berichtigte, trachtete er danach, den Einfluß einen Fixsterns in das Horoskop mit einzubeziehen. Um dies zu erreichen, veränderte er den Geburtszeitpunkt in ausreichendem Maß, so daß sich der Aszendent vom 1. Grad Skorpion in den 28. Grad Waage zurückverschob (s. Abb. 51). Somit befand sich der Stern Caput Herculis im Zeichen der Waage.[10] Auf eben diese Weise enthüllt das berichtigte Geburtshoroskop von Nostradamus den Einfluß eines Fixsterns in der Himmelsmitte.

Sumbergius' Interesse galt jedoch weniger dem genauen Grad des Aszendenten als dem Stern selbst. So war auch Philips palastartige Grabstätte auf die Sternkonstellation ausgerichtet, die an den Sieg über die Franzosen erinnerte, und hielt Herkules in die astrologischen und hermetischen Fresken Einzug, mit denen Philip die Decke und oberen Teile der Wände in seiner weitläufigen Bibliothek im Escorial schmücken ließ.[11]

Praktisch alle bedeutenden Astrologiebücher des Mittelalters beinhalteten Sternlisten mit genauen Angaben über die Positionen im jeweiligen Jahr. So lieferte Garcaeus, dessen astrologisches Werk zu den einflußreichsten seines Jahrhunderts zählte, in seinen Fixstern-Tabellen Angaben von vierundfünfzig Sternen und setzte diese zu verschiedenen in seinem Buch analysierten Geburtshoroskopen in Bezug.[12]

Im Hinblick auf diese Tradition hätten die Astrologen des sechzehnten Jahrhunderts gewiß die bemerkenswerte Gruppierung der übergeordneten Planeten im Krebs in Konjunktion zu den Fixsternen Castor und Pollux erkannt. Solche Faktoren in einem Horoskop hätten sie an jene bedeutenden Elemente erinnert, die in der Mundanastrologie – jener Astrologie, die sich mit Politik, Geschichte und Religionen befaßt – eine wichtige Rolle spielen. In der auf Fixsternen basierenden arabischen Tradition schreibt man dem Stern Castor (den wir nun als Doppelstern betrachten) einen Einfluß zu, der für einen scharfen Verstand, literarischen Erfolg und plötzlichen Ruhm förderlich ist. Oftmals folgt auf diesen jedoch großes Leid innerhalb der Familie. Wird er von Jupiter in den Vordergrund gestellt – wie in Nostradamus' Diagramm der Fall –, verstärkt der Stern die Neigung zu okkulten Interessen, aber auch die Gefahr einer folgenschweren Gerichtsentscheidung. Der Stern Pollux, das Beta des Zwillingssterns, ist verantwortlich für Todesfälle in der Familie, wie sich Nostradamus schmerzlich bewußt war. Der Mond seines Geburtsdiagramms stand in Bungula, dem angeblich nähesten Doppelstern unseres Sonnensystems. In der arabischen Astrologie brachte man ihn mit vielen engen Freundschaften, aber auch mit angeborener Diplomatie und Verschwiegenheit in Verbindung. Die Erklärung für Nostradamus' okkulte Fähigkeiten dürfte somit bei Castor zu suchen sein, seine Vergnügen an der Grünen Sprache bei Bungula und sein Talent als Astrologe bei seinem Pars Fortunae.

Diese Art stellarer Astrologie wird in unseren heutigen Zeiten kaum noch praktiziert, und ihre fundamentalen Thesen werden nur allzuoft mißverstanden. Eine Ausnahme davon bilden die astrologischen Deutungen von Raphael, die in den ersten beiden Dekaden des zwanzigsten Jahrhunderts veröffentlicht wurden und auf einer ähnlichen Fixstern-Methode wie der im sechzehnten Jahrhundert gebräuchlichen basieren. Als Raphael im Jahr 1927 bemerkte, daß Mussolinis Saturn im Fixstern Aldebaran (dem Stern Großbritanniens)* stand und daß sich andere Planeten auf dem Meridian von Frankreich befanden, erkannte er, daß diese Anordnung »Krieg, Zerstörung und den Untergang seines Landes« bewirken würde. Beinahe als Nachsatz prophezeite Raphael, daß Mussolini »einen gewalttätigen Tod erleiden« werde.[13] Einigen modernen Interpreten zufolge hatte Nostradamus für den *Duce* einige Jahrhunderte vor seiner Geburt dasselbe Schicksal vorhergesagt (s. Quatrain V.92, Seite 339).

Kein angesehener Astrologe des sechzehnten Jahrhunderts hätte ein Horoskop gelesen, in dem die Fixsterne oder der sogenannte arabische Anteil entfernt worden wären, und es ist der Kunst der Astrologie abträglich, daß diese heute an Bedeutung verloren haben. Aber der Verlust der alten Weisheit wurde wettgemacht. Wir können heute anhand eines computererrechneten Diagramms mehr über Nostradamus erfahren als seine Zeitgenossen mit all ihren Tabellen, Instrumenten und arabischen Büchern. Es ist eine außergewöhnliche Erfahrung, am Computerbildschirm zu beobachten, wie sich die Planetenkonfiguration für Nostradamus' Geburtsstunde mit Hilfe einer computerisierten astronomischen Karte langsam entfaltet.[14] Die drei in Konjunktion stehenden übergeordneten Planeten befinden sich so nahe bei den beiden Sternen, daß sie diese auf dem Bildschirm fast verdecken. Während sich die leuchtenden Punkte der Sterne über den belebten Himmel des Bildschirms bewegen, scheinen die drei übergeordneten Planeten geradezu um Castor herumzutanzen. Zuweilen kommt der Mars dem Pollux so nahe, daß dieser hinter der roten Scheibe verschwindet. Der langsame

---

* In der astrologischen Geheimlehre wird jedes Land von einem bestimmten Fixstern beherrscht.

Tanz der Planeten um jene Sterne, die Nostradamus' einzigartige Genialität bestimmten, zeugt von der Erhabenheit der alten Form der Weissagung, die die Kunst der Sterndeutung in die Horoskopie einfließen ließ.

Man kann sich nicht mit dem Wesen der Astrologie des sechzehnten Jahrhunderts befassen, ohne sich jenen beiden Tabellensammlungen zu widmen, die von den Astrologen dieser Zeit verwendet wurden – den Häusertabellen und den Ephemeriden, in denen Planetentabellen angegeben wurden. Selbstverständlich haben Wissenschaftler gelernt, sich nicht zu sehr auf die aus dem Spätmittelalter stammenden Tabellen zu stützen. Immerhin zeigte Boffito auf, daß selbst der symbolträchtige Morgenstern Venus in Dantes *Göttlicher Komödie* Ergebnis eines tabulatorischen Irrtums und nicht einer göttlichen Eingebung war.[15] Angesichts der Planetentabellen zu Nostradamus' Zeiten wäre das Horoskop des Sehers wohl nicht so präzise gewesen, wie wir es heute mit Hilfe moderner Tabellenberechnungen erstellen können, dennoch hätte es uns einen Einblick gewährt, was seine Zeitgenossen im astrologischen Sinn über Nostradamus gedacht haben mochten. In Übereinstimmung mit den von Regiomontanus im Jahr 1489 veröffentlichten Tabellen[16] wären die (für Ulm berechneten) Planetenpositionen für den Mittag des 14. Dezembers 1503 folgende gewesen:

SO 01CP52   MO 16SC14   ME 09CP43R   VE 01AQ11
MA 16CN28R   JU 10CN58R   SA 17CN17R   DH 28PI40

Diese Daten bieten einen überaus interessanten Vergleich zu jenen, die wir für 12:14:20 Uhr desselben Tages mit Hilfe des Programms WinStar von Microsoft im Diagramm Abb. 3 für St. Rémy errechneten. Wir entschieden uns, dieses Horoskop im *modus rationalis* des sechzehnten Jahrhunderts darzustellen. Hier nun die anhand der Ephemeriden von WinStar gewonnenen Daten:

SO 01CP38   MO 16SC04   ME 04CP12R   VE 02AQ23
MA 18CN38R   JU 10CN57R   SA 15CN24R   DH 28PI41

UR 08PI39   NE 22CP40   PL 03SG40
AS 10AR36   MC 05CP14   PF 25AQ02

Die Positionen von Sonne und Mond nach Regiomontanus passen genau, wohingegen die der übergeordneten Planeten um mehrere Grade voneinander abweichen. Im Fall von Saturn und Mars beträgt dieser

Unterschied nahezu 2, im Fall des Merkur gar über 5 Grad. Unserer Ansicht nach hätte beinahe jeder angesehene Astrologe bei der Erstellung von Nostradamus' Geburtshoroskop auf die Mittagsstunde verwiesen – entsprechend den Tabellen von Regiomontanus, die, wie wir heute wissen, bis zu einem gewissen Grad ungenau sind.

In einem Essay über Nostradamus' Ephemeriden erinnert uns Yves Lenoble daran, daß der Gelehrte gewiß die Tabellen von Stadius und möglicherweise auch jene von Leowitz besaß. Er kann sie aber nicht für die Diagramme verwendet haben, die in jener Korrespondenz wiedergegeben werden, welche Dupèbe in lateinischer Sprache und Lecureux in Französisch veröffentlichten.[17] Dies bedeutet, daß Nostradamus für die uns erhalten gebliebenen Horoskope vermutlich auf die Ephemeriden von Stoeffler, Regiomontanus oder Plaum zurückgriff. Wahrscheinlich bediente er sich der Tabellen von Stoeffler, auch wenn es auf diese Weise gezwungenermaßen zu Fehlern kam. Interessant ist hierbei, daß Stoeffler auf die Haustabellen von Regiomontanus zurückgegriffen hatte und Nostradamus somit die von dem großen deutschen Astrologen bevorzugte Methode der Haus-Interpretation übernahm. Soviel läßt sich anhand der von Nostradamus erstellten und uns als Kopie erhaltenen Diagramme erkennen (Abb. 23). Von heutigen Astrologen nicht sehr geschätzt, war das System der Haus-Interpretation im sechzehnten Jahrhundert weit verbreitet und sollte daher von all jenen berücksichtigt werden, die von Nostradamus erstellte Diagramme in der von ihm beabsichtigen Form deuten wollen.

Wie bei einer Persönlichkeit, die seit so vielen Jahren eine Aura des Okkulten umgibt, zu erwarten, besteht kein Mangel an späteren Versionen seines Geburtshoroskops. Unglücklicherweise stellte sich jedes der uns bekannten Horoskope in der einen oder anderen Weise als ungenau heraus. Der Großteil weist grobe Abweichungen auf, und selbst die gewählten Ausgangsdaten wurden nur allzuoft gedankenlos von früheren Tabellen oder Diagrammen übernommen.

Das älteste uns bekannte Geburtshoroskop ist das des englischen Astrologen John Gadbury aus dem Jahr 1686 (Abb. 52), der Nostradamus als »Astroloster« und »Autor jener außergewöhnlichen Prophezeiungen...« bezeichnete. Sein Diagramm ist eine Spekulation rund um die Mittagsstunde und basiert wahrscheinlich auf Angaben aus Garencières' unzuverlässigem Buch, auf das sich Gadbury bezog.[18] Die Daten des Diagramms werden in gerundeten Zahlen angegeben, wobei die Rückläufigkeit der übergeordneten Planeten in den Zahlen nicht erkennbar ist:

SO 02CP   MO 05SC   ME 10CPR   VE 01AQ
MA 16CN   JU 12CN   SA 16CN   DH 29PI   PF 14AQ

AS 11AR   II 01GE   III 21GE
MC 02CP   XI 18CP   XII 12AQ

In der letzten Hälfte des siebzehnten Jahrhunderts herrschte in englischen okkulten Kreisen reges Interesse an Nostradamus. Derek Parker, der berichtete, daß verschiedene englische Drucker im Jahr 1562 wegen des Verkaufs von Nostradamus' Almanachen mit einer Geldstrafe belegt worden seien, hat mit seiner Aussage unrecht, daß Nostradamus in Großbritannien niemals einen guten Ruf gehabt habe.[19]

Garencières' eigenwilliges Buch – die erste englische Übersetzung der gesamten Quatrains – war 1672 erschienen. 1689 veröffentlichte der Astrologe John Partridge sein Pamphlet über Nostradamus' Verse. Im Anschluß daran wurde der Gelehrte aus Salon in England als Prophet nahezu so berühmt, wie er es in Frankreich gewesen war. »Dieses Buch«, bemerkte Gadbury über die englische Version der *Prophéties*, »hat ihm sowohl im guten wie im schlechten Sinn zu Ruhm verholfen«.

Das Fehlen eines frühen Diagramms bedeutet keineswegs, daß Nostradamus' Geburtsdatum unbekannt gewesen wäre. In dem amüsanten Stück von Collot d'Herbois, *Le Nouveau Nostradamus*, verfaßt anläßlich des Besuchs des königlichen Bruders in Marseille im Jahr 1777, deutet der derbe, auf den Widder und den Steinbock bezogene Humor zwischen Canzonin und dem Astrologen Dastrimon (eine anagrammähnliche Form von Nostradamus) auf den Aszendenten und das Sonnenzeichen hin, woraus wir schließen dürfen, daß auch das gesamte Horoskop bekannt war. Verschiedene Bemerkungen in diesem kurzen Stück vermitteln den Eindruck, als wäre sich der Autor mancher in Wortspielen verschlüsselten Bedeutungen der Quatrains bewußt gewesen.

Obwohl Gadburys Diagramm (zumindest in englischen Schriften) häufig kopiert wurde, gab es nur wenige Versuche, den genauen Geburtszeitpunkt festzustellen. Angesichts der Dürftigkeit der bekannten Fakten zum Leben von Nostradamus waren die Ergebnisse solcher Berichtigungen nicht sonderlich hilfreich. Diese Situation blieb bis weit ins zwanzigste Jahrhundert hinein bestehen. Der folgende Überblick befaßt sich lediglich mit jenen Diagrammen, die in Schriften über Nostradamus begegnen, und umfaßt keineswegs sämtliche uns bekannten Geburtshoroskope des Gelehrten.

Das in *Coming Events* 1907/8 angegebene Diagramm beinhaltet eine Unzahl von Fehlern. Die berichtigte und in dem Magazin *Occult Review* veröffentlichte Version ist zwar etwas besser, jedoch nicht einwandfrei. Beide wurden von Alan Leo verfaßt und ohne erklärende Anmerkungen publiziert.*[20] Wir erwähnen diese beiden Horoskope sowie die Zusammenfassung von Leo, da sich James Laver bei der Vorbereitung für sein Buch *Nostradamus, or the Future Foretold*, 1942, darauf stützte. Laver, der über keine astrologischen Kenntnisse verfügte, dürfte weder die Ungenauigkeit dieser Diagramme noch die mangelnde Übereinstimmung des Geburtszeitpunktes mit den in seinem Buch veröffentlichten Angaben erkannt haben. Er war der Meinung, Nostradamus sei um Mitternacht geboren worden.

Wie zu erwarten, sind sämtliche in der populären Literatur publizierten Diagramme von zweifelhaftem Wert. So wird auf Seite 35 von John Houges Buch *Nostradamus & the Millennium* (1987) ein angeblich von Jeff Green[21] stammendes, einigermaßen genaues Geburtshoroskop für die Mittagsstunde angegeben, bei dem die Position von Pluto ironischerweise um 3 Grad abweicht. Das als Einleitung dienende Horoskop zu Arkel und Blakes Buch *Nostradamus* geht vermutlich auf Jeff Green zurück und basiert auf einem um die Mittagszeit angenommenen Zeitpunkt. Leider ist auch dieses unkorrekt.

Der Großteil uns bekannter, von professionellen Astrologen erstellter Diagramme ist in der einen oder anderen Hinsicht ungenau. Alle gehen jedoch von einer Geburtszeit rund um die Mittagsstunde aus. André Pelardys Horoskop, veröffentlicht in *Les Cahiers astrologique* Nr. 97 aus dem Jahr 1962, fußt auf den von Chavigny angegebenen Daten, der wiederum die Geburtszeit »ungefähr um Mittag« annimmt. Im Pelardy-Diagramm werden unrichtige Positionen für Merkur, Venus und Mars verwendet. Die für Nostradamus' Tod vermerkten Daten sind keineswegs professionell errechnet und auch ohne Zeitpunkt in verschiedenen Planetenpositionen ungenau. Aufgrund eines Mißverständnisses bezüglich der Kalenderreformen im sechzehnten Jahrhundert weicht das von Libow im Jahr 1963[22] erstellte Horoskop um einige Tage ab und bezieht sich somit auf den Mittag des 5. Dezember 1503. Das von Eric Muraise im Jahr 1969 erarbeitete Diagramm ist schwierig zu deuten, da die Planetenpositionen anhand einer nicht unterteilten Skala angegeben werden. Dennoch ist es nicht möglich, daß sich Merkur westlich der Sonne im Zeichen des Schützen befand und Mars in dem des Löwen.[23] Zudem ist nicht erkennbar, aus welcher Quelle Murais seine Daten bezog. Das

---

* Alan Leo war das Pseudonym des englischen Theosophen und Astrologen William Frederick Allan (1860-1918), der eine große Zahl in die Astrologie einführender Bücher verfaßte – nicht alle jedoch von hoher Qualität.

von Hélène Kinauer-Saltarini errechnete und in die 1981 veröffentlichte Ausgabe von Patrians Buch *Nostradamus: Die Prophezeiungen* aufgenommene Horoskop ist ungenau und nur erwähnenswert, weil es die Naivität aufzeigt, mit der ein spekulativer Todeszeitpunkt »zur Nachtzeit« angenommen wird. Leider sind auch hier die Planetenpositionen unkorrekt. Im Fall Merkur ergibt sich eine Abweichung von 7 Grad. Man gewinnt den Eindruck, Patrian wäre nicht bewußt gewesen, daß sich die für den Todeszeitpunkt verantwortlichen Faktoren im Progressionsdiagramm (s. unten) und nicht in dem der Transite zeigen. Das von Robert Amadou im Jahr 1992 veröffentlichte Horoskop von Max Duval ergibt einen Aszendenten im Widder und plaziert die Sonne direkt über der Himmelsmitte auf dem Fixstern Vega. Ein zweifellos erstaunlicher Irrtum[24] angesichts der Tatsache, daß sich Vega im Jahr 1503 in 9 Grad Steinbock befand, während Nostradamus' Sonne von dieser Position um über 7 Grad abwich.

Unser Diagramm (Abb. 3) wurde auf Basis von WinStar und dem *Ephemeris Update* 1996 unter Zuhilfenahme von Microsofts *Astronomer for Windows* erstellt. Nach Berichtigungen anhand bekannter Ereignisse (s. unten) setzten wir den Geburtszeitpunkt mit 12:14:20 Uhr Lokalzeit an. Die erforderlichen Berichtigungen stellten sich als schwierig heraus, da uns so wenige authentische Daten von Nostradamus vorliegen. Der Gelehrte kam uns jedoch zu Hilfe, indem er vier Daten hinterließ, die uns als Richtlinie für Korrekturen dienten. So datierte er die beiden Briefe, die sich in den *Prophéties* sowie in seinem Werk über Kosmetik finden, und gab sowohl Anfangs- als auch Enddatum seiner medizinischen Studien an.[25] Wir zweifeln nicht daran, daß dies in der Absicht geschah, uns einen Einblick in sein Horoskop zu gewähren. Verwendet man die so gewonnenen Informationen als Basis für eine Berichtigung, bestätigen sie sein Geburtsdatum mit einiger Zuverlässigkeit. Die Korrekturfaktoren wurden zudem anhand zweier weiterer, aus dem sechzehnten Jahrhundert überlieferter Daten überprüft: dem Zeitpunkt seiner Eheschließung und dem seines Todes.

Bevor wir uns nun diesen Berichtigungen zuwenden, sollten wir anmerken, daß unserer Ansicht nach die verläßlichste Bestätigung für die Genauigkeit des vorgelegten Geburtshoroskops darin liegt, daß sich der Pars Fortunae präzise auf dem traditionellen Astrologenbogen in 26 Grad auf der Achse Löwe-Wassermann befindet. 1503 belegte die Dreifachkombination alpha Leonis, die von Nostradamus wahrscheinlich »Cor Leonis« und von Kopernikus »Regulus« genannt wurde, diesen Grad. Der Name Regulus wurde von Garcaeus in seine einflußreiche Abhandlung aus dem Jahr 1576 wieder aufgenommen. Uns ist keine arabische Deutung des Pars Fortunae dieses Sterns bekannt. Allerdings findet sich in den Schriften des Florentiner Astrologen Guido Bonatus aus dem dreizehnten Jahrhundert der Hinweis, daß der Stern als Aszendent (mit dem der Pars Fortunae eng verbunden ist) eine bedeutende, mächtige und hochgestellte Persönlichkeit bezeichne.[26] Allen berichtet, William von Salisbury habe ihn in seinen Aufzeichnungen aus dem Jahr 1552 den »königlichen Stern« genannt, denn alle unter ihm Geborenen seien von königlicher Geburt.[27] Es ist keineswegs verwunderlich, daß Regulus so eng mit dem Astrologenbogen verbunden sein soll, der das Datum des Astrologenfestes bestimmte, das im siebzehnten Jahrhundert einmal im Jahr in London gefeiert wurde.

Die Berichtigung des Geburtsdatums ergab sich anhand von vier der oben genannten sechs Daten: Das erste Datum bezog sich auf die Veröffentlichung des ersten Bandes der *Prophéties* (von Nostradamus mit »De Salon, ce j. de mars 1555« unterzeichnet), 12 Uhr, 1. März 1555; das zweite auf das Veröffentlichungsdatum des zweiten Bandes der *Prophéties*, in dem sich bezüglich des Briefes an Heinrich II. die Eintragung »Salonae Petrae Provincae« findet – 12 Uhr, 27. Juni 1558; das dritte auf das Progressionsdiagramm seiner Heirat mit Gemelle, die angeblich am 11. November 1547 stattfand; und das vierte auf das Progressionsdiagramm seines Todes, der vermutlich in den frühen Morgenstunden des 2. Juli 1566 eintrat (s. Seite 54 ff.).

Für unsere Berechnung des Hauses zogen wir die Tabellen von Regiomontanus heran, da wir wußten, daß Nostradamus diese verwendete. Im Mittelalter wurde diese Methode *modus rationalis* genannt und von so wichtigen Astrologen wie Cardan und Garcaeus eingesetzt. Regiomontanus beharrte darauf, daß sein Haussystem eine unterschiedliche Deutung der Grenzregionen zwischen den Häusern erfordere, da er diese als zentrale und mächtigste Bereiche der Häuser betrachtete. Praktisch an seiner Annäherung ist, daß sie den Grad des Aszendenten mit dem Zentrum des ersten Hauses in Einklang bringt. Die in unseren Progressionsdiagrammen angewendeten Korrekturmethoden berücksichtigen diesen Unterschied, wohingegen moderne Astrologen, die oftmals die bekannten Nostradamus-Diagramme mit ihren Deutungen zu vereinen versuchten, diesen wichtigen Umstand mißachteten.

Die beiden für die veröffentlichten Briefe erstellten Progressionsdiagramme zeigen verschiedene Planeten im 9. Haus, dem Herrscher über das Schrifttum. In der Aufstellung für das Jahr 1555 ist die Sonne auf den 24. Grad des Wassermannes vorgerückt und steht somit in Opposition zu dem Geburts-Pars. Der in Konjunktion befindliche Astrologenbogen steht wiederum in Opposition zu dem berühmten Cor Leonis, der sich damals in 23.55 Grad Löwe befand. Der regierende Mars nähert sich dem rückläufigen Jupiter. Die vorrückende Venus steht in Opposition zur Radixposition des Saturn, der für die Popularität eines Menschen zuständige Caput auf der elften Trennungslinie.

Im Progressionsdiagramm von 1558 ist der für das Schrifttum verantwortliche Hauptstern noch immer wirksam, doch nun befindet sich der vorgerückte Mond über der Radixposition des Mondes (die zweite Rückkehr des Mondes in Nostradamus' Leben).

Das Progressionsdiagramm der Eheschließung im November 1547 ist nahezu eine klassische Bestätigung des vorgeschlagenen Geburtsdiagramms. Anzumerken bleibt, daß im sechzehnten Jahrhundert oft aus finanziellen und sozialen Gründen geheiratet wurde und somit der Planet Venus (ebenso wie Mars) in solchen Diagrammen nicht so stark in den Vordergrund trat, wie dies in der modernen Synastrie der Fall ist.* In der Annahme, Nostradamus wäre durch die Ehe zu Vermögen (wenn nicht gar zu Reichtum) gelangt, ist die Dreifachkonjunktion der übergeordneten Planeten im zweiten Haus des Heiratsdiagramms von Bedeutung. Zusätzlich befinden sich der vorgerückte Jupiter und Mars auf der Radixposition des IC (Imum Coeli). Diese Konstellation ist für Heim und Familie bestimmend.

Auch die astrologischen Faktoren rund um den Tod von Nostradamus sind selbstverständlich von Belang. Die Verbindung zu dem Fixstern Pelagus deutet traditionellerweise auf einen natürlichen und friedvollen Tod – wie er bei Nostradamus eingetreten sein dürfte – hin. Obwohl die genaue Todeszeit nicht überliefert ist, errechneten wir das Progressionsdiagramm für Nostradamus' Ableben für einige Minuten vor Mitternacht am 1. auf den 2. Juli 1566.

Bereits auf den ersten Blick wird ersichtlich, warum Nostradamus um diese Uhrzeit starb. Der in diesem Geburtshoroskop über den Tod bestimmende Saturn ist in gegenläufiger Richtung auf 11.10 Grad Krebs vorgerückt und steht somit in der Radixposition des Jupiter. Zusätzlich ist der weitergewanderte Aszendent in Opposition zur Radixposition der Sonne. Die vorgerückte Sonne wiederum befindet sich in Konjunktion mit der Radixposition des Uranus, während der vorgerückte Mars in Opposition zur Radixposition des Merkur steht.

Das Todesdiagramm unterstützt somit die Annahme, Nostradamus wäre in den frühen Morgenstunden gestorben; das paßt zu seiner An-

---

* In der Astrologie steht Synastrie für die Kunst der vergleichenden Horoskopie, bei der die Schicksale mehrerer Personen im Hinblick auf Antipathien und Sympathien untersucht werden.

kündigung anhand der fehlerhaften Tabellen seines Almanachs aus dem Jahr 1566 für 3 Uhr (s. Seite 55). Die nachfolgenden Daten sollten diese These bestärken. Am 2. Juli um 3 Uhr morgens steht der vorüberziehende Mond in Opposition zur Radixposition des Saturn und die vorüberziehende Sonne in Konjunktion zur Radixposition des Mars. Der vorüberziehende Pluto befindet sich in Konjunktion zur Radixposition des Mars.

Während wir dieses Todesdiagramm betrachteten, wurde uns klar, daß es noch ein weiteres mögliches Diagramm für Nostradamus' Geburtszeitpunkt gab, das mit von ihm hinterlassenen Daten in Zusammenhang stand. Interessanterweise weicht das von diesen Informationen abgeleitete nur um einige wenige Grad von unserem berichtigten Diagramm ab.

Auf Seite 53 ff. befaßten wir uns mit dem von Nostradamus vorsätzlich in seinen Almanach für das Jahr 1566 eingefügten Fehler, der vermutlich als Hinweis auf seinen Todeszeitpunkt aufzufassen ist. Als wir uns die Frage stellten, warum er solche präzisen Angaben für eine ungenaue Position des Mondes hinterlassen hatte, erkannten wir seine Absicht. Die Position, die er in seinen *Prédictions de Julliet* für den Mond angab, betrug 7 Grad und 25 Minuten im Steinbock:

»Dans ce mois de Iuillet 1566. sera pleine Lune le premier iour a 23.h.o.m.apres midy, a 7.deg.25.m. de Capricornus ...«

Wie wir heraufanden, weicht diese Position um mehrere Grad von der tatsächlichen ab. Als wir uns nach dem Grund für diese Ungenauigkeit fragten, bemerkten wir, daß diese Gradangabe einen weiteren Hinweis auf sein Horoskop enthält: die 7 Grad und 25 Minuten im Steinbock beziehen sich auf den MC seines eigenen Diagramms. Ausgehend von dem Breitengrad seiner Geburt, würde dies seinen Aszendenten auf 14 Grad 48 Minuten im Widder berichtigen.

Sobald wir Nostradamus' Absicht bemerkten, erstellten wir ein Diagramm, um eine präzise Angabe für diesen MC zu erhalten, und gelangten zu folgendem Geburtsdiagramm:

SO 01CP39   MO 16SC09   ME 04CP11R   VE 02AQ23
MA 18CN38R   JU 10CN57R   SA CN24R   DH 28PI41

UR 08PI39   NE 22CP40   PL 03SG40
AS 14AR58   MC 07CP25

Nostradamus starb am Ende der neunten Siebenereinheit im dreiund-
sechzigsten Lebensjahr. Als Astrologe war er sich des Zeitpunkts seines
Todes wohl schon vorher bewußt, und so fragt man sich, ob Quatrain 63
der ersten Centurie als Hinweis auf seine Wiedergeburt aufzufassen ist:

>>Les fleaux passez diminue le monde,
Long-temps la paix, terres inhabitez.
Seur marchera par le ciel, terre, mer, & onde,
Puis de nouveau les guerres suscitez.<<

Im Hinblick auf den Inhalt – der sich mit postmortaler Erfahrung und
Reinkarnation befaßt – erscheint uns der Vers zu verschlüsselt, um ihn
an dieser Stelle zu übersetzen. Wir sollten allerdings beachten, daß in
Bodins *Republic* die Zahl 63 (ebenso wie die neunte Siebenereinheit) als
schicksalshaft betrachtet wird. Doch war diese Deutung bereits lange
vor Bodin bekannt.[28]

Wir haben eine große Anzahl astrologischer Quellen in der Hoffnung
durchsucht, Nostradamus' Horoskop aufzuspüren, und waren von dem
langen Zeitraum zwischen seiner Geburt und dem ersten von Gadbury
erstellten Diagramm enttäuscht. Selbstverständlich wären wir erfreut,
mit jemandem in Kontakt zu treten, der detaillierte Informationen über
ein im sechzehnten oder siebzehnten Jahrhundert veröffentlichtes (oder
in Manuskriptform vorliegendes) Diagramm zur Verfügung stellen
könnte.

Anhang II

Die frühen Ausgaben der *Prophéties*

»C'est une commune opinion dans la France, ... que Nostradame à estré non seulement le plus grand Astronome qui ayt paru, depuis plusieurs Siecles, mais aussi qu'il à esté particulierement favorisé du don de Prophetie. Cette verités'est encore mieux soustenüe, par les Escrits qu'il a laisée à la posterité, que par la grande reputation qu'il eut pendant le cours de sa vie.«

»In ganz Frankreich ist man davon überzeugt, daß Nostradamus nicht nur der größte Astrologe der vergangenen Jahrhunderte gewesen sei, sondern auch die besondere Fähigkeit besitze, in die Zukunft zu sehen. Dies bestätigen tatsächlich sowohl seine Schriften, die er der Nachwelt hinterließ, als auch der gute Ruf, den er zeit seines Lebens genoß.«

(Le Chevalier de Jant, *Predictions tire'es des Centuries de Nostradamus. Qui vray semblement ce peuvent appliquer au temps present, & à la guerre entre la France & l'Angleterre contre les Provinces unies*, 1673)

Moderne Nostradamus-Forscher schulden Robert Benazra für seine Bibliographie großen Dank. Sein *Répertoire Chronologique Nostradamique* von 1990 bietet einen großartigen Überblick über die Literatur zu Nostradamus von 1545 bis 1989. Benazra zufolge existieren Aufzeichnungen, wonach in Frankreich zu Lebzeiten von Nostradamus nicht weniger als neun verschiedene Ausgaben der *Prophéties* erschienen sind. In zumindest vier Fällen sind sie allerdings nur aus späteren bibliographischen Anmerkungen bekannt und – falls es sie überhaupt gab – vollständig verlorengegangen. Die neun bekannten Ausgaben, deren Titel erheblich voneinander abweichen, sind:

1555, Lyon, von Macé Bonhomme
1555, Avignon, von Pierre Roux

1556, Avignon (möglicherweise eine Version der Lyoner Ausgabe
   von 1555)
1556, Lyon, Sixte Denyse
1557, Lyon, Antoine du Rosne
1558, Lyon
1558, vielleicht Avignon
1558, Lyon, Jean de Tournes
1560, Paris, für Barbe Regnault.

Zum großen Bedauern der Wissenschaft sind von diesen Ausgaben nur
vereinzelte Exemplare erhalten. Glücklicherweise wurden jedoch einige
zuverlässig redigierte Exemplare veröffentlicht, in manchen Fällen auch
nützliche Faksimile-Ausgaben gedruckt. Eine der Faksimile-Ausgaben,
die wir für unsere Untersuchung herangezogen haben, ist die Lyoner
Ausgabe von 1557 (Antoine du Rosne), die 1993 von Benazra veröffentlicht wurde. Auch nach dem Tod des Meisters wurden seine Texte
weiterbearbeitet und in Neudrucken herausgegeben, so daß uns heute
solch ausgezeichnete Werke zur Verfügung stehen wie die Lyoner Version von Benoist Rigaud von 1568. Es handelt sich dabei um die in zwei
Teilen erschienene 12. Ausgabe der *Prophéties*.

Zwangsläufig wurden nach Nostradamus' Tod viele verschiedene
Ausgaben teilweise zweifelhafter Authentizität veröffentlicht. Innerhalb von kurzer Zeit entwickelte sich ein Schema für die Publikation, dem wir auch die heutige Form der *Prophéties* zuordnen können.
Die ursprünglichen zwei Bände – die tatsächlich zwei getrennte, in
einem Band gebundene Werke sein mögen – wurden zusammenge-
fügt. Der erste Teil hat den Brief an César zum Vorwort, worauf sieben
Centurien folgen (nicht immer komplett – es gibt eine enorme Anzahl
von Variationen). Nach einer *Legis Cautio* zwischen der VI. und VII.
Centurie kommen der Brief an Heinrich II. sowie die restlichen Quatrains.

Vielleicht die eindrucksvollste all jener Ausgaben, die im siebzehnten
Jahrhundert gedruckt wurden, ist die im Jahr 1668 von Jean Jansson in
Amsterdam herausgegebene, *Les Vrayes Centuries et Prophéties de
Maistre Michel Nostradamus*. Zwar ist der als Vorwort eingefügte Brief
an César darin nicht enthalten, wohl jedoch die als *Présages* bekannten
141 Vierzeiler. Höchstwahrscheinlich stammen nur einige wenige
tatsächlich aus der Hand des Meisters, und die waren vermutlich für
seine Almanache bestimmt. Außerdem erscheinen in dieser Ausgabe
achtundfünfzig seltsame Sechszeiler, die auch als *Autres Prédictions*
bekannt wurden, ein oder zwei zusätzliche Quatrains in der VII. und

VIII. Centurie sowie die als XI. und XII. Centurie bekannte Gruppe von Quatrains, deren Authentizität bezweifelt werden muß.

Die Texte dieser Ausgabe aus dem Jahr 1668 wurden 1936 im Lichtdruckverfahren nachgedruckt und firmieren unter »Adyar-Ausgabe«. Im Neudruck wurde der Brief an César in der von Eugene Bareste im Jahr 1840 veröffentlichten Form hinzugefügt. Durch die Publikation dieses Gesamtwerkes steht der modernen Wissenschaft eine verläßliche Ausgabe des Originals zur Verfügung, wovon wir dankbar Gebrauch gemacht haben.

1650 druckte Pierre Leffen auf Grundlage der Avignoner Veröffentlichung aus dem Jahr 1556 und der sogenannten Editio princeps (Lyon 1558) eine bemerkenswerte einbändige Ausgabe der Centurien unter dem Titel *Les Vrayes Centuries et Prophéties de Maistre M. Nostradamus*. Ein Exemplar dieser seltenen Ausgabe findet sich in der British Library. Wo immer wir im Verlauf unseres Studiums anderer Ausgaben auf Textvariationen stießen, haben wir Vergleiche und Anpassungen anhand des in der British Library vorhandenen Exemplars durchgeführt.

Von einer späteren Ausgabe des Hauses Rigaud, 1568 von Benoist in Troyes gedruckt, wird mit guten Gründen gesagt, daß es sich um eine revidierte und korrigierte Version der Lyoner Ausgabe handle. Für die Forscher unserer Zeit hat dies den Vorteil, daß sie den Nachdruck des Werkes in der Nationalbibliothek von Buenos Aires zu Rate ziehen können. Die Quatrains in dieser weichen nur geringfügig von denen der Amsterdamer Ausgabe aus dem Jahr 1668 ab. Insgesamt bietet das Werk bisweilen nützliche Anregungen zu weiteren Deutungen.

Um sicherzugehen, daß uns im Rahmen dieser Studie eine zuverlässige Version einzelner Quatrains vorlag, untersuchten wir sämtliche frühen Werke, deren wir habhaft werden konnten. Besonders nützlich erwies sich der Vergleich der Ausgaben von Pierre Leffen und Jean Jansson. Selbst bei diesen ausgezeichneten Werken fanden sich einige geringfügige Abweichungen, die sich jedoch als relativ unwichtig erwiesen und nur geringen Einfluß auf Nostradamus' Geheimmethode (oder Astrologie) hatten.

Wir führen diese Titel mit bibliographischer Genauigkeit an, da sie die Grundlage für die Auswahl und Überprüfung der französischen Verse in der vorliegenden Studie bilden. Trotz all unserer Bemühungen, eine Version der Quatrains zusammenzustellen, wie sie der Feder des Nostradamus entflossen sein könnte, müssen wir zugeben, daß uns heute kein geeignetes Auswahlkriterium zur Verfügung steht. Welche Variationen annehmbar sind und welche verworfen werden müssen, konnten wir lediglich aufgrund von gesundem Menschenverstand und einem Gefühl für die Grüne Sprache entscheiden. Es gelang uns nicht, gültige Regeln festzusetzen, welche Version authentisch war und welche nicht. Wo sich bei einem Wort oder einem Satz schwerwiegende Zweifel ergaben, griffen wir auf Versionen zurück, die zu Nostradamus' Lebzeiten veröffentlicht worden waren, wobei anzumerken ist, daß selbst dies keine Garantie für Zuverlässigkeit bot. Kurz gesagt: Wir müssen eingestehen, daß Nostradamus auch in seinen veröffentlichen Quatrains im Grunde ein Mysterium bleibt. Unglücklicherweise ist dies das Kennzeichen eines Eingeweihten, der sich durch Publikationen mitteilt.

Anhang III

Nostradamus als Eingeweihter

»Du neu Erleuchteter, dem dir durch diese Einweihung in die Mysterien der Gnade ein Anteil an der Auferstehung zugefallen ist... Mögest du in Wirklichkeit erhalten, was du im Symbol erblicktest.«

(Pseudo-Athanasius, *De Pascha*, zitiert von Hugo Rahner in *The Christian Mystery and the Pagan Mysteries*, aus *The Mysteries, Papers from the Eranos Yearbooks*, 1971.)

Es steht für uns außer Frage, daß Nostradamus ein Eingeweihter war, der für eine Geheimschule des sechzehnten Jahrhunderts arbeitete. Ein Eingeweihter ist jemand, der, meist mittels besonderer Übungen, einen gewissen Bereich seines Wesen in einem Maß verfeinert hat, daß sich ihm ein ungehinderter Zugang zu einer spirituellen Welt eröffnet, die gewöhnlichen Sterblichen verborgen bleibt.

Lehrer, die solche Initiationen leiten, führen den Novizen Schritt für Schritt zu seinem höchsten Potential. Der Ausdruck Meister galt einst dem Magus (Magier) oder demjenigen, der eingeweiht war. Wie wir erfahren werden, war Nostradamus, der augenscheinlich in eine der höchstmöglichen Stufen eingeweiht war, ein solcher Meister einer europäischen Initiationsschule. Dies erklärt vielleicht, warum ihn viele seiner Zeitgenossen mit »Meister« ansprachen, obwohl er offiziell einen Doktortitel führte.

Da Nostradamus' Geheimnis eng mit seinem Status als Eingeweihter verknüpft ist, wollen wir einige Erläuterungen zu diesem Teil seines Lebens einfügen.

Die Geheimschulen, in denen die Ausbildung dieser zukünftigen Eingeweihten stattfindet, arbeiten meist im verborgenen und hinterlassen kaum Spuren in der Geschichte. Das ist auch der Hauptgrund, weshalb sich Historiker heutzutage bedauerlicherweise so wenig mit ihnen beschäftigen. Gerade in diesem Zweig der Wissenschaft ist man besonders auf Dokumentation und handfeste Unterlagen angewiesen. Aus demselben Grund ist es geradezu unmöglich, auf verständliche Art über die Geschichte und den Einfluß der Einweihung zu schreiben, ohne den Eindruck zu erwecken, man lasse seiner Phantasie freien Lauf oder sei – nach modernen Gesichtspunkten – ein schlechter Historiker. Durch den Mangel an Dokumentation ist man oft gezwungen, statt auf dokumentarische Belege auf Legenden oder andere Ermittlungsarten zurückzugreifen, um einen Gedankengang zu untermauern.

Diese Warnung schicken wir den nachfolgenden Bemerkungen voraus, denn was wir zu sagen haben, klingt im akademischen Zusammenhang wahrscheinlich eigenartig. Wir sehen jedoch auch, daß sich die Haltung unserer Zeit allmählich ändert. Bald wird es auch für Wissenschaftler möglich sein, offen über Angelegenheiten wie Reinkarnation zu schreiben, ohne dem Gespött und der Verurteilung derer ausgesetzt zu sein, die von solchen Mysterien keine Kenntnis haben.

Das Geheimnis des Nostradamus scheint in den besonderen Disziplinen zu liegen, mit denen er sich in einer früheren Inkarnation befaßte. Diese Disziplinen führten zu einem außerordentlich hohen Grad der Einweihung. Wir haben erwähnt, daß Nostradamus wahrscheinlich einer Schule des esoterischen Christentums des sechzehnten Jahrhunderts angehörte, sind bisher jedoch noch nicht dazu gekommen, das näher zu erläutern. Es hat nicht viel Sinn zu behaupten, eine Person sei ein Eingeweihter, ohne zu erklären welcher Art diese Einweihung ist – d. h. den erreichten Grad bzw. die erreichten Grade – sowie den Zweig der Initiationstradition, dem die betreffende Person angehört, darzulegen. An dieser Stelle wollen wir einige Erläuterungen zu der Initiationsschule geben, welche das Seelenleben von Nostradamus derart beeinflußte, daß er imstande war, die einzigartige Literatur der *Prophéties* zu schaffen.

Ein Kennzeichen bedeutender Eingeweihter, die sich in der Weltgeschichte einen Namen gemacht haben, ist die Tatsache, daß sie das kulturelle und politische Leben ihrer Zeit mitformten und doch kaum zu diesem Zeitalter zu gehören scheinen. Auch bei Nostradamus ist dies der Fall. Seine wichtigsten Impulse gehören nicht wirklich in das Frankreich des sechzehnten Jahrhunderts. Diese Impulse und sein gesamter literarischer Stil scheinen aus einer fernen Vergangenheit emporzuquellen. Je genauer man Nostradamus betrachtet, desto stärker erkennt man, daß er all das, was an seinen prophetischen Impulsen und seinem literarischen Stil wirklich wichtig war, aus einem früheren Leben in das sechzehnte Jahrhundert herübergebracht hatte. Sämtliche seiner Schriften – insbesondere die einzigartig komponierten *Prophéties* – sind von poetischen Qualitäten durchtränkt, die aus den sogenannten *Irischen Myste-*

rien ins sechzehnte Jahrhundert gebracht worden waren. Betrachten wir Nostradamus' Beherrschung der Grünen Sprache, seinen Gebrauch der gnomischen prophetischen Äußerungen, sein Verständnis der geschichtlichen Entwicklungen in Nordwesteuropa, so stellt sich uns der Geist eines Eingeweihten dar, der in den uralten mysteriösen Weisheiten Irlands geschult war und das Leben der Kelten gelebt hatte.

Die Wurzeln der Prophezeiungen finden wir im poetisch reichen irischen Humus des sechsten Jahrhunderts. Aus im Hinblick auf die Esoterik guten Gründen war Irland während der ersten Jahrhunderte unserer Zeitrechnung ein Rückstandsgebiet der europäischen Geschichte geblieben. Es gibt sogar Hinweise darauf, daß die Mysterienschulen des kaiserlichen Roms angeordnet hatten, Irland als nichtromanisierte Peripherie am Rande der Landkarte des Imperiums unberührt zu lassen. Der Absicht der Initiationsschulen zufolge sollte diese Landkarte der zukünftigen christlichen Welt entsprechen. Teil des Schicksals Roms war es, die Grundlage für die Entwicklung der spirituellen Mysterien der Zukunft zu legen – also für die neuen Initiationsschulen des Christentums. Obgleich die römischen Soldaten Irland erreichten, unterjochten sie – im Gegensatz zu ihrem Vorgehen in England, Schottland und (in geringerem Ausmaß) Wales – weder das kulturelle Leben Irlands, noch versuchten sie die Druidenkünste zu zerstören. Auf diese Weise konnte ein Teil der prächristlichen Weisheit in Irland überleben. Dies war auch der Grund, warum Irland das wichtigste esoterische Zentrum des europäischen Kulturlebens blieb. Es wurde ein Zufluchtsort für das esoterische Christentum, das wir auch als prärömisches Christentum bezeichnen könnten. Was wir heute mit einem Hang zur Romantisierung und durch die Augen der späteren Dichter für die Keltendämmerung halten, war eigentlich die Morgenröte des esoterischen Christentums, das sich in der Zukunft Europas zu Wort melden würde. Die alten druidischen Weisheiten, die das Seelenleben des Nordens genährt hatten, hatten den christlichen Mysterien bereits Platz gemacht oder sich in sie eingefügt. Heutzutage würden wir dieses Mysterium wahrscheinlich als keltisches Christentum bezeichnen.

Im achten Jahrhundert gliederte sich dieser Impuls durch den reformatorischen Eifer des in York geborenen Alcuin wieder in die Hauptströmung der europäischen Geschichte ein. Er betrat die uralten Pfade der Lehre der Eingeweihten, um zu seinem Ursprung, dem *fons*, zurückzugelangen. Aus der Peripherie Irland, wo Alcuin während der durch Wirren und Umbrüche gekennzeichneten Periode des europäischen Kontinents gereift war, kehrte er aufs Festland zurück. Zuerst begab er sich in dessen Mittelpunkt, die Stadt Aachen zu Zeiten Karls des

Großen, um von dort nach Rom zurückzukehren. Damit flackerte auch der Konflikt zwischen dem esoterischen Christentum und dem Christentum des Römischen Reiches zum erstenmal auf, der später in den Synoden formell geschlichtet werden sollte. Informell jedoch wurde diese Schlichtung vereitelt, indem man die Gegner als Abtrünnige stempelte. Achthundert Jahre später, als Nostradamus wieder körperlich in Europa anwesend war, erfolgte der endgültige Bruch.

Immer wieder finden wir den Widerhall dieses Konfliktes im Seelenleben Nostradamus'. In seinem reichen Inneren erkennen wir einen mächtigen Drang, die keltische, eingeweihte Vision der irischen Poesie in die Zwangsjacke der offiziellen Sprache einer Kultur einzubinden, die vom römischen Christentum durchtränkt war. Stets aufs neue bediente er sich einer Sprache, die seinen Zeitgenossen ebenso fremd war, wie das frühchristliche Irisch uns gewesen wäre.

Wenn wir die Bedeutung dieses früheren Lebens recht verstehen, so sind die Vorfahren, die Nostradamus in seinem Brief an Heinrich II. anspricht, die druidisch-christlichen Priester Irlands. In einem früheren Leben hatte er als großer Eingeweihter unter ihnen geweilt, in einer Atmosphäre, die seinem eigenen prophetischen Verständnis und Gefühl für Poesie weit eher entsprach als das Frankreich des sechzehnten Jahrhunderts.

Der Walise Myrrdin, besser bekannt als Merlin, ist in gewissem Maße eine literarische Erfindung. Er ist eine Mischung aus verschiedenen mythologischen Schichten, angefangen von Sagen über romantische Literatur bis zu den erfindungsreichen, halbhistorischen Stücken von Geoffrey von Monmouth und dessen Version der »Prophezeiungen des Merlin«.

Ob diese Verschmelzung von Legenden um eine historische Figur herum entstand oder nicht, ist eher irrelevant. Tatsache ist, daß Myrrdin, sei er nun irischer oder walisischer Abstammung oder nur Fiktion, einen Typus eines keltischen Eingeweihten darstellt. Insofern, als der keltische Magier Myrrdin Gründer einer Schule und einer Literatur der Einweihung war, muß man Nostradamus in seiner Inkarnation des sechzehnten Jahrhunderts als einen seiner eifrigsten Jünger bezeichnen.

Lüftet man die Schleier der Sprache, so enthüllen die alten Mythen und Geschichten allmählich ihre tiefe Weisheit. Die Legende, derzufolge Myrrdin nicht nur ein Magier, sondern auch ein großer Barde war, dessen Zunge Tiere bezaubern konnte, besagt in anderen Worten, daß er die Grüne Sprache meisterlich beherrschte. Er sprach mit Engelszungen und spielte die Zauberflöte. In einer Geschichte aus der Arthurlegende wird Myrrdin von Viviane (vielleicht die Chwibmian der walisischen Legenden) verraten, die es danach verlangte, seine magischen Kräfte zu erlangen. Sobald sie ihm sein Wissen abgerungen hatte, schloß sie ihn in einen Kerker aus Luft ein, von wo aus er zwar alles sehen und hören konnte, selbst jedoch unsichtbar war. Hier haben wir ein klassisches Beispiel der Initiationslegende, denn Viviane ist Myrrdins höheres Ich und sein Kerker nichts anderes als die Abtrennung des materiellen vom höheren spirituellen Bereich, mit der erweiterten Sicht und dem Erkenntnisvermögen der Einweihung. Der »Kerker aus Luft« ist ein gelungenes Bild, denn es bringt das Element der Vögel mit ein, deren Sprache Myrrdin mächtig war. Seine Herrschaft über das Element Luft wird auch in *Gesta Regnum Britannica* betont. Hier läßt Myrrdin die berühmten Steinblöcke von Stonehenge durch die Macht seines Gesanges durch die Luft schweben. Die hartnäckige Legende, derzufolge wir in Myrrdin auch den Schöpfer von Stonehenge zu sehen haben, dieses astronomischen und kalendarischen Meisterwerkes der Antike, ist lediglich eine periphrastische Art der Anerkennung seiner hervorragenden astrologischen Kenntnisse.

Die irische Astrologie ist nicht nur eine romantische Fiktion, sondern bis zum heutigen Tage in von Menschen erschaffenen Höhlen zu sehen. Wer das Glück hatte, das Wunder des Sonnwendlichtes in den Schluchten von Loughcrew in Irland zu erleben, wird erfahren, daß die uralte Bezeichnung »Hüter des Steins« eigentlich als Anerkennung eines hervorragenden »Astrologen« gemeint war. Die Alten ordneten die Steine nach kosmischen Mustern, damit sie aus rein kosmischen Ursachen kosmisches Licht reflektierten. Bis zum heutigen Tag bezeichnen die faszinierenden Symbole, die in die hinteren Steine der noch bestehenden Felsgänge von Loughcrew eingeritzt sind, zur Wintersonnwende selbst die geringsten Abweichungen im Vierjahreszyklus des Sonnenlichtes. Diese höchst verfeinerte astrologische Lehre überlebte in der Obhut der geheimen Schulen über fünftausend Jahre lang. Myrrdin war der Hüter solch kosmischer Weisheit.

Wichtiger für unser Thema des Archetypen der Initiation ist jedoch, daß der Prophet Myrrdin die Zukunft Großbritanniens und vor allem die von Wales voraussah und beschrieb. Die Legende um sein Prophetentum – die sich später zu einer Literatur von beachtlichem Umfang entwickelte – war eine Anerkennung der Tatsache, daß Myrrdin (zu diesem Zeitpunkt als Merlin bekannt) über das zweite Gesicht bzw. die Fähigkeit zur Vision verfügte. Wie Nostradamus' Prophezeiungen waren diese walisischen Vorhersagen obskur. Der Hauptteil der Weissagungen, die im *Black Book of Carmarthen* zusammengefaßt waren, erlangte Berühmtheit, obwohl – wie bei Nostradamus – nur wenige Leser imstande waren, sie zu interpretieren, und sich die meisten wahrscheinlich auf das zwölfte Jahrhundert beschränkten. Es überrascht kaum, daß der französische Schriftsteller Wace (der im zwölften Jahrhundert Stiftsherr zu Bayeux war) einen Großteil der Prophezeiungen Merlins nicht in sein eigenes Werk aufnahm, da er sie nicht begriff.

In diesem Jahrhundert waren die Kommentare des Alanus de Insulis zu Merlins Prophezeiungen überaus populär und blieben das auch bis ins frühe siebzehnte Jahrhundert, wie ihre Publikation im Jahr 1603 beweist. Bereits davor waren frühere Versionen erschienen, die jedoch keine sinnigen Deutungen aufwiesen, aber als Manuskripte weit verbreitet waren. Sowohl in England als auch in Frankreich waren sie so tief verwurzelt und beliebt, daß ein Versuch unternommen wurde, sie auf den Index der verbotenen Bücher zu setzen.

Einige Historiker neigten dazu, eine unbewußte Parallele zwischen Nostradamus und dieser Verfolgung der prophetischen Schriften Merlins zu ziehen. Einer Überlieferung nach (die von vielen modernen Nostradamus-Forschern ernst genommen wird) wurde Nostradamus vor die Inquisition in Toulouse beordert, um dort als Ketzer abgeurteilt zu werden. Demselben Bericht zufolge zog er es allerdings vor, nicht zu erscheinen. Diese Geschichte, die eine profunde Unkenntnis der Verfahrensweise der Inquisition zeigt, wurde von Torné-Chavigny noch 1874 allen Ernstes in *Nouvelle Lettre du Grand Prophet Nostradamus Eclairci* wiedergegeben (vgl. Anhang VII und dort den kurzen Lebenslauf von Torné-Chavigny).

Von beträchtlicher Bedeutung ist, daß zur selben Zeit, da Nostradamus seine Prophezeiungen zu Papier brachte, jene verboten wurden, die aus den Initiationsschulen stammten, denen er einst angehört hatte. Dies war und ist noch immer ein typisches Muster für Eingeweihte: Sobald ein Impuls ausstirbt, ist ein anderer bereits bestimmt, dessen Platz einzunehmen. Diese Situation könnte uns zu der Frage führen, warum die Kirche die Vergangenheit im Auge behielt, aber übersah (oder absichtlich ignorierte), was sich direkt vor ihren Augen ereignete. Die Antwort auf diese Frage liegt womöglich nahe – Nostradamus wurde von seiner königlichen Schirmherrin, deren Bekanntschaft er sorgfältig pflegte, geschützt: Katharina von Medici, die sich und ihre Nachkommenschaft auf eine Zukunft vorbereitete, welche niemals eintreffen würde. Sicher ist außerdem, daß Nostradamus aufgrund seiner Verbindung zu einer Initiationsströmung auch von anderen einflußreichen Persönlichkeiten in Schutz genommen wurde.

Strenggenommen wirkt Initiation der Natur entgegen. Einer der Lehrsätze der Einweihung besagt, daß gewöhnliche Geschichte nicht mehr sein kann als eine Darstellung von Degeneration. Bliebe die Welt sich selbst überlassen, würde sie rasch dem Chaos anheimfallen. Das ist einer der Gründe, weswegen die großen Eingeweihten damit betraut wurden, dem historischen Prozeß regenerative Impulse zu verleihen. Die von den Einweihungsschulen manipulierten historischen Ereignisse versuchen ein erlösendes Element einzuführen, um der degenerativen Kraft der gewöhnlichen Geschichte (man könnte fast sagen: der *natürlichen* Geschichte) entgegenzuwirken. Aufgrund unserer Erkenntnisse vermuten wir, daß Nostradamus im sechzehnten Jahrhundert der Hüter jener prophetischen Strömung war, der er im Irland oder Wales des fünften oder sechsten Jahrhunderts angehört hatte und die nun dringend der Rettung bedurfte.

Wir haben die Merlin-Tradition so ausführlich behandelt, um Nostradamus' Seelenleben vor einen Hintergrund der Einweihung zu stellen und auf die komplexen Themen dieser prophetischen Erkenntnisse hinzuweisen.

Obgleich Merlin wahrscheinlich der bekannteste männliche Prophet des sechzehnten Jahrhunderts war, war sein weibliches Pendant noch berühmter. Die weibliche Tradition der Weissagung war heidnisch und diente den prophetischen Bedürfnissen der alten Welt. Die als *Sibyllinische Bücher* bekannte Sammlung von Orakeln wurde ursprünglich im alten Rom aufbewahrt. Einer Legende zufolge wurde sie teilweise von der Sibylle von Cumae zerstört, als sie versuchte, die neun Pergamentrollen und Palmblätter, auf denen die Prophezeiungen aufgezeichnet waren, zu verkaufen. Die drei übrigen Rollen kamen in die Obhut eines eigens gebildeten Priesterkollegiums in Rom (ein Zeichen, daß ihr Ursprung auf Einweihung zurückzuführen ist). Aus verlegerischen Gründen, deren Sinn nicht mehr erkennbar ist, zerstörte Kaiser Augustus nahezu zweitausend Verse und legte den Rest unter den Sockel einer Apollostatue in seinem Tempel am Palatin. Exoterische Historiker behaupten, die ganze Sammlung sei verlorengegangen, als die Stadt unter der Regierung Neros im Jahr 83 v. Chr. brannte. Die neue Sammlung, die als Ersatz zusammengestellt wurde, blieb bis ins 4. Jahrhundert erhalten.

Jeder, der die klassische Erziehung des frühchristlichen Roms genossen hatte – wie viele jener Mönche, die später nach Irland flüchteten – wußte um die sibyllinische Tradition. Der sibyllinische Kult wurde im siebten Jahrhundert von Isidor von Sevilla in einer populären Übersetzung, die seiner Ansicht nach die ursprünglichen Prophezeiungen darstellte, wieder zugänglich gemacht. Sie fand ihren Weg auch in die walisische und irische Manuskriptliteratur. Es verwundert nicht, daß in manchen Sammlungen die angeblichen sibyllinischen Weissagungen Seite an Seite mit den Prophezeiungen des Myrrdin anzutreffen sind.

Als Michelangelo sein wunderbares Deckengemälde in der Sixtinischen Kapelle fertigstellte, war Nostradamus neun Jahre alt. Wer sich mit diesen Fresken befaßt, weiß, daß es verschiedene Sibyllen gab. Michelangelos Aufmerksamkeit und Sympathie geweckt hatte die Sibylle von Delphi. Wurde eine Sibylle ohne ihr Patronymikum erwähnt, so war zumeist diese gemeint. Durch einen eigenartigen Zufall, eine Art historisches Zusammentreffen, taucht der Name dieser Sibylle auch im Familienkreis unseres Gelehrten auf: Seine Schwester wurde mitunter auch Delphine genannt.

Manche Kunsthistoriker behaupten, diese Sibylle – vielleicht die schönste Figur im Sixtinischen Zyklus – sei besonders verehrt worden, weil sie die Geburt Christi vorausgesagt hatte. Die Wahrheit liegt etwas anders. Mittelalterliche Mönche hatten versucht, die sibyllinische Tradition zu übernehmen, um sie zu christianisieren, und zwölf (eine *christliche* Zahl, gewiß nicht die Zahl der Antike!) prophetische Verse verfaßt, von denen jeder die bevorstehende neue, christliche Religion vorhersagte. Die Sibylle von Delphi hatte dabei angeblich die jungfräuliche Geburt und die Dornenkrönung prophezeit. Auf diese mönchische Sibyllen-Tradition rekurrierten die meisten Gelehrten des sechzehnten Jahrhunderts, nicht auf die in Vergessenheit geratene klassische Tradition. Die Sibyllen mögen Heidinnen gewesen sein, doch verfügten sie ebenso wie Plato über eine so große Weisheit, daß sie die Notwendigkeit der Wiedergeburt Christi zur Erlösung der verlorenen Welt des Heidentums vorhersehen konnten.

Glücklicherweise ist es nicht unsere Aufgabe, die Reichweite der sibyllinischen Tradition oder die Authentizität der späteren Kompilationen und Fälschungen zu untersuchen. Was immer die Gelehrten des sechzehnten Jahrhunderts den noch erhaltenen Weissagungen auch entnehmen mochten, eines war klar: daß man allgemein der Ansicht war, die Sibylle von Delphi habe der heidnischen Welt das Kommen Christi angekündigt. Auf diese jüngere Überlieferung beziehen sich nahezu alle mittelalterlichen Autoren, wenn sie die sibyllinischen Bücher erwähnen. Obwohl Heidin, war die Sibylle Proto-Christin, praktisch eine heidnische Göttin, die durch ihre Vision Christi Ganzheit erlangt hatte.

Im Gegensatz dazu wurde behauptet, der Ursprung des Merlin aus der Arthurlegende sei dämonisch. In manchen Versionen wurde Merlin von einem Dämonen gezeugt – einem Inkubus mit menschlichem Samen –, der der willigen Mutter des Sehers beiwohnte. In anderen ist die Geburt Merlins ein Akt der Dämonen, die einen Antichrist in den Strom der Geschichte einschleusen wollten. Die Dämonen hatten gehofft, daß durch die Schaffung des Antichrists mit prophetischen Gaben die Wiederauferstehung und das Opfer des Herrn unwirksam würden.

Zwei entferntere Positionen als die der Prophetin auf der Seite Christi und die des Propheten, der sich ihm widersetzte, sind kaum vorstellbar. Spiegelt sich dies nun in Nostradamus' Leben wider?

Es ist bekannt, daß Michel de Nostradame eine latinisierte Version seines Namens angenommen hatte, bevor er 1545 mit der Veröffentlichung seiner Werke begann. Im Gegensatz zu der allgemeinen Ansicht ist dieser Name *keine* wörtliche Übersetzung ins Lateinische. Selbstverständlich war Nostradamus sich dessen bewußt. Die Eintragung in das Register der medizinischen Fakultät zu Montpellier, datiert mit 23. Oktober 1529, lautete gemäß den Regeln der Universität auf seinen korrekt latinisierten Namen: *Michaeletus de nostra domina*. Ist es möglich, daß sein neuer Name, der unbeholfene Latinismus »Nostradamus«, sich aus der Grünen Sprache ableitet? In anderen Worten: War Nostradamus selbst in bezug auf seinen angenommenen Namen mißverstanden worden?

Im Deutschen bedeutet der von Nostradamus geerbte französische Familienname *Nostredame* »Unsere Dame« (lateinische Form: *nostra domina*). Zweifellos handelte es sich bei dieser Dame um die Jungfrau Maria.[1] Dennoch änderte unser Prophet seinen Namen aus von ihm nie erläuterten Gründen in Nostradamus. Was gewann er dadurch? Vom Standpunkt der Grünen Sprache aus brachte es ihm sehr viel. Das Wort *damus* (im Gegensatz zu *dame*) bedeutet »wir geben« und wurde sogar zu seinen Lebzeiten Teil eines gegen Nostradamus gerichteten Knittelverses.[2] Das Wort *nostra* (im Gegensatz zu *nostre*) ist die weibliche Form von »unser«, also »unsere«, und hat im Italienischen noch dieselbe Bedeutung. In der Geheimsprache kann der Name Nostradamus also gedeutet werden als »wir geben Unsere«. Dies läßt sich als Hinweis auf seine Seele – seine Weisheit – interpretieren, die immer in weiblicher Form ausgedrückt wird, sei es nun als *Sophia* oder *Anima*.

Die Esoterik in dieser Sprache könnte aber auch anders interpretiert werden. Ist es möglich, daß Michel de Nostredame den Namen Nostradamus annahm, um sich mit jener bedeutenden Prophetin zu »verbünden«, mit der Sibylle, die das Kommen Christi geweissagt hatte? War die Namensänderung, die bei einer in den magischen Nuancen von Wörtern weniger bewanderten Person so unbedeutend gewesen wäre, ein Versuch, sich mit der heidnischen Frau zu »solidarisieren« und sich damit von dem Mann loszusagen, der an Dämonen gebunden war?

Nostradamus' Verbindung zu der alten Tradition – selbst zur sibyllinischen – wurde bereits zu seinen Lebzeiten erkannt. Der französische Dichter Pierre Ronsard – selbst ein hoher Eingeweihter – bestätigte in seiner Ode *A Michel de l'Hopital*, daß Nostradamus einer langen Tradition der Orakeldeutung entstammte. In seiner längeren *Elegie à Guillaume des Autels gentilhomme Charrolois* schrieb Ronsard:

»Que par les mots douteux de sa prophete voix,
Comme un oracle anticque, il a des mainte annee
Predit la plus grand par de nostre destinee.«

»Durch die zweifelhaften Worte seiner prophetischen Stimme,
Wie ein Orakel aus alten Zeiten, hat er jedes Jahr
Den größten Teil unseres Schicksals vorhergesagt.«

Ronsard übte mit seinen »mots douteux« keine Kritik an Nostradamus. Sie waren lediglich ein Hinweis auf die Geheimsprache, die für Uneingeweihte Worte mit zweifelhafter Bedeutung enthält. Ebenso ist im Rahmen der okkulten Weisheit, die der Dichter mit dem Dichter teilte, der Hinweis auf »oracle anticque« nicht nur rein poetisch, sondern tatsächlich deskriptiv. Ronsard erkannte die Wahrheit über Nostradamus – daß er buchstäblich als Stimme aus der Vergangenheit sprach.

Der einzige Schüler Nostradamus', Chavigny, mußte für den Weisen in gewissem Maß eine Enttäuschung gewesen sein, zeigte er doch wenige Anzeichen dafür, die Weisheit der Eingeweihten oder auch nur Verständnis für die Grüne Sprache zu entwickeln. In einem vielsagenden Satz aus einem liebevoll geschriebenen Porträt seines Meisters scheint Chavigny jedoch in das Geheimnis dieses Weisen vorzudringen.[3] Nachdem er daran erinnert hatte, daß Nostradamus die Fähigkeit besitze, alles, was er wolle, rasch zu verstehen und zu erlernen, fügte er in köstlichem Latein – das absichtlich an eine Phrase des berühmten Epitaphs erinnert – hinzu, Nostradamus habe »memoria pene divina« gehabt: »ein nahezu göttliches Gedächtnis«. Diese glücklich gewählte Beschreibung erinnerte – wenn auch unabsichtlich – an Nostradamus' tiefstes Geheimnis. Die »beinahe göttliche Feder« des Epitaphs (*pene divino calamo*) und das »beinahe göttliche Gedächtnis« des Meisters (*memoria pene divina*) waren ein und dasselbe, denn das Gedächtnis konnte sein gesamtes Leben hindurch auf seine reichen, aus der Vorzeit stammenden prophetischen Quellen zurückgreifen.

Anhang IV

Zwei Grabinschriften

»En sepulture dans l'eglise colégié de Sainct Laurens dudict Sallon et dans la Chapelle de Nostre Dame à la muralhe de laquelle a voulu estre faict ung monument ...«

»In der Begräbnisstätte der Stiftskirche von Saint Laurens der genannten Stadt Salon und in der Kapelle Unserer Lieben Frau, an deren Mauer ein Grabmal errichtet werden möge ...«

(Ein weissagender Text, niedergeschrieben von dem Notar Joseph Roche im Jahr 1566 in Form eines Testaments nach dem Diktat von Nostradamus, jedoch wieder ausgestrichen. Zitiert von Robert Benazra, *Répertoire Chronologique Nostradamique,* 1545-1989, 1990, für das Jahr 1566, S. 73)

1. Die von Nostradamus' Sohn César verfaßte Grabinschrift, früher in Cordeliers, Salon, wird häufig wiedergegeben, üblicherweise mit geringen, doch bedeutungsvollen Veränderungen. Die auf Leroy, 1993, basierende Version folgt. Es gibt gute Gründe für die Annahme, daß bei der Übertragung (nicht derjenigen von Leroy) einige Fehler hinzugekommen sind.

»D.M.

OSSA CLARISSIMI MICHAELIS NOSTRADAMI UNIUS OMNIUM MORTALIUM IUDICIO DIGNI CUIUS PENE DIVINO CALAMO TOTIUS ORBIS ET ASTRORUM INFLEXU FUTURI EVENTUS CONSCRIBERENTUR. VIXIT ANNOS LXII MENSES VI DIES X OBIIT SALLONAE DLLXVI. QUIETEM POSTERI NE INVIDETE. ANNA PONTIA GEMELLA CONIUGI OPTIMO.V.F.«

Lateinische Fehler innerhalb des obenstehenden Textes machen diese Inschrift schwer übersetzbar (siehe die Übersetzung des im weiteren angegebenen, zuverlässigeren Textes). Wir sollten anmerken, daß D.M.

eine klassische Standardabkürzung für das lateinische *Diis Manibus* ist, das im allgemeinen übersetzt wird als »In die Hände der Götter« oder »Wir befehlen die Seele des ...« In der frühen Kirchengeschichte wurde es zu *Deo Manibus* – »in die Hände Gottes (befehlen wir die Seele des ...)« – christianisiert. Die Abkürzung, die möglicherweise falsch übernommen wurde (s. u.), ist von besonderem Interesse, wie César bekannt gewesen sein müßte, denn Nostradamus benutzte sie in einem seiner Quatrains. Die übliche Wendung, *HIC JACET* (»Hier liegt«) oder in dieser Inschrift *HIC JACENT* (»Hier liegen«), wird vorausgesetzt.

V.F., ebenfalls möglicherweise ein Übertragungsfehler, läßt sich als Abkürzung für *Verba Facit* (»schrieb diese Worte«) oder *Vale Felicit*, (»sie wünscht Lebewohl«) auslegen. Leroy scheint die erstere Lesart übernommen zu haben, auch wenn er wußte, daß César die Inschrift verfaßt hatte.

2. Die Inschrift, die sich jetzt in der Kirche Saint-Laurent in Salon befindet, zeigt einige Abweichungen, die ausreichen, um sie als eine genauere Übertragung des Textes eines guten Latinisten auszuweisen (was César zweifellos war).

»RELIQUIAE MICHAELIS NOSTRADAMI IN HOC SACELLUM TRANSLATAE FUERUNT POST ANNUM MDCCLXXXIX EPITAPHUM RESTITUTUM MENSE JULIO MDCCCXIII.

D.O.M.

CLARISSIMI OSSA MICHAELIS NOSTRADAMI UNIUS OMNIUM MORTALIUM IUDICIO DIGNI CUIUS PENE DIVINO CALAMO TOTIUS ORBIS ES ASTRORUM INFLUXU FUTURI EVENTUS CONSCRIBERENTUR. VIXIT ANNOS LXII MENSES VI DIES XVII OBIIT SALONE ANNO MDLXVI. QUIETEM POSTERI NE INVIDETE. ANNA PONTIA GEME (...) ALONIA CONIUGI OPTAT V. FELICIT.«

Dies kann übersetzt werden als:

»Die Überreste des Michel Nostradamus wurden in diese Kapelle verbracht nach dem Jahre 1789. Der Epitaph wurde im Monat Juli des Jahres 1813 wiederhergestellt.«

(D.O.M. wird üblicherweise als Abkürzung für den gängigen lateinischen Segensspruch gesehen – *Deo Optimo Maximo*, »Gott, dem

Besten, dem Größten«. In heidnischen Zeiten war dies ein Anruf an Jupiter. Doch es kann auch als Abkürzung für *Datur Omnibus Mori* betrachtet werden (»Allen ist es gegeben zu sterben«).

»(Hier liegen) die Gebeine des höchstangesehenen Michel Nostradamus, unter allen Sterblichen für würdig befunden, mit dessen nahezu göttlicher Feder die zukünftigen Ereignisse der ganzen Welt unter dem Einfluß der Sterne niedergelegt wurden. Er lebte 62 Jahre, 6 Monate und 17 Tage (und) starb in Salon im Jahr 1566. Ihr, die ihr ihm folgen werdet, neidet ihm seine Ruhe nicht. Seine Gattin, Anna Pontia Gemella aus Salon, wünscht ihm Lebwohl und Glück.«

Die Abkürzung V. steht sicherlich für *Vale*, den klassischen Gruß am Ende des Tages – »Lebe wohl«.

Techniken der Grünen Sprache
bei Nostradamus

»Dies ist die Sprache, die die Mysterien der Dinge lehrt und die geheimsten Wahrheiten enthüllt.«

(Fulcanelli, *Fulcanelli: Master Alchemist. Le Mystère des Cathèdrales*. 1971)

Die Grüne Sprache wurde in der okkulten Literatur vielfach verwendet, doch gibt es überraschenderweise kein Buch, das sich mit ihren Methoden befaßt. Blavatsky und Fulcanelli haben in gewisser Weise darüber berichtet, doch war letzterer vor allem an ihrer Anwendung auf die Alchimie interessiert.

Einige Kodifizierungsmethoden, die im siebzehnten Jahrhundert in astrologischem und astronomischem Kontext benutzt wurden, bespricht Ann Geneva in ihrer hilfreichen Studie *Astrology and the Seventeenth-Century Mind* (1955). Doch es existiert (unseres Wissens) nichts Vergleichbares über die Kodifikationsmethoden und astrologischen Geheimtechniken des sechzehnten Jahrhunderts. Die von Autoren wie Dante, Rabelais und Swift benutzte Grüne Sprache wurde von Gelehrten durchaus erkannt, aber wenige unternahmen den Versuch, solche Schriftsteller in einem weiteren Kontext der geheimsprachlichen Literatur zu sehen.

Bevor wir uns mit den Techniken der Grünen Sprache als solcher befassen, wollen wir uns für einen Augenblick Swift zuwenden. Auch ihm war die okkulte Sprache nicht fremd. Er besaß die Nostradamus-Übertragung von Garencières, und seine Bibliothek enthielt viele astrologische und okkulte Bücher, einschließlich der Ausgabe der *Opera Omnia* von Paracelsus aus dem Jahr 1658. Moderne Forscher bestätigen, daß Swift großes Interesse an Etymologien und Wortspielen hatte, aber sie haben den Zusammenhang mit der Geheimsprache nicht untersucht. Dabei gibt es in den Werken Swifts eine solche Fülle an Bezügen zur Grünen Sprache, daß es schwierig ist, der Brillanz seiner sprachlichen Kreativität anders Genüge zu tun. In *Gullivers Reisen* denkt der schlaue Gulliver über die mögliche Etymologie des Wortes *Laputa* nach. So lautet der Name der fliegenden Insel, an der er anlegt, um sie zu erforschen. Nachdem er erwähnte, daß das Wort auf laputisch »Treibende Insel« bedeute, gesteht er, daß es ihm nie gelungen sei, dessen wahre Etymologie zu erfahren. Andererseits, erzählt er uns, bedeute *Lap* in der nunmehr veralteten Sprache »hoch«, und *untuh* sei die Bezeichnung für einen Gouverneur – »so, sagen sie, sei Laputa durch Korruption zu Lapuntuh geworden.«

Nun kann es keinen Zweifel daran geben, daß Swift die fliegende, also eine sozusagen vom Festland abgetrennte Insel als Symbol für die britische Regierung sah, die, wie er wußte, von Korruption verseucht war. Laputa entstand somit »durch Korruption«. Diese Gestaltung ist typisch für Swift und seinen humorvollen Umgang mit dem Englischen. Laputa ist nur ein herausragendes Beispiel für die Grüne Sprache, die er meisterlich beherrschte. Im Zusammenhang mit der britischen Regierung gesehen, erweist sich *Lap* geradezu als brillante Wortschöpfung. Im siebzehnten Jahrhundert war *Pal* (die Umkehrung von *Lap*) ein »Komplize« – aus der Sicht des angewiderten Swift ein ausgezeichnetes Wort zur Beschreibung jener kriminellen Clique, die das Land regierte.

Obwohl Swift die Etymologie seiner Begriffe hinter einer Verballhornung »laputischer« Etymologie verbarg, bestand der Hauptteil der Grünen Sprache aus französischen Wörtern. Im siebzehnten Jahrhundert war das Wort *pute* eine Variante des heutigen *putain*, »Hure«. *La pute* war »die Hure« – ein Epitheton, das Swift der britischen Regierung mit Freuden zugewiesen hätte. In der Darstellung des Hurentums erhält das englische Wort *lap* – »Schoß« – eine andere Bedeutung. Wir müssen uns fragen, was der Buchstabe »n« in *untuh* einführt, einer der Wurzeln des Wortes Laputa. Zweifellos ist er ein Hinweis darauf, die Konstruktion **Lap un***tah* zu untersuchen. Der erste Teil klingt wie *lapin*, »Kaninchen«. So hat Swift in einem einzigen tiefsinnigen Wort auf die Korruption der Regierung (die sich an jeden Willigen verkauft habe) und auf deren berüchtigte sexuelle Unmoral (die sexuellen Eigenheiten der Kaninchen hatten im achtzehnten Jahrhundert durchaus eine der heutigen ähnliche Bedeutung) hingewiesen. Auf humorvolle Art hat Swift von der Grünen Sprache Gebrauch gemacht, indem er das Wort *Lapuntuh* korrumpierte, um *Laputa* entstehen zu lassen. So erinnert er uns gleichzeitig an die Aussage der laputischen Gelehrten, »Laputa sei durch Korruption aus Lapuntuh entstanden«. Übrig blieb die Silbe *-nuh*.

Das französische *nue* bedeutet »unbedeckt« oder »nackt«. So wird die britische Regierung durch die arkane Bedeutung als Clique nackter Huren dargestellt …

Die folgende Liste von Begriffen, die zur Beschreibung einiger in der Grünen Sprache zur Tarnung gebräuchlichen Techniken angewandt werden, stammt im wesentlichen aus der Literaturwissenschaft. Die Definitionen sind als Richtlinien für unsere Leser gedacht.

Es gibt in der Grünen Sprache weitere Techniken, die im folgenden nicht aufgeführt werden. Sie stellen komplexe okkulte Methoden dar, mit denen wir den Leser nicht weiter belästigen wollen. Im wesentlichen basieren sie auf der Numerologie und sind im Zusammenhang mit *Gematria, Notarikon* und *Temurah* des Hebräischen zu sehen.

Die Gematria ist ein kabbalistisches System und basiert auf der Tatsache, daß sich zum hebräischen Alphabet numerische Pendants finden. Man kombiniert die numerischen Äquivalente eines Wortes oder eines Satzes und stellt sie in einen Zusammenhang mit anderen Worten oder Sätzen, deren numerischer Wert vergleichbar ist. Das ebenfalls kabbalistische Notarikon ist ein System kryptographischer Wortspiele, bei der jeder Buchstabe eines Wortes so interpretiert wird, als wäre er eine Abkürzung für ein anderes Wort. Das berühmte, magische Wort *Agla* z. B. bedeutet im Sinne der Notarikon-Methode eine hebräische Wendung, die mit »Du bist mächtig in Ewigkeit, o Herr« übersetzt wird. Temurah nennt man ein linguistisch-kabbalistisches Austauschsystem. Hier werden Buchstaben und Wörter durch die Veränderung der Reihenfolge vorher festgelegter Schlüsselwörter durcheinander ersetzt. So entstehen neue Wörter. Derselbe Begriff wird für die Benennung der Erstellung alphabetischer Codes durch Festlegung künstlicher Schlüsselbuchstaben oder Äquivalente benutzt. Verschiebt man beispielsweise die alphabetische Abfolge von A-Z um einen Buchstaben (B-A), ergäbe das englische Wort *BAD* das »Wort« *CBE*.

Valerie Hewitts Bemühungen in *Nostradamus. His Key to the Centuries,* 1994, die numerischen Faktoren in seinem Werk und seine Beschäftigung mit Persönlichkeiten wie etwa Margaret Thatcher und John Major aufzuzeigen, sind nicht mehr als ein pseudowissenschaftlicher Spaß und gehen völlig an der Bedeutung der Verschlüsselungstechniken des sechzehnten Jahrhunderts vorbei. Einziger Zweck der Grünen Sprache ist es, die Absichten des Autors vor dem durchschnittlichen Leser zu verbergen. Um dies zu erreichen, wendet ein profunder Kenner der Grünen Sprache Ausdrücke an, die den Wörtern und Wendungen ein zweites oder drittes Bedeutungsniveau verleihen. Wie auf den Seiten

176 f. dargelegt, kann so ein einziger Vers zu zwei (oder mehr) überzeugenden Deutungen führen. Interessanterweise wird die Grüne Sprache damit ausdrücklich sowohl zur Irreführung als auch zur Verdeutlichung und Verdichtung eingesetzt. Nostradamus wendete diese Kunst in höchster Vollendung an, und Ward hat recht, wenn er meint, daß »Nostradamus in einem Satz mit drei Worten andeuten kann, was normalerweise in einem langen Abschnitt erläutert werden müßte. Dies ist wirklich die Sprache der Weissagung.«[1]

Solche Worträtsel verwirren Leser, denen die Kunst der Grünen Sprache fremd ist, wirken aber erläuternd für alle, die die Regeln kennen. Das bedeutet, daß nur ein Alchimist die von Alchimisten verwendete und nur ein Astrologe die von Astrologen verwendete Grüne Sprache verstehen könnte. Im Fall von Nostradamus kommt erschwerend hinzu, daß er seine auf die Zukunft bezogenen Texte in Sprachen verfaßte, die auch ohne (in diesem Falle) absichtliche Verschlüsselung durch die Grüne Sprache aufgrund der inzwischen vergangenen Jahrhunderte verdunkelt wären. Rabelais, der sich ebenfalls der Grünen Sprache bediente, wurde aus dem Französischen des sechzehnten Jahrhunderts in modernes Französisch übersetzt. Das Französisch von Nostradamus – ganz zu schweigen von seinem Stil – war sehr viel obskurer als das von Rabelais. Unter den Briefen seiner Kunden, die bei Nostradamus' kürzlich entdeckter Korrespondenz gefunden wurden, gibt es mehrere, die sich darüber beklagen, daß sie nicht einmal im Zusammenhang mit ihrem eigenen Horoskop begreifen, was Nostradamus sagte. So bat der arme Hans Rosenberger 1561, die Zweideutigkeiten aus seinem Horoskop zu entfernen. »Um die Wahrheit zu sagen, ich bin nicht geübt in der obskuren Sprache der enigmatischen Araber«.[2]

Wir müssen uns ebenfalls vor Augen halten, daß Nostradamus seine Schriften zwar in einer Art spätmittelalterlichem Französisch verfaßte, aber in lateinischer Sprache dachte (Piobb und andere französische Autoren widmeten sich diesem Aspekt intensiv). Das zeigt sich in der Struktur der Quatrains so deutlich, daß einige Gelehrte vermuteten, Nostradamus habe die Quatrains ursprünglich auf lateinisch konstruiert, um sie danach in eine Art Dialekt zu transponieren. Daraus läßt sich schließen, daß die Konstruktionen der Grünen Sprache nicht nur aus linguistischen Veränderungen einzelner Wörter, sondern auch aus grammatikalischen Strukturen bestehen. Auch zahlreiche eigenwillige fremdsprachige und klassische Einfügungen spielen eine wichtige Rolle in Nostradamus' Technik, so daß es keine Möglichkeit zu geben scheint, sie eindeutig mit einer literarischen Tradition zu verknüpfen. Schließlich bleibt hervorzuheben, daß er eine ganze Reihe europäischer Sprachen beherrscht zu haben scheint und sich dieser oft zur Täuschung oder zur Beifügung zusätzlicher Bedeutungen bediente (in den folgenden Analysen führen wir Wörter aus dem Griechischen, Lateinischen, Deutschen, Spanischen und Englischen an). Bei einigen Gelegenheiten griff er auf das Provenzalische zurück, wie z. B. bei den Worten *bueire* (»Auseinandersetzung«), *monge* (»Nonne«) oder *scomma* (»Neckerei«), das in Quatrain VIII.88. zu »scome« wird. Zum Leidwesen seiner zukünftigen Leser hatte Nostradamus keinerlei Bedenken, Wörter aus diesen Fremdsprachen mit denselben linguistischen Verrenkungen, denen er französische Begriffe unterwarf, zu verschlüsseln.

Die alphabetische Auflistung von Techniken der Grünen Sprache ist vielleicht nicht umfassend, wird jedoch den in diesem Werk gebrachten Beispielen gerecht. Ihre Namen stammen aus der Literaturwissenschaft; die einzige Ausnahme, »okkulte Tarnung«, wurde aus der okkulten Tradition entlehnt. Die Tatsache, daß wir Nostradamus' Techniken mit Hilfe literaturwissenschaftlicher Mittel untersuchen können, soll nicht darüber hinwegtäuschen, daß er häufig eigene linguistische Regeln aufstellte. Manche Begriffe können durch eine so simple Klassifizierung nicht erfaßt werden. Die folgende Liste ist ein Versuch, einen Einblick in diesen komplexen Gebrauch von Wörtern zu bieten.

ANAGRAMM. Ein Wort oder ein Satz, in dem die Buchstaben so verschoben werden, daß sie einen neuen Sinn ergeben. Bei Nostradamus steht »Rapis« für Paris. In diesem Fall – wie in den meisten Anagrammen des Meisters – findet die anagrammatische Behandlung nicht allein zur Irreführung oder Verwirrung statt, sondern auch, um eine zweite Bedeutung herzustellen (hier »Greifer«, »Vergewaltiger« oder »Vergewaltigte/r«). Der Fall von Paris während der Belagerung 1870/71 wäre ein relevantes Beispiel. »Mendosus« – von einigen Interpreten fälschlich mit »Lügner« übersetzt – bezieht sich auf die lateinische Bedeutung »voller Fehler«, »täuschend«. Vielleicht ist es ein aphetisches Anagramm für Vendosme oder Vendôme und meint entweder das gleichnamige Département oder (wahrscheinlicher) einen der Herzöge von Vendôme. Anagrammatische Wendungen hat Nostradamus offenbar selten konstruiert. Die berühmteste ist wahrscheinlich »PAU NAY LORON«, das im sechzehnten Jahrhundert keine schlechte Verkleidung für NAPAULON ROY war (vgl. S. 281). »Chien« ist wohl ein synkopisches Anagramm (siehe SYNKOPE) für *Chiren*, das wiederum als *Henric* gelesen werden kann – eine Schreibweise des sechzehnten Jahrhunderts für den Namen von Heinrich II.

ANASTROPHE. Die Umkehrung eines Wortes. Ein Beispiel: die Anastrophe von HIRAM zu MARIA (s. Seite 48), wo der Klangwert des Endbuchstaben »A« als Äquivalent für das hebräische »H« angesehen wird. In der esoterischen Literatur bezeichnet sie manchmal eine ungewöhnliche Reihenfolge von Wörtern oder auch unvollständige Inversionen. So gesehen, müßte fast jede Zeile der Prophezeiungen als anastrophisch angesehen werden.

ANTONOMASIE. Die Ersetzung eines Eigennamens durch ein Attribut oder der Gebrauch eines Eigennamens, um einen allgemeinen Gedanken darzustellen. Einige wenige von Nostradamus geprägte antonomatische Wörter weisen auf seinen Weitblick und seine Liebe zur Ironie hin. So steht z. B. das Wort »Doux« (»süß«, »freundlich«, »angenehm«) für Jacques »Clement«, der Heinrich III. im Jahre 1588 ermordet hat: in Presage 58 – fußend auf einem Quatrain eines der Almanache – ist Clement »Doux la Pernicie«. Das lateinische *clemens* bedeutet fast dasselbe wie das französische *doux*. Häufig erscheint »le grand« oder »la Dame« als Bezeichnung für wichtige oder berühmte Menschen, deren Identität aus anderen Hinweisen im gleichen Quatrain erschlossen werden muß. Wir erinnern uns daran, daß Nostradamus bei der Eintragung seines eigenen Todesmonats den Tod von »les grands« vorhersagte(s. Seite 54 ff.). Vielleicht verwendete er den Plural, weil *Nostre-* ein Pluralpossesivpronomen ist. In den letzten drei Quatrains ist »la Dame« Katharina von Medici, doch deutet das gleiche Wort in zwei anderen Vierzeilern auf Marie Antoinette hin.

»La grande cité« ist manchmal Paris; Le Pelletier weist darauf hin, daß »la grande cité neuve« – von einigen modernen Autoren als New York interpretiert – ein Hinweis auf das unter Napoleon III. wiedererbaute Paris sei. In Quatrain X.49 andererseits ist »cité neufve« eindeutig Neapel (das alte *Neapolis*, »neue Stadt«), s. Seite 296. An welche neue Stadt Nostradamus nun dachte, muß der Kontext enthüllen.

APHÄRESE. Das Weglassen eines Buchstabens oder einer Silbe am Anfang eines Wortes. Nostradamus benutzte das Wort »bondance« für *abondance* (»Überfluß«). Damit wollte er den Vers nicht nur metrisch aufwerten, sondern die Konnotation »Gebundenheit« (»bondance«), zu der Überfluß führen kann, einbringen. Der Gebrauch des Wortes »eau«, »Wasser«, ist äußerst interessant, denn in manchen Fällen stellt es (durch Antonomasie) die drei Wasserzeichen (Krebs, Skorpion und Fische) dar. Um die Verwirrung komplett zu machen, benutzte Nostradamus in anderen Fällen dieselbe Methode, um durch Aphärese mit dem französischen *Verseau* das Zeichen des Wassermanns darzustellen (Quatrain IV.86, s. Seite 231 f.). Ein einfaches aphäretisches Anagramm ist das so unschuldig aussehende »Dedans« (»innerhalb« oder »in«), das mit Hilfe der Aphärese als »Sedan« gelesen werden muß (s. Seite 164 f.).

APOKOPE. Das Weglassen eines Buchstabens oder einer Silbe am Ende eines Wortes – »Cap« steht für *Capet*. Ein etwas komplizierteres Beispiel ist »fum« für *fume* oder *fumée*, »Rauch«, »Dampf«. In diesem Fall – wie auch in einem Quatrain, in dem von einer Schlacht oder einem Kampf berichtet wird (s. Seite 189 ff.) – könnte das Wort mit der Absicht gewählt worden sein, durch Lautmalerei den entfernten Klang der Kanonen heraufzubeschwören – »fum«. In Quatrain III.53, der teilweise von der Behandlung der Juden durch die Nazis handelt, bilden die beiden Worte »le pris« möglicherweise eine Abkürzung für *lepre* (»Lepra«) – ein metaphorischer Hinweis auf die Nürnberger Gesetze. Siehe auch SYNKOPE.

ARCHAISIEREN. Der Gebrauch altertümlicher Begriffe, um Dinge und Orte zu bezeichnen. Nostradamus liebte es, Ortsnamen zu verschlüsseln, indem er auf griechische und römische Namen zurückgriff. Ein von ihm häufig eingesetzter archaisierender Name ist »Sextrophea«, mit dem er seine Almanache manchmal unterschrieb. Er bezieht sich auf ein etwa einen Kilometer außerhalb seiner Heimatstadt Saint-Rémy stehendes Monument. Wie anhand des Beispiels auf Seite 176 ff. zu erkennen, wird dieses Archaisieren in den Quatrains oftmals als doppelte okkulte Tarnung eingesetzt. Nostradamus schwelgte gerne in jenen Zweideutigkeiten, die durch Archaisierung erzielbar sind. So lautet beispielsweise der alte Name für Bordeaux »Ausonne«; der lateinische Begriff *Ausonia* war dagegen für die Bezeichnung der Einwohner Süditaliens gebräuchlich. Mit der Verwendung dieses Begriffes bezog sich Nostradamus oft auf letztere Bedeutung. »Boristhenes«, der alte Name für den Fluß Dnjepr, ist archaisierend für »Rußland«, »Lygustiqua« (wie in Quatrain III.23) für »Ligurien«, wobei dieser Begriff nach dem Gesetz der Synekdoche (s. unten) häufig auf »Italien« hindeutete. Als wäre seine Astrologie nicht komplex genug gewesen, archaisierte Nostradamus manchmal auch die Namen der Planeten und Tierkreiszeichen, wie beispielsweise in den »brassieres« in Quatrain VII.91. Dieser Begriff ist von einem griechischen Wort abgeleitet, das Jupiter und Saturn meinte. Ein bemerkenswertes Beispiel für Archaisierung findet sich in Quatrain IX.14 – der die Schlacht bei Waterloo behandelt – mit den Worten »Sept.« und »borneaux« (s. Seite 190 f.).

ASSOZIATION, VERDECKTE. Diese literarische Technik ist für die Grüne Sprache grundlegend. In solcher Weise verschlüsselte Wörter können als Hinweise auf weitere Wörter interpretiert werden, deren Bedeutung sich ausschließlich denjenigen eröffnet, die mit dieser Spezialisierung vertraut sind. Sonst wäre »Cancer en boeuf« in Quatrain X.67 ohne Bedeutung, da ein Sternzeichen nicht in einem anderen stehen kann. Doch so muß man Krebs als Hinweis auf den Mond lesen, da dieser Planet das Sternzeichen Krebs beherrscht. Der Satz hieße dann »Mond im Stier«. Nostradamus liebte diese Ausdrucksweise der Grünen Sprache ganz besonders.

Noch subtiler bezog er sich auf Horoskope, die Daten enthalten, welche sich deutlich im Quatrain widerspiegeln. So beschrieb er in Quatrain I.31 ein Horoskop, das das Sternzeichen »Leo« (»Löwe«) betont, als Hinweis auf die drei Buchstaben, die im Namen Napoleon enthalten sind.

Auch in bezug auf Breitengrade begegnen verdeckte Assoziationen. Manche Breitengrade (im wesentlichen von der astrologischen Tradition hergeleitet) verweisen auf eine Stadt oder einen Fluß. Das Hauptproblem ist, daß ein solcher Hinweis ohne die Koordinate des Längengrades doppeldeutig ist. Also könnte Nostradamus, wenn er in Quatrain VI.97 von 45 Grad sprach (»cinqu et quarante degrez«), Städte wie Bordeaux, Périgueux, Turin, Padua, Cremona und Mantua gemeint haben oder sogar Minneapolis in den USA. Auszuschließen ist, daß er sich auf jene anderen Städte in den USA bezieht (New York/41. Längengrad, San Francisco/36., Chicago/42.), die Roberts unbeirrt vorschlägt. Ungeübte Interpreten neigten dazu, diese Gradangaben falsch zu deuten. So wurde beispielsweise die erste Zeile von Quatrain V.98 (»A quarante-huit degre climatterique« – »auf dem 48. klimatischen Grad«) als Hinweis auf Paris übersetzt, dabei liegt es zwischen dem 48. und dem 49. Grad, während sich Orléans, Le Mans und Freiburg genau auf dem 48. befinden. Zeitgenössische astrologische Texte wie die von Oronce Finé aus dem Jahr 1544 listen Breitengrade für die wichtigsten europäischen Städte auf, die, obwohl nach heutigen Standards ungenau, von den Astrologen des sechzehnten Jahrhunderts weithin anerkannt wurden. In den Tabellen der Häuser von Luca Gauricus 1533 finden sich folgende Angaben:

Sizilien	37 Grad
Rom	42 Grad
Venedig	45 Grad
Bologna	45 Grad

Paris	48 Grad
London	54 Grad
Berlin	54 Grad

Die aus Oronce Finé übernommene Abb. 53, die Nostradamus vermutlich verwendete, gibt den Süden Frankreichs zwischen dem 42. und dem 47. Breitengrad an.[3] Das Wort »climatterique« in Quatrain V.98 ist eine überflüssige Wiederholung, die möglicherweise mit der Absicht eingefügt wurde, Nichteingeweihte zu verwirren. Nostradamus bediente sich dieses Ausdrucks, um anzudeuten, daß sich die Grade auf die Klimate, das frühmittelalterliche Äquivalent der Längengrade, beziehen, die bereits im sechzehnten Jahrhundert nahezu nicht mehr verwendet wurden. In seiner *Mundi Sphaera* aus dem Jahr 1542 merkte Finé an, daß diese Breitengrade »von den Ungebildeten die sieben Climata genannt werden«. Wenn sich Nostradamus des Gradsystems bediente (oder das Wort »climata« in der einen oder anderen Form verwendete), ist dies als eindeutiger Hinweis aufzufassen, den Quatrain aus der Sicht der Geheimastrologie zu betrachten.

EPENTHESE. Das Hinzufügen eines Buchstabens oder einer Silbe in die Mitte eines Wortes. »Calpre« in Quatrain I.77 ist eine Epenthese für Calpe, das Kap in der Nähe von Gibraltar.

HOMONYM. Wort, das den gleichen Klang oder die gleiche Schriftform hat wie ein anderes, jedoch eine unterschiedliche Bedeutung bzw. einen anderen Ursprung. »Selin« hieß ein Anführer der Türken, ist jedoch gleichzeitig nahezu ein Homonym für Selene, die griechische Mondgöttin. Der Ausdruck »Gaule« bezeichnet bei Nostradamus Frankreich, erscheint aber auch in einem Kontext, in dem er als Hinweis auf General Charles de »Gaulle« gelesen werden kann. In manchen Fällen erfand Nostradamus Homonyme, um einem Wort eine doppelte Bedeutung zuzuweisen. So kann »terroir« sowohl »Territorium« als auch »Terror« heißen, obwohl »Terror« genaugenommen *terreur* wäre und »terroir« »Boden« oder »Erde« im Sinne von Territorium.

HYPALLAGE. Vertauschung; in einer Sprachfigur wird das Attribut von dem dazugehörigen Nomen auf ein anderes übertragen, um dieses zu verändern, obwohl es nicht zu ihm gehört. Die geschickteste Hypallage Nostradamus' blieb bis nach Eintreffen des Ereignisses unbemerkt. In der letzten Zeile von Quatrain IV.65 heißt es: »L'empereur tost mort sera condamné«. Hier liegt die Deutung nahe (fälschlicherweise, wie sich zeigt), daß der gerade verstorbene Monarch verurteilt werde. Die Auflösung dieser Hypallage findet sich auf Seite 305 f.

HYPHÄRESE. Das Auslassen eines Buchstabens in einem Wort. Manchmal kann der weggelassene Buchstabe für das Lesen des Textes von großer Bedeutung sein. Nostradamus läßt den Buchstaben »s« häufig aus Wörtern entfallen, ohne den erwarteten Accent circonflex einzufügen. Ein Beispiel, das in mehreren Quatrains erscheint, ist das Wort »matim« für *mastim* (»Mastiff«, wie z. B. in Quatrain X.59). In Quatrain III.53, wird Gallien als »Gale« dargestellt (s. HOMONYM). Eine typische Hyphärese ist »Aper« für *Asper*, ein Anagramm von *Aspre*. Dies wiederum ist eine Ellipse für *Aspromonte* (ein Felsmassiv in Italien), das Le Pelletier mit einem Ereignis aus dem Leben Garibaldis verbindet.

IKONOMATISCH. Hierbei soll ein Wort als Rebus gelesen werden, als bezöge es sich auf eine Figur. Nostradamus bediente sich der in den Horapollo- oder Ikonenbüchern vorgeschlagenen Rebustechniken. Das Wort »coq« entspricht dem lateinischen *Gallus* und bedeutet »Frankreich« (*Gallus* steht in der lateinischen Sprache sowohl für den »Hahn« als auch für jenes Gebiet in Europa, das ungefähr mit dem modernen Frankreich übereinstimmt). In vielen Fällen erscheint »loup« (»Wolf«) – nach der Wölfin, die Romulus und Remus säugte – für »Italien«. Andererseits wird auch der Begriff »Romulides« von dem »Gründer Roms« abgeleitet und könnte entweder »Rom« oder »Italien« benennen. In Quatrain I.9 scheint er »Süditalien« zu meinen, von wo während der großen Belagerung von Malta im Jahr 1565 Unterstützung kam. Ein ikonomatisches Wort (wie »coq«) hat bis in die moderne Symbolik überlebt, denn »l'ours« (»Bär«) wird mitunter für Rußland verwendet.

INVENTION. Die Erfindung eines neuen Wortes, das nur am Rande mit einem existierenden Wort einer bekannten Sprache zusammenhängt. Nostradamus bediente sich üblicherweise der französischen, griechischen oder lateinischen Sprache, doch stammen seine Wortschöpfungen mitunter auch aus dem Hebräischen sowie anderen Sprachen wie Englisch, Deutsch, Italienisch und Provenzalisch. Der Satz »Mars en Nonnay« ist eine Invention, da eine solche Planetenkonstellation nicht existiert. Höchstwahrscheinlich stammt »Nonnay Virgo« von dem französischen Ausdruck *nonne* oder *nonnain* (Quatrain X.67) ab. Ein weiteres Beispiel ist »sedifragues« aus Quatrain VI.94, das sich vom Lateinischen *sedem frangere*, »eine Belagerung brechen«, ableitet. Der Ausdruck »Le Port Phocen« für Marseille scheint eine komplexere Invention zu sein, denn das griechische *Phocis* war in der Antike eine Region in Zentralgriechenland. Die Hafenstadt *Massilissa*, als Kolonie von Phocoea gegründet, wurde schließlich unter dem Namen Marseille bekannt. Vielleicht stellte Nostradamus so den Bezug zur Antike her, da es sich bei den Phokern um Krieger handelte, die sich mitunter mit den Spartanern verbanden. Der kriegerische Planet Mars, der am Anfang des Wortes »Marseille« steht, findet sich in dem französischen Wort als Nebenbedeutung. »Phocus« (das an das homonyme *focus* erinnert) steht nicht allein für Marseille, sondern für ein gerüstetes Marseille im Zustand einer kriegerischen Auseinandersetzung oder einer Revolution.

METATHESE. Das Auswechseln konsonantischer Laute, um verschiedene (miteinander in Beziehung stehende) Wörter zu schaffen. Zum Beispiel wird *brune* von Nostradamus metathesiert als »brume«. In Quatrain III.53, der vom Zweiten Weltkrieg handelt, unterzieht er den deutschen Ortsnamen Augsburg einer Metathese, indem er ihn als »Auspurg« wiedergibt. Das neugeschaffene Wort ist von Bedeutung, da sich der Quatrain auf die Vertreibung der Juden (wörtlich »aus Purgans«, um im Deutschen zu bleiben) aufgrund der Nürnberger Gesetze zu beziehen scheint.

METONYMIE. Übertragung. Ein Attribut eines Gegenstandes oder einer Person wird eingesetzt, um den Gegenstand oder die Person selbst zu beschreiben. Das Wort »bossu« (»mißgebildet«) ist eine Metonymie für den Prinzen von Condé, einen kleinen, buckligen Mann. Ein besseres Beispiel ist das Wort »boiteux« (»lahm«). Es könnte sich auf den Herzog von Bordeaux beziehen, der bei einem Sturz in Kirchberg in Österreich 1841 »erlahmte«. In diesem Fall handelt es sich aufgrund der Homonymie zwischen »boiteux« und Bordeaux gewissermaßen um eine doppelte Verschlüsselung. In Quatrain V.4 ist »le cerf« (Hirsch«) vermutlich eine Metapher für Karl X., der aus Frankreich verjagt wurde. »Cerf« geht in gewissem Sinne über die Metonymie hinaus, indem es auf Karl X. als »gejagte Kreatur« Bezug nimmt, die von den Feldern Frankreichs getrieben wurde. Karl war Herzog von Artois, ehe er den Thron Frankreichs bestieg. Im Englischen bedeutet »cerf« »hart«. Nach seiner Vertreibung aus Frankreich flüchtete Karl nach England. Durch einen eigenartigen Zufall wohnte er während seines ersten Aufenthalts in diesem Land in **Hart**well.

PARAGOGE. Die Anfügung eines Buchstabens oder einer Silbe am Ende eines Wortes. »Selene« ist eine Paragoge für »Selin«. Das französische Wort *Amerique*, das im sechzehnten Jahrhundert für »Amerika«

üblich war, wurde von Nostradamus sowohl synkopisch (*Amerique* zu *Americ*) als auch paragogisch verändert. So erklärt sich »Americh«. Ob es sich dabei um eine Paragoge oder eine Metathese handelt, bleibt der Ansicht jedes einzelnen überlassen. Diese Version des Wortes erscheint in der ersten Zeile von Quatrain X.66. Es ist nicht eindeutig, ob Nostradamus in diesem Vers auf die Reichtümer (*rich*) der Region hinwies, die zu seinen Lebzeiten von den Spaniern ausgebeutet wurden, oder mit dieser Formulierung etwas anderes bezweckte. Fest steht, daß er sich dieses eine Mal durch die genannte Veränderung entschloß, keinen Reim mit der dritten Zeile herzustellen (die normale Reimstruktur ist alternativ). Das Wort, das nun nicht reimt, ist *Antechrist*. Daß das »h« des römischen dem »e« des griechischen Alphabetes entspricht, ist hier vielleicht von Belang. Denn der Unterschied zwischen Antechrist und Antichrist ist in der Geheimlehre und der theologischen Tradition von tiefgreifender Bedeutung. Vielleicht wollte Nostradamus aufzeigen, daß er von dem, der »vor Christus« komme (Antechrist), schrieb, und nicht von dem, der Christus widerstehen werde (Antichrist).

PROTOTHESE. Das Hinzufügen eines Buchstabens oder einer Silbe an den Anfang eines Wortes.

REBUS. Ein Rätsel, bei dem Bilder, Buchstaben oder Sätze als Klangwerte gelesen werden. Es überrascht nicht, daß sich Nostradamus dieses Mittels bediente, denn der Rebus (obwohl ein lateinisches Wort) war im Frankreich des sechzehnten Jahrhunderts sehr populär; er wurde *style de Picardie* genannt. Vielfach vertrat man die Meinung, daß die Widmung an Heinrich II. in der Epistel einem anderen König galt als dem, der in einem goldenen Käfig starb (s. Seite 196 ff.). Dieses Argument (das wir nicht unterstützen) wird durch die Deutung der Worte »Heinrich II.« als »Henri Secundus«, auf deutsch »Glücklicher Heinrich«, gestärkt. Obwohl der Rebus im wesentlichen eine auf bildliche Darstellung gegründete Kunstform ist, setzte Nostradamus sie literarisch klug ein. So verwendete er ein heraldisches Wappen als verschlüsselten Hinweis auf einen Herrscher. Der Ausdruck »lys« kann auf einen französischen König hindeuten, da das französische Wappen die *fleur-de-lys* trägt (s. Seite 186). Der klassische französische Rebus ist *Ga*, das als »G grand, a petit« (»großes G, kleines a«) gelesen wird und »j'ai grand appetit« (»ich habe großen Appetit«) gesprochen wird. Das Wort Rebus, möglicherweise nur ein Ausdruck für eine Form der Grünen Sprache, stammt gleichzeitig selbst aus dieser fremden Sprache. Ursprünglich scheint es aus der Alchimie zu kommen und sich von *Rebis*, dem lateinischen Ablativ von »der doppelte Gegenstand«, abzuleiten. »Der doppelte Gegenstand« ist der unter zwei Aspekten (dem materiellen und dem geistigen) gesehene. Die Konstruktion soll uns daran erinnern, daß der Eingeweihte mitunter auch »der auf zwei Ebenen« genannt wird. In einigen alchimistischen Dokumenten steht *rebis* für »Ei« oder den Inhalt eines Eis, das Rot und Weiß enthält. In dieser Darstellung entspricht das Rot dem Eigelb und das Weiß dem Eiweiß. Jedes alchimistische Symbol hat sieben Ebenen, doch sind dieses Weiß und Rot Blut und Gewebe des Menschen. Buddha zufolge lebt der Mensch in einer Eierschale, auch wenn die Schale des philosophischen Alchimisten weit über jene den Körper einhüllende Aura hinausgeht. Das Rot (»rouge«) und das Weiß (»blanc«), auf das sich Nostradamus in seinen Quatrains häufig bezieht, sind je nach dem Grad der spirituellen Belesenheit des Lesers gleichzeitig alchimistische, politische und ekklesiastische Symbole. S. auch IKONOMATISCH.

SYNEKDOCHE. »Teil eines Ganzen«. Ein weniger umfassender Begriff (wie der Name einer Stadt) wird zur Darstellung eines umfassenderen Begriffs (das Land, in dem sich diese Stadt befindet) eingesetzt. Nostradamus' Quatrains sind voller Synekdochen. Ein gutes Beispiel ist »Londres« (»London«) als Statthalter für England oder die Britischen Inseln. In Quatrain VII.26 steht »Madrid« für »Spanien«, und der »Chef de Madrid« ist der spanische Admiral. »Blois« kann die Stadt desselben Namens sein, sich jedoch auch auf einen bestimmten Herrscher, der mit Blois verbunden ist (wie Henry von Guise), beziehen. »Liguriens« wurde sowohl als Bezeichnung für »die Ligurier« oder »die Genueser« eingesetzt, ist aber auch auf die Italiener insgesamt anwendbar. Ein besonders weitsichtiges Beispiel einer Synekdoche in Nostradamus' Schriften ist sein Gebrauch des Wortes »Isles« für »Britannien«, die Britischen Inseln.

SYNKOPE. Ein griechisches Wort mit der Bedeutung »abschneiden«; in der Literatur eine Abkürzung. Technisch gesehen ist eine Synkope fast austauschbar mit der Apokope, doch ist es üblich, größere Einschnitte als Synkopen und kleinere als Apokopen zu bezeichnen. So ist beispielsweise das Wort »Ast« in Quatrain II.15 eine Apokope für den Ortsnamen *Asti*, andererseits das Wort »pille« (II.83) eine Synkope für *pillard* oder *pillage* (»Zerstörung«). Die Synkope »Phi« bedeutet »Philip«. Das deutsche »Auge« könnte als Synkope des Verbs *augmenter* (»vermehren«) verstanden werden. Wie bei den Anagrammen besteht auch hier die Absicht, dem Wort zusätzlich zur Tarnung eine weitere

Bedeutung zu verleihen. »Carcas« kann für Carcassonne stehen, enthält aber auch den Gedanken an einen Leichnam (*carcasse*) und dadurch an eine Tötung. Außerdem gibt es nichtfranzösische Synkopen von Wörtern, die, um nicht sofort erkannt zu werden, zusätzlich verändert wurden. »Cron« ist eine Abkürzung für das griechische *Cronon*, das sich in Quatrain III.91 auf einen lahmen Prinzen bezieht. Ebenso wie »Cron« eine »unvollständige« Form eines Wortes ist, ist auch der Prinz gewissermaßen »unvollständig« (siehe in diesem Zusammenhang auch das Wort »boiteux« unter METONYMIE). Die bemerkenswerteste Apokope eines Satzes findet sich in der letzten Zeile von Quatrain IX.14 in der Abkürzung »Sept.« (s. Seite 190). Diese eigentümliche Apokope wird erst mit dem letzten Wort derselben Zeile vollendet.

Anhang VI

Die ptolemäische Astrologie

»Seit langem anerkennen nachdenkliche Astrologen und Historiker der Astrologie, daß ein großer Teil jener Philosophie, auf der ihre Wissenschaft basiert, eigentlich zu dem alten Wissen gehört, welches einst in den Mysterienzentren Ägyptens und Griechenlands gelehrt wurde ...«

(F. Gettings, *The Arkana Dictionary of Astrology*, 1990)

Der Ausdruck »ptolemäische Astrologie« bezieht sich auf eine komplexe Sammlung astrologischer Lehren aus babylonischen, ägyptischen und griechischen Quellen, die der Alexandriner Claudius Ptolemäus im zweiten Jahrhundert v. Chr. in seinem vierbändigen Werk *Tetrabiblos* zusammengefaßt hatte. Das ptolemäische System, welches das spätmittelalterliche Europa erreichte, war von arabischen Astrologen mit unschätzbarem Material über die prognostische Seite dieser Kunst angereichert und verfeinert worden. Viele Wissenschaftler, die sich nicht der Mühe unterzogen haben, Ptolemäus' *Tetrabiblos* zu lesen, vertreten die These, die ptolemäische Astrologie weiche nicht sehr weit von jener spätmittelalterlichen Lehre ab, die von modernen Astrologen übernommen wurde. Dies trifft nicht zu, da neben einigen von Ptolemäus aufgezeichneten Traditionen, die bis heute ihre Gültigkeit behalten haben (ganz besonders einige Begriffe, Aspekte und prägenden Eigenschaften von Planeten und Tierkreiszeichen), viele andere obsolet geworden sind. Manche ptolemäischen Traditionen, die eine astrologische Bedeutung hatten (und die die mittelalterliche Astrologie gewiß bereicherten), wurden dagegen von modernen Astrologen außer acht gelassen. Unter solchen Kostbarkeiten befinden sich die arabische Fassung der ptolemäischen Theorie über die Einflüsse der Sterne sowie die Interpretation geschichtlicher Ereignisse (Mundanastrologie) unter Zuhilfenahme der Konstellationen von Saturn, Jupiter und Mars.

Wie die meisten astrologischen Systeme war auch das ptolemäische kosmische System geozentrisch. Die Planeten dieses Modells waren in einer Abfolge von Geosphären (die nicht den tatsächlichen Sphären der Planeten entsprachen) angeordnet, die von unserer heutigen abweicht. Außerhalb der planetarischen Sphären befanden sich weitere Sphären, die vorrangig der Erklärung der täglichen und präzessionalen Bewegungen dienten. Ptolemäus führte Aristoteles' These der perfekten Kreisbewegung außerlunarer Körper weiter. Das bewirkte, daß spätere Astronomen enorme Anstrengungen unternehmen mußten, um ein auf Epizyklen basierendes, geometrisches System zu erstellen, das sich mit den beobachteten Bewegungen im Einklang befand.

Die von Nostradamus übernommene Astrologie der spätmittelalterlichen Welt war im Gegensatz zu der von Ptolemäus stark verfeinert. Im Verlauf des sechzehnten Jahrhunderts begriff man die wahre Natur der präzessionalen Verschiebungen, wodurch sich das geozentrische Modell der perfekten Kreise erübrigte, während gleichzeitig die Theorie der Epizyklen (Abb. 54) unter ihrer eigenen Komplexität nahezu zusammenbrach. Zudem herrschte ein Gefühl der Ungeduld über die Ungenauigkeit der zur Verfügung stehenden Planeten- und Sternenkarten. Auch ohne Kopernikus, der sich des alten kosmischen Modells durch die Verschiebung der zentralen Erde entledigte, wäre die mittelalterliche Astrologie zu dem Versuch gezwungen gewesen, sich von vielen aus dem ptolemäischen Modell übernommenen Traditionen zu trennen. Es ist bemerkenswert, daß Nostradamus genau zu jenem Zeitpunkt seinen Finger auf die Zukunft richtete, als das von Ptolemäus und Aristoteles erstellte Modell endgültig zusammenbrach. Immerhin war die Nova Beweis genug, daß Aristoteles' Theorie der Unversehrbarkeit des Himmels ihre Gültigkeit verloren hatte.

Anhang VII

Torné-Chavigny

»Das größte Problem bei vielen Nostradamus-Interpreten ist ihr überwältigendes Bedürfnis, ihre eigenen Theorien zu beweisen.«

(H. I. Woolf, *Nostradamus*, 1944)

Abbé Torné-Chavigny – eigentlich Torné – war einer der begeistertsten Nostradamus-Anhänger des neunzehnten Jahrhunderts. Der ehemalige Pfarrer von La Clotte in der Diözese Bordeaux änderte seinen Namen aus Respekt gegenüber Chavigny, dem ersten Schüler Nostradamus'. Seine sehr persönliche Interpretation der Prophezeiungen zeugte von seinem Verlangen nach Restauration der Monarchie und seinem unerschütterlichen Glauben an einen französischen Erlöser, den er als Heinrich V. identifizierte. Seine Schriften – unter ihnen insbesondere *l'Histoire prédite et jugée* aus dem Jahr 1860 – beunruhigten die Regierung derart, daß der erste Band beschlagnahmt wurde.

Durch eine geschickte Abänderung deutete Torné einen Quatrain als Hinweis auf diese Beschlagnahme. Wie James Laver ausführte, wurde diese Episode von späteren Interpreten weiter angereichert, die behaupteten, der Name des mit der Beschlagnahme beauftragten Beamten Bleygnie (oder Bleynie) finde sich in einem Vers, in dem Nostradamus gewisse Kritiker gewarnt habe. Das entsprechende Wort steht in einer lateinischen Zeile, die mitunter fälschlicherweise als Quatrain angesehen wird.[1] Diese Zeile, die nicht zu den eigentlichen Quatrains gehört, wurde in den frühen Ausgaben als Überschrift für die siebte Centurie abgedruckt (Abb. 55):

»Omnesque Astrologi, Blenni, Barbari procul sunto«

»Alle Astrologen, Toren und Barbaren sollten sich fernhalten«

Der lateinische Ausdruck »Blenni« (zu deutsch »Tor«) ist aufgrund eines fehlenden Zusammenhangs wohl kaum als Hinweis auf Bleynie zu deuten. Nebenbei wollen wir bemerken, daß Tornés Buch ge-

431

prüft und ihm ohne jede Einschränkung für die Drucklegung zurückgegeben wurde. Somit verlor die Parallele jegliche reale Relevanz. War der offizielle Zensor von Tornés royalistischen Interpretationen möglicherweise ebenso verwirrt wie von Nostradamus' Originalen?

Zu Torné-Chavignys verschiedenen Obsessionen gehörte die Annahme, daß sein Familienname in den Prophezeiungen erwähnt sei. Die erste Zeile von Quatrain VIII.5 lautet:

»Apparoistra temple luisant orné«

»Der Tempel wird strahlend und leuchtend erscheinen«

Torné bemächtigte sich offenbar der Techniken der Grünen Sprache, um die letzten beiden Worte als *luisan torné* zu deuten, das er als »strahlender Torné« oder »Torné, der Licht verbreitet wie eine Lampe« übersetzte (das Wort »Lampe« findet sich zu Beginn der nächsten Zeile).

Torné-Chavigny dürfte nicht bemerkt haben, daß der Quatrain in seinem Kontext astrologisch war und sich keinesfalls auf das Frankreich des neunzehnten Jahrhunderts bezog. Wenn Nostradamus über Phänomene des Himmels berichtete, bediente er sich oft des Wortes »Apparoistra« (»wird erscheinen«). Dies allein hätte für Torné bereits ein Hinweis auf die astrologische Natur des Vierzeilers sein können. Im sechzehnten Jahrhundert bezeichnete der Begriff *luisante* genauso wie in der heutigen französischen Astrologie den hellsten Stern in einer bestimmten Konstellation. In der zweiten Zeile wird die Konstellation mit dem Ausdruck »La lampe« festgelegt. Nostradamus war die Tatsache bekannt, daß die schönsten und leuchtendsten Sterne der Hyaden *Lampadas* (im Sinne von »Fackel« oder »Lampe«) genannt wurden.[2] Man bezeichnete damit das, was Allen zu Recht als »eines der schönsten Objekte am Himmel« beschrieb. Da es lediglich unser Ziel war aufzuzeigen, daß für diesen Quatrain, der Abbé Torné-Chavigny so bewegte, auch eine andere Deutung möglich ist, werden wir uns nicht näher damit beschäftigen.

Torné, der sich auch als Amateurkünstler betätigte, illustrierte einige seiner späteren Werke über Nostradamus selbst. Ein großes Bild (von dem jetzt eine farbige Version im Nostradamus-Museum in Salon hängt) zeigt Nostradamus und den Künstler selbst, der bewundernd zu ihm aufblickt. Dahinter finden sich Porträts jener historischen Persönlichkeiten, die der Meister in seinen Prophezeiungen verewigte (Abb. 30). Auf Napoleon III. folgt der Comte de Chambord, von dem Torné so gehofft hatte, er werde sich als der gerühmte Heinrich V. herausstellen. Im Licht der Geschichte der Dritten Republik (im Jahr 1870 nach der Schlacht von Sedan ausgerufen) betrachtet, war diese Deutung eine unzutreffende Verdrehung von Nostradamus' Vorhersage.

Anhang VIII

Bibliographie

»Seroit-il possible qu'un Medecin & Astrologue, qu'un faiseur d'Almanachs, & un du plus commun des Chrestiens, ait esté coisi de Dieu parmi tant milliers de se plus favoris, pour luy communiquer les grâce ... d'un Sainct Jean l'Evangeliste.«

»Sollte es möglich sein, daß ein Arzt und Astrologe, ein Verfasser von Almanachen und einer der gewöhnlichsten Christen, von Gott unter all den tausenden Begünstigten auserwählt worden ist, auf daß ihm die Gnade zuteil werde ... die eines Evangelisten wie dem heiligen Johannes würdig ist.«

(Etienne Jaubert, *Éclaircissement des veritables Quatrains de Maistre Michel Nostradamus ... Médecin ordinaire des Roys Henry II., François II. et Karl IX. grand Astrologue de son temps, & specialement pour la connoissance des choses futures.* 1656)

Die folgende alphabetische Bibliographie gibt lediglich die im vorangegangenen Text erwähnten und zitierten Quellen wieder. Die zufriedenstellendste Bibliographie betreffend Nostradamus stammt von BENAZRA (s. unten).

AGRIPPA Cornelius Agrippa, *De Occulta Philosophia*, 1534. Siehe auch NOWOTNY.

ALCABITIUS, *Preclarum Summi in Astrologia Scientia Principis Alchabitii Opus ad scrutanda Stellarum ...* Eine Beschreibung findet sich in den *Cahiers Michel Nostradamus*, Nr. 4, Juli 1986.

ALLEN R. H. Allen, *Star Names and their Meanings*, 1963, Nachdruck von *Star-Names and Their Meanings*, 1899, S. 188.

ALVIN Louis Alvin, *Catalogue raisonné de l'œuvre des trois frères, Jean, Jerome et Antoine Wierix*, 1866.

AMADOU Robert Amadou, *L'Astrologie de Nostradamus*, Dossier, 1992.

ANDERSON William Anderson, *Green Man. The Archetype of our Oneness with the Earth*, 1990.

ANONYM »J. F.«, *The Predictions of Nostradamus, Before the Year 1558*.

ANONYM, British Library Add. Mss. 34,362, *An ancient Prophecy written originally in French by Nostradamus, know (sic) done into English 6 Jan 1671*.

ANONYM, *A New Song of the French King's Fear of an Orange*, ca. 1690.

ANONYM, British Library, Mappe 3722: *New prediction said to be found at the opening of the Tomb of Michael Nostradamus, a famous prophet...* Diese zweifelhaften Weissagungen befassen sich mit dem Zeitraum zwischen 1713 und 1720.

ANONYM, British Library, Kat. Nr. 12316 e 30/5, *Nouvelles et curieuses Prédictions de Michael Nostradamus pour Sept Ans... Augmentée de l'ouverture du Tombeau de Nostradamus*. Diese Aufzeichnungen sollen sich mit dem Zeitraum zwischen 1818 und 1824 befassen, sind allerdings in Wahrheit überarbeitete Versionen von Originalquatrains der *Prophéties*.

APOLLINAIRE Guillaume Apollinaire, *Lettre à Lou*, 1915.

ARKEL Arkel und Blake, *Nostradamus. The Final Countdown*, 1993.

BALDWIN Richard Baldwin, *The Morinus System of Horoscope Interpretation*, 1974.

BARESTE Eugène Bareste, *Nostradamus*, 1840.

BARRET William Barrett & Theodore Besterman, *The Divining-Rod. An Experimental and Psychological Investigation*, 1926.

BENAZRA Robert Benazra, *Répertoire Chronologique Nostradamique (1545-1989)*, 1990.

BENNETT Geoffrey Bennett, *The Battle of Trafalgar*, 1977.

BESANT Walter Besant, *South London*, 1889.

BLACK J. Anderson Black, *Nostradamus. The Prophecies*, 1995.

BLAVATSKY H. P. Blavatsky, *Die Geheimlehre*, 1888.

BODIN Jean Bodin, *Demonomanie*, 1580.

BOLLY Mme de Bolly, in *Biographie Universelle Ancienne et Moderne*, 1857.

BOUCHEL Laurent Bouchel, *La bibliotheque ou thresor du droit françois*, 1615.

BRAHE Tycho Brahe *Astronomia Instauratae Proegymnasmata*, 1602.

BREWER Ebenezer Cobham Brewer, *Dictionary of Phase and Fable*, überarbeitete Ausgabe 1963.

BRUSCH Gaspar Brusch. S. *Engelberti abbatis Admontensis... de ortu et fine Romani imperii*, 1553.

BURLAND C. A. Burland *The Arts of the Alchemists*, 1976.

BUSQUET Raoul Busquet, *Legends, Traditions et Récits de la Provence d'Autrefois*, 1932

CAMPION Nicholas Campion, *The Work of Jean Bodin and Louis Le Roy*, in *History and Astrology. Clio and Urania confer*, herausgegeben von Annabella Kitson, 1989.

CAMPION Nicholas Campion, *Astrological Historiography in the Renaissance*, in *History and Astrology. Clio and Urania confer*, herausgegeben von Annabella Kitson, 1989.

CANNON Dolores Cannon, *Chronological List of Events Predicted by Nostradamus, Based on his Communications through Dolores Cannon's Hypnosis Subjects, between 1986 and 1989.*

CARDAN, *Ephemerides Recognitae et ad Unguem Castigatae per Lucam Gauricum...* 1533.

CARDAN, *Hieronymis Cardani in CL. Ptolemei de Astrorum iudiciis...,* 1578.

CHAVIGNY Jean-Aimé de Chavigny, *La Premiére Face du Ianus François...* Lateinischer Titel *Jani Gallici Facies Prior...,* 1594.

CHAVIGNY Jean-Aimé de Chavigny, *Les Pléiades du S. de Chavigny Beau-Nois*, 1603.

CHEETHAM Erika Cheetham, *The Prophecies of Nostradamus*, 1973.

CHODKIEWICZ K. Chodkiewicz, *Oracles of Nostradamus*, 1965.

CHOMARAT Michael Chomarat, *Cahiers Michel Nostradamus*, verschiedene Jahre. Siehe NOSTRADAMUS 1566 unten.

CHOMARAT Michael Chomarat, *Supplement à la Bibliographie Lyonnaise des Nostradamus suive d'un inventiare des estapes relative à la famille Nostradamus*, 1976.

CHOMARAT Michael Chomarat, *Bibliographie Nostradamus XVIe-XVIIe-XVIIIe siècles*, 1989.

CLÉBERT Jean-Paul Clébert, *Nostradamus*, 1993.

COLINES Simon de Colines, *Les canons & documens tresamples, touchant luisaige & practique des communs Almanachz, que l'on nomme Ephemerides*, 1543.

COLLIN Rodney Collin, *The Theory of Celestial Influence*, hg. 1971.

COLONNA Francesco Colonna, *Hypnerotomachia Poliphili*, 1499.

COUILLARD Antoine Couillard, *Les Prophéties du Seigneur du Pavillon…* 1556

DAVIDSON Norman Davidson, *Astronomy and the Imagination*, 1985.

D. D., *The Prophecies of Nostradamus concerning… the Kings and Queens of Great Britain…* 1715.

D'HERBOIS Collot d'Herbois, *Le Nouveau Nostradamus, ou les Fêtes Provençales…*, 1777.

DINZINGER, Ludwig Dinzinger, *Nostradamus. Die Ordnung der Zeit*, 2 Bde., 1991-1992.

DOUGLAS David Douglas, *De Naturae Mirabilibus …*, 1524.

DUPÈBE Jean Dupèbe, *Nostradamus. Lettres Inédites*, 1983.

EDEN Rycharde Eden, *Decades of the newe world or west India*, 1555.

EPHEMERIS *Die deutsche Ephemeride* (verschiedene Jahre).

FABRICUS Johannes Fabricus *Alchemy. The Mediaeval Alchemists and their Royal Art*, 1989.

FAIRBAIRN, *The Imperial Bible-Dictionary*, 1887.

FEILING Keith Feiling, *A History of England. From the Coming of The English to 1918*, hg. 1970.

FINÉ Oronce Finé, *Orontii Finei Delphinatis… De Mundi Sphaera sive Cosmographia…* 1542.

FONTBRUNE Jean-Charles de Fontbrune, *Nostradamus, Historiker und Prophet. Seine Voraussagen von 1555 bis zum Jahre 2000*, 1991.

FRANCIS David Pitt Francis, *Nostradamus. Prophecies of Present Times?*, 1984.

FRANÇOIS Hercules le François, *La Première Invective du Seigneur Hercules le François, contre Monstradamus*, 1558, s. Faksimile-Nachdruck in *Cahiers Michel Nostradamus*, Nr. 5-6, 1987-1988.

FULCANELLI, *Le Mystère des Cathédrals*, 1971.

FULKE William Fulke, *Antiprognosticon*, 1560.

GADBURY John Gadbury, *Cardines Coeli*, 1686.

GARCAEUS J. Garcaeus, *Johannis Garcaei, Astrologiae Methodus…* 1576.

GARCAEUS J. Garcaeus, *Tractatus brevis… de erigendis figuris coeli*, 1556.

GARCAEUS J. Garcaeus, *Astrologiae methodus in qua secondum doctrinam Ptolemaei genituras qualescunque iudicandi ratio traditur*, 1576.

GARENCIÈRES Theophilius Garencières, *The True Prophecies or Prognostications of Michael Nostradamus*, 1672.

GARENCIÈRES Theophilius Garencières, *A Mite cast unto the Treasury of the Famous city of London, being a Brief… Discourse of the… Preservation from the Plague in this calamitous year 1665…*, 1665.

GAURICUS, *Ephemerides Recognitae et ad Unguem Castigatae per Lucam Gauricum…* 1533.

GETTINGS F. Gettings, *The Secret Zodiac. The Hidden Art in Mediaeval Astrology*, 1987.

GETTINGS F. Gettings, *Arcain Dictionary of Astrology*, revidierte Fassung 1990.

GIMON Louis Gimon, *Chroniques de la ville de Salon, depuis son origine jusqu'en 1792…* 1882.

GOULD R. F. Gould, *The History of Freemasonry*, ca. 1885.

GRAHAM Gerald S. Graham, *A Concise History of the British Empire*, 1970.

GREEN Jeff Green, *Pluto, the evolutionary journey of the soul*. In *Astrology*, Band 37 Nr. 2, 1963.

GRUENPECK Joseph Gruenpeck, *De pestilentiali scorra, sive Mala de Franzos originem*, 1496.

GUIDO John Guido, *Ioannis Guidionis Villariensis medici Parisini de temporis astrorum...* 1543.

GURDJIEFF Gurdjieff, *All and Everything*, 1958.

GUYNAUD M. Guynaud, *La Concordance des Prophéties de Nostradamus avec l'histoire, depuis Henry II. Jusqu'à Louis le Grand...* 1712.

GUYTON L. M. Guyton, *Recherches historiques sur les médecins et la médecine à Autun*, 1874.

HAGGARD Howard W. Haggard, *Devils, Drugs, and Doctors*, 1929.

HATZFELD Hatzfeld und Darmesteter, *Dictionnaire General de la Langue Française*, 1888.

HAYDN Joseph Haydn, *Haydn's Dictionary of Dates and Universal Information...* 1910, 25. Ausgabe, Herausgeber B. Vincent.

HAYWOOD H. L. Haywood, *Famous Masons and Masonic Presidents*, hg. 1968

HELLER Joachim Heller, *Ein Erschrecklich und Wunderbarlich zeychen...* 1554.

HEWITT Valerie Hewitt, *Die unglaublichen Weissagungen des Nostradamus zur Jahrtausendwende*, 1992.

HIEROZ J. Hieroz, *L'Astrologie selon Morin de Villefranche*, 1959.

HIPPOLYTUS, *Philosophumena*, 1851.

HIPPOLYTUS, *De Antichristo*.

HOBSON B. Hobson und R. Obojski, *Illustrated Encyclopedia of World Coins*, 2. Ausgabe, 1984.

HOGUE John Hogue, *Nostradamus and the Millennium*, 1987.

HOMER, *Odyssee*.

HOMER, *Ilias*.

HORAZ, *Carmen*.

HORNE Alistair Horne, *The Fall of Paris. The Siege and the Commune 1870-71*, 1967.

HOWE Ellic Howe, *Urania's Children*, 1967.

HOWE Ellic Howe, *Nostradamus and the Nazis. A Footnote to the History of The Third Reich* ...

HUTIN Serge Hutin, *Les Prophéties de Nostradamus; presentée et interprétés* ... 1966.

JANT Le Chevalier de Jant, *Prédictions tire'es des Centuries de Nostradamus. Qui vray semblement ce peuvent appliquer au temps present, & à la guerre entre la France & l'Angleterre contre les Provinces unies.* 1673.

JAUBERT Etienne Jaubert, *Eclaircissement des veritables Quatrains* ... 1656.

JUNG C. G. Jung. *Ein Moderner Mythus* ... 1958.

KING Francis X. King, *Nostradamus Prophecies Fulfilled and Predictions for the Millennium and Beyond*, 1995.

KRITZINGER H. H. Kritzinger, *Mysterien von Sonne und Seele*, 1922.

LAING David Laing, *The Works of John Knox*. 1864.

LAVER James Laver, *Nostradamus, or the Future Foretold*, 1942.

LAZIUS Wolfgang Lazius, *Fragmentum vaticinii cuiusdam Methodii* ... 1547.

LÉCUREUX Bernadette Lécureux, *Nostradamus. Lettres Inédites. Édition Complémentaire.* In Adamou, *L'Astrologie de Nostradamus*, 1992.

LENOBLE Yves Lenoble, *Les Éphémérides de Nostradamus*, 1992. Siehe AMADOU, S. 301 ff.

LEO Alan Leo, *Notable Nativities,* ca. 1910.

LEROY Edgar Leroy. *Nostradamus. Ses Origines. Sa Vie. Son œuvre.* 1972.

LEWIS Nigel Lewis, *The Book of Babel: Words and the Way We See Things*, 1994.

LIBERATI François Liberati, *Sur la fin de l'Empire Romain & Turc.*, zitiert in CHAVIGNY, s. oben.

LICHTENBERGER Johann Lichtenberger, *Prognosticatio*, 1488.

LOISELEUR J. Loiseleur, *Ravaillac et ses complices*, 1873.

LOOG C. Loog, *Die Weissagungen des Nostradamus*, 1922.

LORIE Peter Lorie, *Nostradamus. The Millennium & Beyond*, 1993 (astrolog. Beratung Liz Green).

MCLEAN Adam McLean, *The Magical Calendar*, 1980.

MACODY Robert Macody, *A Dictionary of Freemasonry*, ca. 1890.

MAIER Michael Maier *Arcana Arcanissima hoc est Hieroglyphica Aegyptio-Graeca…* 1614.

MALACHAI, *Malachiae de Pontificibus Romanis usque ad finem Mundi Prophetiae*, 1670.

MARSTALLERUS Gervasius Marstallerus, *Artis Divinatricis quam astrologiam seu iudicariam vocant encomia et patrocinia*, 1549.

MEAD G. S. Mead, *Thrice-Greatest Hermes: Studies in Hellenistic Theosophy and Gnosis*, 1906.

MILLER John Miller, *The Life and Times of William and Mary*, 1974.

MONTEREY Jean Monterey, *Nostradamus Prophéte du Vingtième Siècle*, 1963.

MONTGAILLARD De Montgaillard, *Histoire de France*, 1793.

MOORE Edward Moore, *Studies in Dante*. Dritte Serie, 1903.

MORIN Morin de Villefranche, *Astrologiae Gallicae*, 1661.

MORTILLET Gabriel de Mortillet, *Dictionnaire des Sciences anthropologiques*, 1876.

MURAISE Eric Muraise, *Saint-Rémy de Provence et les Secrets de Nostradamus*, 1969.

NICOULLAUD Charles Nicoullaud, *Nostradamus, ses prophéties*, 1914.

NOSTRADAME César de Nostradame, *Histoire et chronique de Provence*, 1614.

NOSTRADAME Jehan Nostradame, *Les Vies des Plus Célèbres et Anciens Poètes Provensaux…* 1575.

NOSTRADAMUS, *Orus Apollo fils de Osiris Roy de Aegipte Niliacque des Notes Hieroglyphiques…* ca. 1545. Siehe auch ROLLET unten.

NOSTRADAMUS, *Les Vrayes Centuries et Prophéties de Maistre Michel Nostradamus Oú se void representé tout ce qui s'est passé, tant en France, Espagne, Italie, Alemagne, Angleterre, qu'autres parties du monde*, (Pierre Leffen) 1650.

NOSTRADAMUS Michel Nostradamus, *Excellent & moult utile Opuscule à touts nécessaires, qui désirent avoir cocnoissance de plusieur exquies Receptes... Fardemens & Senteurs... de faire confitures*, 1556.

NOSTRADAMUS, *Les Prophéties de M. Michel Nostradamus Dont il en y a trois cents qui n'ont encores iamais esté imprimées*, (Antoine du Rosne) 1557.

NOSTRADAMUS, *Almanach pour l'an M.D.LXVI. avec ses amples significations & explications, composé par Maistre Michel de Nostradame...* 1566 Faksimile in Michel Chomarat *Cahiers Michel Nostradamus* Nr. 5-6, 1987-88.

NOSTRADAMUS, *Les Vrayes Centuries et Prophéties de Maistre Michel Nostradamus*, 1668.

NOSTRADAMUS, *Paraphrase de C. Galen, sus L'exortation de Menodote...* 1557.

NOWOTNY K. A. Nowotny, *De Occulta Philosophia*, 1967.

O'Malley C. D. O'Malley, *Michael Servetus*, 1953.

ONIONS C. T. Onions, *The Oxford Dictionary of English Etymology*, hg. 1966.

OVID, *Metamorphosen*

OVID, *Heroides*.

PARACELSUS, *The Hermetic and Alchemical Writings... Of Paracelsus the Great*, Band II, 1894, herausgegeben von A. E. Waite.

PARACELSUS, *De Origine morborum Invisibilium*, erstmals veröffentlicht um 1530.

PARACELSUS, *Prognosticatio eximii doctoris Theophrasti Paracelsi...*, erstmals veröffentlicht um 1536.

PARACELSUS, *Die Geheimnisse*, 1990.

PARKER Derek Parker, *Familiar to All. William Lilly and Astrology in the Seventeenth Century*, 1975.

PATRIAN, *Carlo Patrian*, Nostradamus – Die Prophezeiungen, 1982.

PELLETIER Anatole le Pelletier, *Les Oracles de Michel de Nostre-dame*, 1867.

PERANZONUS Peranzonus, *Vaticanium de vera futuri diluvii ...* 1523.

PHILALETHES Eirenaeus Philalethes, *Marrow of Alchemy*, 1650.

PIOBB P. V. Piobb, *Le secret de Nostradamus*, 1927.

PIOBB P. V. Piobb, *Le Sort de l'Europe,* 1939.

PLAYFAIR G. L. Playfair und S. Hill, *The Cycles of Heaven. Cosmic Forces and What They are Doing to You*, 1978.

PSELLUS *Chronographia*, hg. v. E. Renauld, 1926-1928.

PTOLEMÄUS *Tetrabiblos.*

RABELAIS François Rabelais, *Les horribles et espoventables faictz et prouesses du très renommé Pantagruel...*, 1532.

RABELAIS François Rabelais, *La vie inestimable du grand Gargantua, père de Pantagruel*, 1534.

RAHNER Hugo Rahner, *The Christian Mystery and the Pagan Myste-ries*, in *The Mysteries, Papers from the Eranos Yearbooks*, 1971, S. 398.

RAPHAEL *Raphael's Astronomical Ephemeris of the Planets' Places for* 1927.

REEVES Majorie Reeves, *The Influence of Prophecy in the Later Middle Ages*, 1969.

REGIOMONTANUS *Johannis de mont regio... Ephemerides (pro anno 1498-1506).*

RICE Eugene F. Rice, *The Foundations of Early Modern Europe 1460-1559*, 1970.

ROBB Stewart Robb, *Nostradamus on Napoleon*, 1961.

ROBBINS R. H. Robbins, *The Encyclopaedia of Witchcraft and Demo-nology*, 1959.

ROBBINS F. E. Robbins, *Ptolemy. Tetrabiblos*, überarbeitet und über-setzt von F. E. Robbins, 1964.

ROBERTS Henry C. Roberts, *The Complete Prophecies of Nostrada-mus*. Verschiedene Ausgaben. Früheste herangezogene Ausgabe aus dem Jahr 1947.

ROBSON Vivian Robson, *Fixed Stars and Constellations in Astrology*, 1923.

ROCHETAILLÉE P. Rochetaillée, *Prophéties de Nostradamus. Clef des Centuries. Son application à l'histoire de la 3e République*, 1939.

ROLA Stanislas Klossowski de Rola, *The Golden Game: Alchemical Engravings of the Seventeenth Century*, 1988.

ROLLET Pierre Rollet, *Nostradamus Interpretation des Hieroglyphes de Horapollo. Texte inédit établi et commenté par Pierre Rollet*, 1968.

RONSARD Pierre Ronsard, *Les Poemes de P. de Ronsard...* 1560.

ROUSSAT Richard Roussat, *Le Livre de l'estat et mutations des temps*, 1550.

RUIR Emile Ruir, *Le Grand Carnage d'après les prophéties de »Nostradamus« de 1938 à 1947*, 1938.

SADOUL Jacques Sadoul, *Le Tresor des Alchimistes*, 1970.

SIBLY Ebenezer Sibly, *The Science of Astrology, or Complete Illustrations of the Occult Sciences*, 1790.

SMOLLETT Tobias Smollett, *A Complete History of England*, 1759.

SPENSER Edmund Spenser, *Shepheards Calendar* 1579 etc.

SPORE Palle Spore, *Les Noms Géographiques dans Nostradamus*, 1988. Erscheint bei Amadou, 1992, S. 457 ff.

STADIUS Johann Stadius, *Ephemerides novae et exactae... ab anno 1554 ad annum 1570*, 1556.

STORY Ronald Story, *The Space Gods Revealed*, 1976.

SUMMERS Montague Summers, *The Geography of Witchcraft*, hg. 1958

SWIFT Jonathan Swift, *Gullivers Reisen*.

TAYLOR René Taylor, *Architecture and Magic*, in *Essays in the History of Architecture Presented to Rudolf Wittkower*, hg. v. D. Fraser, H. Hibbard und M. J. Lewine, Ausgabe 1969, S. 86.

THORNDIKE. Lynn Thorndike, *A History of Magic and Experimental Science*, 1941.

TORNÉ-CHAVIGNY H. Torné-Chavigny, *L'Histoire predite et jugee par Nostradamus*, 1860-62.

TORNÉ-CHAVIGNY H. Torné-Chavigny, *Influence de Nostradamus dans le Gouvernement de la France*, 1875.

TRITHEMIUS Trithemius von Sponheim, *De Septem Secundadeis*, 1522.

TRITHEMIUS Trithemius von Sponheim, *Von den Siben Geisstern oder Engeln...*, 1534.

TUCKERMAN Tuckerman, *Planetary, Lunar and Solar Positions*, Band III, Neuauflage 1973.

TURREL Pierre Turrel, *Le Période, c'est-à-dire la fin du monde...*, 1531.

VALERIANO Pierio Valeriano, *Hieroglyphica*, 1556.

VALLEMONT P. de Le Lorrain de Vallemont, *La Physique Occulte*, 1693.

VIDEL Laurent Videl, *Declaration des Abus Ignorances et Seditions de Michel Nostradamus*, 1558.

VIOTTI Andrea Viotti, *Garibaldi. The Revolutionary and his Men*, 1979, S. 111.

WAITE A. E. Waite, *The book of Ceremonial Magic*, 1911.

WARD Charles A. Ward, *Oracles of Nostradamus*, 1891, S. 28.

WEDEL T. O. Wedel, *The Mediaeval Attitude Towards Astrology, particularly in England*, Neuauflage 1969.

WILSON James Wilson, *A Complete Dictionary of Astrology*, 1880.

WIND Edgar Wind, *Pagan Mysteries in the Renaissance*, 1958.

WÖLLNER Christian Wöllner, *Das Mysterium des Nostradamus*, (1926) s. AMADOU, oben.

WOOLF H. I. Woolf, *Nostradamus*, 1944.

YEATS W. B. Yeats, »Magic«. In *W. B. Yeats. Selected Criticism*, hg. v. A. N. Jeffares, 1970.

ZOSIMUS s. BURLAND, oben.

ZWEIG, Stefan Zweig, *Marie Antoinette*.

Endnoten

Vorwort

1 In Quatrain X.66 bezeichnet Nostradamus Amerika als »l'Americh«. In der Mitte des sechzehnten Jahrhunderts nannte man Amerika allgemein noch immer »Westindien«. 1555 verwendete der Engländer Rycharde Eden in dem Buch *Decades of the newe world or west India* noch den Namen »Armenica«.

2 Apollinaire, *Lettre à Lou*, 1915.

3 P. Rochetaillée, *Prophéties de Nostradamus. Clef des Centuries. Son application à l'histoire de la 3e République*, 1939.

4 François Rabelais, *Les horribles et espoventables faictz et prouesses du très renommé Pantagruel...*, 1532.

5 Die bei weitem beste bibliographische Studie über Nostradamus stammt von Robert Benazra, *Répertoire Chronologique Nostradamique* (1545-1989), 1990.

Einführung

1 James Laver, *Nostradamus, or the Future Foretold*, 1942.

2 Charles A. Ward, *Oracles of Nostradamus*, 1891, S. 28.

3 Henry C. Roberts, *The Complete Prophecies of Nostradamus*, 1947.

4 Erika Cheetham, *The Prophecies of Nostradamus*, hg. 1974.

5 Anderson Black, *Nostradamus. The Prophecies*, 1995, S. 251. Cheetham zitiert die Anfangszeile von Quatrain V.8 folgendermaßen:
>»Sera laisse le feu mort vif cache«.

Die Adyar-Version von Nostradamus lautet:
>»Sera laisse feu vif, & mort cache«.

Die Ausgabe aus dem Jahr 1557 beginnt folgendermaßen:
>»Sera laisse le feu vif mort cache«.

6 Jean Monterey, *Nostradamus Prophéte du Vingtième Siècle*, 1963, S. 181.

7 Jean-Charles de Fontbrune, *Nostradamus, Historiker und Prophet. Seine Voraussagen von 1555 bis zum Jahre 2000*, 1991.

8 David Pitt Francis, *Nostradamus. Prophecies of Present Times?*, 1984.

9 Robert Benazra, *Répertoire Chronologique Nostradamique* (1545-1989), 1990.

10 D. D. *The Prophecies of Nostradamus...* 1715, S. 64.

11 Etienne Jaubert, *Eclaircissement des veritables Quatrains...* 1656. Bez. Cheramongora s. S. 91.

12 Anonym *Nouvelles et curieuses Prédictions de Michael Nostradamus pour Sept Ans Depuis l'année 1818... Augmentée de l'ouverture du Tombeau de Nostradamus.*

447

13 *Chronological List of Events Predicted by Nostradamus, Based on his Communications through Dolores Cannon's Hypnosis Subjects, between 1986 and 1989.*

14 D. D. *The Prophecies of Nostradamus...* 1715.

15 Die Erwartung der Restauration der Bourbonen wird in den phantasievollen Schriften von H. Torné-Chavigny, *L'Histoire predite et jugee par Nostradamus*, 1860 ff., dargelegt. Für weitere Ausführungen über die »Dritte Republik« s. P. Rochetaillée, *Prophéties de Nostradamus. Clef des Centuries. Son application à l'histoire de la 3e République*, 1939.

16 James Laver, *Nostradamus, or the Future Foretold*, hg. 1952.

Kapitel 1

1 Edgar Leroy. *Nostradamus. Ses Origines. Sa Vie. Son Œuvre.* 1972. S. auch *Memoires de l'Institut Historique de Provence art. Origines de Nostradamus*, XVIII, 1941.

2 Jehan Nostradame, *Les Vies des Plus Célèbres et Anciens Poètes Provensaux...* 1575.

3 César de Nostradame, *Histoire et chronique de Provence*, 1614.

4 Jean-Aimé de Chavigny, *La Premiére Face du Ianus François...* Lateinischer Titel *Jani Gallici Facies Prior...* 1594.

5 Jean-Paul Clébert, *Nostradamus*, 1993.

6 Die Quatrains lauten in numerischer Reihenfolge: IV.27, V.9, V.57, VIII.34, VIII.46, IX.85 und X.29.

7 Die in IV.27 genannte Pyramide nahe von Saint-Rémy (»où est debout encor la piramide«) ist zwar keine echte Pyramide, trägt diesen Namen jedoch noch heute. Die Ziegenhöhlen (»caverne caprine«) in X.29 beziehen sich gewiß auf die ausgedehnten Höhlen in der Felswand nahe der Pyramide, die teilweise natürlichen Ursprungs sind und teilweise in die Wand gegraben wurden.

8 César, s. oben.

9 Michel Nostradamus, *Excellent & moult utile Opuscule à touts nécessaires, qui désirent avoir cocnoissance de plusieur exquies Receptes... Fardemens & Senteurs... de faire confitures*, 1555, VIII n. Chr.

10 Raoul Busquet, *Legends, Traditions et Récits de la Provence d'Autrefois*, 1932.

11 Siehe beispielsweise Anhang III von *The Hermetic and Alchemical Writings... Of Paracelsus the Great*, Band II, 1894, herausgegeben von A. E. Waite.

12 Jacques Sadoul, *Le Tresor des Alchimistes*, 1970. *Azoth, ou le Moyen de Fair l'Or caché des Philosophes.*

13 Theophilius Garencières, *A Mite cast unto the Treasury of the Famous city of London, being a Brief... Discourse of the... Preservation from the Plague in this calamitous year 1665...*, 1665.

14 Nostradamus, *Paraphrase de C. Galen, sus L'exortation de Menodote...*, 1557.

15 Siehe Anm. 9.

16 Siehe den modernen Nachdruck (angeblich auf Grundlage eines autographischen Manuskriptes), von Pierre Rollet (Hg.), *Nostradamus Interpretation des Hieroglyphes de Horapollo*, 1993.

17 P. V. Piobb, *Le Sort de l'Europe,* 1939.

18 Die Bibel, 1. Buch der Könige, 7.13 xiii ff.

19 H. P. Blavatsky, *Die Geheimlehre*, 1888.

20 Siehe Stanislas Klossowski de Rola, *The Golden Game: Alchemical Engravings of the Seventeenth Century*, 1988, S. 114.

21 Richard Roussat, *Le Livre de l'estat et mutations des temps*. Für einen kurzen Überblick s. Robert Benazra, *Les Prophéties. Lyons, 1557,* 1993.

22 Der Überlieferung nach sollen diese eigenartigen neuen Inseln über Nacht aus dem Meer emporwachsen, doch Zeugenaussagen belegen anderes. Der Kapitän eines sizilianischen Schiffes berichtete, auf seiner Überfahrt zwischen Sizilien und Tunesien um den 10. Juli 1831 eine Wasserfontäne von zwanzig Metern Höhe und etwa achthundert Metern Umfang gesehen zu haben, auf die ein Dampfstoß von sechshundert Metern Höhe folgte. Als der Kapitän achtzehn Tage später an dieselbe Stelle zurückkehrte, fand er eine kleine Insel von vier Metern Höhe vor. In der Mitte dieser Insel lag ein Krater, aus dem dichtes vulkanisches Material aufstieg. Am Ende des Monats war die Insel auf eine Höhe von dreißig Metern angewachsen und wies einen Umfang von etwa einem Kilometer auf. Erst nahezu drei Monate später verringerten sich die Wellen wieder auf ihre übliche Seehöhe. Mehr als zwanzig Jahre danach gab es an der Stelle, wo der Berg gewesen war, noch immer eine Untiefe. Es ist möglich, daß Nostradamus diesen speziellen neuen Berg vorhergesehen hat; doch es gibt mehrere seismische Störungen im Mittelmeer, die ihn faszinierten, wie Quatrain X.49 enthüllt.

23 Jean Dupèbe, *Nostradamus. Lettres Inédites*, 1983. Die Briefe, bei denen es sich um Kopien der zweiten Hälfte des sechzehnten Jahrhunderts handelt, enthalten astrologische Diagramme und Horoskope, die Dupèbe nicht in sein Werk einschloß. Diese Lücken wurden von Bernadette Lecureux mit mittelmäßigen Faksimiles und Spekula, den jeweiligen modernen »Übersetzungen« in Diagrammform, sowie der französischen Übersetzung des lateinischen Textes von Robert Amadou, *L'Astrologie de Nostradamus*, 1789, aufgefüllt. Wir verwendeten die Ausgabe von 1992, da diese die einzige war, die uns zur Verfügung stand. Mit Bedauern müssen wir feststellen, daß die französische Übersetzung hauptsächlich aufgrund von mißverstandenen astrologischen Begriffen unzählige Fehler enthält.

24 Brief I, S. 63 von Amadou.

25 Der entsprechende Stich zeigt das dritte Alter der Menschheit von Wierix. S. Louis Alvin, *Catalogue raisonné de l'œuvre des trois frères, Jean, Jerome et Antoine Wierix*, 1866. Leroy befaßt sich mit diesem Thema auf S. 80 ff.

26 Nur ein Exemplar ist uns bekannt. Dieses befindet sich in der British Library. Glücklicherweise wurde dieses seltene Werk als Faksimile von Michael Chomarat offenbar anhand seiner eigenen Kopie in *Cahiers Michel Nostradamus*, Nr. 5-6, 1987-88, neu herausgebracht.

27 Verschiedene Versionen der »posthumen« Prophezeiungen sind uns erhalten geblieben. Als Beispiel einer unveröffentlichten Manuskriptversion verweise ich auf die »Übersetzung« in der British Library, Mappe 3722: *New prediction said to be found at the opening of the Tomb of Michael Nostradamus, a famous prophet…* Diese zweifelhaften Weissagungen befassen sich mit dem Zeitraum zwischen 1713 und 1720. Unter diesen »posthum« veröffentlichten Schriften befindet sich *Nouvelles et curieuses Prédictions de Michael Nostradamus pour Sept Ans Depuis l'annee 1818… Augmentée de l'ouverture du Tombeau de Nostradamus*. Diese Prophezeiungen umfassen angeblich den Zeitraum zwischen 1818 und 1824, sind allerdings in Wahrheit Versionen von Originalquatrains der *Prophéties*. (British Library Kat. Nr. 12316 e 30/5).

28 Laurent Videl, *Declaration des Abus Ignorances et Seditions de Michel Nostradamus...*, 1558.

29 Für eine bibliographische Anmerkung über diese drei Pamphlete und eine Erwähnung des anagrammatischen Werkes *Monstre d'Abus* s. Benazra, 1990, S. 31 ff.

30 Siehe Palle Spore, *Les Noms Géographiques dans Nostradamus*, 1988. Erscheint bei Amadou, 1992, S. 457 ff.

31 Eugene F. Rice, *The Foundations of Early Modern Europe 1460-1559*, 1970, S. 25. Rice, dessen Buch das Lutherzitat entstammt, behauptet, daß diejenigen, die vor 1560 Kopernikus' Ansichten akzeptierten, an den Fingern einer Hand abzuzählen gewesen seien.

32 Z. B. Garcaeus, *Astrologiae Methodus...*, 1576. Uns liegen vier alternative Aszendenten von Gauricus, Stadius, einem gewissen Spanier und einer »religiösen« Persönlichkeit vor. Garcaeus selbst behauptet, Philips Aszendent sei der Skorpion gewesen.

33 Etienne Jaubert, *Eclaircissement des veritables Quatrains...* Siehe Anm. 11 der Einführung.

34 John Guido, *Ioannis Guidionis Villariensis medici Parisini de temporis astrorum...*, 1543

35 Garcaeus, *Tractatus brevis... de erigendis figuris coeli*, kommentiert von Lynn Thorndike, Band VI, S. 102 ff.

36 Das Buch ist als »Ex ib M. Nostradamis Et Amico Emptus... 1560« (Reserve 319834) eingetragen, der Titel lautet *Preclarum Summi in Astrologia Scientia Principis Alchabitii Opus ad scrutanda Stellarum...* Es wurde um 1985 von Guy Parguez entdeckt. Eine Zusammenfassung findet sich in *Cahiers Michel Nostradamus*, Nr. 4, Juli 1986. Für den Chaucer-Hinweis s. T. O. Wedel, *The Mediaeval Attitude Towards Astrology, particularly in England*, 1920. Wir stützten uns auf die Neuauflage von 1969.

37 Jean-Aimé de Chavigny, *Les Pléiades du S. de Chavigny Beau-Nois*, 1603. Uns lag die Ausgabe von 1609 vor.

38 François Liberati, *Sur la fin de l'Empire Romain & Turc.*, zitiert in CHAVIGNY, s. oben.

39 Die Literatur zu den Zyklen des japanischen Forschers Takata, die sich mit dem Gerinnungsindex des Blutes befassen, und den von dem Anthroposophen Kolisko in den Morphochromatogrammen gemessenen Okkultationszyklen ist beträchtlich, wobei die genannten Beispiele nur zwei Serien von vielen sind, die im zwanzigsten Jahrhundert beobachtet und untersucht wurden. Für eine kurze Zusammenfassung und Bibliographie s. Gettings (Bibliographie) unter »Takata-Effekt« und »Kolisko-Effekt«. Für eine weiterreichende Grundlagenstudie der kosmischen Zyklen s. Rodney Collin, *The Theory of Celestial Influence*, hg. 1971. S. auch G. L. Playfair und S. Hill, *The Cycles of Heaven. Cosmic Forces and What They are Doing to You*, 1978.

40 Trithemius; s. Seite 114 ff., unten. Die Angaben stammen aus *De Septem Secundadeis*, 1522.

41 *Prognosticatio eximii doctoris Theophrasti Paracelsi...*, verfaßt um 1536.

42 Majorie Reeves, *The Influence of Prophecy in the Later Middle Ages*, 1969.

43 Für die Hilten-Prophezeiung über den Niedergang des Papsttums nach 1516 s. Thorndike, Band 5, S. 375.

44 Die Prophezeiung findet sich in dem lateinischen Gedicht *Hodoeporicon Bavari-*

cum und wurde (unserer Ansicht nach fälschlicherweise) dem Astrologen Regiomontanus zugeschrieben. Wir verwendeten die Version von Thorndike, *History of Magic and Experimental Science,* »The Aftermath of Regiomontanus«, Band V, S. 373. Obwohl Regiomontanus Deutscher war, verfaßte er doch in lateinischer und griechischer Sprache qualitativ bessere Verse.

45 Unglücklicherweise sind uns Turrels Schriften *Le Période, c'est-à-dire la fin du monde...* nur in Guytons Werk *Recherches historiques,* 1874, S. 70-74, überliefert, obwohl Thorndike die astrologischen Daten reproduzierte (bereits oben zitiert, Band V, S. 310 ff.). Da es bei Thorndikes genauer Arbeitsweise unwahrscheinlich ist, daß die ziemlich offensichtlichen astrologischen Fehler im Text von ihr stammen, nehmen wir an, daß sie auf Guyton oder seine Quelle zurückzuführen sind.

46 M. Nostradamus, *Almanach pour l'an M.D.LXVII.* Für den Neudruck s. *Cahiers Michel Nostradamus* (hg. v. Michel Chomarat), Nr. 5-6, 1987-88.

47 Z.B. was Simon de Colines in *Les canons & documens tresamples, touchant luisaige & practique des communs Almanachz, que l'on nomme Ephemerides* (1543, S. 32) als »Rigles particulieres« bezeichnet. Tatsächlich befassen sich sämtliche Standardwerke dieser Periode mit Trigonen, so etwa die Texte von Gauricus und Garcaeus aus dem sechzehnten Jahrhundert (s. Bibliographie).

48 Oronce Finé, *Orontii Finei Delphinatis... De Mundi Sphaera sive Cosmographia...,* 1542.

49 Garcaeus, *Astrologiae Methodus...,* 1576.

50 Gervasius Marstallerus, *Artis Divinatricis quam astrologiam seu iudicariam vocant encomia et patrocinia.*

51 Garcaeus, *Tractatus brevis... de erigendis figuris coeli,* 1556. Wie Thorndike stand uns die Ausgabe aus dem Jahr 1573 zur Verfügung.

52 Garcaeus, *Astrologiae methodus...,* 1576. Ein nützlicher Anhang von Thorndike (op. cit., Band VI, Anhang 4, S. 595) liefert Namen und Daten der 113 berühmteren (nach heutiger Sicht) Persönlichkeiten.

53 Nostradamus *Orus Apollo fils de Osiris... Notes Hieroglyphiques* (Mss. B. Nr. 2594); s. Anm. 16, Kapitel 1.

54 S. Stanislas Klossowski de Rola, *The Golden Game: Alchemical Engravings of the Seventeenth Century,* 1988.

55 David Douglas, *De Naturae Mirabilibus,* 1524.

56 C. G. Jung, *Ein Moderner Mythus,* 1958.

57 Joachim Heller, *Ein Erschrecklich und Wunderbarlich zeychen...* 1554. Das Werk wurde von Michael Chomarat (mit Jean-Paul Laroche) in *Bibliographie Nostradamus XVIe-XVIIe-XVIIIe siècles,* 1989, S. 12, reproduziert.

58 Wir sprachen mit Studenten über seine philosophische Theorie, die nicht glauben konnten, was wir ihnen über seine Beziehung zur Hexerei sagten. Dies nehmen wir als Beweis für die Gefahren, in die uns moderne akademische Spezialisierungen gebracht haben. Jedem, der seine kurze Lebensgeschichte in einer modernen Aufzeichnung liest (wie etwa von Nicholas Campion oder Rossell Hope Robbins), würde verziehen werden, wenn er glaubte, es handle sich um zwei verschiedene Personen. S. Nicholas Campion, *The Work of Jean Bodin and Louis Le Roy,* in *History and Astrology. Clio and Urania confer,* herausgegeben von Annabella Kitson, 1989, und R. H. Robbins, *The Encyclopaedia of Witchcraft and Demonology,* 1959. Campion gibt den vollen Titel der Bodin-Literatur wieder, auf die wir uns beziehen.

59 Pierre Ronsard, *Les Poemes de P. de Ronsard...* 1560. Die wichtigen Zeilen des Gedichts *Elegie à Guillaume des Autels gentilhomme Charrolois* wurden von Benazra, 1990, S. 47, wiedergegeben.

60 Siehe Clébert S. 83-85. Ronsard war Melancholiker und schrieb oft mit zynischem Unterton. Wir sind überzeugt, daß Clébert Ronsards Stil richtig beurteilte, als er ihn als leicht lesbar und klar verständlich bezeichnete.

61 Charles A. Ward, *Oracles of Nostradamus*, 1891. Wir sollten darauf hinweisen, daß Ward die Orthographie des sechzehnten Jahrhunderts modernisierte und mit dem Titel *To Nostradamus* einen falschen Eindruck erweckte. Unserer Ansicht nach stellt Ronsard die Methode der Hellseherei grundsätzlich in Frage, anerkennt jedoch gleichzeitig, daß Nostradamus über das Geschenk der Weissagung durch die Macht Gottes und die Astrologie (»le ciel qui depart/Bien & mal aux humains«) verfügte.

62 Ein Beispiel, wie diese Arbeit aus dem Jahr 1656 in modernen Zeiten übergangen wurde, findet sich in Jauberts Kommentar zu Quatrain X.14, der den Vers als Horoskop eines »Vrnel Vaucile« interpretiert. Dies entspricht schlicht und einfach nicht der Wahrheit (Jaubert war kein Astrologe); trotzdem begegnet uns bei Roberts die Interpretation desselben Quatrains als »Deutung eines Horoskops eines Zeitgenossen von Nostradamus, Urnel Vaucile«. Hätte Roberts den Originalquatrain berücksichtigt, hätte er erkannt, daß die beiden Worte keineswegs als Namen gemeint waren und überdies nichts mit Astrologie zu tun hatten. Nicht einen einzigen Augenblick lang glaube ich, daß Roberts Jaubert gelesen hat – zwischen 1656 und dem zwanzigsten Jahrhundert haben andere englische Interpreten diesen Fehler etabliert.

63
1556 II.51	1558 X.39	1559 I.25, III.55
1566 VI.63	1559 VI.75	1560 X.59, X.39
1569 II.41	1571 XII.36, III.3	1572 IV.47
1547 III.30, III.39	1577 VIII.2	1588 III.51
1589 III.55	1596 III.88	1596 VIII.94
1603 III.70, VIII.58	1632 IX.18	1642 VIII.68
1649 VIII.37, IX.49, X.40, III.81, VIII.76, III.81		
1650 VII.56	1651 X.4	

64 Antoine Couillard, *Les Prophéties du Seigneur du Pavillon...* 1556

65 William Fulke, *Antiprognosticon*, 1560. Obwohl Nostradamus in diesem Werk genannt wird, ist die Kritik nicht speziell gegen ihn, sondern gegen die Astrologie im allgemeinen gerichtet.

66 Laurent Bouchel, *La bibliotheque ou thresor du droit françois*, 1615. Für diesen Hinweis bin ich Lynn Thorndike (op. cit., Band VI, S. 170) zu Dank verpflichtet.

67 Lynn Thorndike, *A History of Magic and Experimental Science*, 1941, Band VI, S. 170.

68 Nostradamus, *A L'Invictissime, Tres-Puissant, et Tres-Chrestien, Henry Second, Roy de France*, 1558, im zweiten Band der *Prophéties*.

Kapitel 2

1 Siehe Jean Dupèbe, *Nostradamus. Lettres Inédites*, 1983. Diese Briefe sind in lateinischer Sprache verfaßt. Dupèbe entschloß sich, die Horoskope nicht in sein Buch aufzunehmen.

2 Siehe Amadou, *L'Astrologie de Nostradamus*, 1992. Bernadette Lécureux, *Nostrada-*

mus. Lettres Inédites. Édition Complémentaire, S. 116. Lécureux scheint den allgemeinen Tenor des Paragraphen mißverstanden zu haben und war offenbar ratlos, wie sie mit dem Hinweis auf die Trutine des Hermes umgehen sollte. Überdies dürfte sie sich nicht bewußt gewesen sein, daß (im sechzehnten Jahrhundert) das Horoskop mit dem Aszendenten identisch war. Anzumerken ist weiter, daß Lécureux mit ihrer Behauptung, Nostradamus beziehe sich im Horoskop von Rosenbergers zweitem Sohn Karl auf den Fixstern Aldebaran, im Unrecht ist. Leider findet sich diese Art von Fehler häufig in ihrer Auslegung.

3 Typischerweise bezeichnete Nostradamus das Instrument nicht als »Astrolabium«, sondern wählte statt des Fachausdrucks eine eigene Beschreibung. Auch dies scheint eine Form der Tarnung zu sein. Zweifellos bezieht er sich auf das Astrolabium. Die Planisphäre war praktisch eine Projektion der Himmelssphäre (einer schematischen Karte des Himmels). Verband man nun die Hälfte einer solchen Projektion mit verschiedenen komplizierten arabischen Instrumenten, erhielt man ein Astrolabium. Dieses Gerät wurde zur Messung der Aszendenten, gewisser Planetenpositionen sowie zur Bestimmung von Höhe, Richtung usw. verwendet. Warum Nostradamus es in diesem Brief erwähnt und seine Abstammung erklärt, ist unklar. Möglicherweise tat er es im Hinblick auf eine allgemeine Tarnung des Textes.

4 Leroy, op. cit., S. 11-12.

5 Peter Lorie, *Nostradamus. The Millennium & Beyond*, 1993

6 Siehe C. D. O'Malley, *Michael Servetus*, 1953, S. 158 ff.

7 Siehe Michael Chomarat, *Cahiers Michel Nostradamus*, Nr. 4, Juli 1986, S. 51.

8 Siehe Yves Lenoble, *Les Éphémérides de Nostradamus*, Amadou, S. 301 ff., 1992.

9 Christian Wöllner, *Das Mysterium des Nostradamus*, 1926, s. Amadou, S. 307 ff., 1992. Siehe auch Ludwig Dinzinger, *Nostradamus. Die Ordnung der Zeit*, zwei Bände, 1991-1992.

10 Nicholas Campion, »Astrological Historiography in the Renaissance«, in *History and Astrology. Clio and Urania confer*, hg. v. Annabella Kitson, 1989.

11 F. Gettings, *The Hidden Art in Mediaeval Symbolism*, 1979.

12 Haydn (s. Bibliographie, Seite 439 unten).

13 Für einen kurzen Überblick über den Fachausdruck »Thron« s. F. Gettings, *Arcain Dictionary of Astrology*, revidierte Fassung 1990. Siehe auch Ptolemäus, *Tetrabiblos*, I.19.

14 Lynn Thorndike befaßt sich mit den astrologischen und astronomischen Ansichten von Francesco Patrizi in Band VI von *A History of Magic and Experimental Science*, 1941.

15 Ephemeriden wie bei Tuckerman, *Planetary, Lunar and Solar Positions*, Band III, Neuauflage 1973.

16 Siehe F. Gettings, *Arcain Dictionary of Astrology*, revidierte Fassung 1990. Als Erklärung s. F. E. Robbins, *Ptolemy. Tetrabiblos*, überarbeitet und übersetzt von F. E. Robbins, 1964, S. 89.

17 Morin de Villefranche, *Astrologiae Gallicae*, 1661. Siehe z. B. J. Hieroz, *L'Astrologie selon Morin de Villefranche,* 1959, und Richard Baldwin, *The Morinus System of Horoscope Interpretation*, 1974.

18 Die WinStar-Ephemeriden (1996) geben folgende Daten an:

SA 18 PI   SU von MA 7 CP

19 Gurdjieff, *All and Everything*, 1958, die englische Übersetzung von *Recit de Beelzebub à son petit fils.*

453

20 Neben den Assoziationen zwischen dem Widder (Aries), dem kriegerischen »rapine« und Krieg findet sich noch eine offensichtliche Metathese der Grünen Sprache. Durch Synkope von P wird »rapine« zu einem Anagramm von *arien*.

21 Für den Widder als Herrscher über Deutschland s. Quellen aus dem sechzehnten Jahrhundert wie Gauricus, *Ephemerides Recognitae et ad Unguem Castigatae per Lucam Gauricum... 1533*, und Garcaeus, *Astrologiae Methodus, 1576*, S. 285.

22 Für die Planetenpositionen jener Himmelskörper, die Nostradamus bekannt waren, gibt *Die Deutsche Ephemeride* für den 3. September 1939 um Mitternacht folgende Daten an:

SO 9VG35   MO24AR30   ME 23LE01   VE8VG49   MA 24CP35
JU 6AR50R   SA 00TA55R

23 Am 23. September 1939 bewegte sich Saturn rückläufig aus dem Zeichen des Stiers in das des Widders, in dem er sich um Mitternacht in einem Winkel von 29,57 Grad befand.

24 Die Daten für die Planetenpositionen jener Himmelskörper, die Nostradamus bekannt waren, lauten gemäß *Die Deutsche Ephemeride* am 7. Mai 1945 folgendermaßen:

SO 16TA03   MO 08PI36   ME 20AR34   VE 17AR12D
MA 03 AR11   JU 17VG37R   SA 07CN07

25 H. I. Woolf, *Nostradamus*, 1944.

26 Jean-Charles de Fontbrune, *Nostradamus, Historiker und Prophet. Seine Voraussagen von 1555 bis zum Jahre 2000*, 1991.

27 Cheetham (op. cit.) hatte große Schwierigkeiten, dem von ihr fälschlicherweise mit 1977 angesetzten Datum eine Bedeutung zu verleihen.

28 Die Planetenpositionen für den 4. Februar 1571 waren folgende:

SO 15AQ   MO 10AQ   ME 10AQ   MA 29AQ   JU 26AQ

29 Collot d'Herbois, *Le Nouveau Nostradamus, ou les Fêtes Provençales...*, 1777.

30 John Plonisco, s. Lynn Thorndike, *A History of Magic and Experimental Science*, 1941, Band V, S. 218.

31 Zitiert aus dem Titel des entsprechenden Buches von Ludovicus Vitalis, zu dieser Zeit Professor für Astrologie in Bologna. Das Buch erschien 1522.

32 Diese große Konjunktion von 1524 ist in der Geschichte der Astrologie so bedeutend, daß Lynn Thorndike ihr ein gesamtes Kapitel widmet. Wir sind dankbar für diese Quelle, denn so konnten wir zu einer eigenen Einschätzung der Periode gelangen – besonders für die Zitate von Peranzonus, *Vaticanum de vera futuri diluvii... 1523*.

33 Norman Davidson, *Astronomy and the Imagination*, 1985, S. 135 ff.

34 Johann Stadius, *Ephemerides novae et exactae... ab anno 1554 ad annum 1570*, 1556. Eine Erwähnung der Prophezeiungen von Stadius findet sich auch bei Lynn Thorndike, *A History of Magic and Experimental Science*, 1941, Band VI, S. 15.

35 Vivian Robson, *Fixed Stars and Constellations in Astrology*, 1923.

36 Turrels einflußreiches Werk, das heute aufgrund seiner Seltenheit als verschollen gelten muß, war *Le Période, c'est-à-dire la fin du monde...*, 1531. Lynn Thorndike (op. cit.) berichtet von einem erhalten gebliebenen Turrel-Manuskript in lateinischer Sprache und behauptet, dies sei das von ihm ins Französische übersetzte

Le-Period-Manuskript. Überraschenderweise gibt Thorndike keine weiteren Informationen zu diesem bedeutenden Manuskript an.

37 Richard Roussat, *Le Livre de l'estat et mutations des temps*, 1550.

38 R. H. Allen, *Star Names and their Meanings*, 1963, Nachdruck von *Star-Names and Their Meanings*, 1899, S. 188.

39 Barlow teilt uns in seiner *Study of Dante* mit, daß mit »prima gente« nicht Adam und Eva gemeint waren, wie Cary vorgeschlagen hatte, sondern die frühen Rassen der Menschheit, die dem ptolemäischen Modell zufolge in der Lage gewesen sein dürften, die Sterne des Kreuzes von nördlicheren Breitengraden als Italien aus zu sehen. S. R. H. Allen (op. cit.), S. 196/197.

40 Ptolemäus, *Tetrabiblos*, I.3-4. Eine Erläuterung sowie nützliche Quellen finden sich bei F. E. Robbins (op. cit.).

Kapitel 3

1 Trithemius, *De Septem Secundadeis*, 1522.

2 Trithemius, *Von den Siben Geisstern oder Engeln...*, 1534. Obwohl das Schema in den lateinischen *De Septem Secundadeis* von 1522 anders dargestellt wurde als das der späteren deutschen Ausgabe, stimmen die Daten überein. Dennoch wurden die ein oder zwei unbedeutenden Fehler des Originaltextes in unseren Tabellen berichtigt.

3 Gabriel de Mortillet, *Dictionnaire des Sciences anthropologiques*, 1876.

4 Eine kurze, aber informative Studie und nützliche Tabellen finden sich unter »Chronology« in Patrick Fairbairn, *The Imperial Bible-Dictionary*, 1887. Interessanterweise stimmt die von Nostradamus vorgeschlagene Zeitspanne besser mit der in der hebräischen Version der Heiligen Schrift angegebenen überein als mit der der Septuaginta, die sich auf eine Periode von 6 000 Jahren bezieht.

5 J. Anderson Black, *Nostradamus. The Prophecies*, 1995.

6 Der einzige Okkultist moderner Zeiten, der sich mit wahrer Einsicht mit den Secundadeis befaßte, ist Rudolf Steiner. Eine Zusammenfassung findet sich unter »Secundadeian Beings« in F. Gettings, *Arcain Dictionary of Astrology*, 1990.

7 Peranzonus, *Vaticanum de vera futuri diluvii...* 1523.

8 Die Secundadeis wurden von den Astrologen nach dem fünfzehnten Jahrhundert nicht wirklich verstanden. William Lilly, ein Astrologe des sechzehnten Jahrhunderts, versuchte eine Übersetzung von Trithemius' Text, scheiterte aber an der mangelnden Einsicht in die Bedeutung. Der schlechteste und unglücklicherweise dennoch einflußreichste Versuch, im okkulten Reich die sekundadäische Lehre weiterzugeben, findet sich in der Version des sogenannten Okkultisten Eliphas Levi in seinem unzuverlässigen Werk *Dogme et Rituel de la Haute Magie*. Glücklicherweise begann Rudolf Steiner, kurz nachdem Levi sein Machwerk zu Papier gebracht hatte, in seinen Lesungen gewisse Traditionen im Zusammenhang mit den Secundadeis zu erwähnen. Überflüssig zu erwähnen, daß Steiners Version vollkommen zuverlässig ist.

Kapitel 4

1 Fulcanelli: *Le Mystère des Cathédrals*, 1971.

2 Rabelais, z. B. *La vie inestimable du grand Gargantua, père de Pantagruel*, 1534.

3 Eirenaeus Philalethes, *Marrow of Alchemy*, 1650.

4 Siehe William Anderson, *Green Man. The Archetype of our Oneness with the Earth*, 1990.

5 Siehe z. B. Edgar Wind, *Pagan Mysteries in the Renaissance*, 1958 und *Mercury of Angels,* in F. Gettings, *The Hidden Art. A Study of Occult Symbolism* in Art, 1978.

6 Es ist schwierig zu entscheiden, wo man bei Jung beginnen soll. Die schreienden historischen und wissenschaftlichen Fehler in (beispielsweise) seinem Werk *Transformation Symbolism in the Mass* (1941), wiederveröffentlicht in *The Mysteries. Papers from the Eranos Yearbooks Series XXX.2,* 1971, zeigen Mißinterpretationen auf (die zweifellos seinem Enthusiasmus für das Thema entspringen). Der negative Einfluß auf die Alchimie läßt sich in Johannes Fabricus' Werk *Alchemy. The Mediaeval Alchemists and their Royal Art*, 1989, erkennen, das uns einiges über die moderne Psychologie, aber wenig über Alchimie mitteilt.

7 Zozimus, zitiert von C. A. Burland, *The Arts of the Alchemists*, 1967. S. »The Words of Power«, S. 159.

8 Die bei weitem beste verfügbare Ausgabe von Agrippas berühmtem Buch in unserer Zeit stammt von K. A. Nowotny, *De Occulta Philosophia*, 1967.

9 Der Gedanke, Erich von Däniken in einer bibliographischen Anmerkung zu erwähnen, fällt uns schwer. Siehe dennoch Ronald Story, *The Space Gods Revealed*, 1976. Der Hermaphrodit wird in Genesis I:27. erwähnte. Die Schaffung von Adam, dem Erdmann, der eine lebende Seele erhielt, findet sich erst in Genesis II:7, die Schaffung von Eva, der Erdfrau, gar erst in Genesis II.22. Es wird berichtet, daß sowohl Adam als auch Eva Geschöpfe aus Fleisch gewesen seien.

Kapitel 5

1 Jean-Paul Clébert, *Nostradamus*, 1993, S. 25-27.

2 Siehe Nigel Lewis, *The Book of Babel: Words and the Way We See Things*, 1994, S. 208. Obwohl Lewis den Ausdruck »Grüne Sprache« nicht verwendet, beweist seine Faszination für die Formulierung und den Einfluß der Umgangssprache sein Interesse an jenen hinter der Geheimsprache verborgenen Faktoren.

3 In seiner insgesamt inakzeptablen Deutung aus dem Jahr 1914 behandelt Charles Nicoullaud den Ausdruck »dedans« als Anagramm von Sedan und mißinterpretiert die Bedeutung des nächsten Wortes.

4 Fünftes Buch Moses III.ii.

5 Homer, *Odyssee*. Für die spätere Erzählung, mit der Nostradamus vertraut gewesen sein dürfte, s. Ovids *Metamorphosen*.

6 Horaz, *Carmen,* I.27.19.

7 Cheetham, op. cit., V.57.

8 Jean-Paul Clébert, *Nostradamus*, 1993, S. 175. Clébert beklagt zu Recht die Mißinterpretation von »Mansol«. Erika Cheetham leitet das Wort von dem lateinischen Ausdruck *Manens solus* ab, das sie als »der, der allein bleibt« übersetzt. Wir können in dieser Deutung jedoch keinerlei Sinn erkennen. Aus ähnlich unerklärlichen Gründen interpretiert Jean-Charles de Fontbrune diesen Quatrain als Hinweis auf Johannes Paul II. Diese Argumentation entbehrt jeder Grundlage. Trotz Cléberts Aussage sind wir der Ansicht, daß es sich hier um ein Wort der Grünen Sprache handelt.

9 Nostradamus. *Excellent & moult utile Opuscule... de plusieurs exquises Receptes*, 1555. Auf Seite 228 finden wir: »Michael Nostradamus Sextrophoeanus faciebat Salone litoreae 1552«.

10 Soweit wir bisher feststellen konnten, existieren drei Versionen des Almanachs von 1563, von denen eine Benazra zufolge eindeutig eine Fälschung ist. Dennoch widmet Muraise in seinem Werk *Saint-Rémy de Provence et les Secrets de Nostradamus*, 1969, den beiden Schätzen ein Kapitel und zitiert mit einiger Sicherheit aus diesem Almanach.

11 Das Kenotaph aus dem ersten Jahrhundert v. Chr. könnte von Gaius und Lucius Caesar, den Söhnen von Agrippa und Julia, errichtet worden sein.

12 Stefan Zweig geht in *Marie Antoinette* in bewundernswerter Weise auf dieses Thema ein.

13 Siehe John Miller, *The Life and Times of William and Mary*, 1974, S. 181.

14 Nur wenige an Weltgeschichte interessierte Autoren wie Nostradamus konnten Hippolytus' *De Antichristo* unbeachtet lassen. Wie wir erkennen werden, treten gewisse Gedanken dieses Werkes auch in Nostradamus' Quatrains zutage. Siehe auch G. S. Mead, *Thrice-Greatest Hermes: Studies in Hellenistic Theosophy and Gnosis*, 1906.

15 Ovid, *Heroides*, 9.92. Wie wir erfahren werden, neigt Nostradamus eher dazu, aus den *Metamorphosen* zu zitieren.

16 D. D., *The Prophecies of Nostradamus concerning the FATE of all the Kings and Queens of Great Britain, since the Reformation...* 1715.

17 Le Pelletier, der die volle Bedeutung dieser Zeile nicht erfaßt haben dürfte, bestätigt den archaischen Namen *Sept.* aus dem *Theatrum orbis terrarum (Brabantiae)* 1570.

Kapitel 6

1 Howard W. Haggard, *Devils, Drugs, and Doctors*, 1929.

2 Percopo XVII ii, 39. Dieser Hinweis, den wir nicht zurückverfolgen konnten, stammt laut Thorndike aus einer Prognose für den 30. Juli 1552. Anhand von vor diesem Ereignis publizierten Büchern konnten wir jedoch feststellen, daß diese Vorhersage in verschiedenen Formen bereits vor Heinrichs Tod im Umlauf war.

3 Ranzovius, *Catalogus imperatorum...* 1580.

4 Lynn Thorndike (op. cit.) Band VI, S. 101. Die Hinweise auf Percopo und Ranzovius sollen aus dieser Quelle stammen, obwohl wir zu einer anderen Schlußfolgerung gelangt sind.

5 Eine ausführlichere Erläuterung findet sich bei Thorndike, Vol. VI, Kapitel XXXII, das sich mit »Neuen Sternen« befaßt.

6 Tycho Brahe *Astronomia Instauratae Proegymnasmata*, 1602.

7 Siehe Allen, op. cit., S. 147.

8 Homer, *Ilias*.

9 Edmund Spenser, *Shepheards Calendar*, für Juli. Zitiert von Allen S. 125.

10 Mit üblicher Selbstsicherheit mißinterpretiert Roberts den französischen Text. Unserer Ansicht nach stützt er sich zu sehr auf die englische Ausgabe von Garencières aus dem siebzehnten Jahrhundert.

11 Paracelsus, *De Origine morborum Invisibilium*, Band IV.

12 Paracelsus, *Coelum Philosophorum*.

13 Aus *The Works of John Knox*, hg. v. David Laing, 1864, Band IV, S. 240. Zitiert von Eugene F. Rice, *The Foundations of Early Modern Europe 1460-1559*, 1970, S. 142.

14 Mattieu Ory war der oberste Inquisitor von Lyon, dessen Ruhm darauf gründet, daß er Michael Servetus gefangennahm und verhörte. Im selben Jahr wurde Servetus in

Genf widerrechtlich und mit stillschweigender Duldung von Calvin auf dem Scheiterhaufen verbrannt.

15 Fulcanelli, *Le Mystère des Cathédrals*, 1971.

Kapitel 7

1 Die Amsterdamer Ausgabe aus dem Jahr 1668 lautet *Les Vrayes Centuries et Prophéties de Maistre Michel Nostradamus ... Jean Jansson*, 1668.

2 Garencières (s. Bibliographie). Wie wir sehen werden, wird das Thema des »Bluts der Gerechten« in Quatrain II.53 wieder aufgenommen.

3 *An ancient Prophecy written originally in French by Nostradamus, done into English 6 Jan 1671*. Diese Schrift findet sich in der Manuskriptsammlung der British Library, Add. 34, 362, f.50. Mit beträchtlichen Veränderungen wurde sie in Andrew Marvells *Works*, Ausgabe 1872, Band 1, Seite 338, 50, veröffentlicht.

4 K. Chodkiewicz, *Oracles of Nostradamus*, 1965, S. 30.

5 Der Gedanke, Nostradamus habe sich auf den heidnischen Standort von St. Paul bezogen, scheint auf Garencières zurückzugehen.

6 Brewer bezieht sich in seinem *Dictionary of Phase and Fable*, überarbeitete Ausgabe 1963, S. 894, auf Gillrays Karikatur der Alten Dame. Diese Zeichnung stammt aus dem Jahr 1797, doch der Name dürfte bereits viel länger in Gebrauch gewesen sein. Der Name Threadneedle, der sich wahrscheinlich auf *Three Needles* (»drei Nadeln«) zurückführen läßt, wurde seit 1598 verwendet.

7 Ein weiterer Quatrain, der sich mit Karl I. befaßt, ist II.53.

8 Ein weiteres überzeugendes Argument für das Epitheton »juste« könnte sich von der Rede ableiten lassen, die Karl I. mit offenen Hemden – er soll des Wetters wegen zwei getragen haben – an einem bitterkalten Tag im Januar 1649 vom Schafott aus hielt. Er gestand Fehler ein und drückte seine Überzeugung aus, daß die Freiheit des Volkes in der Heiligkeit des Gesetzes liege. Dann bemerkte er: »Gottes Urteile sind gerecht.« Dies waren seine letzten öffentlichen Worte.

9 Das Zitat aus Machyns Tagebuch stammt von Walter Besant, *South London*, 1889.

10 Trotz der Feuersbrunst blieb St. Mary Overies erhalten und sieht heute etwa so aus wie im Jahr 1790. Der Name Overies wurde von Besant (s. oben) von dem alten Wort *Ofers* abgeleitet, das »am Ufer« bedeutet und sich auf die Tatsache bezieht, daß die Kirche am Ufer der Themse erbaut wurde. Die Originalkonstruktion wurde in einem Feuer im Jahr 1212 zerstört. Im fünfzehnten Jahrhundert wurde die Kirche wiedererrichtet. Ein Sündenerlaß von 1 500 Tagen ist noch heute für jedermann gültig, der ein Gebet für die Seele des Poeten John Gower, eines Wohltäters der Kirche, der auch darin begraben liegt, spricht.

11 Bezüglich der berühmten zwei Hemden s. Anm. 8 oben.

12 Keith Feiling, *A History of England. From the Coming of The English to 1918*, hg. 1970, S 569.

13 Nostradamus verwendete unterschiedliche Worte für die Beschreibung der Engländer und der Briten. Beispielsweise bezeichnete er die Briten als »gent Britannique«.

14 Unser Standpunkt ist nicht, daß Nostradamus das Wort in seiner englischen Bedeutung benutzte, bevor es in England üblich war, sondern daß die Verwendung ein Zeichen seiner Größe als Seher ist. Wie immer schrieb Nostradamus in Französisch und dachte in Latein. Obwohl das Wort *Anglicus* in einem lateinischen Kontext auf-

tritt, ist es in der nichtpejorativen, präprotestantischen Literatur tief verwurzelt. So finden wir beispielsweise in der *Magna Charta* die Phrase »Anglicana Ecclesia«.

15 Emile Ruir, *Le Grand Carnage d'après les prophéties de »Nostradamus« de 1938 à 1947*, 1938, S. 118.

16 Nostradamus spielte mit dem französischen Wort »Verseau«, »Wassermann«. Der Ausdruck ist doppeldeutig, da das Wort sowohl *eau* (»Wasser«) enthält als sich auch in dem *Vers* des Quatrains befindet.

17 J. Loiseleur, *Ravaillac et ses complices*, 1873.

18 Pierre de le Lorrain de Vallemont, *La Physique occulte ou traite de la baguette divinatoire*, 1696.

19 Cheetham korrigiert Nostradamus und behauptet (ohne jeden Beweis), daß es sich bei »Mont Aymar« tatsächlich um Montelimart handle. Ohne tieferes Verständnis für Nostradamus' Sprache deutet sie diesen außergewöhnlichen Quatrain als Hinweis auf eine Plünderung der Stadt Lyon durch revolutionäre Soldaten im Jahr 1793, obwohl sich Nostradamus in einem anderen Quatrain weit eingehender mit dieser Belagerung befaßte (s. Seite 85 ff.). Hauptproblem ihres Kommentars ist, daß Lyon am 13. Dezember 793 nicht von Soldaten geplündert wurde, wie sie behauptete. Außerdem erlitten Toulon und Vendée im Dezember dieses Jahres ein ähnliches Schicksal.

20 Siehe z. B. die Angaben zu seinem Geburtstag in *Johannis de mont regio... Ephemerides*, Anhang I. Die Rubrik »Lucia« erscheint einen Tag vor seinem Geburtstag.

21 Wie wir von Abbé de Vallemont (s. Anm. 18 oben) erfahren, prüfte er Aymar vom 21. Januar an einen Monat lang täglich zwei Stunden. Er bestätigte, daß sich »der Stab in seinen Händen bewegte, wenn er sich auf der Spur eines flüchtigen Diebs oder Mörders befand«. Zitiert von William Barrett und Theodore Besterman in *The Divining-Rod. An Experimental and Psychological Investigation*, 1926.

22 Mme de Bolly in *Biographie Universelle Ancienne et Moderne*, 1857.

23 Überflüssig zu erwähnen, daß sich die Inquisition in den entfernteren Provinzen ungehinderter durchsetzte. Das von Ludwig XIV. verkündete – und teilweise auf die *Chambre ardente affair* – zurückzuführende Edikt aus dem Jahr 1682 bedeutete auch in der Praxis das Ende der Hexenprozesse in Frankreich. Dies geschah hauptsächlich aufgrund einer Neudefinierung der Hexerei und der Entbindung der Kirche von ihrem Festhalten am Vorwurf der Häresie. Die letzte echte Hexenverbrennung fand in Bordeaux im Jahr 1718 statt.

24 Montague Summers, *The Geography of Witchcraft*, hg. 1958, S. 421. Wie bekannt, war Summers ein sehr einseitiger Historiker, dennoch befaßte er sich zur Unterstützung seiner Vorurteile in aller Ausführlichkeit mit der Untersuchung der Primärdokumente.

25 Die astrologische Präzision in »Et liqueduct & le Prince embaume« macht diese Zeile unserer Meinung nach zu der bemerkenswertesten des gesamten Œuvres von Nostradamus. Wie der Gelehrte die Einbalsamierung von Richelieu – die über einhundert Jahre in der Zukunft lag – vorhersehen konnte, ist eine Frage für sich, doch daß er diese Einbalsamierung an ein exaktes kosmisches Geschehnis binden konnte, übersteigt unser Fassungsvermögen beinahe.

26 Zur Mittagszeit des 4. Dezember befand sich Jupiter in 9 Grad und 50 Minuten in Fische, während Saturn mit 18 Grad und 24 Minuten im selben Zeichen stand. Sie waren eben in den zulässigen Bereich für diese machtvolle Konjunktion eingetreten.

27 Armand Jean du Plessis wird von Nostradamus als »Prince« bezeichnet, da er nach dem König über die meiste Macht verfügte. Sein eigentlicher Titel war der eines Herzogs von Richelieu.

28 Diese Konstruktion bietet einen faszinierenden Vergleich zu dem »l'Aqueduict« von Quatrain X.89, einem Hinweis auf das vorangehende Zeichen des Wassermanns.

29 Zur Mittagszeit des 24. Februar 1642 stand der Saturn auf 25PI04 und Jupiter auf 25PI01. Die relevanten Planetenpositionen waren folgende:

SA 25PI   JU 25PI   SO 06PI und ME 13PI
MA 01GE   VE 24AQ   MO 24GE

30 In den USA lautet der Fachbegriff für Satellitium »Stellium«, obwohl dies etymologisch unrichtig ist.

31 Wir bieten diese Berichtigung nur widerstrebend an, denn in der Ausgabe von Pierre Rigaux aus dem Jahr 1566 und der von Bonoist Ribaud aus dem Jahr 1568 findet sich »Arles«. Allerdings ziehen wir diese Berichtigung der geschichtlichen Korrektur zur Anpassung des Wortes vor, wie andere Interpreten es getan haben.

32 Wir sind uns bewußt, daß Pitt Francis einen Kommentar zu diesem Quatrain verfaßte und erkannte, daß er sich mit Richelieu befaßte. Doch zieht er aus seiner Deutung völlig andere Schlüsse als wir und fügt zudem noch einige Fehler bei. Wie es scheint, liegt sein größter Fehler (nicht nur auf diesen Quatrain bezogen) darin, daß er sich im Hinblick auf Übersetzung und Deutung zu sehr auf Cheetham stützt. Die schwerwiegendsten geschichtlichen Irrtümer in Francis' Kommentar sind, daß sich Cinq Mars *nicht* gegen Richelieu gestellt habe, daß *keine* Papiere in Arles entdeckt worden seien und daß Ludwig XIII. *nicht* im Jahr 1642 gestorben sei. Siehe David Pitt Francis, *Nostradamus. Prophecies of Present Times?*, 1985, S. 66. Weder Cheetham noch Francis erkannten, daß der Quatrain astrologisch ist.

33 C. T. Onions, *The Oxford Dictionary of English Etymology*, hg. 1966, S. 101.

34 Tobias Smollett, *A Complete History of England*, 1759, Band 8, S. 247. Aber s. auch *The History of England, ...* von David Hume und W. C. Stafford (Band II, S. 295), die sich auf Smollett stützten, dennoch die Liste der Verschwörer verlängern: Der Bischof von London, die Earls von Danby, Nottingham, Devonshire, Dorset, der Marquis von Halifax, der Herzog von Norfolk, die Lords Lovelac, Delamere, Paulet, Eland, Sir Hampden, Sir Powle und Sir Lester neben »vielen bekannten Gentlemen und einer großen Anzahl gewichtiger Bürger schlossen sich zu einem Gesuch an den Prinzen zusammen und versuchten, seine Unterstützung für die Wiedererlangung ihrer Freiheiten zu gewinnen.«

35 Siehe »J. F.« *The Predictions of Nostradamus, Before the Year 1558,* genehmigt am 26. Mai 1691. (Wir hatten in der British Library Zugang zu diesem außerordentlich seltenen Werk: 718 g.12)

36 Aus *A New Song of the French King's Fear of an Orange.* Ein anonymer, gegen Ludwig XIV. gerichteter unflätiger Vers, dessen genaues Datum uns unbekannt ist, der jedoch gegen Ende des siebzehnten Jahrhunderts gedruckt wurde.

Kapitel 8

1 Stefan Zweig, *Marie Antoinette.*

2 Der Grund, warum sich die Preußen und Österreicher bei Valmy zurückzogen, wurde niemals ausreichend erklärt. Bekannt ist lediglich, daß Brunswick einen weiteren

Vormarsch nach Frankreich ablehnte. Möglicherweise war der Morast zu tief, als daß die preußischen Soldaten das Gelände unter Feuer hätten nehmen können. Dennoch zogen sie sich nicht formationslos zurück. Goethes berühmter Ausspruch über Valmy lautete: »Dieses Schlachtfeld und dieser Tag kennzeichnen den Beginn einer neuen Epoche in der Weltgeschichte.« Da es lediglich ein kleineres Gefecht und keineswegs eine große Schlacht war, fragt man sich, warum sich Goethe damit befaßte. Vermutete er hinter dem Rückzug eine übernatürliche Ursache?

3 Ward, op. cit., S. 263.

4 De Montgaillard, *Histoire de France*, 1793, iii, S. 415.

5 Im sechzehnten Jahrhundert wurde der Ausdruck *colours* = »Farben« für militärische Flaggen verwendet.

6 Eine gute Beschreibung des zu Dante (und somit zu Nostradamus) gehörenden Alfraganus-Systems findet sich bei Edward Moore, *Studies in Dante*. Dritte Serie, 1903. Wie Moore bemerkte, ist es beschämend zu sehen, daß die Nordgrenze, die die »äußeren Barbaren« ausgrenzte (welche es kaum wert waren, daß man von ihnen Notiz nahm), nicht mehr als den südlichen Teil Cornwalls umfaßte.

7 Ptolemäus, *Tetrabiblos*, II.3.

8 Katharina die Große ist derart eindeutig Thema dieses Quatrains, daß es im höchsten Maß erstaunt, weshalb Cheetham diese Mannfrau als Symbol für Germania deutet.

9 Soweit wir feststellen konnten, findet sich dieser klingende Titel auf einer Säule aus dem Jahr 1909. Semiramis war höchstwahrscheinlich eine geschichtliche Persönlichkeit, doch im Gegensatz zu Katharina wurde sie niemals auf ihre sexuelle Leistungsfähigkeit hin untersucht.

10 Es ist eindeutig, daß Nostradamus seine Eklipsendarstellung auf den russisch-türkischen Krieg anwendete, in dem diese Darstellung eine gewisse kosmosymbolische Bedeutung erhält. Dennoch sollte vermerkt werden, daß die zweite polnische Teilung, die am 23. September 1793 um 3 Uhr unterzeichnet wurde, mit einer Verdunkelung des Saturn durch den Mond übereinstimmt.

11 Le Pelletier, S. 59. Neben Korrekturen von Nostradamus' Texten, die diese seinen eigenen Deutungen angleichen sollten, übernahm der französische Wissenschaftler den Originaltext auch fehlerhaft.

»Le dix Calendes d'Avril de falct gotique
Resusité encor par gens malins:
Le feu estainct, assemblée diabolique
Cherchant les os du Damant & Pselin.«

Diese Version weicht in nicht weniger als neun Stellen von Nostradamus' Originaltext ab. Auch wenn die Veränderungen keine großen Auswirkungen haben, da sie den Sinn des Quatrains nicht grundsätzlich modifizieren (wie bei Korrekturen moderner Interpreten so häufig der Fall), ist ein solcher Zugang für einen Wissenschaftler nicht zulässig. Unserer Ansicht nach sind solche »wissenschaftlichen« Veränderungen ebenso abzulehnen wie die der populären Literatur. Die meisten Interpreten folgen dieser Auslegung von Le Pelletier blindlings, mißdeuten die »dix Calendes« und gelangen auf diese Weise zu einer völlig bedeutungslosen kalendarischen Angabe. Roberts legt sich auf den 23. April fest, Cheetham auf den 10. April. Patrian unternimmt keinen Versuch einer gleichwertigen modernen Übersetzung, wohingegen de Fontbrune in keinem seiner beiden Bücher über Nostradamus überhaupt eine Übersetzung anbietet.

12 Die von Papst Gregor ausgehenden Reformen von 1582 wurden im protestantischen England erst 1751 umgesetzt.

13 Selbstverständlich bezieht sich der Hinweis auf das Jahr 1789, das Jahr der Revolution.

14 In der französischen Originalausgabe aus dem Jahr 1668 heißt es: »... & commencement icelle annee sera faite plus grande persecution [sic] à l'Eglise Chrestienne, qui n'a este faite en Afrique, & durera cette icy jusques à l'an mil sept cens nonante deux que l'on ciudera estre une renovation de siecle ...«

15 Le Pelletier, *Post quaedam sacra extinctis luminibus, mistim coeunt, sive cum soror, sive cum filia, sive cum qualibet ...* S. 356.

16 Psellus, *Chronographia*, 2 Bde., hg. v. E. Renauld, 1926-1928.

17 Z.B. Stefan Zweig, *Marie Antoinette*.

18 Angesichts des Zusammenhangs ist die Datierung sehr präzise. Der langsamste Planet dieser Viereranordnung ist Jupiter. Er befand sich von 1789 bis 1790 und 1812 bis 1813 im Zeichen des Löwen, wohingegen die anderen Planeten in diesen Perioden ihre entsprechenden Positionen nicht wieder einnahmen.

Kapitel 9

1 Stewart Robb, *Nostradamus on Napoleon*, 1961.

2 Anatole le Pelletier, *Les Oracles de Michel de Nostredame*, 1867.

3 Das sind: I.27, I.32, I.60, I.76, I.88, II.67, II.30, II.44, II.66, II.69, II.91, II.99, III.35, III.37. III.93, IV.26, IV.37, IV.54, IV.82, V.30, V.39, V.60, V.79, V.99, VI.25, VI.79, VI.89, VII.13, VIII.8, VIII.17, VIII.46, VIII.53, VIII.57, VIII.60, VIII.61, VIII.76, VIII.88, IX.33, X.24, X.34, X.87.

4 Garencières, *The True Prophecies ...*, 1672.

5 Das lateinische *Ne* ist von der griechischen Bedeutung »wirklich« abgeleitet, so daß wir *Ne Apollyon* als »wahrlich der Zerstörer« lesen können.

6 Buch der Offenbarung, IX,11. Das Zitat aus dem Grimoire stammt aus F. Gettings *Dictionary of Demons*, 1988, S. 35.

7 Siehe Anm. 6, Vers 2. »Und der Name des Sterns lautet Wermut«.

8 James Laver, *Nostradamus, or the Future Foretold*, 1942.

9 In *Nostradamus, Historiker und Prophet. Seine Voraussagen von 1555 bis zum Jahre 2000*, 1991.

10 Jaubert, op. cit.

11 Daniel Thomas in der Kopie von Garencières in der British Library ... (Kat. 718i. 16), S. 423.

12 Für »cheville« und »cheval« in dieser Definition s. Hatzfeld und Darmesteter, *Dictionnaire General de la Langue Française*, 1888.

13 Eine Erwähnung der Legende der schwarzen Segel findet sich unter »Aegeus« in Hammond und Scullard, *The Oxford Classical Dictionary*, Ausgabe 1979. Aegeus war der Vater von Theseus.

14 Das Zitat stammt aus einer Mitteilung, die die Unterschrift der Schiffahrtsgesellschaft trug, und wurde von Kapitän Miller am Quarterdeck der *Theseus* gefunden. Die Mitteilung beginnt mit: »Wir wünschen Admiral Nelson Erfolg ...« Das vollständige Zitat findet sich bei Geoffrey Bennett, *The Battle of Trafalgar*, 1977, S. 63.

15 Siehe Geoffrey Bennett, op. cit., S. 241. Die Ironie war, daß der Kaiser nicht einmal die Absicht hatte, Villeneuve zu bestrafen. Hätte der Vizeadmiral von Napoleons

Zustimmung, daß er sich auf seinen Besitz in der Provence zurückziehen durfte, gewußt, hätte er nicht Selbstmord begangen.

16 Geoffrey Bennett, op. cit., S. 188/189. Wir sind diesem ausgezeichneten Buch zu Dank verpflichtet, da es uns jene sachliche Grundlage bot, anhand deren wir in der Lage waren, Nostradamus' mit der Seeschlacht in Zusammenhang stehende Quatrains zu deuten.

17 De Fontbrune befaßt sich mit dieser Prophezeiung, indem er die historischen Tatsachen (und Nostradamus' französischen Text) so verändert, daß er seiner Deutung der Vorhersage entspricht. Demzufolge ist seine Deutung ebenso ungenau wie seine Schilderung der Ereignisse von Trafalgar.

18 Für »Fustes« und »galeres« s. Hatzfeld und Darmesteter, *Dictionnaire General de la Langue Française*, 1888. Nostradamus' Verwendung des ersten Wortes ist überaus gelungen, denn er stellt die Kriegsschiffe somit lediglich als hölzerne Träger von Kanonen dar.

19 Ward, op. cit., S. 38.

20 Alistair Horne, *The Fall of Paris. The Siege and the Commune 1870-71*, Neuauflage 1967, S. 70.

Kapitel 10

1 Ward, op. cit., S. 254.

2 Wären wir aufgefordert, einige Portmanteau-Quatrains zu nennen, um Nostradamus' visionäre Kraft unter Beweis zu stellen, würden wir X.67 und IX.83 wählen.

3 Es ist dem verderblichen Einfluß der populären pseudowissenschaftlichen Nostradamus-Literatur und des jüngsten Nostradamus-Films (der in dieser Literatur wurzelt) zuzuschreiben, daß sich unter denjenigen, die Nostradamus niemals studierten, die Ansicht verbreitete, der Gelehrte habe das Ende der Welt oder Hitlers Rolle im Zweiten Weltkrieg vorhergesagt. Diese beiden Annahmen sind unrichtig.

4 Ellic Howe, *Urania's Children*, 1967.

5 Loog, *Die Weissagungen des Nostradamus*, 1921.

6 H. H. Kritzinger, *Mysterien von Sonne und Seele*, 1922.

7 Arkel und Blake, *Nostradamus. The Final Countdown*, 1993.

8 De Fontbrune behält recht, wenn er als Thema des Quatrains die Maginot-Linie erkennt, irrt jedoch in seiner Deutung des Quatrains.

9 De Fontbrune beharrt auf seiner Ansicht, bei der eingenommenen Stadt (»cité prinse«) handle es sich um Paris, obwohl sich in dem Quatrain Hinweise auf Sedan oder Abbeville finden. Wir neigen zu letzterem, da sich Abbeville am Ende der Reise über fünfzehn Wasserlinien befindet.

10 Francos neutrale Haltung während des Zweiten Weltkriegs beunruhigte die Deutschen zweifellos. Hitler hatte tatsächlich einen Einmarsch in Spanien geplant.

11 K. Chodkiewicz, *Oracles of Nostradamus*, 1965.

12 J. Hieroz, *L'Astrologie selon Morin de Villefranche*, 1962. Auf Seite 120 zitiert Hieroz Villefranche wie folgt:

»les retrogrades ont une activité contrarie et presagent l'imperfection et l'interruption de leurs effets.«

13 Malachai, *Malachiae de Pontificibus Romanis usque ad finem Mundi Prophetiae*, 1670.

14 Serge Hutin, *Les Prophéties de Nostradamus; presentée et interprétés...* 1966.

15 Unsere Ansicht über die Verbindung zwischen dem Wassermann und den USA gründet sich auf ein von Ebenezer Sibly erstelltes und in einem Stich der Unabhängigkeitserklärung veröffentlichtes Horoskop, das sich in seinem Werk *The Science of Astrology, or Complete Illustrations of the Occult Sciences*, 1790, findet. Für die Vereinigten Staaten existieren selbstverständlich unzählige Horoskope.

16 Rodney Collin, *The Theory of Celestial Influence*, 1954, Anhang X.

17 In James Wilsons Werk *A Complete Dictionary of Astrology*, 1880, heißt es: »Der Wassermann ist ein heißes, feuchtes, atmosphärisches, heiteres, maskulines, tagliebendes, westliches, gefestigtes, *menschliches*, rationales, gesamtheitliches, glückliches, *süßes*, starkes, südliches, gehorsames Zeichen … Es ist häufiger *fruchtbar* als unfruchtbar.« Die durch Schrägstellung gekennzeichneten Ausdrücke sollen aufzeigen, wie diese traditionelle Liste den Geist des Quatrains widerspiegelt.

18 Wir erinnern uns an den Text von Pierre Rigaud, veröffentlicht in Lyon (1558), der durch Le Pelletier zugänglich gemacht wurde. Seine Version des Quatrains ist der der Amsterdamer Ausgabe von 1668 sehr ähnlich, mit der Ausnahme, daß in der dritten Zeile »Franche« statt »France« angegeben wird. Dadurch ändert sich die Bedeutung jedoch nicht. In der vierten Zeile nennt er »Aries« statt »Ariez«. Die spätere Ausgabe von Benoist Rigaux aus 1568 korrigiert »Franche« zu »France« und bestätigt »Aries«.

19 Gauricus, *Ephemerides Recognitae et ad Unguem Castigatae per Lucam Gauricum… 1534-1554,* 1533.

20 Ptolemäus, *Tetrabiblos.* Die ptolemäische Methode zur Bestimmung derartiger Herrschaften hat wenig mit modernen Methoden gemein. Ein Überblick darüber findet sich bei Gettings, *Dictionary of Astrology.*

21 Wir erinnern an die Prophezeiung, die in den späten fünfziger Jahren zirkulierte.

22 H. I. Woolf, *Nostradamus*, 1944, S 13 ff.

23 Agrippa, *De Occulta Philosophia*, 1533. Die *scalae* beginnen auf S. CIII, die für die relevanten *duodenarii* auf S. CXXXII. In der hervorragenden Ausgabe des Werkes *De Occulta Philosophia* von K. A. Nowotny, 1967, wird der *Calendarium Naturale Magicum Perpetuum…* des Trithemius in Anhang V, S. 615, angegeben. Ein leichter lesbares Buch zu diesem Thema ist Adam McLeans *The Magical Calendar* (aus dem Jahr 1620), Ausgabe 1980, das sich mit der Zeit vor Nostradamus beschäftigt. In diesen magischen Listen werden die zwölf Engel der Sternzeichen üblicherweise als astrologische Zeichen dargestellt. Zu »Verchiel« s. McLean S. 72 und Nowotny, S. 629.

24 Der Name »Ol«, mitunter auch »Oel« geschrieben, findet sich beispielsweise in *Pauline Art*: s. A. E. Waite, *The book of Ceremonial Magic*, 1911, S. 70.

Anhang I

1 Für eine astrologische Bewertung von Jean Dupèbes im Jahr 1983 gemachte Entdeckungen s. Robert Amadou, *L'Astrologie de Nostradamus.* Dupèbes Werk trägt den Titel *Nostradamus. Lettres Inédites,* 1983.

2 Jean-Aimé de Chavigny berichtet, Nostradamus sei im Jahr der Gnade am Donnerstag, den 14. Dezember 1503, um die Mittagsstunde geboren. Die meisten uns bekannten Horoskope wurden auf Basis dieser Angaben erstellt; der Hinweis »environs les 12 heures de midi« wurde zumeist als Mittag angenommen. Chavigny war in seinen Angaben oft ungenau.

3 Garcaeus, *Astrologiae Methodus,* 1576. Lynn Thorndike nahm 113 der Diagramme

des obengenannten Werkes gemeinsam mit einigen wenigen Horoskopen von Sictus ab Hemminga aus seinem Werk *Astrologia ratione et experientia refutata,* 1583, in einen Anhang auf. S. Thorndike, Band VI, S. 595 ff.

4 Garcaeus, op. cit., S. 115. Er zeigt auch ein Diagramm für Januar 1504, in dem Mars, Jupiter und Saturn nur 1 Grad von dem schwer deutbaren Nostradamus-Horoskop entfernt im Krebs stehen.

5 Gauricus, *Luca Gaurici Geophonensis... Tractatus Astrologicus,* 1522.

6 Cardanus, *Hieronymis Cardani in CL. Ptolemei de Astrorum iudiciis...* 1578.

7 Cardanus, op. cit., S. 694.

8 Siehe Jean Dupèbe, *Nostradamus. Lettres Inédites,* 1983. Brief XXXI, S. 100. Dupèbe, der selbst kein Astrologe war, scheint die Bedeutung dieses Hinweises auf das Siegel zu entgehen. Siehe auch Lécureux, S. 119. Das diesbezügliche Zitat findet sich als Überschrift dieses Anhangs.

9 Robert Benazra, *Répertoire Chronologique Nostradamique (1545-1989),* 1990. Die einzige Ausnahme zu dieser »fünfzigjährigen Herrschaft« ist der Horus-Apollo (s. Pierre Rollet), der Nostradamus möglicherweise fälschlich zugewiesen wurde.

10 Die beiden Diagramme von Matthias Hacus Sumberigus, die sich in der Königlichen Bibliothek in Madrid befinden, wurden von Taylor in Abb. 15/16 reproduziert (s. Anmerkung 11, unten). Der Aszendent für die *aestimata* ist 1 Skorpion, während der Aszendent für die *rectificata* auf den *Captus Herculis* fällt und somit 28 Waage beträgt.

11 Siehe René Taylor, *Architecture and Magic: Considerations on the Idea of the Escorial, in Essays in the History of Architecture, presented to Rudolf Wittkower,* Ausgabe 1969. Der *Hercules Galicus* wird in Abb. 6 wiedergegeben.

12 Garcaeus, *Astrologiae methodus...,* 1576.

13 *Raphael's Astronomical Ephemeris... for 1927,* S. 41.

14 Für eine derartige visuelle Wiedergabe verwenden wir den *Expert Astronomer for Windows,* 1993, von Expert Software Inc.

15 Siehe J. Boffito und C. Melzi d'Eril, *Almanach Dantis Algherii sive Prophacii Jadaei Montispessulani Almanach perpetuum ad annum 1300 inchoatum...* (mit »Prophacius« ist Jacob ben Machir ben Tibbon gemeint). Das Thema wird in der *Modern Language Review* (Juli 1980) behandelt, revidierte Neuauflage S. 276 ff. von Edward Moores *Studies in Dante. Fourth Series. Textual Criticism of the »Convivio« and Miscellaneous Essays,* Ausgabe 1968.

16 Regiomontanus, *Johannis de mont regio... Ephemerides (pro anno 1498-1506).*

17 Jean Dupèbe, op. cit. Da Dupèbe keine astrologischen Diagramme in seine Übersetzung aufnahm, zogen wir Lécureux' Deutung heran, die sich in Robert Amadous *L'Astrologie de Nostradamus,* 1992, findet.

18 John Gadbury, *Cardines Coeli,* 1686.

19 Derek Parker, *Familiar to All. William Lilly and Astrology in the Seventeenth Century,* 1975, S. 93.

20 Alan Leo, *Notable Nativities* (ca. 1910), S. 795 bzw. 932.

21 Jeff Green, *Pluto, the evolutionary journey of the soul.* Band I, 1986.

22 *Astrology,* Band 37, Nr. 2, 1963, S. 69.

23 Eric Muraise, *Saint-Rémy de Provence et les Secrets de Nostradamus,* 1969. Das Diagramm findet sich ebenfalls auf S. 27 bei Amadou.

24 Amadou, op. cit. Max Duvals Diagramm von Nostradamus findet sich auf S. 13.

25 Nostradamus. *Excellent & Moult Utile Opuscule... de plusieurs exquises Receptes,* 1556. Er schrieb: »... depuis l'an 1521. jusques en l'an 1529. incessament courant

pour entendre & savoir la source & origine des planetes & des autres simples.« Wir nehmen an, er hinterließ diese Anmerkung aus astrologischen Gründen, als okkulte Tarnung, denn das Wort »Planet« ist im Zusammenhang mit »simples« überflüssig.

26 Bez. des Zitates von Guido Bonatus s. Vivian E. Robson, *Fixed Stars and Constellations in Astrology*, 1923.

27 R. H. Allen, op. cit., S. 256. Hier zitiert er (möglicherweise nach Proclus) Wyllyam Salysbury.

28 Bez. Bodin s. *Republic VI, ii*. Uns ist keine akademische Studie über jene von Bodin vorgelegten Vorhersagezahlen bekannt.

Anhang III

1 Wir dürfen dies wohl bezweifeln. Der in Avignon ansässige und kurz vor 1455 geborene Pierre de Nostradamus (Petro de Nostra Domina) war vom Judentum konvertiert und hatte als Jude den Namen Guy Gassonet getragen. Nach seiner Konvertierung scheint er sich auch Peyrot oder Pierre de Sainte-Marie genannt zu haben. Die Frage ist nun, auf welche Mary hier Bezug genommen wird. Im Jahr 1464 gab er dem ansässigen Notar von Avignon noch immer den Namen Peyrotus de Nostradomina an. Für Einzelheiten über wichtige Dokumente s. Edgar Leroy, S. 14 ff.

2 Die Verse, die manche Jodelle, andere wiederum Théodore de Bèze zuschreiben und für die G. Patin als Autor G. C. Utenhove nennt, lauten:

»Nostra damus cum falsa damus, nam fallere nostrum est
Et cum falsa damus, nil nisi nostra damus.«

Das humoristische Latein büßt in jeder Übersetzung Qualität ein:

»Wenn wir falsch geben, geben wir unser eigenes, denn es ist unser, Fehler zu machen, Und wenn wir falsch geben, dann geben wir nichts als unser eigenes.«

3 Jean-Aimé Chavigny, *Janus Gallicus*. Etwas zugänglicher ist die französische Version des Porträts von Leroy, mit einigen lateinischen Anmerkungen, S. 197.

Anhang V

1 Charles Ward, *Oracles of Nostradamus*, 1891

2 Jean Dupèbe, *Nostradamus. Lettres inédites*. 1983. Hans Rosenbergers Bemerkungen stammen aus Brief XXII vom 8. April 1561 (OS). Rosenberger war nicht der einzige, s. auch die Briefe XVIII und XX von Tubbe an Nostradamus.

3 Finé, *Orontii Finei Delphinatis … De Mundi Sphaera, sive Cosmographia*. 1542, S. 51.

Anhang VII

1 Laver beispielsweise nennt dies Quatrain VI.100, obwohl frühe Texte keinen Zweifel daran lassen, daß die lateinische Zeile außerhalb des Verswerkes stehen soll. Die Überschrift über den vier lateinischen Zeilen lautet: *Legis Cautio Contra Ineptos Criticos*. Selbstverständlich könnte man behaupten, Bleygne sei ein unqualifizierter Kritiker gewesen.

2 Das Wort »Lampadas« wird in den *Alfonsine Tables* verwendet, die Nostradamus zu Rate gezogen haben muß.

Abbildungen

Porträt von Nostradamus (1503-1566) – Rundbild-
nis aus dem Geburtshoroskop des Gelehrten
(Abb. 3), basierend auf einem Porträt von César,
dem Sohn von Nostradamus; in der Bibliotheque
de la Mesjanes, Aix-en-Provence.

LES
PROPHETIES
DE M. MICHEL
NOSTRADAMVS.

Dont il en y à trois cents qui
n'ont encores iamais
esté imprimées.

A LYON,
Chez Antoine du Rosne.
1557

Abb. 1 – Titelbild der Ausgabe der *Prophéties* aus dem Jahr 1557.
Der Holzschnitt zeigt Nostradamus an seinem Schreibtisch. Diese
frühe Ausgabe der *Prophéties* wurde vor kurzem von Michael Chomarat als Photo-Litho-Kopie veröffentlicht. Sie enthält die Quatrains nur bis zum 40. Vers der siebten Centurie. Siehe auch Abb. 2.

469

PROPHETIES
DE
M. NOSTRADAMVS

CENTVRIE SEPTIESME.

L'Ac du trefor par Achiles deceu,
Aux procrees fceu la quadrangulaire:
Au faiƈt Royal le comment fera fceu,
Corps veu pendu au veu du populaire.

II

Par Mars ouuert Arles ne donra guerre,
De nuiƈt feront les fouldarts eftonnés:
Noir,blanc,à l'inde difsimulés en terre,
Soubs la faïƈte vmbre trai verez & fōnés.

III

Apres,de France la viƈtoire nauale,
Les Barchinons,Saillinons,les Phocens:
Lierre d'or l'enclume ferré dedās la bafle
Ceulx de Ptolon au frand feront confens.

IIII

Le duc de Langres afsiegé dedans Dolle,
Accompaigné d'Oftun & Lyonnois:

Abb. 2 – Ein Beispiel der ersten Seite der siebten Centurie aus den
Prophéties von 1557 (s. Abb. 1). Der erste Quatrain dieser Seite
wird in unserem Text auf Seite 238 ff. behandelt. Die Orthographie
der Ausgabe von 1557 ist im Vergleich zu der der Ausgabe von
1668 interessant (siehe Seite 238 und Abb. 55).

Abb. 3 – Das Horoskop von Michael Nostradamus, erstellt für Salon für
12:14:20 Uhr am 14. Dezember 1503 nach der alten Zeitrechnung. Die drei
übergeordneten Planeten Mars, Jupiter und Saturn stehen in Konjunktion mit
den Fixsternen Castor und Pollux (s. Abb. 16). Dieses moderne Horoskop des
Gelehrten wird in Anhang I untersucht.

471

Abb. 4 – Büste von Nostradamus in seiner Geburtsstadt St. Rémy. Sie befindet sich über einem Brunnen an der Ecke Rue Carnot und Rue de Nostradamus. Das Haus, in dem er angeblich geboren ist, liegt in der Nähe, in der Rue Hoche, schien während unseres letzten Besuchs im Jahr 1996 aber nicht für Besucher geöffnet zu sein. Wie es aussieht, ist es dringend renovierungsbedürftig.

Abb. 5 – Ein für verschiedene Buchtitel verwendetes Porträt von Paracelsus.
Dieser Druck stammt von der Ausgabe von A. E. Waite aus dem Jahr 1894.
Auf dem Schwertknauf findet sich das Wort »zoth«, das für *Azoth* steht, das
berühmte magische Pulver des Alchimisten. Paracelsus meinte, das gesamte
Geheimnis der alchimistischen Kunst sei in Feuer und Azoth zu finden.

AZOTH,
OV LE MOYEN DE FAIRE
l'Or caché des Philosophes.
De Frere Basile Valentin.

Reueu, corrigé & augmenté par Mr. L'agneau Medecin.

Senior　Adolphus

A PARIS.
Chez PIERRE MOET, Libraire Iuré, proche le
Pont S. Michel à l'Image S. Alexis.

Abb. 6 – Titelbild von Basil Valentines *Azoth*, 1650. Das Geheimnis
des Bildes liegt in der Kombination der beiden Dreiecke. Das obere
vereint die sieben Planeten, von denen jeder von einem Blatt des
Baums der Weisheit berührt wird. Das untere ist das der drei Grund-
stoffe der Alchimie. Die Vereinigung der Sieben und der Drei enthüllt
Azoth – das Geheimnis der Spagirik.

ALMANACH

POVR L'AN M. D. LXVI.
auec ſes amples ſignifications & explications,
cópoſé par Maiſtre Michel de Noſtra-
dame Docteur en medecine, Con-
ſeiller & Medecin ordinaire
du Roy, de Salon de
Craux en Pro-
uence.

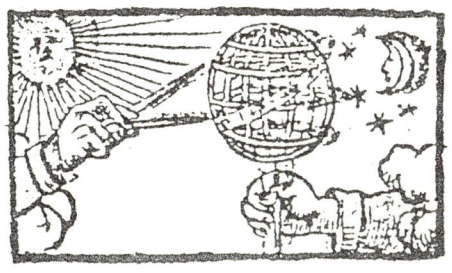

A LYON,

Par Anthoine Volant, &
Pierre Brotor,

Abb. 7 – Titelbild von Nostradamus' Almanach für 1566, in dem
er seinen eigenen Tod (verschlüsselt) vorhersagt. Die Anrede
»Maistre« in diesem Titel könnte ein Hinweis auf Nostradamus'
Status oder Grad als Eingeweihter sein.

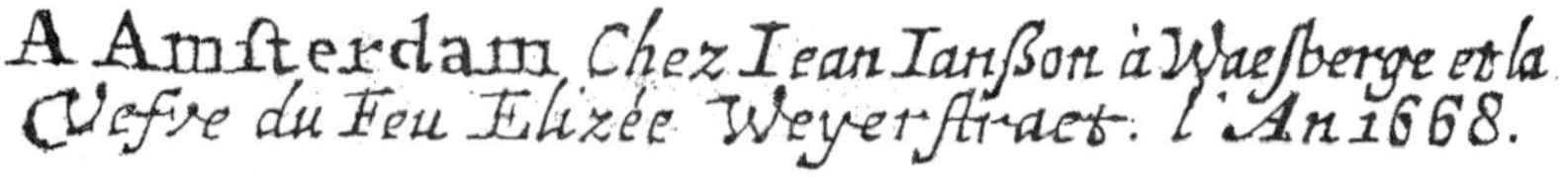

A Amsterdam *Chez Iean Ianßon à Waesberge et la Vefve du Feu Elizée Weyerstraet. l'An 1668.*

Abb. 8 – Der Titelbild-Kolophon der *Prophéties* aus dem Jahr 1668, der (mit einiger Berechtigung) als Hinweis auf die Eingeweihtenschule gedeutet wird, welcher Nostradamus angehörte – den *Söhnen der Witwe*.

Abb. 9 – Die alchimistische Konjunktion oder Vereinigung des
Sonnen-Animus (König) mit der Mond-Anima (Mond). Die sechs
Strahlen der Blumen stimmen mit dem Treffen der beiden Drei-
ecke in dem Azoth-Bildnis von Abb. 6 überein. Der archetypische
Stern wird der Erde vom Heiligen Geist (der Taube) übergeben.
Nur durch diese Handlung wird eine Vereinigung von Gegensät-
zen (*conjunctio*) möglich. Stich aus »Rosarium Philosophorum«
in der Mylius-Ausgabe von 1622.

Abb. 10 – Detail von zwei der zwölf Rundbildnisse der Titelseite zu Michael
Maiers *Symbola Aureae Mensae,* 1617. Links die Quelle der gesamten alchimistischen Lehre, der Ägypter Hermes Trismegistos. Rechts Maria die Jüdin
(Maier zufolge eine der alchimistischen »Heldinnen« der zwölf Nationen),
deren Name eine Umkehrung von »Hiram« ist. Eine kurze Zusammenfassung
findet sich auf Seite 48 f. unseres Textes.

478

Abb. 11 – Die Fassade des Hauses in der Rue de Nostradamus, der früheren Place de la Poissonerie, in Salon. Hier soll Nostradamus der Überlieferung zufolge seine *Prophéties* geschrieben haben. Im Inneren befinden sich heute ein Museum und ein Buchladen, die beide dem Studium des Meisters gewidmet sind. Nach alten Stichen und Drucken zu urteilen, hat sich die Fassade des Hauses stark verändert.

Abb. 12 – Statue von Nostradamus, geschaffen von Joseph Ré im Jahr 1866 (vermutlich anläßlich des Todestages des Gelehrten). Die Statue befindet sich auf der Place de Gaulle in Salon, nahe der Stelle, an der Nostradamus' erste Grabstätte lag.

Abb. 13 – Nostradamus als königlicher Astrologe, aus einem Almanach von
Antoine Crespin (der den Namen Nostradamus fälschlicherweise in verschiedenen Büchern verwendet), *Prognostication, et Prédiction des Quatre
Temps...*, 1572. Dieses Bild, das Nostradamus mit einer gekrönten Erdkugel
zeigt, findet sich in verschiedenen Varianten in einer Vielzahl von Büchern
über Nostradamus. Crespin, der sich auch des Namens »Archidamus« bediente,
dürfte kein echtes Verständnis für die verschlüsselte Natur von Nostradamus'
Werk besessen, dennoch aber von der Verwendung des berühmten Namens
profitiert haben. Die ineinandergefügten Buchstaben CA – die Initialen von
Crespin – über der Inschrift deuten auf den eigentlichen Verfasser hin.

481

IVILLET.

Par pestilence & feu, fruits d'arbres periront:
Signe d'huile abonder: pere Denis non gueres:
Des grands mourir mais peu estrangers sailliront:
Insult marin barbare: & dangers de frontieres.

1	g	Oct.s.Ioan.	♈ ☉ à 3.h.o.m. ær turbidus..
2	a	Visitation.	♈
3	b	s.Tibault.	♒
4	c	s.Vldarich.	♒ Feu du ciel en naues ardant.
5	d	P ier.de lucé.	♒
6	e	Oct.s.Pier.	♓
7	F	s.Pantesme.	♓
8	g	s.Zenon.	♈
9	a	Oct.ñ.dame.	♑ ☽ à 17.h.20. min.

Abb. 14 – »Des grands mourir« (die Großen werden sterben …). Detail einer
kalendarischen Aufstellung des Monats Juli aus Nostradamus' Almanach für
1566. Sie zeigt die für seinen Todeszeitpunkt gültigen Bedingungen. Siehe
auch Abb. 15 sowie den dazugehörigen Text auf Seite 54 f.

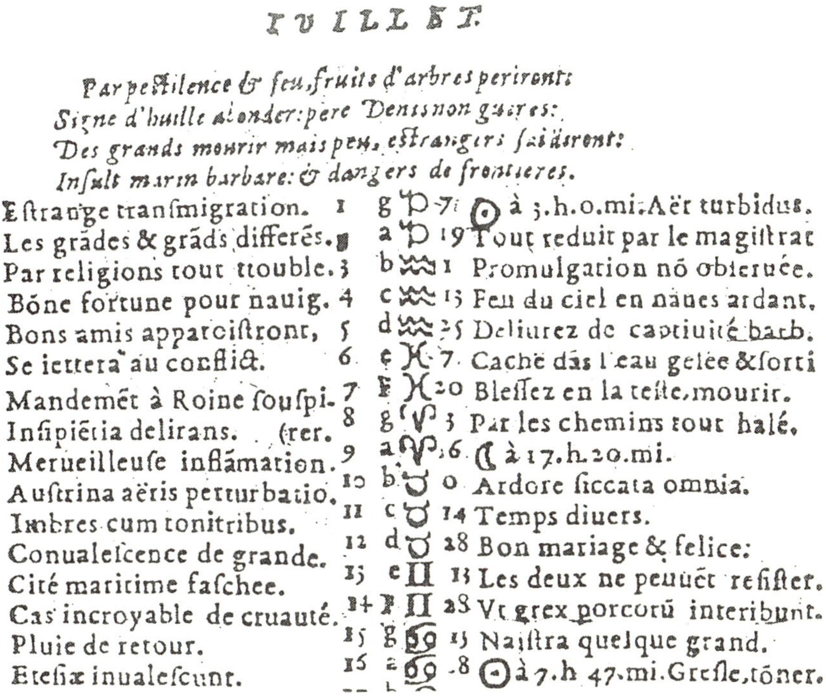

IVILLET.

Par pestilence & feu, fruits d'arbres periront:
Signe d'huille abonder: pere Denis non gueres:
Des grands mourir mais peu, estrangers faillront:
Insult marin barbare: & dangers de frontieres.

Estrange transmigration.	1	g ☽ 7. ☉ à 3.h.0.mi. Aër turbidus.	
Les grades & grãds differés.	2	a ☽ 19 Tout reduit par le magistrat	
Par religions tout trouble.	3	b ♒ 1 Promulgation nõ obseruée.	
Bóne fortune pour nauig.	4	c ♒ 13 Feu du ciel en naues ardant.	
Bons amis apparoistront,	5	d ♒ 25 Deliurez de captiuité barb.	
Se iettera au conflict.	6	e ♓ 7. Caché dãs l'eau gelée &forti	
Mandemét à Roine souspi.	7	f ♓ 20 Blessez en la teste, mourir.	
Insipiétia delirans. (rer.	8	g ♈ 3 Par les chemins tout halé.	
Merueilleuse inflámation.	9	a ♈ 16 ☽ à 17.h.20.mi.	
Austrina aëris perturbatio.	10	b ♉ 0 Ardore siccata omnia.	
Imbres cum tonitribus.	11	c ♉ 14 Temps diuers.	
Conualescence de grande.	12	d ♉ 28 Bon mariage & felice.	
Cité maritime faschee.	13	e ♊ 11 Les deux ne peuuét resister.	
Cas incroyable de cruauté.	14	f ♊ 23 Vt grex porcorũ interibunt.	
Pluie de retour.	15	g ♋ 13 Naistra quelque grand.	
Etesiæ inualescunt.	16	a ♋ 8 ☉ à 7.h. 47.mi. Gresle, tóner.	

Abb. 15 – »Estrange transmigration« (Seltsame Seelenwanderungen…).
Detail einer kalendarischen Aufstellung des Monats Juli mit einem typischen
Almanach-Quatrain (einem sogenannten *Presage*) und den für Nostradamus'
Todeszeitpunkt gültigen Bedingungen. Siehe auch Abb. 14 (gegenüber) sowie
den dazugehörigen Text auf Seite 54 f.

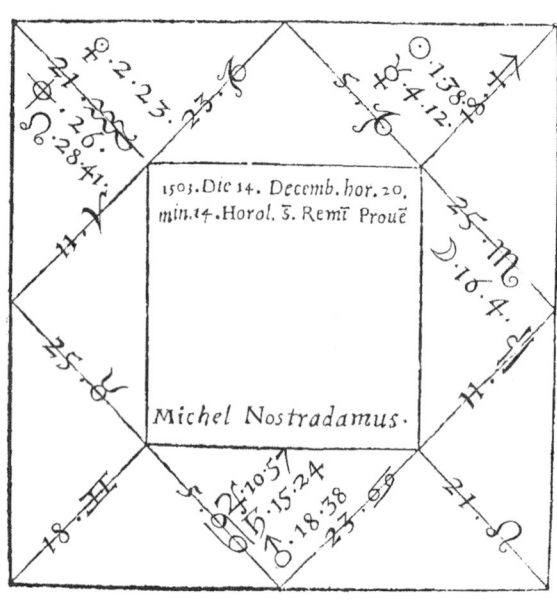

Iupiter cum A-
polline magnitu-
dinis fecundæ na-
turæ Mercurij.

1503. Die 14. Decemb. hor. 20, min. 14. Horol. 3. Remī Prouē

Michel Nostradamus.

Abb. 16 – Das Horoskop von Nostradamus, erstellt nach der Methode des sechzehnten Jahrhunderts. In dieser Zeit konnte die Konjunktion mit einem Fixstern
neben dem Planeten oder als externer Kommentar (wie in diesem Fall) angegeben werden. Der externe Text lautet: »Jupiter mit Apollo, einem Stern der zweiten Magnitude und dem Wesen von Merkur«. Dies ist eine Beschreibung für
den Fixstern Castor (dem modernen »Alpha« des Zwillingsgestirns), der von
den Astrologen des Mittelalters auch Apollo genannt wurde und (der ptolemäischen Lehre zufolge) das Wesen von Merkur ausstrahlen soll.

Epitaphe gravée fur le tombeau de Mr
Noftradamus à Salon en Provence.

MICHAEL NOSTRADAMVS REGIS MEDICVS ET CONSILIARIVS.

OPVS CESARIS.

EPITAPHIVM.

D.   M.

CLARISSIMI offa Michaëlis Noftradami unius omnium mortalium judicio digni cujus penè divino calamo totius orbis ex Aftrorum influxu futuri eventus confcriberentur. Vixit annos LXII. menfes VI. dies X. obiit Salone IDLXVI. quietem pofteri ne invidete Anna Pontia Gemella Salonia conjugi optat veram felicitatem.

Abb. 17 – Das Epitaph von Nostradamus, wie 1789 in einer Ausgabe von Moult (s. Abb. 34) angegeben. Der lateinische Text dieses Epitaphs stimmt nahezu mit dem überein, der sich heute in der Kirche von Saint-Laurent in Salon findet, wohin Nostradamus' Gebeine nach der Französischen Revolution (s. Anhang IV) überstellt wurden. Die dazugehörige seltsame Geschichte von Nostradamus' Vision über die Verlagerung seines Grabmals in diese Kirche findet sich auf Seite 56 f.

Abb. 18 – Ein modernes, überlebensgroßes Gemälde von Nostradamus an der Wand eines Geschäftes in Salon. Die Wand blickt auf jene Straße, die zu dem alten Glockenturm über dem ehemaligen Tor von Salon führt. Unterhalb dieses Glockenturms findet sich ein Bildnis der Jungfrau Maria mit dem Kind – der *Nostre Dame*. Vielleicht war dieser hübsche Verweis beabsichtigt. Das Gemälde basiert auf einer Lithographie aus dem neunzehnten Jahrhundert, in der die jüdische Abstammung von Nostradamus betont wird.

HENRY SECOND

ROY DE FRANCE.

Abb. 19 – Heinrich II. von Frankreich, porträtiert nach der Widmung des offenen Briefes an diesen Monarchen in der Ausgabe der *Prophéties* aus dem Jahr
1558. Mit der Vorhersage von Heinrichs qualvollem Tod in einem Duell im
Jahr 1559 bestätigte sich für die meisten Franzosen die Genauigkeit der *Prophéties*. Worauf der unbestreitbare Ruhm und die Popularität der davor verfaßten Texte zurückzuführen ist, ist schwierig zu erklären. Quatrain I.35 wurde
erstmals im Jahr 1555 veröffentlicht. Eine Analyse findet sich auf Seite 195 ff.

Preclaꝝ Summi in Aſtroꝝ Scientia Prin
cipis Alcbabitij Opus ad ſcrutanda Stellaꝝ Magi,
ſteria iſagogicū priſtino Cādori nuprime reſtitutū
ab Excellētiſſimo Doctore Antonio de ſan
tis Taruiſino, qui notabilē eiuſdē Aucto
ris Libellū de Planetaꝝ Cōiūctio
nib'nuſꝗ antea ipreſſū addidit
ꞇ pleraꝗꝫ ſcitu digniſſima
cū caſtigatiſſimo Jo,
nnis de Saxo
nia Cōmē,
tario.

Abb. 20 – Titelbild des Alcabitius-Textes, einer um 1985 von Guy Parguez
entdeckten Version, die in einem Manuskript die Namen von Nostradamus
und seinem Sohn César enthält. Alcabitius ist eine der westlichen Übersetzungen des Namens Al-Kabisi. Alcabitius war ein bedeutender arabischer Astrologe des zwölften Jahrhunderts, der vorwiegend in Mosul tätig gewesen sein
dürfte. Unter den Themen, die in diesem Buch behandelt werden, finden
sich auch die wichtigen Konjunktionen. Der französische Gelehrte Michael
Chomarat bietet eine kurze, aber nützliche Studie über Nostradamus' Schriften und die Literatur von Alcabitius an (Juli-Ausgabe 1986 der *Cahiers
Michel Nostradamus*, Seite 51 und 54 ff.).

Abb. 21 – Ein prophetischer Holzschnitt aus Paracelsus' *Prognosticatio*,
1536. Dies ist die zweite Abbildung von Paracelsus' Serie der zweiunddreißig
Geheimzeichen. Die drei *fleur-de-lys* hängen an einem verdorrten Zweig.
Einige Interpreten nahmen dieses Bildnis zum Anlaß, das Ende der Valois-
Linie vorherzusagen, auch wenn eine derartige Auslegung in keinem Zusammenhang mit Paracelsus' Begleittext zu dieser Abbildung steht. Als Nostradamus seine Quatrains verfaßte, war nur noch der Sproß der Valois-Angoulême
vorhanden. Siehe Seite 66 unseres Textes.

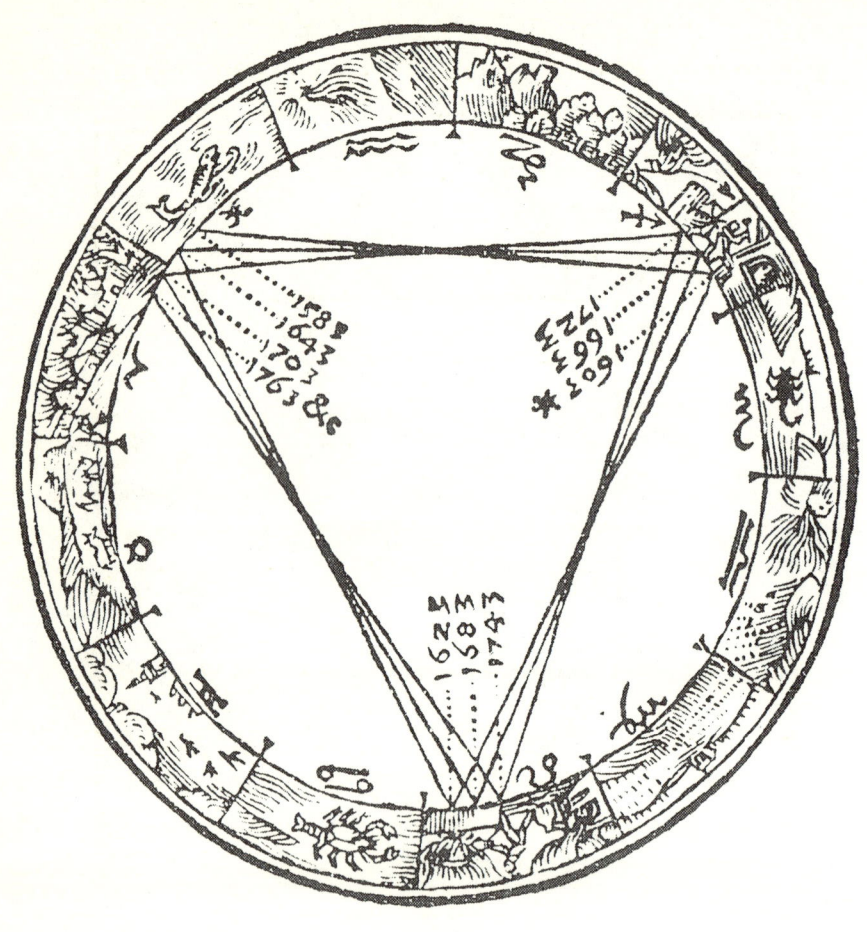

Abb. 22 – Die in der mittelalterlichen prognostischen Astrologie so bedeutenden Trigone werden hier in den Elementen Feuer und Wasser für die Jahre
1583 und 1763 gezeigt. Die Abbildung ist nicht genau: Das Trigon für 1703
erfolgte im Mai 1700-2 und das für 1763 angegebene im März 1762. Trotz
dieser Ungenauigkeiten zeigt die Figur eindeutig die zwanzig und sechzig
Jahre andauernden Zyklen, auf denen so viele von Nostradamus' Prophezeiungen basieren.

490

La nouuelle Lune fera le 13.iour , à 3.h.8.min.apres midy, à 28.deg 5.mi.de Virgo, afcendant le 21.deg.de Capricornus. Et fera froide & feiche , tendant à pluies,

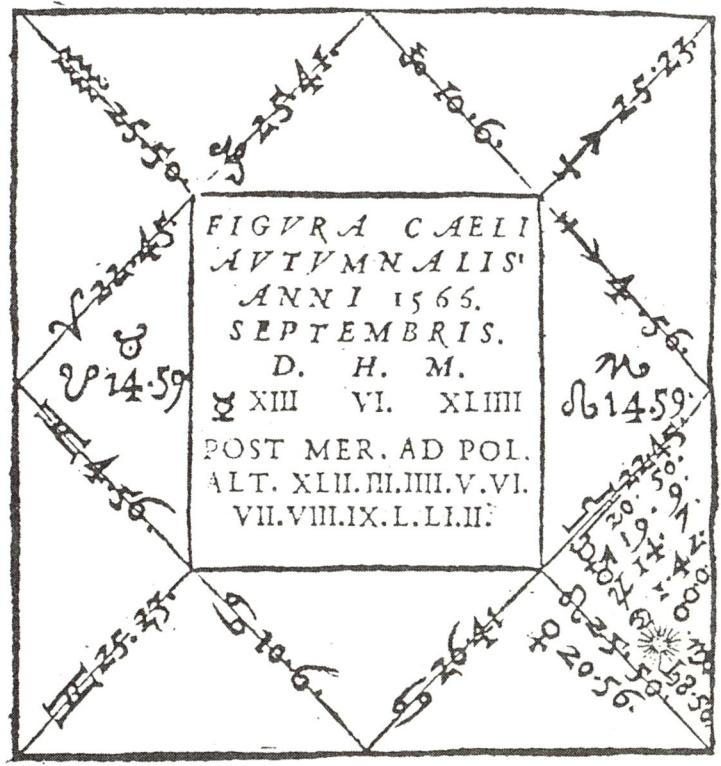

FIGVRA CAELI
AVTVMNALIS'
ANNI 1566.
SEPTEMBRIS.
D. H. M.
☿ XIII VI. XLIIII
POST MER. AD POL.
ALT. XLII.III.IIII.V.VI.
VII.VIII.IX.L.LI.II:

brouillas, & continuelle mutation de temps : combien que encor y aura de grandes chaleurs, & grieues inflammations generatiues de fieures continues ardantes & fort longues, & la plus part mortelles à ceux qui feront

Abb. 23 – Horoskop für den Herbsteintritt, erstellt von Nostradamus für seine abschließenden Jahresprophezeiungen, 1566. Siehe Seite 77 sowie Abb. 14 und 15.

SPHAE. MVNDI

circunſparſa , ſuiſq; terminata limitibus,
ipſius Terræ partes diſcoopertas, ad viuế-
tiũ ſalutem (Deo ita volente) relinquit.

Abb. 24 – Ein spätmittelalterliches Diagramm der elementaren Sphären rund
um die Erde. Die Erde selbst stellt mit ihren Ozeanen die Elemente Erde und
Wasser dar. Die darüberliegende, wolkenbedeckte Sphäre repräsentiert das
Element Luft, während die flammende Sphäre des Feuers die Mundansphäre
umgibt und beschützt. Aus dem Buch I von Oronce Finé, *De Mundi Sphaera,
sive Cosmographia…*, 1542.

Abb. 25 – Dieser Holzschnitt, der auch in den Ausgaben von Ripas *Iconogra-
phia* aus dem siebzehnten Jahrhundert verwendet wird, stammt aus Nostradamus' *Horapollo*, in der Version von Pierre Rollet (1968). Es ist typisch für
diese mittelalterliche hieroglyphenartige Darstellungskunst, ägyptische esoterische Symbole (vielleicht handelt es sich hierbei um die Uräus-Schlange)
heranzuziehen und sie in höchstem Maß persönlich und auf gänzlich europäische Weise zu interpretieren. Die Ansicht über diese alten Symbole veränderten sich erst, als sich die Geheimnisse der ägyptischen Hieroglyphen im neunzehnten Jahrhundert nach und nach enthüllten.

Abb. 26 – Störungen am Himmel über der Stadt Basel am 7. August 1566,
wie Samuel Coccius in einem Einblattdruck berichtete. Heute würden wir
eine solche Erscheinung als UFOs deuten. Siehe Seite 81 unseres Textes.
Dieser Druck ist eine handkolorierte Version des Drucks von Coccius, der
sich in der Sammlung von Charles Walker befindet.

Abb. 27 – UFO oder Komet – macht das einen Unterschied? Der zunehmende
Mond speit einen Feuerbogen aus. Aus dem übersetzten Flugblatt von Joseph
Heller, *Ein Erschrecklich und Wunderbarlich zeychen… Michael De Nostre
Dame,* 1554. Das Blatt besagt, daß diese Vision am 19. März dieses Jahres
über Salon zu sehen war.

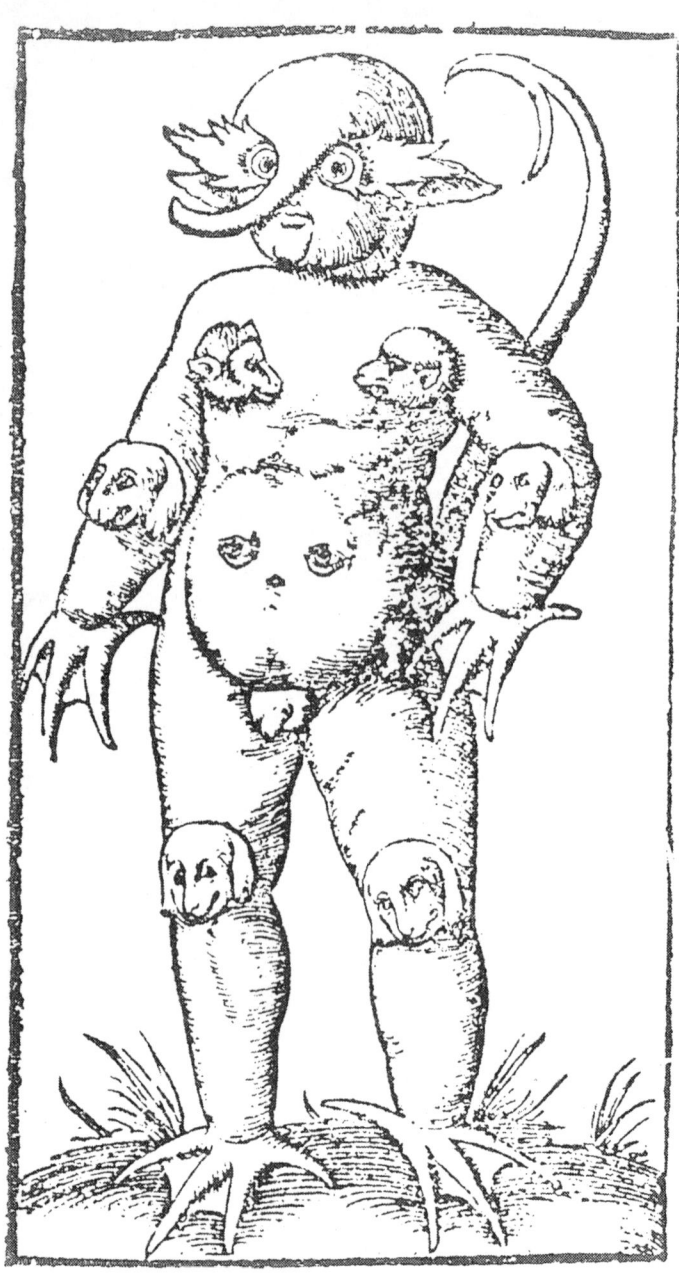

Abb. 28 – Holzschnitt eines menschenähnlichen kindlichen
Ungeheuers, das Lycosthenes zufolge nur vier Stunden lebte
und dann ankündigte: »Hütet Euch, denn der Herr unser Gott
naht.« Der Holzschnitt stammt aus Lycosthenes' *Prodigiorum ac ostentorum chronicon…* aus dem Jahr 1557.

iamais esté imprimées.

Adioustées de nouueau par ledit Autheur.

Abb. 29 – Grober Holzschnitt eines Porträts von Nostradamus von der Titelseite der *Les Prophéties de M. Michel Nostradamus* aus dem Jahr 1644,
gedruckt von Huguetan. Selbst eine solch schlichte Abbildung zeigt, daß
Nostradamus' göttliche Feder von den Sternen gelenkt wird. Siehe Seite 88.

Abb. 30 – Nostradamus, porträtiert vor den Großen der Geschichte, auf die er sich angeblich in seinen Quatrains bezieht. Die Gestalt zu seiner Rechten, die bewundernd zu dem Gelehrten aufblickt, stellt Torné-Chavigny dar. Siehe Seite 431. Stich von Torné-Chavigny, veröffentlicht in seinem Werk *Influence de Nostradamus*, 1878.

Abb. 31 – Holzschnittporträt von Nostradamus, angeblich von Leonard Gaultier, Anfang 17. Jahrhundert. Es erscheint in einer Reihe von Porträts berühmter Persönlichkeiten in dem Werk *Le Theatre d'Honneur de plusierus princes anciens et modernes,* 1618. In einer Studie über die Druckerkunst meint Michael Chomarat in der Märzausgabe 1983 der *Cahiers Michel Nostradamus*, daß dieses Porträt zu den authentischen seiner Zeit gezählt werden kann.

Vera loquor. nec falsa loquor sed munere cœli,
Qui loquitur DEUS est non ego
NOSTRADAMUS.

Abb. 32 – Porträt von Nostradamus aus dem achtzehnten Jahrhundert. Es gibt kaum Hinweise auf stellare Verbindungen oder kosmische prophetische Quellen. Die Sterne werden lediglich in Form »wissenschaftlicher« Instrumente symbolisiert, die auf dem Boden zu Füßen des Meisters liegen. Die Macht befindet sich offenbar eher beim Menschen als bei den Sternen.

Abb. 33 – Nostradamus in seinem Arbeitszimmer in Salon. Der dekorative
Rahmen zeigt die zwölf Zeichen des Tierkreises. Die fünf Sterne zwischen
Sonne und Mond sind die Planeten. Die Wolken, die sich vom Tierkreis in
Richtung des inneren Bildes erstrecken, zeigen an, daß Nostradamus nach
dem Diktat der Sterne schreibt. Aus den (apokryphen) *Les Significations de
l'Eclipse, qui sera le 16 Septembre, 1559...* von Nostradamus, 1558.

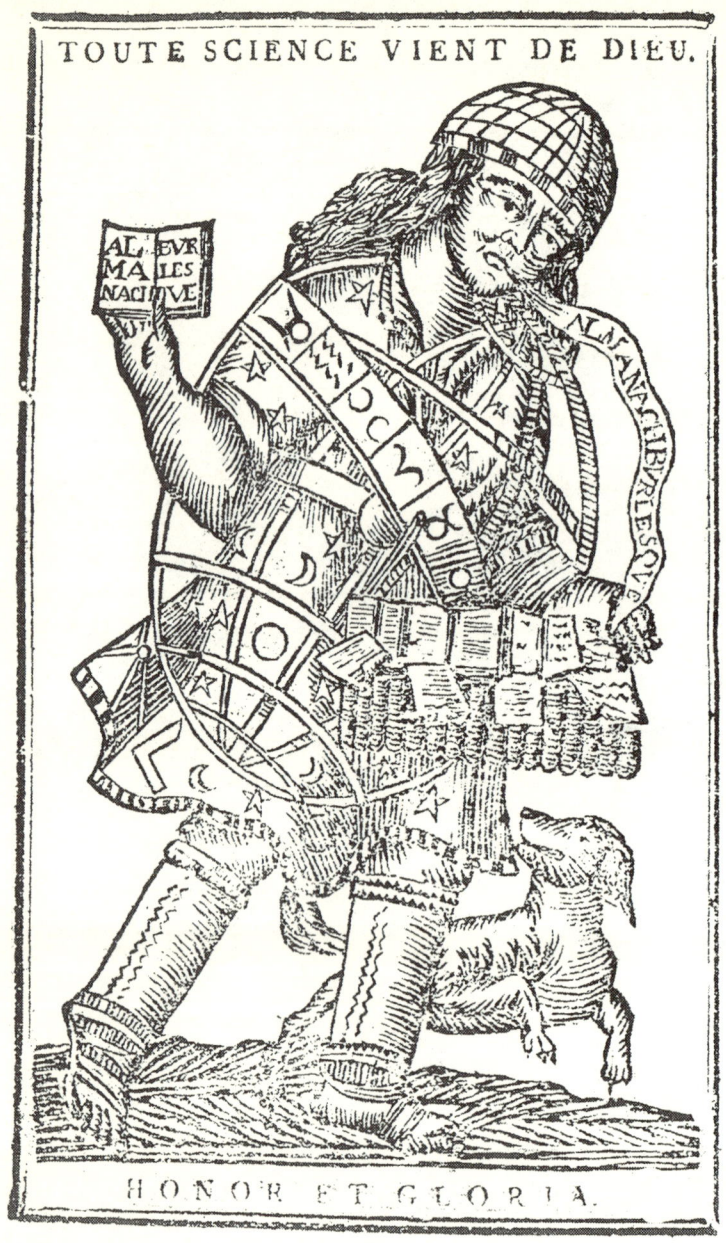

Abb. 34 – Nostradamus als Almanachverkäufer, eingeschlossen
in eine Himmelssphäre. Die Ikonographie des Drucks sollte eine
Verbindung zwischen Nostradamus und dem Narren der Tarot-
Karten herstellen.

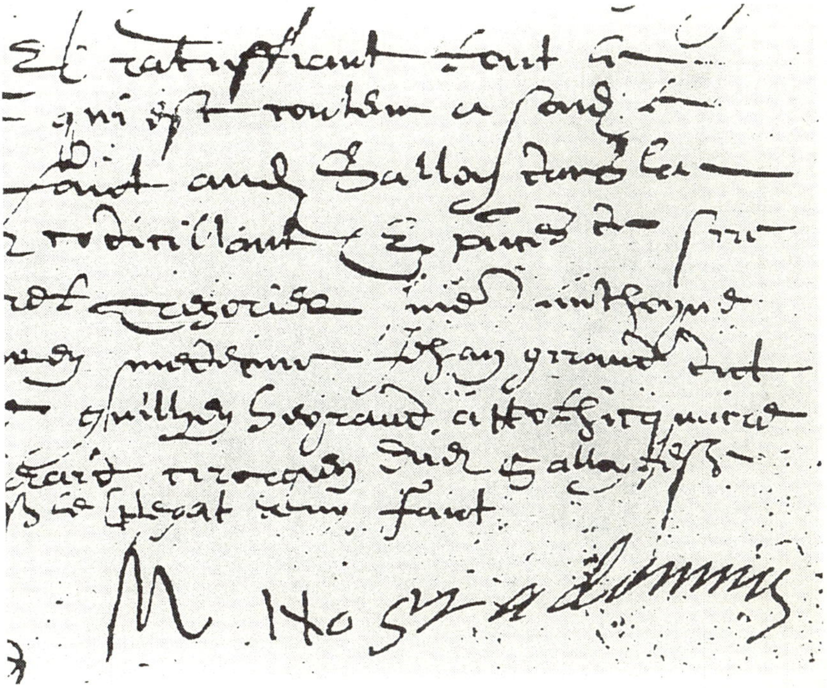

Abb. 35 – Nostradamus' unsichere letzte Unterschrift auf einem Faksimile
seines Letzten Willens. Eine Anmerkung zu dieser Unterschrift findet sich im
Text auf Seite 89.

Abb. 36 – Der grobe Holzschnitt zeigt Nostradamus – in Übereinstimmung mit den Ansichten des sechzehnten Jahrhunderts – unter dem Einfluß der Planeten und Sterne. Die Sonne dreht sich, umgeben von sieben Sternen, zur Linken, während der Mond von vierzehn Sternen umringt wird. Das Astrolabium enthält die auf die Erde herabgestiegenen Sterne, doch Nostradamus' Körperhaltung scheint anzudeuten (diesmal hält er einen Zirkel anstatt der Feder in der Hand), daß er auf den Sternen als Quelle seiner Inspiration beharrt.

504

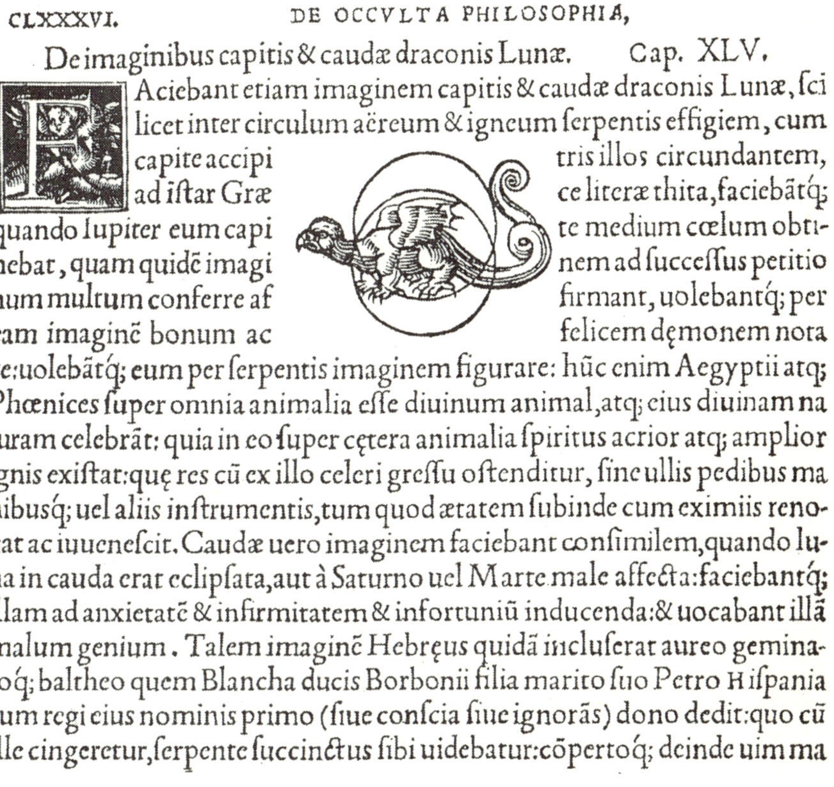

De imaginibus capitis & caudæ draconis Lunæ.   Cap. XLV.

Aciebant etiam imaginem capitis & caudæ draconis Lunæ, fci licet inter circulum aëreum & igneum ferpentis effigiem, cum capite accipi tris illos circundantem, ad iftar Græ ce literæ thita, faciebātq; quando Iupiter eum capi te medium cœlum obti nebat, quam quidē imagi nem ad fucceffus petitio num multum conferre af firmant, uolebantq; per eam imaginē bonum ac felicem dęmonem nota re:uolebātq; eum per ferpentis imaginem figurare: hūc enim Aegyptii atq; Phœnices fuper omnia animalia effe diuinum animal, atq; eius diuinam na turam celebrāt: quia in eo fuper cętera animalia fpiritus acrior atq; amplior ignis exiftat: quę res cū ex illo celeri greffu oftenditur, fine ullis pedibus ma nibusq; uel aliis inftrumentis, tum quod ætatem fubinde cum eximiis reno uat ac iuuenefcit. Caudæ uero imaginem faciebant confimilem, quando lu na in cauda erat eclipfata, aut à Saturno uel Marte male affecta: faciebantq; illam ad anxietatē & infirmitatem & infortuniū inducenda: & uocabant illā malum genium. Talem imaginē Hebręus quidā incluferat aureo gemina toq; baltheo quem Blancha ducis Borbonii filia marito fuo Petro Hifpania rum regi eius nominis primo (fiue confcia fiue ignorās) dono dedit: quo cū ille cingeretur, ferpente fuccinctus fibi uidebatur: cōpertoq; deinde uim ma

Abb. 37 – Eine Darstellung des Monddrachen aus Cornelius Agrippas *De Occulta Philosophia*, 1534. Die beiden ineinander verschlungenen Kreise um den Drachen repräsentieren die Orbits von Sonne und Mond. Wo sie einander schneiden – d. h. wo der Pfad des Mondes die Ekliptik kreuzt –, befinden sich die beiden Knotenpunkte, die Kopf (lateinisch *Caput*) und Schwanz (lateinisch *Cauda*) des Drachens genannt werden. Im Text befaßt sich Agrippa mit dieser machtvollen Darstellung des göttlichen Drachen im Hinblick auf seine Kraft als Amulett.

505

Abb. 38 – Die über eine Brücke führende Auffahrt zum Temple, den die
Regierung Frankreichs nach der Französischen Revolution im Jahr 1789 in
ein Gefängnis umwandelte. Das Gebäude wird von Nostradamus in Quatrain
X.17 als Gefängnis von Marie Antoinette erwähnt. Siehe Seite 178 f. Litho-
graphischer Druck von Pernot, aus »Le Vieux Paris«. 1838-1839.

Abb. 39 – Der Apisstier mit dem zunehmenden Mond und die Cynocephalus-
Darstellung des Thoth. Unter den Hieroglyphen zur Rechten findet sich auch
ein nichtägyptisches Zeichen für den Merkur, das zweifellos darauf hinweisen
soll, daß Hermes Trismegistos der Lehrer aller ägyptischen Eingeweihten
war. Ausschnitt aus dem Stich für die Titelseite von Michael Maiers *Arcana
arcanissima,* 1614.

Abb. 40 – Der ägyptische Gott Typhon mit Axt und Flamme (dieses Bild entwickelte sich später zur Darstellung eines wiederkehrenden Dämons), an seiner Seite der Gott Osiris und die Göttin Isis. Die drei sind ein Spiegelbild der
geheimen Triplizität der Alchimisten. Ausschnitt aus dem Stich für das Titel-
blatt von Michael Maiers *Arcana arcanissima*, 1614.

Abb. 41 – Der lahme Vulkan versorgt das alchimistische Feuer. Vulkan ist
jener »Krummbeinige« (griechisch *raipos*), auf den sich Nostradamus in seinem Quatrain IX.44 mit dem verschlüsselten Wort »RAYPOZ« bezieht. Siehe
Seite 213 f. Stich für die Titelseite von Michael Maiers *Tripus Aureus*, 1677.

A Amsterdam, Chez Iean Ianßon à Waesberge et la C'efte du Feu Elizée Weyerstraet. L'An 1668.

Abb. 42 – Das große Feuer von London, 1666. Der Druck befaßt sich mit dem von Nostradamus im Jahr 1555 in Quatrain II.51 vorhergesagten Feuer. Siehe Seite 215 ff. Ausschnitt aus der Titelseite der Amsterdamer Ausgabe der *Prophéties* aus dem Jahr 1668.

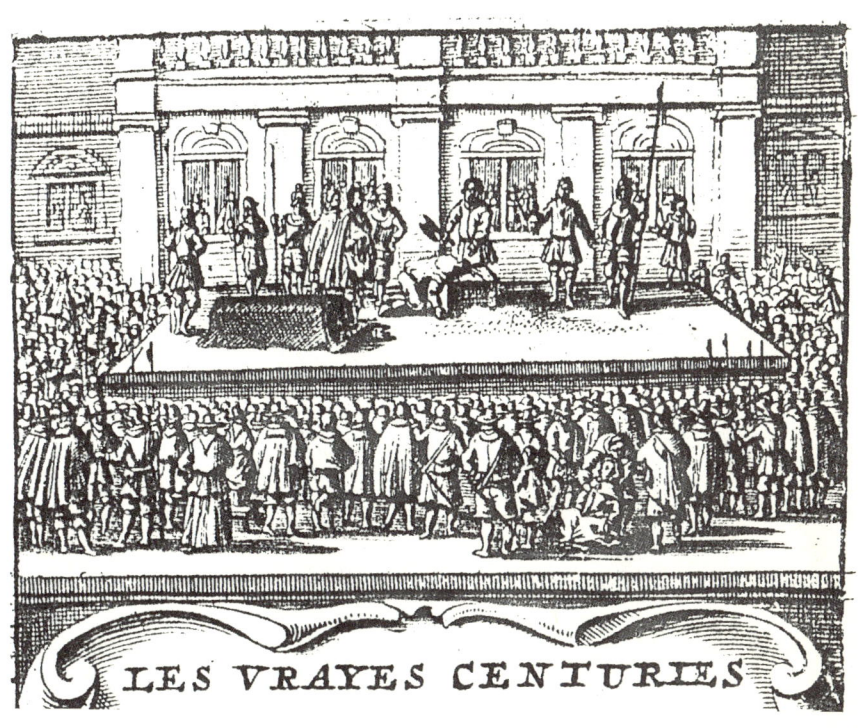

LES VRAYES CENTURIES

Abb. 43 – Die Enthauptung von König Karl I. in Whitehall im Jahr 1649. Der Druck befaßt sich mit der von Nostradamus im Jahr 1555 in Quatrain VIII.37 vorhergesagten Hinrichtung. Siehe Seite 225 ff. Man beachte die stürzende Frau im Vordergrund, die ebenfalls in dem Quatrain erwähnt wird. Dieses interessante Detail findet sich auch in Weesops Gemälde (auf dem dieser Stich beruht), wo diese Figur möglicherweise Königin Henrietta Maria darstellt, die sich zur Zeit der Hinrichtung in Frankreich aufhielt. Ausschnitt aus der Titelseite der Amsterdamer Ausgabe der *Prophéties* aus dem Jahr 1668.

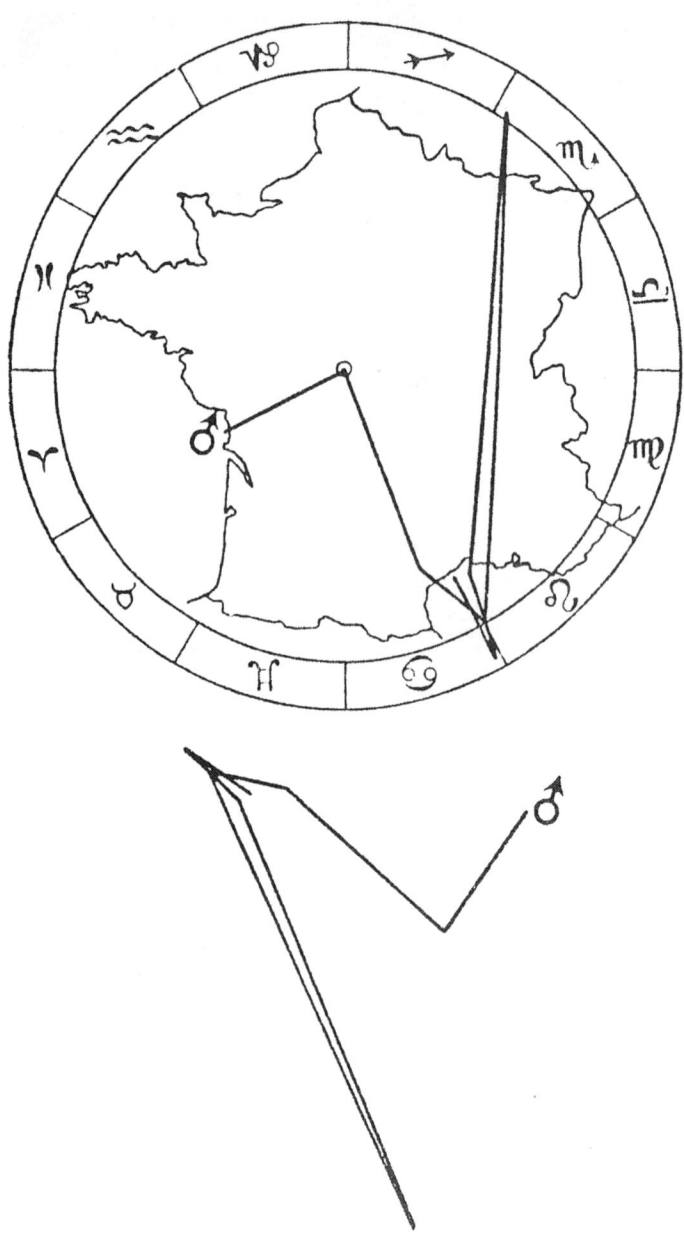

Abb. 44 – Das eigenartige »Horoskop« Frankreichs, mit seiner phantasievollen Verteilung der Energie des Mars. Die Darstellung bezieht sich auf die Interpretation von Quatrain III.60,
bestätigt jedoch auch die Bedeutung anderer Vierzeiler. Aus P.
Rochetaillée, *Prophéties de Nostradamus. Clef des Centuries.
Son application à l'histoire de la 3e République*, 1939.

Abb. 45 – Aymar beim Aufspüren mit einer rhabdomanti-
schen Rute. Die geheimnisvolle Energie scheint wie eine
Wolke aus der Erde emporzusteigen. Nostradamus' Quatrain
IX.68 befaßt sich mit zwei rhabdomantischen Erfolgen von
Aymar im 17. Jahrhundert. Siehe Seite 234 ff. Holzschnitt aus
Le Lorrain de Vallemonts *La Physique Occulte*, 1693.

Abb. 46 – Eine Darstellung aus dem späten achtzehnten Jahrhundert, die den
Hahn als Symbol des neuerwachten Frankreichs zeigt. Der Frankreich symbo-
lisierende, krähende Hahn (»Ich singe für die Freiheit«) steht auf einer
Kanone. Die zerbrochenen Ketten auf dem Kanonenrohr versinnbildlichen
die neugewonnene Freiheit nach der Unterdrückung. Dieses Bild wurde von
verschiedenen Künstlern in den ersten Jahren nach der amerikanischen Unabhängigkeitserklärung mehrmals übernommen. Keramikzeichnung aus dem
achtzehnten Jahrhundert.

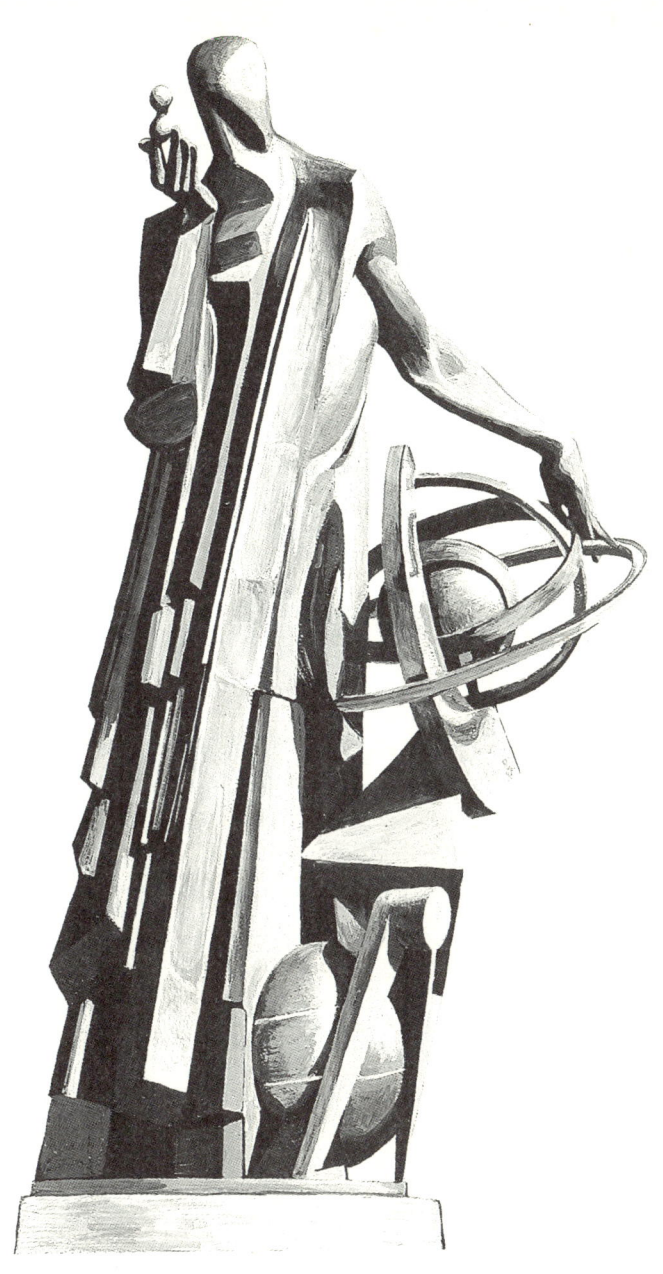

Abb. 47 – Metallstatue von Nostradamus, geschaffen
von François Bouché anläßlich des 400. Todestages des
Gelehrten im Jahr 1966. Nostradamus wird auf das
Modell einer Erdkugel gestützt dargestellt, den Blick in
ein Stundenglas gerichtet. Bildmaterial von Pierre
D'Esperance, 1994.

Abb. 48 – Hochaufragende Betonstatue Nostradamus' von François Bouché,
errichtet 1979 in Salon. Diese beeindruckende Statue ist der Ersatz für die
Plastik von Abb. 47, die bei einem LKW-Unfall zerstört wurde. Eine kurze
Zusammenfassung findet sich in unserem Text auf Seite 308 ff.

EUGENE Prince of *SAVOY.*

Abb. 49 – Eugen, Prinz von Savoyen; Stich von Ravenet. Aus Tobias Smol-
letts *A Complete History of England*, 1759. Dieser bemerkenswerte Franzose
(Nostradamus bezeichnet ihn als »chameau«, »Kamel«) wird in Quatrain V.68
erwähnt. Nähere Einzelheiten finden sich in unserem Text auf Seite 318.

517

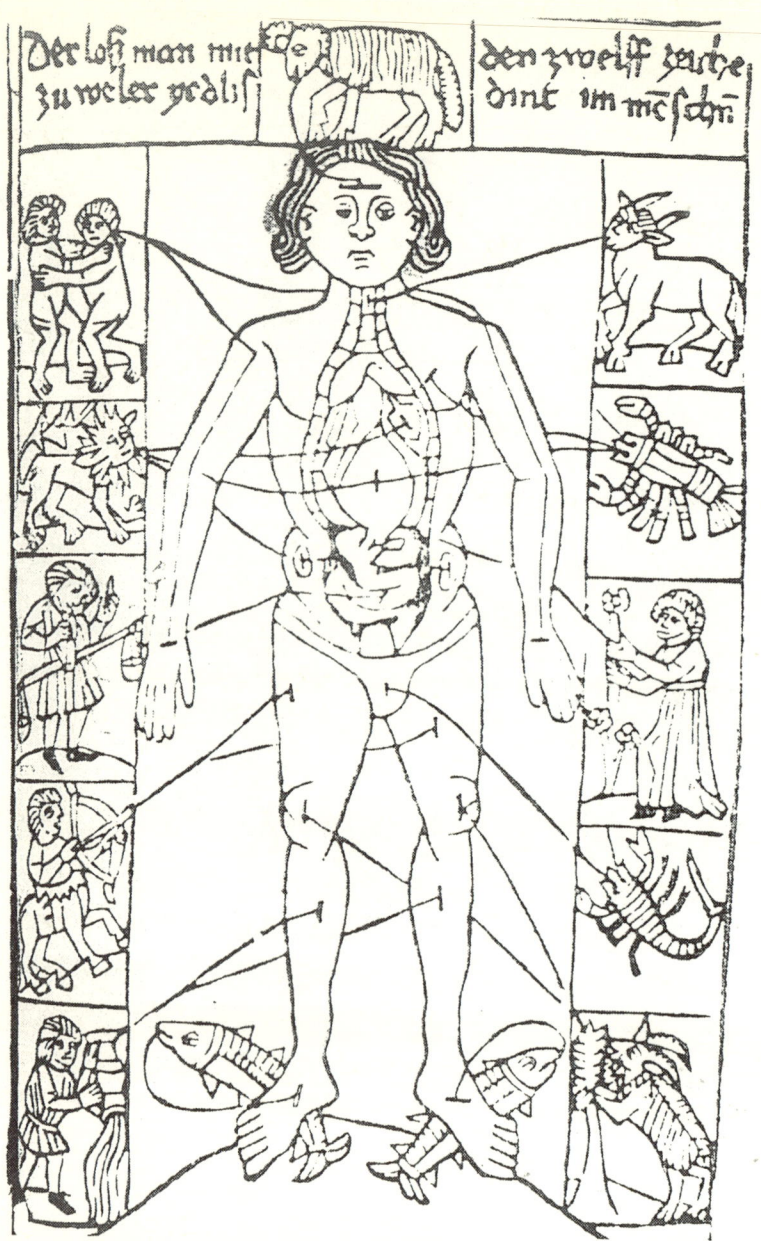

Der loß man mit
zu wetter gedliß
den zwelff zarhe
dint im mēschn

Abb. 50 – Spätmittelalterliche deutsche melothesische Gestalt (Zodiakal-
mann). Jedes Tierkreiszeichen ist äußeren und inneren Teilen des menschlichen Körpers zugeordnet. Linienzeichnung nach einem handkolorierten
Druck. Leihgabe der Charles-Walker-Sammlung.

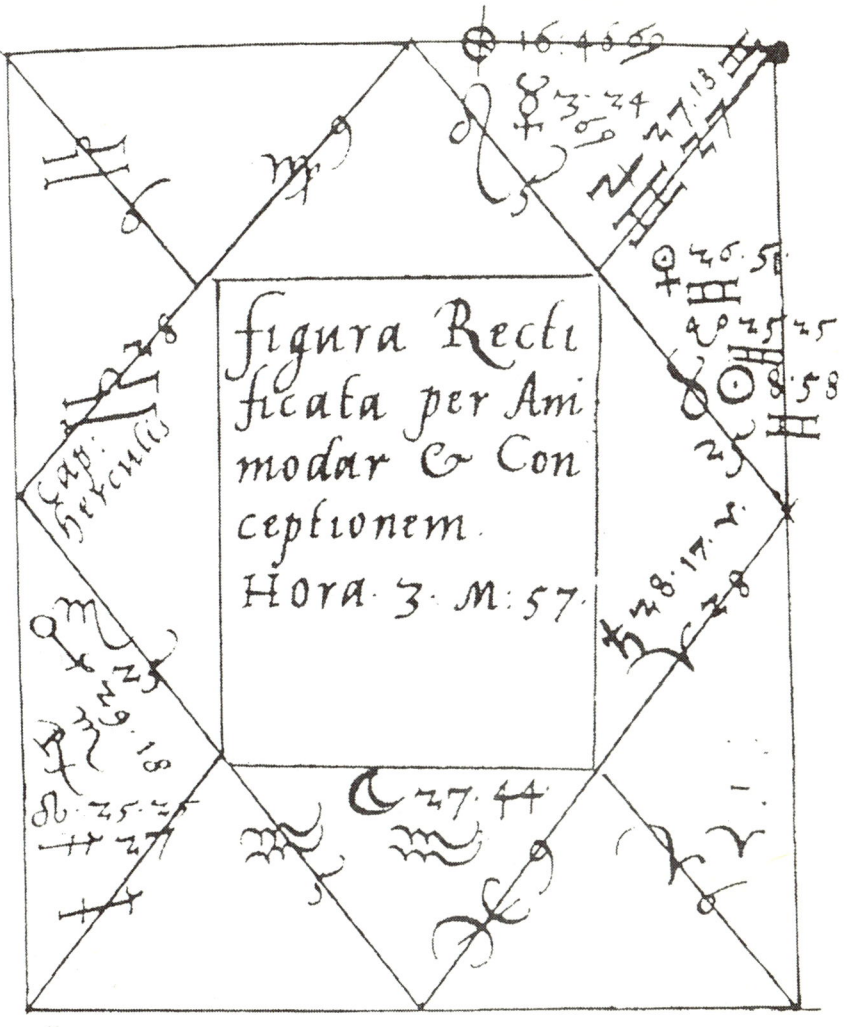

Abb. 51 – Das berichtigte Horoskop von Philip II. von Spanien, erstellt von
dem Astrologen Hacus Sumbergius. Das Diagramm wurde für den 21. Mai
1527 erstellt und wurde eindeutig korrigiert, um Philips Aszendenten mit dem
Stern Caput Herculis in Konjunktion zu bringen. Der Inschrift der Abbildung
zufolge wurde die Berichtigung (eine Anpassung, die sicherstellt, daß das
Diagramm präzise ist) anhand des Animodar- und Konzeptionsdiagramms
durchgeführt. Für eine kurze Beschreibung siehe Seite 387.

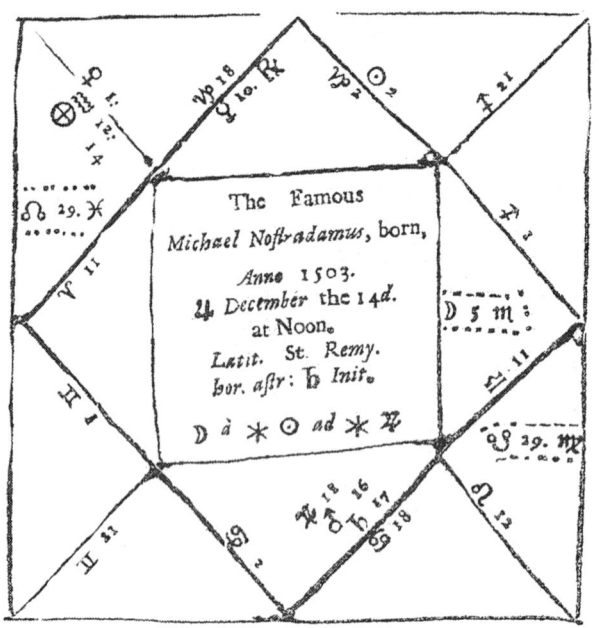

The Famous

Michael Noſtradamus, born,

Anno 1503.
♃ December the 14d.
at Noon.
Latit. St. Remy.
hor. aſtr: ♄ Init.

☽ à ✳ ☉ ad ✳ ♃

§. 128. OUr *Aphoriſm* impugned receives great confirmation
from the *Geniture* of the Learned and Famous
Michael Noſtradamus alſo. This is a *Nativity* ſomewhat like to

Abb. 52 – Das früheste bekannte Horoskop von Nostradamus. Holzschnitt aus
John Gadburys *Cardines Coeli*, 1686. Das für den Mittag des 14. Dezember
1503 alter Zeitrechnung erstellte Diagramm ist nach modernen Standards
nicht präzise. Für eine kurze Beschreibung siehe Seite 390.

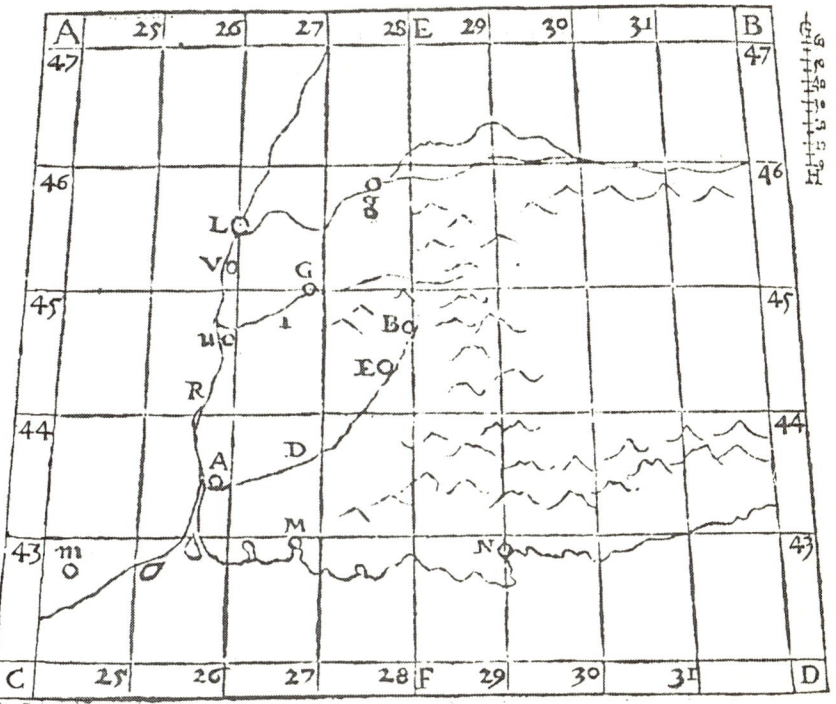

SPHAE. MVNDI

Abb. 53 – Eine Karte aus dem sechzehnten Jahrhundert, die den Süden Frankreichs, wie er Nostradamus bekannt gewesen sein dürfte, mit den zeitgenössischen Breitenangaben zeigt. »L« steht für Lyon, »M« für Marseille, »N« für
Nizza, »R« für Rhone und »V« für Vienne. Aus Oronce Finés *De Mundi
Sphaera, sive Cosmographia…*, 1542. Nostradamus bediente sich solcher
Breitenangaben (mitunter auch in Anlehnung an die Geheimlehre und als
okkulte Tarnung *climata* genannt) in seinen Quatrains. Siehe Seite 423.

THEORICA

THEORICA VELOCI-
tatis er tardiatis motus epicycli.

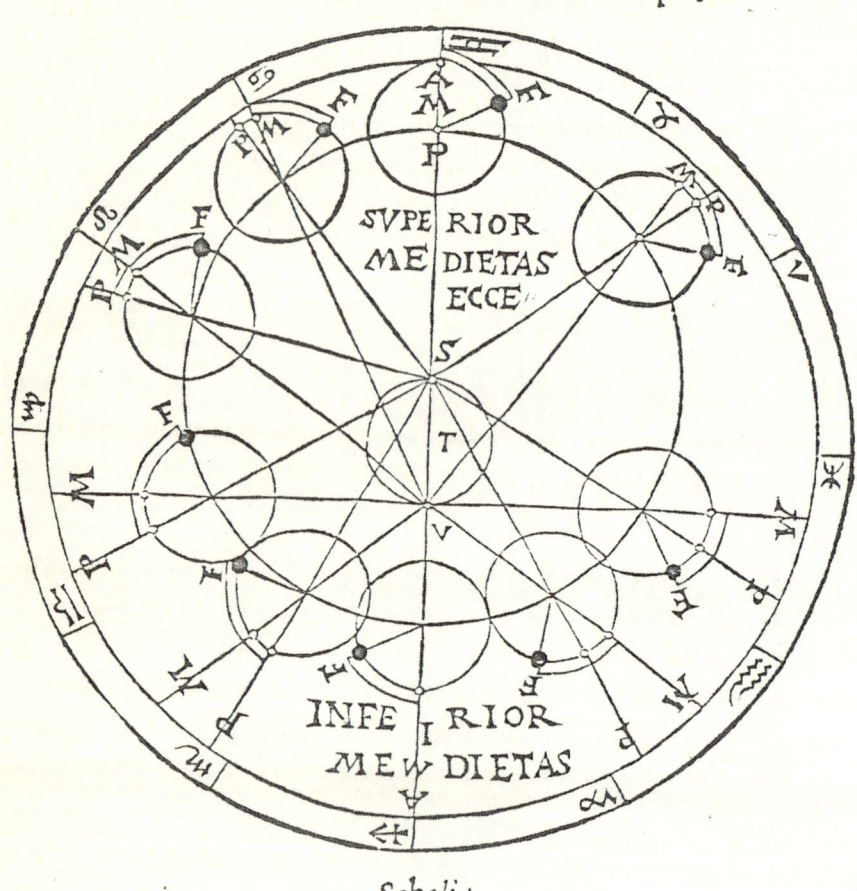

Scholia.

Epicycli centro ab auge eccentrid per unius signi

Abb. 54 – Die spätmittelalterliche Ansicht (hauptsächlich nach Ptolemäus) der kreisförmigen Planetenbewegungen innerhalb von Epizyklen. Die Theorie der Epizyklen wurde nach den von Aristoteles beschriebenen Mustern an die beobachteten Bewegungen angeglichen, allerdings brach dieses System im sechzehnten Jahrhundert aufgrund seiner Komplexität zusammen. Aus Georg von Peuerbachs *Theoretica Novae Planetarum…*, 1543.

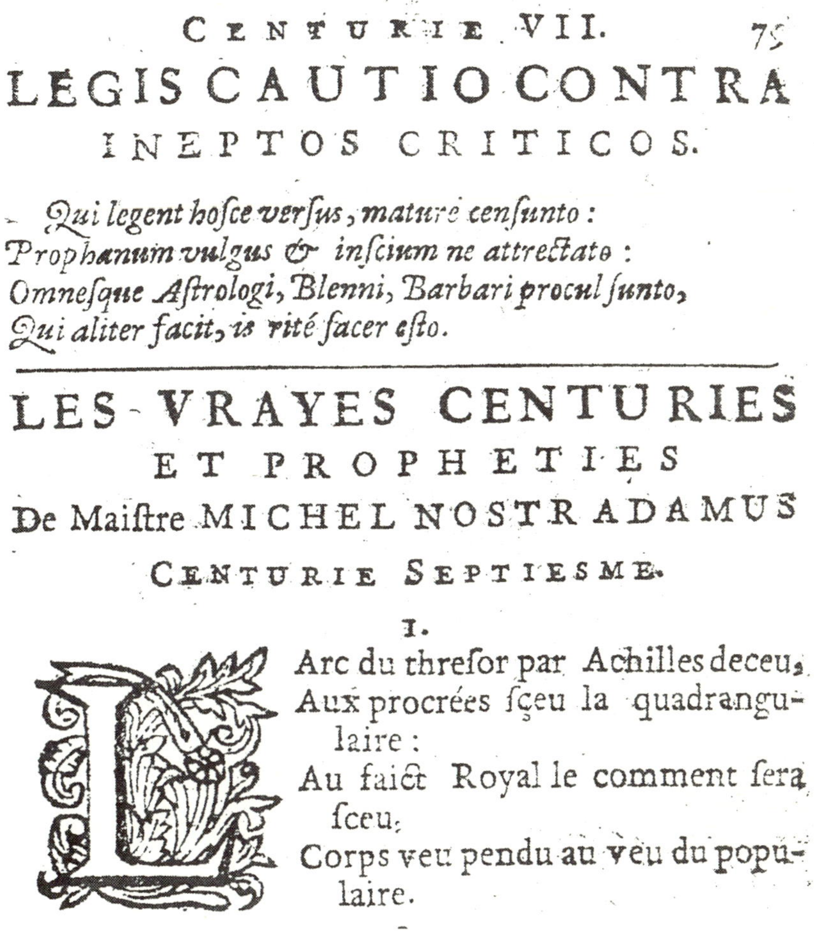

LEGIS CAUTIO CONTRA
INEPTOS CRITICOS.

Qui legent hosce versus, maturè censunto :
Prophanum vulgus & inscium ne attrectato :
Omnesque Astrologi, Blenni, Barbari procul sunto,
Qui aliter facit, is ritè sacer esto.

LES VRAYES CENTURIES
ET PROPHETIES
De Maistre MICHEL NOSTRADAMUS
CENTURIE SEPTIESME.

I.

Arc du thresor par Achilles deceu,
Aux procrées sçeu la quadrangulaire :
Au faict Royal le comment sera
sceu,
Corps veu pendu au veu du populaire.

Abb. 55 – Nostradamus' lateinische »Warnung« an alle unsachlichen Kritiker. Aus den *Prophéties* von 1668. Torné-Chavigny nahm die dritte Zeile persönlich und sah in »Blenni« (das lediglich »Narr« oder »Dummkopf« bedeutet) einen Hinweis auf *seinen* Kritiker, einen Beamten namens Bleynie. Siehe Seite 431 ff. Die Orthographie des ersten Quatrains dieser siebten Centurie ist im Vergleich zu dem Text in Abb. 2 interessant.

Personenregister

527

L'an mil neuf cens
Du ciel viendra un gr
Refusciter le grand Ro
Avant apres Mars regr

Le temps present av
Sera jugé par grand Jo
Le monde tard par luy
Et desloyal par le clerg